国家重点档案专项资金资助项目

抗日战争档案汇编

湘潭县抗战动员档案汇编 1

综合及防空疏散

湘潭县档案馆 编

中華書局

图书在版编目（CIP）数据

湘潭县抗战动员档案汇编 1，综合及防空疏散 / 湘潭县档案馆编. －北京：中华书局，2023.12
（抗日战争档案汇编）
ISBN 978-7-101-16219-6

Ⅰ. 湘… Ⅱ. 湘… Ⅲ. 抗日战争－政治动员－历史档案－汇编－湘潭 Ⅳ. K265.06

中国国家版本馆CIP数据核字(2023)第100758号

书　　名	湘潭县抗战动员档案汇编 1 综合及防空疏散
丛 书 名	抗日战争档案汇编
编　　者	湘潭县档案馆
策划编辑	许旭虹
责任编辑	李晓燕　高　天
装帧设计	许丽娟
责任印制	管　斌
出版发行	中华书局 （北京市丰台区太平桥西里38号 100073） http://www.zhbc.com.cn E-mail:zhbc@zhbc.com.cn
图文制版	北京禾风雅艺文化发展有限公司
印　　刷	天津艺嘉印刷科技有限公司
版　　次	2023年12月第1版 2023年12月第1次印刷
规　　格	开本889×1194毫米　1/16 印张32¾
国际书号	ISBN 978-7-101-16219-6
定　　价	500.00元

抗日战争档案汇编编纂出版工作组织机构

编纂出版工作领导小组

组　长　陆国强

副组长　王绍忠　付　华　魏洪涛　刘鲤生

编纂委员会

主　任　陆国强

副主任　王绍忠

顾　问　杨冬权　李明华

成　员（按姓氏笔画为序排列）

于学蕴　于晓南　于晶霞　马忠魁　马俊凡　马振犊
王　放　王文铸　王建军　卢琼华　田洪文　田富祥
史晨鸣　代年云　白明标　白晓军　吉洪武　刘　钊
刘玉峰　刘灿河　刘忠平　刘新华　汤俊峰　孙　敏
苏东亮　杜　梅　李宁波　李宗春　吴卫东　何素君
张　军　张明决　陈念芜　陈艳霞　卓兆水　岳文莉
郑惠姿　赵有宁　查全洁　施亚雄　祝　云　徐春阳
郭树峰　唐仁勇　唐润明　黄凤平　黄远良　黄菊艳
梅　佳　龚建海　常建宏　韩　林　程潜龙　焦东华
童　鹿　蔡纪万　谭荣鹏　黎富文

编纂出版工作领导小组办公室

主　任　常建宏

副主任　孙秋浦　石　勇

成　员（按姓氏笔画为序排列）

李　宁　沈　岚　贾　坤

湖南省抗日战争档案汇编编纂出版工作组织机构

编纂出版工作领导小组

组　长　施亚雄

副组长　叶建军

编纂出版工作领导小组办公室

主　任　何左得平

副主任　吴珮嘉

成　员　李　勇　陈　菲　王清洁

编纂委员会

主　任　施亚雄

副主任　彭碧辉

成　员　何左得平　彭　玉　梁　毅　吴珮嘉

《湘潭县抗战动员档案汇编》编辑组

主　任　林怀北

副主编　黎方祥　梁沂清　梁日政　莫婕英

执行编辑　盘海波　马子平　杨伟明　郭天贺
欧彩霞　徐祥富　伍少艳　罗云飞
莫小萍

总序

为深入贯彻落实习近平总书记「让历史说话，用史实发言，深入开展中国人民抗日战争研究」的重要指示精神，国家档案局根据《全国档案事业发展「十三五」规划纲要》和《「十三五」时期国家重点档案保护与开发工作总体规划》的有关安排，决定全面系统地整理全国各级综合档案馆馆藏抗战档案，编纂出版《抗日战争档案汇编》（以下简称《汇编》）。

中国人民抗日战争是近代以来中国反抗外敌入侵第一次取得完全胜利的民族解放战争，开辟了中华民族伟大复兴的光明前景。这一伟大胜利，也是中国人民为世界反法西斯战争胜利、维护世界和平作出的重大贡献。加强中国人民抗日战争研究，具有重要的历史意义和现实意义。

全国各级档案馆保存的抗战档案，数量众多，内容丰富，全面记录了中国人民抗日战争的艰辛历程，是研究抗战历史的珍贵史料。一直以来，全国各级档案馆十分重视抗战档案的开发利用，陆续出版公布了一大批抗战档案，对揭露日本帝国主义侵华罪行，讴歌中华儿女勠力同心、不屈不挠抗击侵略的伟大壮举，弘扬伟大的抗战精神，引导正确的历史认知，发挥了积极作用。特别是国家档案局组织有关方面共同努力和积极推动，「南京大屠杀档案」被联合国教科文组织评选为「世界记忆遗产」，列入《世界记忆名录》，捍卫了历史真相，在国际上产生了广泛而深远的影响。

全国各级档案馆馆藏抗战档案开发利用工作虽然取得了一定的成果，但是，在档案信息资源开发的系统性和深入性方面仍显不足。正如习近平总书记所指出的：「同中国人民抗日战争的历史地位和历史意义相比，同这场战争对中华民族和世界的影响相比，我们的抗战研究还远远不够，要继续进行深入系统的研究。」「抗战研究要深入，就要更多通过档案、资料、事实、当事人证词等各种人证、物证来说话。要加强资料收集和整理这一基础性工作，全面整理我国各地抗战档案、照片、资料、实物等……」

国家档案局组织编纂《汇编》，对全国各级档案馆馆藏抗战档案进行深入系统地开发，是档案部门贯彻落实习近平总书记重要指示精神，推动深入开展中国人民抗日战争研究的一项重要举措。本书的编纂力图准确把握中国人民抗日战争的历史进程、主流和本质，用详实的档案全面反映一九三一年九一八事变后十四年抗战的全过程，反映中国共产党在抗日战争中的中流砥柱作用以及中国人民抗日战争在世界反法西斯战争中的重要地位，反映国共两党「兄弟阋于墙，外御其侮」进行合作抗战、共同捍卫民族尊严的历史，反映各民族、各阶层及海外华侨共同参与抗战的壮举，展现中国人民抗日战争的伟大意义，以历史档案揭露日本侵华暴行，揭示日本军国主义反人类、反和平的实质。

编纂《汇编》是一项浩繁而艰巨的系统工程。为保证这项工作的有序推进，国家档案局制订了总体规划和详细的实施方案，明确了指导思想、工作步骤和编纂要求。为保证编纂成果的科学性、准确性和严肃性，国家档案局组织专家对选题进行全面论证，对编纂成果进行严格审核。

各级档案馆高度重视并积极参与到《汇编》工作之中，通过全面清理馆藏抗战档案，将政治、军事、外交、经济、文化、宣传、教育等多个领域涉及抗战的内容列入选材范围。入选档案包括公文、电报、传单、文告、日记、照片、图表等多种类型。在编纂过程中，坚持实事求是的原则和科学严谨的态度，对所收录的每一件档案都仔细鉴定、甄别与考证，维护档案文献的真实性，彰显档案文献的权威性。同时，以《汇编》编纂工作为契机，以项目谋发展，用实干育人才，带动国家重点档案保护与开发，夯实档案馆基础业务，提高档案人员的业务水平，促进档案馆各项事业的发展。

守护历史，传承文明，是档案部门的重要责任。我们相信，编纂出版《汇编》，对于记录抗战历史，弘扬抗战精神，发挥档案留史存鉴、资政育人的作用，更好地服务于新时代中国特色社会主义文化建设，都具有极其重要的意义。

抗日战争档案汇编编纂委员会

编辑说明

二十世纪三四十年代，日本军国主义发动的侵华战争给中国人民带来了深重苦难。抗日战争全面爆发后，湘潭人民与全国人民一同投身于轰轰烈烈的抗日斗争中，积极开展抗战宣传，组织民众训练，推动民众积极参战，踊跃捐输支援前线，查禁日货打击日本经济，优待救济出征抗敌军人及其家属，激励出征将士奋勇杀敌，为抗战胜利付出了牺牲和代价。

湘潭县档案馆甄选馆藏抗战档案，编纂出版多卷本《湘潭县抗战动员档案汇编》，较为全面反映了抗战时期湘潭县政府成立湘潭县动员委员会，积极开展战时宣传动员、管制物价、防空疏散、破路御敌、优抚救济等主要工作情况。全书所选档案按照「主题—时间」的体例编排，均据湘潭县档案馆馆藏档案原件全文影印，如有缺页情况，为档案自身不全。本书为第一卷，选用档案形成时间起于一九四〇年八月，止于一九四三年三月，共一百二十余件，分为综合类、防空疏散类两个部分，每个主题分别按时间排序。同一事件或内容密切相关的档案集合为一组，并拟写总标题及组内各件标题，以组内首件时间排序。

档案中原标题完整或基本符合要求的使用原标题，对原标题有明显缺陷的进行了修改或重拟，无标题的加拟标题。标题中机构名称使用机构全称或规范简称，历史地名沿用当时地名。档案所载时间不完整或不准确的，作了补充或订正。形成时间只有年份、月份而没有日期的档案，排在该月末；只有年份的档案，排在该年末。

本书使用规范的简化字，对标题中人名、历史地名、机构名称中出现的繁体字、错别字等，予以径改。限于篇幅，不作注释。

由于时间紧，档案公布量大，编者水平有限，在编辑过程中可能存在疏漏之处，欢迎斧正。

湘潭县档案馆

二〇一八年八月二日

目录

一、综合

二、防空疏散

（一）人员物资疏散

（二） 交通物价管制

一、综合

湘潭县动员委员会关于提交一九四〇年度动员工作报告书致县政府的公函（一九四一年三月八日）

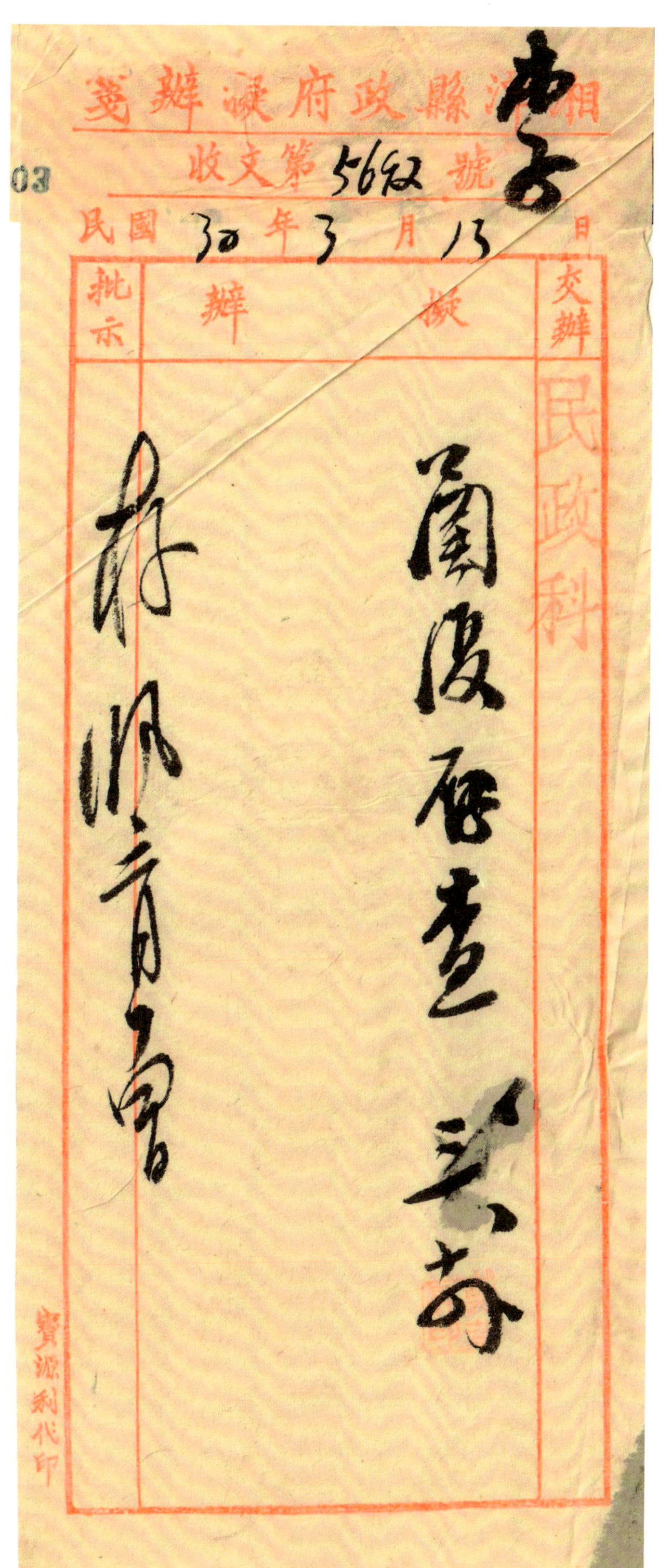
湘潭縣政府收文簽辦

收文第　　號

民國30年3月15日

批示	辦	擬	交辦
			民政科

寶源刷代印

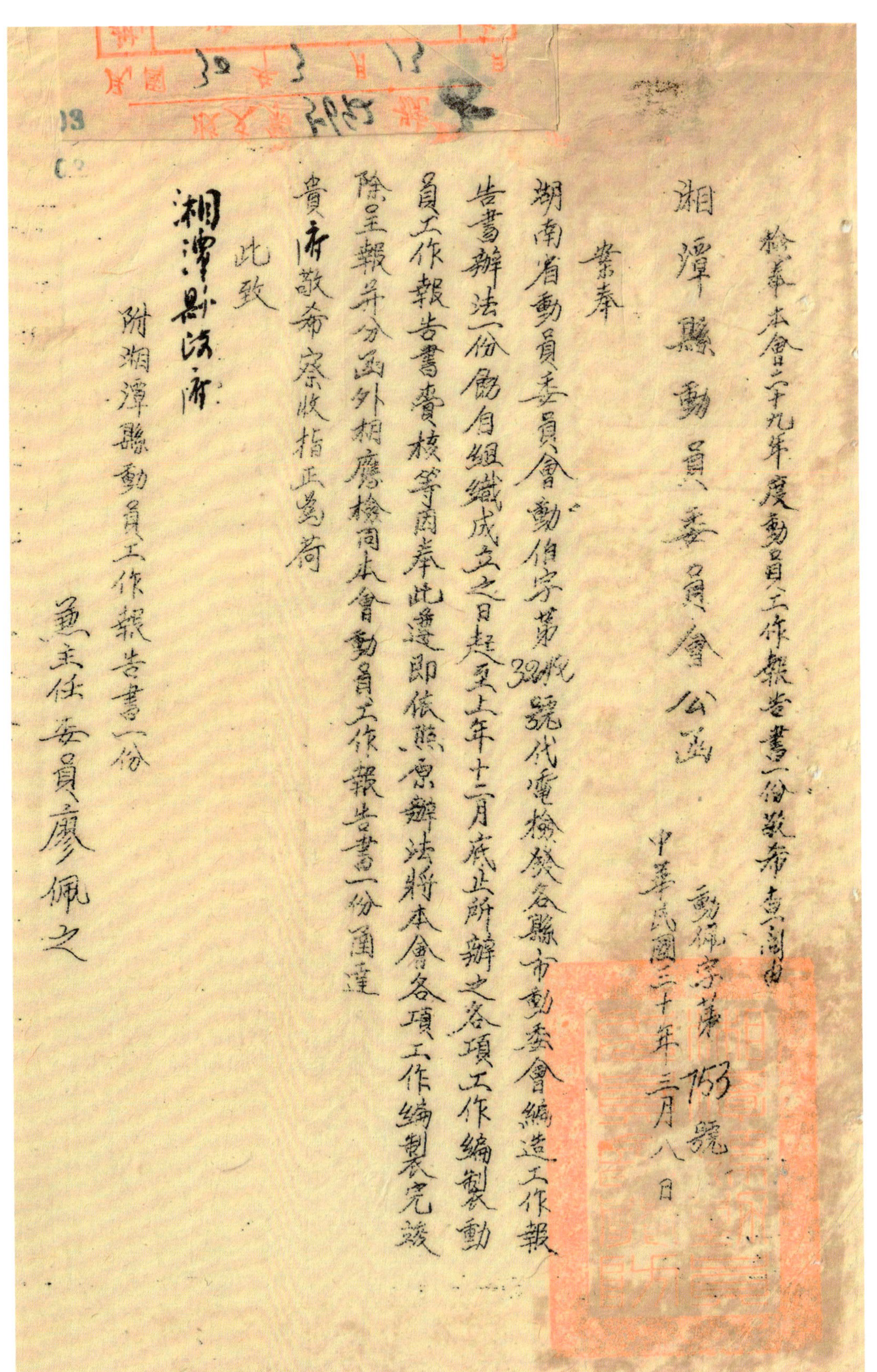

检奉本会二十九年度动员工作报告书一份敬希查阅由

湘潭县动员委员会公函

动佈字第1505号

中华民国三十年三月八日

案奉

湖南省动员委员会动伯字第3204号代电检发各县市动委会编造工作报告书办法一份，饬自组织成立之日起至上年十二月底止所办之各项工作编制表动员工作报告书赍核等因，奉此遵即依照原办法将本会各项工作编制表完竣，除呈报并分函外，相应检同本会动员工作报告书一份函达贵府，敬希察收指正为荷。

此致

湘潭县政府

附湘潭县动员工作报告书一份

兼主任委员廖佩之

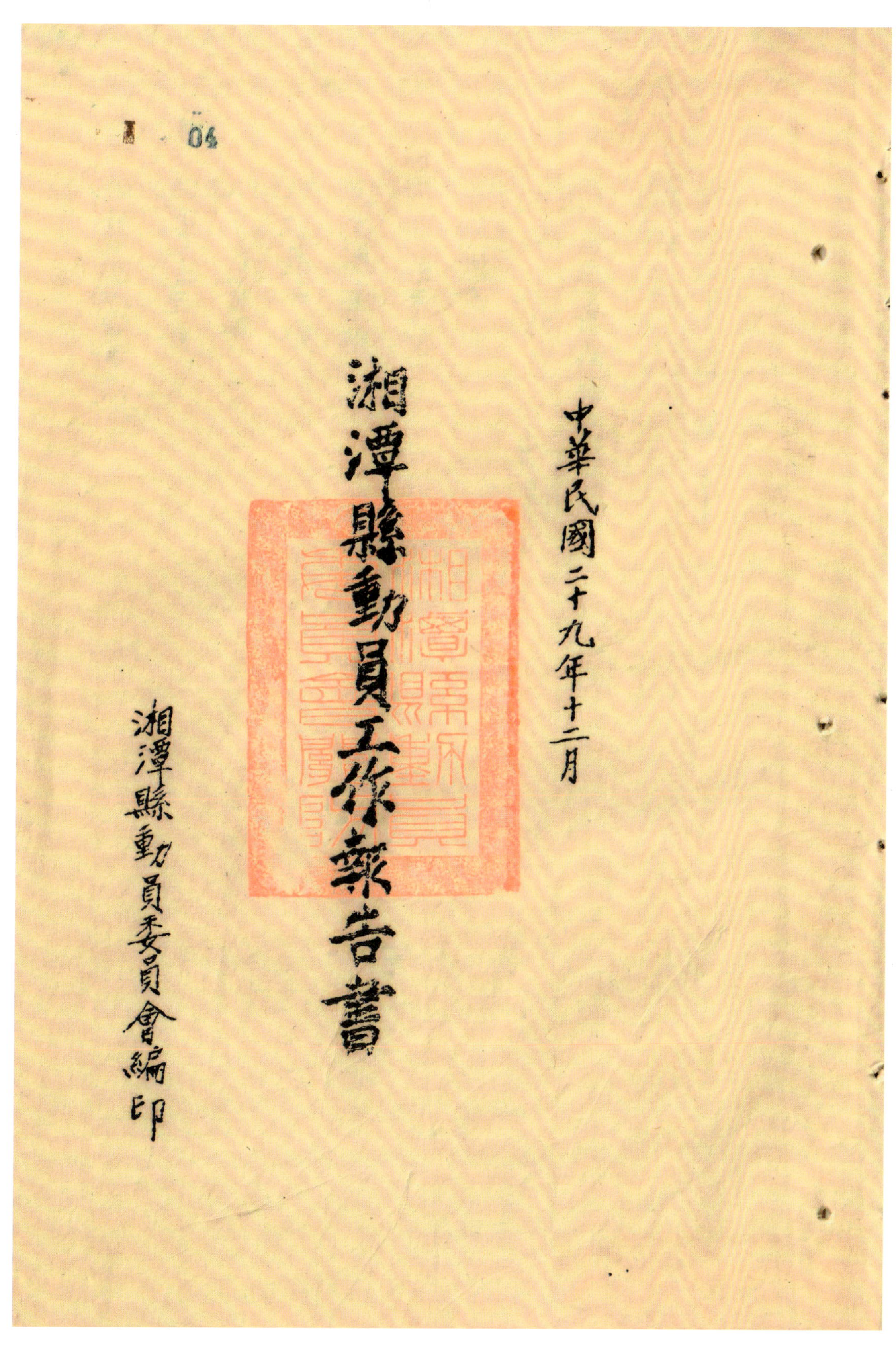
04

湘潭縣動員工作報告書

中華民國二十九年十二月

湘潭縣動員委員會編印

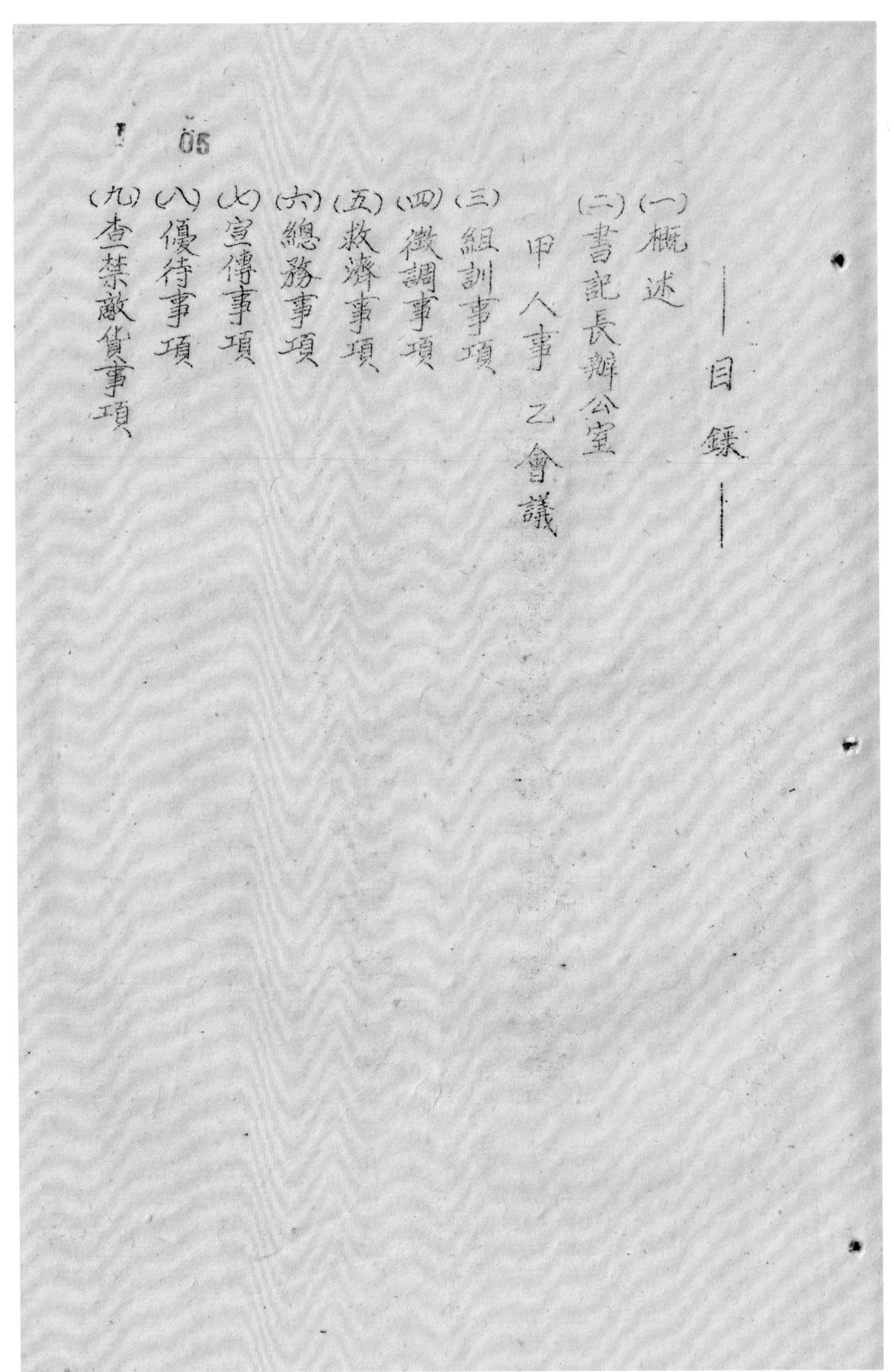

05

——目録——

湘潭縣動員工作報告書

一、概述

本會自二十八年四月奉　令成立原以組織機構簡單設幹事一人月支經費僅五十元收入極感短絀工作無法開展幸得各界人士熱誠協助工作推進尚稱順利二十九年五月奉令改組遵照組織規程規定重新推選組訓徵調宣傳救濟總務五股主任工作亦均按序推進至八月本縣出征軍人家屬優待委員會兵役協會抗敵後援會均奉令裁撤其業務一律歸併本會辦理復調整組織設書記長一人幹事三人助幹一人錄事一人成立敵貨登記檢查委員會敵貨檢查隊各鄉鎮動委會均經令飭組織成立各項工作推進因而顯有進展惟業務增多雖已奉上令確定月支經費壹叁拾元然以業務之繁仍苦不敷甚鉅是今後工作之開展及完成應負之使命各縣動員工作經費仍有擴充之必要也。

二、書記長辦公室

甲、人事

一、本會委員除由縣長廖佩之兼任主任委員外以縣黨部書記長趙、赦君平國民兵團副團長劉滌慶駐軍主管長官李廼楨為委員、徵調組訓宣傳救濟總務各股主任均以能力學識優良及熱心動員、業務者聘任、敵貨登記檢查委員會主任委員由縣黨部書記長兼任敵貨檢查隊隊長聘三民主義青年團主任兼任。

二、本會職員之調整本會於二十九年八月加緊組織後派徐業珍為書記長呈奉省動委會加委、並派李桂芬蕭鳴羅天俊為幹事劉世琦為助幹王錦純為錄事李桂芬辦理優待慰勞及財務庶理事宜蕭鳴辦理收發卷總務事宜羅天俊劉世琦辦理敵貨登記檢查委員會及不屬其他各股之工作。

三、敵貨檢查隊隊員之遴用經遴派徐炳安戴白虹廖載揚徐希達譚廸馮漢民等六人為隊員均經本會主任委員敵貨登記檢查委員會主任委員檢查隊隊長書記長考詢錄用以黨員團員為原則並須取具切結及保證。

乙、會議

本會委員會議自二十九年五月改組後共召集九次委員會議，敵產登記檢查委員會召集二次委員會議及其他協助政府辦理疏散與維持地方治安協助各部公演發動各次革命紀念獻金運動等臨時會議四十餘次，本會工作職員及檢查隊員均能按期召集工作會與以求工作之進展

三、組訓事項

1、本縣各鄉鎮動員委員會原限二十九年十一月底以前一律組織成立，迄今具報成立者共二十六鄉鎮，尚有仙女、天高、建寧、白關、白石、魏霞共六鄉鎮仍未成立，現正嚴切督促組織中

2、令飭各鄉鎮保按期舉行國民月會並彙報在案

3、二十九年十一月會同黨政機關參加湘潭縣婦女會改選大會，選舉理事黃修、張李桂芬、易庚吾、袁增藝等為理事，互選黃修欽為常務理事

4、十二月會同縣政府、縣黨部督促總工會籌備改選，結果劉德風、李玉章、王麗棠等當選

5、本會為免防敵機空襲，厲行疏散工作起見，已擬具統制各戲院演劇辦法（辦法附後）停演日場，限制增加戲院，進呈核　省動員委員會備案

6、本會為維持治安、糾正不良風氣起見，特會同軍警機關嚴密檢查户口，防止奸宄，並驅逐娼妓出境，不許逗留市區。其有歌劇技能者，則利用其担任抗敵宣傳工作，經擬定統制歌女辦法（辦法附後），並呈奉 省動員委員會備查。

7、十一月本會第八次委員會議核准本籍歌女組設抗敵宣傳清音歌唱社，並由該社全體歌女選舉何德成等為經理。

8、十二月經核准江湖旅潭流亡歌女組設江湖流亡抗敵宣傳清音歌唱社，並由該社全體歌女選舉劉永貴等為經理。為防止其發生流弊，曾令飭本縣警察局嚴密管制監督，並經本會將組織經過呈奉 省動員委員會准予備查。

9、協助本縣國民兵團辦理戰時任務隊組訓工作，由本會徐書記長梓時出席雨湖、壺山兩鎮戰時任務隊担任精神講話及講授精神動員綱領課目。

10、派本會羅幹事天俊編輯「游擊戰術」講義，並担任壺山鎮戰時任務隊講授「游擊與戰鬥」課目。

11、本會為達到肅奸目的起見，特會同縣政府、縣黨部、三民主義青年團、國民兵團、警察

爲計劃舉辦本縣市區各旅社戲院及茶樓酒館男女茶役訓練經擬具調訓辦法提交本會第七次常會修正通過函送國民兵團主持辦理

12、會同定期三十年二月起開始茶役訓練并派本會徐書記長鑠幹事天俊担任教官現正切實計劃中

(四)徵調事項

一、二十八年度本縣寒衣代金共收洋壹萬伍仟伍百壹拾肆元叁角柒分已如數撥解全國徵募寒衣運動委員會湖南分會但仍未籌足定額蓋當時適值湘北戰事緊張敵機迭次轟炸商店疏散募集困難迭經本會據實函呈無法再繳各在卷

二、二十九年度寒衣代金本縣應征寒衣貳萬伍仟件折合法幣柒萬伍仟元業已先後繳解肆萬元刻仍正在督催趕辦結束中

三、二十八年度七七獻金共收洋玖仟陸百零叁元玖角壹分除辦理慰勞負傷將士出征壯丁救濟難胞及印發宣傳品等共支用洋玖百貳拾叁元肆角叁分實繳解省動員委員會捌仟陸百捌拾元零肆角捌分均經呈報在案

四、二十九年度七七獻金共收洋伍仟柒百捌拾貳元零玖分除已於七月二十二日以本會動僑字第一五三號呈繳肆仟元外餘壹仟零肆拾捌元肆角捌分係由大會辦理七七獻金慰勞員傷將士及舉行紀念大會各項開支所存本會者計壹佰叁拾叁元陸角叁分已移作本會辦公費用及辦理各種紀念會預備費並呈文第十八次常會議通過記錄

五、二十九年新運六週年紀念擴大徵求傷兵之友原由縣政府奉省政府訓令飭辦移請本會辦理計徵得社友貳仟肆百零捌名捐款壹仟陸百捌拾玖元柒角由本會如數掃解湖南省隊部核收

六、二十九年度徵募單衣褲布鞋由本會令飭婦女會婦女工作委員會辦理組織湘潭婦女界慰勞抗戰將士徵募單衣褲布鞋運動委員會計徵得伍仟零玖拾伍元伍角伍分由本會轉解　省動員委員會伍仟元外餘玖拾伍元五角五分由該會作為開支

七、二十九年征募難胞寒衣本會奉　省動員委員會動伯字第二二一四號訓令飭發動征募舊衣就當地難胞無為分配遵即通令本縣各機關各鄉鎮發動征募當由縣黨部募得舊棉衣四件並由本會協助縣政府發動本市各戲院舉行勸募難

胞寒衣遊藝大會共募得貳仟伍百元整已交由縣振濟委員會統籌辦理

（五）救濟事項

一、二十九年五月本會及駐軍第五師縣黨部縣政府三民主義青年團發動湘潭各界為抗戰負傷將士勸募醫藥費聯合大公演共獲法幣叁仟零伍拾貳元陸角如數繳解第九戰區司令長官司令部察收並奉細字第二九一三號誠屯代電申謝在卷

二、二十九年九月准軍政部第一百六十兵站醫院公函請令飭各鎮公所籌辦床板當經本會轉請縣政府令飭各鎮迅速籌辦

三、本縣雖迭遭轟炸幸損失尚不嚴重每次均經本會會同黨政各機關派員救濟並慰問關于鄉區傷亡慘重者由縣政府查明報奉省政府撥發賑款分發救濟

四、本會為避免市區遭受敵機濫炸減少無謂犧牲協助政府會同各機關辦理人口物資疏散工作（廿九年八月）

甲、由本會印發疏散辦法及遷民疏散處分辦法分發各機關切實辦理

(四)

乙、函縣政府印發各項疏散佈告曉諭民衆以資遵守

丙、由本會擬具取締城區近郊房屋租佃辦法減少民衆疏散困難

丁、由本會擬具疏散總檢查辦法實行總檢查以求徹底疏散

戊、所有辦理疏散經過情形已由本會分呈省政府省動委會備查

五、本會為救濟貧苦人民起見特會同縣政府縣黨部青年團發起徵募寒衣運動於二十九年元月一日召開籌備會議組織湘潭城市徵募寒衣委員會計分總務徵募兩股、發放宣傳採購監查六組並推定各組負責人員確定募足寒衣代金一萬二千元城市河東共分四組出發勸募由於各公務員之熱心勸募與各富室之慷慨認捐不期日募足之數竟超過預算乃於二月二十一日下午十時由各監放委員及各組發放員於各組依各地點分途出發將貧民扶老攜幼排坐街頭共發放至一時止始行竣事

(六)總務事項

一、春節勞軍本會奉令辦理計經募春節代金伍仟壹百肆拾叁元經解 省動員委員會肆仟元餘款已繼續舉辦慰勞榮譽軍人及出征軍人家屬動用均係前任辦理

并呈報在卷

二、秋節勞軍本會會同各機關辦理共募集法幣捌百伍拾壹元捌角伍分所有經費係發動本市各戲院義賣三日所得其中以南京戲院成績最優業由本會發給褒獎狀一紙藉示優異而資鼓勵

三、二十九年八月協助軍事委員會抗劇八隊舉辦響應捐募鄂人號飛機公演共獲法幣貳仟肆百柒拾肆元由該隊自行繳解並當經本會呈報省動委會備查

四、十二月協助第四軍一零二師兒童平劇隊舉辦響應捐募鄂人號飛機公演共獲法幣貳仟柒百陸拾壹元捌角五分由本會撥數繳解省動員委員會

五、十二月二十一日防空節本會及縣政府縣黨部防護團發動防空獻金共獲得法幣貳仟壹百叁拾玖元柒角壹分由縣政府保管撥專作本縣防空建設之用

六、十月十五日准長岳師管區補充第六團第一營公函為舉行新兵入營典禮請發動遊藝以廣宣傳而勵士氣當由本會分飭京湘戲院排演抗敵戲劇外入營新兵每名送毛巾壹條所有經費由各機關攤派共支用法幣壹仟零貳拾元正

七、八月十二日准長岳師管區補充第二團團長盛澤球函以該團奉令開赴前方殺敵道經本縣當由本會會同各機關開會議決招待茶水在本埠唐興橋新華學校設飲茶處二處各街衛商户均鳴放鞭炮歡送情緒熱烈空前未有該團團長盛澤球去後並登報鳴謝

(七)宣傳事項、

一、翻印「國民精神總動員綱領」及其實施辦法表解肆仟份分發各機關團體各鄉鎮轉發閱讀藉資普遍推行精神動員工作之實效

二、城區國民月會由本會每月一日公告擇定適中地點舉行各項講材隨時選擇或遵照上級材料報告

三、二十九年八月十八日奉 省動員委員會動伯字第一四七零號訓令飭翻印國土歌普遍推行歌唱等因遵即翻印分發各機關各鄉鎮各學校普遍推行以廣宣傳

四、二十九年八月奉 衡陽防空司令部衡防字第二三八號訓令檢發預防敵空軍降落傘部隊宣傳標語大綱令飭組織宣傳週等因遵即會同各機關共商進

11

行定八月二十二日至二十八日為宣傳週期間翻印所頒防禦敵空軍降落傘部隊的認識及問答九條宣傳大綱標語分發鄉鎮組織宣傳隊頗獲相當效果並奉 省動委會飭翻印對敵空軍降落傘部隊防禦淺說均經辦理情形分別呈報並奉湖南防空司令部指令以工作異常努力嘉許在卷

五、十月二十四日協助湖南省社會教育工作團戰地巡廻施教隊來縣公演藉以激發民眾抗敵情緒促進社會教育增强抗戰力量

六、各種集會口號及國民月會口號均經本會印發以資普遍

七、本會為灌輸民眾抗戰情緒蔚為良好風氣起見特將 上峯頒製之春聯翻印一千份分發全縣各機關團體學校商店等張貼採用而為抗戰宣傳之工具

八、國慶紀念舉行節約建國儲金運動宣傳週國父誕辰紀念舉行節約建國勸儲運動宣傳週發動民眾努力儲金結果良好使明瞭其意義之深遠與所負之使命重大

(八)優待事項

甲、關於出征軍人家屬調查除令飭各鄉鎮動委會隨時調查該管鄉鎮出征軍人數目具報外凡直接由部隊寄服役證書來會登記者達壹仟名

乙、優待方式分經常及臨時兩種辦法

經常方面

(一)凡繳有服役証之出征軍人經本會登記後轉令各該管鄉鎮動委會依據國民政府頒佈之優待條例優待之

(二)令飭各鄉鎮動委會分別組織義務幫工隊

(三)出征軍人家屬因生活困難請求救濟者由本會令飭該管鄉鎮動委會依法酌予贈惠之優待如遇情形特殊得由本會派員前往慰問並贈惠國幣若干元

(四)出征軍人家屬如遇天災人禍除由本會令飭該管鄉鎮動委會設法救濟外另由本會派員前往慰問並贈惠國幣若干元以示救濟(如十月份征屬林舜欽家被火災由本會贈惠國幣拾元)

(五)出征軍人家屬與人發生爭執糾紛請求援用優待條例予以優待時即由本會令

倘其他糾紛事件有請求調解者由本會派員前往調解如不獲結果業請涉及司法範圍由本會移送司法機關辦理時必盡量使出征軍人家屬享受法律上之優待（如方俊家與趙陳氏因房屋買賣糾紛一案征屬朱秀英被誘作妾一案均經依法移轉辦理）

臨時方面

凡在各紀念節中以慰問出征軍人家屬為中心工作之一項慰問方式分精神慰勞與物質慰勞如五月革命紀念運動中城區四鎮之凡繳有服務證之出征軍人家屬每戶發食鹽三斤米一斗「八一三」「九一八」及國慶紀念中普遍作出征軍人家屬之慰問此本會二十九年度辦理優待工作之大概情形也

12

（九）查禁敵貨事項

一、本會為肅清市面敵貨起見原定二十九年九月六日起至二十一日止為本縣敵貨登記日期除佈告外並通知縣商會轉飭各業商人依照手續來會聲請登記[illegible]不甚踴躍乃展期至十月十日截止但登記者仍屬寥寥[illegible]經本會[illegible]

委員會議展至十月底截止不再展期逾期查覺敵貨沒收並予處罰

2、為使商人明瞭查禁敵貨意義及有所遵循起見特將各項查禁敵貨法規及敵貨表等彙成小冊顏曰「查禁敵貨各種法規商標輯要」編印三百五十本分發各業商人俾資遵守以利查禁工作

3、總計各業商店來會聲請登記者自九月六日起至十月底止共有二千七百零六家共收登記費三百三十元零八角遵照上令移作慰勞會之檢查費用

4、鑒於以前之敵貨登記檢查委員會組織有欠健全并於十月十六日提交本會第七次常會議決重新改聘趙拔羣李先東徐家珍鍾秉鐸張廉鑑殷潤民張木匋余廷貴張漢臣蔡遠烈易庚吾等十一人為委員復於十九日召開第一次會議互推趙拔羣為主任委員譚羅天俊為總幹事劉世琦為幹事並商討進行檢查敵貨事宜

5、為厲行澈底檢查敵貨起見特製定預算呈奉 省動員委員會核准組織敵貨檢查隊專負檢查全縣敵貨責任已由常會推聘三民主義青年團湘潭

分商部主任王亞東擬任科長，另委員黃六八亦於同月二十日辭職，鑒別股取徐福原、姚崇樹、徐命遺缺由主辦趙鴻澄氏等接任

6、自十一月一日開始檢查工作，迄至十二月底止共檢查無疑義貨三十六次，均已依照敵貨處分規章函送縣政府核付鑒別

7、為加強查禁敵貨工作，免防商人偷運偷銷敵貨起見，茲擬具查禁敵貨起卸運銷辦法（辦法附後）呈報省動員委員會核准備案施行

8、定三十年元月一日起開始起卸運銷，為謀全體商人便利起見，擬選擇本市適中地址辦理起卸運銷事宜，並派本會檢查股員馮漢民常駐辦公

9、派本會幹事羅天俊協助縣政府辦理鑒別及處分敵貨等事宜，茲將本年七月份起至十二月底止各次鑒別敵貨會議情形列表於后

鑒別敵貨會議

次數	時期	出席人	列席人	議決案件	備考
第一次	七月九日上午八時	十二人	二人	六件	

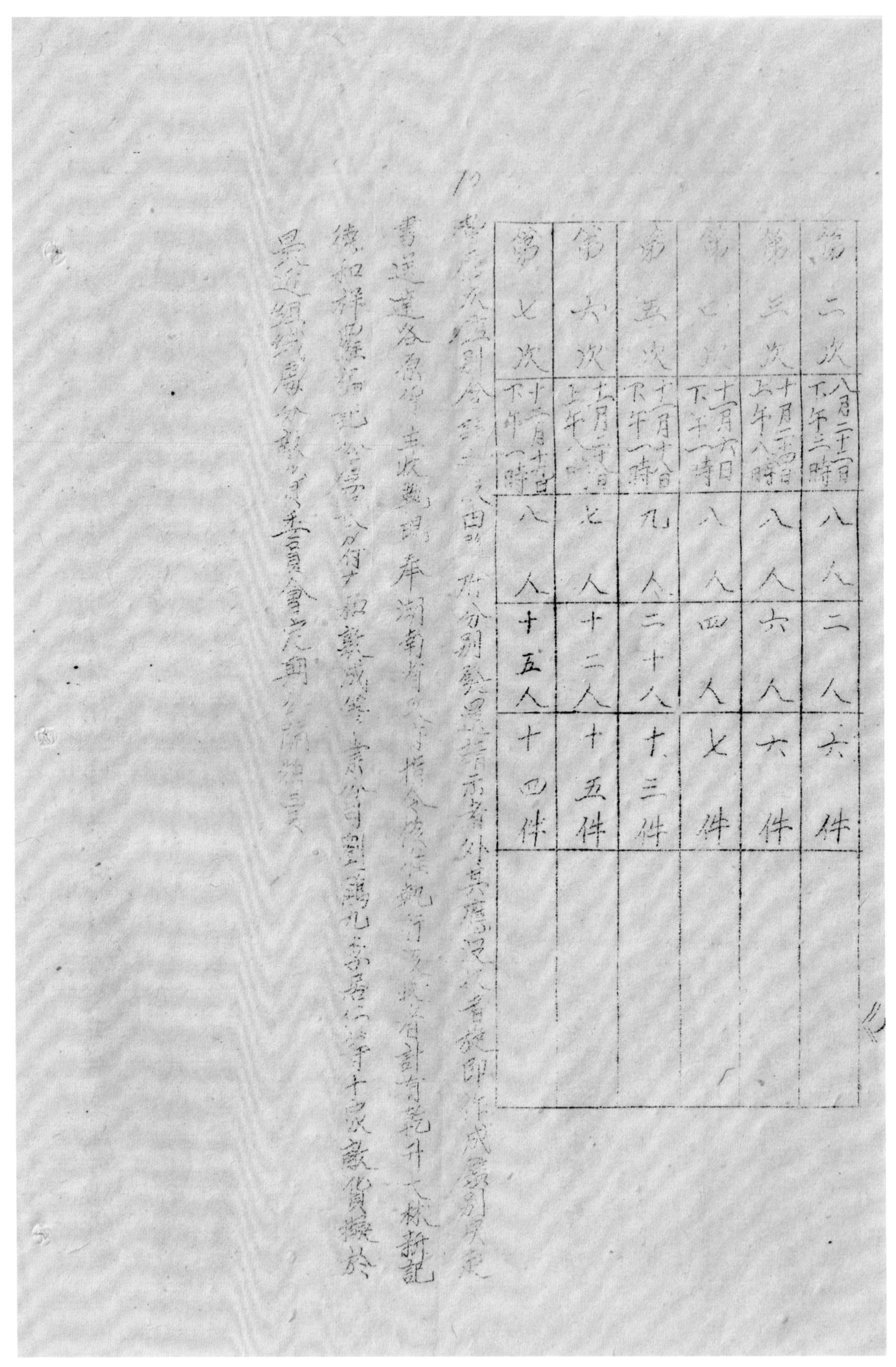

第二次	八月二十一日下午三時	八人	二人	六件
第三次	十月二十四日上午八時	八人	六人	六件
第四次	十一月六日下午一時	八人	四人	七件
第五次	十一月十八日下午一時	九人	二十八	十三件
第六次	十一月二十日上午[illegible]	七人	十二人	十五件
第七次	十二月十五日下午一時	八人	十五人	十四件

10

[illegible]各次[illegible]則[illegible]因[illegible]附分別[illegible]者外其應[illegible]者旋即作成[illegible]另[illegible]

書送達各原件[illegible]奉湖南省[illegible]指令[illegible]執行[illegible]計有[illegible]升[illegible]新記

[illegible]和祥[illegible]和[illegible]成[illegible]劉[illegible]十[illegible]敵[illegible]貨[illegible]於

[illegible]組織[illegible]委員會[illegible]

湘潭縣動員委員會二十九年度舉辦或協助各項征募統計表

征募名稱	自辦或係奉令辦理	征募財物或代金數目	征募時日	舉辦機關	協款徵解處所或委理情形	備攷
普征勞軍	奉令辦理	五四三〇〇	三月	本會	全數解湘動委會彙轉[illegible]	全數交本會辦理慰勞榮譽及出征軍人[illegible]會前往辦理
傷兵之友	奉令辦理	一六九〇〇	五月	本會	掃數解傷兵之友總部	
七七獻金	奉令辦理	[illegible]	七月	本會	總解省動委會[illegible]本會[illegible]開支	[illegible]辦理[illegible]各項開支[illegible]由大會另文[illegible]
單衣褲布鞋	奉令辦理	五九〇〇〇	四月	湘潭縣、東鄉[illegible]	[illegible]由本會[illegible]解省動委會[illegible]	
榮譽軍人醫藥費	協助	[illegible]	五月	本會[illegible]	如數[illegible]	並奉[illegible]字第二九一二號[illegible]代電申謝在卷
慰勞金	奉令辦理	[illegible]〇〇	八月	婦女會[illegible]本會等[illegible]發動	全部慰勞榮譽軍人	二十九年八月一日全國慰勞總會三週年紀念由該會奉令主辦之
秋節勞軍	自辦	八[illegible]	九月	本會	全部慰勞榮譽軍人及駐軍	
獻機（劇、號）	協助	[illegible]〇〇	八月	軍委會抗劇[illegible]辦由本會協助	由軍委會抗劇[illegible]自行辦解	

獻機[illegible]	協助	[illegible]	十二月	第四軍[illegible]師[illegible]發動	由[illegible]分會[illegible]解省動員會
獻機[illegible]	自辦	[illegible]	九月	湘潭民衆社本會發動	由縣黨部轉解省黨部
獻[illegible]	自辦	[illegible]	十一月	由民衆[illegible]動捐獻民衆社代收	現在繼續進行中尚未結束
防空[illegible]	奉令	[illegible]	十一月	本縣[illegible]部[illegible]會	暫由縣政府保管
難民[illegible]	奉令	[illegible]	十二月	湘潭[illegible]本會[illegible]	交[illegible]委員會[illegible]辦理
[illegible]勞軍	奉令	[illegible]	十二月	婦女工作[illegible]本會[illegible]	全部[illegible]勞[illegible]士及駐軍壯丁
寒衣捐	奉令	四[illegible]	[illegible]	本[illegible]	已[illegible]動員會[illegible]元
					正[illegible]辦結束中

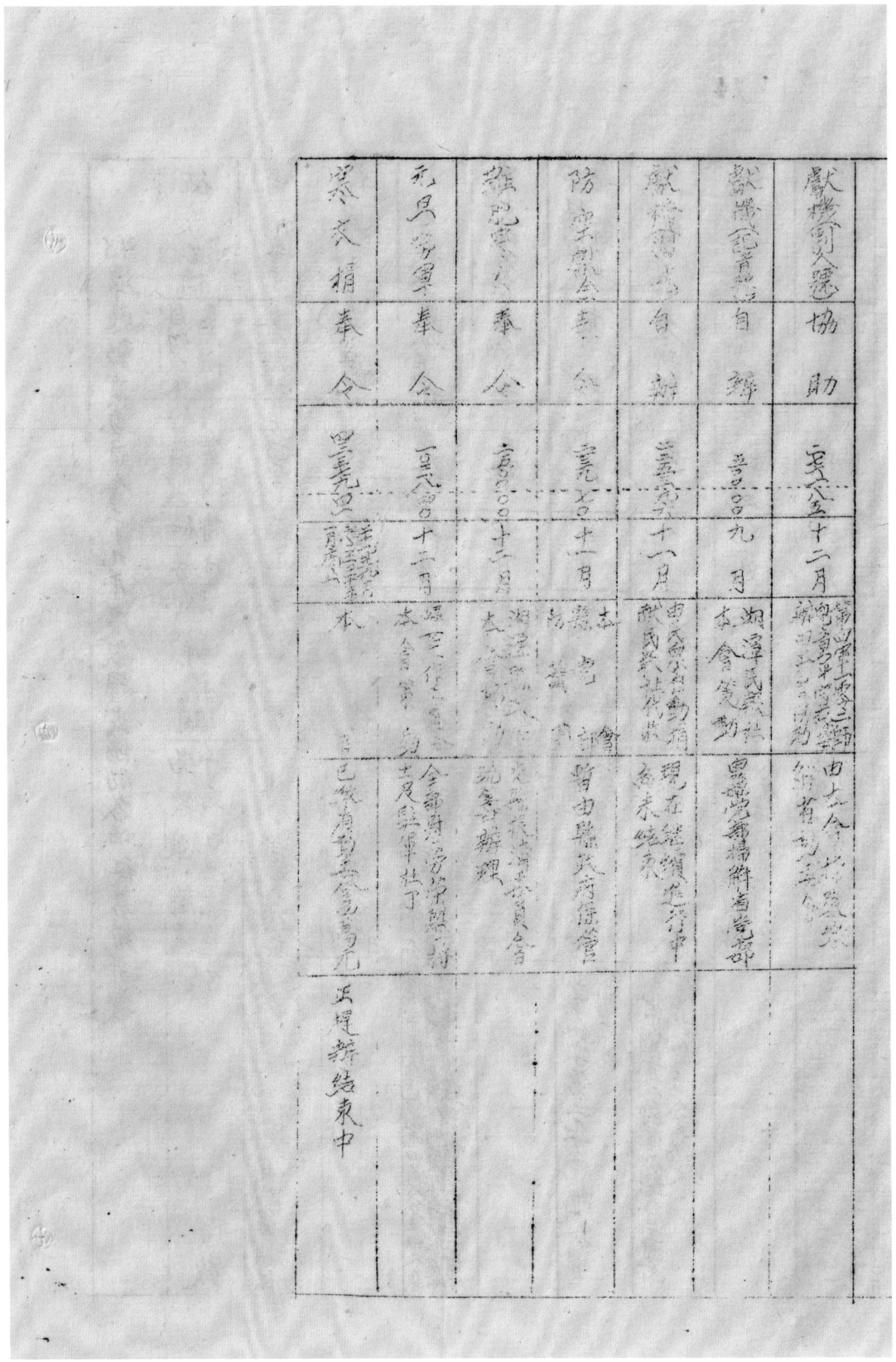

15

湘潭縣動員委員會查禁敵貨起卸運銷暫行辦法

第一條　本會為普遍查禁敵貨便於登記檢查起見特訂定本辦法

第二條　凡偷運偷銷敵貨及搶運物品入出本縣縣境者悉依本辦法辦理

第三條　凡本縣境內起卸運銷之貨物係遵照經濟部財政部准行運銷之出產外其餘各種貨物均須依照本辦法之規定辦理

第四條　起卸運銷貨物之手續暫規定如左

甲、凡商品貨物於起卸運銷時須先由商人執帶清單稅票等陳報本會掣取起卸證

乙、本會據商人報告即派員携同起卸證前往查驗

丙、如查係敵貨即行封存依法辦理如係國貨即予發給查訖證明單放行

丁、起卸證每份取工本費五分如有節餘即作補助登記檢查費之用

第五條　如有故意違反本辦法擅自起卸運銷者由本會會同縣政府按其情

節輕重分別予以處分

第六條 本辦法如有未盡事宜得提交本會常會修改之

第七條 本辦法由本會常會通過後呈請 湖南省動員委員會核准備案施行

湘潭縣動員委員會組織歌女抗敵歌唱社集中歌唱暫行辦法

一、本辦法根據湘潭縣動員委員會(以下簡稱本會)第八次常會討論第六案決議案訂定之

二、本縣歌女或外籍歌女請求組織抗敵歌唱社者依照本會第八次常會第六案之規定暫准組設四社(外籍歌女一社本籍歌女三社)

三、各社社址由各該社發起人公同在警衛區以內覓定場所集中歌唱但須先將覓定場所測繪圖形呈報本會備查

四、各社組織規則由各社發起人斟酌情形自行擬定呈報本會核准施行

五、自本辦法頒佈後所有本市本籍或外籍歌女均須入社集中歌唱絕對禁

止秘密賣淫及出局侑酒茶樓酒館旅社等處單獨歌唱如違驅逐出境並
從嚴罰之

六　凡從事清唱之歌女以集中住宿為原則如因房屋窄小不能容納時得由各社
在指定區域內另闢寄宿舍集中住宿由軍警機關隨時監督

七　各社清唱題材以能引起聽衆抗戰情緒為原則（須接受戲劇審查會審
查）禁唱淫詞靡曲

八　各清唱社營業時間暫規定每日下午五時起至九時止

九　營業時間經常監督由警察局會同駐軍負責

十　歌女入社應由各社取具歌女五人聯保切結（聲明不得有危害國家民族之企圖）如
違實行連坐處分並由各社負責人由當地黨政機關具結擔保

十一　各清唱社絕對不准以不正當方法互爭營業如違勒令關廢

十二　歌女在歌唱時間禁止與觀衆攀談或有不莊嚴之態度如違從嚴議處

十三　各清唱社依法營業者由各監督機關妥予保護

十四 由婦女會婦女工作委員會召集全體婦女每日定期舉行精神講話以促其覺悟並啟發其抗戰情緒或擇優組織慰勞勸募縫、採等隊、使能為國效力

十五 本辦法如有未盡事宜得隨時修改之

湘潭县动员委员会全体职员合影照片（一九四一年四月）

湘潭县动员委员会一九四一年度工作报告书（一九四一年十二月）

湘潭縣動員委員會三十年度工作報告書目錄

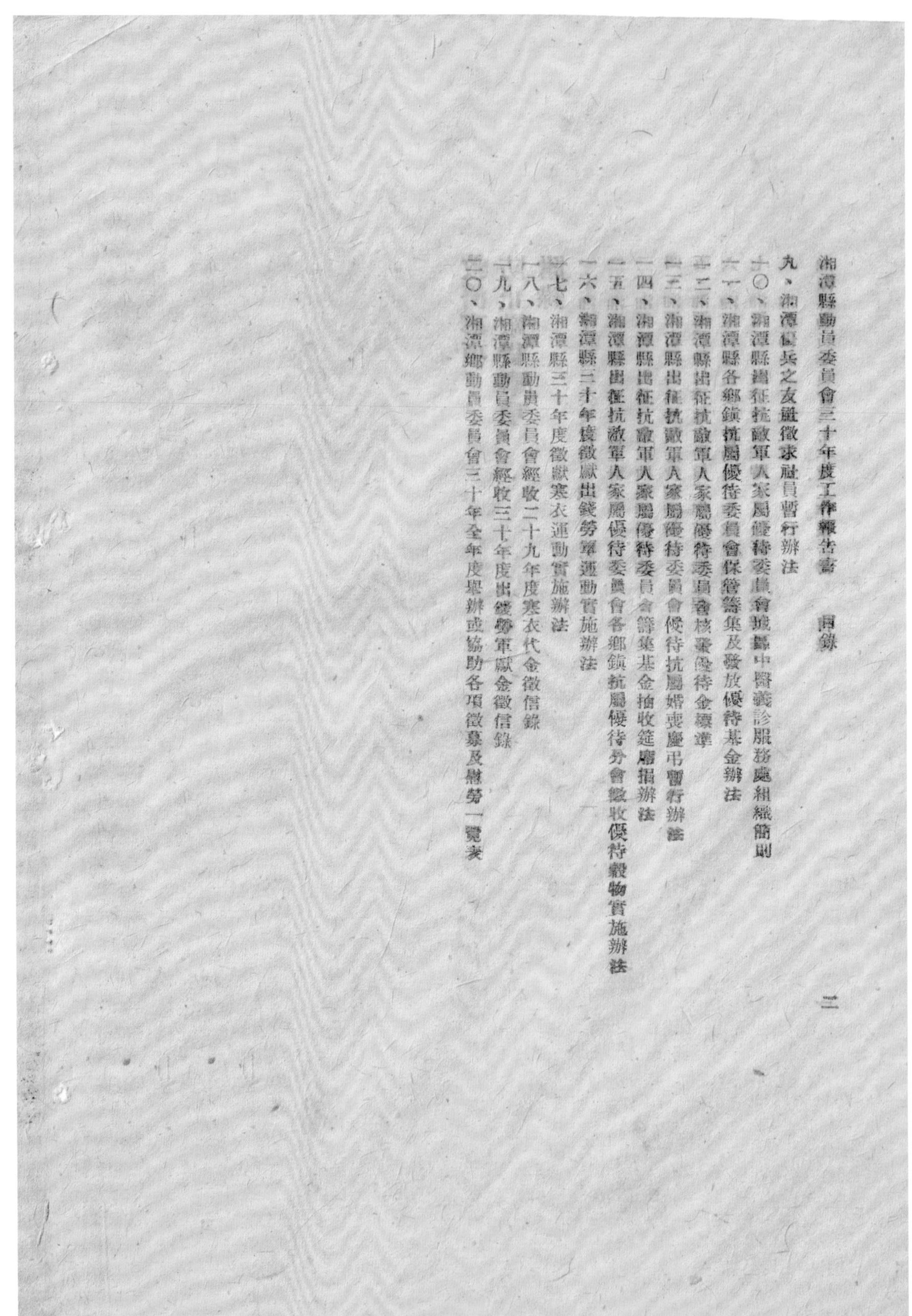

湘潭縣動員委員會三十年度工作報告書　目錄　二

九、湘潭優兵之友社徵求社員暫行辦法
一〇、湘潭縣出征抗敵軍人家屬優待委員會設縣中醫義診服務處組織簡則
一一、湘潭縣各鄉鎮抗屬優待委員會保管籌集及發放優待基金辦法
一二、湘潭縣出征抗敵軍人家屬優待委員會核發優待金標準
一三、湘潭縣出征抗敵軍人家屬優待委員會優待抗屬婚喪慶弔暫行辦法
一四、湘潭縣出征抗敵軍人家屬優待委員會籌集基金抽收筵席捐辦法
一五、湘潭縣出征抗敵軍人家屬優待委員會各鄉鎮抗屬優待分會徵收優待穀物實施辦法
一六、湘潭縣三十年度徵獻出錢勞軍運動實施辦法
一七、湘潭縣三十年度徵獻寒衣運動實施辦法
一八、湘潭縣動員委員會經收二十九年度寒衣代金徵信錄
一九、湘潭縣動員委員會經收三十年度出錢勞軍獻金徵信錄
二〇、湘潭鄉動員委員會三十年全年度舉辦或協助各項徵募及慰勞一覽表

國父遺像

國父遺囑

余致力國民革命凡四十年其目的在求中國之自由平等積四十年之經驗深知欲達到此目的必須喚起民衆及聯合世界上以平等待我之民族共同奮鬥

現在革命尚未成功凡我同志務須依照余所著建國方略建國大綱三民主義及第一次全國代表大會宣言繼續努力以求貫澈最近主張開國民會議及廢除不平等條約尤須於最短期間促其實現是所至囑

國民精神總動員會

兼會長蔣肖像

蔣會長訓詞

現在是抗戰劇烈千金一刻時期，不容我們再作任何的空論空想，不容我們荒廢一分的光陰，和精力，我們應該針對着當前強敵，正視國家的安危，嚴重反省我們的責任，切實檢討我們的缺點和弱點，一方面迅速確實的來改造自身，以身作則，同時提攜着我們全國的同胞幫助我們還沒有覺悟的同胞，奮起我們一般知識水準較低的同胞，一致奮起，改正醉生夢死自暴自棄的生活，養成奮鬥蓬勃積極進取的民氣，革除苟且偷生，陽奉陰違的習性，打破自私自利投降屈服的企圖糾正誤國自誤的私想，緊張我們的情緒，統一我們的行動，使我們中華民族精神充實起來，眞正做到舉國一致的精神總動員，發揚這一個至大至剛的精神力量，來完成我們這一輩繼往開來千載一時的使命。

湖南省動員委員會

兼主任委員薛肖像

兼主任委員薛訓詞

子，立身三本

一，早起爲奮發圖強之本

二，勞動爲強種強國之本

三，負責爲建功立業之本

丑，約守八事

一，服從命令盡忠職務

二，遵守紀律嚴守機密

三，不營私　四，不舞弊

五，不貪贓　六，不枉法

七，公正嚴明親愛精誠

八，好學力行知恥有勇

寅，辦事六要

一，要愼思　二，要明辨

三，要精快　四，要簡明

五，要整齊　六，要確實

黨員守則

一、忠勇為愛國之本
二、孝順為齊家之本
三、仁愛為接物之本
四、信義為立業之本
五、和平為處世之本
六、禮節為治事之本
七、服從為負責之本
八、勤儉為服務之本
九、整潔為強身之本
十、助人為快樂之本
十一、學問為濟世之本
十二、有恆為成功之本

湘潭縣動員委員會三十年度工作報告書

（一）概述

本會自二十八年四月成立後，於二十九年五月奉令改組，遵照組織規程規定，分組訓征調宣傳救濟總務五股，工作按序推行，至八月本縣出征抗敵軍人家屬優待委員會及兵役協會抗敵後援會均奉令裁撤，其業務一律歸併本會辦理，業務冗繁，復調整人事組織，成立敵貨登記檢查委員會，敵貨檢查隊，並會同黨政團各機關成立二十九年度徵募寒衣運動委員會，本年續成立三十年度出錢勞軍運動委員會，傷兵之友社，獻機運動委員會，七七抗戰建國四週年紀念獻糧運動委員會，實施民生公約宣導團，及恢復組織出征抗敵軍人家屬優待委員會，三十年度徵募寒衣運動委員會以上各種機構，雖係與本縣黨政團各機關共同組織，而實際推動責任，仍由本會各股負之，迄今各種動員有關工作，在本縣黨政團各界協助之下，雖獲相當開展，惟以上頒預算有限，若干業務，均以限於經費無法推進，來年度各縣動員工作欲求普遍擴展，推行順利，則擴充預算實先決之問題也。

（二）組織與會議

甲 人事

一、本會委員依法除縣長廖佩之兼任主任委員外，並以縣黨部書記長趙拔萃，國民兵團副團長劉滌塵保安第十三隊大隊長熊文欽為委員，並聘任能力及學識優良熱心動員業務之各界人士為征調組訓宣傳救濟總務各股主任。

二、本會職員之調整：本會自二十九年八月加強組織後，派徐業珍為書記長，蕭鳴羅天俊李桂芬為幹事，王錦純為錄事，羅天俊負辦理本會組訓救濟事宜之責，並兼任出征軍人家屬優待委員會祕書，蕭鳴負辦理管卷宣傳救濟總務事宜之責，並兼任傷兵之友社幹事，李桂芬負辦理會計及經收各項捐獻事宜之責。

三、敵貨登記檢查委員會：敵貨登記檢查委員會，派劉世琦為專任幹事，負敵貨保管及登記並兼辦本會（動委會）收發事宜。

四、敵貨檢查隊：敵貨檢查隊，於二十九年十月組織成立，經遴派徐炳安廖贊揚譚迪馮漢民徐希達戴曰虹等六人為隊員，旋因經費困難，經於本年七月暫行裁撤。

五、動員工作隊：本會以業務繁劇，人力有限，經於本年九月成立動員工作隊一隊，因奉撥經費有限，僅遴派吳可畏劉志初唐藏修徐炳安周桐初廖贊揚等六人為隊員，並迭呈請省動委會經常按月補助，擬擴充組織以求工作之逐漸開展，而收業務順利推行之效。

湘潭縣動員委員會三十年度工作報告書　　二

乙　會議

本會委員會議及動員工作會報，自本年元月份起至十二月份止，共召開八次，出征軍人家屬優待委員會常會共開三次，至其他協助政府推行政令，及各種徵獻運動，籌備各次革命紀念節臨時會議，共達二十餘次，每次均能遵守「議而必决」「决而必行」之宗旨，切實辦理，各界亦均熱忱協助，推行尚稱順利。

丙　經費

一、本會經費由縣款撥付，奉　省動委會令規定本年度甲等縣一二兩月份各月支一百三十元，計薪餉開支爲九十元，辦公費爲四十元，暨本年三月復奉令三至十二月各月經費增加七十元，合計爲二百元，薪餉開支爲一百六十元，辦公費爲四十元，同年四月份起每月增加員工戰時生活補助費七十二元，復至十月份月增員工戰時生活補助費三十二元三角，十至十二月份每月共支補助費一百另四元三角連同每月經常費二百元，計月支經費三百零四元三角。

二、敵貨登記檢查委員會設專任幹事錄事各一人，及檢查隊員六人，每月經常費二百七十元，由登記費及前任存款內開支，經第十一次委員會議通過，呈准施行，至八月份因經費有限，檢查隊員及錄事裁撤，僅設專任幹事一人，八至十二月份月支薪五十五元，在所餘存款部份開支。

三、動員工作隊，呈奉　省動委會准將軍政部第四補訓處公演餘款九百三十二元八角及三十年七七獻金存款一千五百元撥爲該隊經費，以三個月爲限，每月支八百一十元，經列具預算，呈准施行。

(三)組訓事項

一、本年元月本會爲達到肅奸目的起見，特會同縣政府縣黨部青年團國民兵團警察局計劃舉辦本縣市區各旅社戲院及茶樓酒館男女茶役訓練，經擬具調訓辦法，提交本會第七次委員會議通過，函送國民兵團主持辦理。

二、二月奉令廢止各鄉鎮動委會，所有動員業務，移由各鄉鎮公所兼辦，遵即轉飭遵照辦理。

三、本會爲便利行旅嚴禁人力車夫高價卡索及維持交通秩序，經會同黨政團各機關，擬定人力車資價目，並列表張貼各車輛，嚴飭遵行。

四、三月據本縣卜命相士代表張決疑等，呈請援照長沙成例組織易學研究會，經會同本縣黨政各機關開會討論結果，准予組織卜相從業人抗敵宣傳工作團。

五、令飭戲劇業清音部規定時間，並集中營業，禁止出入茶樓酒館、以肅市容，而利新運之推行。

六，四月奉令成立出征抗敵軍人家屬優待委員會、聘請趙牧亭李光粟徐業珍劉滌塵李以慰等四十九人為委員，經於本年四月十七日召集開會，正式成立，互推李以慰周季五徐業珍等十一人為常務委員，並派羅天俊兼任該會祕書，徐業復為專任幹事、鄧梅芬為錄事，通過月支概算每月為二百三十元，並呈准備案。

七、五月本會以抗屬優委會成立以來，工作進展甚速，令飭各鄉鎮公所，一律成立鄉優待分會，並認真工作，以收優政普遍推行之實效。

八、擬具傷兵之友社社章，及徵求社員暫行辦法，重新組織傷兵之友社，以為榮譽軍人服務，增強抗戰力量。

九、召集各鄉鎮長會議，商討各項動員業務之推進，國民月會之舉行，各項捐獻之辦理，並令飭切實遵辦具報。

十、六月本會為厲行新運，改革奢侈風氣起見，經分別函令警察局及理髮業工會取締電燙理髮，並擬沒收各理髮店燙髮器具。

十一、本會以檢查敵貨隊工作顯著成績，經令飭各工作隊員，認真工作、以收查禁敵貨之實效。

十二、協助國民兵團後備隊訓練事項，本會徐書記長按時出席擔任精神講話，並講解精神總動員綱領。

十三、七月協助本縣國民教育師資訓練處訓練事宜，派本會羅天俊肅鳴兩同志，擔任小組討論指導員。

十四、八月草擬本會動員工作隊組織規程及工作計劃大綱，呈准施行。

十五、九月於二十三日本會以湘北戰事緊張，市面難無奸宄潛藏，經會同本縣黨政軍團警各機關舉行總檢查，嚴防奸宄，以遏亂萌。

十六、遴派吳可畏徐炳安劉志初唐藏修四同志，為本會動員工作隊隊員，並限即日到會服務，於二十四日正式成立。

十七、十一月為適合戰時需要計劃，統制運伕運輸、以期救濟傷病員兵及護送過境部隊之責，擬具戰時工人任務隊組織辦法，經召集各機關會議討論通過，呈准施行

十八、十一月組織工人戰時任務隊，分別函令各有關機關轉飭各職業工會會員，來會申請登記。

十九、規定本會動員工作隊出發工作辦法，公告各界週知，以資識別。

二〇、二十九日召集各鄉鎮長動員工作會報，檢討過去，策勵將來，以收動員業務普遍推行之實效。

二一、十二月派員視導正心漣南忠信易俗石潭等鄉鎮動員業務及實施民生公約宣導事項。

二二、協助第九戰區司令長官司令部派駐本縣國民兵戰時任務隊組訓隊組訓工作。

（四）徵調事項

一、本年一月至十二月份徵收各戲院娛樂捐共計一萬陸千七百七十五元一角七分，作為經辦優待抗屬基金，已飭優委會於工作報告書中，將收支詳細概況，列表公佈，茲不贅述。

湘潭縣動員委員會三十年度工作報告書

四

二、令飭各鄉鎮公所，凡奉令更調之各鄉鎮長，對於徵募寒衣工作及各項徵獻運動，應專案移交及接收辦理，以專責成。

三、二月本會以未結束二十九年度寒衣代金各鄉鎮，列表函請縣府勒繳，以資結束，而憑轉報。

四，經收童子軍勸募寒衣一角運動，計縣立中學解繳捐款二百二十四元，唐氏仁本小學學生解繳三十元，共計二百陸十四元五角，均已專案轉解 省動委會核收。

五，呈請 省動委會明令嘉獎本縣商會委員婁璧宸柴曉泉張海鯤殷潤民等，對各項捐獻及慰勞工作，熱心參加，藉勵來茲。

六、三月造具本會二十九年度舉辦或協助各項徵募統計表，除呈報並公布外，復分函各機關查照，以昭大信。

七、二十九年度寒衣代金，截至本月底止，共繳解四萬四千元，並將遵辦情形，呈報 省動委會鑒核。

八、四月續解二十九年度寒衣代金一千元，合前共繳四萬五千元，並嚴催各鄉鎮趕辦結束。

九、本會以出錢勞軍獻金，意義重大，不得與其他派捐併收，以昭慎重，而免流弊。經分別函令各機關團體各鄉鎮嚴切制止，並派員嚴密偵查。

十、五月二十九年度寒衣代金，截至本月底止共繳解四萬陸千元正。

十一、出錢勞軍獻金，已繳二萬元，經於本月五日舉行預賽，商業交通兩組繳解較少，兒童組獲得預賽冠軍，並另期舉行決賽大會。

十二、二十日至二十三日舉行湘潭各界爲夏節勞軍及傷兵之友社募捐遊藝大會，共獲得法幣一千八百四十四元，除提四百四十四元作爲夏節勞軍經費外，其餘一千四百零四元，作傷兵之友社爲軍政部第一百六十兵站醫院添置急需物品之用。

十三、緘請縣黨部令飭各區黨部就近監導各鄉鎮各項徵獻運動工作，以防流弊，而利推行。

十四、六月於二十二日本會爲迅速結束本縣出錢勞軍，經會同縣黨部青年團派員出發分組按戶督催各商店出錢勞軍獻金，以資轉報。

十五、統計本年上半年本會舉辦或協助之各項徵募，經詳細列表，除呈報外，並公布報端，以昭大信。

十六、七月出錢勞軍獻金，合前共繳解三萬元，並令飭各鄉鎮積極發動將已收上項捐款，如數解會。

十七、七七抗戰建國四週年紀念，經舉行獻金運動，約共募一萬三千元左右，除必要用費由大會總務股負責造報外，本會准大會移來七七獻金一萬一千八百一十八元二角五分，已專案向省動委會解繳一萬元，餘呈准留作本會辦理救濟傷兵及慰勞工作與推進業務必需費用，已呈奉核准。

十八、二十九年度寒衣代金，截至本月底止，已共繳四萬七千元，並趕辦結束。

十九、八月於一日舉行本縣各界出錢勞軍競賽決賽大會，並經呈請省動委會派龔委員雨蒼，蒞縣指導。

二十、緊急代電令飭各鄉鎮長將二十九年度寒衣代金，限本月上旬連同收據繳解，如違函請縣府拘押經辦人員，處分鄉鎮長。

二一、飭抗屬優待委員會公佈五六月份徵收娛樂捐數目。

二二、發動各鄉鎮獻糧運動，並奉轉頒各項注意事項及辦法，飭遵照辦理。

二三、出錢勞軍獻金，截至本月份底止，共已繳解四萬元整。

二四、九月於九日召開第一次獻糧運動委員會議。

二五、派動員工作隊隊員催提姜畬正心銀田清溪石潭等鄉鎮出錢勞軍獻金。

二六、令催株州藕花等鄉鎮二十九年度欠繳寒衣代金，以便結報。

二七、會同青年團派員守提河東霄臨鎮三十年度出錢勞軍獻金。

二八、十月復派動員工作隊隊員吳可畏督催忠信湘南等鄉鎮出錢勞軍獻金。

二九、准中華南京兩戲院自十八日起開演，前十天所得，提成作爲慰勞及優待抗屬經費，計共募繳一千元。（七百元作慰勞經費，三百元作優待業務經費）。

三〇、令飭旅業公會代借棉被五十床，由本會轉借一一五傷病官兵收容所，以惠傷胞。

三一、派羅天俊劉世琦王錦純三同志，協助縣商會分赴壺山雨湖文華三鎮督促勸募本年雙十節及第二次長沙會戰勝利祝捷大會慰勞經費，以便歸還七七獻金，而資轉解。

三二、造具二十九年度寒衣代金捐獻徵信錄及收支清冊結束情形，呈報省動委會鑒核，奉令准予備查並核銷開支清冊。

三三、十一月印就二十九年度各界捐獻寒衣代金徵信錄，分別函令各界查照。以昭大信。

三四、派員督催各鄉鎮及結束城區各組出錢勞軍獻金。

三五、建甯鄉鄉長譚湘淮，辦理獻糧運動努力，本會經傳令嘉獎，以昭激勵。

三六、召集城區各酒席館店主開抽收筵席捐會議，以作優待基金。

三七、擬具本縣三十年度徵募寒衣運動實施辦法積極舉辦。

三八、十二月白雲鄉鄉長譚邦翰，挪欠出錢勞軍獻金，函請縣府拘案押繳，以重公帑。

三九、布告各酒席館，認眞輸繳筵席捐，以維優政，而惠抗屬。

四十、省動委會熊視導專員天申來縣，督導本會各項動員業務並催結各項捐獻。

四一、奉令以辦理獻糧運動，無論有價無價，應由人民自由捐獻，不可採用攤派方式，並得列抵代購軍糧數額，經轉令各鄉鎮遵照。

四二、本月續繳解出錢勞軍獻金九千元（內籌墊組訓隊給養二千元取據抵解代青年團解繳二千元奉令准列抵配賦數）

湘潭縣動員委員會三十年度工作報告書

（五）宣傳事項

一、奉頒慶祝三十年元旦宣傳要點，除遵辦外，並轉飭各鄉鎮遵照辦理，復據南湖鎮及忠信鄉呈報三十年元旦慶祝大會分保舉行，八民精神奮發，參加踴躍，本會以該鄉鎮長等努力宣傳工作，准傳令嘉奬，以昭激勸。

二、奉轉製發標語應行注意事項，除遵辦及在民報公告外，並轉飭各鄉鎮遵辦。

三、本年第一次國民月會，合併在慶祝元旦大會同時舉行，儀式隆重，情緒熱烈。

四、奉令頒發抗戰春聯，經翻印五千份，分發各鄉鎮令飭遵辦。

五、二月一日召集各機關團體在百代戲院舉行本年第二次國民月會。

六、十五日舉行湘潭各界慰勞城區四鎮抗屬遊藝大會，每抗屬發給榮譽證一枚，優待金十元，各抗屬經此優待，莫不喜形於色，深感政府之德惠。

七、三月一日召集各界在百代戲院舉行本年第三次國民月會，同時補發城區三鎮抗屬優待金。

八、舉行　總理逝世十六週年紀念及實施國民精神總動員兩週年紀念大會，暨植樹典禮，同時分期舉行講演及城區四鎮清潔競賽，藉以改進國民生活。

九、參加婦女會「三八節」及縣黨部「三二九」革命紀念。

十、四月一日舉行本年第四次國民月會，同時舉行贛北祝捷大會，並分電　總裁蔣及各長官致敬。

十一、五日爲民族掃墓節，本會發動各界在本市學坪遥祭抗戰陣亡將士典禮，藉慰忠魂，而勵士氣。

十二、遵令實施民生公約，負責偵察檢舉，經召集各有關機關商討有效辦法，組織實施民生公約宣導團，成立檢舉隊，並於本月二十五日上午六時發動各界在本市公共體育場舉行擁護　薛司令長官實施民生公約宣誓典禮。

十三、五月一日召集各界在百代戲院舉行本年第五次國民月會與青年運動週開幕典禮，合併舉行。

十四、協助三民主義青年團湘潭分團部，舉行青年運動週各項工作，參加「五五」革命紀念及「五九」國恥紀念。

十五、派員協助政府擔任督促疏散工作，減少損害，以免無謂犧牲。

十六、六月三日舉行本縣各界第六次國民月會，同時印發「六三」禁煙紀念宣傳品，擴大宣傳，以肅煙毒，而保國民健康。

十七、指定本縣實施民生公約宣導團工作隊，分赴各鄉鎮工作，並將奉頒實施民生公約問答及宣傳綱要，分發各隊，以資宣導，並奬勵人民密報違反民生公約案件，以期澈底實施。

十八、遵令推行夏季衛生運動，經組織籌備委員會，擬具三十年度夏令防疫工作實施草案，經審查交衛生院及縣政府辦理，並舉行宣傳週，頗獲功效。

十九、協助國民兵團舉行湘潭暑期學生兵役募集慰問抗屬物品遊藝會，所獲款物，仍交該團統籌辦理。

二十、七月七日舉行湘潭各界「七七」抗戰建國四週年紀念，及本年第七次國民月會。

二一、九日參加三民主義青年團分團部成立兩週年紀念，及國民革命軍誓師紀念大會。

二二、令飭各鄉鎮切實調查各鄉鎮內有無煮酒熬糖違反民生公約情事具報，以憑轉請核辦。

二三、繪製本縣出錢勞軍獻金獎狀付印，分發各組，以示獎勵。

二四，八月一日上午六時本會召集各界在百代戲院舉行本年第八次國民月會，並舉行發動公務人員子弟當兵運動，及婦女慰勞總會四週年紀念大會。

二五、准縣府函送防禦鼠疫傳單標語小冊一種，除協助宣傳外。並令飭各鄉鎮遵照辦理。

二六，呈復調查光復宣傳團活動及撤銷情形。

二七、會同黨政各機關舉行「八一三」四週年紀念，同時舉行公務人員實施精神總動員宣誓。

二八、會同黨政各機關在縣府前坪舉行「八一四」防空節紀念大會及實施國民兵身份證宣傳大會。

二九、十二日本會會同縣黨部青年團，分成四組，出發城區四鎮，檢舉違反民生公約事宜，計破獲煮酒熬糖案件甚多，均經依法移送縣府究辦。

三十、十六日軍政部第四補訓處第一團全團新兵經過本縣，本會會同各機關並通知各經過地點商店鳴鞭致敬，以勵士氣。

三一、舉行「九一八」十週年紀念，同時並舉行一元獻機戰時公債徵募寒衣獻糧四項徵獻運動宣傳大會。

三二、十月本會以湘北戰事緊急，為避免空襲，經遷至古塘橋市辦公，本年第十次國民月會，即於本月一日在該市舉行，召集各界暨忠信湖南二鄉保甲長人民參加約一千餘人，報告長沙第二次會戰大捷情況，民氣沸騰，敵愾同仇，情緒熱烈。

三三、本會深感各種報紙因時局關係，多已停寄，人民缺乏精神食糧，經繕寫壁報及繕製軍民合作公約貼於古塘橋市各鄉村通衢大道，人民莫不稱便。

三四、舉行湘潭各界慶祝三十年雙十節及長沙第二次會戰大捷祝捷大會火炬遊行，並大舉慰勞駐縣警備部隊警察局各傷兵醫院等，計發慰勞金八千五百九十七元七角五分，已專案報核。

三五、本縣株州白關昭陽三鄉鎮，曾一度被敵寇蹂躪，本會經會同黨政各機關組織戰地工作隊，並派蕭鶴唐藏修兩同志參加調查災情，清掃戰場，同時奉令組織戰地宣慰團，並擬具組織規程召集各機關開會討論通過，定期會同各機關出發發放賑款。

三六、十一月十二日為慶祝　國父誕辰紀念，同時舉行本年第十一次國民月會，母教運動宣傳週開幕禮，情緒熱烈，興奮異常。

三七、十一月舉行　國父誕辰紀念，及本年第十一次國民月會，並令飭戲劇業參加遊藝，以示熱烈，同日青年團湘潭分團部正式成立紀念，本會全體參加。

三八、省糧政局局長伍仲衡先生忠職逝世，本月十七日靈柩經過本縣，本會會同黨政各機關舉行公祭，以示哀悼。

三九、印發本會三十年度徵募寒衣運動告民衆書一萬份，標語一千份，以廣宣傳。

四〇、派員參加婦女會籌施母教運動會議。

四一、十二月一日舉行本年第十二次國民月會，同時發給出錢勞軍獎狀。

四二、派員參加節儲支團勸儲工作。

四三、舉行慶祝民族復興節擊衆大會，參加者各機關團體學校等數十單位約三千人，情緒熱烈，盛況空前。

四四，十六日舉行湘潭各界擁護政府對日德義宣戰示威，及擁護薛司令長官保衛大湖南三週年紀念藉張民氣。

（六）救濟事項

一、本年元月協同發動戲劇業舉行募徵難胞寒衣遊藝大會，公演三日共募得法幣二千五百元，已交縣振濟委員會統籌配發救濟。

二、二月本會以農曆年關將屆發動各界舉行春節勞軍，各傷兵處所及駐軍接兵部隊等，均經分別餽送酒肉禮品，並致慰問。

三、本會爲實行爲榮譽軍人服務起見，經召集各有關機關商討恢復傷兵之友社等進行事宜。

四、四月發動理髮業組織理髮隊，前往各傷兵處所，爲負傷同志理髮。

五、本縣糧食各方採購者紛至沓來，供不應求，發生荒象，經會同黨政團各當局督促組織三鎮民食調劑委員會，辦理平糶，切實予以救濟，復協助政府設軍警售米處，謀軍警食糧之解決，而維社會秩序之安甯。

六、轉令抗屬優待委員會，發動各鄉鎮中西醫師於各鄉鎮各組織義診處一處，救濟一班貧苦抗屬義民榮譽軍人等患病負傷無力醫治之苦，並會同藥業公會商討優待抗屬購藥辦法。

七、本縣糧食發生荒象，各抗屬多難購到糧食，紛紛請求救濟，經令飭各鄉鎮轉令各保民食調劑委員會，對抗屬所需糧食，應儘量設法供應，務獲優先享受之權。

八、六月派員協助出征抗敵軍人家屬優待委員會前赴各鄉鎮調查抗屬生活情形，以憑救濟。

九、傷兵之友社，爲軍政部第一百六十兵站醫院裝置珠羅紗窗一百零三個，並製備重傷活動靠背架三十個，跨床飯桌六十個，砂濾桶兩個，由該站醫院具領，以備需要，而惠傷胞。

十、雨湖鎮中醫義診處主任易萬育，熱心義診工作，本會特傳令嘉獎，以資鼓勵。

十一、七月派員督促城區四鎮中醫義診處，認眞工作，並飭將工作情形遵照抗屬優委會製頒表册，按月填報，以憑考核。
十二、監督抗屬優待委員會，發放壺山雨湖文華東平正心仙女銀田清溪易俗株州空靈霞城曉霞石門等十四鄉鎮抗屬優待基金，除登本縣民報公布外，並彙報省動委會備查。
十三、七月二十六日第九戰區榮譽第二團全體官兵二千人，由衡開赴前方殺敵，道經本縣，本會除會同各機關沿途準備茶水及鳴鞭致敬外，並舉行歡送典禮，印發慰問書及購贈蔴鞋二千雙，以勵士氣，全團官兵士氣振奮，均有不殺盡倭奴，誓不生還之慨。
十四、十月准軍委會傷兵慰問第三組代電爲發起一甲一鞋運動請予推動，以襄盛舉，本會當即轉飭各鄉鎮遵照辦理並徵募解會，以便轉發，而惠傷胞。
十五、本會以戰事緊張，過境部隊甚多，爰於通衡山大路之古塘橋市，分飭附近保長設置茶水站，以資供應茶水，便利過境部隊。
十六、本縣接近戰區，負傷官兵經過甚爲擁擠，各醫院以擔架不敷，緘請本會協助輸送，經本會支配路綫，發動各鎮担架二十副，儘力協助輸送，迄今仍繼續辦理，同時發動人力車籮業工人協力擔任運輸任務，並由本會按名發給力資，以求工作迅速，而利進行。
十七、本會爲便利本市過境負傷官兵及軍警部隊起見，特設置茶水站八處，由動員工作隊隨時督促當地保甲長，分派各商店住戶供給茶水及保管茶缸茶架責任，並擬定規約，藉資遵守。
十八、十一月准軍政部第一一叉傷病官兵收容所函請籌借棉被五十床，本會當即令飭旅業公會分向該業各復業旅社派借，刻已由該會派借二十三床到會，並由本會派員先行送借二十床前往該所應用，餘正籌辦中。
十九、本會以各傷兵院所各將士，爲國宣勞，負傷歸來，値此氣候漸寒，旣受單衣之苦，當求適體之眠，特購備大批稻草送往軍政部第一百六十兵站醫院應用。
二十、准軍政部湖南省榮譽軍人生產事務籌備處第一生產大隊部請廣捐農具，已交傷友社籌助，正在積極設法中。
二一、十一月指令籮業工會及人力車工會，義務担架輸送夫役代軍政部一百六十兵站醫院隨時運送負傷官兵，每名每次由本會發給伙食四角，本會動員工作隊隊員負責督導。
二二、本會以天氣寒冷，一百六十兵站醫院棉被缺乏，派借棉被數十床，送往該院，以衛負傷將士之寒冷。
二三、擬定各鄉鎮抗屬優委分會應設專任幹事辦法，以重優政，正呈請核示。
二四、派員參加優委會監放姜畬鄉抗屬優待金。
二五、十二月飭同優委會發放建甯龍華天台白石等鄉鎮抗屬優待金。
二六、籌備三十一年元旦舉行慰勞榮譽軍人，及出征軍人家屬，榮譽軍人每人發慰勞金五元，出征軍人每人發慰勞金一元，並贈送酒內抗屬每戶發食米五升。

（七）檢查敵貨事項

一、本會爲防止敵貨之侵入，勵行對敵經濟反封鎖，經於二十九年十月成立敵貨登記檢查委員會，聘趙拔萃徐業珍等十一人爲委員，趙拔萃爲主任委員，派羅天俊兼任總幹事，劉世琦爲幹事，並成立敵貨檢查隊，聘三民主義青年團湘潭分團部李主任光粟爲隊長，遴派徐炳安廖賞揚徐希達戴白虹馮漢民譚迪等六人爲隊員，負辦理檢查敵貨之責任，自開始工作以來，頗具成績，（見本會二十九年度工作報告書防止敵貨事項內）。

二、元月八日本會敵貨檢查隊，在本市拿獲九新久德大新昌協和同慶祥等五綢莊購運嫌疑敵貨浮花絨衣料各一件，當即移送縣府依法鑑別，旋以該項浮花絨，均無廠名商標，是否敵貨，無憑鑒定，經由縣府檢同樣品，呈請湖南省政府核示。

三、十二日本會敵貨檢查隊隊員，在本市拿獲皇后茂興群大世界新世界大美謝普通鳴記老德運等八家百貨店，購運男女膠鞋各一批，當即移送縣府依法鑑別，旋以該項膠鞋是否敵貨，無法鑑定，經由縣府檢同該貨樣品，呈請湖南省政府核示。

四、二月份適値廢歷新年，各商家多未起卸貨物，本會敵貨檢查隊，亦未拿獲嫌疑貨物，僅協助縣府召開敵貨鑑別會議兩次，計議决十四案。

五，本會爲統一敵貨檢查便利商人合法營業起見，經擬具貨物起卸辦法，呈奉湖南省動員委員會核准備案施行。

六、至月二十三日本會敵貨檢查隊，在本市協和綢莊永安公司利湘公司等傘獲嫌疑敵貨紬縐各一疋，經移送縣府鑒別，據鑑定係非敵貨，准予發還，

七、二十九日本會敵貨檢查隊，在本市隆記拿獲嫌疑敵貨土龍骨一宅，經移送縣府鑑定係非敵貨，准予發還。

八、奉湖南省動員委員會令關於本會前擬具之貨物起卸辦法，准予備案，經由本會遵照實行，進行頗爲順利。

九，三月十四日本會敵貨檢查隊，在本市十四總三民路十號民智文具社內查獲嫌疑敵貨自來水筆二枝，經移送縣府鑑定，係屬敵貨，經依法作成鑑別决定書，呈請湖南省政府核准執行沒收。

十、二十一日協助政府召開第十一次敵貨鑑別會議，計討論八案，沒收者一家，發還者四家、請示者一家，應付復鑑者二家。

十一、五月十日本會敵貨檢查隊在本市恆源裕店內查獲嫌疑敵貨光中色布四十一疋，又查獲周齊氏之光中府綢一疋，當移送縣府鑑定，係非敵貨，准予發還。

十二、十二日本會敵貨檢查隊，在本市查獲久德綢莊購運嫌疑敵貨經濟呢一疋，黃卡機布一疋，經移送縣府鑑定，係非敵貨，准予發還。

十三、二十四日本會敵貨檢查隊，在本市湘大鋼鐵廠查獲嫌疑敵貨色布一疋，經移送縣府鑒定，係非敵貨，准予發還。

十四、協助縣府召開第十三次敵貨鑒別會議。

十五、六月七日本會敵貨檢查隊，在本市悅康綢莊內查獲嫌疑敵貨人絲綢三丈八尺，利湘公司內查獲嫌疑敵貨安安布一疋，均經移送縣府鑒定，係非敵貨，准予發還。

十六、八日本會敵貨檢查隊，在本市十總段鈺和店內查獲嫌疑敵貨自來水筆四枝，祥盛店內查獲嫌疑敵貨自來水筆六枝，經移送縣府鑒定，確係敵貨，應予沒收。

十七、二十八日本會敵貨檢查隊，在本市查獲趙人和購運嫌疑敵貨洋磁面盆一隻，寶晋昌購運男力士鞋一打，女高跟鞋二雙，面盆二個，大西洋購運人絲襯衣十五件，人絲背心二件，美華文具社鉛筆十二打，自來水筆四枝，上海襪店交煙盒八個，劉炳文梳子五把，均經移送縣府鑒定，以該項男力士鞋高跟鞋及自來水筆等確係敵貨，應予沒收。其餘均非敵貨，准予發還。

十八、七月五日本會敵貨檢查隊，在本市查獲和濟煙號購運活心鉛筆十六枝，當即移交縣府鑒別，決定連同樣品呈請湖南省政府核示，經奉指令，係非敵貨，准予發還。

十九、七日本會敵貨檢查隊，在本市查獲益明文具社購運自來水筆三枝，經移送縣府鑒定，確係敵貨，應予沒收。

二十、八日本會敵貨檢查隊，在本市查獲日日新百貨店購運人絲襯衣七件，當即移送縣府鑒別，嗣其商標不明，經連同樣品，呈請省府核示。

二一、本會以經費困難，經於七月份將敵貨檢查隊，停止活動，因此本會之防止敵貨工作，以人力之限制無積極之活動矣。

二二、八月十九日本會約集縣政府縣黨部三民主義青年團湘潭分團部國民兵團等四機關，會同清理本會歷年代為保管之各種敵貨蓋章造册，函達各有關機關備查。

二三、二十九日造具本會代為保管之各種敵貨清册，函請縣府迅予接收，並分別處分，以免積壓。

二四、九月一日緘請縣政府派員接收本會代為保管之各種敵貨，並請將已經奉令核准執行沒收之敵貨，迅予定期拍賣。

二五、二十六日本會以時局緊張，派劉幹事世琦協助縣府將各種嫌疑敵貨，運赴花石鄉公所保管，以策安全。

二六、十月十九日本會派幹事劉世琦協助縣府將各種寄存花石之敵貨運回縣城保管，以便處理。

二七、十一月八日本會派員會同縣府計劃拍賣已經奉令核准執行沒收之各種敵貨。

二八、十一日本會派劉世琦徐炳安兩同志協助縣府拍賣各種已經奉令執行沒收之敵貨。

（八）附錄

湘潭縣動員委員會及職員一覽表

職別	姓名	原任職務	備考
主任委員	廖佩之	湘潭縣縣長	
委員	趙拔萃	縣黨部書記長	
	劉滌塵	國民兵團副團長	
	熊文欽	湖南保安第十三大隊大隊長	
總務股主任	廖佩之	同前	
征調股主任	劉滌塵	同前	
救濟股主任	趙聲譽	救濟院院長	
宣傳股主任	鄧焴	民報社社長	
書記長	徐業珍	專任	
幹事	蕭鴻	專任	
	羅天俊	專任	
	李桂芬	專任	
錄事	王錦純	專任	
動員工作隊隊員	徐炳安	專任	
	吳可畏	專任	
	劉志初	專任	
	周綱初	專任	
	唐藏修	專任	
	廖贊揚	專任	

湘潭縣動員委員會設計委員一覽表

職別	姓名	原任職務	備考
	鍾承謨	警察局局長	
	李光粟	三民主義青年團湘潭分團書記	
	方曉東	縣政府主任祕書	
	言志超	縣政府教育科科長	
	宋煥達	縣政府建設科科長	
	周季五	縣黨部祕書	
	蔡遠烈	民生工廠廠長	
	張先正	三民主義青年團湘潭分團宣社股長	
	趙聲譽	救濟院院長	
	姜壁宸	縣商會主席	
	柴曉泉	縣商會委員	
	黃政衡	縣商會委員	
	吳琛	自得學校校長	
	伍蔚湘	膏鹽鑛同業公會主席	
	趙耀南	縣農會幹事長	
	盛遐齡	縣總工會常務	
	劉首初	民衆教育館館長	
	齊漢	縣教育會常務幹事	
	黃修敬	縣婦女會常務	

湘潭縣動員委員會徵抽娛樂捐辦法

第一條　本會爲籌措優待出征軍人家屬基金依照修正湖南省優待出征抗敵軍人家屬條例實施細則第十三條第六款之規定訂定本辦法

第二條　各戲院每日每場所印發之入場劵須先送本會加蓋印章以便稽查

第三條　本會每日徵收各戲院娛樂捐標準卽以本會登記蓋印章之票數多少計算全部收入提抽百分之十五爲娛樂捐如有剩餘劵票須於次日上午繳會驗銷以便核實扣減捐款

第四條　本會得隨時派員分赴各戲院查驗劵票

第五條　各戲院如有發現有戲票未蓋本會之印章及收入報告不實情事由本會函請縣政府按照情節輕重分別予以停演或罰鍰之處分其罰鍰之全部收入概撥優待基金

第六條　上項娛樂捐自三十年度一月一日起實行

第七條　爲兼顧事實藉謀雙方之便利起見得採用估徵法

第八條　各戲院出演戲劇或影片以能引起民衆抗戰情緒增加民衆智識爲原則並須接受戲劇審查委員會之審查

第九條　本辦法經本會第九次常會通過呈准省動員委員會備案施行

第十條　本辦法如有未盡事宜得隨時提交本會委員會議修改之

湘潭市區各公共場所侍役訓練辦法

一、爲維持後方城市治安嚴防奸黨活動起見特擬定本訓練計劃訓練城區各種公共場所之侍役（所謂公共場所係指旅社茶館酒樓戲院澡堂而言）

二、凡本縣市區各種公共場所所有男女侍役均須受此種訓練如不接受或未經此種訓練者則爾後不得服務於本市各種公共場所

三、本市各公共場所所有之侍役由縣黨部責成湘潭縣茶樓酒館旅社茶役業職業工會一律重行舉辦會員登記並妥覓鋪保及三人連環切結造册二份分呈縣黨部警察局備查

四、爲顧慮侍役在受訓期中各場所之業務免於停頓起見規定全市侍役按次分兩期訓練每期調訓各該場所全體侍役之半數

五、訓練時間每期暫定兩星期每日兩小時視實際情况得延長或縮短之

六、侍役訓練以鎮爲單位一鎮爲　隊隊長由各該鎮長兼任隊附由各該鎮隊附兼任另由九戰區政治部第二政治大隊或第一組訓工作隊每鎮派駐訓練一人負督導之責

七、政治課目暫定精神講話肅奸須知衛生常識招待常識防空防毒常識國民精神總動員及軍事術科。

八、政治教官由本市各機關自行選派另由國民兵團函聘之

九、訓練教材除參考湘潭縣國民兵戰時任務隊組訓講義外由負責擔任該科之教官自行選擇補充之

十、侍役訓練之召集由各該鎮鎮公所負責所有被調參加受訓之侍役如有拒不參加者由鎮公所會同警察局責令該店店主解僱若該店置之不理則停止該店之營業

十一、侍役受訓後各發證章一枚在服務時均須佩帶以資識別若無故不佩帶此種證章者由警察局負責懲罰第一次予以警告第二次予以拘押第三次卽令解僱

十二、製造證章用費由各該場所負責證章式樣另定之

十三、侍役訓練課目如附表

十四、本訓練計劃自公佈之日施行

湘潭市區各公共場所待役訓練課目表

課目	要領	時數	備考
精神講話		五	
肅奸須知		八	
衛生常識	清潔寢室廁所個人公共	三	
精神總動員	啓發愛國思想	二	
招待常識		二	
防空防毒常識		一	
軍事術科	禮節立正稍息原地轉法 解散集合整齊法步法	七	
合計		二八	

湘潭縣動員委員會動員工作隊組織規程

第一條　本組織規程依據湖南各縣動員委員會敵貨登記檢查委員會組織規程第七條之規定及本會第十二次常會第四案之決定訂定之

第二條　本縣動員委員會爲切合實際需要特組織「湘潭縣動員委員會動員工作隊」（以下簡稱本隊）

第三條　本隊承動員委員會之命推行各種動員業務及嚴密檢查敵貨等事宜

第四條　本隊設隊員十八人由縣動員委員會公告遴選之

第五條　本隊設隊長一人由縣動員委員會書記長兼任之隊附一人就隊員中選派之

第六條　本隊設幹事書記各一人承辦日常事務由縣動委會及敵貨登記檢查委員會職員中調派充任

第七條　本隊工作會報每兩星期舉行一次必要時得隨時舉行均由本隊隊長召集

第八條　本隊不單獨對外行文所辦文件均須呈送縣動員委員會主任委員判行並以縣動員委員會名義行之

第九條　本隊工作人員服務規則另訂之

第十條　本隊必須經費編列預算經縣動委會核定于敵貨登記費或起卸節餘項下撥付如不足時由動委會就存款項下或請縣府撥款補充

第十一條　本規程如有未盡事宜得提交縣動委會修改之

第十二條　本規程經縣動委會常會通過施行

湘潭縣動員委員會動員工作隊工作綱領

（一）工作要領

一、促進黨政團軍各方面之聯繫使本會動員業務透過各種機構而順利實施

二、勵行對敵經濟封鎖防止奸商偷運敵貨

三、協助各機關團體關於動員業務之推行

四、組訓民衆或協助民衆參加各種動員工作

五、就本隊本身能力所及直接推行本會工作計劃綱要中規定之各事項並實地從事戰地工作

（二）工作項目

一、經常中心工作

甲、宣傳事項　以各種方式向民間作深入普遍之宣傳以國民精神總動員爲宣傳工作中心

乙、調查事項

子、調查敵僞及異黨之活動情形

丑、調查出征軍人家屬及義民之生活狀況

寅、調查奸商偷運敵貨情形

丙、服務及協助事項

子、爲傷兵抗屬義民軍人被炸災民等服務

丑、填發貨物起卸證事宜

寅、協助黨政軍團各機關及民衆團體推進一切動員業務

卯、協助各稅收機關防止貨物漏稅及走私等情弊

二、臨時工作

甲、執行本會本隊命令辦理之事項

乙、隨時隨地自己找工作做執行敵貨檢查工作

三、特種工作協同黨部團部組織情報網搜集並供給各種情報

（三）工作方式

一、本會工作隊與檢查隊以五人一隊爲單位按月互相對換工作各工作隊員發現臨時工作以交由各主管隊辦理爲原則不得越規辦理

二、各隊工作時採集團方式各隊員非有命令不得單獨行動

三、儘量利用機會開展本隊工作

四、與當地各種機構取得密切聯繫以便順利推行工作

五、在工作中學習在學習中工作充實自己工作能力

六、因人因地因時因事靈活運用本身及本身以外之各種力量發展工作

七、其他工作上之一般方式均得視工作性質及需要隨時運用之

（四）工作調度

一、工作隊之工作以縣境內爲範圍檢查隊工作以市區內爲範圍

二、隊員之調度以命令行之

（五）附則

一、本隊之工作報告及服務規則另訂之

二、本綱要如有未盡事宜由湘潭縣動員委員會常會增修之

三、本綱要由湘潭縣動員委員會常會核准施行

湘潭縣動員委員會戰時工人任務隊組織辦法

一、本會爲動員各業工人擔任各種戰時非常任務特管制各業工人組織湘潭縣動員委員會戰時工人任務隊並訂定本辦法

二、凡在本市從事各項職業與運軍有關之工人均須受本會之管制仍由各該工會負責組織任務隊規定人數造具名冊報由本會登記分別規定人數限期來會聲請登記（聲請書式樣附後）

三、凡經合法登記組織之任務隊即由縣動員委員會發給符號以資憑證任務隊之編制另訂之

四、凡本縣各業工會已組織任務隊如不接受本會之管制或工作不力及不組織任務隊者除函請縣政府從嚴處分外並由本會招募若干人組織之其工作努力而有勞績者由本會彙集事實函請縣政府發給優待證准許無條件參加各該業工會享受權利義務以資獎勵任務隊之經費由動員委員會決定籌措之

五、各業職業工會對任務隊之組織應受本會之指揮協助辦理不得推諉規避

六、各業工人編隊組織後受本會之指揮監督必要時得予短期之訓練

七、任務隊得就各業工人之性質分組編成由動委會隨時調遣各隊員擔任如有不服調遣則撤銷其登記並函由縣府予以處分或令各該業工會開除其會籍

八、本辦法由湘潭縣動員委員會約集湘潭縣政府縣黨部青年團國民兵團總工會等六機關會同審查後提交委員會議通過呈由省動員委員會核准施行

湘潭傷兵之友社章程

一、社名　本社定名爲湘潭傷兵之友社

二、宗旨　以從事慰問及救濟負傷將士爲宗旨

三、社址　暫設湘潭縣動員委員會

四、社員　凡中華民國國民及友邦人士個人或團體不分性別贊成本社宗旨者得爲本社社員社員之區別如左

一、認捐國幣二元以上者爲普通社員

二、認捐國幣十元以上或一次樂捐五百元以上者爲特別社員

三、贊助社員在不定期捐助現款或勞力及傷兵需要之物藥等項爲贊助社員

五、社徽　凡本社社員須佩社徽式樣如 傷兵之友 在白地加紅十字四角刻「傷兵之友」四字

六、組織　由湘潭各界聯席會議推定理事十五人至十七人組織理事會主持本社一切事宜理事會設理事長一人副理事長一人由理事會推定之理事會下設祕書一人並分設後列五組及款物保管委員會同時得設名譽理事若干人由理事會聘請之

一、總務組　掌管關於徵募會計庶務收發管卷文書及不屬其他各組一切事宜

二、宣慰組　掌管關于文字口頭藝術慰勞及一切宣慰事宜

三、音樂組　掌管關於教育娛樂一切事宜

四、救護組　關於醫務担架及一切救護事宜

五、服務組　掌管關於理髮洗衣縫補衛生代書招待等一切事宜

六、款物保管委員會

甲、各組推定組長一人副組長一人

乙、款物保管委員會推定主任委員一人副主任委員一人

丙、幹事及委員之人數視事務之繁簡由理事會議決設立

丁、本社一切捐款及物藥統由保管委員會保管捐款則存於指定銀行

戊、凡款項及物藥動用須經理事長許可批發保管委員會主任委員簽字蓋章後方能動用

已、每次捐款人姓名所捐款數及藥物均須隨時登報公佈每月一切開支款項及詳細用途除由理事會派人檢查外須公佈報端以昭大信

七、經費　本社一切經費除徵收社員入社金外由黨政機關撥給的款開支非經理事會通過不得動用除駐社職員酌支生活費外其餘各職員皆義務職不支公車夫馬及其他任何費用

八、會期　本社理事會每月開會一次聽取各組長委員會報告並請傷兵主管機關或醫院報告傷兵狀況遇有特殊事務得由理事五人以上之提議由理事會召集之全體大會每三月舉行一次遇必要時得由社員十五人以上之提議由理事會召集之保管委員會主任委員得列席理事會議

九，附則　本社章由理事會通過分別函請黨政機關備查

湘潭「傷兵之友」社徵求社員暫行辦法

一、本社為使社會人士踴躍參加傷兵服務起見特組社員徵求隊

二、每隊設隊長一人由本社聘請之設副隊長一人由隊長指聘之

三、每隊社員額數由隊長儘量徵求

四、隊長徵求社員時須先請其填具登記表並須請照章代收捐款

五、隊長徵求社員時應將社員登記表連同捐款繳送本社再由本會分別填發捐款收據

六、隊長徵求社員視其捐款額數多少依下列各項獎勸之

一、各隊社員捐款總額在五百元以上一千元以下者贈送獎狀

二、各隊社員捐款總額在一千元以上一千五百元以下者贈送銅盾

三、各隊社員捐款在一千五百元以上者贈送銀盾

四、個人或團體捐款在五百元以上者按照一、二、三、各項分別贈送獎品

七、本辦法由理事會通過施行

湘潭縣出征抗敵軍人家屬優待委員會城區中醫義診服務處組織簡則

一、本簡則依據湖南省各縣（市）戰時中西醫藥界優待出征抗敵軍人家屬榮譽軍人及義民診病及贈藥辦法第十六條之規定訂定之

二、本處定名為湘潭縣出征抗敵軍人家屬優待委員會（以下簡稱縣抗屬優委會）戰時中醫義診服務處

三、本處以純粹義診為原則暫行辦理城區四鎮之抗屬義民榮譽軍人因患病負傷無力醫治者為目的

四、本處主持人及醫師應由本縣中醫公會遴選會員中學識經驗宏富者充任之前項主持人係就遴選中之會員公推二人擔任義診處正副主任總攬義診事宜並得斟酌本地情形在四鎮各設分處一處各分處得選主任一人醫師若干人由本處正副主任調派之分負義診事宜

五、各分處處址如左

一、文華鎮分處（城內太眞芝）

二、兩湖鎮分處（十四總華康藥局現改在裕源永藥店）

三、壺山鎮分處（十八總湘眞一藥室）

四、東平鎮分處（十八總對河王慶倉棧）

六、本處每月舉行工作會報一次正副主任分處主任及各醫師均應出席商討關於義診事宜必要時得召開臨時會議並先期呈報縣抗屬優委會派員出席指導

七、本處受縣動員委員會及縣抗屬優委會之指導監督

八、本處經常臨時等費由縣優委會按月撥付其預算另訂之

九、本處服務規則另定之

十、本簡則如有未盡事宜得由正副主任提請中醫公會理事會議決修正並呈報縣動委會及縣抗屬優委會備查

十一、本簡則呈准湘潭縣動委會核准施行

湘潭縣各鄉鎮抗屬優委分會保管籌集及發放優待基金暫行辦法

一、本縣各鄉鎮優委會關於款物之籌集保管及發放除法令另有規定外悉依本辦法辦理

二、各鄉鎮優待款物之籌集保管及發放等業務應由各鄉鎮優委分會及鄉鎮公所會同辦理

三、各鄉鎮優委分會籌集優待款物應遵照湖南省優待出征抗敵軍人家屬條例實施細則第十三條各款之規定擬具有效辦法呈由優委會遞呈湖南省動員委員會轉請省政府核准施行

四、各鄉鎮優待基金應由各該優委分會保管組保管非經呈准縣優委會核准不得動用

五、各鄉鎮所籌優待款物除法令另有規定者外不得移作任何用途如違依法懲處負責人並應負賠償之責任

六、各鄉鎮發放優待款物由各該鄉鎮公所及優委分會會同辦理之鄉鎮公所負監放之責

七、發放優待款物分定期發放及非定期發放每年一月一日及舊曆端午節中秋節前後舉行非定期發放由各該鄉鎮按照實際情形隨時舉行

八、定期發放非定期發放均應由各優委分會先期造具抗屬名册連同證件彙呈縣優委會核准後方得舉行

九、發放優待款物各鄉鎮優委分會應將所配發人數金額及日期先行通告各抗屬並佈告週知

十、定期發放優待金時由優委分會呈報縣優待委員會派員出席並會同各該鄉鎮公所舉行抗屬懇親會發動當地各機關團體保甲長等全體參加藉廣宣揚

十一、抗屬關係以其直系親屬及尊親屬爲限（即指其配偶子女父母祖父母）發放優待款物時須由抗屬親領

十二、定期發放優待款物數目應於一個月內結算清楚由監放人簽名蓋章並將配發數目及具領人姓名由分會彙報縣優委會遞轉備查並登報公佈

十三、發放優待款物之標準另訂之

十四、各縣優委會辦理優待業務得適用本辦法

十五、本辦法由湘潭縣出征抗敵軍人家屬優待委員會會議通過遞呈湖南省動員委員會核准施行

湘潭縣出征抗敵軍人家屬優待委員會核發優待金標準

一、本縣核發優待金得依法按照實際狀況暫分爲甲乙丙三等各等級之優待金標準如左（如基金充足則比照原額隨時增加之）

甲等十五元榮譽證一枚

乙等十元榮譽證一枚

丙等五元榮譽證一枚

二、本會優待抗屬以下列各項爲原則

一、貧重於富

二、士兵重於長官

三、前方部隊重于後方部隊

四、軍人重於軍屬

三、具有第二條各款之較重情形者得予甲等優待金

四、具有第二條各款較重情形之一者得予乙等優待金

五、具有第二條各款情形之一者得予丙等優待金

六、全未具備第二條各款較重情形之一者雖免發優待金但得分贈榮譽獎狀並予以精神上之安慰以資激勸

七、出征軍人家屬有左列情形之一者免予發放優待金

一、得受金錢頂替他人兵役者

二、被征入營潛逃回籍者

三、褫奪公權者

四、無正式軍事機關部隊之證明文件者（但有歷次及最近之家書經保甲長證明確係現役在營者亦得酌情優待）

八、本優待標準由湘潭縣出征抗敵軍人家屬優待委員會委員會議通過遞呈湖南省動員委員會核准施行

湘潭縣出征抗敵軍人家屬優待委員會優待抗屬婚喪慶弔暫行辦法

一、本辦法根據湘潭縣出徵抗敵軍人家屬優待委員會第二次常會第八案訂定之

二、凡抗屬發生婚喪情事經當地保甲長證明報請本會優待者得依本辦法辦理之

三、關於優待抗屬婚娶事項

一、當地鄉鎮保優委會備禮致賀

二、本會致送五元至十元之賀儀必要時得派員參加結婚典禮

三、本會贈予紀念禮品

四、關於優待抗屬死亡事項

一、當地鄉鎮保優委會備禮弔唁或派人協助辦理喪事

二、本會贈予十元至三十元之奠儀必要時得派員參加致祭

三、本會題贈榮譽銘旌

五、關於抗屬不幸發生其他臨時災害情事時各級優委會應酌予優待

六、本辦法由湘潭縣出徵抗敵軍人家屬優待委員會委員會議通過遞呈湖南省動員委會核准施行

湘潭縣出征抗敵軍人家屬優待委員會籌集基金抽收筵席捐辦法

一、本會為奉行湖南省政府二十九年十二月第一六四次常會修正湖南省優待出徵軍人家屬條例實施細則第十三條第五項籌集優待基金之規定特訂定本辦法

二、凡本縣人民無論因公因私設備筵席均依據本辦法得按原價抽收百分之十之筵席捐

三、凡區城文華雨湖壽山三鎮之筵席捐概歸本會直接辦理

四、各酒席館每日營業收入隨時登入堂流或席流外並須由本會另備三聯收據（式樣由本會規定之）一聯交捐主一聯繳會一聯存店並須於騎縫外用大數字標明數目以備查考

五、凡各酒席館及旅社經營酒席業者應照章繳納筵席捐（民家設備酒筵以兩桌起照繳）由本會派定專人征收並由各該當地保甲長協助調查如有隱瞞不報或偽造數目希圖規避筵席捐者一經查覺從重處罰

六、在必要時為顧捷雙方之便利起見得用估征法

七、筵席捐係專作優待基金除因經辦該捐酌支費用外不得移作任何用途

八、凡阻撓徵收筵席捐進行者按情節輕重依法懲處

九、本辦法由本會常會會議通過報由縣動委會轉呈省動委會省政府備案

十、本辦法自公佈之日施行

湘潭縣出征抗敵軍人家屬優待委員會各鄉鎮保抗屬優委分會徵收優待穀物實施辦法

一、本辦法根據軍政部頒發三十年度徵補兵員實施辦法第十五條之規定訂定之

二、本會為注重基層優待工作實惠抗屬籌集優待經費除法令另有規定外關於保優待金之籌措悉依本辦法辦理

三、各保抽收優待經費由保優待委員會商承各該保保長統籌辦理並受鄉鎮優待會及鄉鎮公所之指揮監督

四、凡保內未出丁之家無論有無壯丁及依法應緩役者（包括黨部委員優委會委員兵役協會委員鄉鎮保甲長等）均應繳納抗屬優待金（在三十年以前購買頂替者其所頂之家仍應繳納）其標準約以每畝出穀二市升並須徵實不得折價其商人房主及無土地者比照納繳代金（赤貧者免收）

五、由保優委會將應行繳納優待金各戶詳細造具清冊呈報鄉鎮優委會遞呈縣優委會備查

六、抽收優待經費之收據由縣優委會統籌製發

七、各保優委會得各就保內共收優待費總數劃分一半按照保內抗屬人數分別等第按實分配之並得核發實物其抗屬須呈經鄉鎮優委會遞呈縣優委會審查合格者始能優待發放時並須報請優委會派員監發發放後仍須呈報備查

八、各保剩餘優待穀物得斟酌情形以一部移作抗屬生產事業基金另一部作各鄉保兵役事業費及宣傳費但須呈准後始得執行

九、各保優委會所收優待穀物得就保優待委員中推選二人負保管責任並遞呈本會備查

十、應繳優待費之戶主不依規定時間繳納現穀者即將該戶壯丁強制提前徵服兵役無壯丁者勒令扣繳十倍以上之優待金

十一，無論公私田畝一律按照上項抽收標準繳納

十二、本辦法呈由縣動委會函請湘潭縣政府分別轉呈湖南省軍管區司令部湖南省政府省動員委員會核准備案施行

盟國明年必勝

【中央社】羅徹斯特二十三日合衆電。中國駐美大使胡適博士。頃在羅徹斯特大學「遠東前線會議」發表演說。在預測同盟國在一九四三年即將獲勝。在將來之世界機構中。中美兩國。均將因愛好和平之傳統精神。而佔最重要之地位。且須使侵略戰爭不致再度發生。中國單獨作戰凡四年之久。今我盟友益使吾人堅信最後勝利也。

湘潭縣三十年度征獻出錢勞軍運動實施辦法

甲、城市競賽區以文華雨湖壺山東平四鎮爲範圍

（一）競賽組織

一、組織湘潭各界出錢勞軍競賽籌備委員會籌備會即以本縣各機關團體主管人爲籌備委員除直接辦理城市壺山雨湖文華三鎮競賽區出錢勞軍競賽事宜外並計劃關於全縣出錢勞軍競賽事宜推縣黨部縣政府青年團動委會國民兵團五機關爲常務委員並推縣政府廖縣長爲常務委員會主任委員縣黨部趙書記長爲副主任委員委員會下令設總務競賽宣傳糾察等四股其職掌如左

一 總務股掌理文書獻金捐款銀錢出納佈置及不屬各股事宜

二 競賽股掌理關於競賽方式及策動民衆競賽事宜

三 宣傳股掌理關於出錢勞軍競賽宣傳事宜

四 糾察股掌理糾察事宜

二、籌備會設黨政金融工商婦女青年交通文化自由職業兒童等十一組分掌各該組競賽事宜茲將各組所屬範圍分列於後

一 黨政組 黨部政府機關鄉鎮公所保甲

二 金融組 銀行及稅收資源等機關

三 商人組 商業團體及商店

四 工人組 各業工會工友

五 婦女組 婦女團體

六 青年組 青年團及各青年團體或中學學校

七 交通組 郵電舟車或運輸與轉運公司

八 文化組 文化團體（包括新聞界教育界）

九 自由職業團體組 醫師律師等

一〇 兒童組 各小學校及家庭兒童

一一 戲劇組 平劇 湘劇 電影各戲院

（二）競賽動員

一、動員單位 以黨政金融工商婦女青年交通文化自由職業兒童戲劇各方面爲單位

二、動員方法 一 每一動員單位爲一組每組由委員會聘指導長一人副指導長一人或二人必要時由指導長副指導長聘請或指派指導員若干人襄助一切進行事宜

二 指導長副指導長邀集所屬動員範圍內之各小單位負責人會商出錢勞軍競賽事宜

三 各組小單位得分別召集同業同行同人會議

四 各組指導長副指導長及各小單位負責人派員分別進行勸募勸募時不得收款僅登記款項數目並通知捐款人按照報紙公佈之日程表參

湘潭縣動員委員會三十年度工作報告書

加出錢勞軍競賽大會

五　用指導長副指導長名義書面勸募

三、動員原則

一　以自由樂捐爲原則

二　勸募工作除有特殊情形者外在原則上僅限於對同業及本機關團體內行之

（三）競賽種類

一、機關團體互相競賽（例如甲機關與乙機關競賽）

二、各行業互相競賽

三、同業互相競賽（例如甲家銀行與乙家銀行競賽）

四、個人互相競賽（例如甲機關長官與乙機關長官競賽）兩一機關商店中個人與個人間亦可競賽但個人競賽均已包括在集體之內非單獨舉行

五、鄉鎮保甲學校互相競賽

（四）競賽方式

一、各組得分別舉行競賽由各組指導長會同各有關主管人辦理之

二、各組小單位應由主管人指定專人擔任籌備員負責辦理

三、請主管人首先捐款以示倡導但對一般職員須採自由方式不宜按薪攤派

四、由籌備員向各單位內同人勸募（任何機關團體不得向外勸募）並備簿登記

五、由籌備員開列捐戶名單並註明捐款總數一併送交

二二

各組指導長

六、依照競賽日程由各組指導長事先籌劃妥善屆時領導各該組捐戶前往競賽大會參加競賽但先期應將出獻數目及參加人數報告本會

七、競賽時由指導長在登記簿上寫明捐款數量當場獻出捐款並由籌備會發給臨時收據當衆公佈

八、各組參加競賽大會時應遵守秩序爲表示熱烈計得自備音樂隊及標語旗幟燈彩

九、爲爭取最後優勝計各組於大會競賽時得臨時出獻

一〇、一般社會人士及民衆方面如不屬於各組範圍以內者按照規定之自由出錢競賽日期及時間前往參加競賽

（五）競賽手續

一、在舉行競賽以前各單位將應捐款數目通知本會

二、在競賽大會時由參加競賽各組指導長負責將款如數送獻規定之競賽臺並在登記簿上親自寫明捐款數目並將款項點交收款人（加獻時亦同）

三、參加競賽者將捐款送獻後當場向競賽臺之收款人領取臨時收據

四、競賽臺負責人收款後應將捐款數目當衆報告

五、各組出獻完畢由大會當衆報告競賽結果並在民報上公佈

六、各組出獻捐款應先由各組指導長收齊繳存湖南省銀行中國農民銀行於競賽大會時將銀行存款單據交由大會兌取

（六）競賽日期由籌備會常務委員會決定公布實行

（七）獎勵辦法根據全國慰勞總會所頒「出錢勞軍競賽運動實施辦法」規定之獎勵標準及獎勵方法辦理之

乙、鄉村競賽區除城市四鎮外以其他各鄉鎮為範圍

（一）競賽組織

一、湘潭縣□□鄉（鎮）出錢勞軍競賽籌備委員會以各該鄉鎮機關團體共同組織之並推鄉（鎮）長區黨部書記青年團區隊長中心學校校長各保保長及士紳三人至五人共同組織常務委員會下分設總務宣傳競賽糾察四股

二、各股職掌可仿照縣籌備會並得斟酌各該鄉（鎮）實際情形分設之

（二）競賽動員

一、動員單位　保甲學校殷實為單位

二、動員方法　一　每一動員單位為一組每組設組長一人副組長一人必要時由正副組長聘請協助員若干人襄助一切進行事宜

三、動員原則　一　注意樂捐及向殷實勸募

二　勸募工作除有有特殊情形者外在原則上僅限於本保本甲內行之

（三）競賽種類

一、甲與甲間保與保間鄉與鄉間互相競賽

二、學校互相競賽

三、殷實互相競賽

（四）競賽方式

一、由各該單位指定專人担任籌備員負責辦理

二、由各該鄉鎮主要負責人及殷實士紳首先捐款以示倡導

三、由各組組長開列捐款名單並註明捐款數目一併送交鄉（鎮）籌備會

四、由鄉（鎮）籌備會擇定適中地點確定競賽日期舉行競賽大會由各組組長領導前往競賽大會參加競賽

（五）競賽手續

一、在舉行競賽前各單位應將捐款通知鄉（鎮）籌備會並在所在地適中地點公佈

二、由縣籌備會製發臨時收據發交各鄉（鎮）籌備會即於競賽日收款時轉交各捐獻人

三、鄉（鎮）籌備會競賽台負責人收款後應將該鄉（鎮）各單位捐款數目當衆報告並公佈

四、鄉（鎮）籌備會辦理出錢勞軍運動統限四月底辦理結束並將捐款數目及捐獻人姓名造冊詳報繳交縣籌備會

五、各鄉（鎮）競賽結束後由縣籌備會彙集結果提交委員會決定次第公佈之

（六）獎勵辦法

由縣籌備會視各鄉（鎮）籌備會捐獻成績多寡之標準擬定特別獎勵辦法施行

丙、其他

一、關於城市鄉村各競賽區之一切規定事項由縣籌備會臨時規定辦理

二、本計劃未盡事宜得由縣籌備會及鄉鎮籌備會隨時提出補充或修改之

湘潭縣三十年度徵獻寒衣運動實施辦法

一、爲犒勞抗戰將士及榮譽軍人並救濟無衣難胞起見特發動湘潭縣徵獻寒衣運動除法令另有規定外悉依本辦法辦理之

二、本縣辦理徵獻寒衣運動得組織寒衣運動委員會其名稱定爲「湘潭縣三十年度徵募寒衣運動委員會」（以下簡稱寒衣會）

三、寒衣會由動員委員會聘請本縣黨政各機關主管及人民團體負責人各鄉鎮長爲委員組織之並推湘潭縣政府縣黨部三民主義青年團湘潭分團部縣動員委員會國民兵團等五機關負責人爲常務委員

四、寒衣會設總務籌募保管稽核四組並設祕書一人由縣動委會書記長兼任專任幹事一人錄事一人由常務委員遴派承常務委員之命辦理不屬其他各組事務並協同各組分辦一切會務各組之職掌規定如次

一、總務組——掌理會議文書庶務及不屬其他各組事項

二、籌募組——掌理籌募及督促等事項

三、保管組——掌理保管寒衣及存解寒衣代金等事項

四、稽核組——掌理稽核各組各鄉鎮寒衣代金籌募繳解情形

五，寒衣會各組設組長一人由委員中兼任之幹事若干人由動員委員會職員中兼充之

六、寒衣會職員除專任幹事錄事外均爲無給職但得酌支伕馬費

七、本縣本年度徵獻寒衣總額奉令核定爲三萬五千件（另配徵本縣難胞寒衣二千件）共三萬七千件（每件以四元計算折合法幣一十四萬八千元）其配賦數及徵募方式則按各個單位實際情形擬定之

八、城區文華雨湖壺山三鎮配定共出獻寒衣一萬九千一百件（折合代金七萬六千四百元）並仿照本年出錢勞軍運動出獻辦法分設黨政金融工人商業婦女青年交通文化自由職業兒童戲劇壽隆鎮等十一組分掌各該組徵募事宜茲將所屬範圍及配賦數分列於後

一　黨政組——縣黨部所屬各級黨部縣政府所屬各機關及其他不屬各組之機關配定出獻寒衣五百件折合代金二千元

二　金融組——銀行及錢業稅務機關配定出獻寒衣一千件折合代金四千元

三　工人組——工人團體配定出獻寒衣二千件折合代金八千元

四　商業組——商人團體配定出獻寒衣一萬件折合代金四萬元（包括各業商店）

五　婦女組——婦女團體配定出獻寒衣三百件折合代金一千二百元

六　青年組——青年團分團部及所屬各區隊各青年團體中等以上學校配定出獻寒衣五百件折合代金二千元

七　交通組——郵電輪航舟車運輸公司及有關交通事業之各

單位配定出獻寒衣三百件折合代金一千二百元

八　文化組——文化團體（包括新聞界教育界）配定出獻寒衣二百五十件折合代金一千元

九　自由職業組——醫師律師等配定出獻寒衣二百五十件折合代金一百元

一〇　兒童組——各級小學校及家庭兒童配定出獻寒衣五百件折合代金二千元

一一　戲劇組——平劇湘劇電影歌唱配定出獻寒衣一千件折合代金四千元

一二　膏鹽鑛組——膏鹽鑛各公司配定出獻寒衣二千五百件折合代金一萬元

以上各組得由本會就各單位內函聘組長及副組長各一人負責担任各該組徵募及勸獻之責

九、全縣黨政團軍警機關團體工作人員及各級學校教職員出獻寒衣代金除依照上項分組辦法儘量出獻外應按照月支薪津是額扣捐標準如左

一，五十元以下者自由樂捐

二，五十一元至八十元者捐百分之一

三，八十一元至一百元者捐百分之二

四，一百〇一元至一百二十元者捐百分之四

五，一百二十一元至一百五十元者捐百分之六

六，一百五十一元至一百八十元者捐百分之八

七，一百八十一元至二百元者捐百分之十

八，二百〇一元至二百二十元者捐百分之十二

九，二百二十一元至二百五十元者捐百分之十五

一〇，二百五十一元至三百元者捐百分之十八

一一，三百〇一元至三百五十元者捐百分之二十

一二，三百五十元以上者捐百分之二十

十·鄉區三十一鄉鎮配定出獻寒衣一萬七千九百件折合代金七萬一千陸百元斟酌各鄉鎮地域之大小及富力情形分別配定各鄉鎮寒衣出獻數目（列表附後）並依據上年出獻成績附徵駐縣難胞寒衣（上年出獻多者此次少派上年積欠多者按數多派以示懲奬而昭平允）

湘潭縣三十年度各鄉鎮配賦徵募寒衣代金數目一覽表

鄉鎮別	配賦數	折合代金	附徵駐縣難胞寒衣數目	折合代金	備考
忠信鄉	八百件	三二〇〇·〇〇	一百一十件	四四〇·〇〇	
黃龍鄉	八百件	三二〇〇·〇〇	無	無	該鄉二十九年度寒衣代金欠繳不多未徵派難胞寒衣
花石鄉	七百件	二八〇〇·〇〇	九十件	三六〇·〇〇	
仙女鄉	七百件	二八〇〇·〇〇	一百一十件	四四〇·〇〇	
漣南鄉	七百件	二八〇〇·〇〇	一百四十件	五六〇·〇〇	

曙陽鄉	七百件	二八〇〇.〇〇	一百一十件	四四〇.〇〇	
天台鄉	六百件	二四〇〇.〇〇	八十件	三二〇.〇〇	
龍華鄉	六百件	二四〇〇.〇〇	九十件	三六〇.〇〇	
鶴嶺鄉	六百件	二四〇〇.〇〇	一百二十件	四八〇.〇〇	
白石鄉	六百件	二四〇〇.〇〇	一百四十件	五六〇.〇〇	
銀田鄉	六百件	二四〇〇.〇〇	無	無	該鄉二十九年度徵募寒衣超過配賦數已傳令嘉獎不附徵難胞寒衣
霞城鄉	六百件	二四〇〇.〇〇	九十件	三六〇.〇〇	
藕花鄉	六百件	二四〇〇.〇〇	九十件	三六〇.〇〇	
碧泉鄉	六百件	二四〇〇.〇〇	九十件	三六〇.〇〇	
白雲鄉	六百件	二四〇〇.〇〇	無	無	該鄉二十九年度徵募寒衣代金欠繳不多不附徵難胞寒衣
峯靈鄉	六百件	二四〇〇.〇〇	八十件	三二〇.〇〇	
錦石鄉	六百件	二四〇〇.〇〇	二百四十件	九六〇.〇〇	
清溪鄉	六百件	二四〇〇.〇〇	一百件	四〇〇.〇〇	
正心鄉	五百件	二〇〇〇.〇〇	無	無	該鄉二十九年度徵募寒衣代金欠繳不多不附徵難胞寒衣
易俗鎮	五百件	二〇〇〇.〇〇	七十件	二八〇.〇〇	
石安鄉	四百件	一六〇〇.〇〇	八十件	三二〇.〇〇	
永青鄉	四百件	一六〇〇.〇〇	九十件	三六〇.〇〇	
天馬鄉	三百五十件	一四〇〇.〇〇	無	無	該鄉二十九年度徵募寒衣代金欠數不多不附徵難胞寒衣
麟霞鄉	三百五十件	一四〇〇.〇〇	八十件	三二〇.〇〇	
花蕚鄉	三百五十件	一四〇〇.〇〇	無	無	同右
烏石鄉	三百五十件	一四〇〇.〇〇	無	無	同右
石潭鄉	三百五十件	一四〇〇.〇〇	無	無	該鄉二十九年度徵募寒衣代金欠繳不多不附徵難胞寒衣
姜畬鄉	三百件	一二〇〇.〇〇	無	無	同右
株洲鎮	五十件	二〇〇.〇〇	無	無	該鄉遭倭寇一度竄擾災情慘重僅配徵如上數
白關鄉	五十件	二〇〇.〇〇	無	無	同右
合計	一萬五千九百件	六三六〇〇.〇〇	二千件	八〇〇〇.〇〇	

十一，各級學校學生捐獻數額按高中學生四人合捐寒衣一件師範及初中以下學生自由樂捐及有特殊情形者得由學校當局斟酌辦理儘由出獻者不加任何限制

十二，二十九年度各鄉鎮寒衣代金其未經結束報告仍應照原配賦數如數繳楚不得請求核免

十三，殷實富戶捐獻寒衣除勸導樂捐外其經營上獲有過分利得者得由寒衣會商承湘潭縣動員委員會以有效辦法指派捐獻數額

十四，本縣民報社及戲劇業各團體得舉行義賣

十五，捐獻寒衣之手續依下列規定辦理

一，本縣人民黨政軍警機關團體工作人員及初中以下學生捐獻寒衣代金應於十一月二十日以前將捐獻數額遞報縣動委會登記十二月十日以前將代金遞繳縣動委會核發收據（收據由動委會自行製發）並彙解省寒衣分會核收塡發收據同時呈報省動委會備查

二，本縣各黨政軍警機關工作人員及高中以上學校教職員學生應獻寒衣代金由各該機關學校於十二月十日以前各自樂捐或彙扣逕解縣動委會

三，中央或省會駐縣機關團體除法令另有規定外應遵照本辦法規定捐獻標準將寒衣代金於十二月十日以前彙繳縣寒衣分會核收給據並造具淸册送會備查

十六，本縣徵收寒衣代金事宜結束後應將捐獻人（或單位）姓名捐額及收解細數登報公布並造具總數函送湖南寒衣分會備查

十七，本縣辦理本年度寒衣代金結束後應由寒衣會編印徵信錄分送各機關團體備查

十八，寒衣會開支以不超過配額百分之五爲原則月支概算另訂之在概算未確定以前暫就二十九年度寒衣結存代金項下墊用之

十九，各鄉鎮經辦徵募寒衣運動列爲各該鄉鎮長中心工作之一斟酌優劣嚴定獎懲各單位所配賦之寒衣務于限額內如數徵足毋許藉任何理由請爲減免或延期關於人民出獻數目特多其獎勵辦法依據全國徵募寒衣總會規定辦法辦理

二十，寒衣會得刊刻條戳一顆應用對外行文仍借用縣動委會關防以昭鄭重

二一，本辦法由湘潭縣動員委員會擬定徵取本縣黨政團各機關同意後呈報湖南省動員委員會核准施行並函送湖南省徵募寒衣分會備查

湘潭縣三十年度征募寒衣運動委員會經費預算表

科目				月支經費金額	備考
第一款			經常費	四〇〇．〇〇	
	第一項		薪餉	一〇七．〇〇	
		第一目	薪俸	八五．〇〇	專任幹事一人月支如上數
		第二目	工餉	二二．〇〇	工丁一人月支如上數
	第二項		辦公費	一四三．〇〇	
		第一目	文具紙張	五〇．〇〇	
		第二目	郵電	一八．〇〇	
		第三目	印刷	七五．〇〇	
	第三項		預備費	一五〇．〇〇	臨時錄事在預備費內開支
		第一目	旅費	一五〇．〇〇	經常派人督催每日交通伙食費五元合支如上數

湘潭各界二十九年度捐獻寒衣代金徵信錄

機關名稱	單位	類別	代金數目	日期	備考
電燈公司	全體職員	捐獻	四八·〇〇	九月十五日	
中興煤鑛公司	同	同	五〇·〇〇	同	
縣警察局	同	同	四〇·四〇	九月十六日	
民生工廠	同	同	一一·〇〇	同	
政治第二大隊	同	同	三三·〇〇	同	
一六〇兵站醫院	同	同	六〇·八〇	九月十七日	
縣商會	同	同	四〇·五〇	九月十六日	
民教館	同	同	九·一〇	九月十八日	
食鹽公賣處	同	同	三〇·〇〇	同	
教育會	同	同	二·〇〇	同	
縣黨部	同	同	一八·〇〇	同	
稅務局	同	同	三七·六五	同	
動委會	同	同	一〇·〇〇	同	
縣政府	同	同	八三·六〇	同	
婦女工作委員會	同	同	一·五〇	同	
救濟院	同	同	八·〇〇	同	
國民兵團	同	同	三一·四〇	同	
電報局	同	同	五四·〇〇	同	
中國農民銀行	同	同	六五·五〇	九月十九日	
縣衛生院	同	同	一二·〇〇	九月十九日	
湖南第九隔離院	同	同	八·〇〇	九月二十日	
軍運代辦所	同	同	六·二〇	九月二十六日	
富華貿易公司	同	同	七七·〇〇	十月二日	
民報社	同	同	一一·〇〇	同	
公醫院	同	同	二五·三四	十月六日	
貨運稽查處	同	同	一六·〇〇	十月七日	
鹽務收稅局	同	同	五五·七二	十月八日	
省銀行湘潭支行	同	同	二五·〇〇	十月九日	
電汽機械工會	同	同	三一·五〇	十一月十七日	
遵道會聖公會內地會中華基督會	同	同	四〇·〇〇	十二月三日	
軍政部第四補訓處第六團第三營	同	同	一八〇·〇〇	十二月八日	
湖南貿易局湘潭辦事處	同	同	五一·二〇	十二月十四日	
江浙流亡抗敵宣傳清音歌唱社	全體歌女	同	九〇·〇〇	三十年元月二日	

衡山同鄉會	常務委員	同	三〇・〇〇	元月二十一日
湘潭抗敵宣傳清音歌唱社	全體社員	同	九〇・〇〇	同
縣黨部轉來直屬第二區分部	全體黨員	同	四八・四〇	元月十二日
曉霞鄉戰時任務隊幹部訓練班	全體學兵	同	一二・四〇	二十九年十二月十九日
膏鹽鑛同業公會		同	三〇〇〇・〇〇	十二月二十八日
合計			四四四四・二一	

湘潭縣二十九年度公私立學校自動捐獻寒衣代金徵信錄

學校名稱	單位	類別	代金數目	日期	備考
膏鹽鑛惠工學校	全體師生	自動	一三・六五	十月十日	
第八區第十一學校	全體學生	勸募	二四・五〇	十月二十八日	
第三區第四十四學校	同	同	二〇・七〇	十二月三日	
自得學校	同	捐獻	八・一〇	十一月三日	
石潭唐氏成德學校	同	同	五・〇〇	十一月四日	
縣立一高學校	全體師生	節衣縮食捐獻	八八・五〇	同	
縣立中學校	同	捐獻	一一二・四〇	十一月八日	
昭潭小學校	同	同	二〇・〇〇	十一月十二日	
忠信鄉各保學校	同	同	五二・三〇	十一月十六日	
白石鄉唐氏立本學校	同	勸募	五〇・〇〇	十一月二十四日	
易俗鎮第二一兩保學校	學生	捐獻	一二・〇〇	十二月二日	
方上周氏第一國民學校	同	同	二四・〇〇	十二月八日	
白雲鄉第十保學校	同	勸募	一五・八〇	十二月四日	
縣立二高學校	同	同	八五・〇〇	十二月十九日	
豫章學校	同	捐獻	八・〇〇	十月十五日	
縣立三高學校	同	同	八二・三〇	十一月八日	
縣立五高學校	同	同	五〇・四〇	十二月十六日	
忠信鄉文化股	職員	勸募	四〇・九〇	三十年一月十三日	
合計			七一三・五五		

湘潭二十九年度各界舉行捐獻寒衣代金徵信錄

單位名稱	類別	代金數目	日期	備考
廣寒宮戲院	舉行義賣	三七七・〇〇	十月三日	

湘潭民報社	同	一五九八·二〇	同
戲劇業同業公會	同	七五〇·〇〇	十月三十日 十一月二日
湘潭抗敵宣傳清音歌唱社	自動徵募	三〇〇·〇〇	
合計		三〇二五·二〇	

湘潭縣二十九年度各界民衆捐獻寒衣代金徵信錄

姓名	類別	數目	日期	備考
劉瑗	自動捐獻	一·〇〇		
彭定邦	同	一·〇〇		
羅蔭棠	同	一·〇〇		
楊自容	同	三〇〇〇·〇〇	十一月三日	
蕭松元	同	三·〇〇	十一月七日	
張祥興	同	五一〇·〇〇	十二月十七日	
廖綰莊	同	二〇·〇〇	三十年一月九日	
許仲清	同	二〇〇·〇〇	三十年二月八日	
合計		三七三六·〇〇		

湘潭縣二十九年度罰捐寒衣代金徵信錄

處罰機關	罰欵人姓名	類別	數目	日期	備考
縣動委會	左艷芝	違反新運	六〇·〇〇	十二月六日	
同	王子雲	同	六〇·〇〇	同	
縣政府	同德茂號	罰款	六〇·〇〇	同	
同	賀和生	鹽案罰款	六〇〇·〇〇	十二月十六日	
同	張述林	竊牛案	五二〇·〇〇	十二月二十二日	
縣動委會	李澤武	違反新運	三〇·〇〇	十二月三十一日	
縣政府	新泰裕	不服平價	一五·〇〇	三十年元月三日	
同	陳略魁等	辦理盜竊賄贓等案	一九八·九四	三十年元月七日	
同	韓迪文	鹽案	四五·〇〇	二十九年十二月卅一日	
同	義和豐	不遵令疏散	一五·〇〇	三十一年一月十四日	
同	陳家邦 劉桂雲	食鹽舞弊案	一五五·〇〇	二十九年十月十六日	
同	蕭禎祥 蕭家楷	私自淘金	一一一·〇〇	六月二十日	
合計			一八六九·九四		

湘潭縣二十九年度各鄉(鎮)捐獻寒衣代金徵信錄

（各鄉鎮解繳數係從二十九年九月起至三十年十二月止）

鄉鎮別	配賦數	已繳數	未繳數	已否結報	備考
壺山鎮公所	一八〇〇〇·〇〇	一二三一〇·二〇	五六八九·八〇	已	

雨湖鎮公所	一五〇〇〇·〇〇	一三六七·〇〇	一三六三三·〇〇	已
文華鎮公所	二一〇〇·〇〇	一二七二·〇〇	八二八·〇〇	已
姜畬鄉公所	九〇〇·〇〇	六二八·五〇	二七一·五〇	已
易俗鎮公所	一〇五〇·五〇	六〇〇·〇〇	四五〇·〇〇	已
白關鄉公所	一〇五〇·〇〇	七六五·〇〇	二八五·〇〇	已
碧泉鄉公所	九〇〇·〇〇	二八六·四五	六一三·五五	已
藕花鄉公所	一〇五〇·〇〇	二六〇·〇〇	七九〇·〇〇	未
黃龍鄉公所	一三五〇·〇〇	九四〇·〇〇	四一〇·〇〇	已
正心鄉公所	一〇五〇·〇〇	六五七·〇〇	三九三·〇〇	已
株洲鎮公所	九〇〇·〇〇	七五〇·〇〇	一五〇·〇〇	已
昭陽鄉公所	一二〇〇·〇〇	三九〇·〇〇	八一〇·〇〇	已
仙女鄉公所	一二〇〇·〇〇	三六〇·〇〇	八四〇·〇〇	已
天台鄉公所	一二〇〇·〇〇	六三七·〇〇	五六三·〇〇	已
建南鄉公所	一二〇〇·〇〇	二〇〇·〇〇	一〇〇〇·〇〇	已
花石鄉公所	一二〇〇·〇〇	五二三·八〇	六七六·二〇	未
白雲鄉公所	九〇〇·〇〇	七三四·四七	一六五·五三	已
銀田鄉公所	一〇五〇·〇〇	一〇六八·〇〇		已
空靈鄉公所	九〇〇·〇〇	三〇四·〇〇	五九六·〇〇	未
永青鄉公所	九〇〇·〇〇	二二〇·〇〇	六八〇·〇〇	未
龍華鄉公所	一二〇〇·〇〇	四六六·五〇	七三三·五〇	已
東平鎮公所	九〇〇·〇〇	五四九·〇〇	三五一·〇〇	已
霞城鄉公所	一〇五〇·〇〇	四五七·五〇	五九二·五〇	已
曉霞鄉公所	一二〇〇·〇〇	六八九·七〇	五一〇·三〇	未
清溪鄉公所	九〇〇·〇〇	一五〇·〇〇	七五〇·〇〇	已
石潭鄉公所	一二〇〇·〇〇	三七四·五〇	八二五·五〇	已
天馬鄉公所	一〇五〇·〇〇	九四四·七〇	一〇五·三〇	已
建甯鄉公所	一二〇〇·〇〇	二一三·〇〇	九八七·〇〇	已
石安鄉公所	九〇〇·〇〇	四二一·六〇	四七八·四〇	已
錦石鄉公所	一〇五〇·〇〇	四〇·〇〇	一〇一〇·〇〇	未
白石鄉公所	一二〇〇·〇〇	二〇〇·〇〇	一〇〇〇·〇〇	未
忠信鄉公所	一三五〇·〇〇	五〇〇·〇〇	八五〇·〇〇	未
合　　計	六六三〇〇·〇〇	三九二七九·九二	二七〇三八·〇八	

附　註

一、本會經辦本縣各界二十九年度寒衣代金係自二十九年九月十五日起至三十年九月底止共收洋五萬二千零八十九元一角二分（前印製之徵信錄誤爲五萬二千二百四十四元四角二分係天馬鄉鄉公所經繳數內多列一百五十五元三角之誤茲已剔除合收如上數）

二、三十年十月至十二月底止續收上項代金九百七十七元七角連同九月前收數合共收

寒衣代金五萬三千〇六十六元八角二分三十一年續收部份另案彙飭

三、上項寒衣代金已由本會先後向省寒衣會報解四萬七千元及彙繳慶鈔四十四元八角

四、經辦上項業務自二十九年九月起至三十年十二月底止共開支三千四百三十四元四角八分又有關動員業務共動支二千二百六十四元一角八分實存三百二十三元三角六分

五、上項動支數已詳細造具清册呈奉省寒衣字第〇〇二五六二號指令准予備查

六、三十一年續收寒衣代金已呈請省動委會准予撥作本會各種救護慰勞及其他動員業務必需費用

湘潭縣三十年度寒衣代金各組出獻數目統計表

（自三十年十一月份起至十二月份止）

組別	配賦數	已繳數	欠繳數	備考
黨政組	二〇〇〇·〇〇	五二五·四五	一四七四·五五	
金鑛組	四〇〇〇·〇〇		四〇〇〇·〇〇	
工人組	八〇〇〇·〇〇		八〇〇〇·〇〇	
商業組	四〇〇〇〇·〇〇	三九四三·〇〇	三六〇五七·〇五	
婦女組	一二〇〇·〇〇	一五·五〇	一一八四·四五	
青年組	二〇〇〇·〇〇	五三〇·〇〇	一四七〇·〇〇	
交通組	一二〇〇·〇〇	二〇七·三〇	九九二·七〇	
文化組	一〇〇〇·〇〇	二〇·〇〇	九八〇·〇〇	
自由職業組	一〇〇〇·〇〇		一〇〇〇·〇〇	
兒童組	二〇〇〇·〇〇	二三五·二〇	一七六四·八〇	
戲劇組	四〇〇〇·〇〇		四〇〇〇·〇〇	
膏鹽鑛組	一〇〇〇〇·〇〇		一〇〇〇〇·〇〇	
自動捐獻組		一七〇八·〇〇		
鄉鎮組	七一六〇〇·〇〇		七一六〇〇·〇〇	
合計	一四八〇〇〇·〇〇	七一八四·四五	一四二五二三·五五	

說明

一　本表第十三行自動捐獻組一七〇八元係全縣配賦數以外樂捐之數已列入已繳數欄內如將已繳數與欠繳數合計須減前數方能與配賦數相符特此說明

二　本縣三十年度寒衣代金奉省動委會衣字第一二五號訓令核定配賦三萬五千件（每件以代金四元折合共洋一十四萬元）又本會第一次徵募寒衣委員會常會通過配徵駐縣難胞寒衣二千件（折合代金八千元）計共一十四萬八千元

湘潭縣三十年度寒衣代金黨政組出獻數目表

出獻單位	出獻數目	出獻日期	備考
圖書雜誌審查處湘潭分處全體職員	六·九〇	十二月三日	
縣動委會全體職員	七六·〇〇	同	

民生物品購銷處湘潭分處全體職員	二二·一〇	十二月四日
衛生院全體職員	一五·二〇	十二月五日
振委會運送配置難民湘潭分站全體職員	七·〇〇	同
湘潭縣黨部全體職員	二三·〇〇	十二月九日
湘潭縣政府全體職員	二四二·〇〇	十二月十日
人民糧食公司	六·〇〇	十二月二十一日
警察局全體職員	九八·一五	十二月二十三日
食鹽公賣處全體職員	二九·一〇	同
合計	五二蜜·四五	

湘潭縣三十年度寒衣代金商人組出獻數目表

出獻單位	出獻數目	出獻日期	備考
傘業同業公會	一〇〇·〇〇	十二月二十日	
紙行業同業公會	三〇〇·〇〇	十二月二十三日	
豆豉業同業公會	四一四·〇〇	同	
綢布業同業公會	三〇〇〇·〇〇	同	
錢紙業同業公會	八九·〇〇	十二月二十九日	
燭業同業公會	四〇·〇〇	十二月二十六日	
合計	三九四三·〇〇		

湘潭縣三十年度寒衣代金婦女組出獻數目表

出獻單位	出獻數目	出獻日期
第六區女子職業學校全體學生	一五·〇〇	十二月三十一日
合計	一五·〇〇	

湘潭縣三十年度寒衣代金青年組出獻數目表

出獻單位	出獻數目	出獻日期	備考
行政幹部訓練所一中隊全體學員	八七·〇〇	十二月六日	
行政幹部訓練所二中隊全體職員	八七·〇〇	十二月十八日	
羣治學校全體學生	八〇·〇〇	十二月二十日	
青年團七區隊	二七六·〇〇	十二月二十二日	
合計	五三〇·〇〇		

湘潭縣三十年度寒衣代金交通組出獻數目表

出獻單位	出獻數目	出獻日期
電器股份有限公司全體職員	一二七·三〇	

電報局全體職員	八〇·〇
合　計	二〇七·三〇

湘潭縣三十年度寒衣代金文化組出獻數目表

出獻單位	出獻數目	出獻日期
天主堂樂鐘女職全體職員	二〇·〇〇	十二月十七日
合　計	二〇·〇〇	

湘潭縣三十年度寒衣代金兒童組出獻數目表

出獻單位	出獻數目	出獻日期
蕭氏源遠學校全體學生	三〇·〇〇	十一月十七日
吳氏南江全體學生	四五·〇〇	十二月五日
銀田鄉雲湖郭氏第二小學校全體師生	一一·〇〇	十二月十 日
花石鄉私立彭氏鼎新學校全體學生	七四·六〇	十二月三十日
花石鄉中心小學校全體學生	七四·六〇	十二月三十日
合　計	二三五·二〇	

湘潭縣三十年度寒衣代金自動捐獻組出獻數目表

出獻單位	出獻數目	出獻日期
永新綢莊	一〇〇·〇〇	
袁幹丞先生	一二〇〇·〇〇	
雷永和寶號	八·〇〇	
顏家鈞先生	四〇〇·〇〇	
合　計	一七〇八·〇〇	

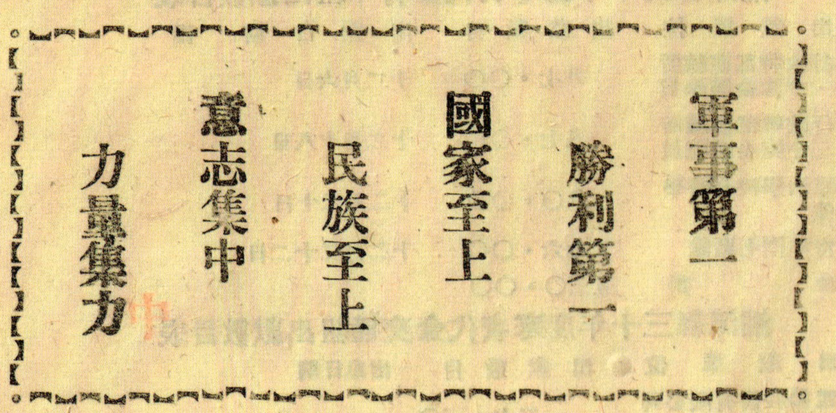

軍事第一
勝利第一
國家至上
民族至上
意志集中
力量集力

湘潭縣三十年度出錢勞軍捐款各組出獻數目總表

自三十年三月起至十二月底止

組別	配賦數	已繳數	欠繳數	超過數	備考
黨政組	一〇〇〇·〇〇	一七一六·五九		七一六·五九	
兒童組	五〇〇·〇〇	二一五〇·一四		一六五〇·一四	
工人組	四〇〇〇·〇〇	五七〇七·一八		一七〇七·一八	
自動捐獻組	五八五·一〇	二九〇三·七〇			
婦女組	一五〇〇·〇〇	二二四〇·〇〇		七四〇·〇〇	
文化組	五〇〇·〇〇	五八五·一〇		八五·一〇	
金融組	六〇〇〇·〇〇	五三八三·〇〇	六一七·〇〇		
商人組	五五〇〇〇·〇〇	三七六四七·七〇	一七三五二·三〇		
戲劇組	五〇〇〇·〇〇	三五九六·一五	一四〇三·八五		
自由職業組	二〇〇〇·〇〇	六三八·〇〇	一三六二·〇〇		

湘潭縣動員委員會三十年度工作報告書

青年組	一〇〇〇·〇〇	六二四·〇〇	三七六·〇〇	
交通組	三五〇〇·〇〇	三三〇〇·〇〇	三一七〇·〇〇	
鄉鎮組	五四〇〇〇·〇〇	一〇六八九·一〇	四三三一〇·八〇	
合計	一三四〇〇〇·〇〇	七四二一〇·七六	六七五九一·九五	四八九九·〇一

三六

備註

一　本會三十年度勸募寒衣代金因戰局關係發動過遲自十一月起衜十二月底止僅共收洋七千一百八十四元四角五分

二　三十一年一月起續收數及解繳數另倂入三十一年度工作報告書中詳細刊佈

說明

本表第四行自動捐獻組二千九百零三元七角及各組超過數共四千八百九十九元零一分係全縣配賦數以外樂捐之數均列入已繳數內如將已繳數與欠繳數合計須減前數方能與配賦數相符特此說明

國府頒佈

國家總動員法

—本年五月五日起施行—

全國同胞公鑒，抗戰迄今，已歷五載，敵寇於泥足深陷，黔驢技窮之時，發動太平洋戰爭，妄冀挽回其頹運，我國抗戰形勢，由是更獲重大發展，現正與盟邦友軍，並肩作戰，共殲兇頑，顧抗戰愈近有利，環境亦愈艱鉅，我中央為把握戰機，增強戰力，以貫徹抗戰目的起見，特通過「加強國家總動員綱領」，復經國民政府，頒布國家總動員法，定于五月五日施行，陪都各界民衆，於恭聆之餘，咸表熱烈擁護，並掬誠奉行，願竭盡人力財力，貢獻才智物資，聽命政府之驅策，舉我全國同胞，爭先恐後，一致遵行，各就已位，提高工作效能，集中力量，加強國防建設，所有囤積居奇行為，必須消除淨盡，且勿浪費，奢靡習性，尤當徹底革除，務期掃蕩敵氛，光復國土，使抗戰偉業，早竟全功，謹布悃忱，敬希鑒察，陪都各界國家總動員宣傳大會叩支印

湘潭縣三十年度出錢勞軍捐獻黨政組出獻數目表

機關名稱	單位	出獻數目	繳獻日期	備考
民生工廠	全體職員	三四·〇〇	四月十日	
食鹽公賣處	同	三三·五五	四月十一日	
鑛鹽監管處	同	二〇·〇〇	同	
縣黨部	同	三五·四〇	四月十四日	
縣動委會	同	三二·八〇	同	
一六〇兵站醫院	全體官兵	八七·〇〇	四月十七日	
救濟院	全體職員	二八·〇〇	四月十八日	
衛生院	同	二八·八〇	同	
警察局四分駐所	全體職員	六·〇〇	四月十九日	
縣政府	同	一八七·八〇	四月二十日	
國民兵團後備隊	全體官兵	四二·四四	同	
振委會運送難民湘潭分站	全體職員	七·〇〇	同	
防空第八隊	同	九·〇〇	同	
土地登記處	同	七〇·〇〇	四月廿二日	
警察局及各所隊	同	八三·三〇	四月廿四日	
地方法院	同	二〇〇·〇〇	四月廿七日	
雨湖鎮公所	職員保長保隊附甲長	二五八·〇〇	四月廿八日	
電訊管理處	全體職員	四·〇〇	五月四日	
禁管處第十分處	全體職員	二八·四〇	五月四日	
國民兵團後備隊	全體官兵	四七·二〇	同	全體官兵禁食一日
公醫院	全體職員	一一·〇〇	同	
教育會	同	二·〇〇	五月九日	
文華鎮公所	全體職員保甲長	七八·八〇	五月卅一日	
壺山鎮第四期國民兵訓練班	全體學員	三〇·〇〇	六月十三日	
國民兵團政治指導員室	全體職員	一六·一〇	六月十九日	
東平鎮公所	全體職員保長	一〇〇·〇〇	六月廿一日	
壺山十二三兩保貧民第五糶米處	全體負責人	一〇〇·〇〇	六月三十日	
壺山鎮公所	全體職員保長保隊附	一三六·〇〇	七月一日	
合計		一七一六·五九		

湘潭縣三十年度出錢勞軍捐獻兒童組出獻數目表

學校名稱	單位	出獻數目	繳獻日期	備考
壺山第九保校	全體學生	二〇·五五	四月七日	
臨豐小學校	同	一九·二〇	四月十九日	

花石鄉中心小學校	全體師生	七八・四〇	四月二十一日
文華鎮第七保校	全體學生	七・三〇	四月二十四日
新安小學	同	一四・五五	同
復興學校	同	一三・九〇	四月二十八日
文華第四保校	同	八・七〇	同
崇善小學	同	一二・八六	同
文華第二保校	同	三・八〇	四月二十八日
書堂學校	同	七・四〇	同
金庭學校	同	一五一・三三	同
文華第十四保校	同	一〇・二〇	五月一日
三民學校	同	三三・二四	同
彝義學校	同	七・〇五	同
蒲會學校	同	一二・九〇	同
雨湖第十三保校	同	三・七〇	同
雨湖第十四保校	同	九・〇〇	同
三育學校	同	二五・九〇	五月二日
文華第六保校	同	七・〇〇	同
豫章小學	同	六二・一一	同
德星學校	同	二〇・三〇	同
壺山第二保校	同	七・〇〇	同
石陽學校	同	二〇・六五	同
濟美學校	同	七・七〇	五月三日
文華第三保校	同	三・一三	同
維新學校	同	三・三〇	同
承德學校	同	八・八〇	五月四日
民生學校	同	二二・一〇	同
惠工學校	同	二三・五五	同
昭潭學校	同	六一・九三	同
壺山十二保校	同	一七・五〇	同
新翠學校	同	四四二・三〇	同
育才學校	同	四〇・四〇	五月五日
雨湖十一保校	同	五・〇〇	同
壺山第六保校	同	二二・一五	五月九日
同德學校	同	一〇・四五	同
壺山第十一保校	同	一七・五〇	同
壺山第十保校	同	一四・二五	同
育英學校	同	一〇・〇〇	五月九日
忠信鄉第四保校	同	一三・〇〇	五月二十五日

自得學校	同	六五一·四四	五月二十九日 七月三十日	解繳二次係第一次四七九·四八元第二次一七一·九六元
霞城鄉第四保校	全體師生	五·〇〇	六月十四日	
藕花鄉中心學校	同	五六·四〇	六月二十四日	
忠信鄉明明小學	全體學生	一五·〇〇	七月五日	
黄氏旺基小學	同	一〇·〇〇	七月十二日	
韶山周氏一校	同	二·二〇	同	
吳氏南江	同	一七〇·〇〇	八月二十七日	
合計		二一五〇·一四		

湘潭縣三十年度出錢勞軍捐獻工人組出獻數目表

業別	配賦數	已繳數	欠繳數	超過數	備考
酒作業	二〇〇·〇〇	二〇〇·〇〇			
泥木業	二〇〇·〇〇	二〇〇·〇〇			
茶役業	五〇·〇〇	五一·〇〇		一·〇〇	
縳作業	三〇·〇〇	五〇·〇〇		二〇·〇〇	
酒席業	三〇·〇〇	五〇·〇〇		二〇·〇〇	
產業	一五〇〇·〇〇	一七一七·五六		二一七·五八	
竹篾業	一〇〇·〇〇	一一〇·〇〇		一〇·〇〇	
藥業	二〇〇·〇〇	二八八·〇〇		八八·〇〇	
縫紉業	二〇〇·〇〇	二二〇·〇〇		二〇·〇〇	
製腸業	五〇·〇〇	九二·七〇		四二·七〇	
燭爭業	二〇·〇〇	三三·〇〇		一三·〇〇	
籜織業	五·〇〇	六·〇〇		一·〇〇	
陶瓷業	三〇·〇〇	四〇·〇〇		一〇·〇〇	
冶鍊業	三〇·〇〇	三〇·〇〇			
織襪業	一〇〇·〇〇	一五五·〇〇		五五·〇〇	
電器機械業	二四〇·〇〇	五八三·〇〇		三四三·〇〇	
織業	二〇〇·〇〇	五〇·〇〇	五〇·〇〇		
蘇紙裱業	一〇·〇〇	二〇·〇〇		一〇·〇〇	
纜業	二〇〇·〇〇	一二〇·〇〇	八〇·〇〇		
人力車業	一〇〇·〇〇	一五〇·〇〇		五〇·〇〇	
簿紙裝訂業	三〇·〇〇	四二·五〇		一二·五〇	
製革業	二〇·〇〇	五〇·〇〇		三〇·〇〇	
鋸木業	三〇·〇〇	四〇·〇〇		一〇·〇〇	
木屐業	二〇·〇〇	二五·六〇		五·六〇	

株洲鑼業	一〇〇·〇〇	三六〇·〇〇		二六〇·〇〇
裝璜業	一〇·〇〇	一〇·〇〇		
齋作業	三〇·〇〇	三七·八〇		七·八〇
株洲民船業	一〇〇·〇〇	三〇六·〇〇		二〇六·〇〇
鑄造業	二〇·〇〇	二〇·〇〇		
染業	一〇〇·〇〇	二〇〇·〇〇		一〇〇·〇〇
鼎鐺業	二〇·〇〇	二〇·〇〇		
轎業	一〇·〇〇	一〇·〇〇		
香業	一〇·〇〇	一九·〇〇		九·〇〇
粉業	二〇·〇〇	二四·〇〇		四·〇〇
石業	五〇·〇〇	五〇·〇〇		
理髮業	一五〇·〇〇	二五〇·〇〇		一〇〇·〇〇
國藥業	一〇·〇〇	一六·〇〇		六·〇〇
皮箱業	二〇·〇〇	二二·五〇		二·五〇
染印色紙業	二〇·〇〇	二七·五〇		七·五〇
冰糖業	一〇·〇〇	一〇·〇〇		
煙業	二〇〇·〇〇		二〇〇·〇〇	
划業	五〇·〇〇		五〇·〇〇	
搖牌業	三〇·〇〇		三〇·〇〇	
靴鞋業	二〇·〇〇		二〇·〇〇	
絲業	一〇·〇〇		一〇·〇〇	
印刷業	一〇·〇〇		一〇·〇〇	
油漆業	一〇·〇〇		一〇·〇〇	
合計	四六〇五·〇〇	五七〇七·一八	五六〇·〇〇	一六六二·一八

湘潭縣三十年度出錢勞軍各界獻數目表

出獻單位及姓名	類別	出獻數目	出獻日期	備考
何院長凱濵	自動捐獻	一〇·〇〇	四月三日	
文竹軒	樂捐	二〇·〇〇	四月十一日	
李艷雪	義賣	一〇〇〇·〇〇	四月十四日	
警備營士兵	樂捐	一五·〇〇	同	樂捐扶馬費
廖縣長	自動捐獻	一〇〇·〇〇	四月二十日	
湘記理髮店陳雲生及店工	同	二〇·〇〇	四月二十四日	
蔣舜根	同	一·〇〇	同	
戴濂溪	同	五·〇〇	五月四日	

森記笋篮工廠	自動捐獻	八・〇〇	五月七日
楊自容	同	四〇〇・〇〇	五月九日
羅源泉	同	四・〇〇	五月卅一日
胡鍔良	違禁罰款	九一・〇〇	六月三日
藍田麵粉廠	自動捐獻	三〇〇・〇〇	六月十日
張天德號	同	一二・〇〇	六月二十三日
福雲昌號	同	五・〇〇	同
復興源號	同	二五・〇〇	六月二十四日
笕記	同	二五・〇〇	同
求古號	同	五・〇〇	同
致祥仁	自動捐獻	一〇・〇〇	六月二十四日
龔大經	同	一二・〇〇	同
國強號	同	一五・〇〇	同
張得利	同	五・〇〇	同
段易生	同	一〇・〇〇	同
無名氏	同	一[illegible]・〇〇	同
李德記	同	八・〇〇	六月二十五日
天文成	同	四・〇〇	同
義興隆	同	三・〇〇	同
余生茂	同	一〇・〇〇	同
顏義發	同	五・〇〇	同
利　華	同	五・〇〇	同
黃永發號	同	三・〇〇	同
仁和生	同	三・〇〇	同
德茂祥	同	二八・〇〇	同
王貴庭號	同	六〇・〇〇	同
織業生產合作社	同	一・〇〇	同
聚泰公	同	五・〇〇	同
粟瑞林	同	一〇〇・〇〇	同
亨達利	同	一〇・〇〇	同
大利生 戈德記	同	四〇・〇〇	六月二十七日
楊文元	同	二〇・〇〇	同
裕孚祥	同	二五・〇〇	同
清榮利	同	五・〇〇	七月二十八日
鑫湘利	同	八・〇〇	六月二十一日
唐洪盛	同	二・〇〇	同
裕源長	同	三一・〇〇	同

均益號	同	二五·〇〇	同
祥泰號	同	一七·〇〇	同
青年書店	同	五·〇〇	七月三十日
永安商店	同	二〇·〇〇	八月二日
劉渭清	同	四〇·〇〇	八月二十四日
紫洋齋	同	一二·七〇	六月二十五日
唐春和	同	三〇〇·〇〇	九月二十日
合計		二九〇三·七〇	

湘潭縣三十年度出錢勞軍捐獻婦女組出獻數目表

出獻單位（或經募負責人）	出獻款	出獻日期	備考
婦女會黃璧專修敬經募	二二四〇·〇〇	五月四日 六月卅日	係二次繳解一次繳一八〇〇元二次繳四百四十元
合計	二二四〇·〇〇		

湘潭縣三十年度出錢勞軍捐獻文化組出獻數目表

出獻名稱	出獻數目	出獻日期	備考
勞軍公演	五〇〇·〇〇	五月四日	
民報社印刷所	二八·一〇	六月六日	
民衆教育館	一一·〇〇	六月十四日	
湘潭中學全體教職員	四六·〇〇	六月二十二日	
合計	五八五·一〇		

湘潭縣三十年度出錢勞軍捐獻金融組出獻數目表

出獻單位（或經募負責人）	出獻數目	出獻日期	備考
黃組長友熙經募	五二八三·〇〇	五月五日 六月十四日 八月一日	係三次繳解一次三七三八元二次一〇〇〇元三次五四五元
征榷處	一〇〇·〇〇	五月廿四日	
合計	五三八三·〇〇		

湘潭縣三十年度出錢勞軍捐獻商人組出獻數目表

業別	配賦數	已繳數	欠繳數	超繳數
漆業	三三〇·〇〇	三三〇·〇〇		
鞭爆業	一六五·〇〇	一六五·〇〇		
花粮骨業	二四七五·〇〇	二二九七·〇〇	一七八·〇〇	
豆豉業	六〇五·〇〇	六二四·〇〇		一九·〇〇

舊棧業	二二〇・〇〇	二二〇・五〇		・五〇
抽纜紗業	二二〇〇・〇〇	一〇〇〇・〇〇	一二〇〇・〇〇	
綢布業	六八七五・〇〇	五五一一・〇〇	一三六四・〇〇	
百貨業	二〇九〇・〇〇	二一九〇・四〇		一〇〇・四〇
南貨業	二四七五・〇〇	二三三七・〇〇	一三八・〇〇	
紙行業	一一〇〇・〇〇	一一〇〇・〇〇		
染織業	一一〇〇・〇〇	六〇〇・〇〇	五〇〇・〇〇	
傘業	二二〇・〇〇	二一三・〇〇	七・〇〇	
煙業	一八七〇・〇〇	一六七〇・〇〇	二〇〇・〇〇	
齋館酒醬業	六三二五・〇〇	三三八二・〇〇	二九四三・〇〇	
木屐業	一六五・〇〇	一六五・〇〇		
香業	一六五・〇〇	一六四・六〇	・四〇	
竹木業	三三〇・〇〇	一七〇・〇〇	一六〇・〇〇	
錢業	一一〇〇・〇〇	二六〇・〇〇	八四〇・〇〇	
鱗業	三八五・〇〇	二〇〇・〇〇	一八五・〇〇	
鐵業	一九八〇・〇〇	八二五・〇〇	一一五五・〇〇	
酒席業	三三〇・〇〇	三三〇・〇〇		
檳榔業	一六五〇・〇〇	六一五・〇〇	一〇三五・〇〇	
香烟業	八二五・〇〇	三五五・〇〇	四七〇・〇〇	
屠業	八二五・〇〇	六〇七・〇〇	二一八・〇〇	
藥業	七一五〇・〇〇	五四五五・〇〇	一六九五・〇〇	
山貨業		五〇・〇〇		
倉庫業	三三〇・〇〇	六五・〇〇	二六五・〇〇	
鷄業	一六五・〇〇	一四二・二〇	二二・八〇	
靴鞋業	四四〇・〇〇	四三五・〇〇	五・〇〇	
色紙業	一一五五・〇〇	一一六〇・〇〇		五・〇〇
米業	八二五・〇〇	五八三・〇〇	二四二・〇〇	
印刷業	三八五・〇〇	一七八・〇〇	二〇七・〇〇	
磁器業	一三二〇・〇〇	一三七三・〇〇		五三・〇〇
旅業	五五〇・〇〇	三〇〇・〇〇	二五〇・〇〇	
錶行業	一三二〇・〇〇	一〇〇〇・〇〇	三二〇・〇〇	
絲業	二二〇・〇〇	二二〇・〇〇		
柴業	二二〇・〇〇	二二〇・〇〇		
首飾業	五五〇・〇〇	二〇〇・〇〇	三五〇・〇〇	
造船業	二六〇・〇〇	八五・〇〇	一七五・〇〇	
帽業	二二〇・〇〇	二二〇・〇〇		
糖業	二七五・〇〇	一一〇・〇〇	一六五・〇〇	

錢紙業	二七五·〇〇	一〇〇·〇〇	一七五·〇〇	
粉坊業	八二五·〇〇	一〇〇·〇〇	七二五·〇〇	
石灰業	二二〇·〇〇	五〇·〇〇	一七〇·〇〇	
軋花業	六六〇·〇〇	二〇〇·〇〇	四六〇·〇〇	
六鹹業	五五〇·〇〇	七〇·〇〇	四八〇·〇〇	
豬鬃業	一一〇〇·〇〇		一一〇〇·〇〇	
人力車業	一六五·〇〇		一六五·〇〇	
輪船業	三三〇·〇〇		三三〇·〇〇	
合計	五五三一五·〇〇	三七六四七·七〇	一七八九五·二〇	一七七·九〇

湘潭縣三十年度出錢勞軍捐獻戲劇組出獻數目表

出獻單位（或經募負責人）	出獻數目	出獻日期	備考
譚組長道隆經募	二七九六·一五	四月廿五日 五月五日 五月十日 七月三日	係四次繳解一次四百元二次二三八·五元三次一二五七·六五元四次九〇〇元合計如上數
西代戲院	八〇〇·〇〇	七月廿六日	
合計	三五九六·一五		

湘潭縣二十年度出錢勞軍捐獻自由職業組出獻數目表

出獻單位及姓名	出獻數目	出獻日期	備考
中醫業公會	四二二·〇〇	五月四日	
律師業公會	一九〇·〇〇	五月十日	
李楷	二·〇〇	五月十二日	
張海濤	二·〇〇	同	
楚壽松	二·〇〇	同	
李浦生	二·〇〇	同	
唐季綸	二·〇〇	同	
袁菊壽	二·〇〇	同	
何楨祥	二·〇〇	同	
袁少山	二·〇〇	同	
彭贊昌	二·〇〇	同	
袁杞存	二·〇〇	同	
郭伯漁	二·〇〇	七月十七日	
羅阜衡	二·〇〇	同	
仁濟藥室	二·〇〇	同	
合計	六三八·〇〇		

湘潭縣三十年度出錢勞軍捐獻青年組出獻數目表

出獻單位	出獻數目	出獻日期	備考
湘潭中學全體學生	三二一·〇〇	五月二十四日	

青年團湘潭青年服務社三門服務站	三〇三・〇〇	七月十九日
合　　計	六二四・〇〇	

湘潭縣三十年度出錢勞軍捐獻交通組出獻數目表

出獻單位	出獻數目	出獻日期	備考
郵政局全體職員	八〇・〇〇	四月一日	
華益輪船公司	五〇・〇〇	六月廿三日	
福利輪船公司	二〇〇・〇〇	六月廿八日	
合　　計	三三〇・〇〇		

湘潭縣三十年度出錢勞軍捐獻鄉鎮組出獻數目表

鄉鎮別	配賦數	已繳數	欠繳數	已否結束
錦花鄉	二〇〇〇・〇〇	二〇〇・〇〇	一八〇〇・〇〇	未
湖南鄉	二〇〇〇・〇〇	一一六〇・六〇	八三九・四〇	未
易俗鎮	二〇〇〇・〇〇	五〇〇・〇〇	一五〇〇・〇〇	已
忠信鄉	二〇〇〇・〇〇	一四二八・〇〇	五七二・〇〇	已
正心鄉	二〇〇〇・〇〇	四〇〇・〇〇	一六〇〇・〇〇	未
護城鄉	一〇〇〇・〇〇	七二九・四〇	二七〇・六〇	已
建富鄉	二〇〇〇・〇〇	一〇〇〇・〇〇	一〇〇〇・〇〇	未
石潭鄉	二〇〇〇・〇〇	一九〇五・〇〇	九五・〇〇	已
空靈鄉	二〇〇〇・〇〇	四〇〇・〇〇	一六〇〇・〇〇	未
株洲鎮	二〇〇〇・〇〇	二〇〇・〇〇	一八〇〇・〇〇	未
姜畬鄉	一〇〇〇・〇〇	一八〇・〇〇	八二〇・〇〇	未
黃龍鄉	二〇〇〇・〇〇	八八六・〇〇	一一一四・〇〇	未
龍華鄉	二〇〇〇・〇〇		二〇〇〇・〇〇	未
天台鄉	二〇〇〇・〇〇		二〇〇〇・〇〇	未
白雲鄉	二〇〇〇・〇〇		二〇〇〇・〇〇	未
銀田鄉	二〇〇〇・〇〇	八〇〇・〇〇	一二〇〇・〇〇	未
清溪鄉	二〇〇〇・〇〇	四〇〇・〇〇	一六〇〇・〇〇	未
碧泉鄉	二〇〇〇・〇〇	一〇〇・二〇	一八九九・八〇	未
錦石鄉	二〇〇〇・〇〇	四〇〇・〇〇	一六〇〇・〇〇	未
永青鄉	二〇〇〇・〇〇		二〇〇〇・〇〇	未
韶陽鄉	二〇〇〇・〇〇		二〇〇〇・〇〇	未
白關鄉	二〇〇〇・〇〇		二〇〇〇・〇〇	未
石安鄉	二〇〇〇・〇〇		二〇〇〇・〇〇	未
白石鄉	二〇〇〇・〇〇		二〇〇〇・〇〇	未
仙女鄉	二〇〇〇・〇〇		二〇〇〇・〇〇	未
花石鄉	二〇〇〇・〇〇		二〇〇〇・〇〇	未

曉霞鄉	二〇〇〇·〇〇		二〇〇〇·〇〇
天馬鄉	二〇〇〇·〇〇		二〇〇〇·〇〇
合計	五四〇〇〇·〇〇	一〇六八九·二〇	四三三一〇·八〇

附註

一、本會經收本縣各界出錢勞軍獻金自三十年三月起至三十年十二月底止計共收洋七萬四千二百一十元零七角六分

二、上項出錢勞軍獻金已解繳省動委會四萬九千元

三、印製收據傳票月支經費慰勞用費傷兵擔架費補助公醫院收救被炸難民共動支一萬五千三百五十八元五角三分（已分別報核）實存九千八百五十二元二角二分

四、解省數包括青年團代解數二千元奉令准列抵配賦數又奉令規定月支業務費二百四十元已解數内有廢鈔九十元合併聲明

五、三十一年一月起續收數及動支數另載三十一年度工作報告書中專案公佈

精神總動員歌

·陳立夫撰·

（一）國家至上 民族至上

救國道德，忠孝仁愛信義和平，運用精神武器，恢復有堅甲利兵，國家至上，忠勇為經；民族至上，大孝當明。同心同德，勝利是爭。三大目標，易知易行，精神總動員，民族復興！抗戰必勝！建國必成！

（二）軍事第一 勝利第一

抗戰要務，人力物力踴躍應征。打破自私自利，決不可苟且偷生，軍事第一，不惜犧牲，勝利第一，共享光榮。捍衛國土，衆志成城。三大目標，易知易行，精神總動員，民族復興！抗戰必勝！建國必成！

（三）意志集中 力量集中

建國信仰，民族民權以及民生，統一行動思想，我們要親愛精誠，意志集中，萬衆一心；力量集中，齊盡所能。共信互信，互助互成。三大目標，易知易行，精神總動員，民族復興！抗戰必勝！建國必成！

湘潭縣動員委員會三十年度舉辦或協助各項徵募及慰勞一覽表

徵募名稱	徵募物品或代金數目	日期	舉辦或協助機關	款物繳解處所或處理情形	備考
慰勞軍	一二〇二·五五	三十年元月份	本會	全部慰勞駐縣受訓軍人及入營新兵	于三月九日在本縣民報公布並呈奉省動委會勵伯教字第五一〇二號指令准予備查
童子軍一角運動	二六四·五〇	廿九年十月發動	本會	二十年二月二十七日全部繳解省動委會並奉勵伯糺字第四四七七號指令如數核收	上款係縣立中學繳解二百三十四元私立唐氏仁本小學解繳三十元〇五角共計如上數
湘潭各界慰勞抗戰四鎮抗屬遊藝	二七三二·三九	三十年六月份	本會	全部交本縣出征抗敵軍人家屬優待委員會專作優待基金	五月八日結束會議通過並在本縣民報公佈
軍政部第三補訓處及湘潭出發勞軍文化組勞軍公演	二三二五·〇〇	三十年四月份	軍政部第三補訓處舉辦本會協助	第二補訓處劃去四百三十元大會開支二百二十二元二角廣寨宮戲院院租二百四十元文化組劃去五百元	除各項開支外實存九百三十二元八角已呈奉省動委會勵徵字第二六〇九號指令准繳作本會勵員工作隊經費並造具預算復經呈奉備查
湘潭各界籌募及傷兵之友社募捐遊藝	一八四四·〇〇	三十年五月份	本會傷兵之友社	以四百四十元作夏節勞軍經費以一千四百〇四元交傷兵友社為一六〇兵站醫院添置必需用物	經五月二十五日結束會議推員審查呈奉省動委會勵官字第七五二號指令准予備查
鋤奸獻金	一四五·一〇	廿九年九月發動	本會	二十年六月二十五日全部繳解省動委會並奉勵徵字第九六號指令如數核收	上款係由食鹽公賣處解會
夏節勞軍	三〇四〇·〇〇	三十年五月份	本會	表內第五項撥交四百四十元縣商會繳捐二百元外其餘二千四百元係由本會出發勞軍捐款項下動支呈奉省動委會勵官字第一五九二號指令准予備查	
湘潭各界暑期學生兵役宣傳募集慰問抗屬物品遊藝	代金一六四·九五 物品毛巾，藥品，皂筆，	三十年六月份	湘軍管區宣傳團中心組舉辦本會協助	所收物品及代金經結束會議造具清冊移送募集慰問抗屬物品委員會（國民兵團）	六月二十一日召開結束會議
湘軍區宣傳中心組軍黨號獻機及暑期學生兵宣募集慰問抗屬物品代金遊藝	一二〇七·三〇	三十年六月份	中心組及國民兵團舉辦本會協助	上款以三分之一由國民兵團轉繳軍管區作軍黨號獻機餘移送募集慰問抗屬物品委員會統籌辦理	上款係除中心組及募集會徵募股開支實數統計並經七月十日結束會議通過在湘潭民報公佈
七七獻金	一一八一八·二五	三十年七月份	本會縣黨部	已繳省動委會一萬元餘奉省動委會勵總字第二三七九號指令准留作本會勵員工作隊經費	上項經收獻金係由大會經管組移來數目
慰勞第九戰區榮譽第二團	三一九二·七〇	三十年九月份	本會	該團係赴前方殺敵道經本縣每人發蔗會鞋二雙並印發慰問書在本縣出發勞軍款內動支	上項動支經費已呈奉省動委會勵字第一〇〇號指令准予備查
雙十節勞軍	一〇〇九七·七五	三十年十月份	本會舉辦由縣商會籌募解會	長沙二次會戰大捷慰勞駐縣傷兵及軍警部隊八千五百九十七元七角五分餘作本會經常救濟傷兵及慰勞之用	
二十九年度徵募寒衣代金運動	五三二二三·一二	二十九年九月至三十年十二月底止	本會	上款已解省寒衣分會四萬七千元經辦該項業務用去一千四百七十九元六角一包括月支經費慶鈔等一又有關勵會業務共動支二千二百六十四元九角一八分實存四百七十八元六角六分	上項動支數呈奉省寒表字第〇〇二〇六二號指令准予備查
出發勞軍	七四二一〇·七六	三十年四月至十二月底止	本會	上款已解省動委會四萬九千元及印發收據證語月支經費慰勞費舉辦傷兵榮補助公醫院收救被炸難民共用去一萬五千三百五十八元五角二分實存九千八百五十二元二角一分已併入三十一年度報核	一、解省數包括寄年關代解數二千元奉令准列抵配賦數 一、奉令規定月支事業費二百四十元 二、內慶鈔九十元合併聲明
三十年度徵募寒衣代金運動	七一八四·四五	卅年十一月至十二月底止	本會	所有收支數目已併入三十一年度報核	上項經常費曾經呈奉省動委會核准每月開支事業費四百元

附註

一、右表所列各項捐獻除由本會分別專案報核外並經約集各有關機關召開結束會議審查公佈

二、所有三十年度經收各戲院娛樂捐及酒席館筵席捐及縣府移來兵役罰款等一律交由縣抗屬優委會作為優待基金已由該會工作報告書中將收支情形詳細刊佈茲不贅

湘潭县政府第一次动员会议录（一九四二年七月二十一日）

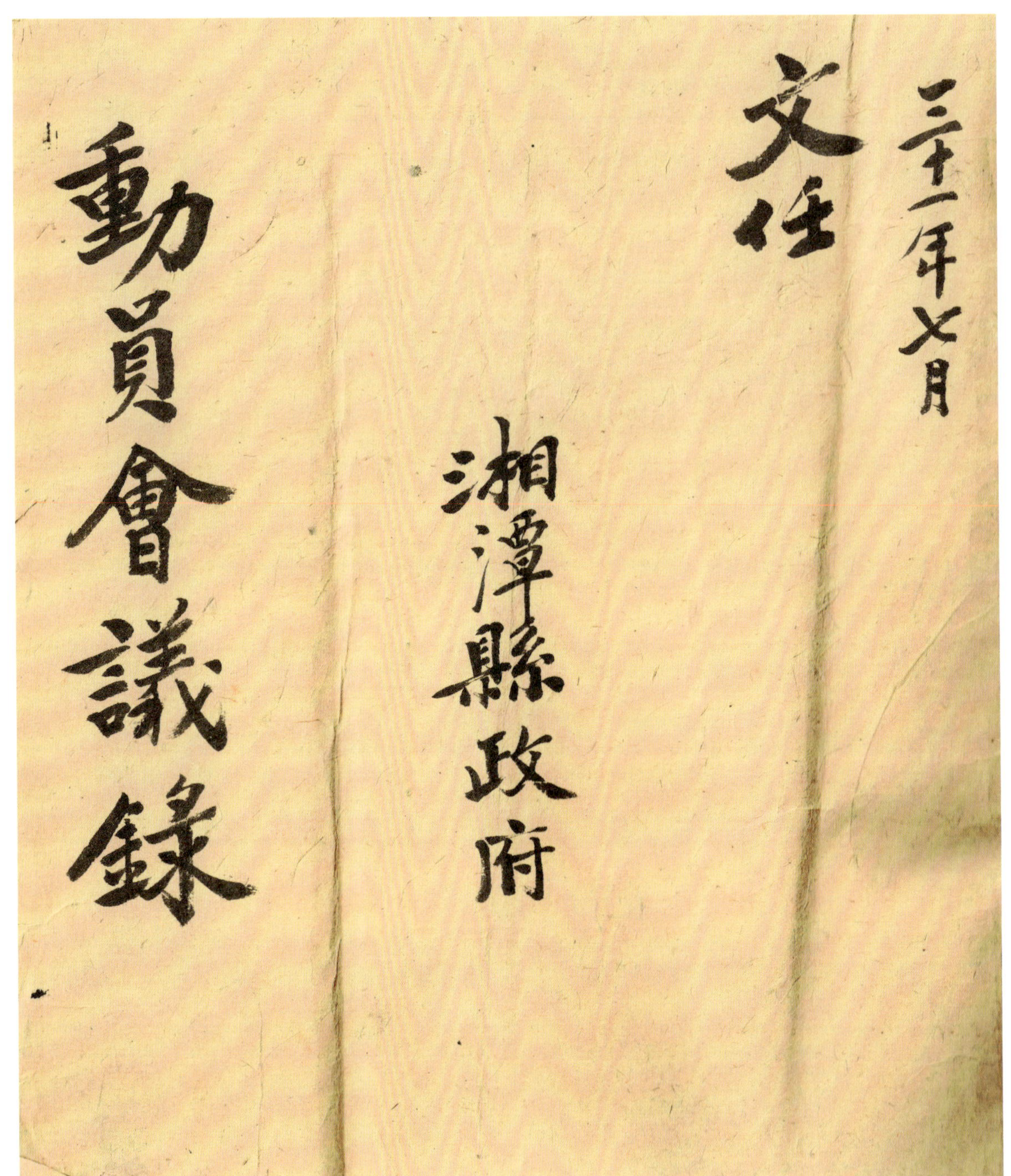
三十一年七月
文任
湘潭縣政府
動員會議録

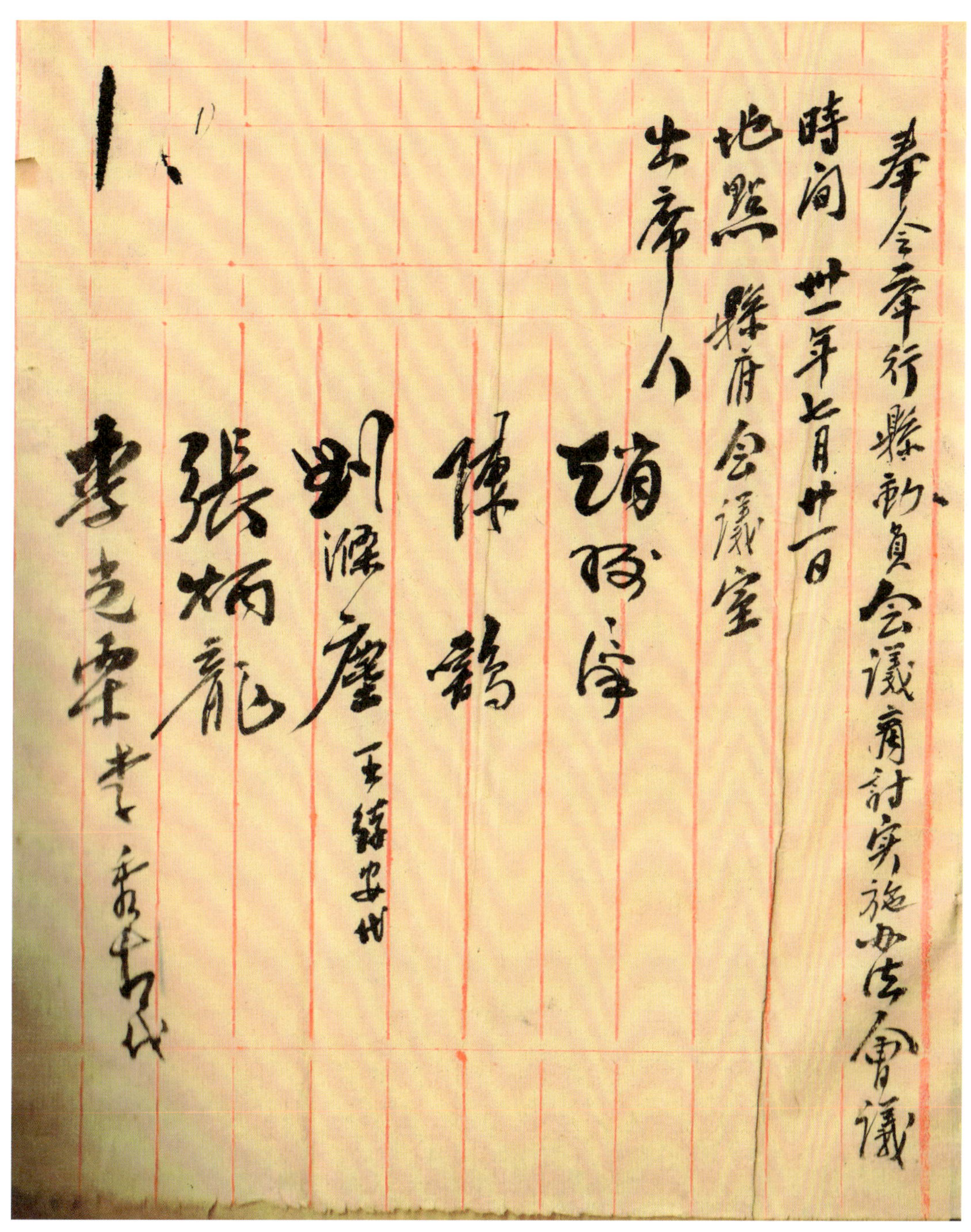

奉令奉行縣動員会議商討实施办法會議

時間　卅一年七月廿一日

地點　縣府会議室

出席人

趙琢宇

陳鶴

劉濂塵　王緒安代

張炳龍

李先霖　李秉均代

八

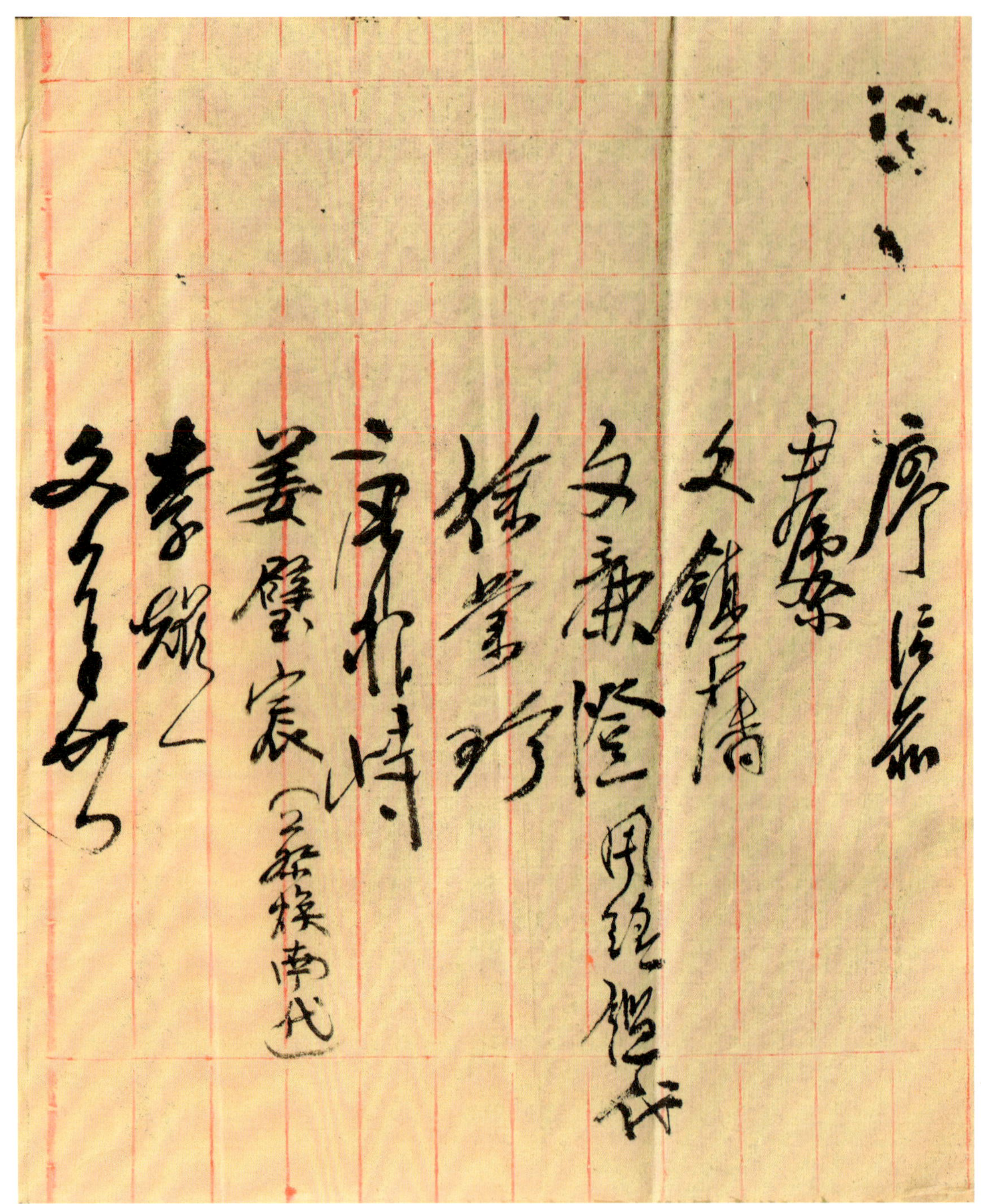

谨上

廖德和

尹燮棠

文镇清

文康澄（周绍铭代）

程业珍

谭作时

姜譽宸（张梓南代）

李毅之

文[illegible]

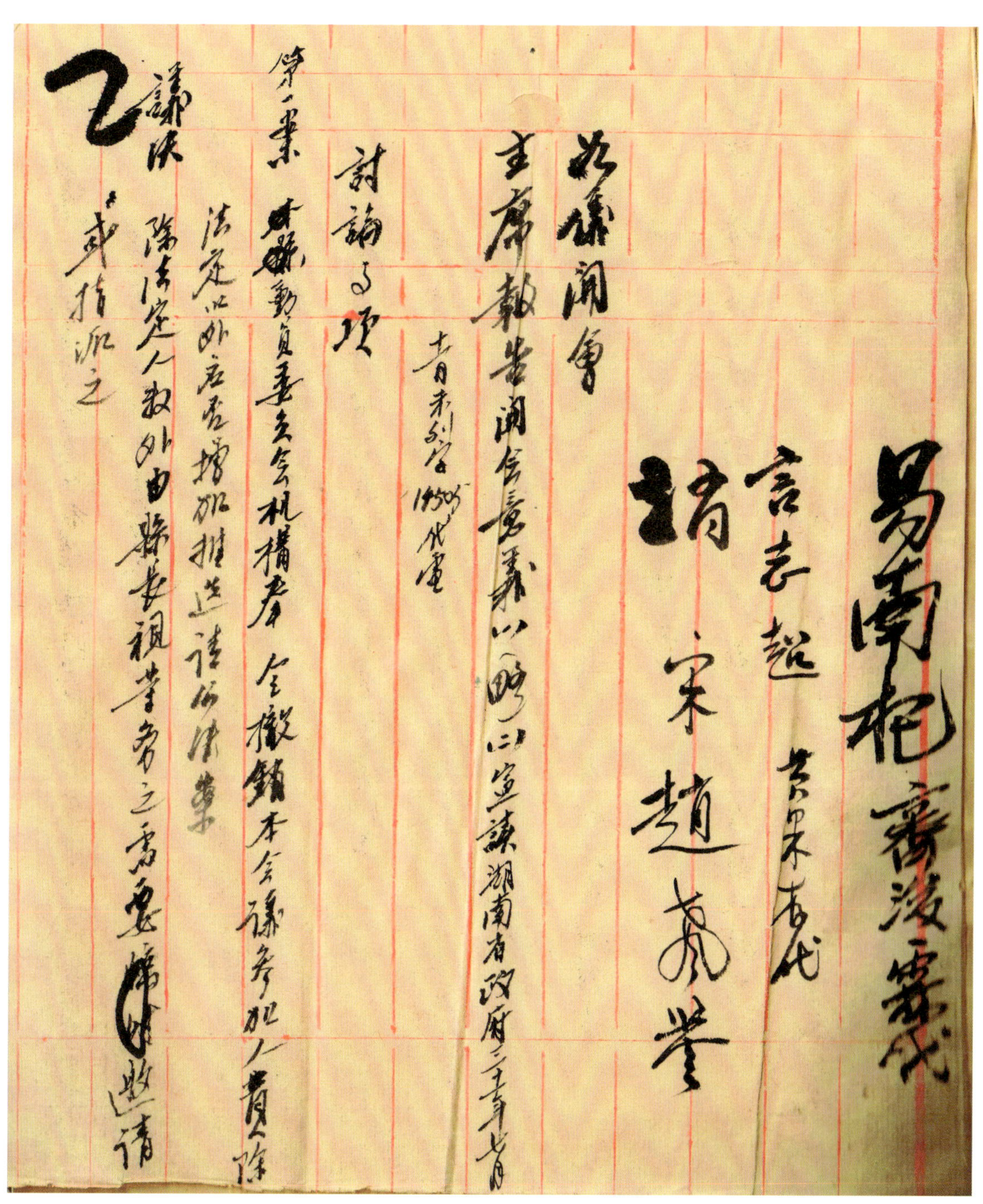

易南屏　蕭凌霄代

言志超　黃本希代

請　宋　趙蔭棠

如儀開會

主席報告開會意義以（略）（二）並讀湖南省政府三十五年七月

未刻字1450號代電

討論事項

第一案　本縣動員委員會機構存令撤銷本會議參加人員除

法定以外應否增加推選請公決案

議決　除法定人數外由縣長視業務之需要隨時邀請

或指派之

乙

第二案 動員委員会机構撤銷後動員会议事務繁多遂令設置人員以專責成應如何辦理請公決案

議決 1. 遵章推縣府之縣長為主任委員，縣党部書記長、縣府主任秘書為常務委員

2. 以縣政府所在地為本動員会議地点

3. 会議暫設秘書一人負實際策進動員方案及實施之全責，另設幹事一人至二人，錄事一人，由縣長委派之

4. 將本縣原動員委員会經費移作本会議經費

以上四項呈請省政府核示

第三案 查本縣出征抗敵軍人家屬優待委員会組織係奉國民政府卅年十二月修正公佈優待出征抗敵軍人家屬條例應行組織應如何辦理請公決案

議決

甲、遵照新章重新改組

乙、公推定縣長趙、書記長李、書記兵業、副團長孫麐、孫業玲先生、周社長季五、文科長康陸、第三科長紫壽貞、曉泉、嚴處長濟、黃經理五兜、趙院長、壽鶯、鄧殷長、蒲葉、文商長鍾蕃、劉劍萍先生、易理事長吳鈞、韓、劉雨羅、文緩先生、趙韓小長、攝南等十九人為委員

丙、除縣長趙、書記長為當然副主任委員外，並推定李委員定兵業、孫委員業玲、文委員康陸、羅委員天鈞、鄧委員蒲葉等五人為常務委員

丁、本設專任秘書一人，由主任委員派充之

戊、從八月份起，確定月支公務費壹千元，在統籌基金

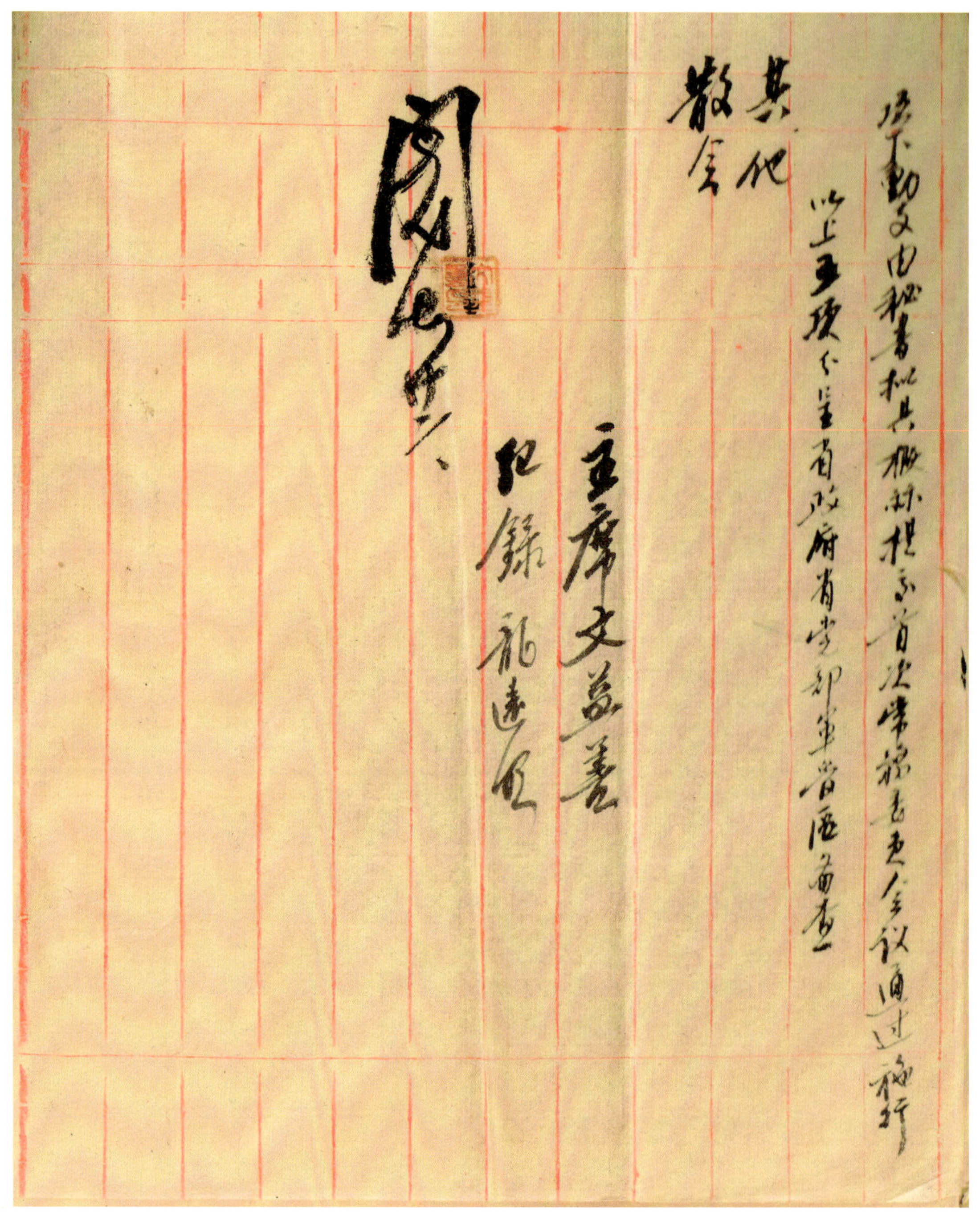

決：動員由秘書擬具辦法提交首次常務委員會議通過施行

以上五項分呈省政府省黨部軍管區備查

其他

散會

主席　文益善

紀錄　龍遠凡

閱

湘潭县政府第二次动员会议录（一九四二年九月十二日）

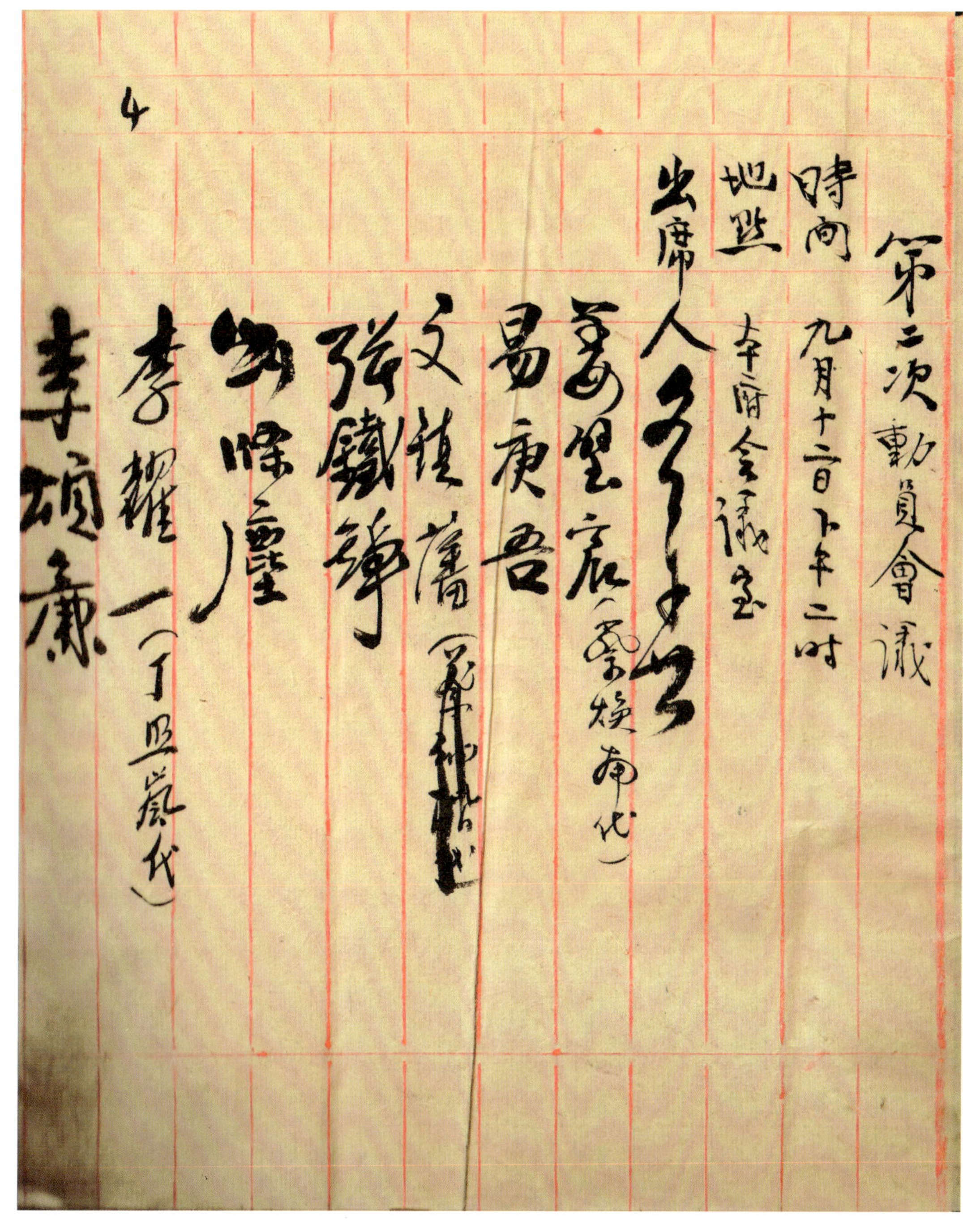

4

第二次動員會議

時間　九月十二日下午二時

地點　本府会議室

出席人　[illegible]

姜[illegible]宸（[illegible]代）

易庚吾

文[illegible]藩（[illegible]代）

張鐵錚

[illegible]

李耀一（丁[illegible]代）

李[illegible]廉

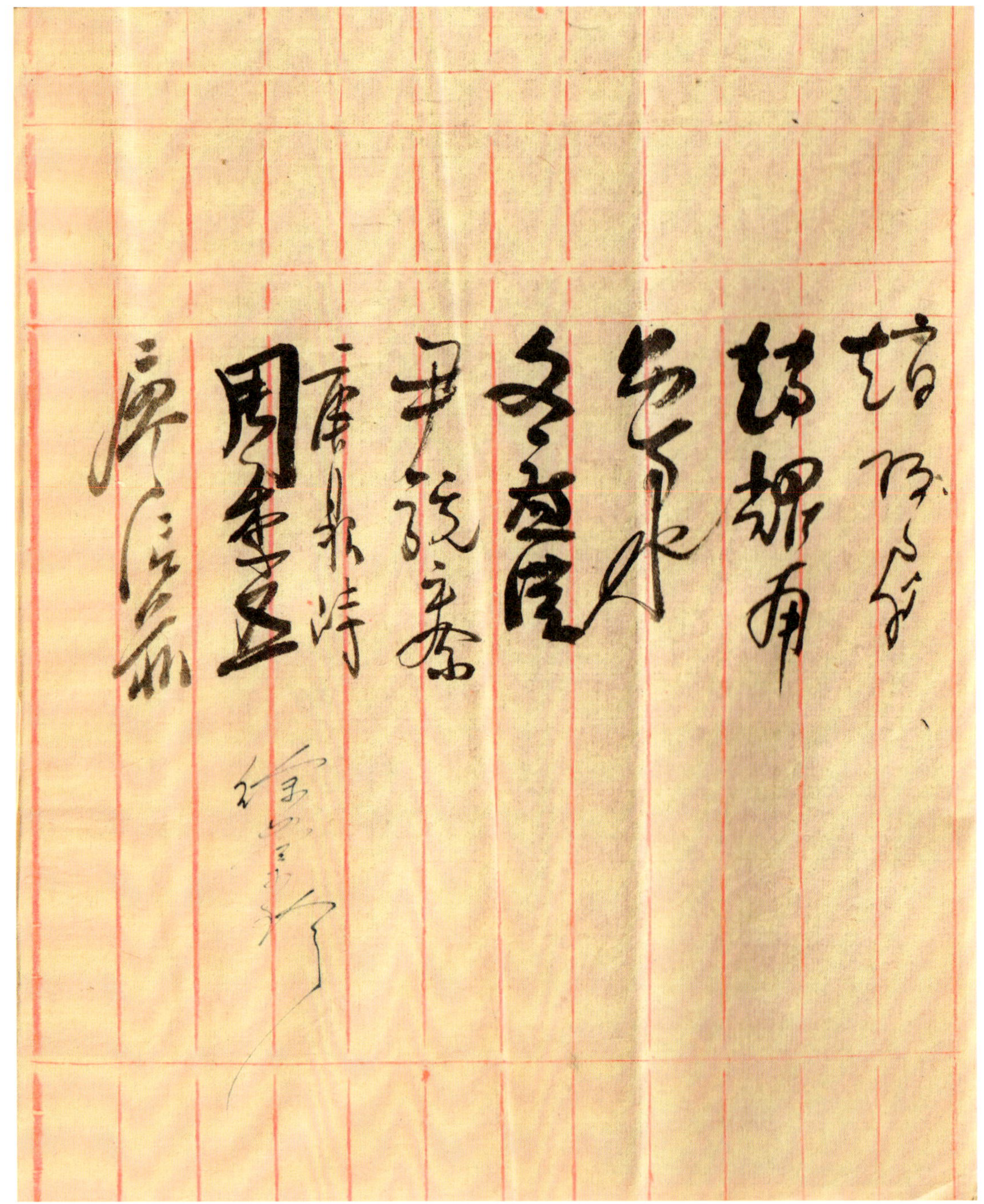

甲、主席開會

乙、報告事項

一、宣讀第一次會議紀錄

二、前動委會奉令結束經費文卷及什物業經交府張財政科科員李有忠社會科科員宋明良分別點收公訖除什物經主任委員批准交縣黨務委員會借用文卷及經費卷宗書冊點收經費交出納室保管並[illegible]復前縣動委會及本會銜具報省府省動委會外報借備查

丙、討論事項

丁、

一、擬定城市各機關團體分區舉行國民月會辦法草案

請公決案

議決：照例通過，推趙書記長、張主任秘書、王科長審查，改由主任委員核定公佈施行。

丙

四、本縣新訂動員會議月支經費預算書，當否請核議案

議決：

原預算修正通過，呈請省府核示。

又、在未核准前以修正預算開支一月。

五、本縣擬定動員會發動公粮春季粮記帳表，請核議案

議決：公粮記帳表通過，一次公粮依據向糧商價

谷租項不適當者，其征收手續請參議會設法追認

丁

六、本市日用必需品價格飛漲，民不聊生，應如何切實評定以資取締而維平民生活案

議決：

三、本會等有關日用必需品各業公會主席開會切實開

遵由建設科主持

四、由本府統計室詳細調查日用必需品價格厘定標準嚴飭各商店遵照規定每月暗中調查及評定一次以昭公允

案、

五、本縣各機關團體學校及商店住戶黨國旗式樣參差不齊多與中央規定尺寸標準不合應如何取締請公決案

議決：

三、由本縣會同縣黨部按照中央規定式樣採辦印發各業公會及城區三鎮轉飭各商店住戶遵照辦理

六

四、由本府會同縣黨部青年團等各自定期檢查各

机关团体学校商店住户凡不合规定之党国旗一律取缔。

又由本县中山纪念堂建筑委员会建筑基金项下暂垫借式万元，以资团体住户，并指定商店订制，确定价格，由县党部校定式样，发交文化服务社、青年书店负责具领发售推销。

凡各机关团体学校均须备制党国旗一套、升降旗用一面，市面各商店须备国旗一面，由社会科主持制就规定并指示悬挂办法。

六、市区张贴及各种标语多模糊不明，殊不合规定，既欠观瞻，以碍宣传，拟定取缔暂行办法，呈请县务会议决案。

议决：由县政府、县党部、青年团长沙市区之党部

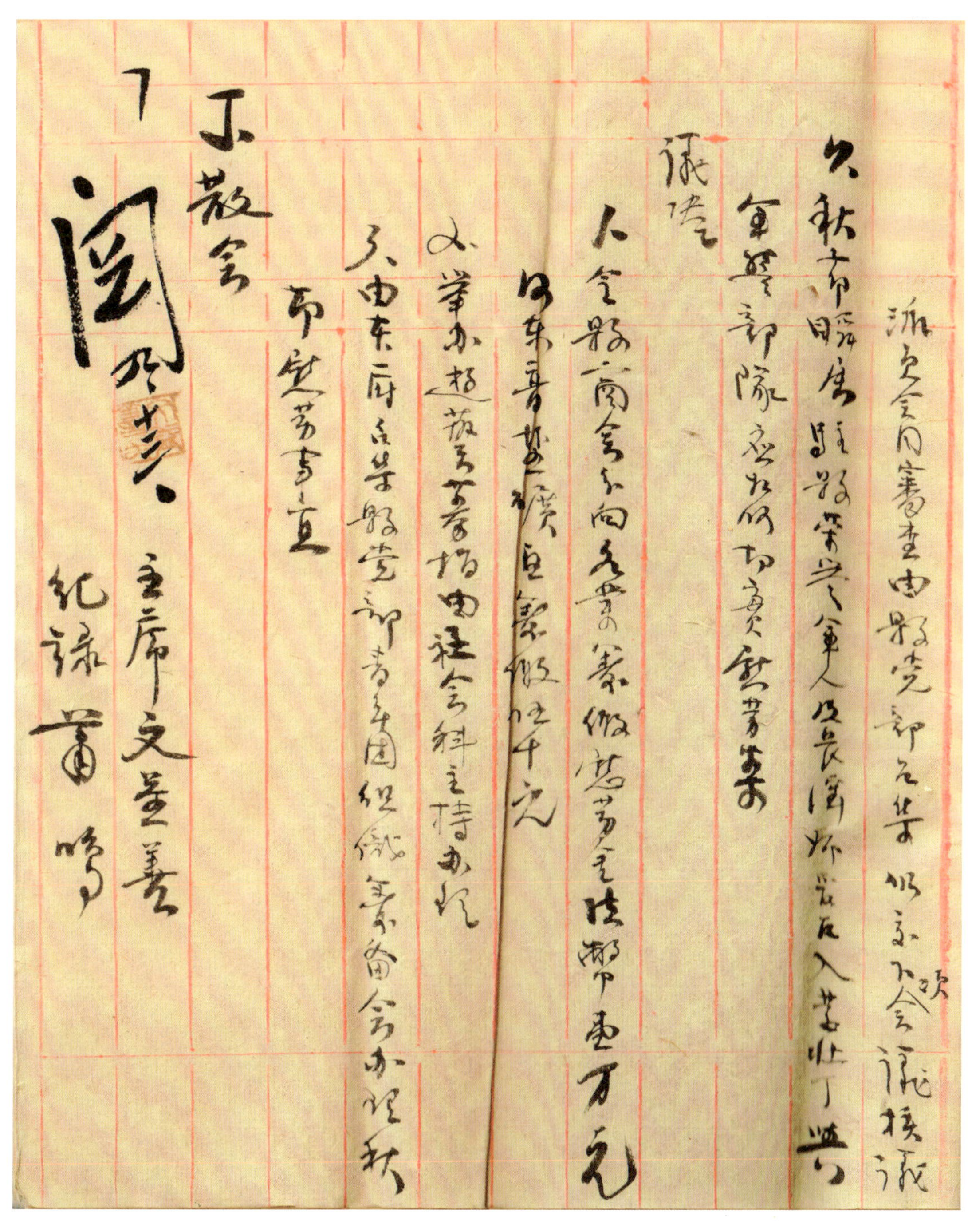

浙江全省審查由縣黨部名單 仍交下次會議核議

六、秋節贈慰出征軍人及長官嫉婦及入營壯丁與軍事部隊應如何分配慰勞案

議決：

一、全縣各商會分向各界分攤慰勞金法幣壹萬元

二、由東青藝術廣告募捐壹千元

三、舉辦招遊藝募捐由社會科主持辦理

四、由縣府召集縣黨部青年團組織籌備會辦理秋節慰勞事宜

七、散會

丁

閱 九十三

主席 文星善

紀錄 董鳴

湘潭县政府第三次动员会议录（一九四二年十二月二十一日）

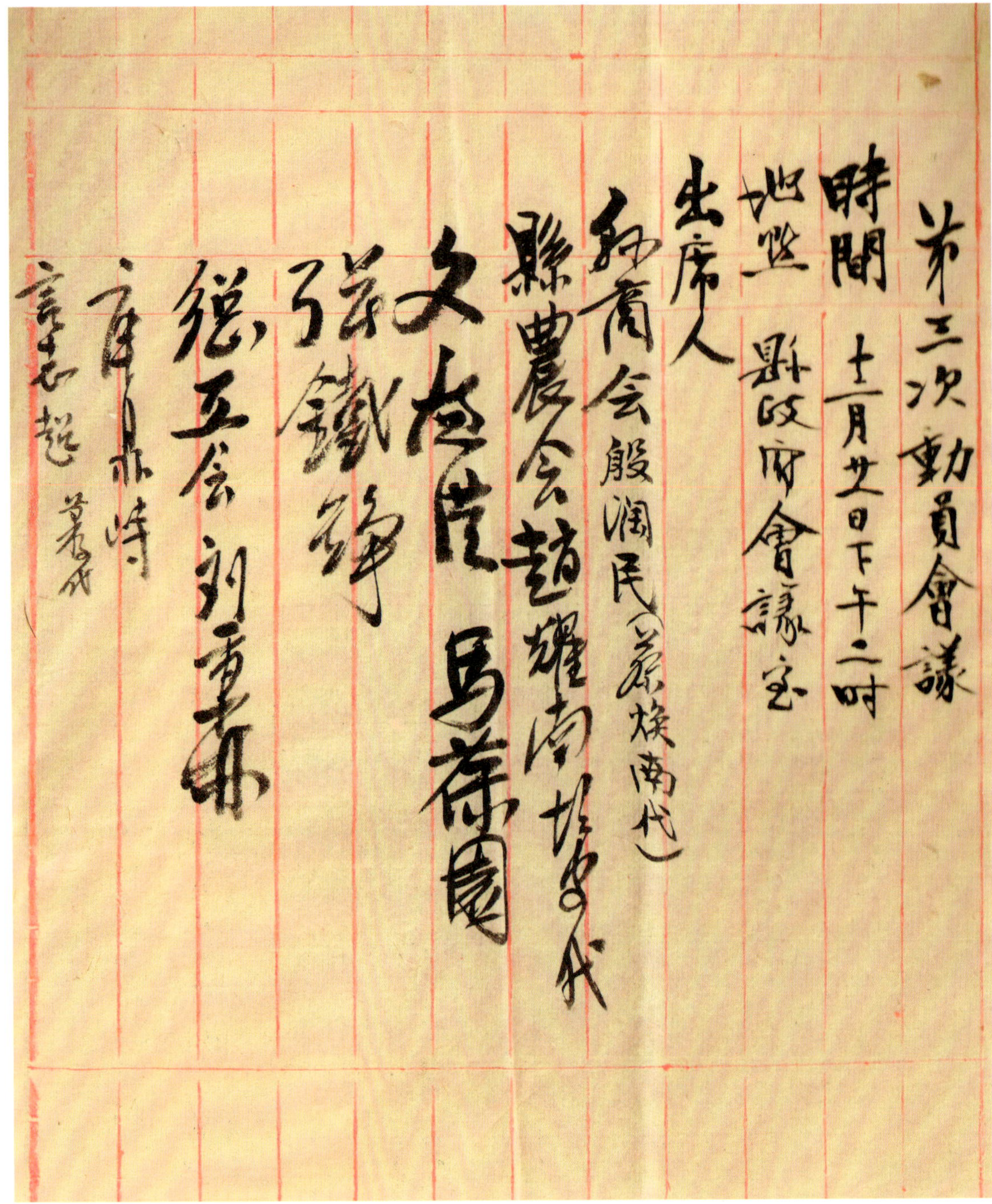

第三次動員會議

時間 十二月廿一日下午二时

地點 縣政府會議室

出席人

縣商会殷润民（蔡焕南代）

縣農会趙耀南 [illegible]代

[illegible] 馬[illegible]

張鐵錚

總工会[illegible]

[illegible]

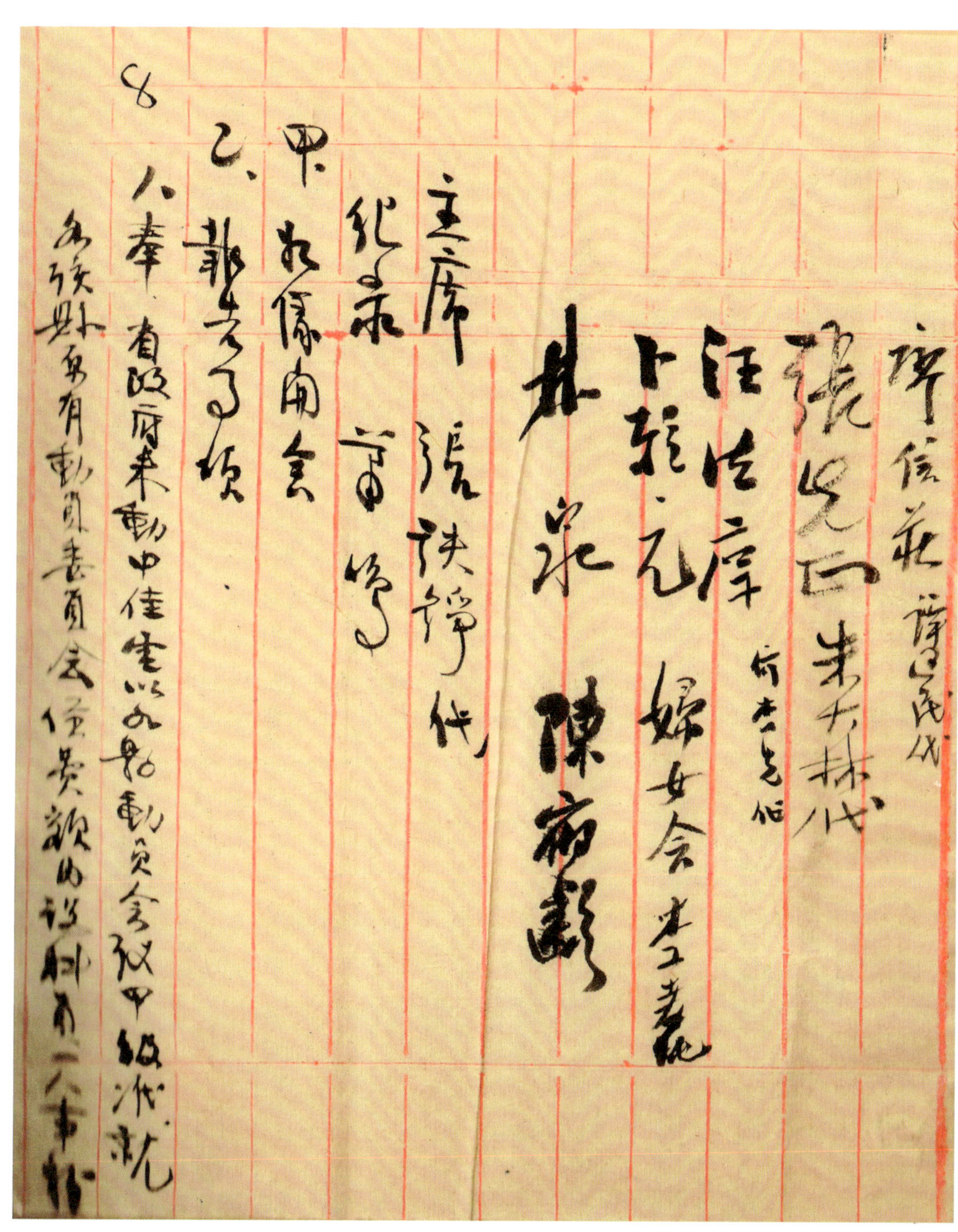

許信萍 薛[illegible]民代

張光正 朱大林代

汪浩庠 何杏光代

卜乾元 婦女會 李士鑫

林泉 陳[illegible]彭

主席 張鐵錚代

紀錄 黃峰

8

甲、報告開會

乙、討論事項

八、奉省政府來動中佳電以各動員會改甲級派就

各縣縣長兼動員委員會主任委員頒由該縣市[illegible]

員一人并酌給每名公費六元派調置之聯絡工作人員即

予以調整為團隊並辦外報請備查

又奉省政府本年十月八日未府民財計字第1537號訓令

奉頒各縣動員會設任務職員及動員委員會任責自本

年九月份起月支為五百元增設人員表仰遵照等因除

遵辦報請備查（四）

二、奉省政府未省動字第0180號代電為本縣設置規定

各省市縣動員會設立防空三項經費知照等因除

遵辦外報請備查

乙、計劃事項

一、奉省政府本年十月十二日未省動字第　號代電為

規定各縣動員委員會籌設各防空三項仰遵照具報

華僑抗敵動員委員會呈為檢送各項稿件由 冊

十三、前函呈擬人審核案

議決：擬趙分記長培厚、林主任永、齊錚事、葉等三人審查，由齊錚召集，于本月底以前呈覆。

又、請擬定駐各段協會理事常務理事各組組長案。依法組織完成案

議決：

一、擬文駐長趙分記長、張分記長、廖科長傅子孔、宣科長志超、鄧科長志清、周社長、黎立有、鋒子

9

陳為理事，唐君毅、理事長潤民、趙院長錫榮、又為長鎮之、潘飛、錢分大使、吳陵長、樊俊、黃經理友熙等十五人為理事，並擬文駐長趙分記長為

張耿記先生、廖科長俊霖、戴敘理事長湘民等五
人為常務理
二、推戴敘理事長為總務組組長，廖理事俊霖、黃理事友巡
為組員；周理事秀文為宣傳組組長，戴理事湘民、詹
理事澤為組員；文[illegible]理事志超為調查組組長，文理事
鎮濤、郭理事克澤為組員；趙理事石霖、吳[illegible]為總
務組組長，張理事大俊、吳理事樵俊為組員；趙理
事振鑾為監察組組長，[illegible]、蘇國英、[illegible]、張
南為組員；張理事光正為研究組組長，[illegible]先生
業膺、易理事慶吾為組員
三、以上各理事及組長、組員為無給職協助本會委
員

3、准县党部函嘱将上次会议拟定标语传单制裁取缔办法已交县各有关机关会议移呈县政府请核议案

议决：照呈通过令饬外

4、奉省政府十二月省东府民财计字第77883号训令为据饬各县遵照自十二月一日减之县市支会具报并抄案各项年列年度预算移请公决案

议决：

1、本县支会于本年十二月以前成立

2、文书员任会长赵书记员任副会长张书记兼任

经常事务理事会议主席言科员志超任主任干事

费饭员??于??任干事

3、月支经费八十元由第一次会金项下动支

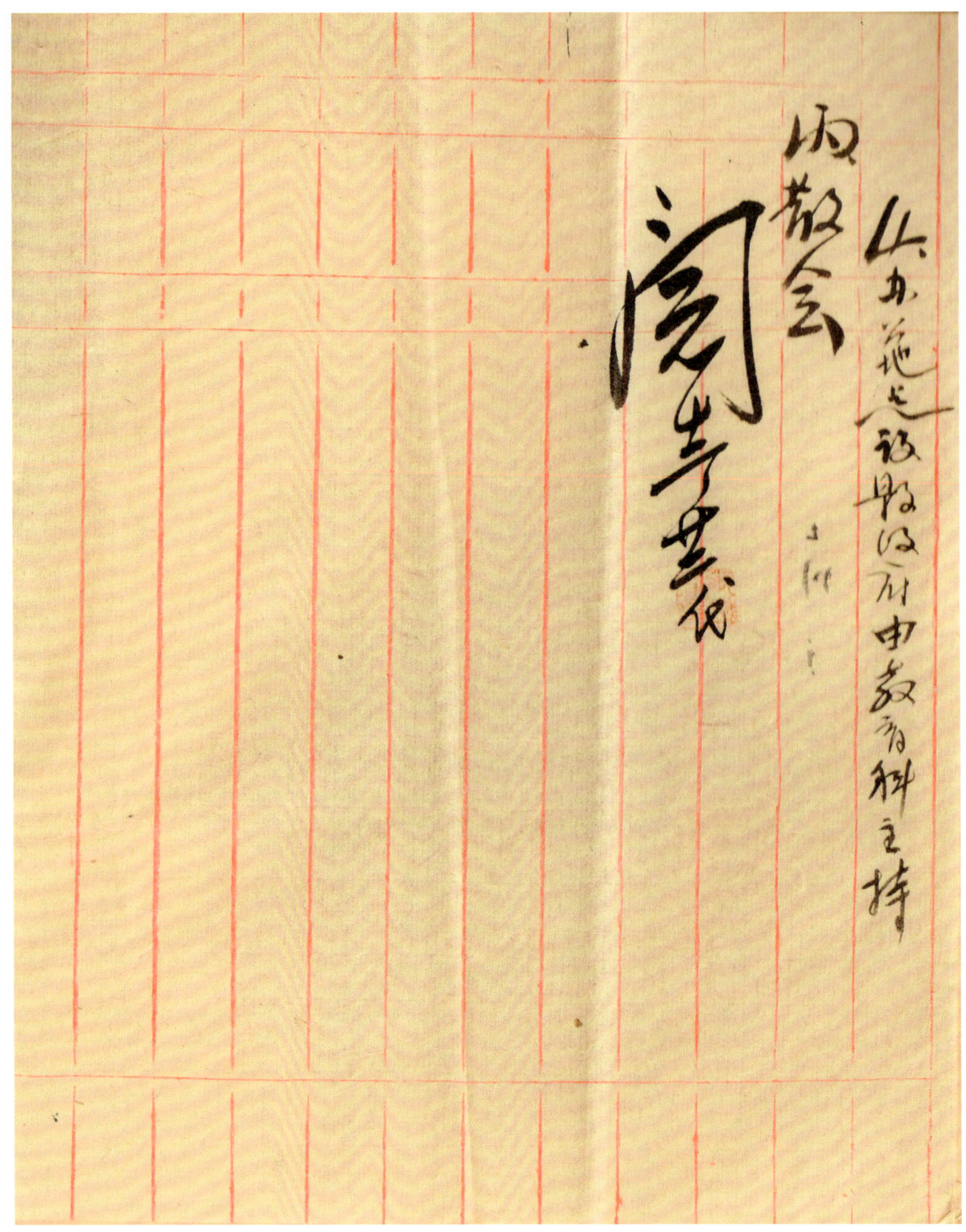

以[illegible]范地之设[illegible]改由教育科主持

函教会

阅

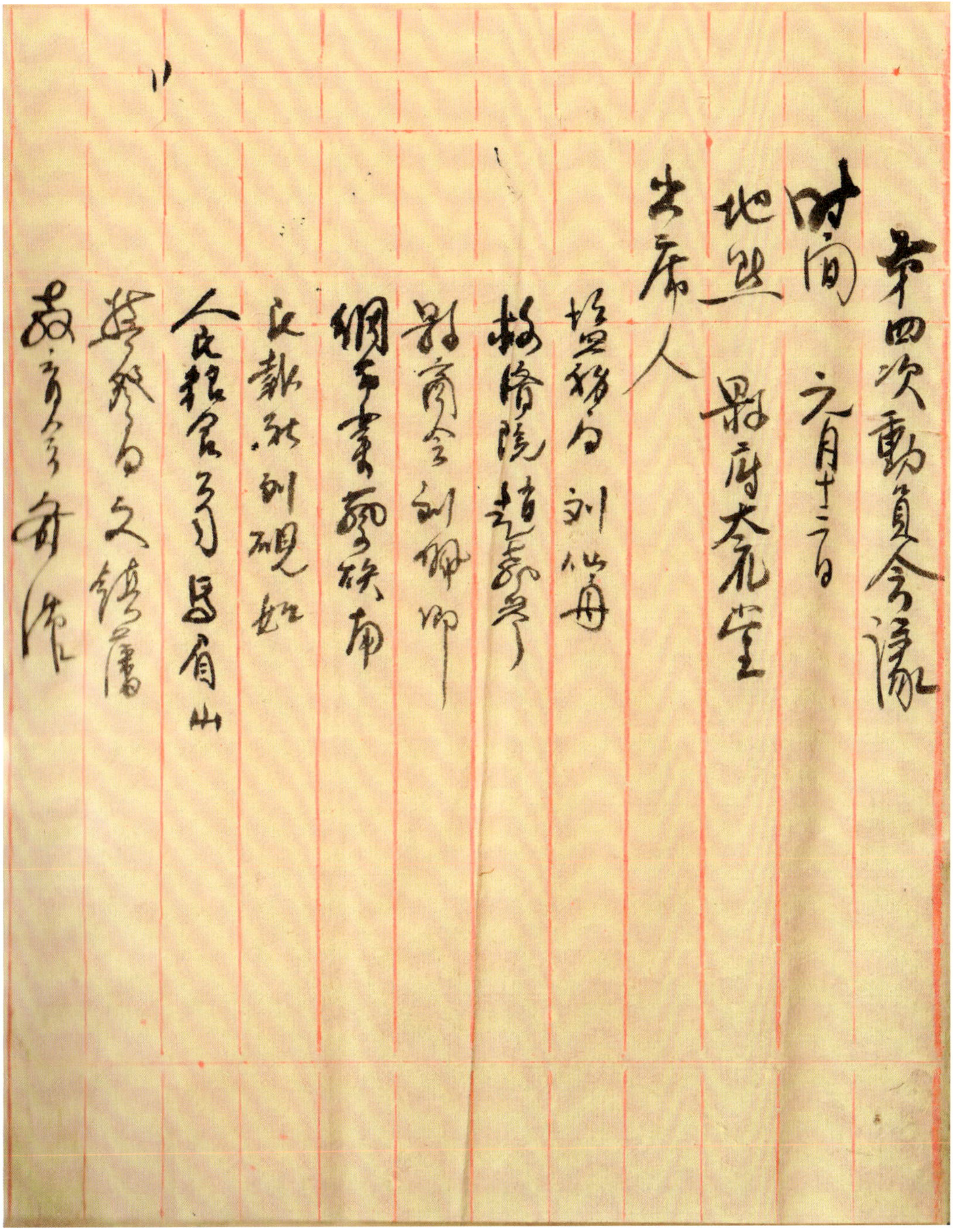

第四次動員會議

時間　元月十三日

地點　縣府大禮堂

出席人

鹽務局　劉仙舟

檢驗院　趙嘉亭

縣商會　劉佩卿

綢布業　蘇鐵甫

民報社　劉硯如

人民糧食局　易眉山

警察局　文鎮藩

教育會　俞沛

總務部 趙振華
文書組 陳慎樁 楊新陳代
炭業 易安民
民生工廠 黎春劍
搬運公會 郭志鳳
曲藝公會 胡志安
油坊業 周茂甫
米業 陳少卿
糧食棉花業 朱文藩
青年團 張光正
民政科 唐信泉
會計室 朱東泉

13

會計室 汪嘯崖

統計室 朱梅平

社會科 文康澧

建設科 詹顯時

糧政科 周乃森

財政科 鄭光煒

教育科 章志超

地政科 李耀人

電燈公司 吳家驄

臺山縣 王仁山

主席 王縣長

紀錄 黃鳴

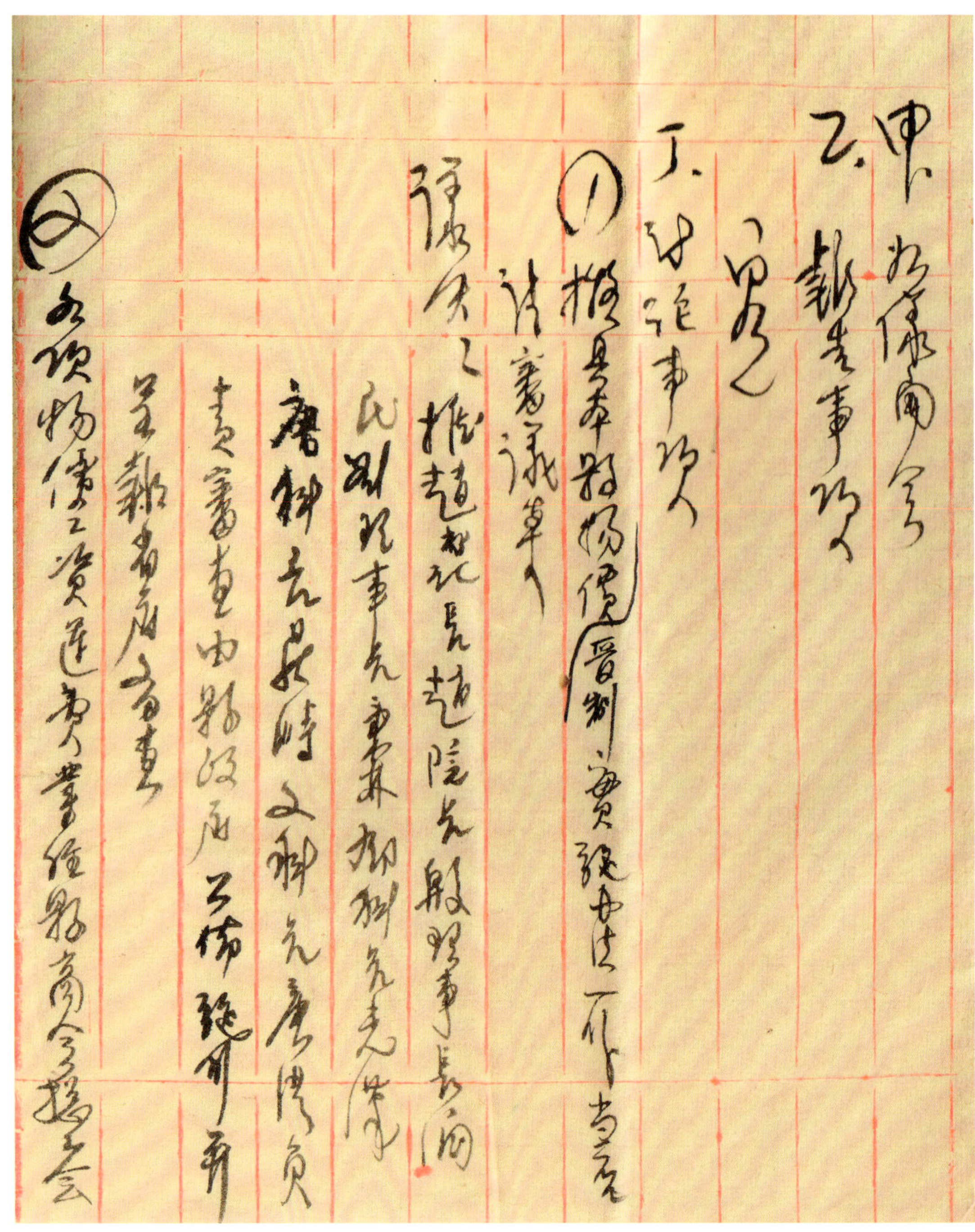

甲、如仪开会

乙、报告事项

丙、略

丁、讨论事项

（一）据县奉颁物价管制实施办法一件，当否，请审议案。

议决：推赵书记长、赵院长、殷理事长、周民训科长、[illegible]、郑科长、[illegible]、唐科长、易科长、文科长、唐[illegible]负责审查，由县政府召开，[illegible]。

（二）各项物价之资[illegible]业经县商会[illegible]

（核定物價已分別承物價表呈核在案）

遵照省頒標準分別評定填報縣府提

議決：核定案

附帶決議：核定

關於糧食每~~百斤~~市担核定價

頭粒谷	一二五.〇〇元	一二五元
香米	二五〇.〇〇元	二四四元
中熟米	二五八.〇〇元	二五二元
上熟米	二六〇.〇〇元	二六〇元
鄉谷	一三〇.〇〇元	一二八元
香米	二六〇.〇〇元	二五六元
中熟米	二六八.〇〇元	二六四元
上熟米	二七六.〇〇元	二七二元

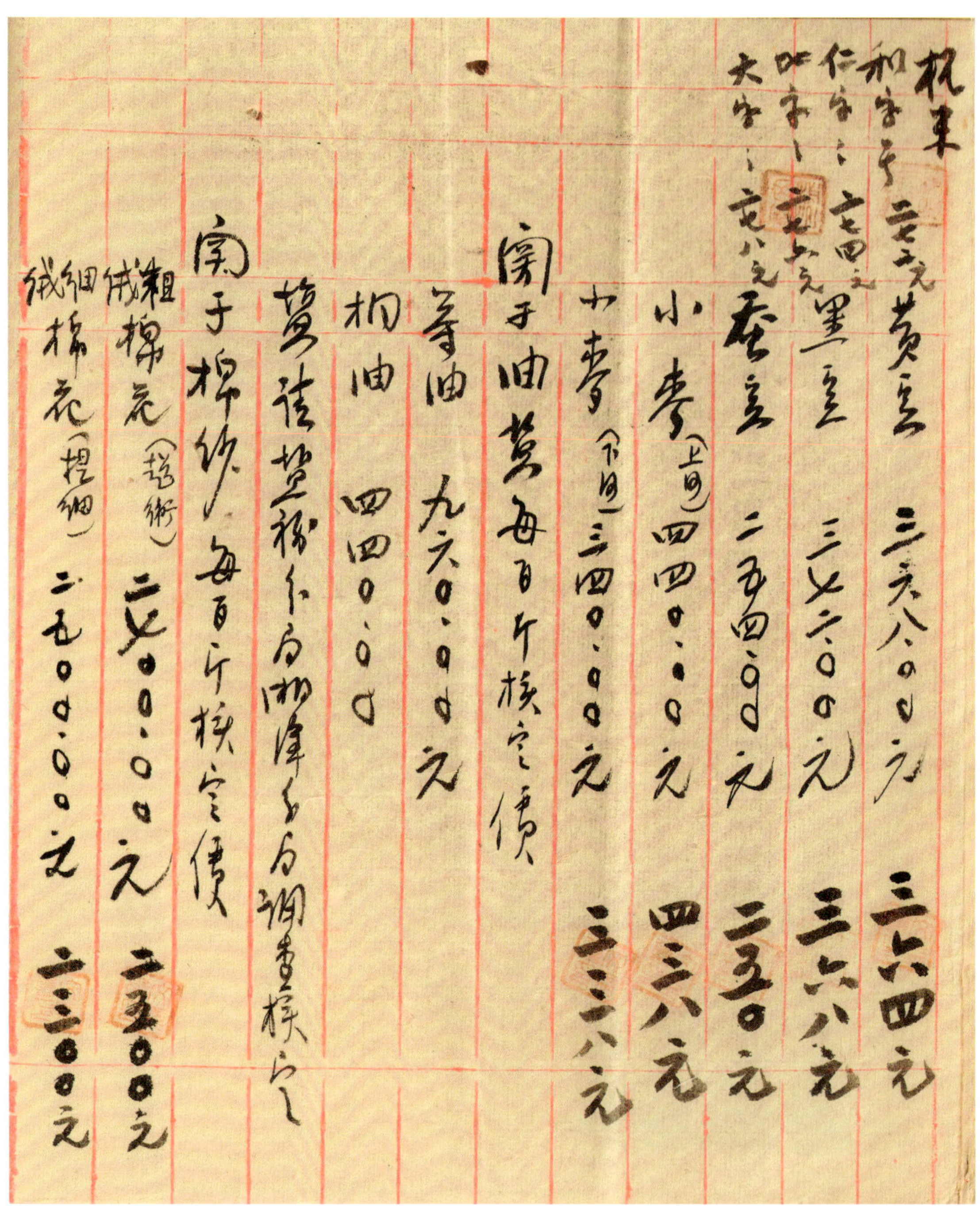
机米
和字号 二七二元
仁字号 二七四元
叶字号 二七六元
大字号 二七八元
黄豆 三六八〇〇元 三六四元
黑豆 三七六〇〇元 三六八元
蚕豆 二五四〇〇元 二五〇元
小麦（上等） 四四〇.〇〇元 四三八元
小麦（下等） 三四〇.〇〇元 三三八元
关于油类每百斤核定价
菜油 九六〇.〇〇元
桐油 四四〇.〇〇
其余照市价由湘潭县府调查核定之
关于棉纱每百斤核定价
粗纱棉花（粗纤） 二七〇〇.〇〇元 二五〇〇元
细纱棉花（提细） 二五〇〇.〇〇元 二三〇〇元

人工

粗絨棉花（晋衡）二六〇，〇〇〇元　二四〇〇元

細絨棉花（晋細）二四〇，〇〇〇元　二二〇〇元

粗絨棉紗（每包價）二〇五〇，〇〇〇元　一八〇〇元

細絨棉紗（每包價）一五五〇，〇〇〇元　一三〇〇元

上等土紗（每市斤）五四〇〇〇元　五五元

中等土紗（每市斤）四四〇〇〇元　四五元

窯子煤炭　每百斤核定價

塊煤（衡）三〇，〇〇〇元　二八元

碎煤（衡）二〇，〇〇〇元　一八元

塊煤（州）二六，〇〇〇元　二四元

碎煤（州）十八，〇〇〇元　一六元

焦煤（州）四六，〇〇〇元　四二元

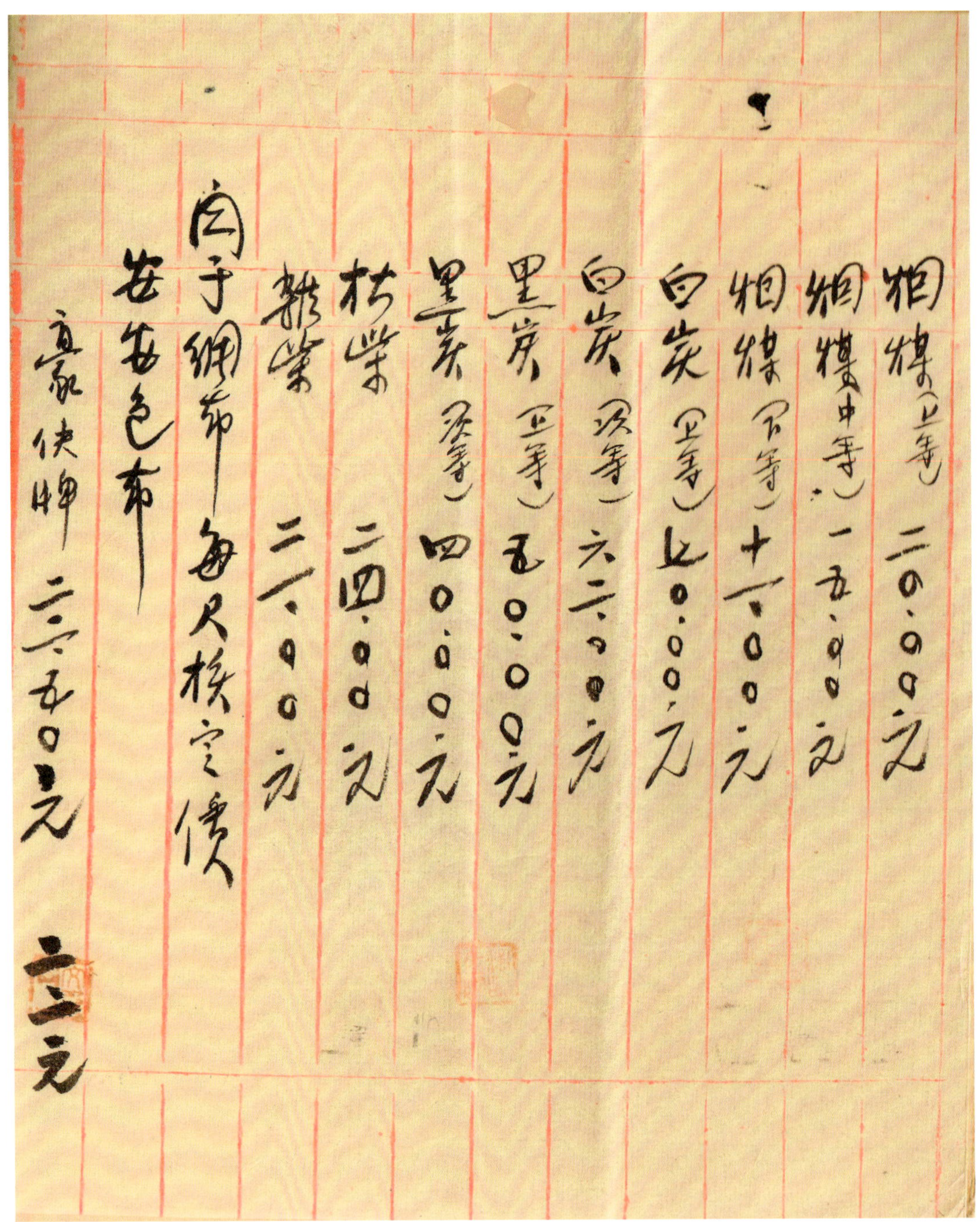

烟煤（上等） 二〇、〇〇元
烟煤（中等） 一五、〇〇元
烟煤（下等） 十、〇〇元
白炭（上等） 七〇、〇〇元
白炭（次等） 六二、〇〇元
黑炭（上等） 五〇、〇〇元
黑炭（次等） 四〇、〇〇元
枯柴 二四、〇〇元
杂柴 二、〇〇元
阴丹细布 每尺按空价
安安色布
高级侠绅 二、五〇元

六二元

已止

月義牌	二〇、七〇元	二〇元
金標牌	一九、八〇元	一九元
健義牌	一八、九〇元	一八元
有光丹士林布		
金標桌?	二三、五〇元	二三元
大保國	二一、六〇元	二一元
孔?牌	二〇、七〇元	二〇元
無光丹士林布		
美亭牌	二五、二〇元	二五元
美球牌	二四、三〇元	二四元
洛神牌	二五、五〇元	二五元
飛雞?牌	二四、三〇元	二四元

金椿乐　二四、三〇元　二百元
扎　牌　二三、四〇元　二三元
大红纳富安
金椿乐　二四、三〇元　二百元
扎　牌　二三、四〇元　二三元
扎色纳富安
金椿乐　二四、三〇元　二百元
扎　牌　二三、四〇元　二三元
扎色標準布
团圆牌　二四、三〇元　二百元
扎　牌　二三、四〇元　二三元
上缴白土纱平布　九、九〇元　九百元

4 16

中綠白土紗市布 九、〇〇元 八五元

趙碼白土紗市布 八、一〇元 七六元

柳夏白細布 一、六二〇元 一五七元

上綠白土紗良布 八、一〇元 七六元

中綠白土紗良布 七、二〇元 六七元

趙碼白土紗良布 大、三〇元 五六元

柳麻白粗布 二、七〇元 二三元

本地上綠條子格花布 二、七〇元 二三元

本地中綠條子格花布 九、九〇元 九四元

三、八元至三、八元

趙碼土紗條子格花布 四、三三元至 八五五元

赴本白改良布 三、六〇元 三二元

中等白改良布 四、五〇元 四元

上等白改良布　五、四〇元　四九元

次平江白土布　八、〇〇元　七六元

中等平江白土布　九、〇〇元　八五元

上等平江白土布　九、九〇元　九四元

西洋兵机草绿斜（昭和九年产）　三六、〇〇元　三三五元

西洋兵机草黄斜（昭和九年产）　三六、〇〇元　三三五元

阴丹草绿斜

大保国　二四、三〇元　二三八元

九牌　二三、四〇元　二二九元

直接草斜

大保国　一六、二〇元　一五八元

九牌　一五、三〇元　一四八元

5 月

漂白竹布

一字扎扎志 二六五〇元 二六元

四大天王 二三四〇元 二三九元

惜花女 二一六〇元 二二一元

七狐魂 一八九〇元 一八四元

扎蟀 一八八〇元 一八四元

粗白竹布

乾坤印 一五三〇元 一四八元

扎蟀 一五三〇元 一四八元

本地白斜纹布 一〇八〇元 一〇三元

原白斜纹

三兔蟀 一五三〇元 一四八元

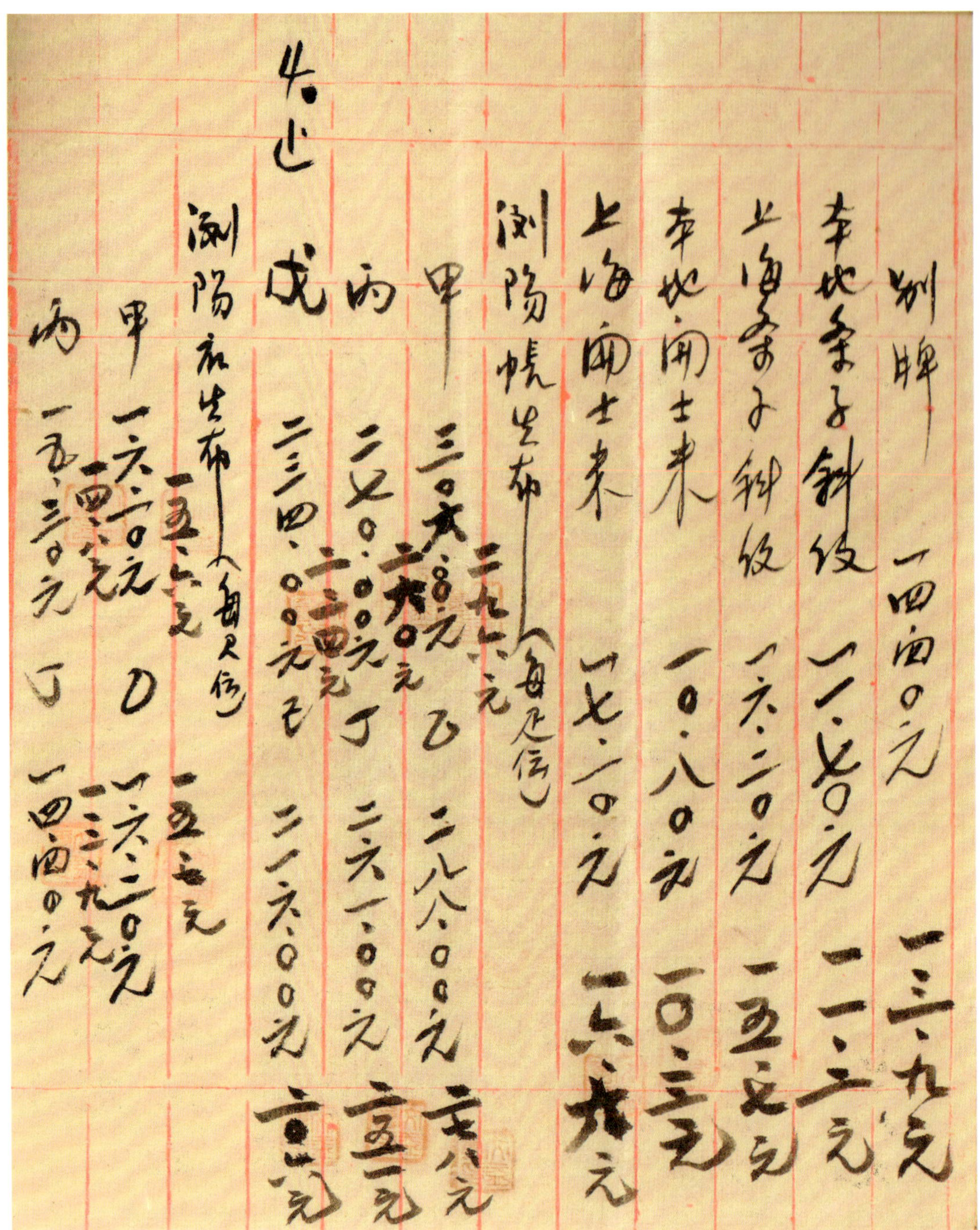
别牌　一四四〇元　一三、九元
本地条子斜纹　一一、六〇元　一二、二元
上海条子斜纹　一六、二〇元　一五、六元
本地南士米　一〇、八〇元　一〇、二元
上海南士米　一七、一〇元　一六、九元
浏阳帐生布（每尺价）
甲　三〇、八〇元　二九、六元　乙　二八、八〇〇元　二七、八元
丙　二七、〇〇元　二六、〇元　丁　二六、一〇〇元　二五、二元
戊　二三、四〇〇元　二二、四元　己　二一、六〇〇元　二〇、六元
浏阳夏生布（每尺价）　一五、六元　一五、一元
甲　一六、二〇元　一四、六元　乙　一六、二〇元　一三、九元
丙　一五、三〇元　丁　一四、四〇元
共计

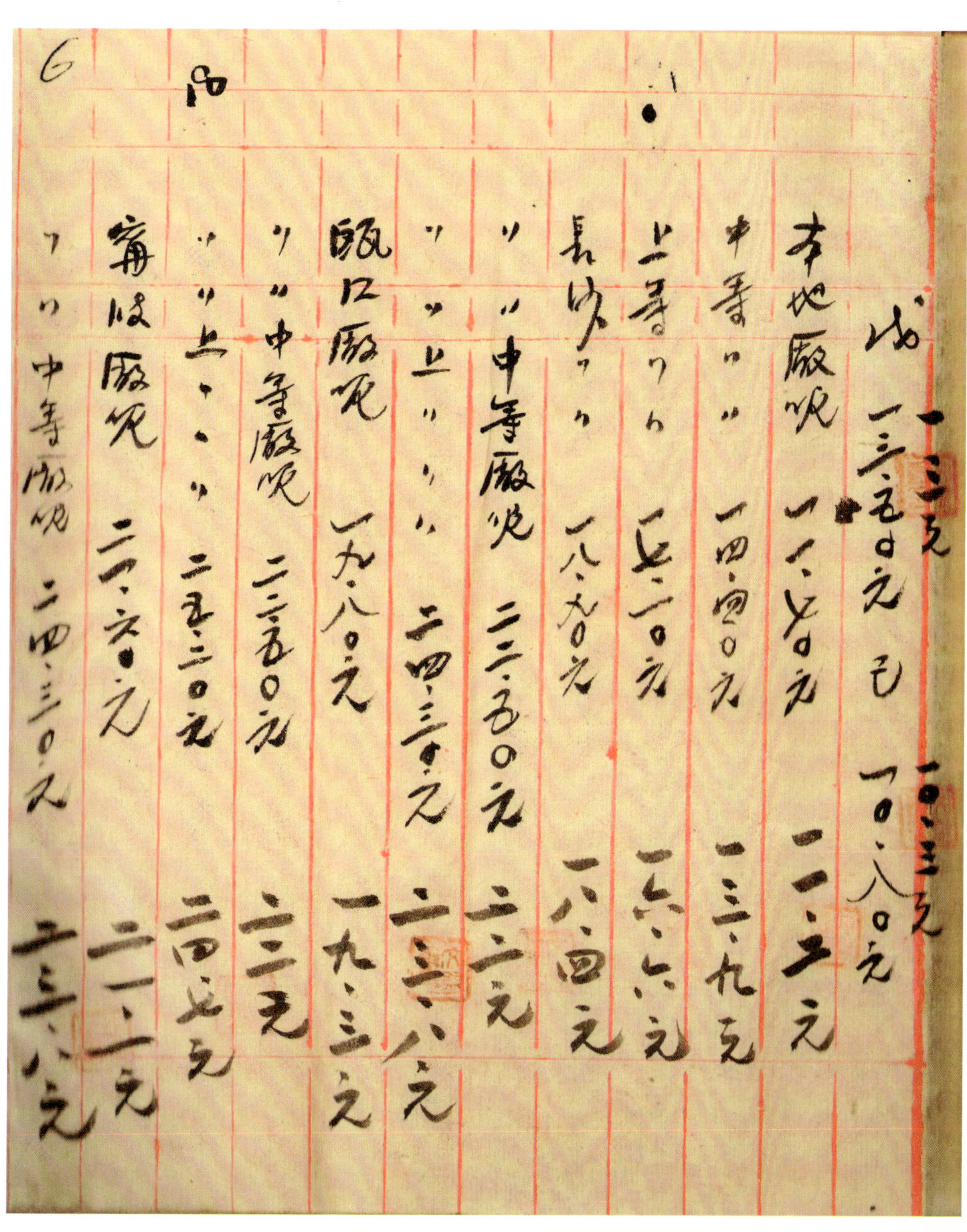

舶来上等厂呢	二七、〇〇〇元	二六、五五元
广东厂呢	一八、九〇〇元	一八、四元
广东中等厂呢	二八、五〇〇元	二一、一元
〃〃上〃〃	二三、四〇〇元	二三、九元
上海厂呢	三四、二〇〇元	三三、七元
上海中等厂呢	三七、八〇〇元	三七、三元
〃〃上〃〃	三九、六〇〇元	三九、一元
西洋厂呢	四三、二〇〇元	四二、七元
西洋中等厂呢	四五、〇〇〇元	四四、五元
〃〃上〃〃	四六、八〇〇元	四六、三元
色直贡呢		
四层子坪	二三、四〇〇元	二三、九元

以上

少

川

别牌　二二、五〇元　二二元

包金刚呢

金鹰牌　二七、九〇元　二〇、四元

别牌　二六、一〇元　二五、六元

包鹤役呢

材补牌　二三、四〇元　二三、九元

别牌　二一、六〇元　二一、一

包俊義呢

玉垒牌　二四、三〇元　二三、八元

别牌　二六、五〇元　二二元

包影格呢

千年如意　二六、一〇元　二五、六元

剑辉　二四、三〇元　二三、八元

色回纹叹（鲲星辉）　二四、三〇元　二三、八元

剑辉　二三、五〇元　二二元

色素啾吱

九龙山　二六、四〇元　二一、二元

剑辉　二〇、七〇元　二〇、二元

直贡缎

东一回　二六、二〇元　二五、六元

剑辉　二五、二〇元　二四、七元

三美　二四、三〇元　二三、八元

元青明缎

新美人　二八、八〇元　二七、三元

剂牌　一七、〇〇元　一六、五元

印花直贡　二一、六〇元　二一、一元

印新花直贡　二五、二〇元　二四、七元

印花哔叽　一九、八〇元　一九、三元

印新花哔叽　二一、六〇元　二一、一元

什色克罗

鹤友牌　一九、八〇元　一九、三元

6止　剂牌　一八、〇〇元　一七、五元

杂色克罗

20　鹤友牌　一八、九〇元　一八、四元

剂牌　一七、二〇元　一六、七元

8　色克印花丁贡

梅口牌	一七、一〇元	一六、六元
竹牌	一六、二〇元	一五、七元
有光印花直贡		
七玫瑰	一八、〇〇元	一七、五元
刘牌	一七、一〇元	一六、六元
印花府绸		
黑牌	二五、二〇元	二四、七元
红牌	二四、三〇元	二三、八元
白猫	二三、四〇元	二二、九元
長壽	二二、五〇元	二二、元
刘牌	二一、六〇元	二一、一元
新花標布		

21

蜈蚣牌	一六、二〇〇元	一五、七元
利牌	一五、三〇〇元	一四、八元
维耳纳绒	二八、八〇〇元	一六、三元
墨印染花水浪绒	一六、三〇〇元至一九、八〇〇元	一五、七〇〇至一九、三元
即一系白斜纹绒	二一、六〇〇元	二二、一元
即漂白斜纹绒	二五、二〇〇元	二四、七元
即条子斜纹绒	二五、二〇〇元	二四、七元
即白李绒	三〇、六〇〇元	三〇、一元
金线绿老素府绸	三六、〇〇〇元	三五、五元
针支 〃〃〃	三二、四〇〇元	三一、九元
坪支 〃〃〃	二八、八〇〇元	二六、三元
线支 〃〃〃	二五、二〇〇元	二四、七元

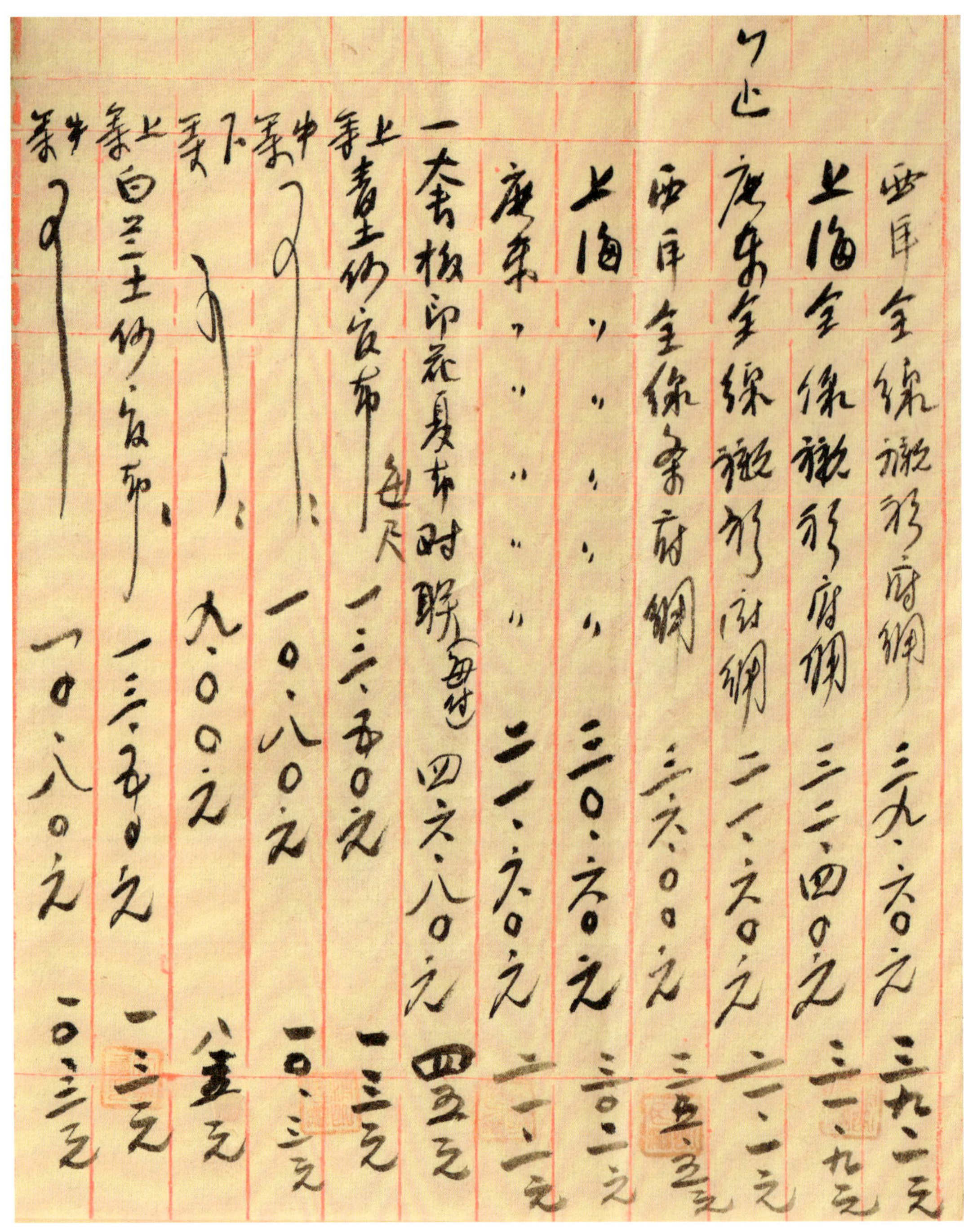

西耳全线斜纹府绸　三九、六〇元　三九一元
上海全线斜纹府绸　三二、四〇元　三一九元
广东全线斜纹府绸　二一、六〇元　二一一元
西耳全线条子府绸　三六〇〇元　三五三元
上海〃〃〃〃　三〇、六〇元　三〇二元
广东〃〃〃〃　二一、六〇元　二一二元
以上
一条板印花夏布时联（每付）　四六、八〇元　四五三元
上等青土纱夏布　每尺　一三、五〇元　一三二元
中等〃　一〇、八〇元　一〇三元
下等〃　九、〇〇元　八五元
上等白土纱夏布　一三、五〇元　一三二元
中等〃　一〇、八〇元　一〇三元

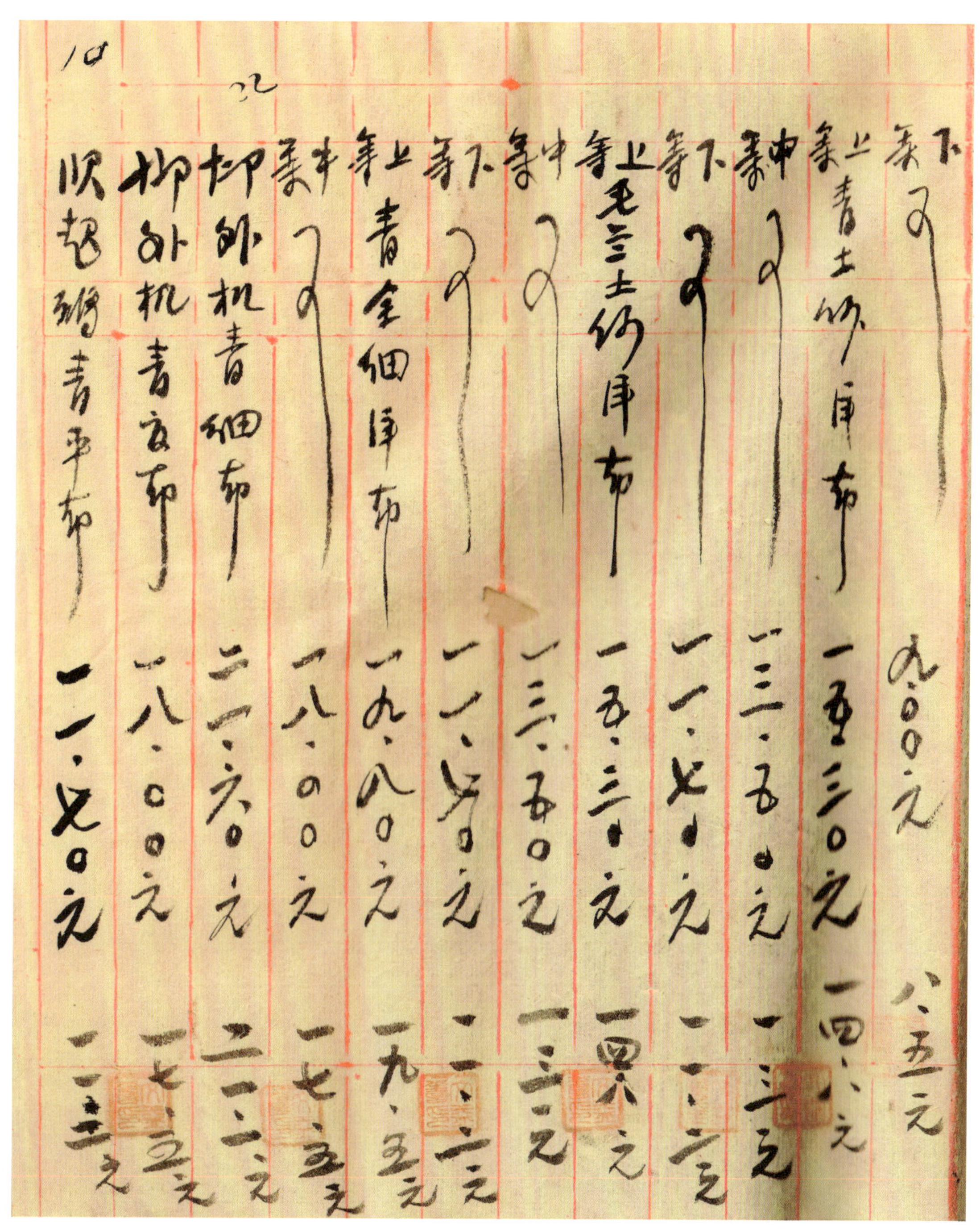

10
22

下等又　九〇〇元　八五元
上等青土帆洋布　一五三〇元　一四八元
中等又　一三五〇元　一三元
下等又　一一七〇元　一一三元
上等毛三土帆洋布　一五三〇元　一四八元
中等又　一三五〇元　一三元
下等又　一一七〇元　一一三元
上等青金细洋布　一九八〇元　一九五元
中等又　一八〇〇元　一七五元
抑外机青细布　二二六〇元　二二元
抑外机青玄布　一八〇〇元　一七五元
映艳猴青平布　二一七〇元　二二五元

收中衣青手布 一六.六〇元? 一六.一元?

收上衣青手布 二三.九元至二五.四元 一六.五〇元? 一三元

色竹布 二三.四〇元至二五.九〇元

足月三一布 四三.二元至五六.二元

足毛三一布 四七.二元至六一.二元

足老三一布 五六.二元至七八.八元?

六二.二元至七三.八元

七六.五元至八三.二元

七六.五元至八八.二元

止

[illegible]子工资 每日核定价

泥木工 八元

锯木工 八元

缝纫工 六.四〇元

理发[illegible]价

剃头 一.五〇元

剪[illegible]通头 二.〇〇元

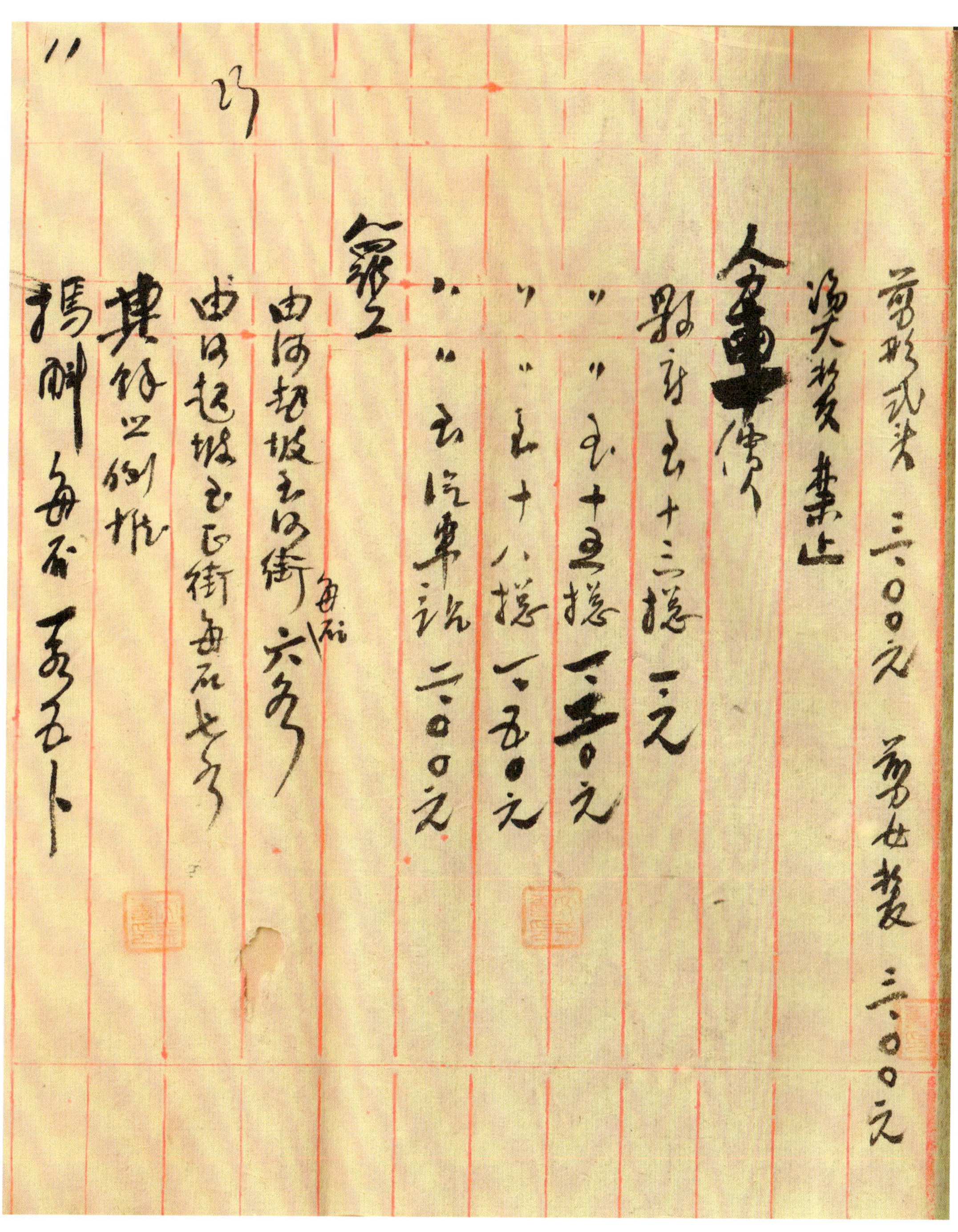

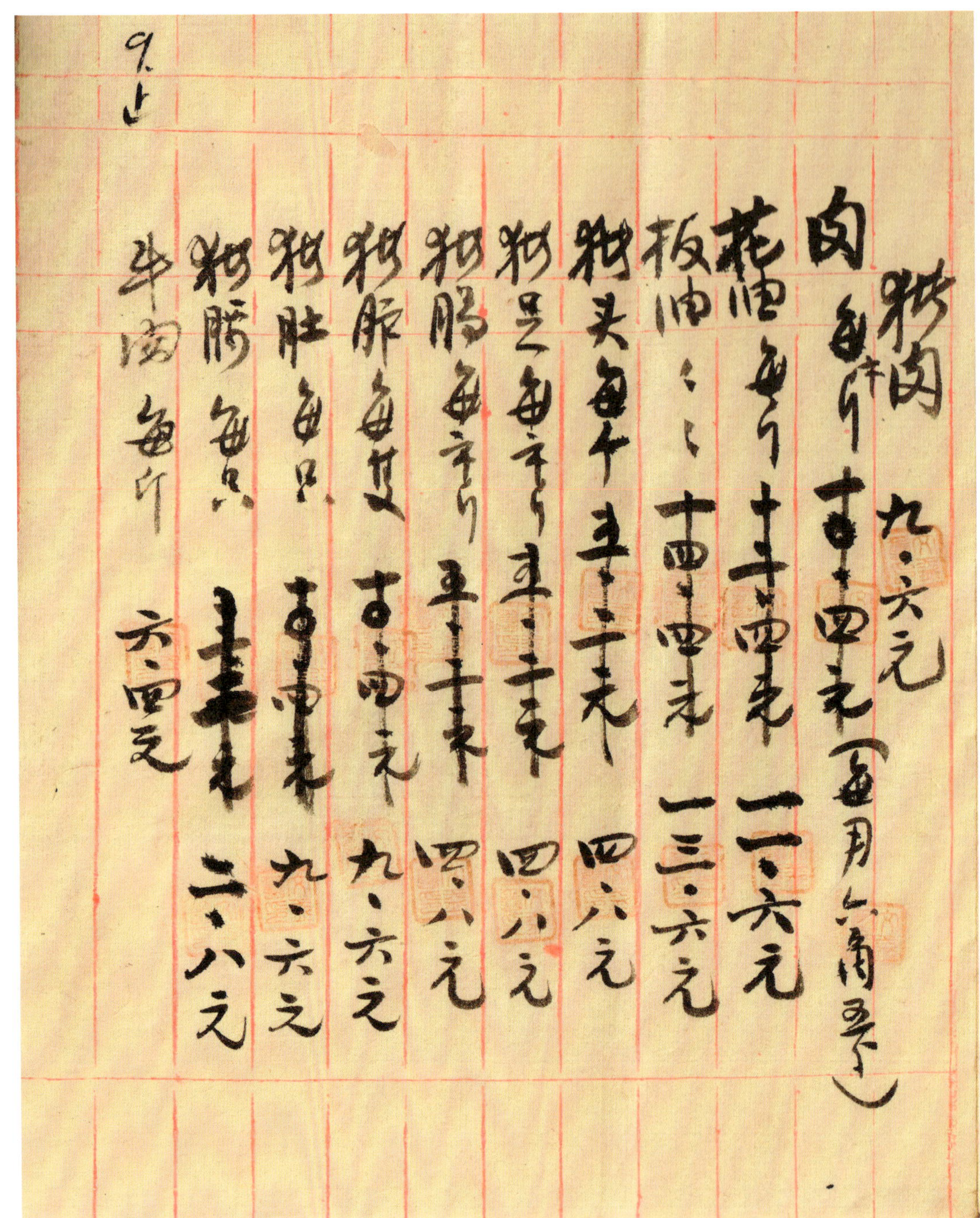

9.上

猪肉 九·六元

肉 每斤 十四·四元（每月六角五分）

花油 每斤 十三·四元 一一·六元

板油 〃〃 十四·四元 一三·六元

猪头 每个 十三·二元 四·八元

猪足 每斤 十三·二元 四·八元

猪肠 每斤 十二·十元 四·八元

猪腰 每对 十四·四元 九·六元

猪肚 每只 十四·四元 九·六元

猪膀 每只 十三·一元 二·八元

牛肉 每斤 六·四元

湘潭县政府各项物价工资运费限价会议录（一九四三年一月十一日）

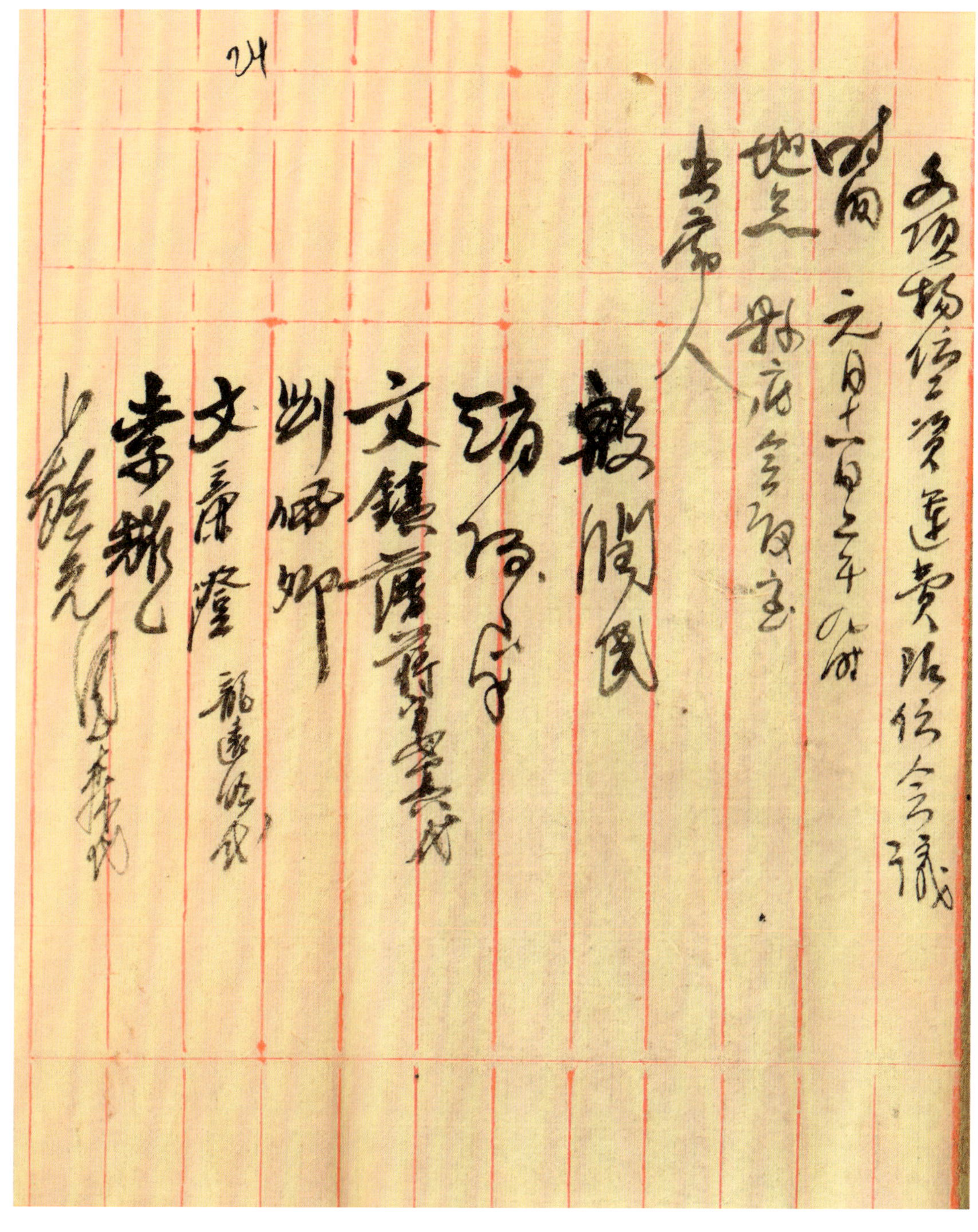

24

各项物价工资运费限价会议

时间 元月十一日上午八时

地点 县府会议室

出席人

[illegible]闿民

[illegible]

文镇[illegible] [illegible]代

刘[illegible]卿

文嘉澄 [illegible]代

李[illegible]

[illegible] [illegible]代

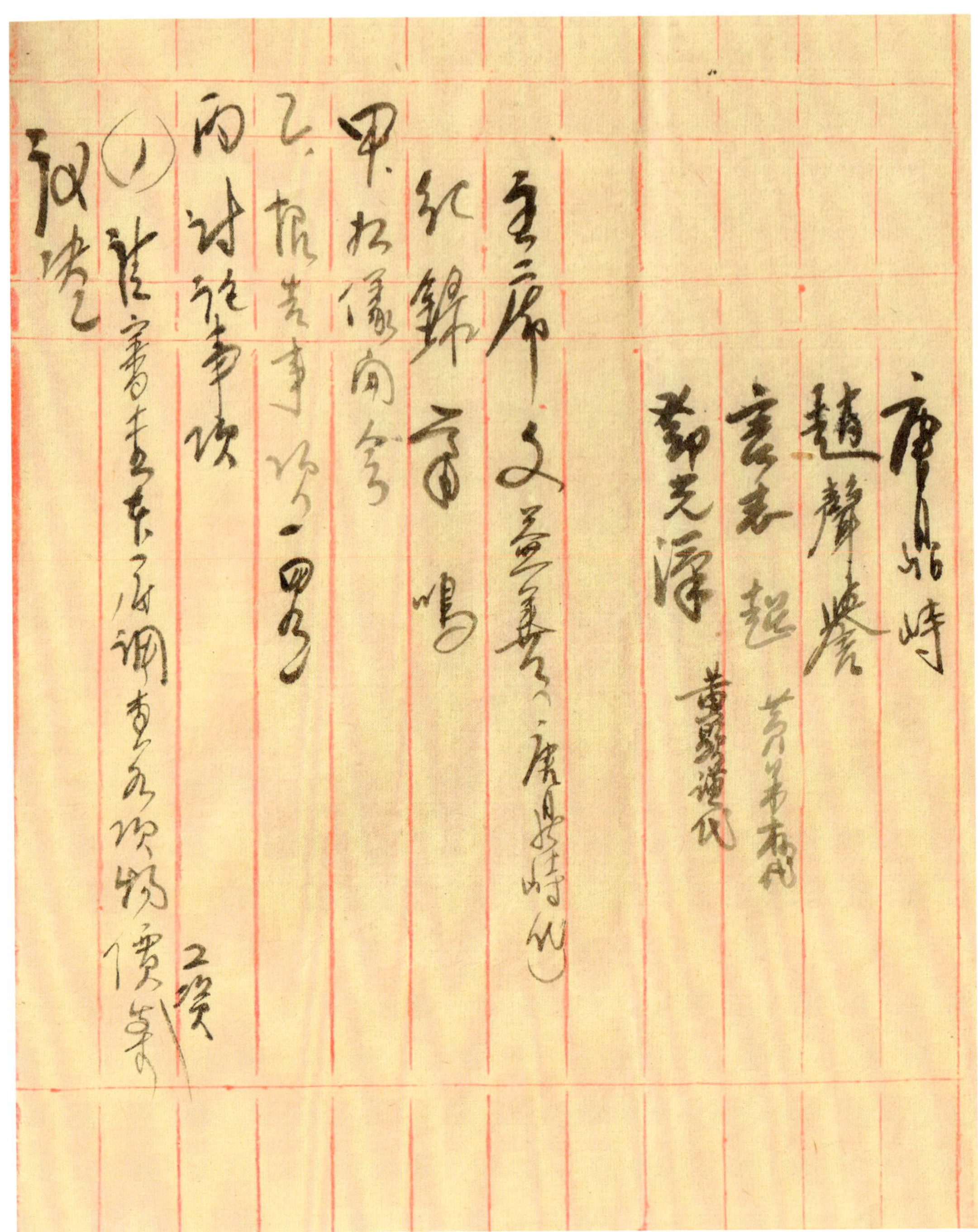

唐昭時
趙聲濤
袁春超（蔣第森代）
鄧先澤（黃蘇道代）
王席文
蕭善吾（唐昭時代）
紀錦寅鳴

甲、行禮開會
乙、報告事項（略）
丙、討論事項
（1）請審查東區調查各項物價案 二讀
決議

25

八、分组报告会同东府绸董人员分头前往审核，每星送达东府核定。

2、第一组 绸布、商货业 请赵院长燕(?)负责

第二组 由杂货、棉纱(?)事业 请文科长庚浩(?)负责

第三组 百货、粮食业 请赵(?)科长拔萃负责

第四组 文具、新闻、印刷(?)业 请章科长志超负责

第五组 银、钱、照相(?)、文(?)、钟表(?)、木器(?)业 请林主任策(?)负责

第六组 泥木、煤(?)、铁业 请文科局长植之(?)负责

第七组 竹木、伞、豆豉业 请[illegible]负责

第八组 旅馆(?)业 请唐科长月楼(?)负责

第九组 国药(?)、机米业 请张秘书记光(?)负责

九、期间定之日廿日上午八时各负责人审核人(?)会(?)

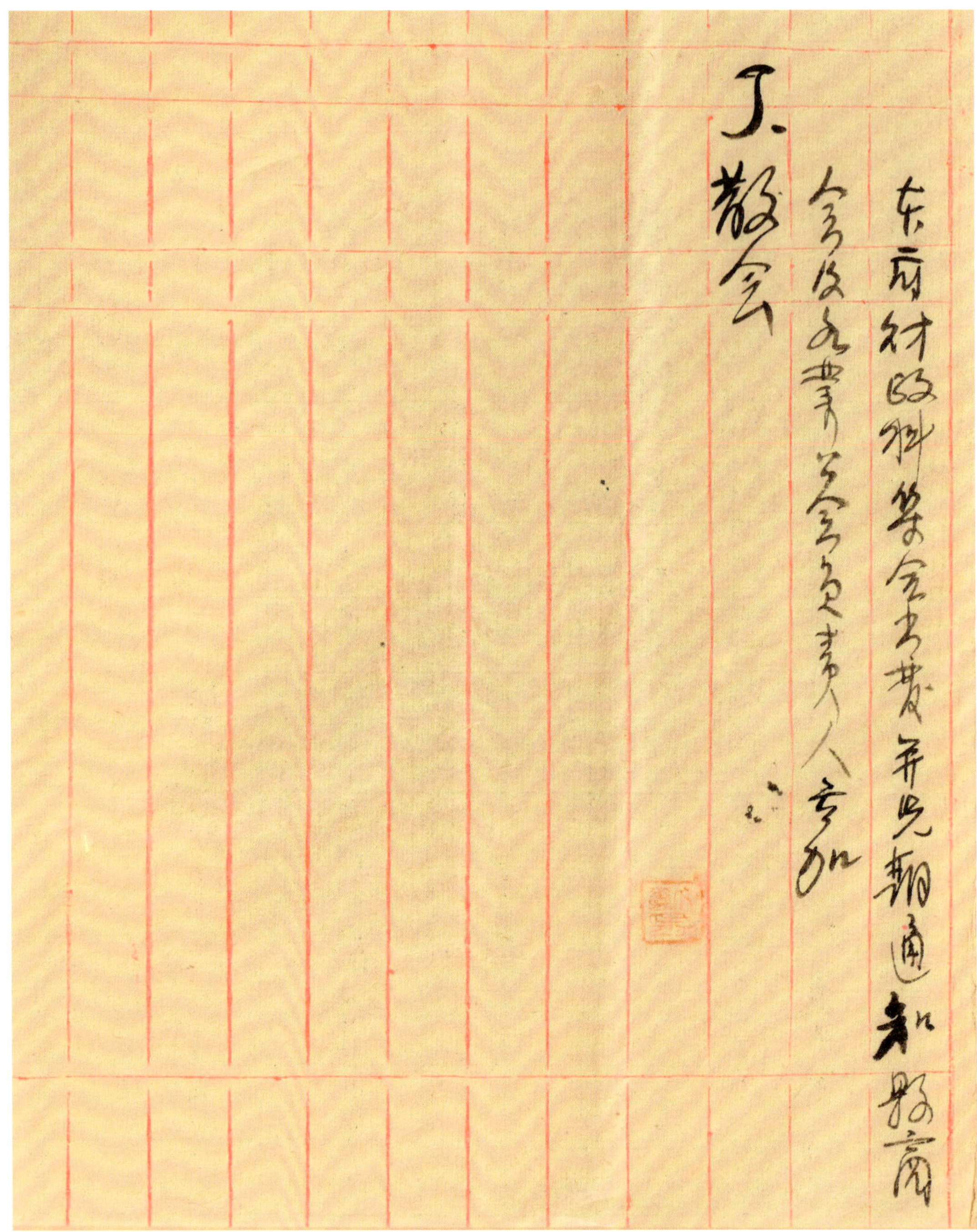
由府财政科筹会出费并先期通知县商会及各业公会负责人参加。

丁、散会

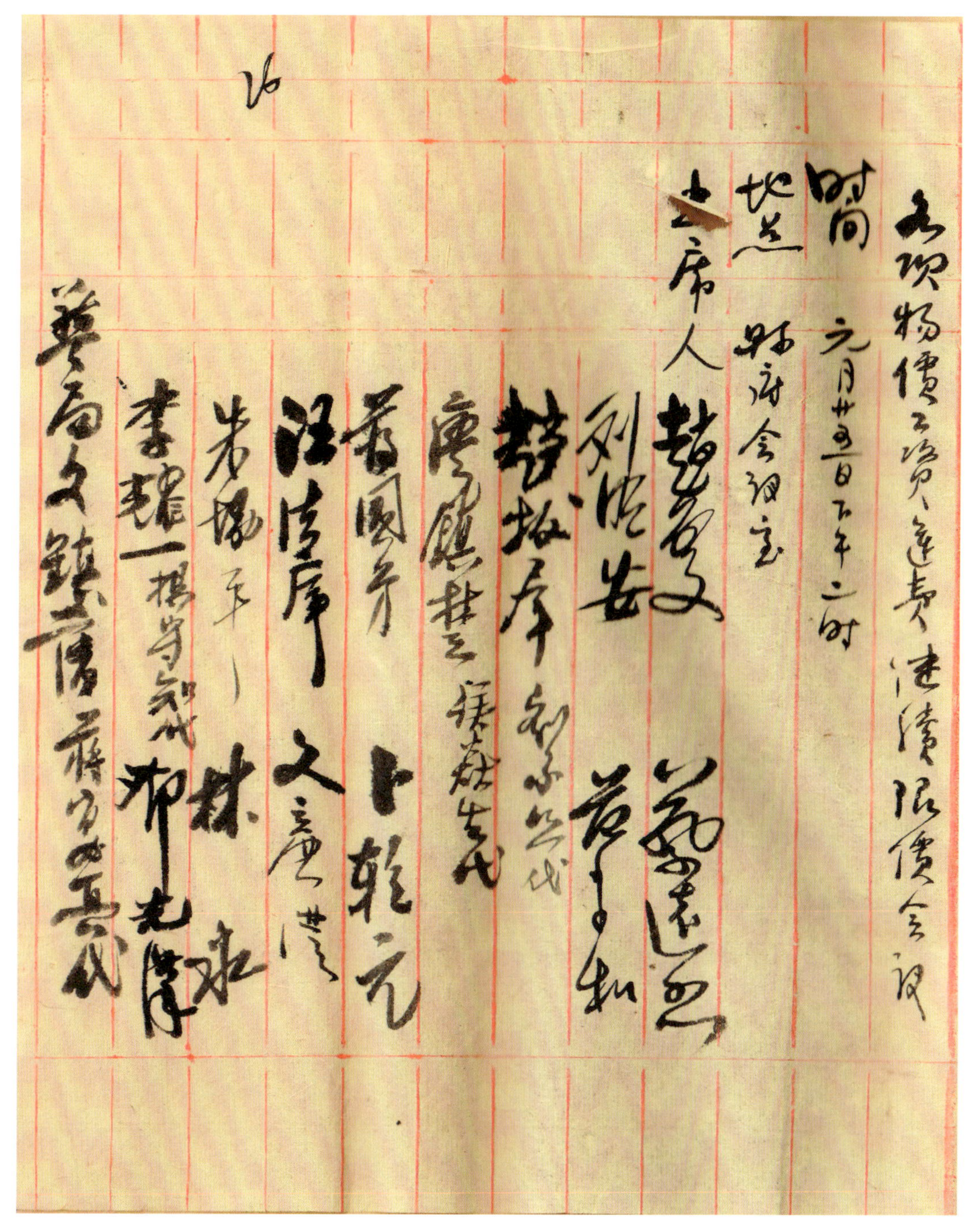

26

各项物价工资、运费继续限价会议

时间　元月廿五日下午二时

地点　县府会议室

出席人　赵[illegible]文　萧[illegible]

刘咏安　萧[illegible]和

韩松年　刘[illegible]代

唐德鉴　孙[illegible]代

黄国芬　卜乾元

汪潜庵　文[illegible]

朱扬平　林[illegible]水

李耀一　[illegible]代　邓光傑

龚[illegible]文[illegible]　[illegible]代

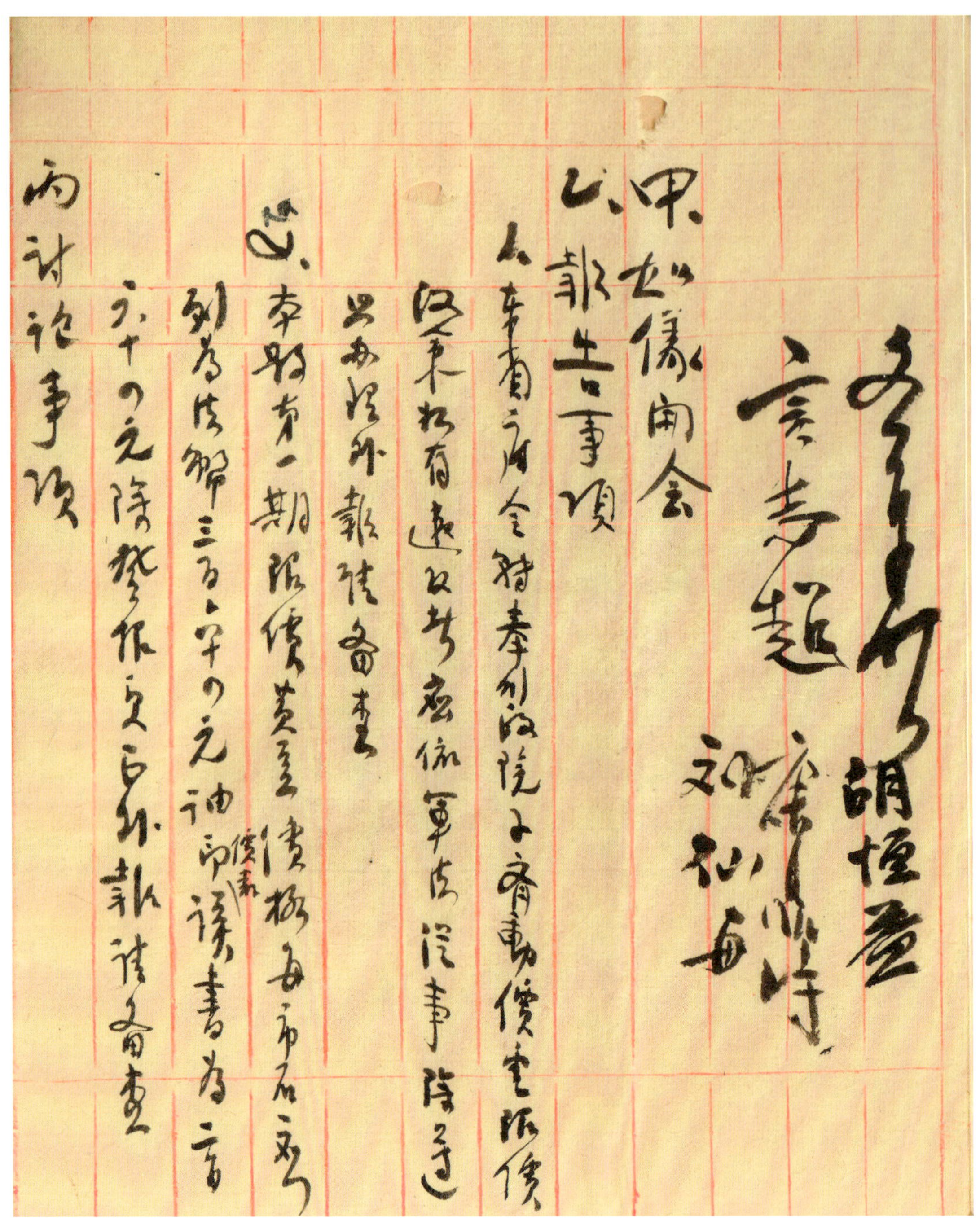

主席 胡恒壹

记录 詹鑑时 刘仙舫

甲、如仪开会

乙、报告事项

一、本省府令：特奉行政院子齐电，动债委振债政策推行有违，以期无依军法从事等因，除函分行外，报请备查。

二、本县第一期粮债劝募债额每市石六元，列为法币三百六十四元，由债额议书为六十四元，除整作交外，报请备查。

丙、讨论事项

(九)據食糧合作社呈請擬向本市糧食債權人出售所存債券撥易以免糧食資源外流予以提請公決案

議決：（一）重定每市石價

湖谷　一三〇〇〇元　糙米　二六〇〇〇元

中熟米　二六六〇〇元　上熟米　二七四〇〇元

鄉谷　一三六〇〇元　糙米　二六八〇〇元

上熟米　二八〇〇〇元

（二）呈請省政府並咨衡陽縣政府轉飭衡陽縣政府來東將採購糧食由本市人民糧食公司先行以款運衡陽限價統籌運至衡陽〔衡陽縣政府限價出售〕不得收購

得由商人直接分銷

（乙）据县府令文为案奉□业同业公会呈称以份
糖系由来源断绝，乡间油价过高，应予
设法将价格以免发生恐慌，提请核
法案

议决

1. 由县政府令饬糖业公会以限价出售
应当之即

2. 由县政府令饬各乡镇公所一律照
呈报省府统制限价

（丙）依 保证摊派各项物价案

棉花蒂抗款

本县粗纱棉花每市石二七〇〇〇〇元

机本县细纱棉花每市石二〇〇〇〇〇元

议决：评定各项物价

38

青蔴 每市石 七一〇、〇〇〇元

白蔴 每市石 八〇〇、〇〇〇元

棉枯 每市石 六〇、〇〇〇元

蔴枯 每市石 一四〇、〇〇〇元

菜枯 每市石 一二四、〇〇〇元

盐類

粗子盐 每市斤 一四、二〇〇元

白細盐 每市斤 一三、二〇〇元

普通盐 每市斤 一三、二〇〇元

久大精盐 每市斤 一三、二〇〇元

百貨類

福利呢帽 每頂 三五〇、〇〇〇元

布质经济机帽	晋禄出品	每顶	一一〇、〇〇元
织本机单印被单	印裕昌出品	每条	三五〇、〇〇元
织本机双印被单	又	每条	二九〇、〇〇元
织湘白夏布印被单	本地	每条	一五〇、〇〇元
织土布单印被单	又	每条	一〇〇、〇〇元
织有横条绒毯	双庆	每条	一四〇、〇〇元
本县布绒衫	素记出品	每件	一三〇、〇〇元
标准布绒衫	又	每件	一三八、〇〇元
南京来绒衫	又	每件	七八、〇〇元
素府绸绒衫	又	每件	一四〇、〇〇元
上海南京绒衫	昌记	每件	五〇〇、〇〇元
立和绒线卫生衣	白鹭	每件	一四五、〇〇元

雲朵絨衛生衣 雲朵 每件 一三〇.〇〇元

中式土紡衣 每件 八〇.〇〇元

機織土紡衣 每件 八〇.〇〇元

織紡三柔色背心 大號 土號 每件 四六.〇〇元

土紡西裝褲 每條 八〇.〇〇元

土紡圍巾 每條 三五.〇〇元

湖紡褲 每條 八六.〇〇元

大號沖西湖毛面巾 每條 一五.〇〇元

小號沖西湖毛面巾 每條 三六.〇〇元

(1)字全白土紡毛面巾 每條 三六.〇〇元

(2)字全白土紡毛面巾 每條 二六.〇〇元

(3)字全白土紡毛面巾 每條 一〇.〇〇元

小字土纱全白毛面巾		每条	八〇〇元
小字土纱全白毛面巾		每条	六〇〇元
大字土纱澡巾		每条	二六·〇〇元
照苏澡巾		每条	一五·〇〇元
线纱男袜	二桥	每双	二八·〇〇元
又	全狗	每双	二八·〇〇元
又	羊头	每双	二八·〇〇元
又	飞艇	每双	二九·〇〇元
线纱女袜	三桥	每双	二九·〇〇元
又	蝶美	每双	二〇·〇〇元
又	步记	每双	三〇·〇〇元
两根土纱女袜	本厂	每双	一六·〇〇元

370

两根士的男袜 又 每双 一六.〇〇元

根坡川加伴的男袜 又 每双 四二.〇〇元

八卦丹 先标 每包 五.五〇元

万金油 又 每合 六.五〇元

鹧鸪菜 宏兴 每合计六包 一六.〇〇元

檀叶皂 利华 每宅 一四.〇〇元

〃 三星 每宅 一四.〇〇元

樽牙膏 三星 每支 一三.〇〇元

〃 黑人 每支 一三.〇〇元

〃 先施 每支 一三.〇〇元

元纸合牙粉 区岩鼓 每合 一〇.五〇元

木盖元瓶牙粉 金星 每瓶 五.〇〇元

(3)牙刷 每支 六.〇〇元

(4)字牙刷 每支 五.〇〇元

男套鞋 双钱 每双 一四〇.〇〇元

番布中人力士鞋 又 每双 八〇.〇〇元

两磅机轮热水瓶 金钱 每个 一八〇.〇〇元

两磅素热水瓶 明星 每个 一二〇.〇〇元

加大双盖纹皮图囊 每个 九〇.〇〇元

标准双盖纹皮图囊 每个 七八.〇〇元

标准新式双折纹皮图囊 每个 九〇.〇〇元

上等纹皮武装带 每根 五六.〇〇元

中等纹皮武装带 每根 四八.〇〇元

次等纹皮武装带 每根 三二.〇〇元

31

14 新花纹皮裤带 每根 一六.〇〇元

12 素纹皮裤带 每根 一四.〇〇元

13 素纹花裤带 每根 一四.〇〇元

15 粗折纹皮荷包 每個 一五〇.〇〇元

16 又 每個 一五〇.〇〇元

15 三折纹皮荷包 每個 二四〇.〇〇元

16 又 每個 二五〇.〇〇元

普通洗衣皂 腰式 每块 四.〇〇元

又 六式 每块 二.〇〇元

又 长条 每块 一〇.〇〇元

又 裤式 每块 四〇.〇〇元

18 皮线 每捲 五〇〇.〇〇元

外支光电泡　四月　每個　四〇·〇〇元

木扎电灯头　每個　一六·〇〇元

開関电灯头　每個　二四·〇〇元

植物油台灯　立罩　每盏　一二·〇〇元

植物油吊灯　子　每盏　二二·〇〇元

植物油台灯罩　每個　二·五〇元

植物油吊灯罩　每個　三·〇〇元

蓝花洗衣皂　脑式　每块　四·五〇元

大方块洗衣皂　船牌　每块　三·五〇元

节约鞋袜木屐数

毛线呢草底女鞋　每双　八〇·〇〇元

毛呢夹底男鞋　每双　一〇〇·〇〇元

冲毛单底男鞋　每双　四五.〇〇元

冲毛夹底男鞋　每双　四五.〇〇元

毛呢胶底男鞋　每双　一三〇.〇〇元

毛呢单底女鞋　每双　八〇.〇〇元

毛呢夹底女鞋　每双　九〇.〇〇元

毛呢中放女鞋　每双　七五.〇〇元

毛呢小放女鞋　每双　六八.〇〇元

冲毛呢夹底女鞋　每双　四五.〇〇元

冲毛呢单底女鞋　每双　四〇.〇〇元

毛呢女高跟鞋　每双　一〇〇.〇〇元

青缎单底男鞋　每双　七五.〇〇元

青缎女鞋　每双　五〇.〇〇元

绣花女鞋 每双 六〇.〇〇元

厂布单底男鞋 每双 四〇.〇〇元

厂布女夹底鞋 每双 四〇.〇〇元

厂布女高跟鞋 每双 五五.〇〇元

麂皮单底男鞋 每双 一〇〇.〇〇元

麂皮女夹底鞋 每双 九〇.〇〇元

麂皮女高跟鞋 每双 八〇.〇〇元

普通纹皮男博士鞋 每双 一三〇.〇〇元

特等纹皮男博士鞋 每双 一五〇.〇〇元

青皮小相巾男博士鞋 每双 七〇.〇〇元

汽车底纹皮男博士鞋 每双 二〇〇.〇〇元

胶底纹皮男博士鞋 每双 三〇〇.〇〇元

膠底相花男博士鞋 每双 三五0.000元

膠底相花女博士鞋 每双 二三0.000元

膠底相花女高跟鞋 每双 二五0.000元

汽車底絨皮高跟鞋 每双 一八0.000元

青皮女皮鞋 每双 一00.000元

金鹿皮男博士鞋 每双 一八0.000元

青皮童博士鞋 每双 五0.000元

青絨男棉鞋 每双 一三0.000元

青絨女棉鞋 每双 一00.000元

加臘老油皮木屐 每双 三0.000元

加臘絨皮小木屐 每双 三0.000元

加臘絨皮中人木屐 每双 三四.00元

加球紋皮木屐	每双	二九.〇〇元
加球料皮小木屐	每双	一七.〇〇元
加球料皮中人木屐	每双	一九.〇〇元
加球料皮木屐	每双	二三.〇〇元
普通行中人木屐	每双	一八.〇〇元
普通行里木屐	每双	二三.〇〇元
普通行小木屐	每双	一三.〇〇元
普通行貨木屐	每双	一六.〇〇元
行貨里皮老油釘鞋	每双	六〇.〇〇元
行貨料皮老油釘鞋	每双	五〇.〇〇元
料皮也老油底釘鞋	每双	四九.〇〇元
料皮老油底釘鞋	每双	五五.〇〇元

33

料皮三和老曲底釘靴　每双　六〇.〇〇元

紋皮女老曲底釘靴　每双　五五.〇〇元

紋皮老曲底釘靴　每双　六五.〇〇元

紋皮女釘底靴　每双　七〇.〇〇元

紋皮釘底靴　每双　八八.〇〇元

紙張類

大張汀貢　瀏陽產　每刀　八九.二五元

連毛邊　福建產　每刀　一〇六.〇〇元

連史　江西產　每刀　四七.六〇元

時仄　邵陽產　每刀　六八.〇〇元

改良官堆　又　每刀　一三六.六〇元

土報紙　衡山產　每刀　一〇.二〇元

上等土報紙	瀏陽產	每刀	五一·〇〇元
積灰紙	寶慶產	每刀	三一·二五元
標語紙	又	每刀	二六·七〇元
玉書黃	又	每刀	一七·八五元
花邊八行信紙		每百帖	六·八〇元
改良直排八行信紙		每百帖	一·七〇元
十行紙		每百帖	二·四〇元
×六寸紙		每百帖	二·五五元
×八寸牛皮信封		每百隻	三·八二元
八寸三層信封		每百隻	八·五〇元
○老灰紙		每百張	二·四七元
白果		每百斤	五〇·〇〇元

減八

減式 又

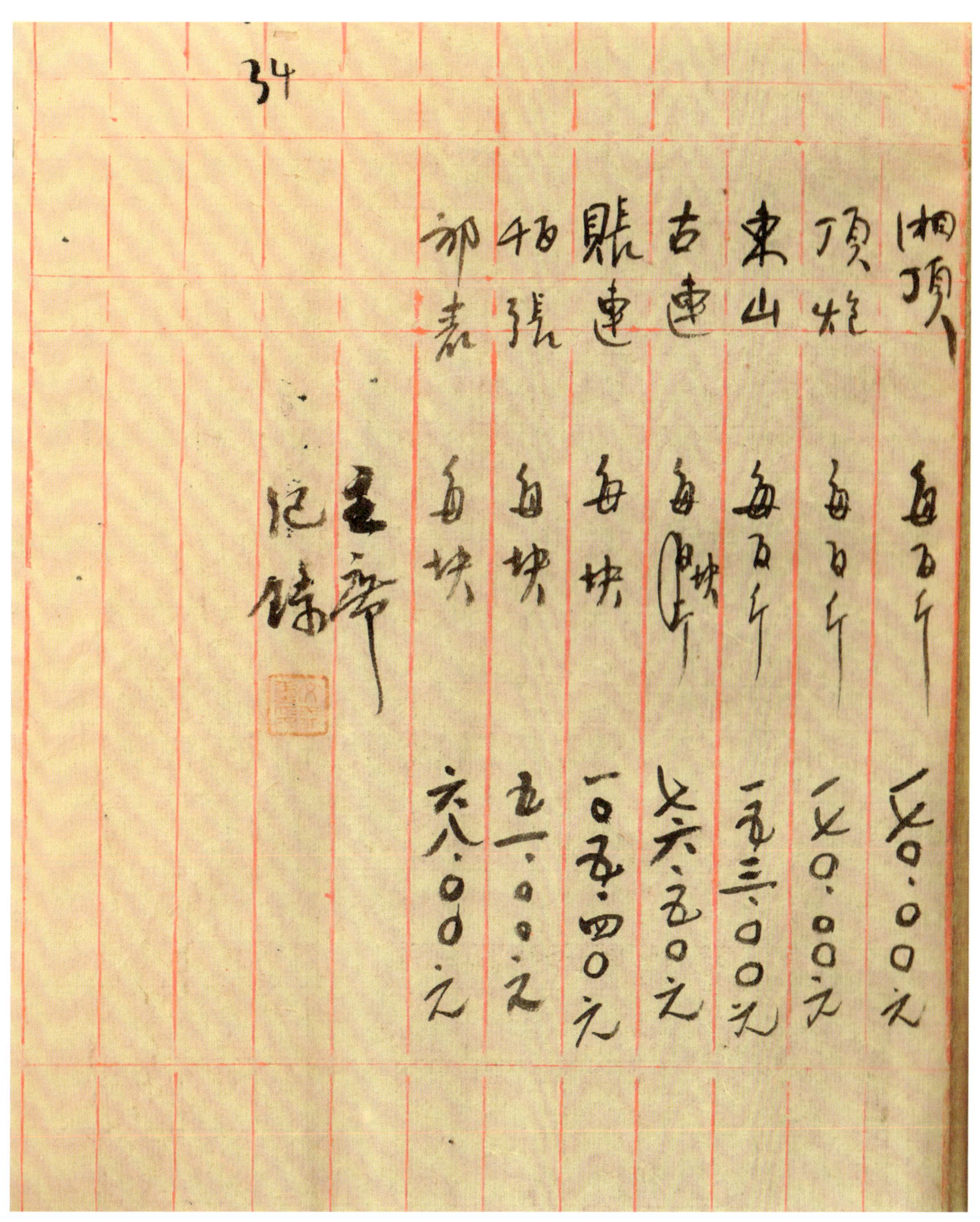
34
湘頂　每百斤　六〇〇〇元
頂炮　每百斤　五〇〇〇元
東山　每百斤　一五三〇〇元
古建　每塊　七六五〇元
賬建　每塊　一〇五四〇元
柏張　每塊　五一〇〇元
部春　每塊　六八〇〇元
王齊濟記

湘潭县政府限定物价会议录（一九四三年二月二日）

限定物价会议

时间 二月二日下午二时

地点 本府会议室

出席人 县党部 刘剑锋

[illegible] 赵登文

柳志清

言寿魁

萧[illegible] 何杏先

主席 文 吴县长 邓志清代

纪录 李[illegible]

[illegible]开会

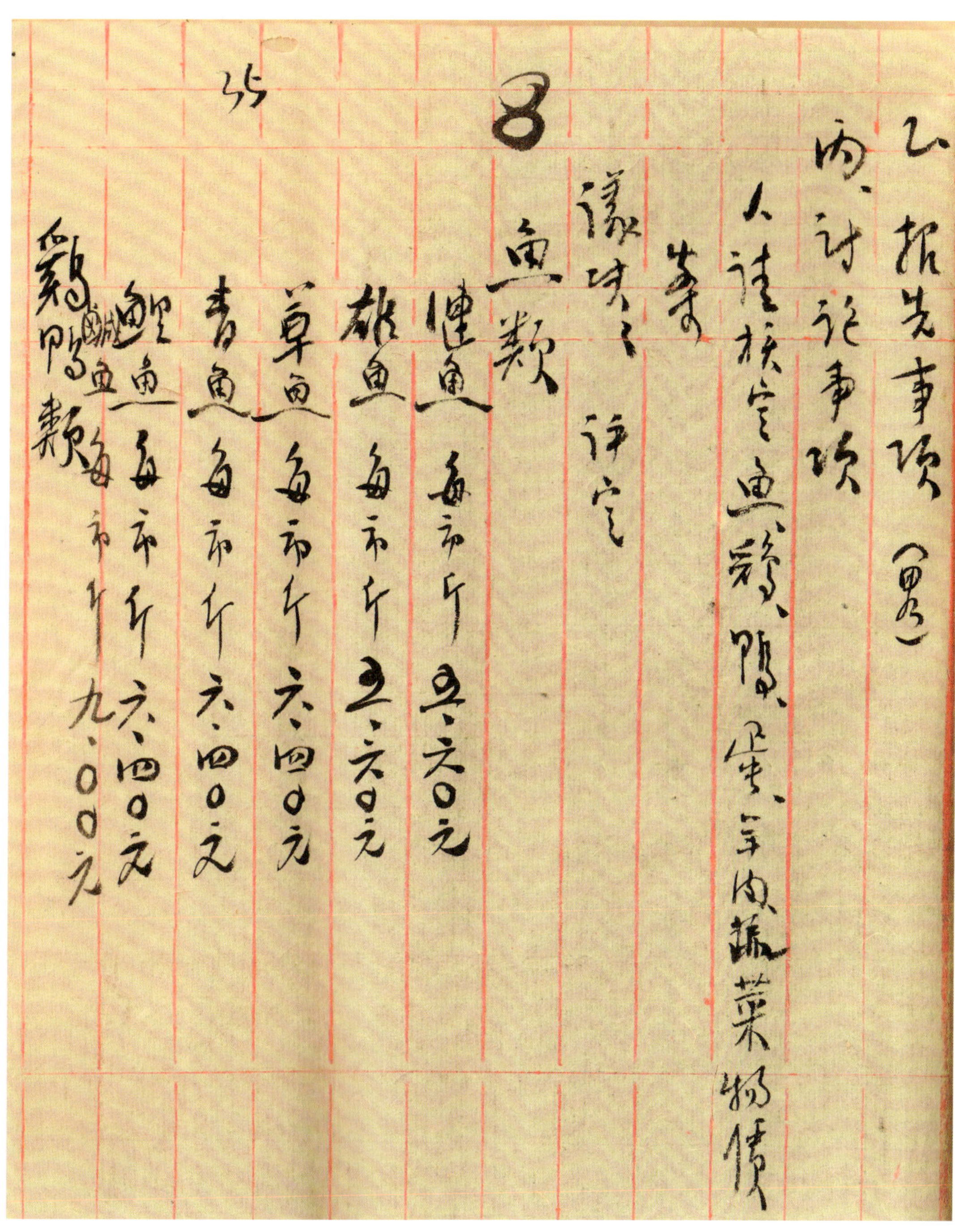

乙、报告事项（略）

丙、讨论事项

人请核定鱼、鸡、鸭、蛋、羊肉、蔬菜物价案

议决：评定

鱼类

鲢鱼　每市斤　五、六〇元

雄鱼　每市斤　五、六〇元

草鱼　每市斤　六、四〇元

青鱼　每市斤　六、四〇元

鲤鱼　每市斤　六、四〇元

鲫鱼　每市斤　九、〇〇元

丙、鸡鸭类

雞 每市斤 一百.〇〇元

鴨 每市斤 八.〇〇元

蛋類

雞蛋 每只 六元

鴨蛋 每只 五元

蔬菜類

白菜 每市斤 三元

油菜 每市斤 [illegible]元

白萝卜 每市斤 四元

红萝卜 每市斤 五元

富菜 每市斤 四元

大蒜 每市斤 八元

青菜 每市斤 廿元外

黄豆芽每市斤 六角

葱 每市斤 六角

芋头每市斤 六角

黄芽白每市斤 五角、

蕹菜每市斤 八角

冬苋菜每市斤 一元、

冬瓜 每市斤 一元五角

窝笋 每市斤 四角

菠菜 每市斤 五角

36

肉类

羊肉 每市斤 八元

下缺页

湘潭县政府第二期限价会议录（一九四三年三月二日）

第二期動員會議

時間　三月二日下午二時

地點　縣政府會議室

出席人

綢布業　易平山　蔡槐南

糧食棉花業　朱文蕃　陳子卿

靴鞋木屐業　姜楚深

百貨業　謝耀煌

糕餅商　南貨業　周國雄

色紙行業　馮運乾

漆業　李和卿　劉誠元　彭樹成

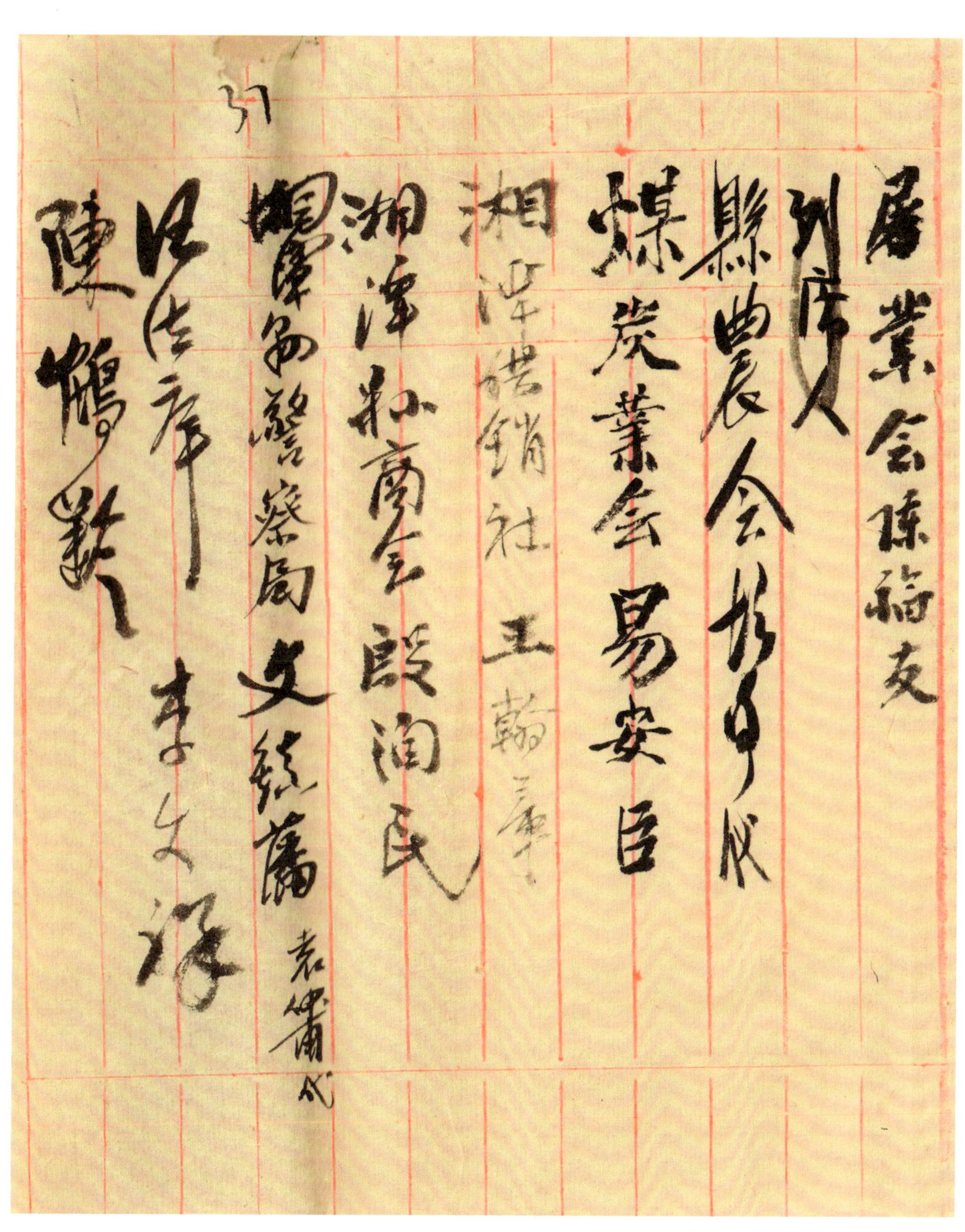

屠業会孫綸支

列席人

縣農会彭甲代

煤炭業会易安臣

湘潭煤銷社王翰三代

湘潭縣商会殷潤民

湘潭警察局文紹藩 袁肅代

民生廠李文源

陳鴻猷

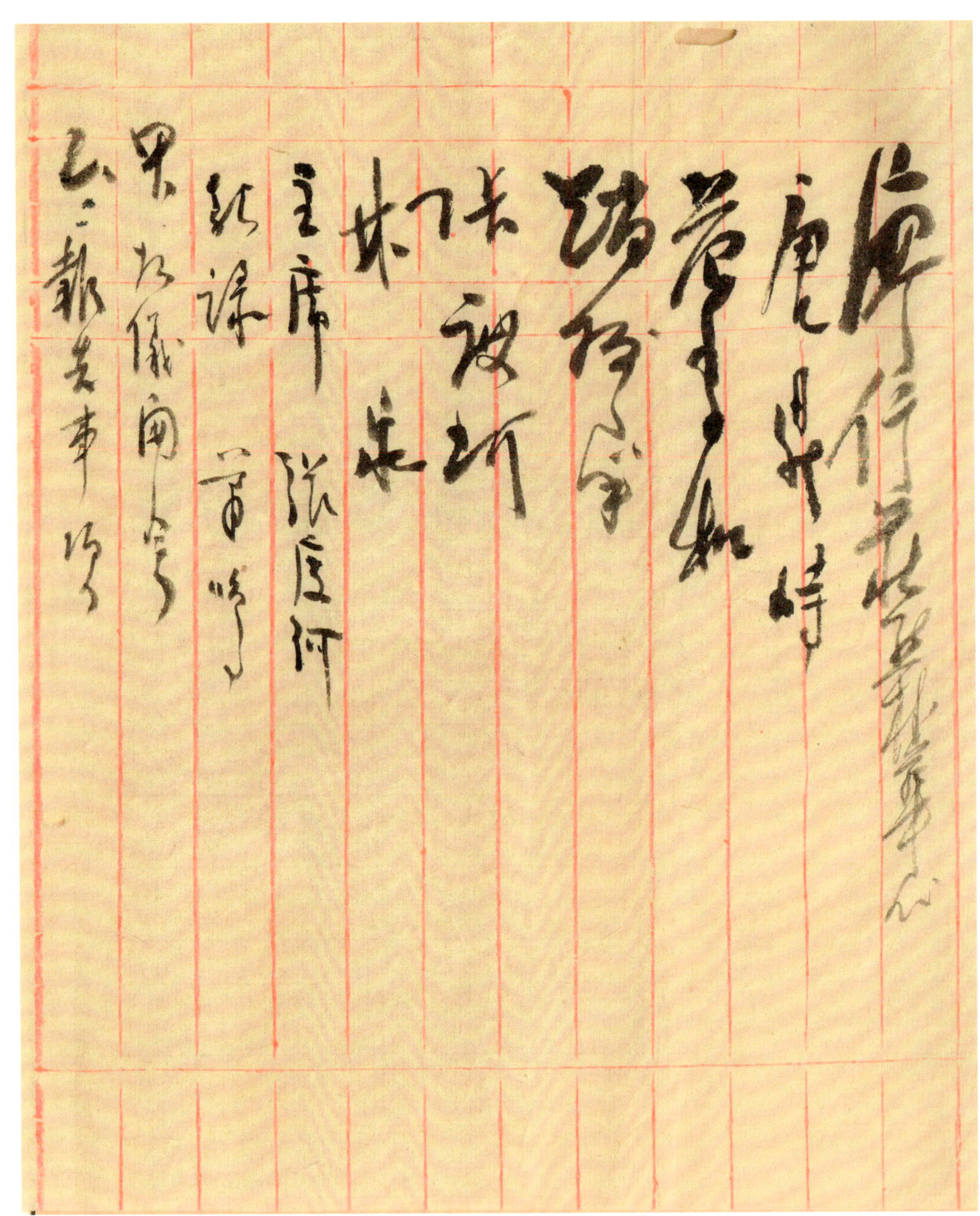

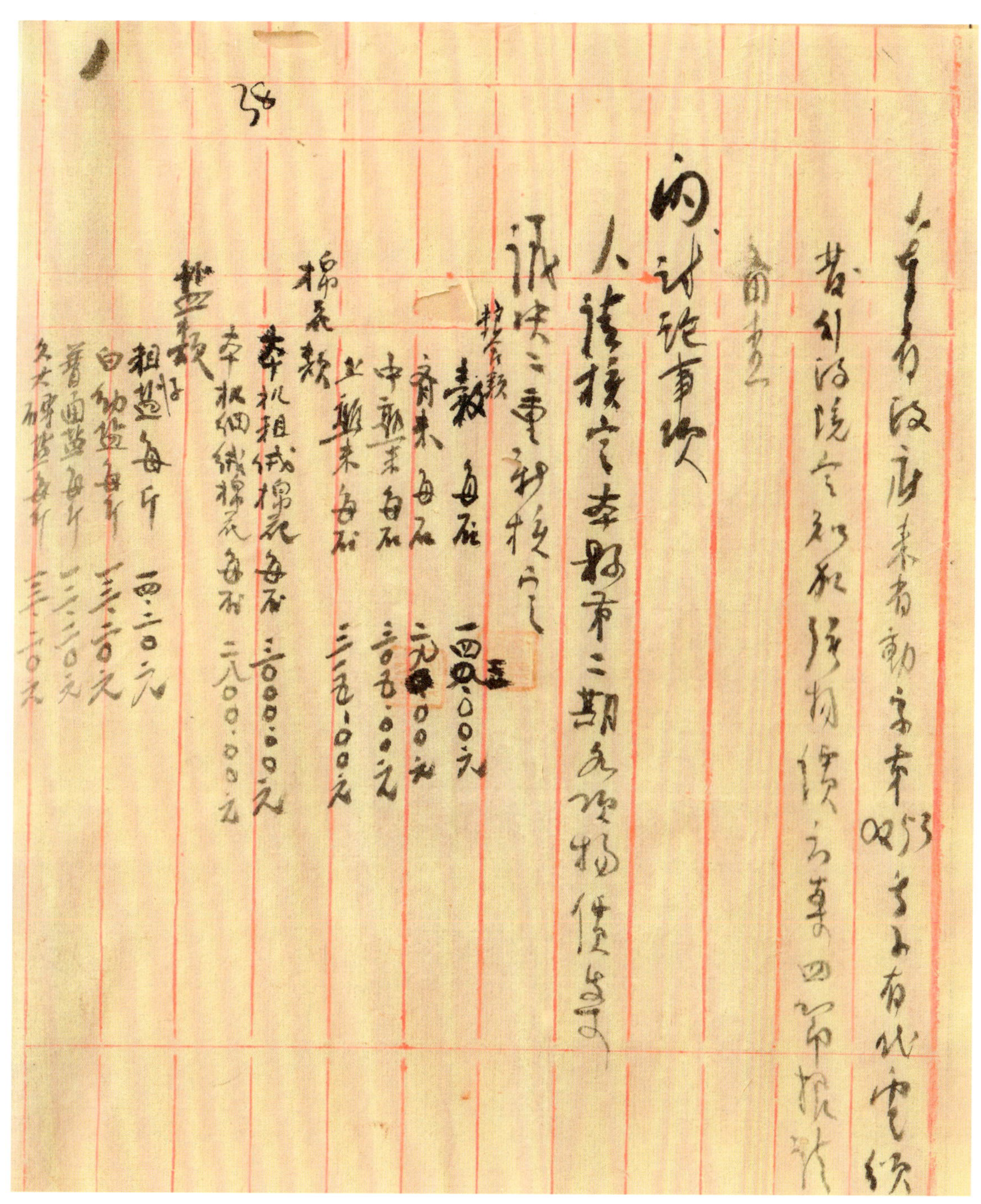

58

[illegible]省政府来电动字第0053号[illegible]

[illegible]

备查

丙、讨论事项

一、请核定本期第二期各项物价案

议决：重新核定

粮食款

粮食 每石 一四五〇〇·〇〇元

食米 每石 一九〇〇〇·〇〇元

中熟米 每石 一六五〇〇·〇〇元

上熟米 每石 一三七一〇〇·〇〇元

棉花款

本机粗织棉花 每石 一三〇〇〇〇·〇〇元

本机细织棉花 每石 二八〇〇〇·〇〇元

盐类款

粗盐 每斤 四·二〇元

白细盐 每斤 三·三〇元

普通盐 每斤 一二·二〇元

久大精盐 每斤 三三·〇〇元

百货款

布质俭济礼帽 每顶 一一〇.〇〇元

织本机单印被单 福昌 每条 二七〇.〇〇元

织本机双印被单 又 每条 二九〇.〇〇元

织漂白宽布单印被单 李地 每条 一五〇.〇〇元

织土布单印被单 又 每条 一〇〇.〇〇元

织有颜保线毯 双鹿 每条 一四〇.〇〇元

丹和衣

土纱用士林衬衫 昌记 每件 五〇.〇〇元

中式土纱衣 每件 八〇.〇〇元

旗式铁土纱衣 每件 八〇.〇〇元

土纱西装裤 每条 八〇.〇〇元

湖纱裤 每条 八六.〇〇元

保全白土纱洗面巾 每条 一三.〇〇元

仝〃〃 每条 一一.〇〇元

仝〃〃 每条 一〇.〇〇元

仝〃〃 每条 八.〇〇元

仝〃〃 每条 六.〇〇元

仝土纱浴巾 每条 二三.〇〇元

仝〃〃 每条 一八.〇〇元

2

39

綫紗男袜	三槍	每双	三0.000元
〃	金狗	每双	三0.000元
〃	羊头	每双	三0.000元
〃	飛船	每双	三一.000元
綫紗女袜	三槍	每双	三0.000元
〃	蝶美	每双	三0.000元
〃	串龍	每双	三0.000元
两根土紗女袜	本地	每双	一三.000元
两根土紗男袜	本地	每双	一七.000元
八卦丹	先標	每包	五.五00元
萬金油	虎標	每合	六.000元
鷓鴣菜	家光	每合	一四.000元
梘菓皂	利華	每块	一四.000元
〃	三星	每块	一四.000元
梘牙膏	三星	每支	一四.000元
〃	黑人	每支	一四.000元
〃	先施	每支	一四.900元
毛紙合牙粉	正宏敬	每合	一0.000元

12

本益元美牙粉	金星	每并	五·〇〇元
25 牙刷		每支	六·〇〇元
(4)字牙刷		每支	五·〇〇元
青布中人字鞋	双缘	每双	八〇·〇〇元
加大双盖纹皮图囊		每個	一〇〇·〇〇元
特双盖纹皮图囊		每個	九〇·〇〇元
特新式双折纹皮图囊		每個	一〇〇·〇〇元
上等纹皮武装带		每根	五六·〇〇元
中等 〃		每根	四八·〇〇元
次等 〃		每根	三六·〇〇元
14 新花纹皮裤带		每根	一六·〇〇元
12 素纹皮裤带		每根	一四·〇〇元
15 双折纹皮公文包		每個	一五〇·〇〇元
16 〃		每個	一七〇·〇〇元
15 三折纹皮公文包		每個	二四〇·〇〇元
16 三折纹皮公文包		每個	二五〇·〇〇元
普通淡黄色腰式		每块	四·〇〇元
〃 六式		每块	六·〇〇元

3　40

普通洗衣皂　長壽　每塊　一〇、〇〇元
〃　祥茂　每塊　四〇、〇〇元
植物油台灯　無罩　每盏　一三、〇〇元
植物油吊灯　連罩　每盏　二三、〇〇元
植物台灯罩　每個　二、五〇元
植物吊灯罩　每個　三、〇〇元
藍花洗衣皂　勝利　每塊　四、五〇元
方塊洗衣皂　船牌　每塊　三、五〇元

靴鞋布廠鞋類

冲毛單底男鞋　每雙　四五、〇〇元
冲毛夹底男鞋　每雙　四五、〇〇元
冲毛呢夹底女鞋　每雙　四五、〇〇元
冲毛單底女鞋　每雙　四〇、〇〇元
廠布單底男鞋　每雙　四〇、〇〇元
廠布女夹底鞋　每雙　四〇、〇〇元
紋皮男女博士鞋　普通　每雙　一三〇、〇〇元
〃　汽車底　每雙　二〇〇、〇〇元
〃　膠底　每雙　三〇〇、〇〇元
青年女皮鞋　每雙　一〇〇、〇〇元

加玻老面皮木屐　每双　三〇、〇〇元
加玻料皮小木屐　每双　二五、〇〇元
加玻料皮中人木屐　每双　一九、〇〇元
加玻料皮木屐　每双　二八、〇〇元
普通料中人木屐　每双　一八、〇〇元
又　墨屐　每双　二六、〇〇元
又　小木屐　每双　一三、〇〇元
又　加贝木屐　每双　一六、〇〇元

纸张类

建毛边　福建产　每把　一一六、〇〇元
连史　江西产　每刀　四七、〇〇元
~~川贝　纸　[illegible]　每刀　未[illegible]~~
改良方块　又　每刀　一四、〇〇元
土报纸　衡山产　每刀　一〇、二〇元
上手土报纸　浏阳产　每刀　五八、〇〇元
裱皮纸　宝庆产　每刀　二八、〇〇元
楼线纸　又　每刀　二八、〇〇元

花八行信纸　每百张　七八〇〇元

改良有机八行信纸　每百张　二〇〇〇元

十行纸　每百张　三、五〇〇元

六才纸　每百张　三、〇〇〇元

中式信封　每百只　四、五〇〇元

时式高层信纸　每百只　一〇、〇〇〇元

老灰纸　每百张　三、四七〇元

张连　每块

鱼类　一二、四〇〇

连鱼　每斤　五、六〇〇元

鳊鱼　每斤　五、六〇〇元

草鱼　每斤　六、四〇〇元

青鱼　每斤　六、四〇〇元

鲤鱼　每斤　六、四〇〇元

咸鱼　每斤　八、〇〇〇元

鸡鸭类

鸡　每斤　一〇、〇〇〇元

鸭　每斤　八、〇〇〇元

鲜鱼　六、四〇〇元

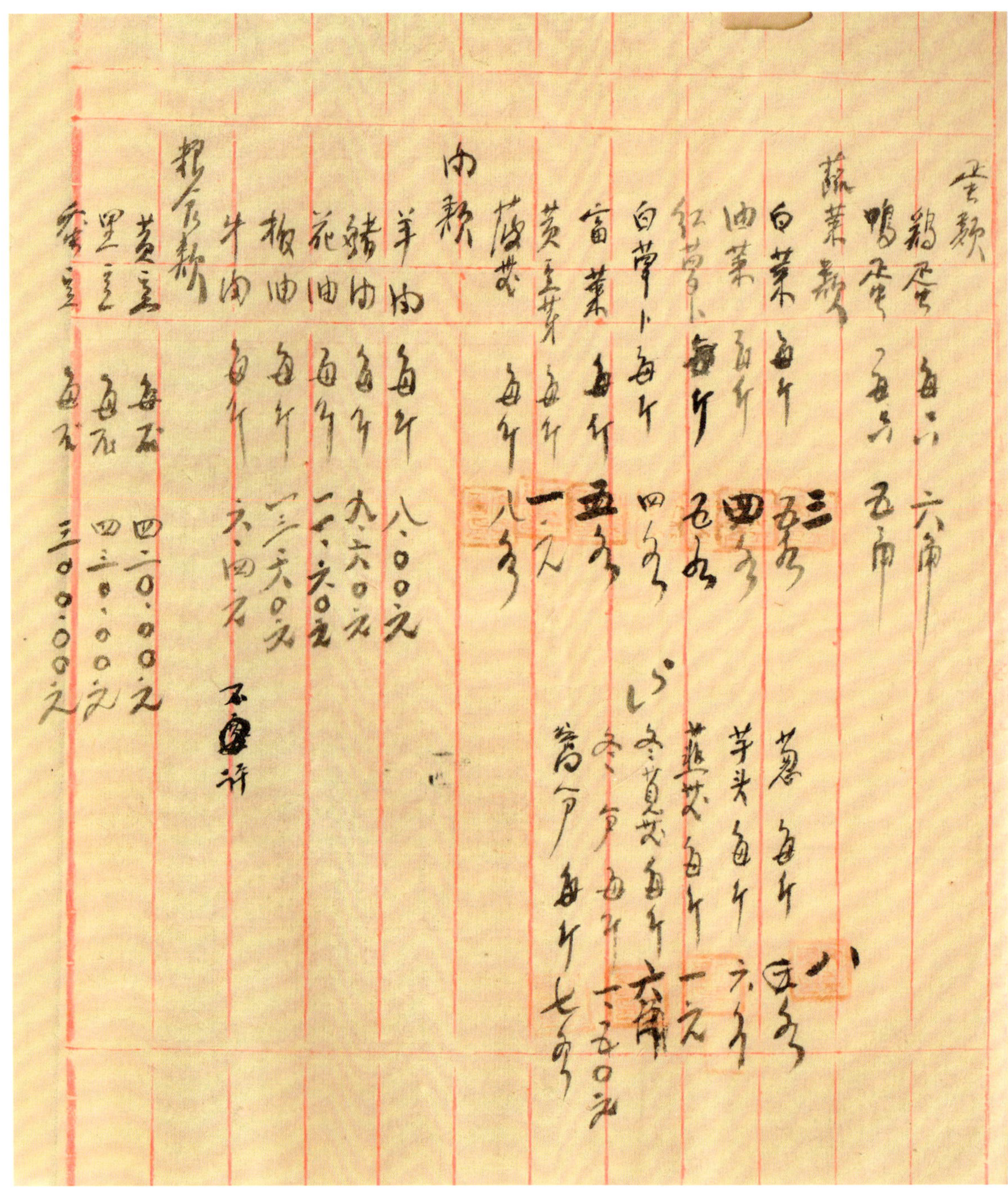

蛋類

鷄蛋 每只 六角

鴨蛋 每只 五角

蔬菜類

白菜 每斤 三元

油菜 每斤 四元

紅蘿卜 每斤 五元

白蘿卜 每斤 四元

窩菜 每斤 五元

黄豆芽 每斤 一元

菠菜 每斤 八元

葱 每斤 八元

芋头 每斤 六元

蕹菜 每斤 一元

冬莧菜 每斤 六角

冬笋 每斤 一·五〇元

萵笋 每斤 七元

肉類

羊肉 每斤 八·〇〇元

豬肉 每斤 九·六〇元

花油 每斤 一一·六〇元

板油 每斤 一三·六〇元

牛肉 每斤 六·四〇元

糧食類

黄豆 每石 四二〇·〇〇元

黑豆 每石 四三〇·〇〇元

蠶豆 每石 三〇〇·〇〇元

5

48

小麥 上的 每石 四三八〇〇元

小麥 下的 每石 三三八〇〇元

麯類

每麯 每石 九〇、〇〇〇元（零售 每斤 一〇、六〇〇元）

注載備考欄内

糖類

塊糖 衛 每百斤 三〇、〇〇〇元

芋糖 衛 每百斤 二〇、〇〇〇元

提糖 湘 每百斤 二四、〇〇〇元

紫糖 湘 每百斤 一六、〇〇〇元

豆糖 湘 每百斤 四二、〇〇〇元

細糖 上等 每百斤 二〇、〇〇〇元

又 中等 每百斤 一五、〇〇〇元

又 下等 每百斤 一一、〇〇〇元

松紫 每百斤 二四、〇〇〇元

孔紫 每百斤 二一、〇〇〇元

細布類

蓋安布 上 二六、〇〇元

中 二四、〇〇元

次 二三、〇〇元

26

阴丹士林布 上 二六.〇〇元
中 二三.〇〇元
次 二二.〇〇元

白竹布 上 二四.〇〇元
中 二二.〇〇元
次 一九.〇〇元

阴丹草绿线布 上 二四.〇〇元
中 一八.〇〇元

细富布 上 二四.〇〇元
中 二二.〇〇元

标准布 上 二五.〇〇元
中 二四.〇〇元
次 二三.〇〇元

本白洋布 上 一六.五〇元
中 一六.〇〇元
次 一〇.〇〇元

本白线布 上 一五.〇〇元
中 一六.〇〇元
次 一八.〇〇元

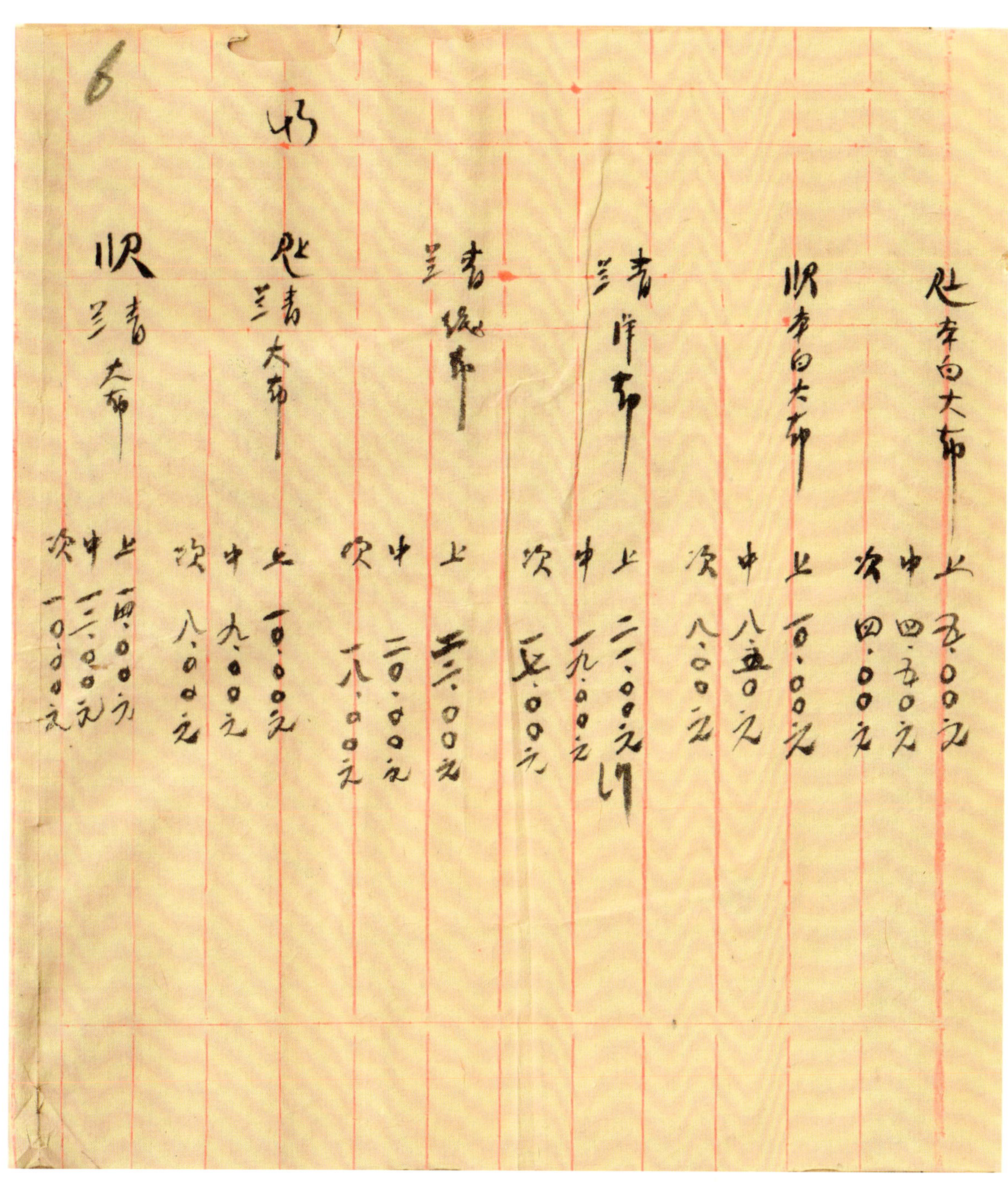

6

收

赊 本白大布 上 五·〇〇元 中 四·五〇元 次 四·〇〇元

现 本白大布 上 一〇·〇〇元 中 八·五〇元 次 八·〇〇元

三青洋布 上 二〇·〇〇元 川 中 一九·〇〇元 次 一七·〇〇元

三青线布 上 二二·〇〇元 中 二〇·〇〇元 次 一八·〇〇元

赊 三青大布 上 一〇·〇〇元 中 九·〇〇元 次 八·〇〇元

现 三青大布 上 一四·〇〇元 中 一三·〇〇元 次 一〇·〇〇元

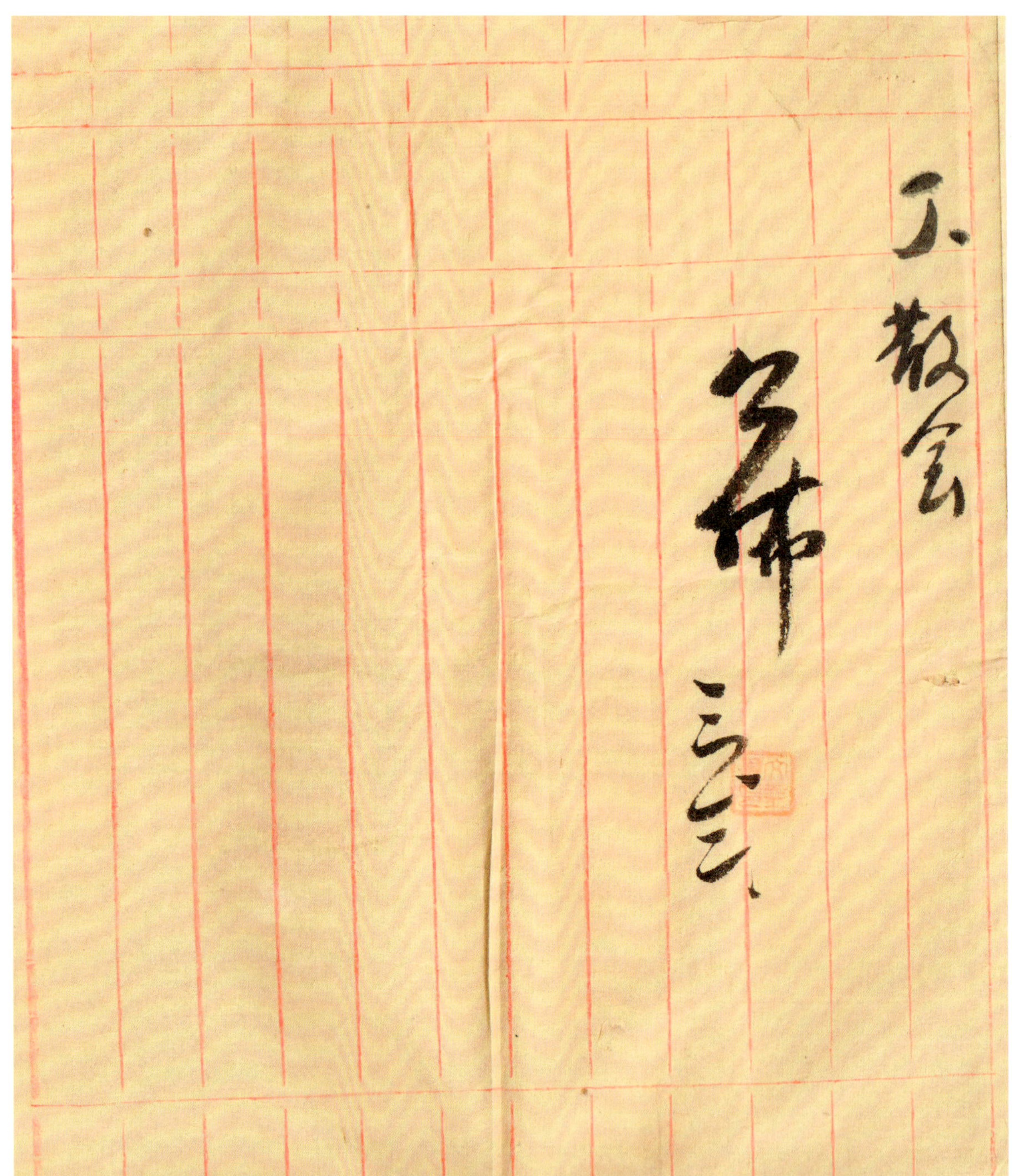

二、防空疏散

（一）人员物资疏散

湘潭县政府关于防空疏散的布告（一九四〇年八月十一日）

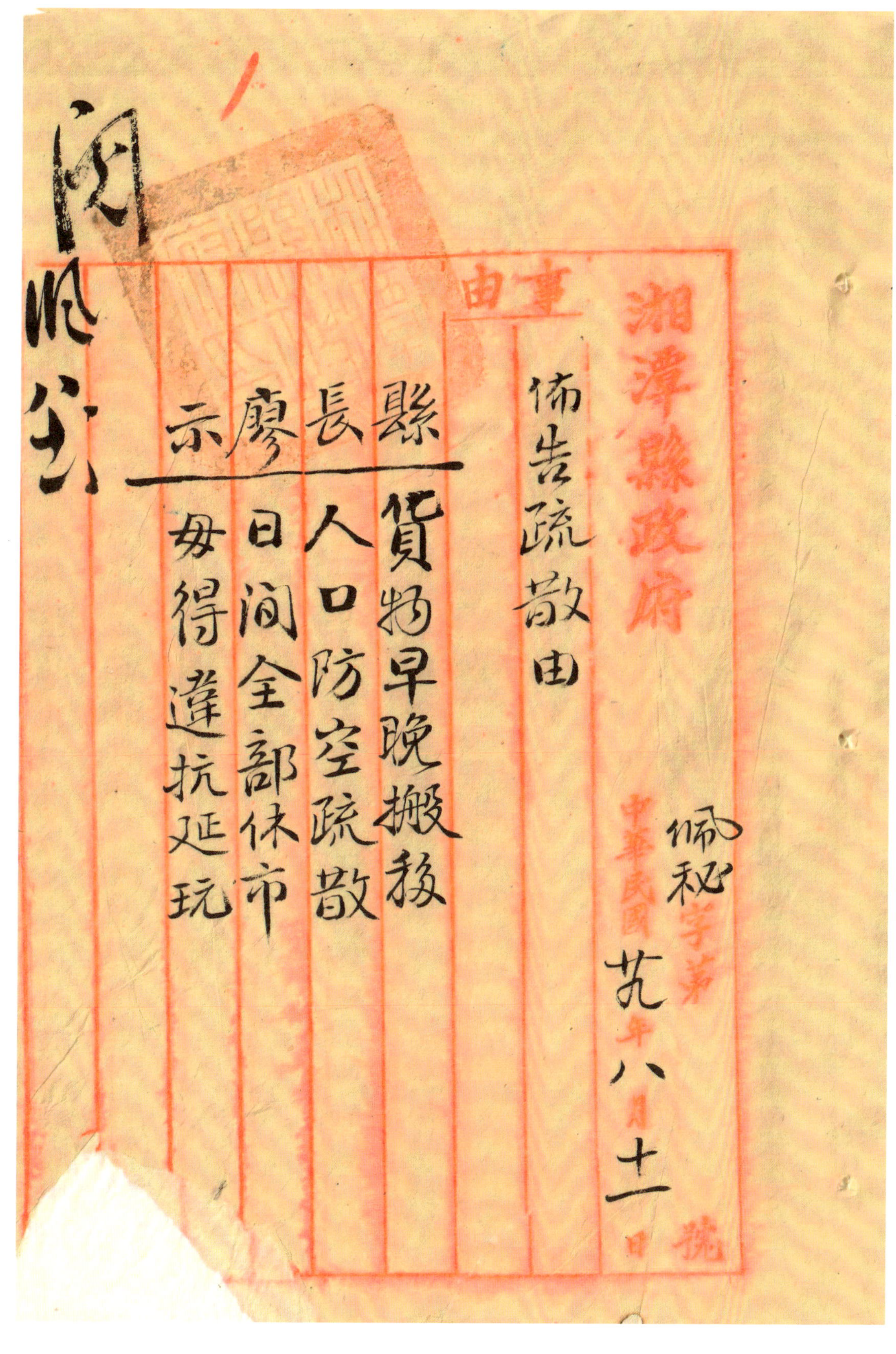

湘潭縣政府

事由

佈告疏散由

中華民國廿九年八月十一日

佈秘字第　號

貨物早晚搬移
人口防空疏散
日間全部休市
毋得違抗延玩

縣長廖示

湘潭县防护团制防空警报示意图（一九四〇年八月十五日）

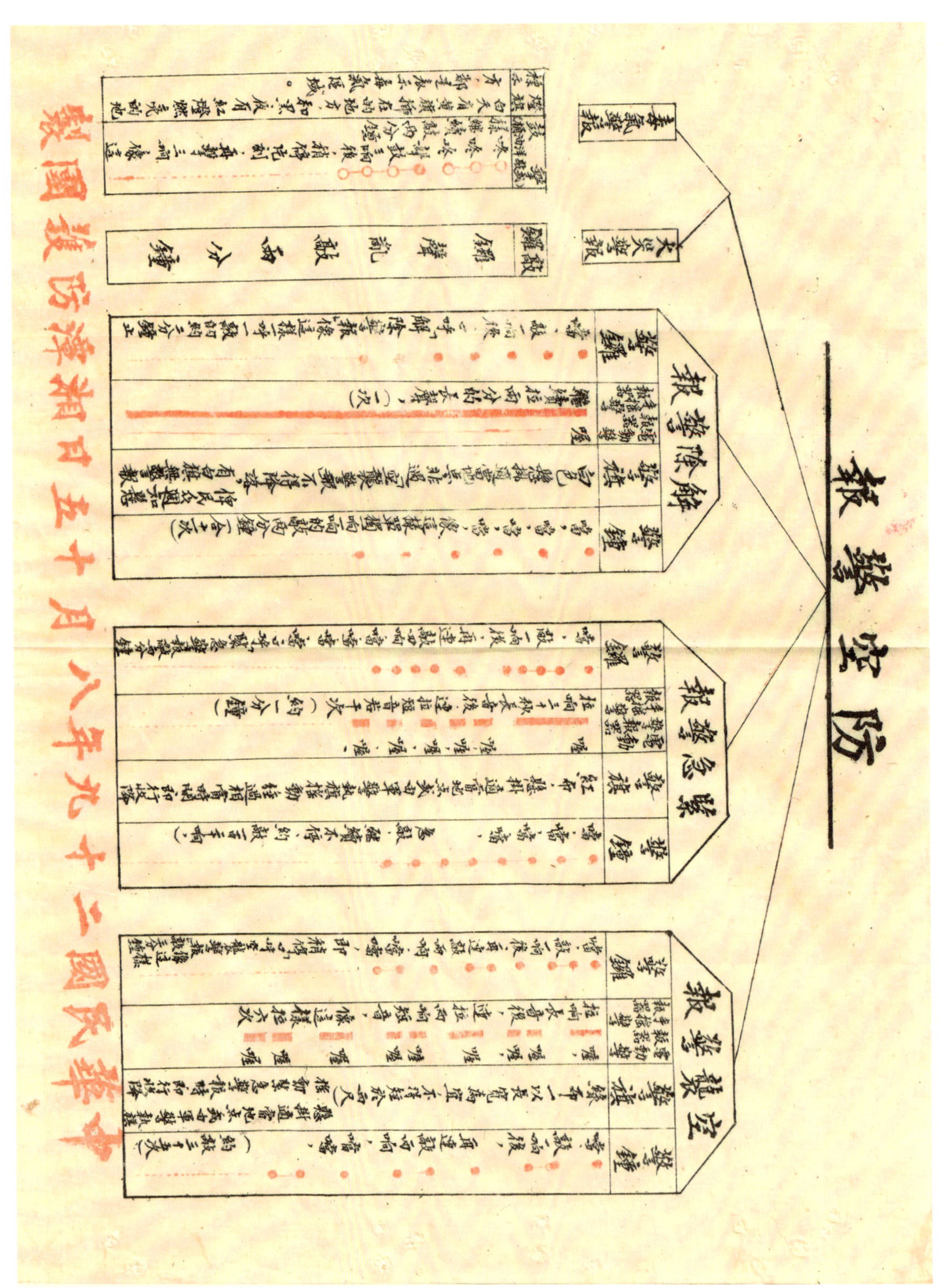

湘潭县商会关于疏散物资办法致县政府的呈（一九四〇年八月十五日）

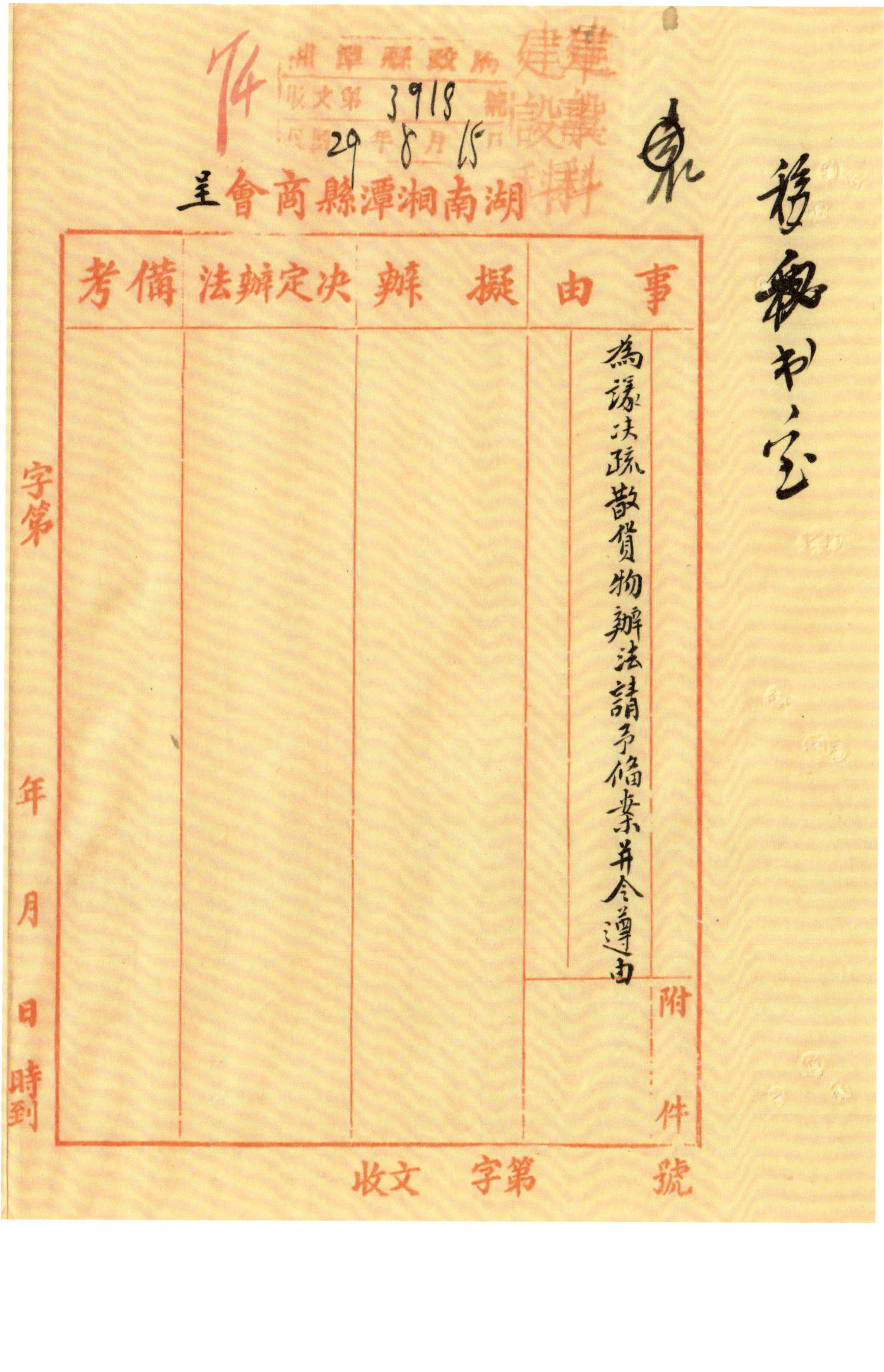

湖南湘潭縣商會呈

湘潭縣政府 收文第3918號 民國29年8月15日

建設科

事由	擬辦	決定辦法	備考
為議決疏散貨物辦法請予備案並令遵由			

附件

字第 年 月 日 時到

收文 字第 號

湘潭縣商會呈　壁字第四六七號

案查本會廿九年八月十四日召集第三次執監委員及各業

公會主席聯席會議第一案文曰：

「本市各商店貨物近值敵机轟炸倉皇疏散當因稅政机關散

居各處關於報驗手續一時趕辦不及以致未經領取疏散証今後如再運

回及繼續疏散方法究應如何辦理方臻妥善案」議決(一)各商店倉

皇疏散近郊之貨物應自八月十五日起於五日內造具疏散貨物表六

份載明貨物名稱數量及疏散時日存儲地點分呈各有關團

体机關備查(一稅務局貨運稽查處統稅局由各商店直接呈送

但與統稅局無關者其表可省一份至縣府商會則由各商店造送同業公會存轉）以後運回俾憑驗放（二）以後疏散貨物各商店應立簿記明貨物名稱數量存儲地點分呈各有關稅務机關查驗蓋印俾日後得憑簿運回」等語紀錄在卷准據前由理合錄案呈請

鈞府俯賜核准備案即乞令遵至為商便！

謹呈〇二

湘潭縣政府縣長廖

主席姜璧宸（姜璧宸印）

常務委員柴曉泉

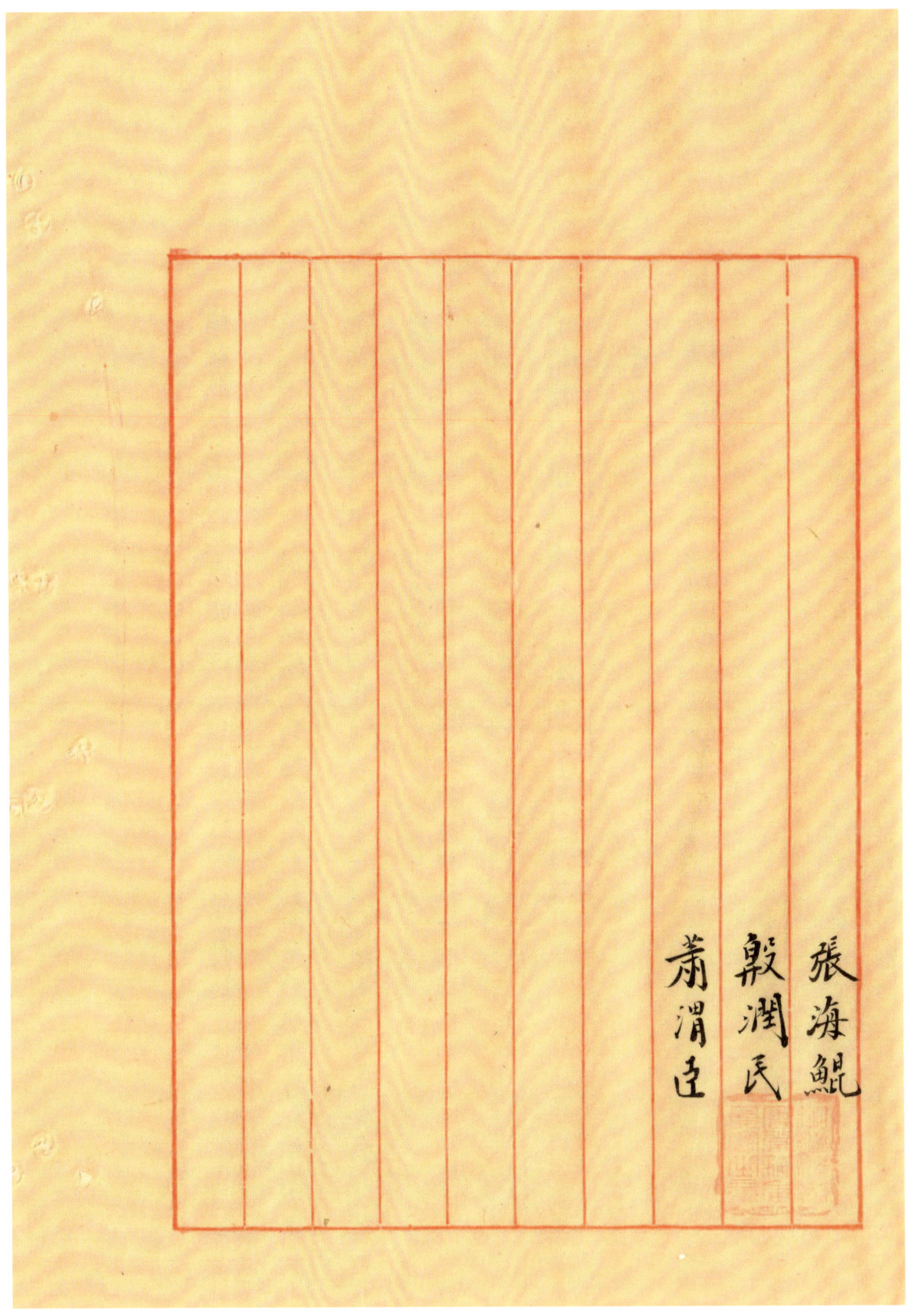
張海鯤
殷潤民
蕭渭连

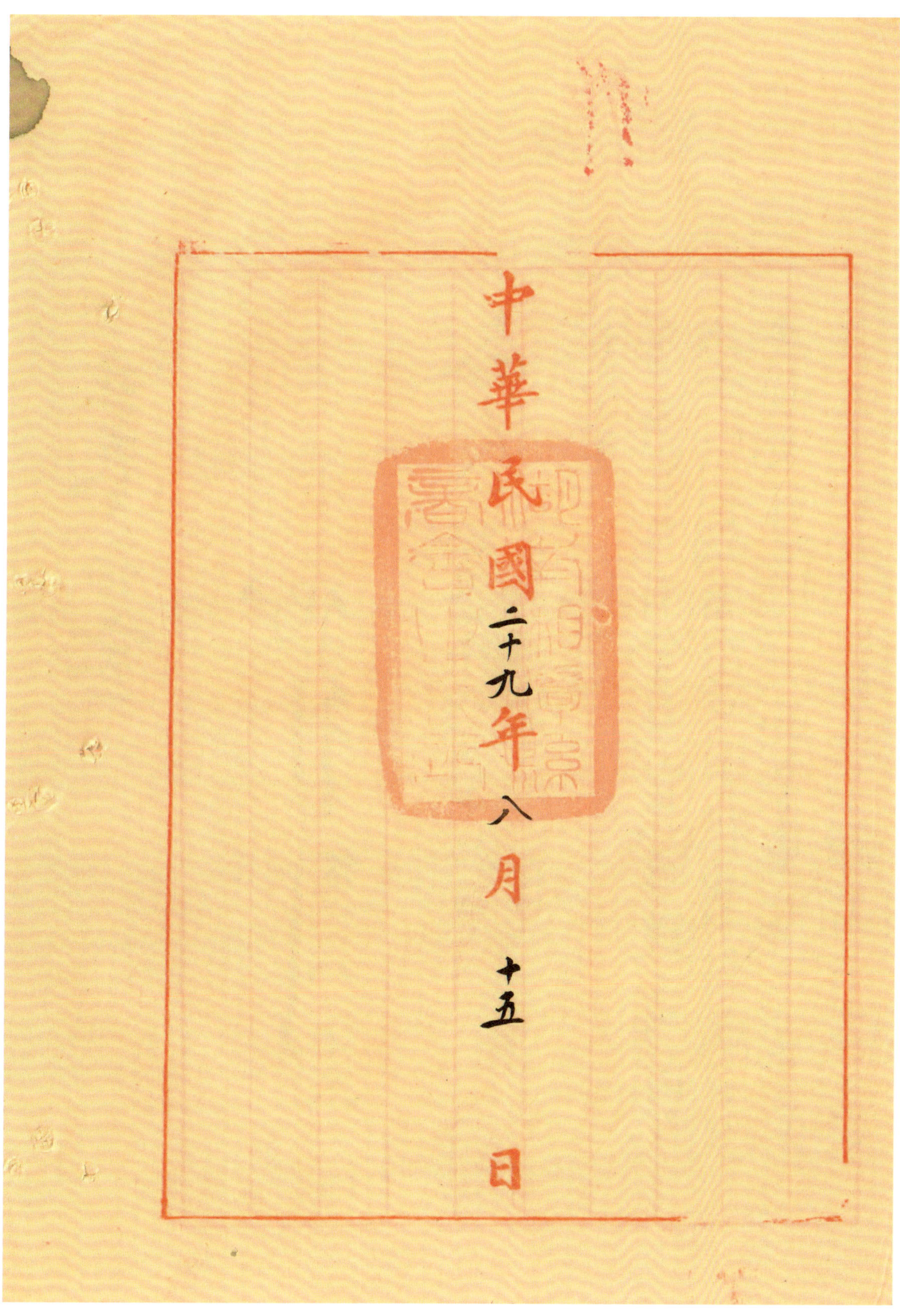

中華民國二十九年八月十五日

湘潭县政府关于人员物资防空疏散致县城厢四镇、商会、警察局的命令（一九四〇年八月十六日）

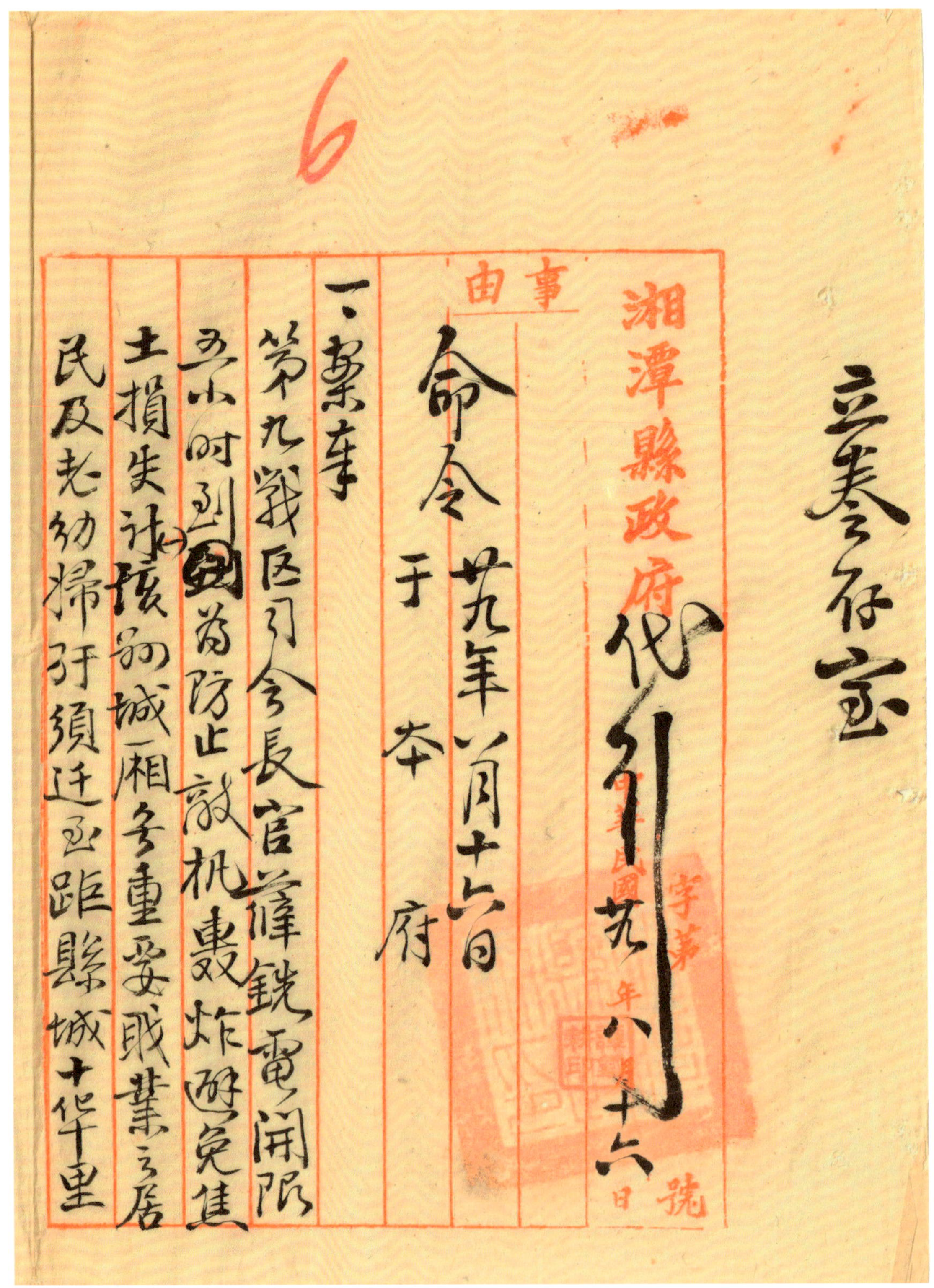

立卷存查

湘潭縣政府 代行

中華民國廿九年八月十六日 字第 號

事由

命令 廿九年八月十六日 于本府

下案奉

第九戰區司令長官薛銑電開：限五小時到。為防止敵機轟炸，避免其士損失計，該城厢各重要戰業之居民及老幼婦孺須遷至距縣城十華里

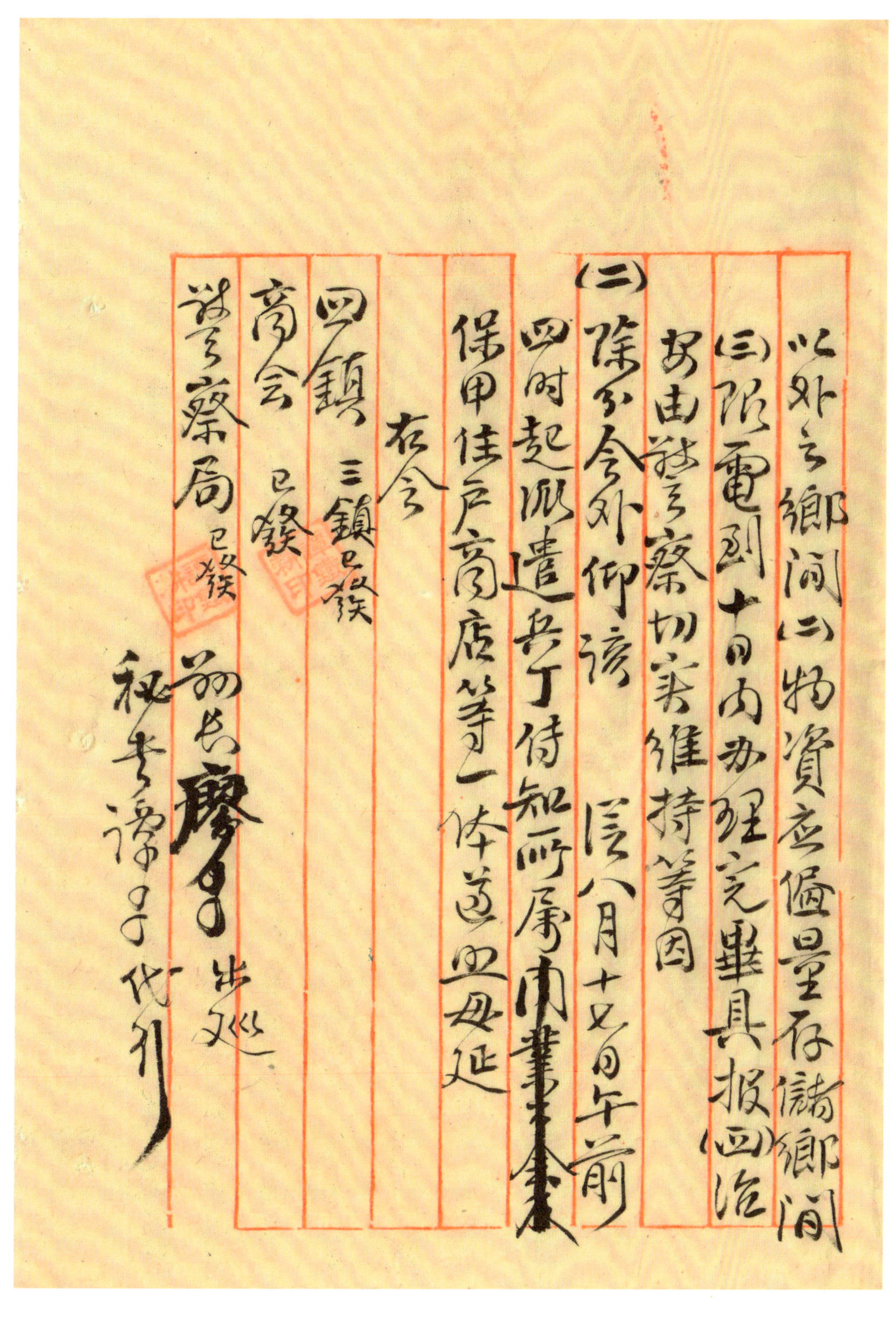

以外之鄉間（二）物資應儘量存儲鄉間

（三）限電到十日內辦理完畢具報（四）治

安由警察切實維持等因

（二）除分令外仰該　限八月十七日午前

四時起派遣兵丁傳知所屬內業主人

保甲住戶商店等一體遵照毋延

右令

四鎮　三鎮已發

商會　已發

警察局　已發

鎮長廖□□　出巡

秘書譚□□代行

湘潭县动员委员会关于召开疏散紧急会议致县政府的通知（一九四〇年八月二十日）

定廿一日上午五时召开疏散委员会议请派员出席

案查本會本月廿日上午五時召集各機關團体開疏散緊急会議討論事項第一案：奉司令長官薛銑電令飭限期疏散應如何遵辦案議決：組織疏散委員会推縣党部、縣政府、動員会、防護團、警備、警察局、貨運稽查處、田賦公所、縣商会、總工会各主管人為委員，並擬定動委会召集首次会议等語紀錄在卷。茲定于明（廿一）日上午五時召開疏散委員会首次会议，除分別外，相應通知

貴府查照準時派員出席為荷！

此致

湘潭縣政府

湘潭縣動員委員會啓

八、二〇

湘潭县动员委员会关于疏散工作由县各机关分别办理致县政府的公函（一九四〇年八月二十日）

事由：为请分别办理疏散工作由

湘潭縣動員委員會公函 通知

動佩字第[illegible]號

民國二十九年八月二十日

案查本會本月廿日上午九時召集各機關開疏散緊急會議，討論事項第二案文曰：水陸交通應如何管制案。議決：（1）湘河口架設輕便浮橋，由縣政府令行軍運代辦所負責辦理；（2）渡河小划不得作疏散運輸貨物用；（3）疏散期間東橋貿划與業工人力資不得高抬，由水陸警局隨時查察取締。第三案文曰：市區人口應如何疏散案。議決：凡各機關公務人員之家眷，統限八月廿六日以前儘先疏散；凡男女年在十六歲以下五十歲以上及老弱無職業者，一律疏散；另凡應留市區之適齡壯丁及防護團消防各支團空襲服務者，不得藉口疏散，抗不服從者查明嚴厲處罰（妓女）。本市妓女從本月廿二日起勒令疏散，由警察局嚴令執行（分市區）。內所有戲院從本月廿三日起一律停演，由警察局切實執行。第四案文曰：物資應如何切實疏散案。甲、關於商店貨物者：（一）函請稅務局貨運稽查處從嚴對貨物疏散盡量予以便利；（二）商店貨物未及向稅務機關請領疏散運照者，臨時運

回應市各該機關暨[illegible]以技濟守債之。乙、關於資源者：A、各種手
工業或工廠機器應移設鄉村工所，B、糧食燃料及重要器材一律疏散鄉村
儲存，以上兩項由商會、總工會分別勸導，在廿六日以前疏散完竣，并由警備營、警察
局、防護團及四鎮公所督促之。第五案：文曰本市各級學校應如何疏散案。議、
決：由縣政府通令市區各公私立學校在未開學前自行遷移鄉村。第六案：
文曰限期疏散確滿（實足）應否組織總檢查案。議決：在廿七日下午四時由本縣各
機關公部動員分區挨户檢查，至區域之劃分、人員之分配，由動委會計劃辦
理。次[illegible]防空疏散辦法者，依據上峯所頒要四村辦法要討之各項紀錄在
卷，除分別外，相應錄案（函達）
貴（通知）查照，分別遷移，以辦理為荷。
實

湘潭縣政府

兼主任委員廖佩之

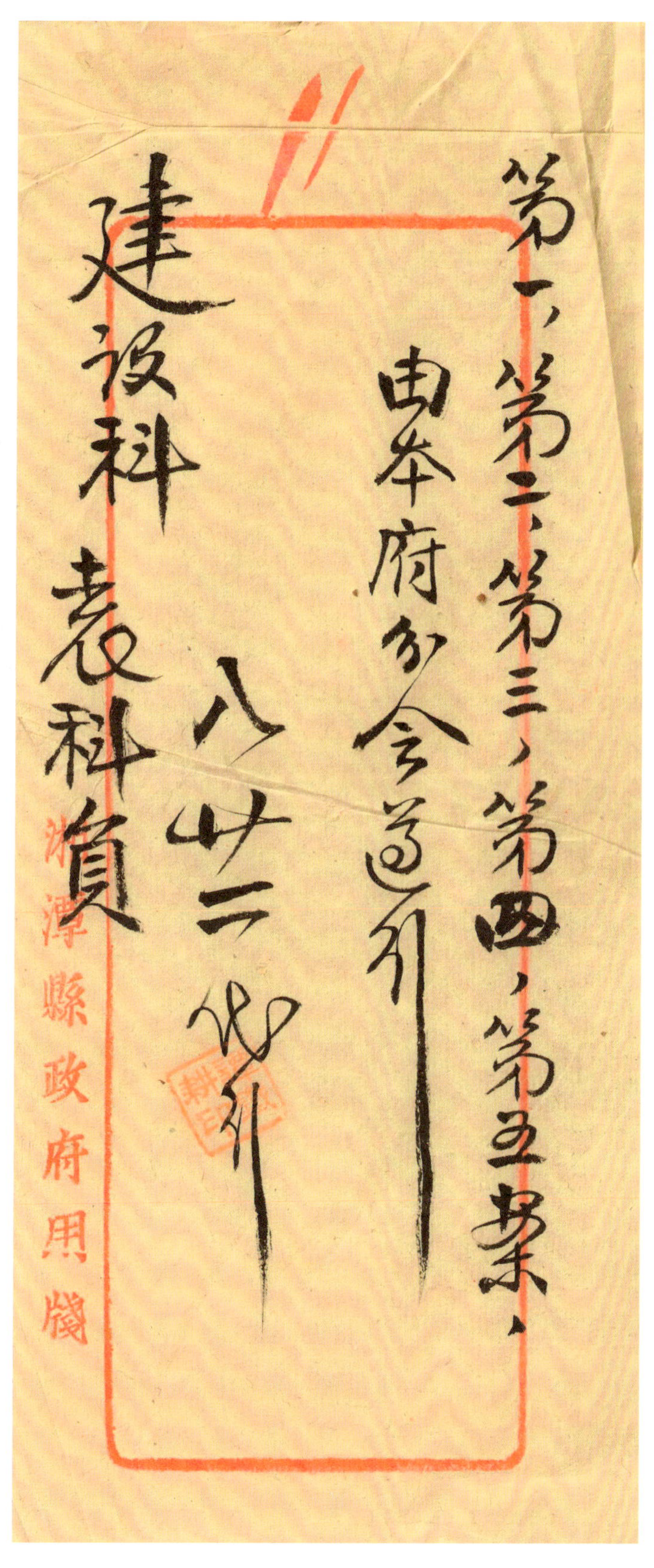

第一、第二、第三、第四、第五案、

由本府分令遵行

八廿二 收行

建設科

袁科員

湘潭縣政府用牋

湘潭县商会关于请会同税务机关及有关法团组织查验登记疏散货物委员会致县政府的呈及县政府的指令

（一九四〇年八月二十日、二十一日）

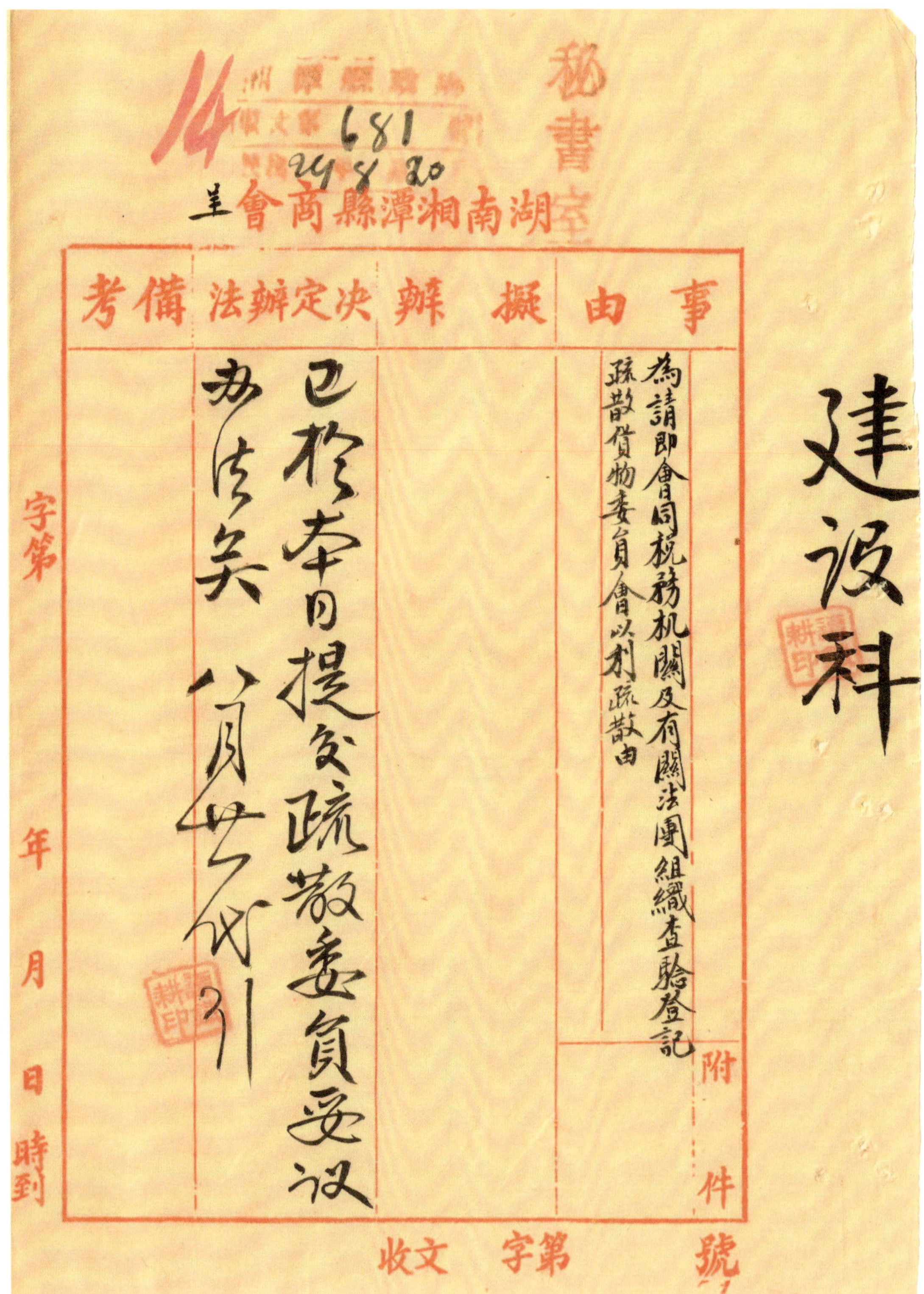

湖南湘潭縣商會呈

事由：為請即會同稅務機關及有關法團組織查驗登記疏散貨物委員會以利疏散由

擬辦：已於本日提交疏散委員會議办法矣　八月廿一日

湘潭縣商會呈　璧字第四二三號

案查本會第四次執監委員及同業公會主席聯席會議第三案據各商店遵令疏散貨物萬分急迫而稅務机關過多所有查驗登記可否歸併一處辦理俾省手續而資便利請公決案議決建議　縣府請迅即會同稅務机關及有關法團組織查驗登記疏散貨物委員會專司其事以昭劃一而免煩難等語紀錄在卷良以本會奉到　鈞府緊急命令仰飭各業即將物資疏散並限十日內完畢等因當即漏夜轉飭遵辦去後頃據各業負責人紛紛來會報告關於疏散貨物部份因本市稅務机關過多查驗登記手續極其麻煩費時誤事莫此為甚並有重征之苦例如貨運稽查處及征榷處登記疏散貨物須核對稅單

號碼或登記簿所記稅單號碼疏散時須由該處派員查驗方准起運運回時又須由該處查驗方准入市倘手續未及辦到即俾免處罰亦必重征其困難原因係由於各商店貨物種類甚多新陳不一稅單或已繳銷或已遺失而登記簿又一刻難於清查一旦在敵机威脅下倉皇疏散安能遵照手續如法泡製況疏散時事屬急迫必須報由各個稅務机關查驗登記後方准運行尤屬費時誤事又如某店將貨疏散後忽須少數貨物應市不得不往近郊鄉村取回於此必欲先報經稅務机關查驗方能入市更屬萬分困難抑且貨運稽查處等人員缺少不敷分配請求查驗須先日為之不能即報即驗致各商店受斯限制如桎梏在身極感不便況每天開市時間僅數小時之久各店々員人數有限於百忙中奔走各稅務机關請求查驗寔有未遑商等並本攸關非不願疏散但上述

困難應請設法救濟以解倒懸不甯惟是當宜沙失陷時商場物資損失鉅大考其原因亦由於稅務机關不肯通權達變疏散為難日前衡陽被炸多數貨物不及運走同歸於盡亦由於稅務查驗問題早未解決致罹慘禍前車不遠可為殷鑒非乞政府速定變通辦理之法寔不足以應付非常各等語用是提會討論一致議決以求政府之救濟又丁此國難時期納稅乃人民應盡之天職本會寔可負責担保本市各商店決無假藉疏散希圖漏稅之事准議前由理合呈請

鈞府參核俯准如議辦理以利疏散而恤商艱毋任迫切待命之至！

謹呈〇二

湘潭縣政府縣長廖

湘潭縣商會主席姜辟宸

10650

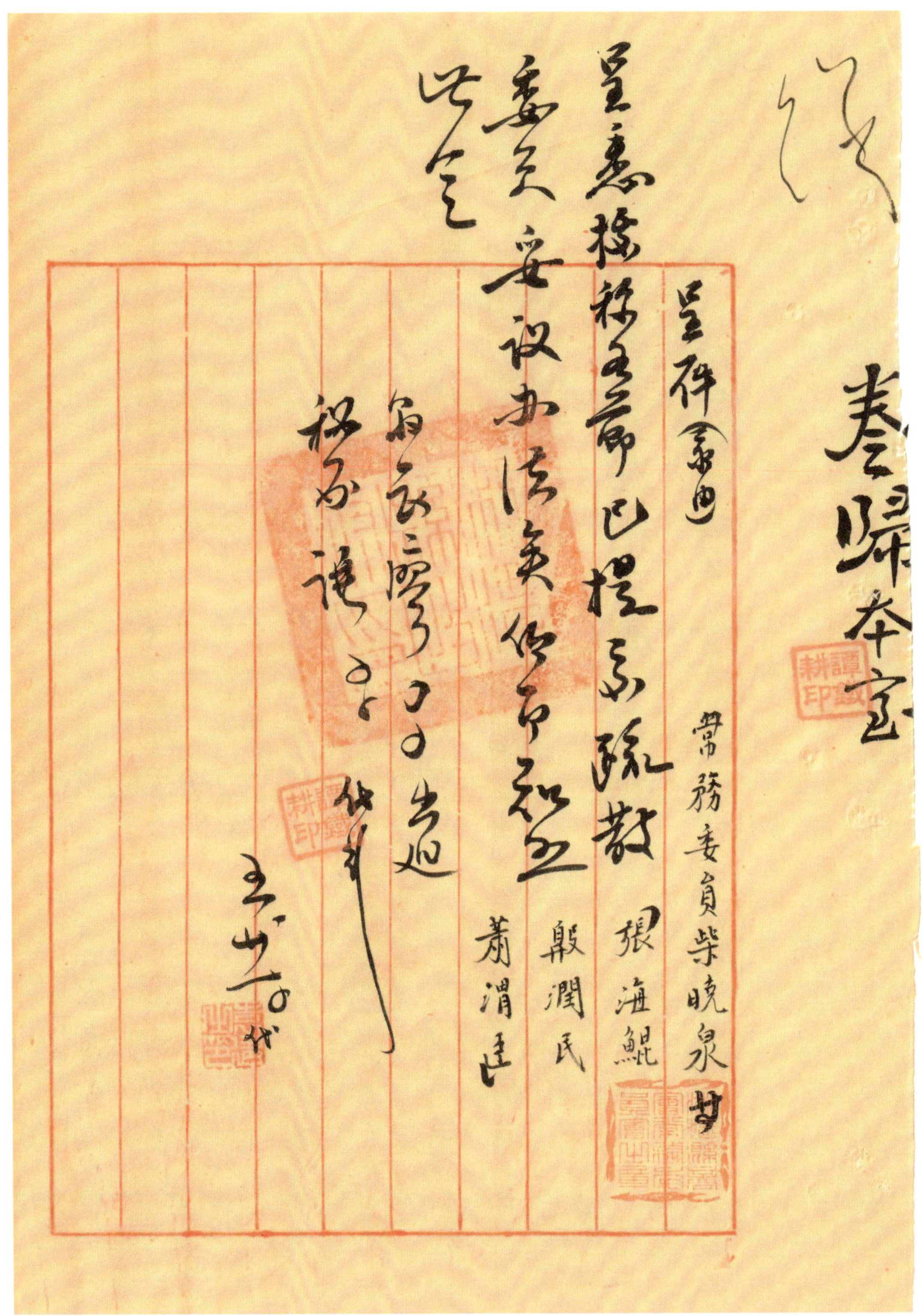

常務委員柴曉泉 張海鯤 殷潤民

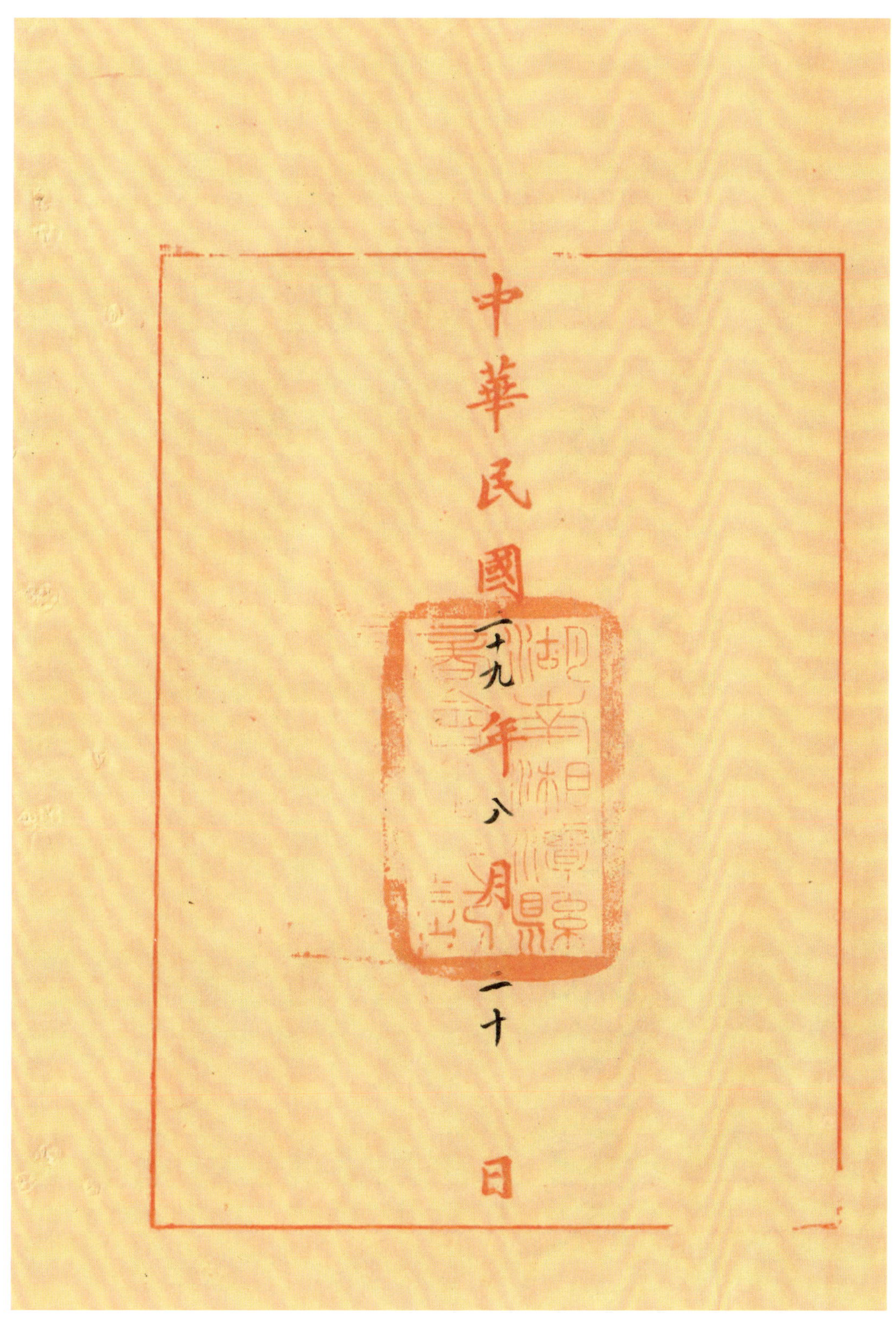

中華民國十九年八月二十日

湘潭县商会关于报告各业疏散情形致县政府的呈及县政府的指令（一九四〇年八月二十日、二十一日）

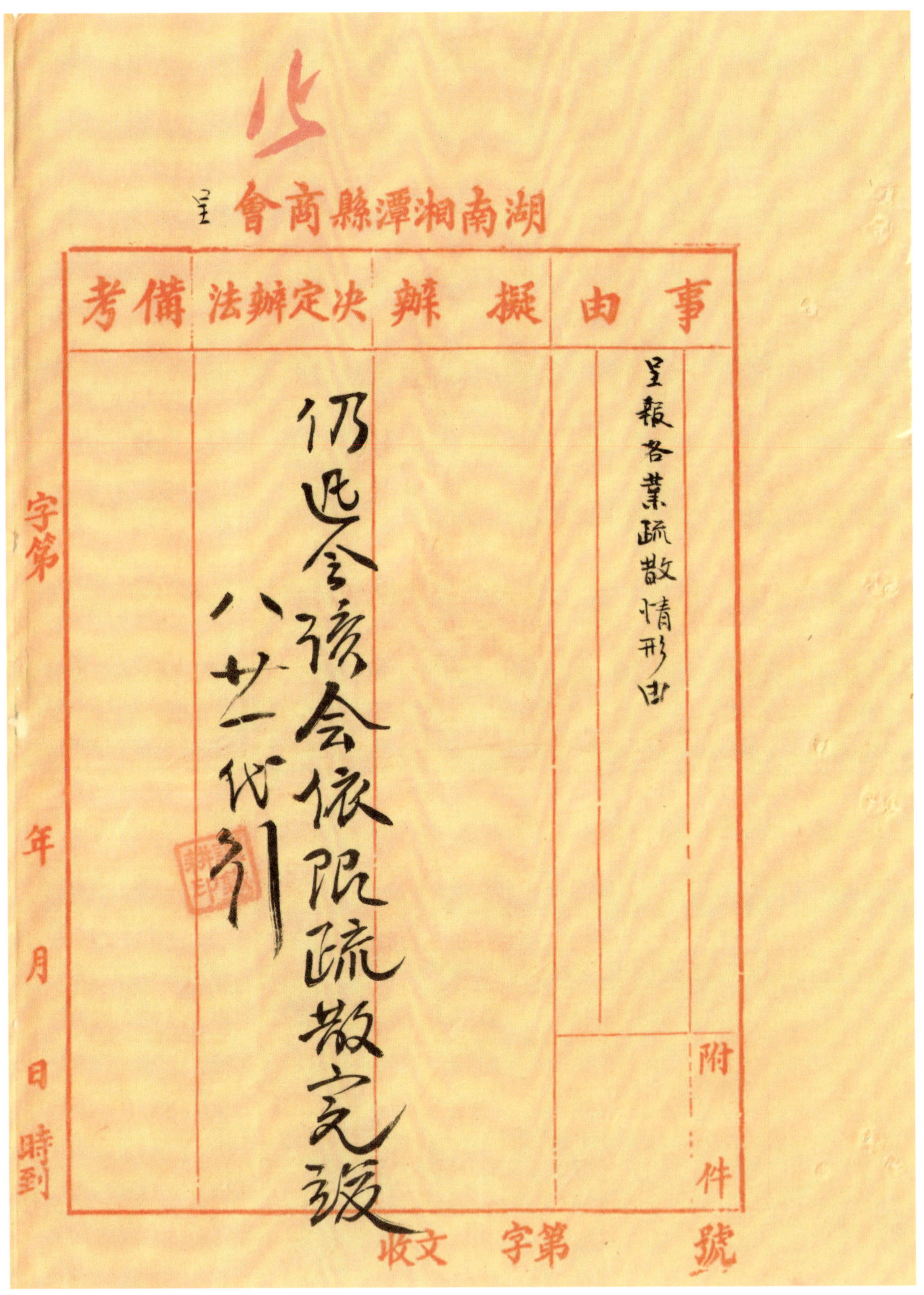

湖南湘潭縣商會 呈

事由	擬辦	決定辦法	備考
呈報各業疏散情形由		仍飭令該會依限疏散完竣 八廿一	

附件

收文 字第 號

字第 年 月 日 時到

湘潭縣商會　呈

壁字第473號

案奉

鈞府轉奉

長官司令部電令為防敵機轟炸限十月內將市內老幼婦孺及物質疏散十里以外之鄉村前已轉飭遵辦現欲明瞭各業商店疏散情形經於八月十九日召集第四次執監委員及各業公會主席會議提出報告當據各業主席分別報告有謂疏散十分之二三有謂疏散十分之四五有謂疏散十分之六七情形各有不同其相同之點則多謂疏散時各稅務機關查驗手續太煩不免費時

誤事例如貨運稽查處人員過少不敷分配請求查驗必須先日
爲之不能即報即驗各商店受此限制故搬運不能如時日前被炸
之聚成商號内有藥材一批價值六千元左右業經賣妥因税務
機關查驗員未到不能即下致兆焚如有此殷鑒所以查驗手續不
能不力求迅速現在疏散情形尚能達到十分之五六者大多未嘗
經過查驗手續故能如此敏捷是以目前疏散貨物關於查驗辦法
實有合併組織統一指揮之必要庶商人有所遵守而不致政令紛歧
當將各業報告分别紀録在卷理合備文縷情呈覆
鈞府俯賜察核施行謹呈
湘潭縣政府縣長廖

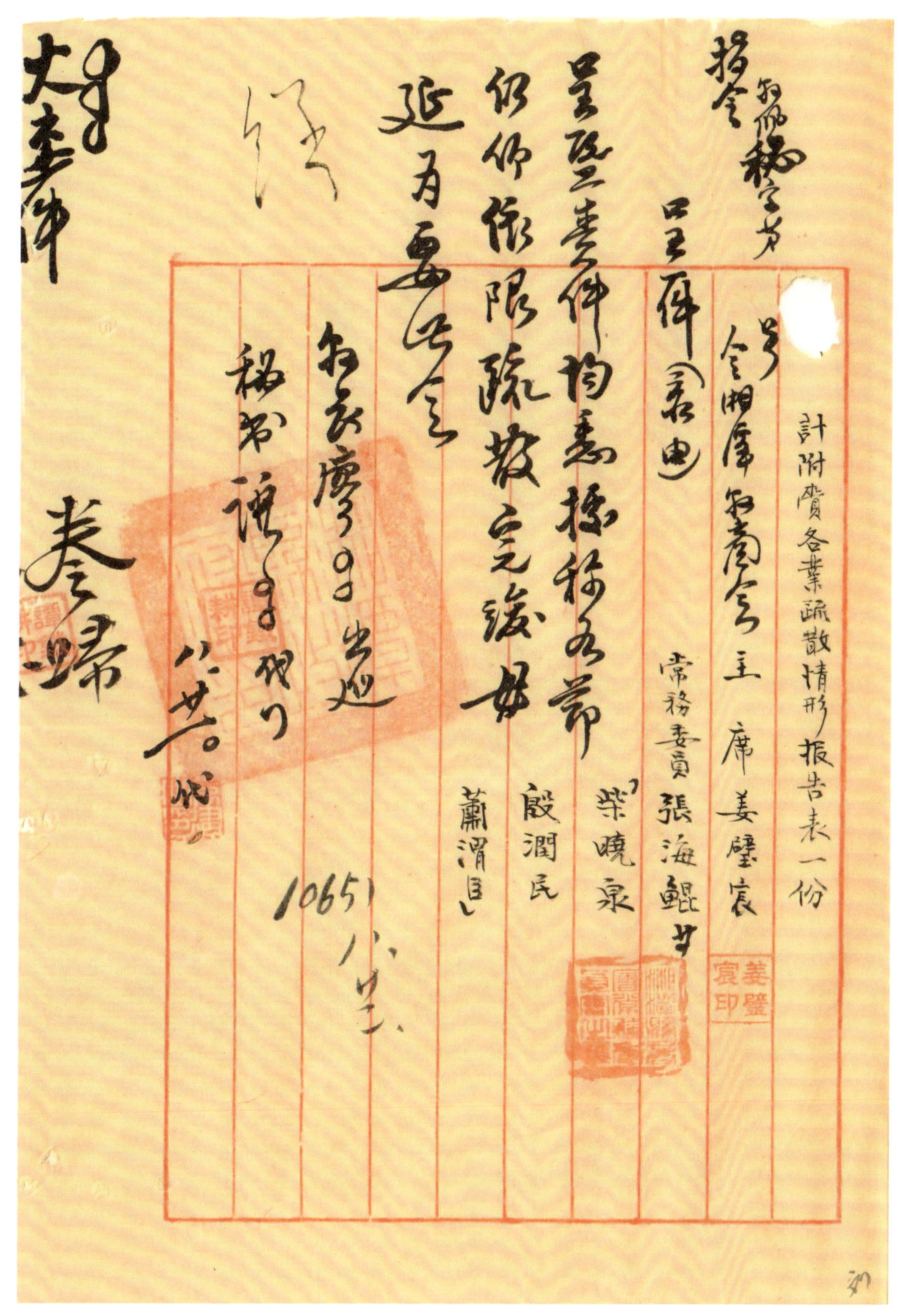

計附賫各業疏散情形報告表一份

令湘廣商字第　號

主席　姜壁宸

常務委員　張海鯤　柴曉泉　殷潤民　蕭渭臣

呈一件（表由）

呈暨表件均悉。據稱各節，仍仰依限疏散完竣，毋延為要。此令

出巡

秘書　譚　代行

八、廿四

10651　八、廿二

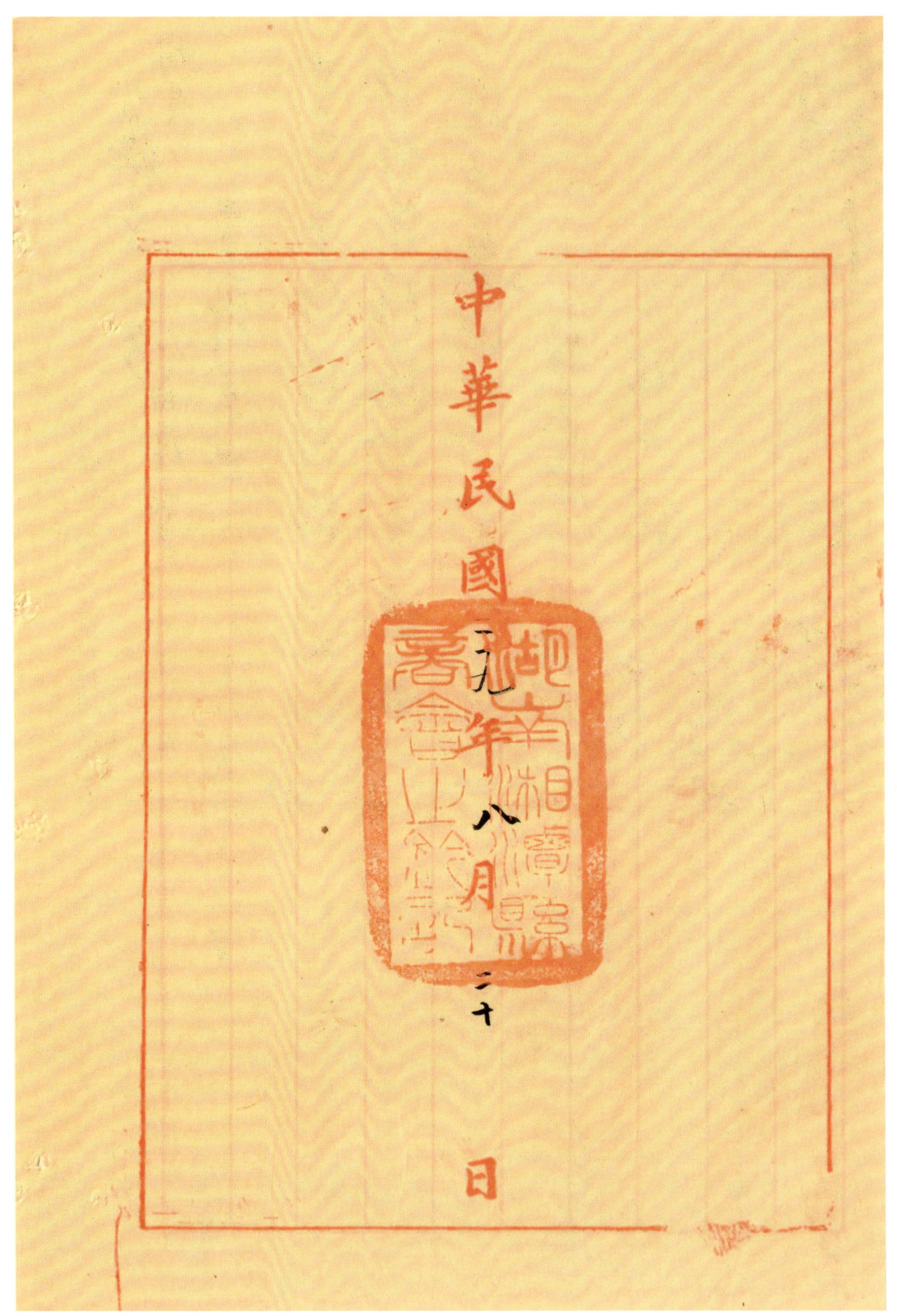
中華民國二十九年八月二十日

16

湘潭縣商會用箋

計開

磁業　疏散五分之三

鐵業　除冶色在河東本市鐵釘兩色無多貨物

較少

藥業　號家之貨已疏散十分之六惟水藥店因須供應市面需要疏散

染織業　疏散十分之六

綢布業　疏散十分之七

豆豉雜糧業因貨物笨重須船運輸故僅疏散十分之三

檳榔業　疏散十分之八

花糧行業　疏散十分之七

煙業　疏散十分之八

竹木業　疏散十分之六

南貨業　疏散十分之七

山貨業　疏散十分之四

首飾　涂委員代為報告無多

117

湘潭縣商會用箋

色紙業　疏散十分之五
油鹽紗業　疏散十分之九
油行業　疏散十分之六
紙行業　疏散十分之七
百貨業　疏散十分之七
炭煤業　疏散十分之二三
糧坊業　疏散十分之五
齋館業　疏散十分之六
豬鬃業　疏散十分之六

湘潭县姜畲乡公所关于该乡姜畲市各商店货物应否疏散免遭损失致县政府的呈及县政府的指令

（一九四〇年八月二十日、二十四日）

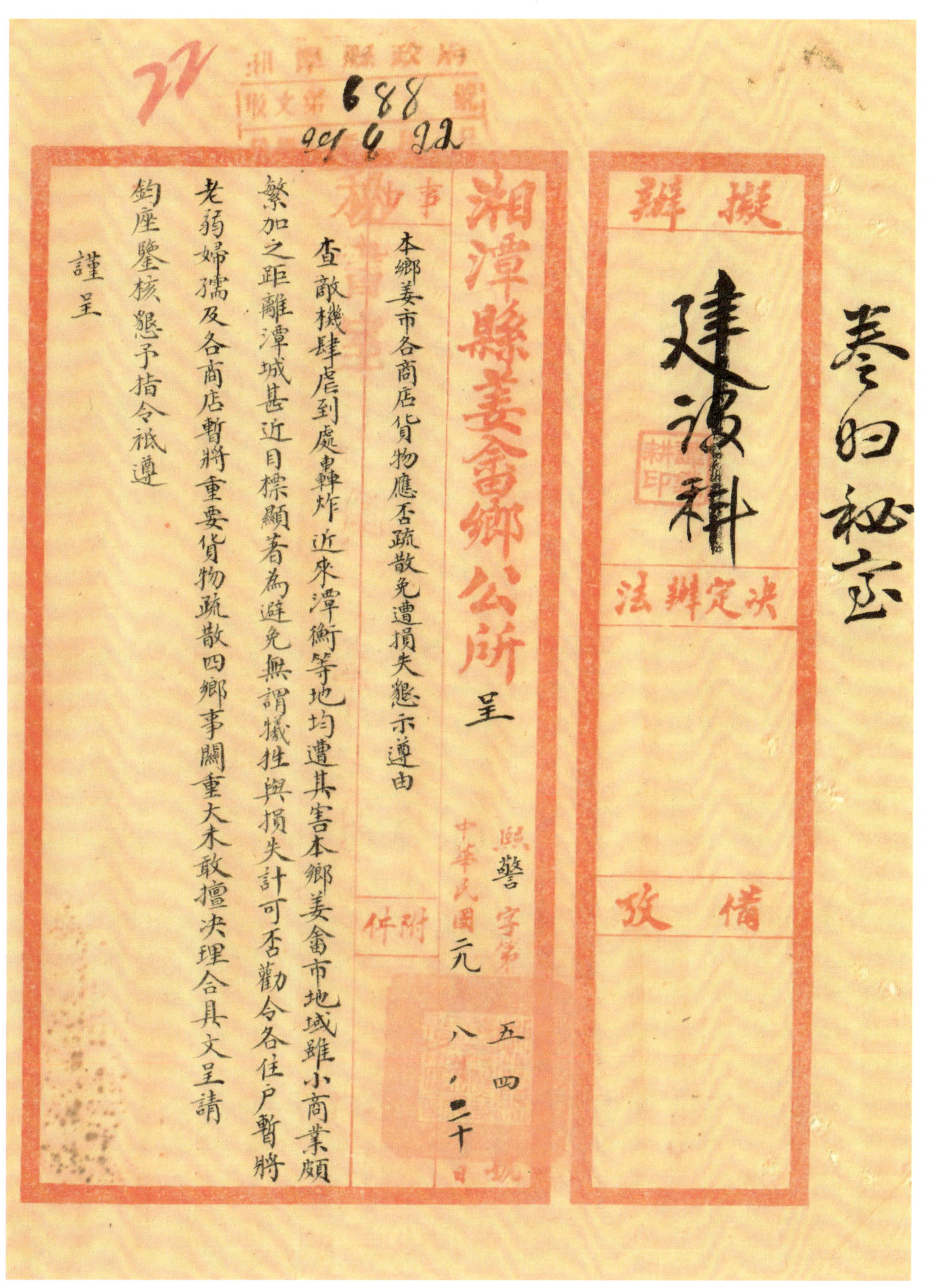

擬辦：建設科

決定辦法：參閱秘室

備攷：

湘潭縣姜畲鄉公所　呈

事由：本鄉姜市各商店貨物應否疏散免遭損失懇示遵由

查敵機肆虐到處轟炸近來潭衡等地均遭其害本鄉姜畲市地域雖小商業頗繁加之距離潭城甚近目標顯著為避免無謂犧牲與損失計可否勸令各住戶暫將老弱婦孺及各商店暫將重要貨物疏散四鄉事關重大未敢擅决理合具文呈請

鈞座鑒核懇予指令祇遵

謹呈

縣警字第五四號

中華民國二九年八月二十日

附件

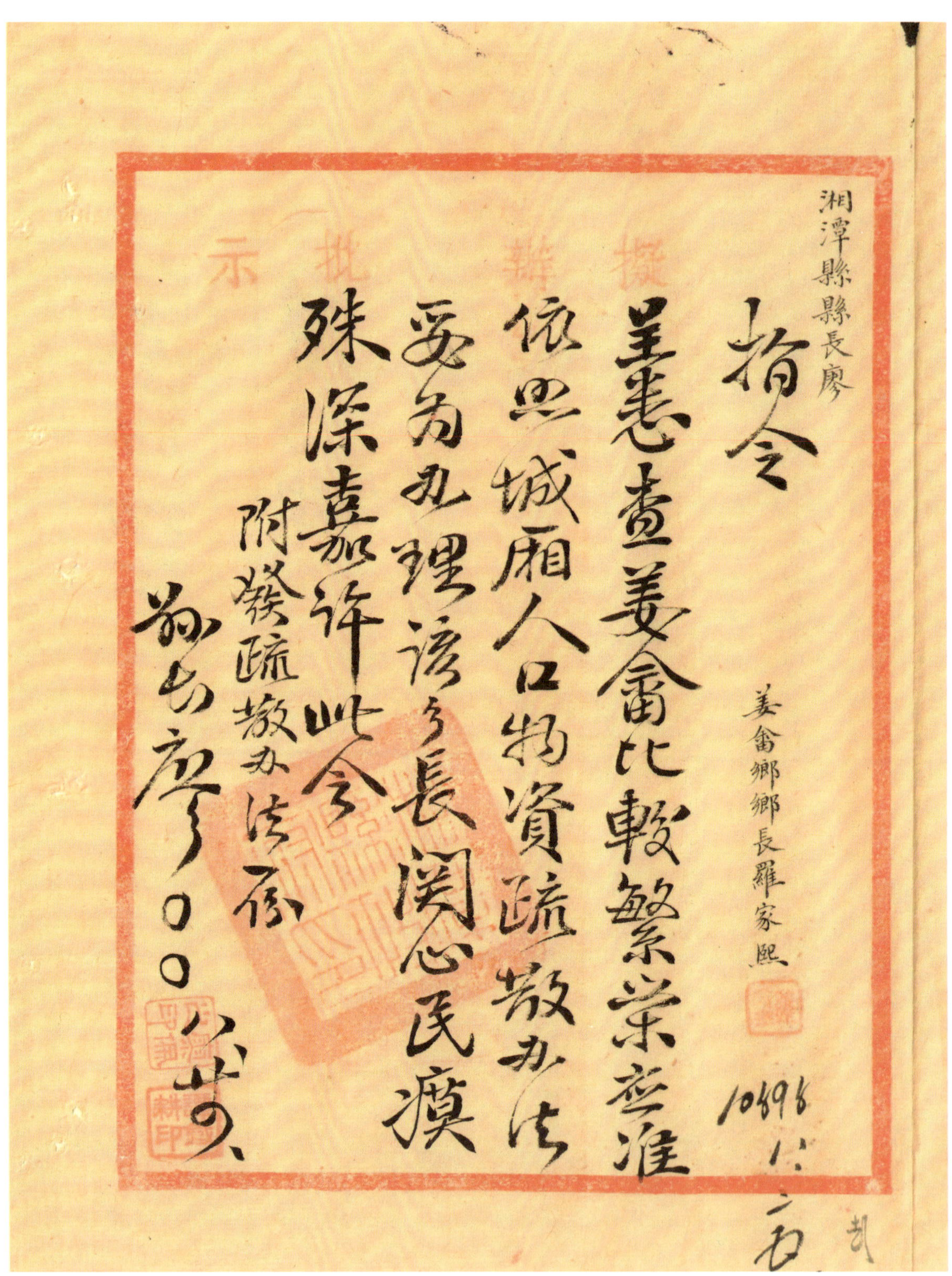

擬辦批示

湘潭縣縣長廖

指令

姜畬鄉鄉長羅家熙

10896

八、二五

呈悉查姜畬比較繁榮應准依照城廂人口物資疏散辦法妥為辦理該鄉長關心民瘼殊深嘉許此令

附發疏散辦法

縣長廖〇〇 八、廿五、

财政部湘鄂战区货运稽查处湘潭支处关于送疏散货物暂行办法一份致湘潭县政府的公函（一九四〇年八月二十日）

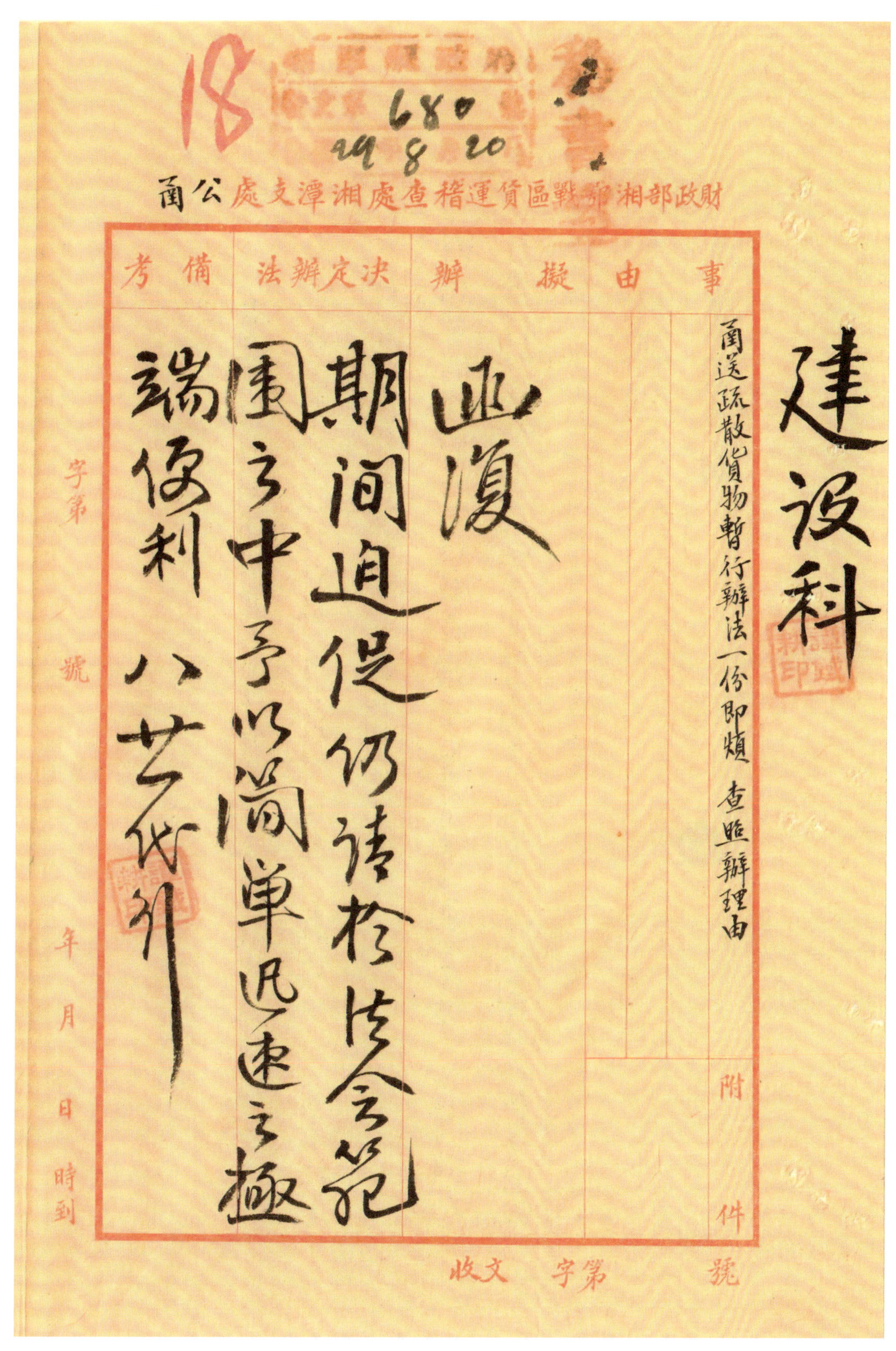

18

680
29 8 20

財政部湘鄂戰區貨運稽查處湘潭支處公函

建設科

事由	擬辦	決定辦法	備考
函送疏散貨物暫行辦法一份即煩查照辦理由	函復 期間迫促仍請於法令範圍之中予以簡單迅速之極端便利 八廿代行		

附件

字第 號 年 月 日 時到

收文 字第 號

財政部湘鄂戰區貨運稽查處湘潭支處公函　　本字第　　號

查迩來敵機到處肆虐，人民生命財産交受損害，殊堪軫念。前據
本市各商民紛紛報請疏散貨物於鄉村，避免轟炸前來，核屬
可行。茲規定疏散貨物暫行辦法，業經呈奉
財政部湘鄂戰區貨運稽查處二九年八月十四日湘副字第七三號指令
核准修正施行，飭即遵照辦理等因。奉此，自應遵照辦理。除佈告周知
暨分函外，相應抄同上項辦法函送
貴府，即煩
查照辦理為荷。

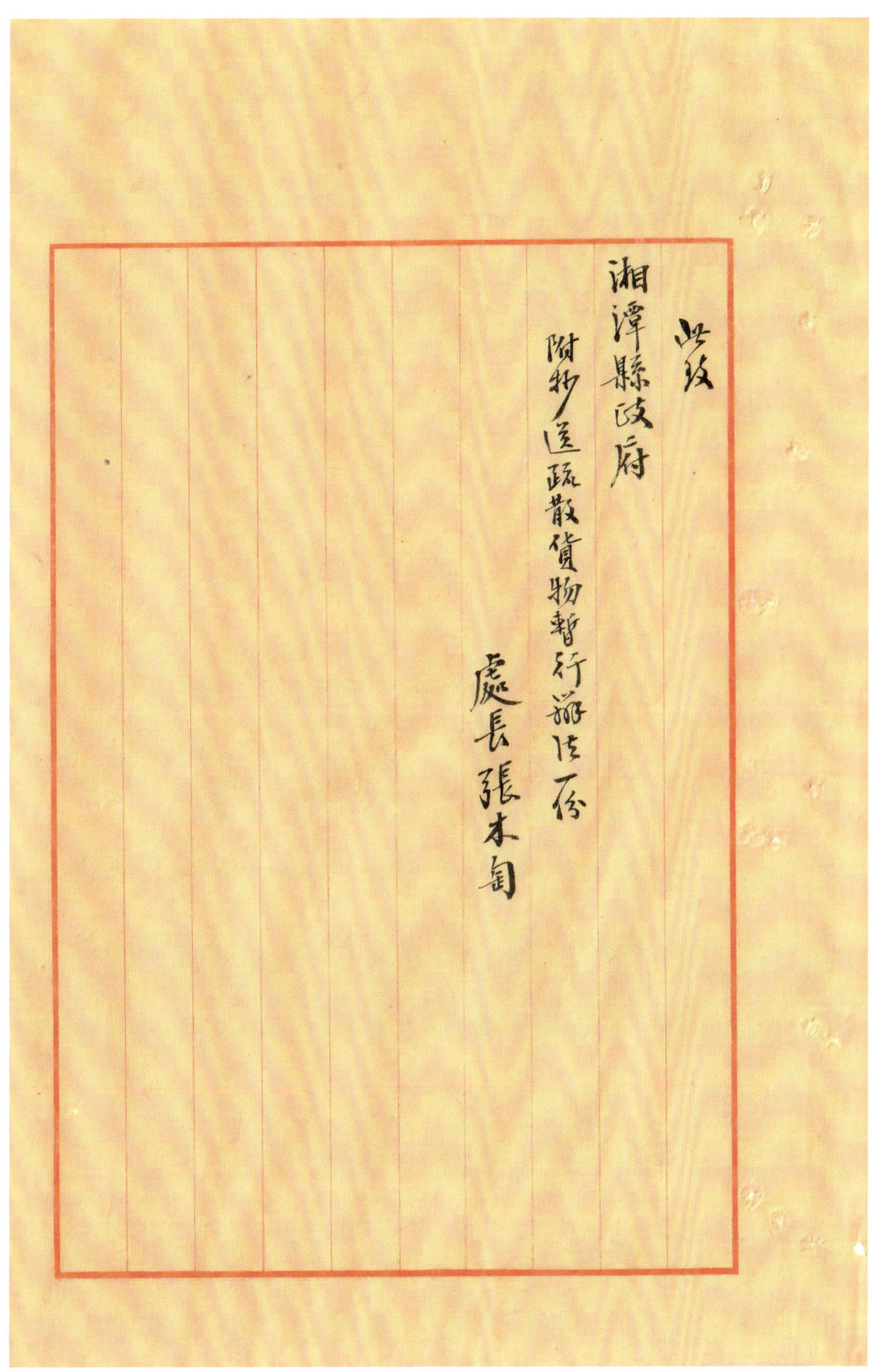
此致

湘潭縣政府

附抄送疏散貨物暫行辦法一份

處長張木匋

中華民國二十九年八月二十日

附：湘鄂战区货运稽查处湘潭支处疏散货物暂行办法

湘鄂戰區貨運稽查處湘潭支處疏散貨物暫行辦法

(一)本處為便利商民疏散貨物起見特訂本辦法

(二)商民疏散貨物於鄉村務須向湘潭縣政府所在之機關請領疏散証并填具報驗單二張(以一張由本[illegible]人收執以一張存處備查并須將單列各欄逐一詳細填註仍應將疏散原因運輸方法及詳細地點於附記欄內註明以備查核)報經本處查驗封誌後方可起運各該貨主不得於起運後擅行啟發封條及改換包裝

(三)自疏散之日起應於一個月內將該項貨物全數運完不得停留

(四)該項貨物如將來運回時應保存原封不得拆包分運仍須填具報驗單二張報請本處查驗後方准運回

（五）凡未經完納税款之貨物應於報運時照章補税其持有已完税款憑證者不在此例

（六）凡領有疏散貨物憑證經本處驗明確已完納關税者准自該証發給之日起於一年內將該項貨物運返原地時得享受免税利益仍須依照本辦法第四項之規定辦理

（七）凡運返之疏散貨物不准夾帶私貨否則一經查覺定予依照海關緝私條例辦理

（八）凡外埠客商委託疏散貨物應即覓具殷實舖保負責擔保確無違反本辦法各項情事以憑驗放

（九）本辦法如有未盡事宜得隨時修改之

（十）本辦法自呈准公佈日施行

湘潭县商会、县政府关于令黄龙、正心两乡公所组织巡逻队保护疏散货物的一组文书（一九四〇年八月二十日至二十一日）

湘潭县商会致县政府的呈及县政府的指令（一九四〇年八月二十日、二十一日）

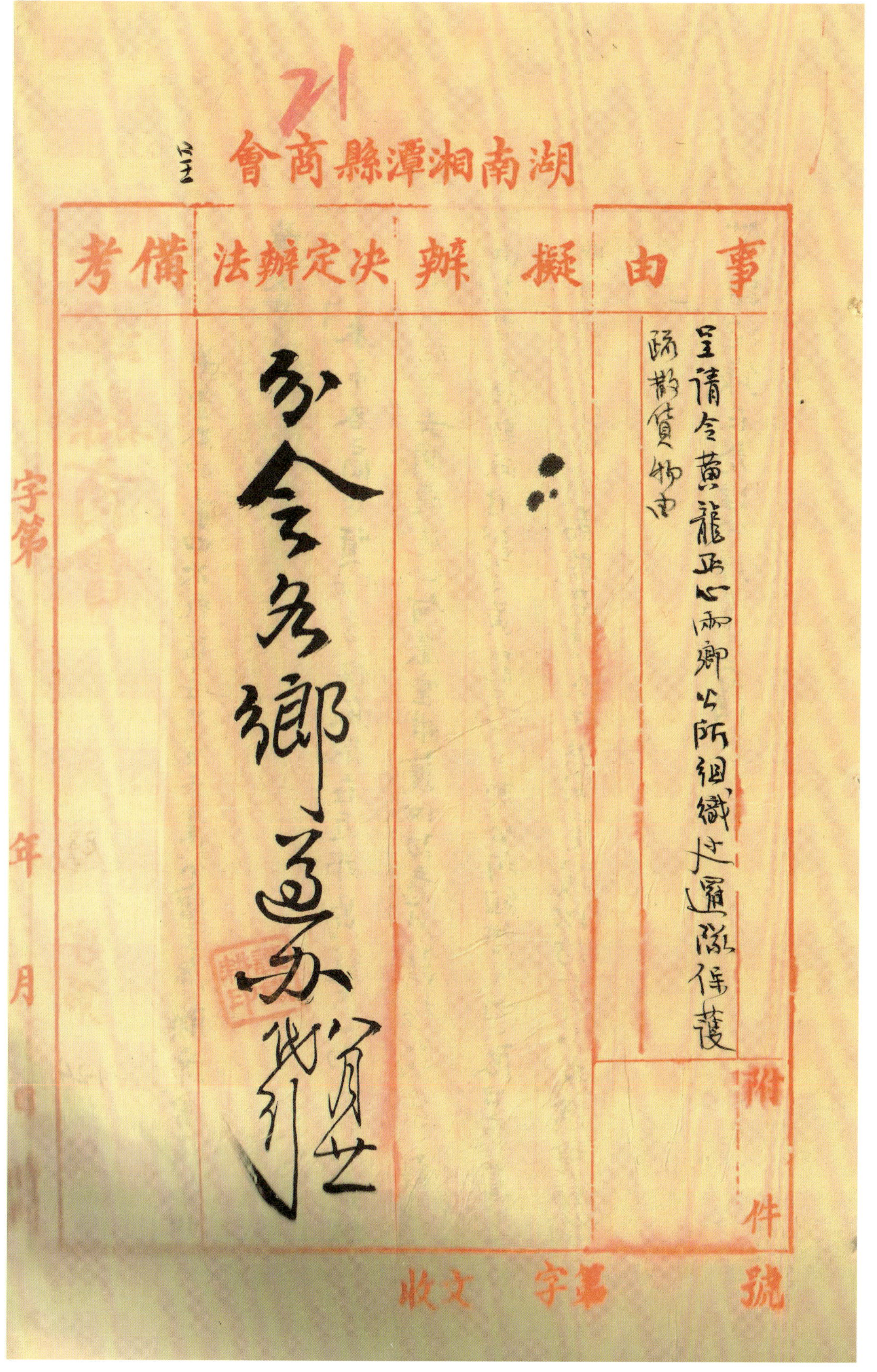

21

湖南湘潭縣商會

事由	擬辦	決定辦法	備考
呈請令黄龍正心兩鄉公所組織巡邏隊保護疏散貨物由		分令各鄉遵办 八月廿一	

附件

第　字　號　收文

字第　年　月

湘潭縣商會

壁字第424號

案查本會第四次執監委員及各業公會主席聯席會議第四案文曰：「本市各商店貨物多係疏散在近郊黄龍正心兩鄉所屬地域之內關於治安問題應如何嚴密維護以防意外請核議案　議決由本會呈請縣政府訓令黄龍正心兩鄉公所組織巡邏隊日夜嚴密巡查遇警即鳴鑼爲號召集民衆共同應援以防宵小乘機搶劫偷盗」等語紀錄在卷理合錄案呈請

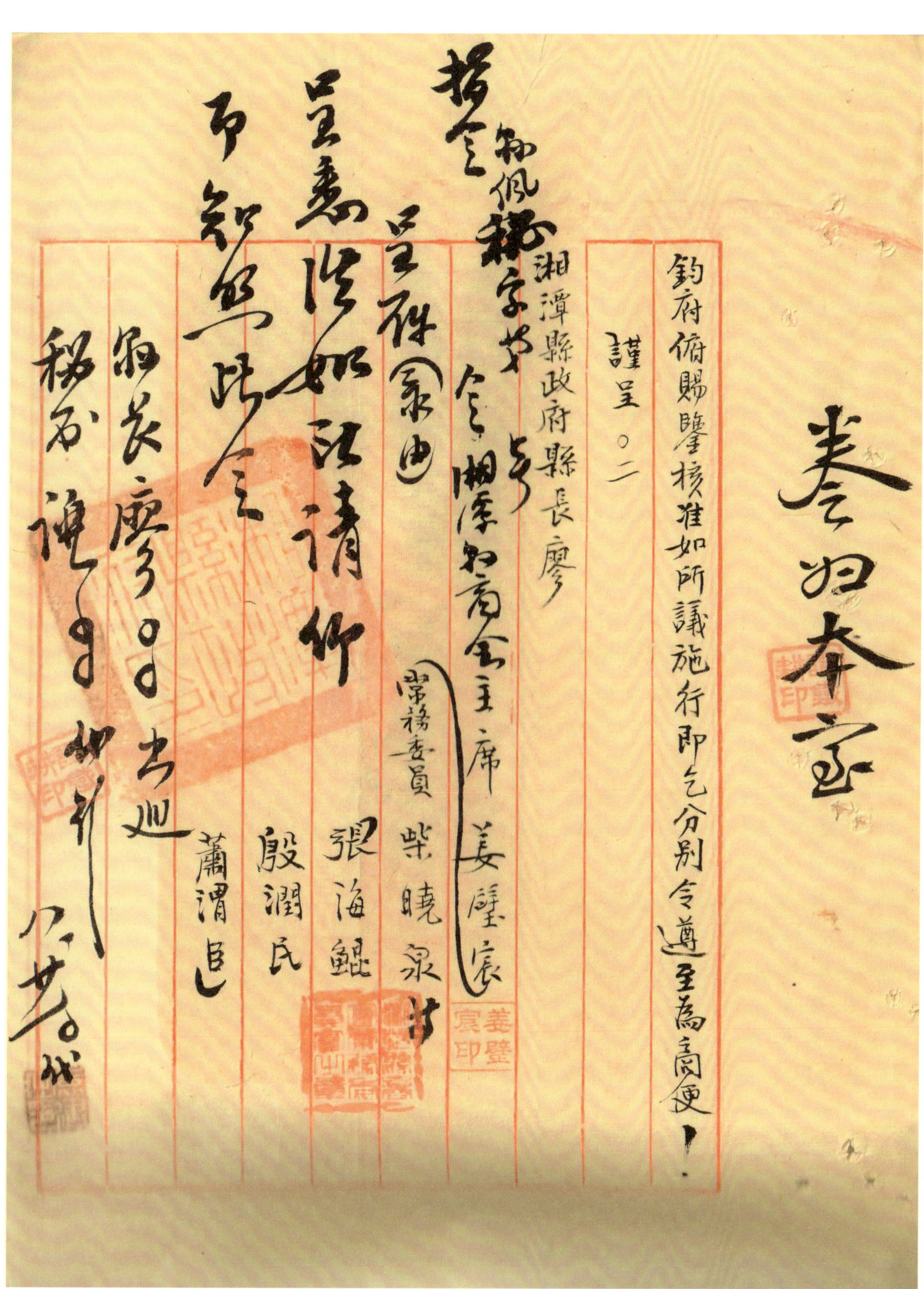

卷歸本函

鈞府俯賜鑒核准如所議施行，即乞分别令遵，至爲商便！

謹呈 ○二

湘潭縣政府縣長廖

擬令知悉。稿字第　號

令湘潭縣商會主席姜璧宸等

呈悉（案由）

呈悉。准如所請行。

仰知照。此令。

縣長廖

秘書

全湘潭縣商會主席 姜璧宸

常務委員 柴曉泉

張海鯤

殷潤民

蕭渭臣

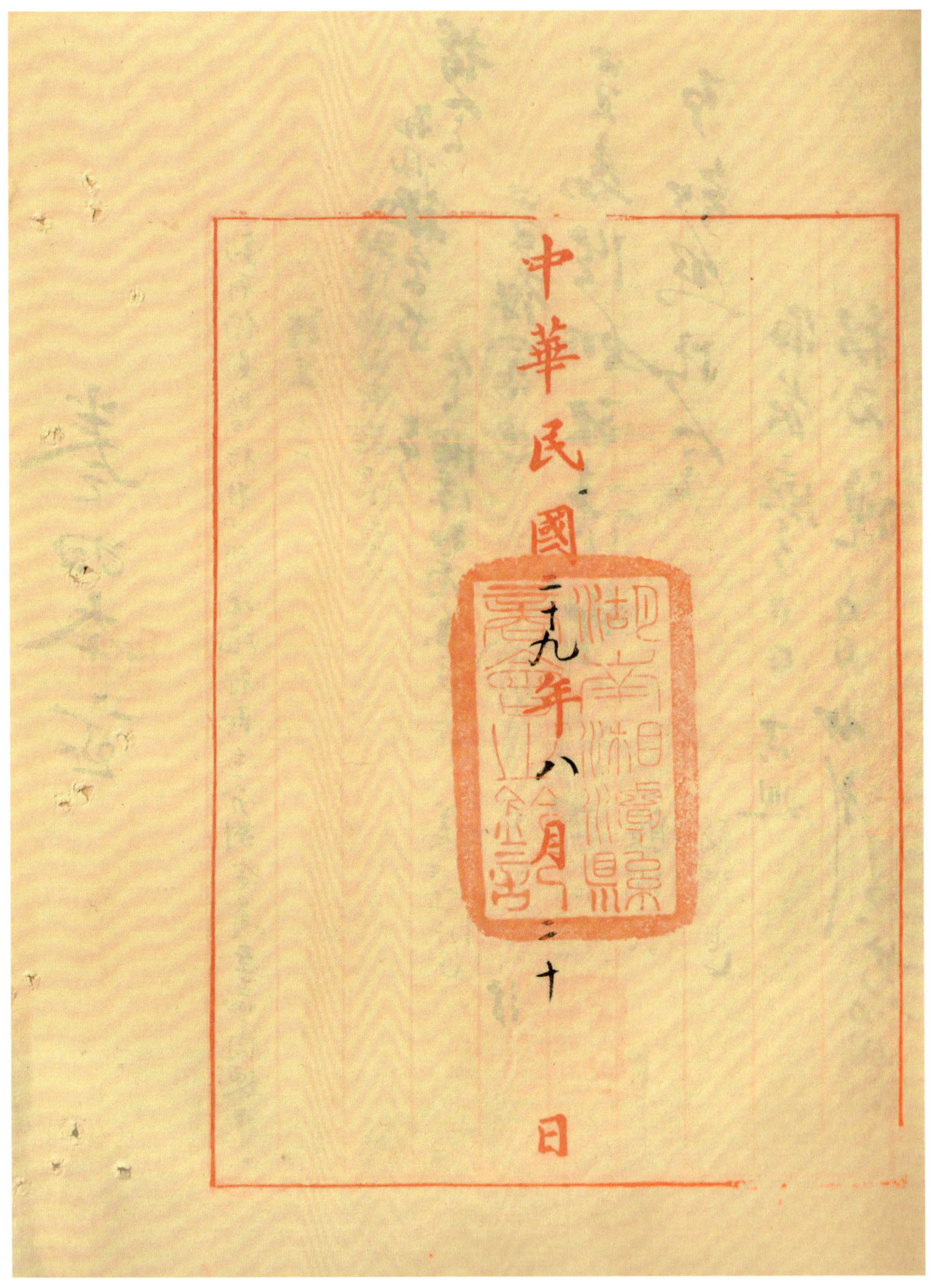

中華民國二十九年八月二十日

湘潭县政府致黄龙、正心乡公所的训令（一九四〇年八月二十一日）

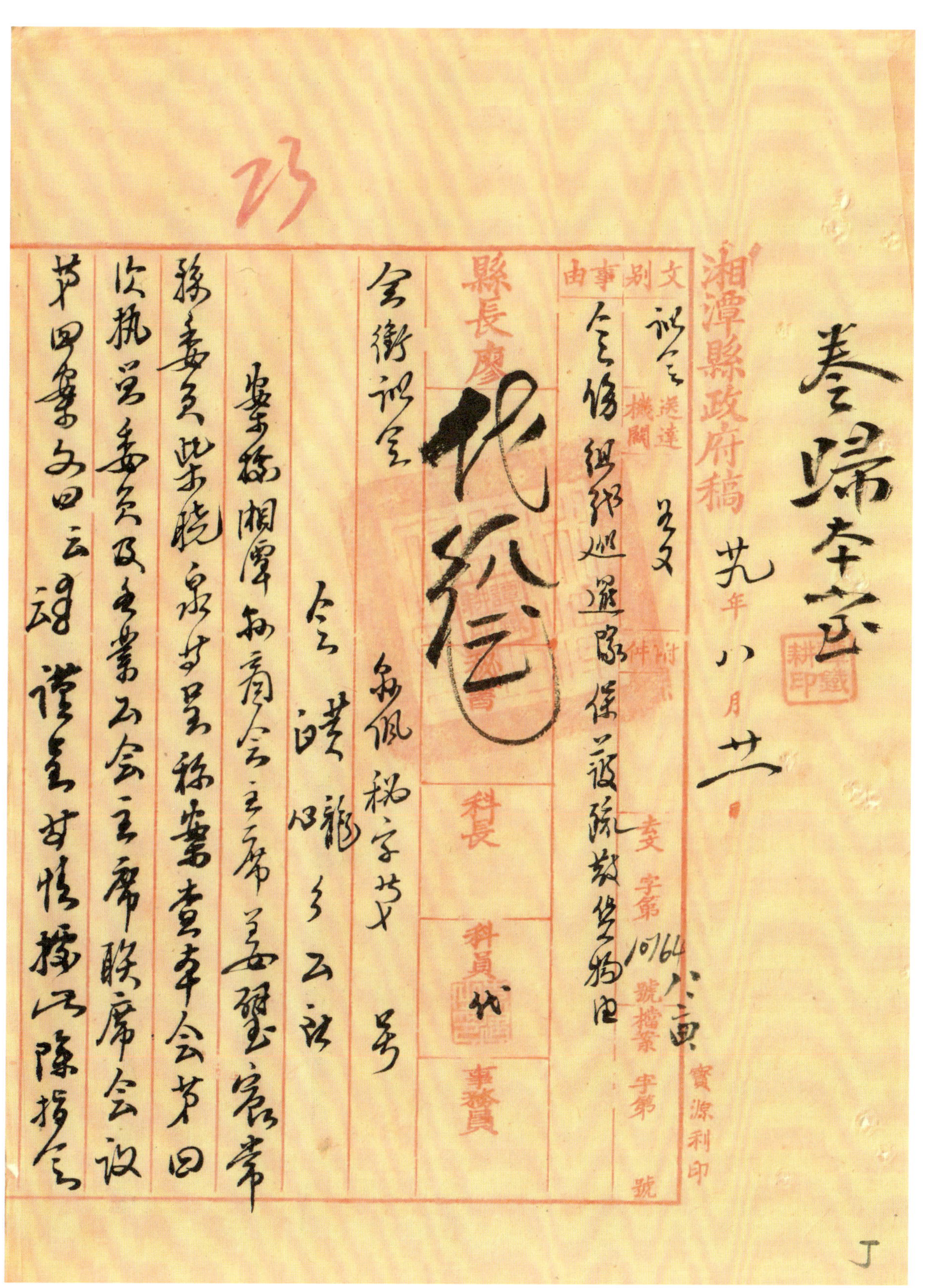

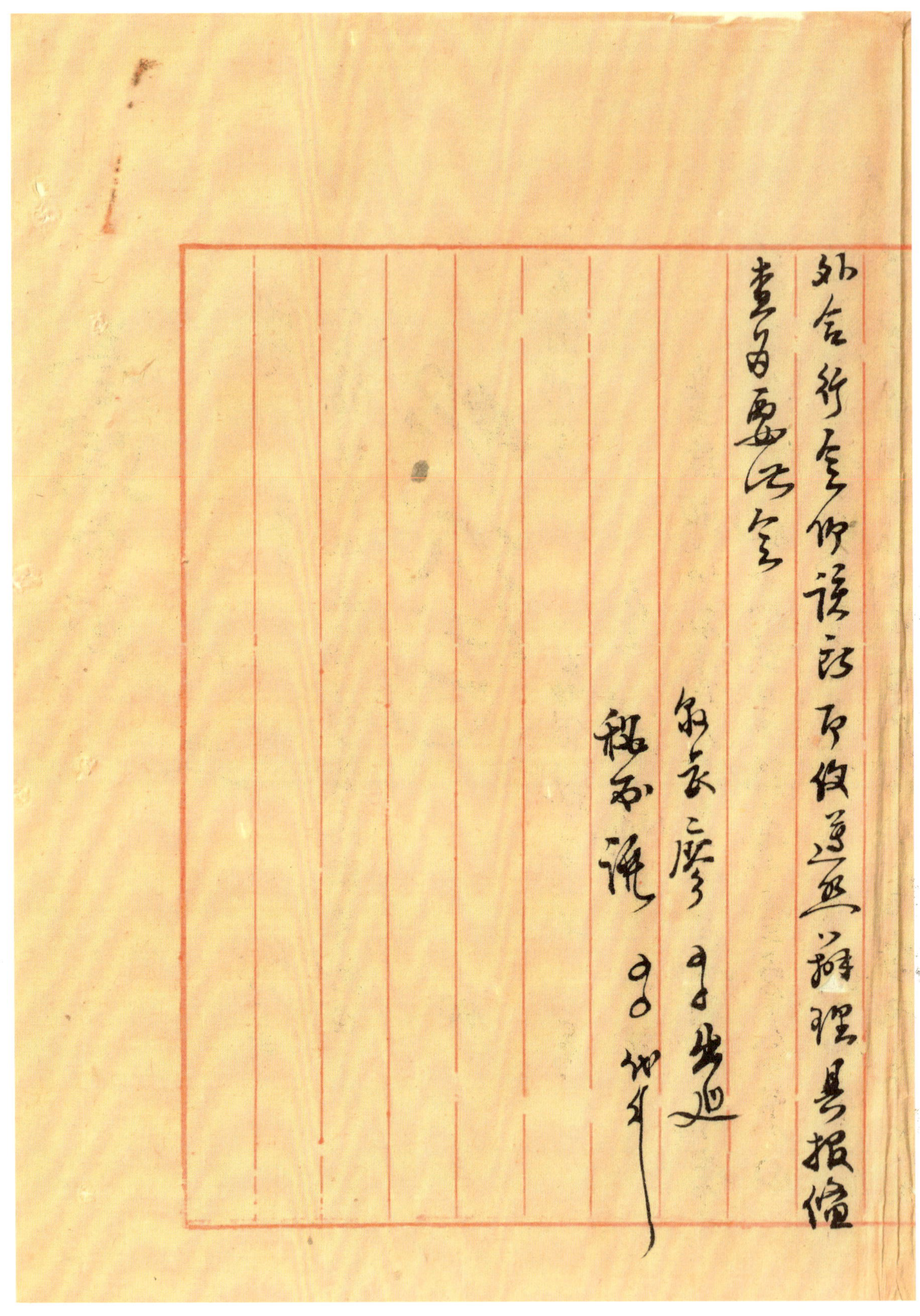

外，合行令仰該所即便遵照辦理具報備查為要。此令。

縣長廖[illegible]出巡

秘書[illegible]代行

湘潭县槟榔业商业同业公会关于报告会员疏散货物情形请凭表维护验收致县政府的呈及县政府的指令

（一九四〇年八月二十日、二十四日）

呈為呈報會員疏散貨物實在情形賫造表冊懇賜

察核存查以資維護驗放事本會茲據會員正隆　美記

振興祥　隆記　恒記　正興隆　謙和生　洪成　福成　和康　裕

瑞昌　德茂　億利等拾叁家先後報告以會員等奉令疏散貨

物業已分別寄存惟因倉惶搬運登記手續殊多欠缺特報請

轉呈縣政府財政部貨運稽查處稅務局縣商會存查俾資維

護以後運回貨物准予驗放是為感禱等語據此除另造表冊

賫呈外理合備文呈明會員疏散貨物實在情形懇賜

察核准予存查維護深為業便謹呈

湘潭縣縣長寥

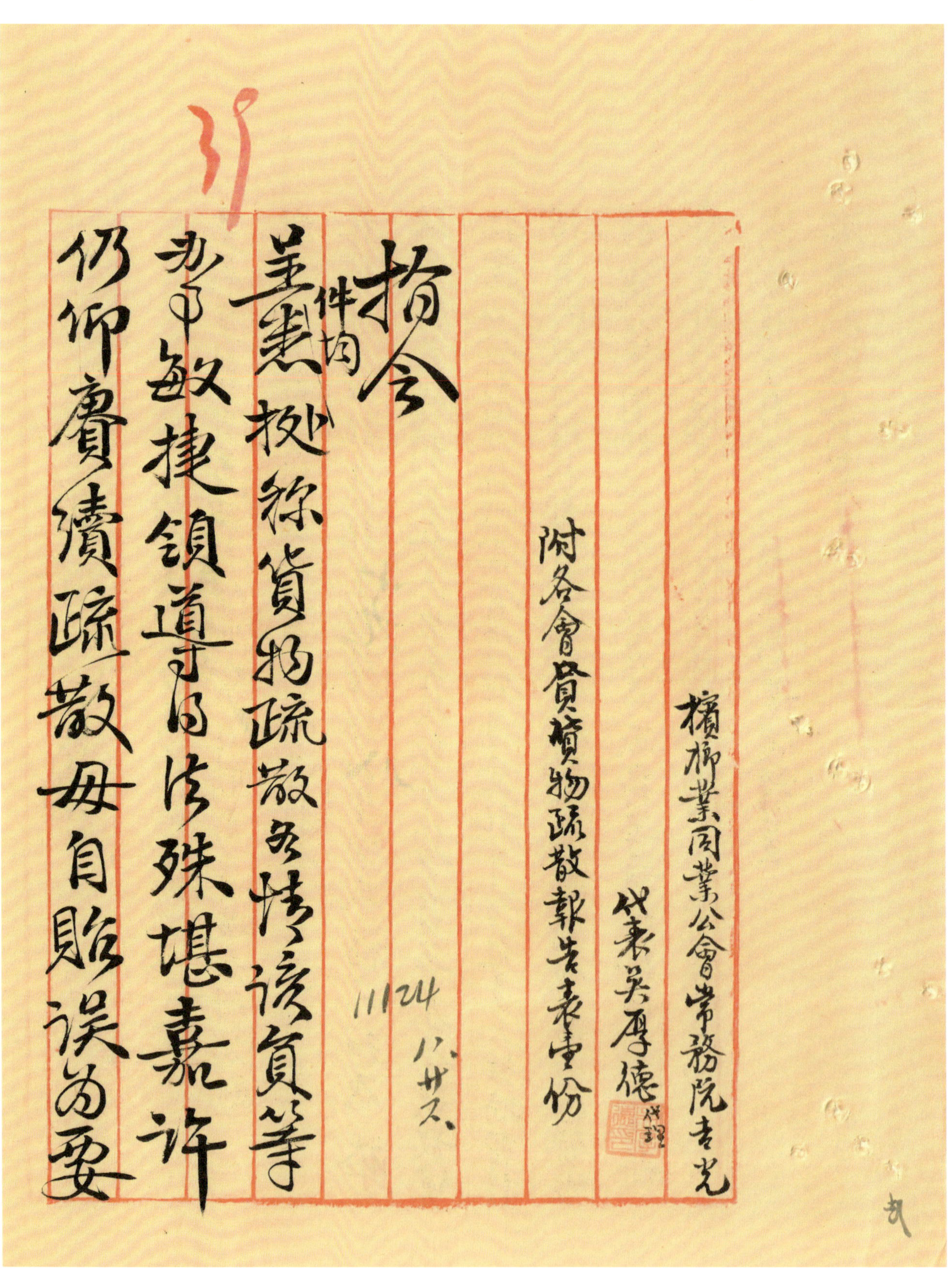

35

槓柳业同业公会常务院春光
代表吴厚德
附各会员槓货物疏散报告表壹份

指令
呈悉。据称货物疏散等件均属情该员等办事敏捷，领导得法，殊堪嘉许，仍仰督饬疏散，毋自贻误为要。

11124

八、廿六、

此令附件存

劉長廖〇〇八卅

中華民國元年八月　日

附：湘潭县槟榔业商业同业公会会员货物疏散报告表

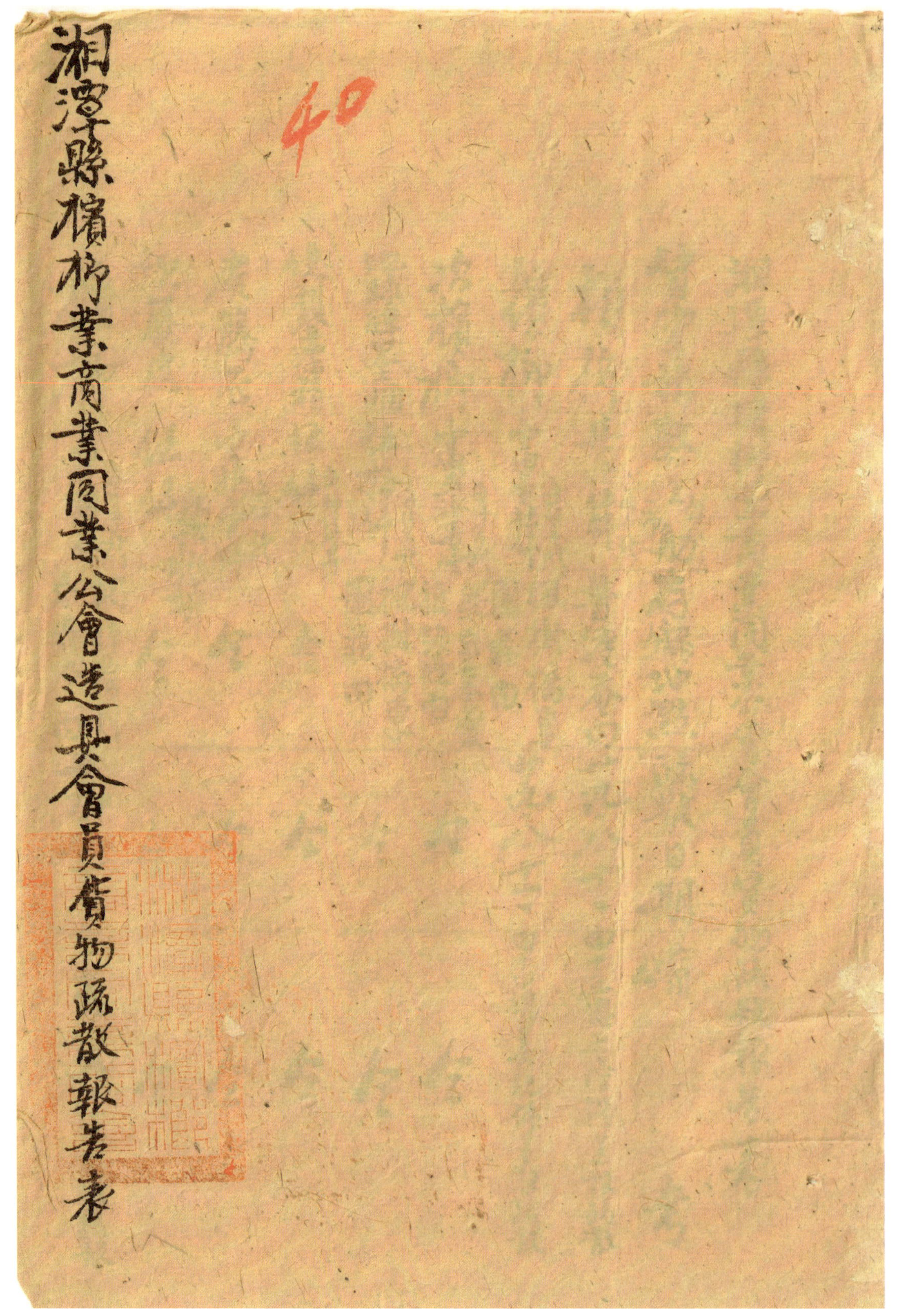
40

湘潭縣檳榔業商業同業公會造具會員貨物疏散報告表

湘潭縣檳柳業商業同業公會會員貨物疏散報告表

貨物名稱	數量	存儲地點	疏散日期	備考
檳柳	柒拾伍件（每件市秤[illegible]斤）	普渡庵內	廿九、八、十、	由十五總正隆號呈報疏散
檳柳	壹佰壹拾件（每件市秤[illegible]斤）	楓樹橋東園莊內	廿九、八、十二	由十四總美記號呈報疏散
次檳柳	壹佰貳拾柒件（每件市秤[illegible]斤）	梁家墓荃靈後張姓內	仝	仝
地球牌墨烟	伍拾件（每件市秤[illegible]斤）	楓樹橋東園莊內	仝	仝
億利登潭精	伍件（每件約[illegible]斤）	仝	仝	仝
廣籐芯	壹拾壹件（每件[illegible]斤）	仝	仝	仝
次籐皮	伍件（每件[illegible]斤）	仝	仝	仝
檳柳	壹佰陸拾伍件（每件市秤[illegible]斤）	桐梓灣劉永壽堂內	廿九、八、十、	由十四總振興祥號呈報疏散

大喜牌男套鞋 弍拾打 计叁件	仝	仝	仝
毛边纸 壹伯篓 每篓八分	普渡庵内	范六十	由十三总隆记号呈报疏散
横柳 叁拾件 每件卅斤	仝	仝	由十三总恒记号呈报疏散
横柳 弍拾件 每件卅斤	石潭	仝	仝
横柳 叁拾玖件 每件卅斤	普渡庵内	仝	由十八总正世隆号呈报疏散
横柳 壹拾玖件 每件卅斤	仝	仝	由上十八总谦和生号呈报疏散
川白腊 壹拾弍包 每包卅斤	仝	仝	仝
横柳 弍拾伍件 每件卅斤	仝	范八十一	由十七总福成号呈报疏散
横柳 叁拾捌件 每件卅斤	仝	范八十	由十总洪成号呈报疏散
綸昌克羅綢 壹捆 计卅疋	仝	仝	仝

40

湘潭縣檳榔業商業同業公會會員貨物疏散報告表

貨物名稱	數量 公觔	存儲地點	疏散日期	備考
檳榔	叁拾肆件（每件 市斤）	楓樹橋東 周莊內	卅八十一	由十六總和康呈報疏散
檳榔	壹拾捌件（每件 斤）	普渡庵內	卅八十一	由十八總裕昌呈報疏散
綸昌克羅綢	壹捆（計疋 雜[illegible]樣）	仝	仝	仝
檳榔	玖件（每件 斤）	仝	仝	由十八總德茂號呈報疏散
檳榔	壹拾件（每件 斤）	仝	仝	由九總億利號呈報疏散
檳榔	貳拾件（每件 斤）	周家亭子	卅八十一	由十六總果宏興呈報疏散
檳榔	壹拾玖件（每件 斤）	花亭子	仝	由十七總萬利長呈報疏散
檳榔	壹拾貳件（每件 斤）	許家鋪	仝	仝

湘潭县政府关于检发疏散办法、处罚办法致各机关团体学校的紧急命令（一九四〇年八月二十一日）

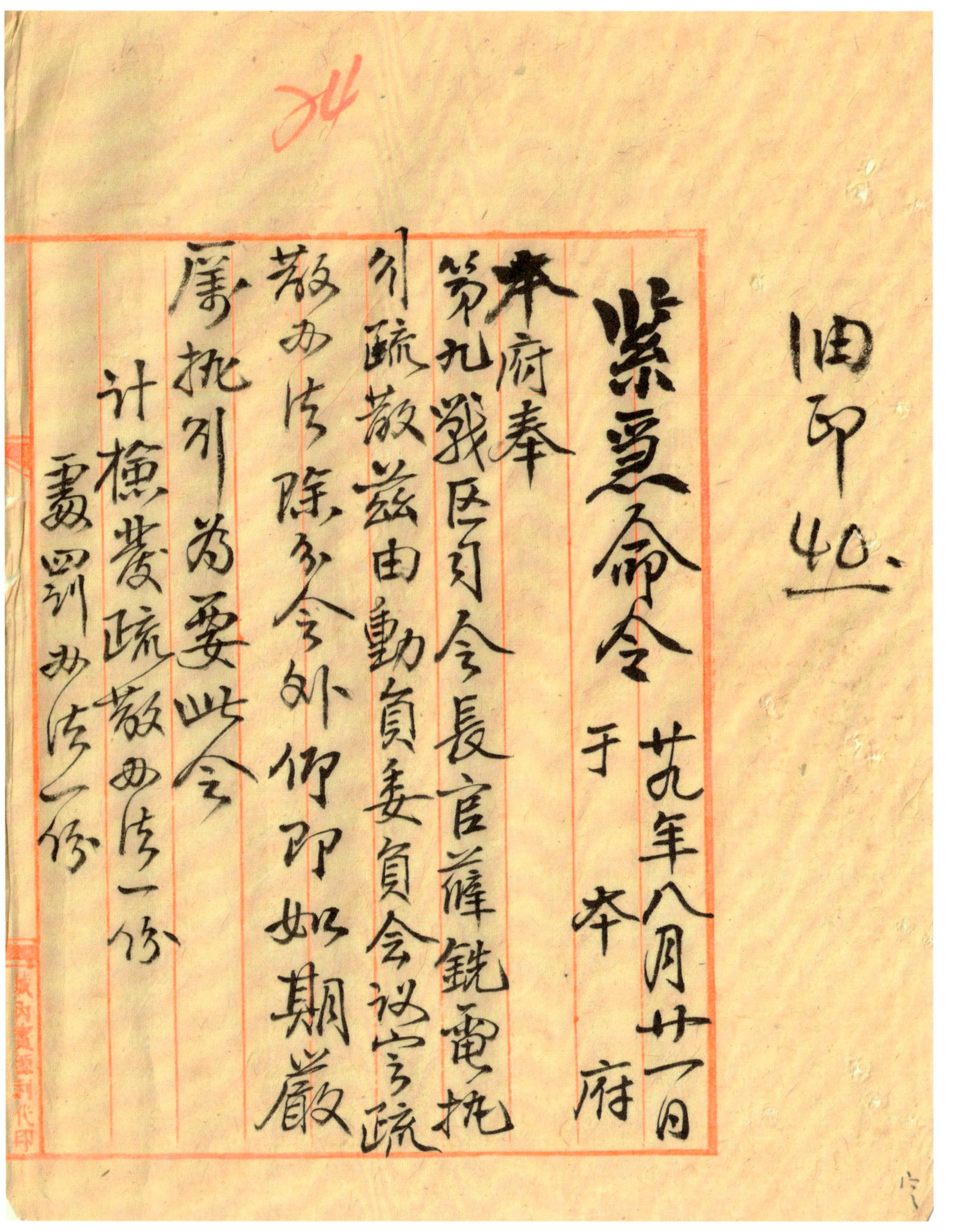

24

縣印 40.

緊急命令　廿九年八月廿一日　于本府

本府奉

第九戰區司令長官薛銑電抄

行疏散茲由動員委員會設定疏

散辦法除分令外仰即如期嚴

厲執行爲要此令

計檢發疏散辦法一份

處罰辦法一份

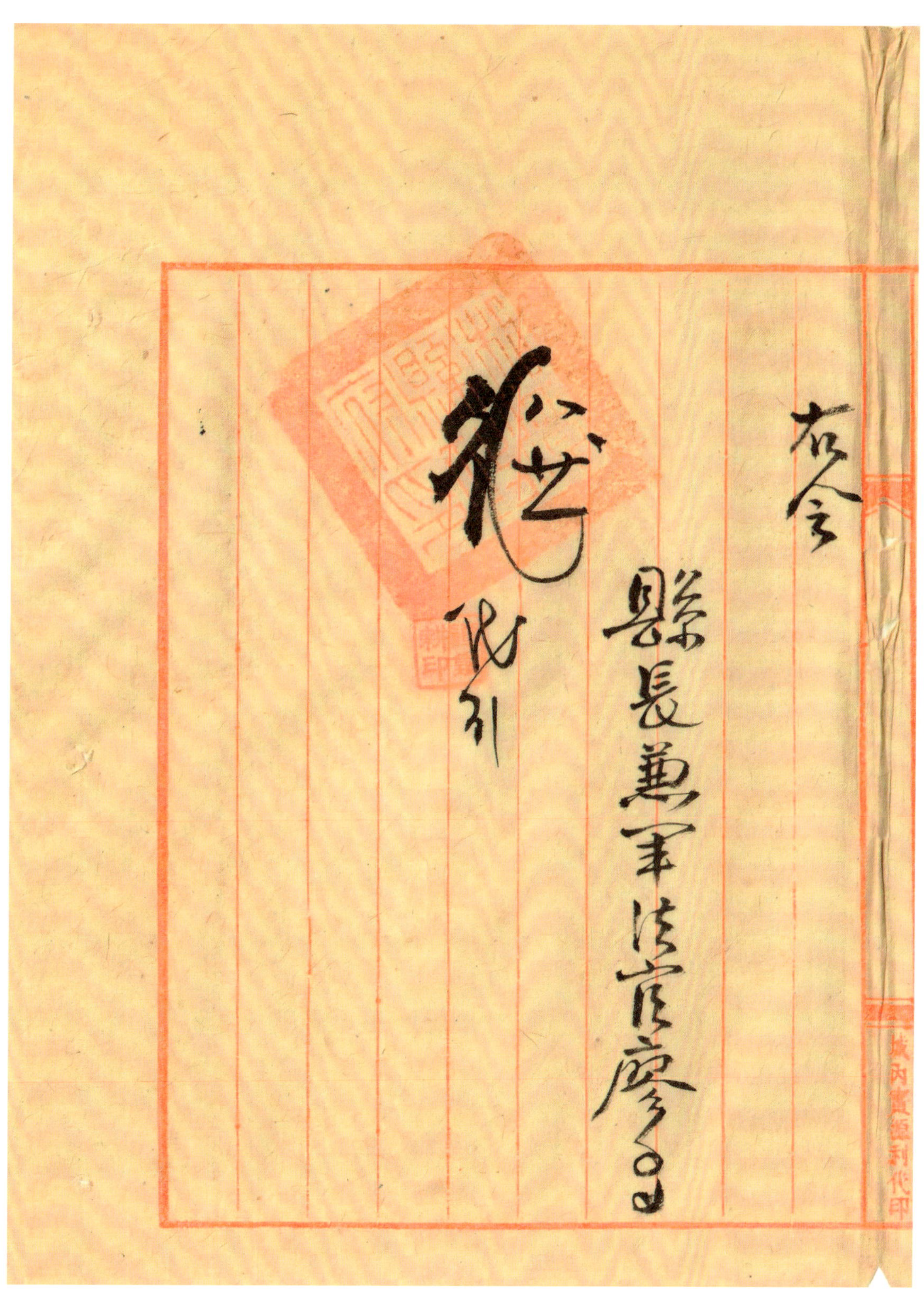

右令

縣長兼軍法官廖

發

代行

附：湘潭县市区各机关团体学校防止空袭疏散办法及湖南省各城镇人口物资违犯防空疏散处罚方法

湘潭縣市區各機關團體學校防止空襲疏散辦法

第一條 本縣為防止敵機濫炸，避免無謂犧牲，遵令疏散，除他法令外，悉依本辦法行之。

第二條 凡在本縣市區各機關團體學校市民，均依照本辦法之規定，自八月二十二日起，至同月二十六日止，一律疏散至離城十華里之鄉村。

（甲）機關團體學校：

（一）凡各機關團體學校職教員眷屬，應於本月二十六日前，儘先疏散，以為民衆之倡導。

（二）凡各機關團體學校，所有重要文卷，均應自行擇地疏散保存，以策安全。

（三）所有本縣公私立學校，統限本月二十六日前，向鄉村遷移，自行擇地開學，違即勒迫停課。

（乙）市民疏散準則：

（一）凡各機關團體公務人員，除有固定職務，經縣府核准居留市區者外，其餘各界，應儘服防護消防義務，否則亦在疏散之列。

（二）凡市區內民衆男女，年在十六歲以下，五十歲以上，及無正當職業者，一律疏散。

（三）凡留市區執行防護消防，及甲乙級合格壯丁，應隨時接受主管官署之召集，臨時不得藉口疏散，否則由政府當局查明嚴厲處罰。

（四）本市區所有娼寮及女侍，自八月二十二日起，一律勒令疏散。

（五）本市各戲院及露天茶園，一律從八月二十二日起，一律勒令停演或歇業。

（六）本市各旅社過境往來旅客，非有特殊重要任務，經有關機關證明，或持有護照者，至多不得逗留四十八小時，否則由警察局查明，驗制疏散。

（丙）物資疏散計劃：

（一）關於商店貨物部份：一，由縣商會，函請湘潭稅捐局，及財部貨運稽查處，長沙分區稅務管理所，湘潭征稽處，對本市各商店貨物疏散，儘量予以便利。二，凡商店貨物，因時間關係，未及向稅務機關領證疏散赴鄉者，將來陳明縣府，請稅務局，貨運稽查處，飭准補具救濟手續。

（二）關於資源部份：一，各種手工製造工廠機器，應遷移離城十華里工作。二，市區所有糧食燃料，及重要器材，一律疏散鄉村儲存。

（三）上兩項辦法，由縣商會，縣總工會，分別勸導，在本月二十六日以前，疏散完竣；并由警備部，警察局，防護團，及文華，兩湖，靈山，東平各鎮督促之。

（丁）水陸交通控制：

（一）湘潭口岸設輪便浮橋，以利民衆疏散。

（二）湘河小划，不得作疏散運輸貨物用。

（三）疏散期間，車輛船划各業工人，不得任意高抬力資，并由水陸兩警局，隨時查察取締。

（四）凡疏散之人民，應於疏散期內，分別向各鄉鎮疏散；各鄉鎮收容疏散人民數目，由縣政府依據實際情形，統籌支配之。

（五）各鄉鎮保甲長，應遵照縣府規定人數，就各該鄉鎮保附近，讓出相當房屋，以資收容，但疏散民衆，仍應按值納稅，事前由縣府令行各鄉鎮保甲長，加以限制，絕對禁止故意高抬卡索，但窮苦民衆，無為繳付房租者，應由鄉鎮保甲，擇覓公共場所，或祠堂廟宇，免費居住。

（六）關於疏散鄉區民衆，保護交通與運輸治安等事項，概由縣府分飭各鄉鎮公所，切實負責辦理。

第三條 疏散限期屆滿，倘有不遵從疏散者，由[illegible]政府[illegible]查明，遵照防空司令部[illegible]處罰之，[illegible]由[illegible]警官
團保甲，拘傳到案。
第四條 疏散限期屆滿，由本縣各機關，分區舉行[illegible]檢查，並執行本辦法第六條所規定之處分。
第五條 本辦法經縣動員會召集有關機關會議決通過施行，并呈報
第九戰區司令長官部備案。
第六條 本辦法如有未盡事宜，得隨時修改之。
第七條 本辦法自公佈之日起施行

△附湖南省各城鎮人口物資違犯防空疏散處罰辦法

二十九年八月二日湖南省政府委員會第一三二次常會修正通過

第一條 為保持抗戰力量，切實疏散城鎮人口物資，減少空襲損害起見，特遵照湖南省政府頒發之「防範敵機轟炸資源城鎮疏散辦法」之規定，訂定違犯疏散處罰辦法。（以下簡稱本辦法）

第二條 凡城鎮人口物資疏散，應按左列各款規定辦理之：

一，各城鎮應視當地人口多寡，市面繁榮，及情報通訊聯絡情形自行酌定每日停止營業起訖時間，在停止營業時間內，商店住戶，一律關閉門戶，不得營業。

二，在停止營業時間內，商店住戶，除指定一人看守房屋外，其餘應向郊外疏散。

三，在停止營業時間內，所有攤擔，一律移設郊外，概不准在城內營業。

四，商店貨物，除留足供三日內銷售者外，其餘應移儲鄉村。

五，各種手工業或工廠機器，應移設鄉村工作。

六，老弱婦孺及無職業者，一律疏散鄉村。

第三條 凡違犯本辦法前條各款規定之一者，按其情節輕重，予以左列之處罰。

一，罰勞役。（挖掘防空壕洞等工作）

二，拘禁。

三，罰金。

第四條 處罰之規定如左：

一，初犯第三條各款之一者，得罰一至三日之勞役。

二，凡經受勞役處罰，再犯第三條各款之一者，處以五日以內之勞役，或五元以下之罰金。

三，凡屢經處罰，仍犯第三條各款之一者，如係商舖，得令其停止營業，三日至五日；如係住戶得限遷移鄉村。

第五條 凡商店住戶之傭僱，違犯本辦法第三條各款之規定，如係科以罰金，應由戶主負責代繳，即在該人應得薪餉項下扣回。

第六條 凡挑販車夫難民，以及無固定雇主之人，違犯本辦法第三條各款之一，或屢經查覺者，應科以罰金，而無力繳付罰款者，處以五日以上十日以下之勞役。

第七條 本辦法之實施機關，為各縣防護團，執行機關，為各縣警察局，所收罰款交由當地防護團保管，充作防空設備之用，應將受罰人姓名數目，於每月終公佈之，并呈報該管區指揮（司令）部及縣政府備查。

第八條 本辦法由湖南省政府委員會議決施行。

湘潭縣政府
縣動員委員會 印發

二十九年八月二十一日

湘潭县政府关于令发疏散货物暂行办法致县商会的训令（一九四〇年八月二十一日）

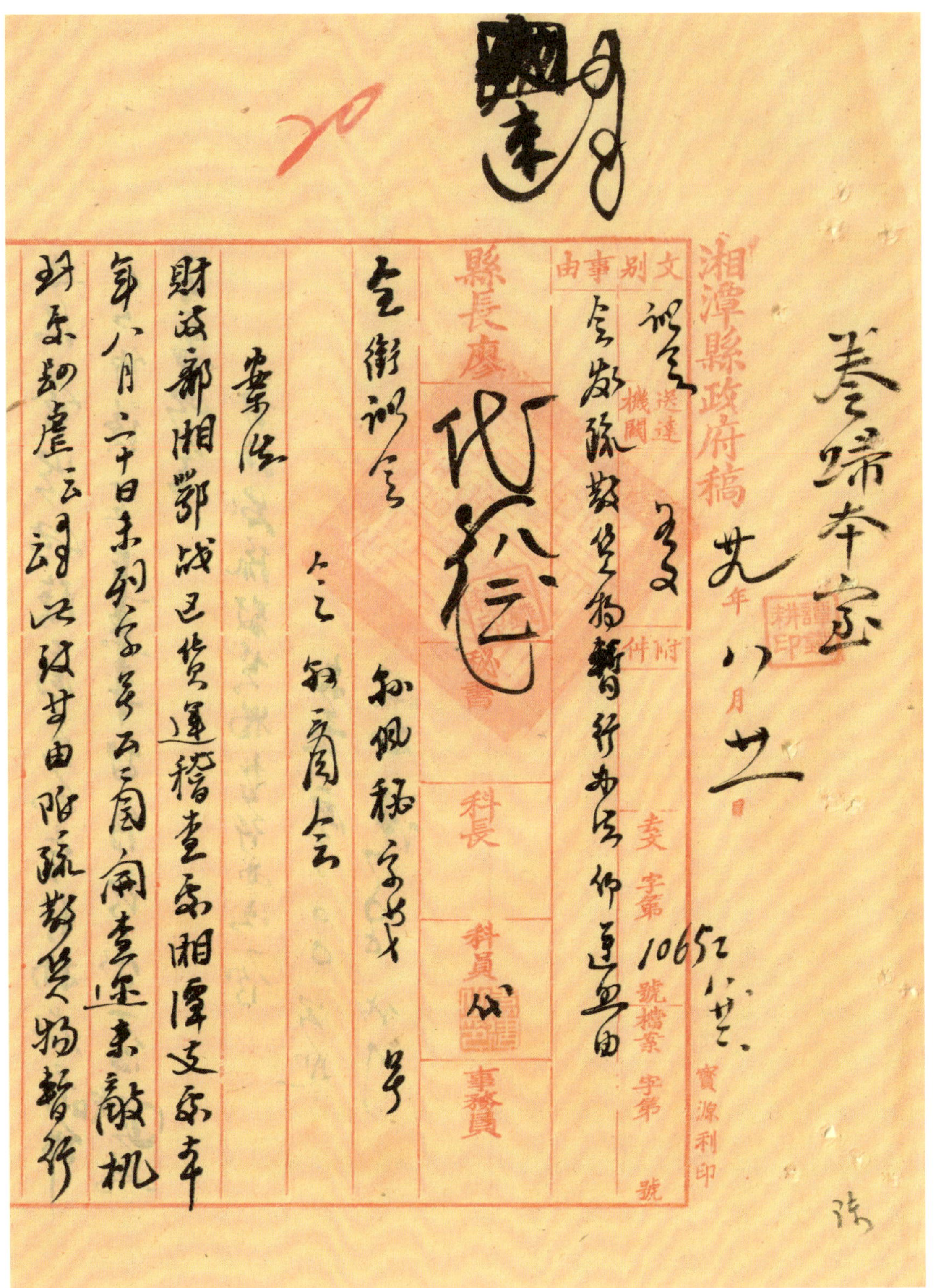

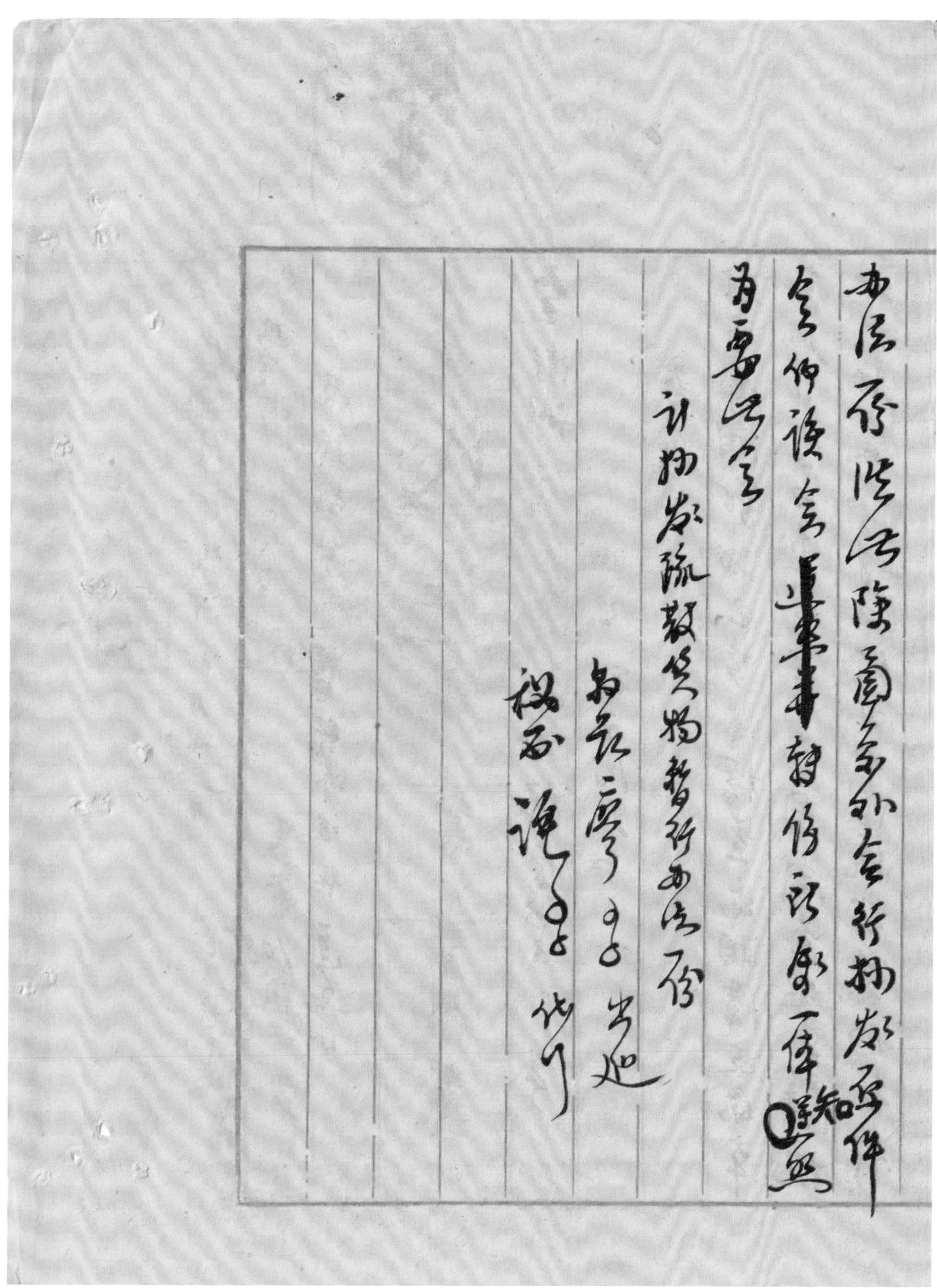

湘潭县政府关于疏散货物暂行办法已饬县商会遵办致财政部湘鄂战区货运稽查处湘潭支处的公函（一九四〇年八月二十一日）

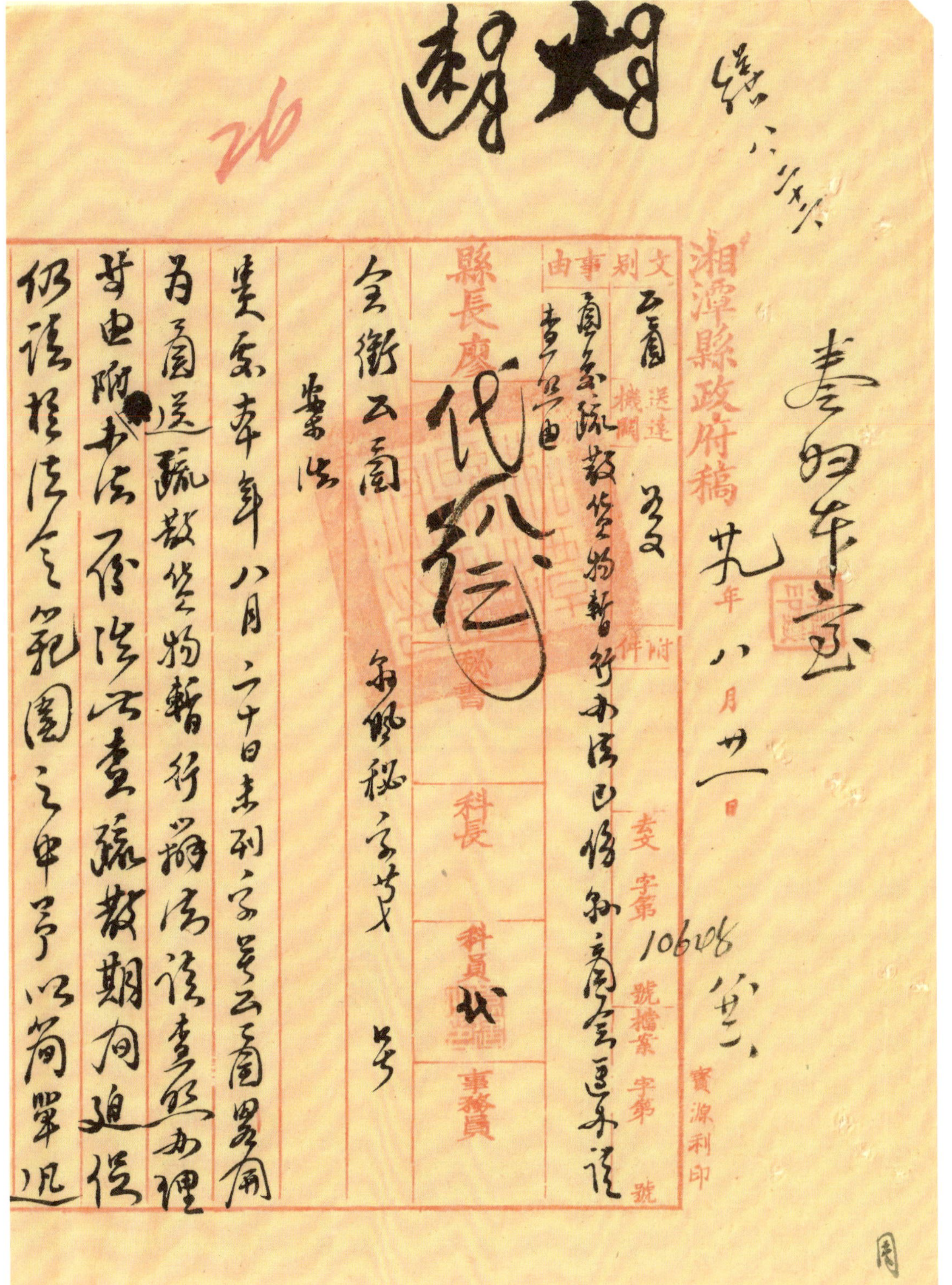

湘潭縣政府稿

文別：公函

事由：商會疏散貨物暫行辦法已飭知商會遵照辦理由

附件

送達機關

二十九年八月廿一日

縣長 廖

秘書

科長

科員

事務員

寶源利印

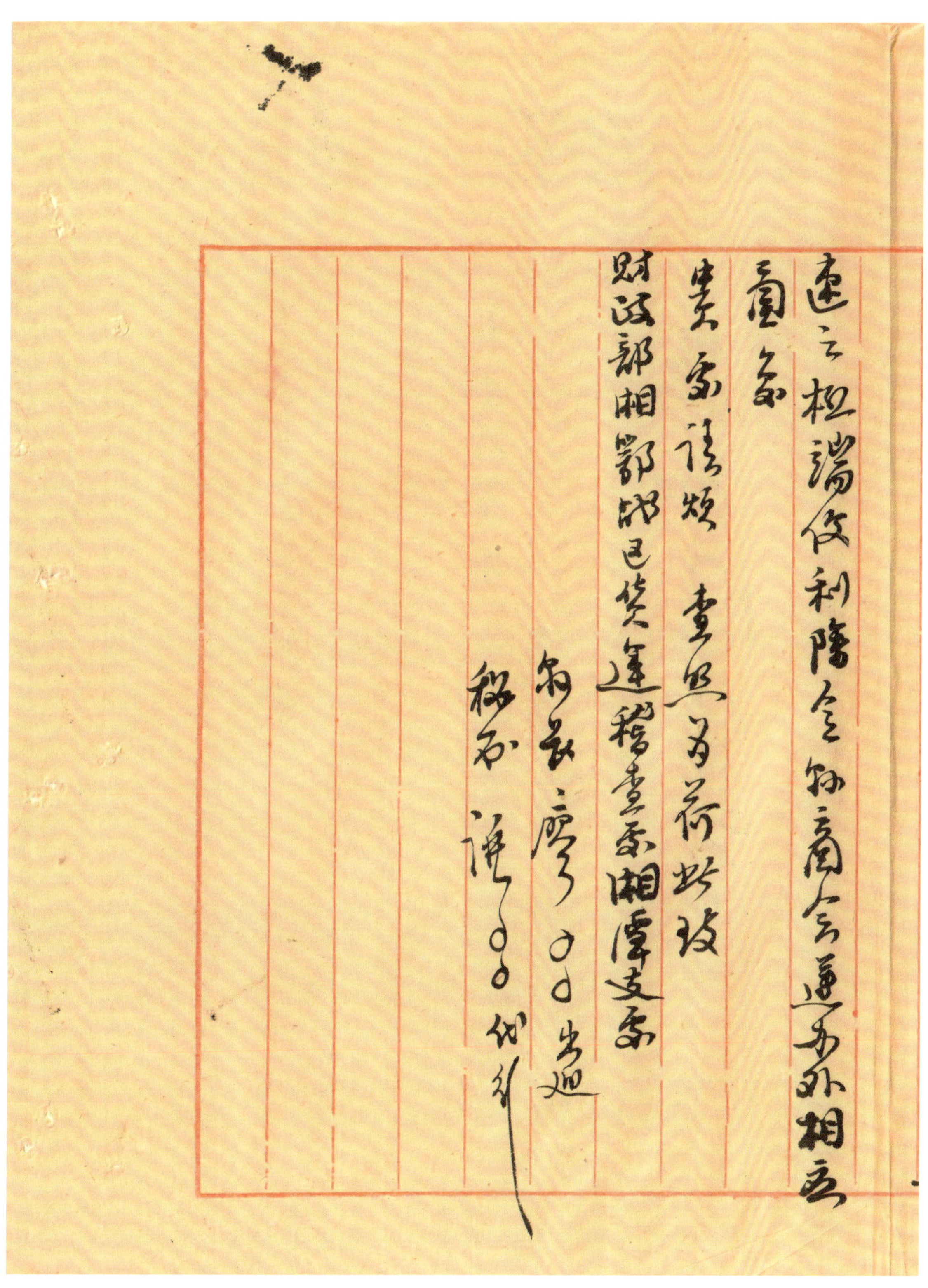

速之抵端，俾利隆金錢商會進而外相應
圖為
貴處請煩　查照為荷，此致
財政部湘鄂贛區貨運稽查處湘潭支處
局長廖○○出巡
秘書譚○○代行

湘潭县政府、县戏剧商业同业公会等关于暂免执行各戏院停演疏散事的来往文书

（一九四〇年八月二十一日至三十一日）

湘潭县戏剧商业同业公会致县政府的呈及县政府的指令（一九四〇年八月二十一日、三十一日）

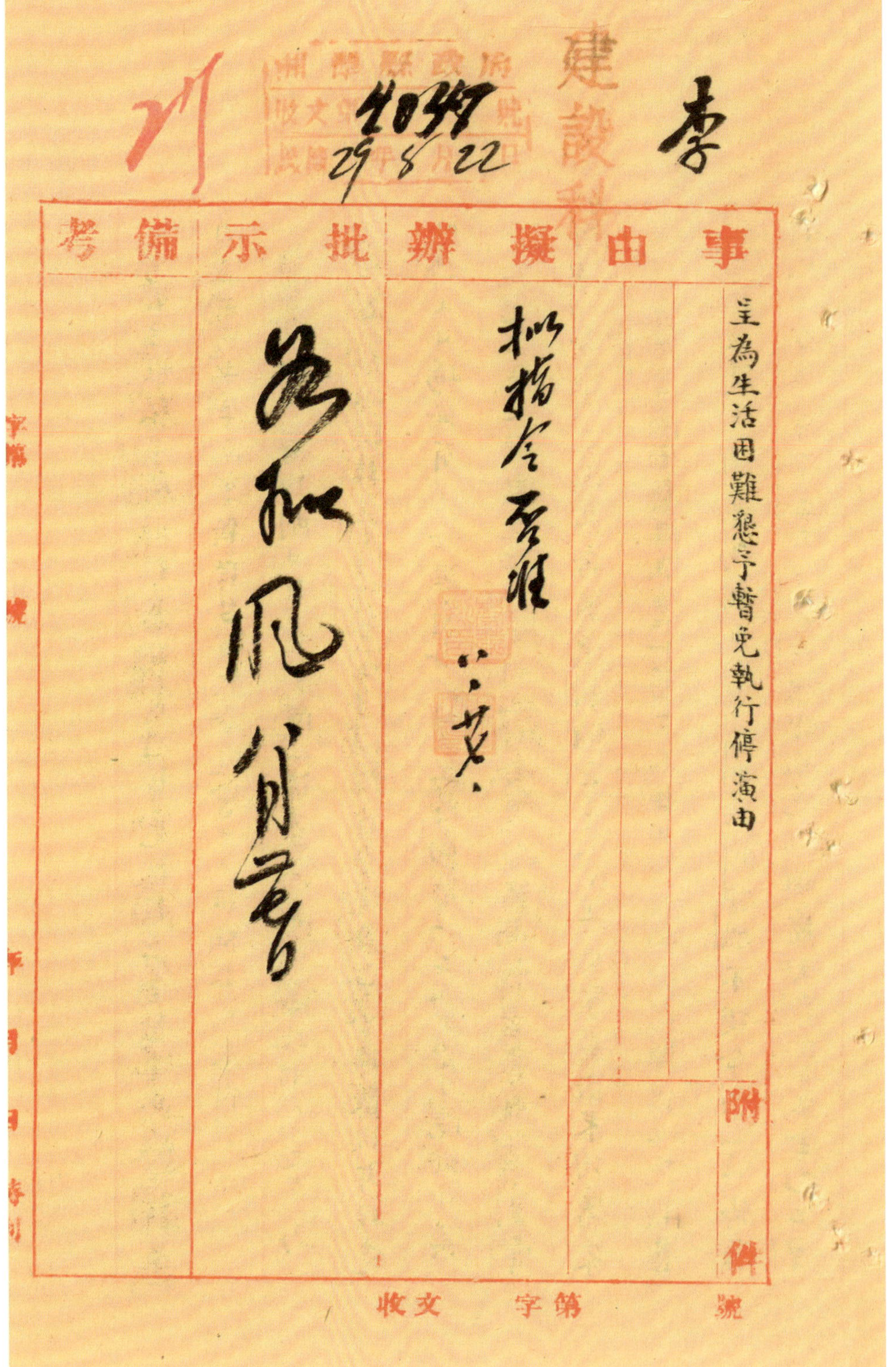

建設科

李

湘潭縣政府收文字第41037號 29.8.22

事由	擬辦	批示	備考
呈為生活困難懇予暫免執行停演由	擬指令吾准 八·廿三	照擬 賓	
附件			

收文　字第　號

呈為生活維艱事屬困難懇賜賞准暫免執行俾全營業而維生計事

頃據中央中華南京新舞台百代各院會員報稱本日奉到

警察局命令着於明日起各戲院一律停演等因奉此聞悉之下驚

惶莫名竊敵機肆虐轟炸市區本會所屬各院自奉令疏散後即經遵

照停止日場所有男女演員各院員工除酌留一二人看守院址外其

餘概自上午七時起至下午五時止均各遠避鄉間朝去暮歸習以為常

惟本會各會員以及眷屬總數約在千人以上因業務微末均屬家

無恒產且自國難發生生意一落千丈每日大食尚感困難但以抗戰甚

殷尤須注重宣傳秉為國服務之忱雖任何犧牲不惜今若一律停演

則此後各演員員工生活勢必瀕於絕境流離斷食影響生全況本會

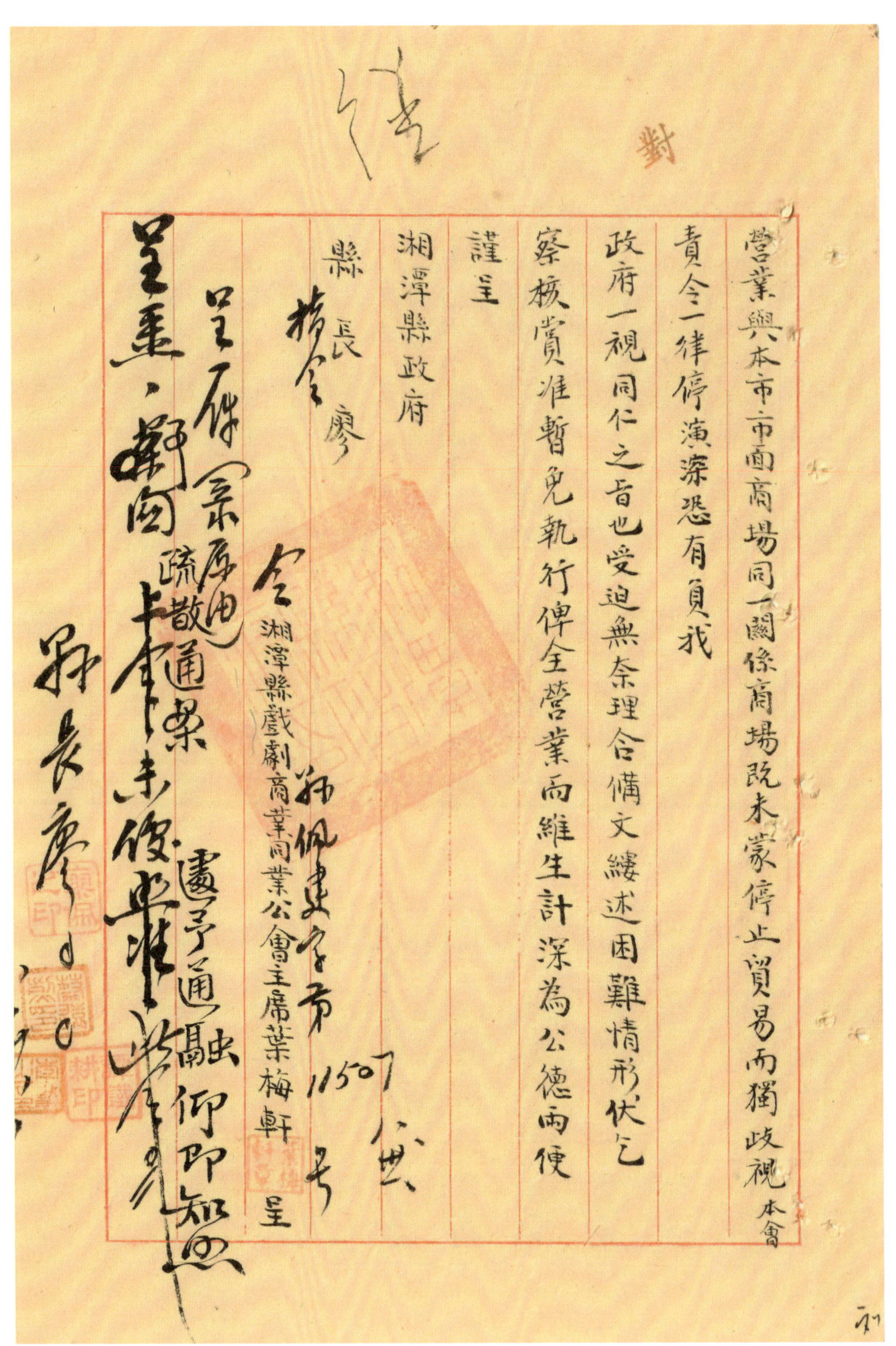

營業與本市市面商場同一關係商場既未蒙停止貿易而獨歧視本會

責令一律停演深恐有負我

政府一視同仁之旨也受迫無奈理合備文縷述困難情形伏乞

察核賞准暫免執行俾全營業而維生計深為公德兩便

謹呈

湘潭縣政府

縣長廖

湘潭縣戲劇商業同業公會主席葉梅軒呈

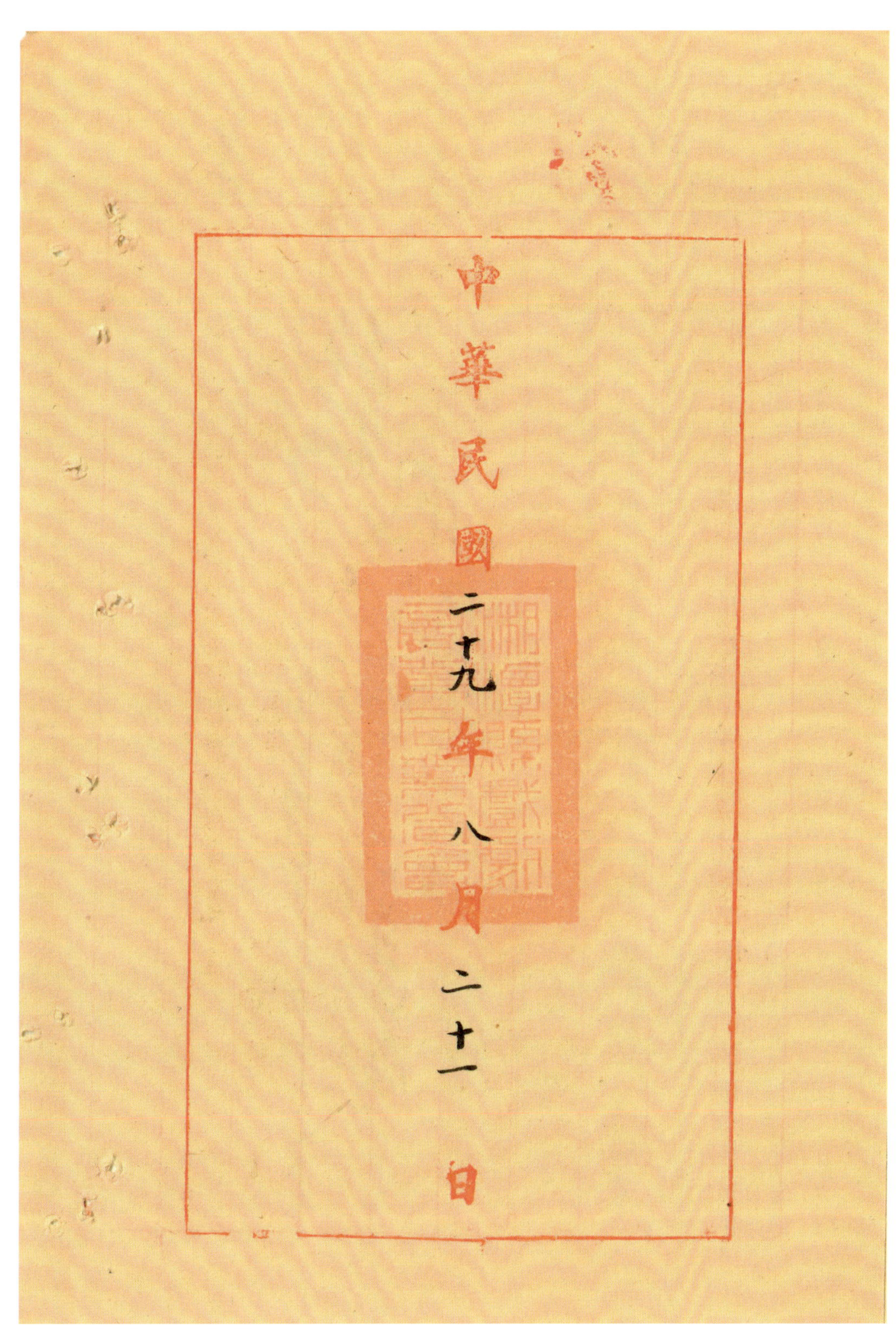
中華民國二十九年八月二十一日

湘潭县执行委员会致县政府的公函（一九四〇年八月二十四日）

李

事由：據戲劇業呈述生活困難懇予通收回疏散成命由

中國國民黨湖南省湘潭縣執行委員會公函　總民字第　號　中華民國二十九年八月　日

案據戲劇業商業同業公會主席葉梅軒呈稱：

「呈為生活維艱，事屬困難，懇賜實准[illegible]而維生計事。頃據中央、中華、南京、新舞台、百代各院會員報稱：本日奉公安警察局命令着於即日起各院一律停演等因，奉此，聞悉之下，驚惶莫名。窃敵機肆虐轟炸市區，本會所屬各院自奉令疏散後，即經遵照停止日場，所有男女演員各院員工着留二三人看守院址外，其餘概自上午七時起至下午五時止均

各迁避鄉間，朝去晚歸，習以為常。本會各會員以及眷屬總數約五千人，

並因業務微末，均屬家無恆產，且自國難發生，生意一落千丈，每日伙食尚感

困難。但以抗戰甚殷，尤須注意宣傳，衆為國服務之職，雖任何犧牲不惜。今若一

律停演，則此後各演員賴之之生活勢必瀕於絕境，流離斷食，影響生全。況本

會營業與市面商場同一關係，商場既未蒙停止貿易，而獨歧視本會，責令一

律停演，深恐有負我政府一視同仁之本旨也。茲迫無奈，理合備文，縷述困難

情形，伏乞鑒核，賞准暫免執行，俾全營業而維生計，深為公便。法候謹呈」

等情。據此，查所呈生活困難，亦屬實情，除指令及分函外，相應函達

貴府，即煩查照。至可否收回成命，及對於變通之處，仍希見覆為荷！！

此致

湘潭縣政府

書記長　趙拔摩

湘潭县政府致县动员委员会的公函（一九四〇年八月二十九日）

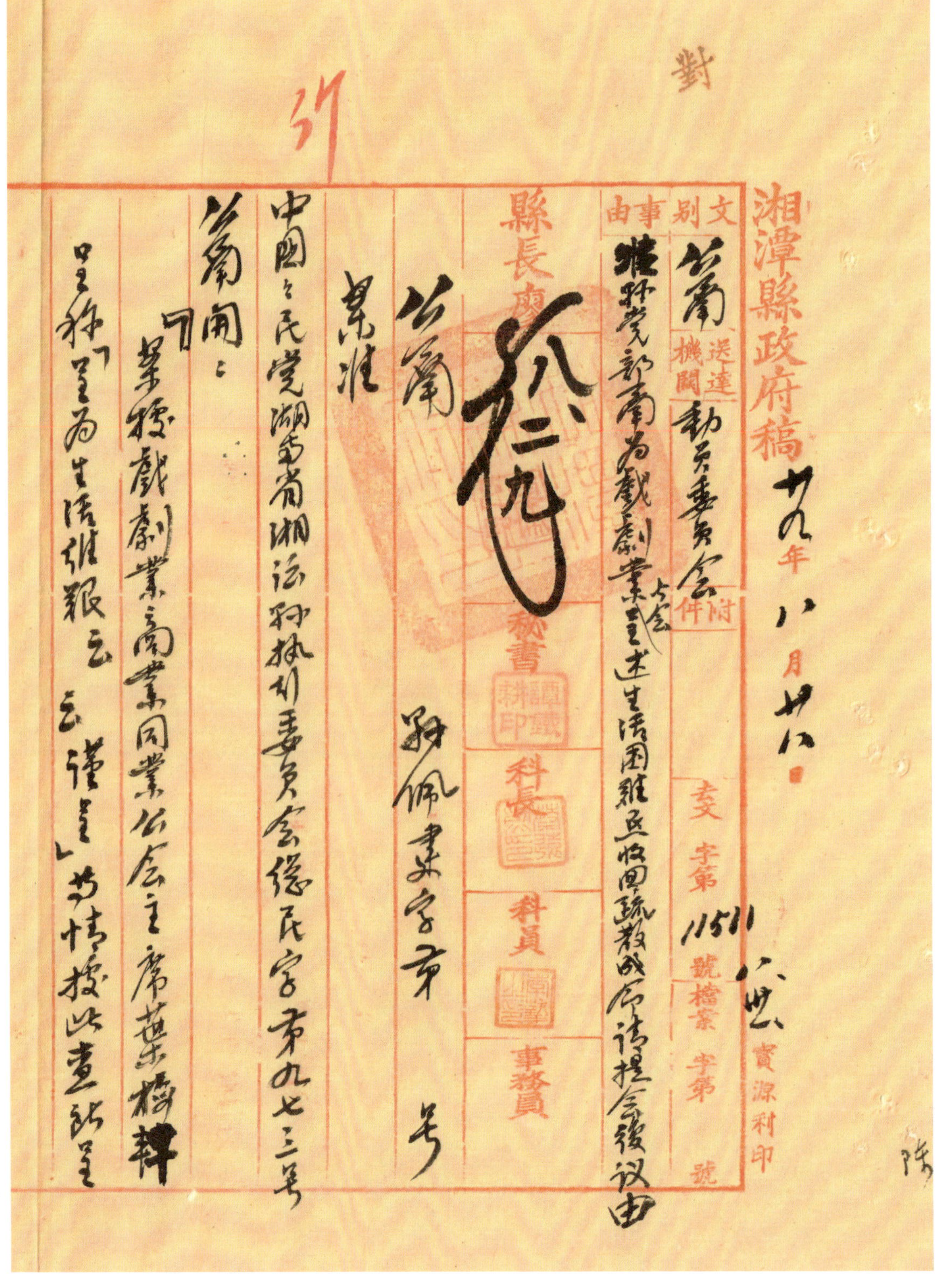
湘潭縣政府稿　廿九年八月廿八日

文別：公函

送達機關：動員委員會

附件：

事由：准黨部函為戲劇業公會述生活困難並收回疏散成命請提會核議由

發文　字第11511號

檔案　字第　號

縣長 廖

秘書

科長

科員

事務員

公函

案准

中國國民黨湖南省湘潭縣執行委員會總民字第九七三號

公函開：「案據戲劇業商業同業公會主席葉楚樣呈稱：竊會為生活維艱云云。謹呈」等情，據此，查該呈

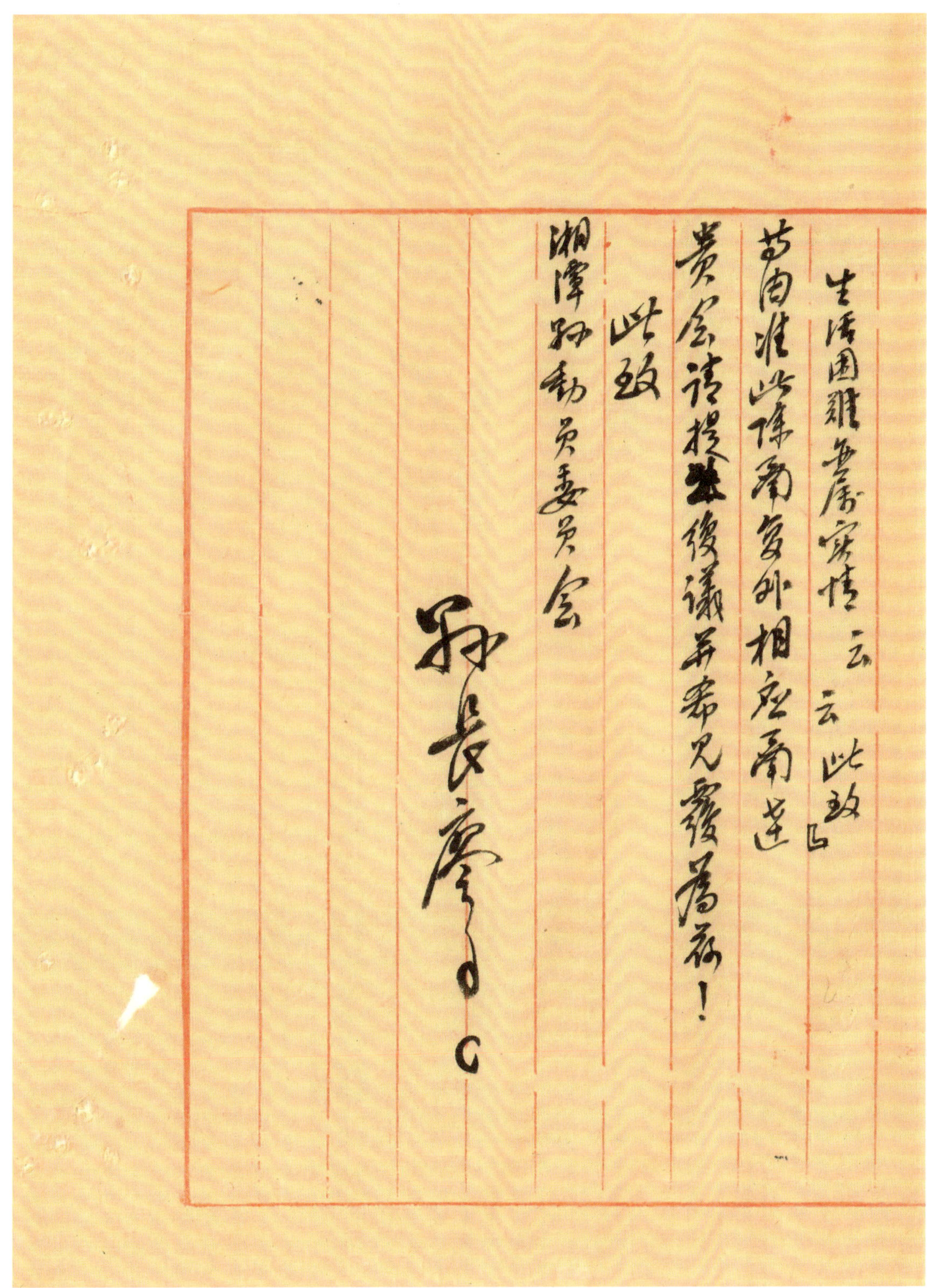

生活困难无靠实情云云」此致

等由。准此，除函复外，相应函送

贵会，请提出复议，并希见覆为荷！

此致

湘潭县动员委员会

县长廖○○

湘潭县政府致县执行委员会的复函（一九四〇年八月二十九日）

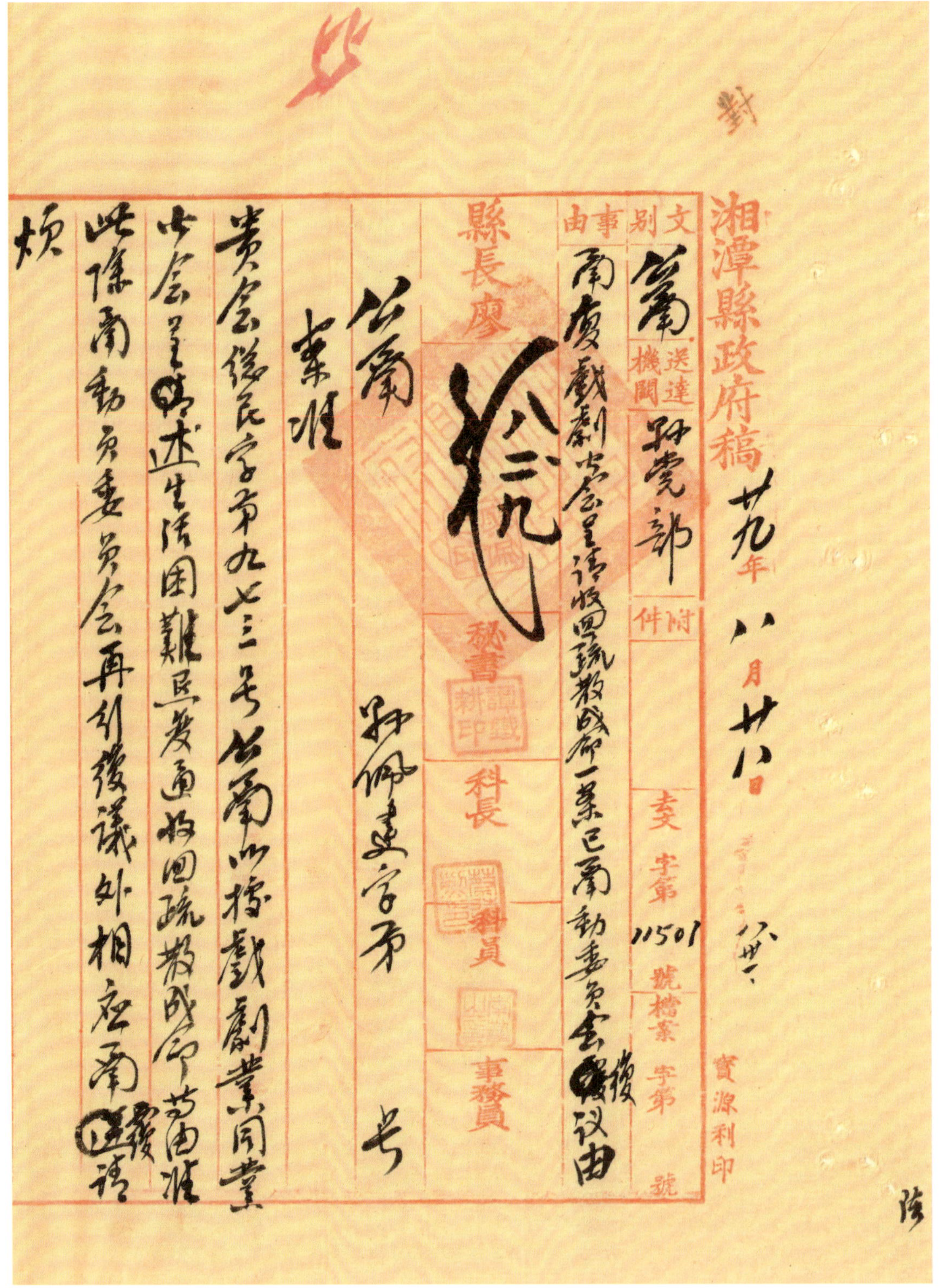
湘潭縣政府稿　廿九年八月廿八日

文别：箋函
送達機關：縣黨部
事由：函復戲劇公會呈請收回疏散成命一案已函動委會設由
附件

縣長廖
秘書
科長
科員
事務員

字第11501號
檔案字第　號

公函　案准
貴會儲民字第九七三號公函以據戲劇業同業公會呈述生活困難，懇予收回疏散成命，等由。准此，除函動員委員會再行復議外，相應函復，請
煩

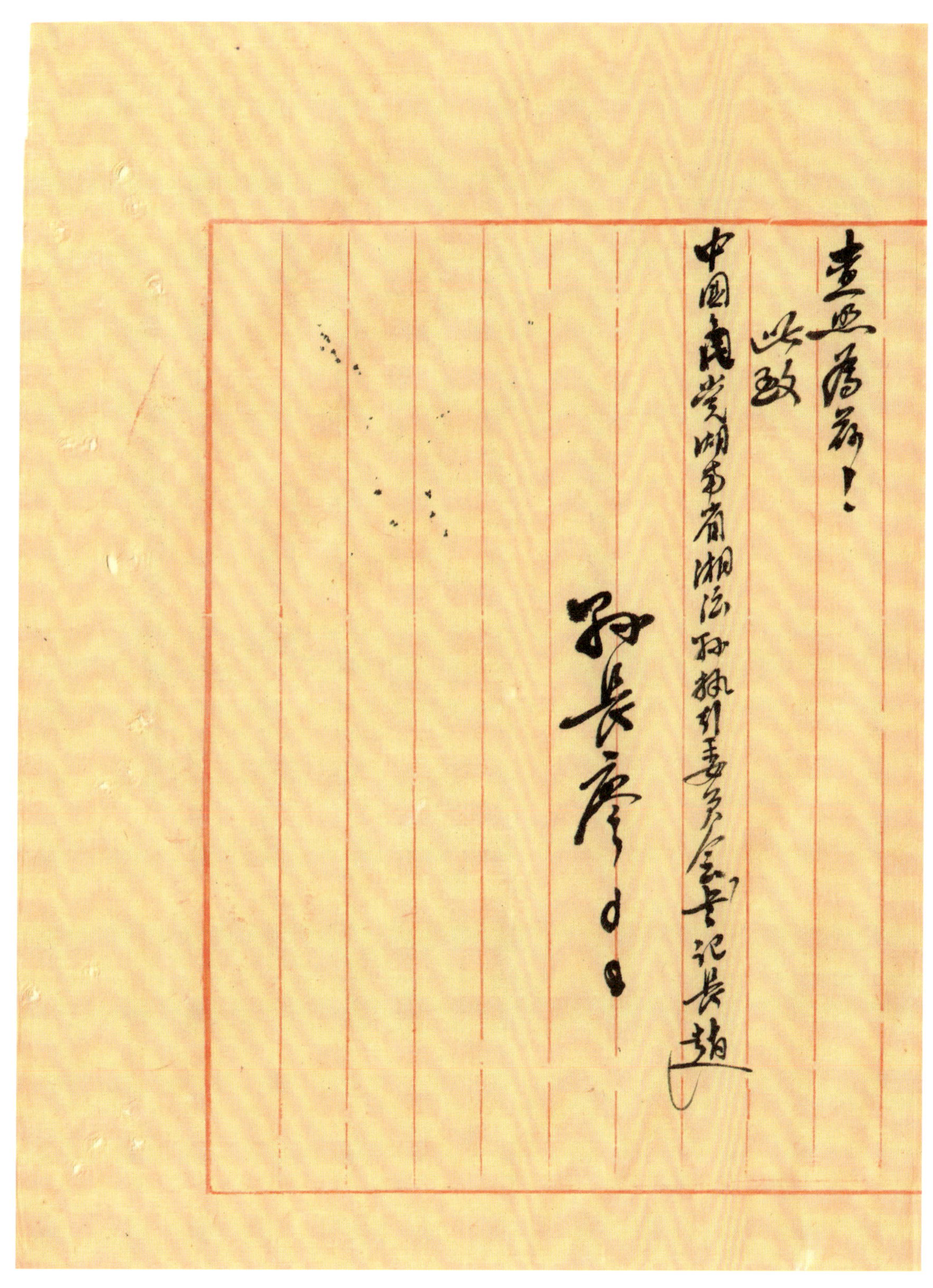

盡速為禱！

此致

中國國民黨湖南省湘潭縣執行委員會書記長趙

郭長庚

湘潭县动员委员会关于印发疏散办法致县政府的公函（一九四〇年八月二十二日）

事由：爲印發疏散辦法請查照辦理由　動保字第　號

湘潭縣動員委員會公函

存查

卷存本室

案奉

第九戰區司令長官薛銑電爲避免敵機濫炸減少無謂犧牲，限電到十日内，務將本縣老弱婦孺及物資等分別疏散離城十華里以外等因。奉此，當經本會遵令召集各機關舉行緊急會議，決定疏散辦法並限[illegible]疏散，除分函外，相應檢同上項辦法，備函達

貴　查照迅予辦理並轉飭所屬遵照爲荷！

此致

縣政府

縣長兼主任委員　廖佩之

中華民國廿九年八月廿二日

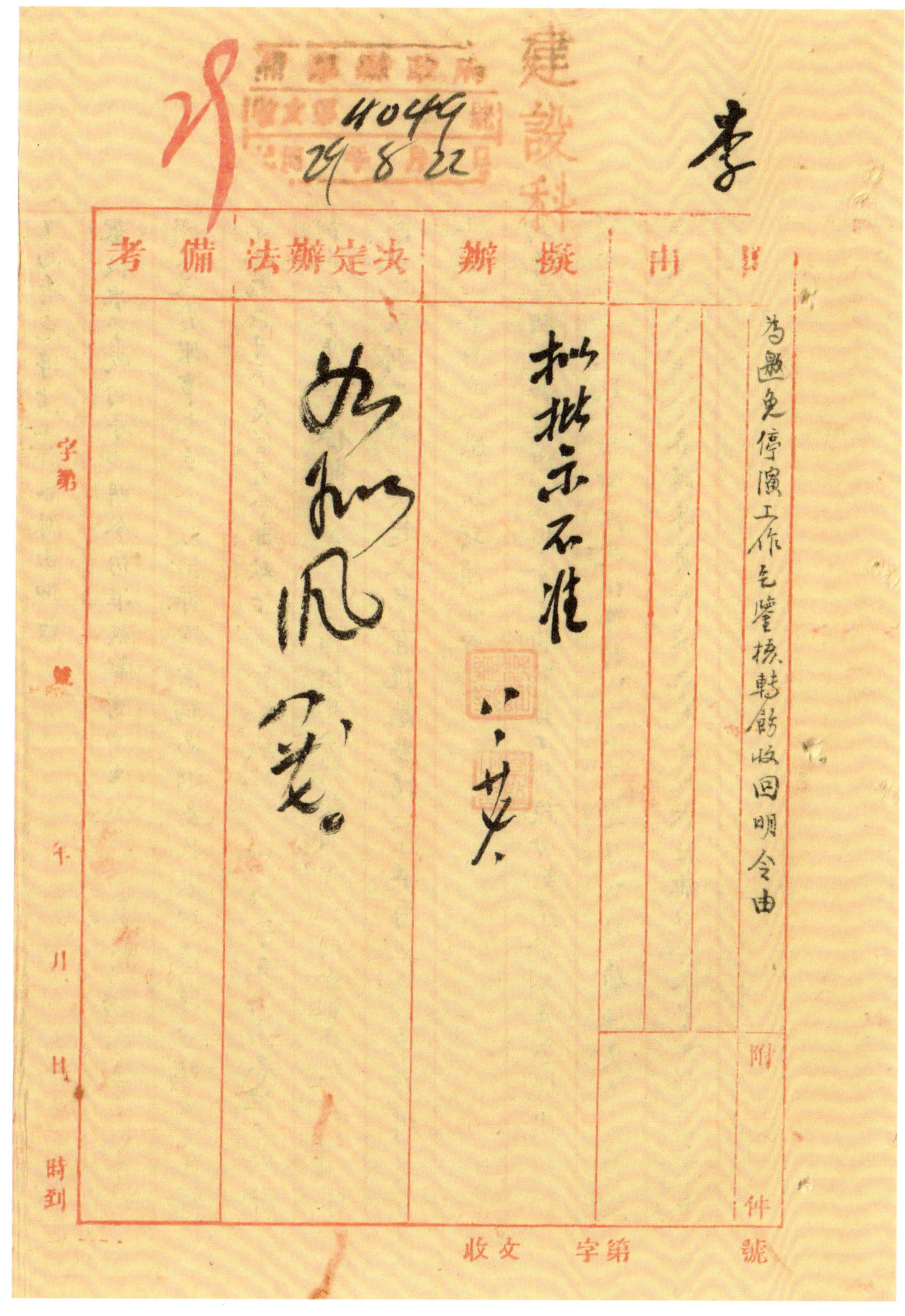
建設科

李

湘潭縣政府 收文第 號

4049

29 8 22

由：為懇免停演工作呈璧核轉飭收回明令由

擬辦：擬批示不准 八 廿

決定辦法：如擬 風 八月廿二日

湘剧抗敌宣传队第三队、第四队关于请准收回停演明令照常开演致湘潭县政府的呈及县政府的指令（一九四〇年八月二十二日、三十一日）

呈為邀免停演工作各緣由仰祈
鑒核准予收回停演明令仍准照常開演俾全生計事竊屬隊等自奉
國民政府軍事委員會政治部備案編為湘劇抗敵宣傳隊組織成立并經
第九戰區司令長官司令部政治部發給戰地工作證准予在湖南各地工作并
訓令從本年元月份起將每月内工作概要分別填明具報備查各在卷竊屬隊
等以抗敵劇史藉以喚起民衆有抗敵熱情之工具自担任以來頗得
上峯之嘉許在本縣工作期間亦曾蒙
鈞府之明令嘉獎但屬隊業已將戰地工作證分別呈驗各在卷現因
鈞府出示疏散老幼婦孺避往鄉村以減少無謂犧牲誠屬德良意美竊屬隊
等奉此亦着令各該隊員將家眷即日疏散往鄉并令各男女隊員每日

30

上午四時疏散郊外至傍晚方許回歸關於日場早經停演僅演晚場一次至於白天空襲確無綫障碍倘在間發現警報情事即行停演對於秩序絕不致紊亂同時并有警備部派來槍兵及執法隊隊員在場維護此其實在之情形也儘可調查 日昨奉到 警察局所轄二分所通報着令各院限于本月二十二日概行停演等因奉此且查穷屬隊等男女演員計有數百餘人純係自行生產為國宣傳雖經 第九戰區司令長官司令部政治部發給戰地工作證暫尚無津貼彌補此種困苦情形早為 層峯所洞悉其每日伙食以及隊員開支全恃營業項下收入為日食之計若其停演即有斷炊之虞絕食之象迫在眉睫情迫不已衹得縷陳苦衷備文呈請

鈞府俯賜鑒核懇予轉飭警察局收回停演明令以全團體生計

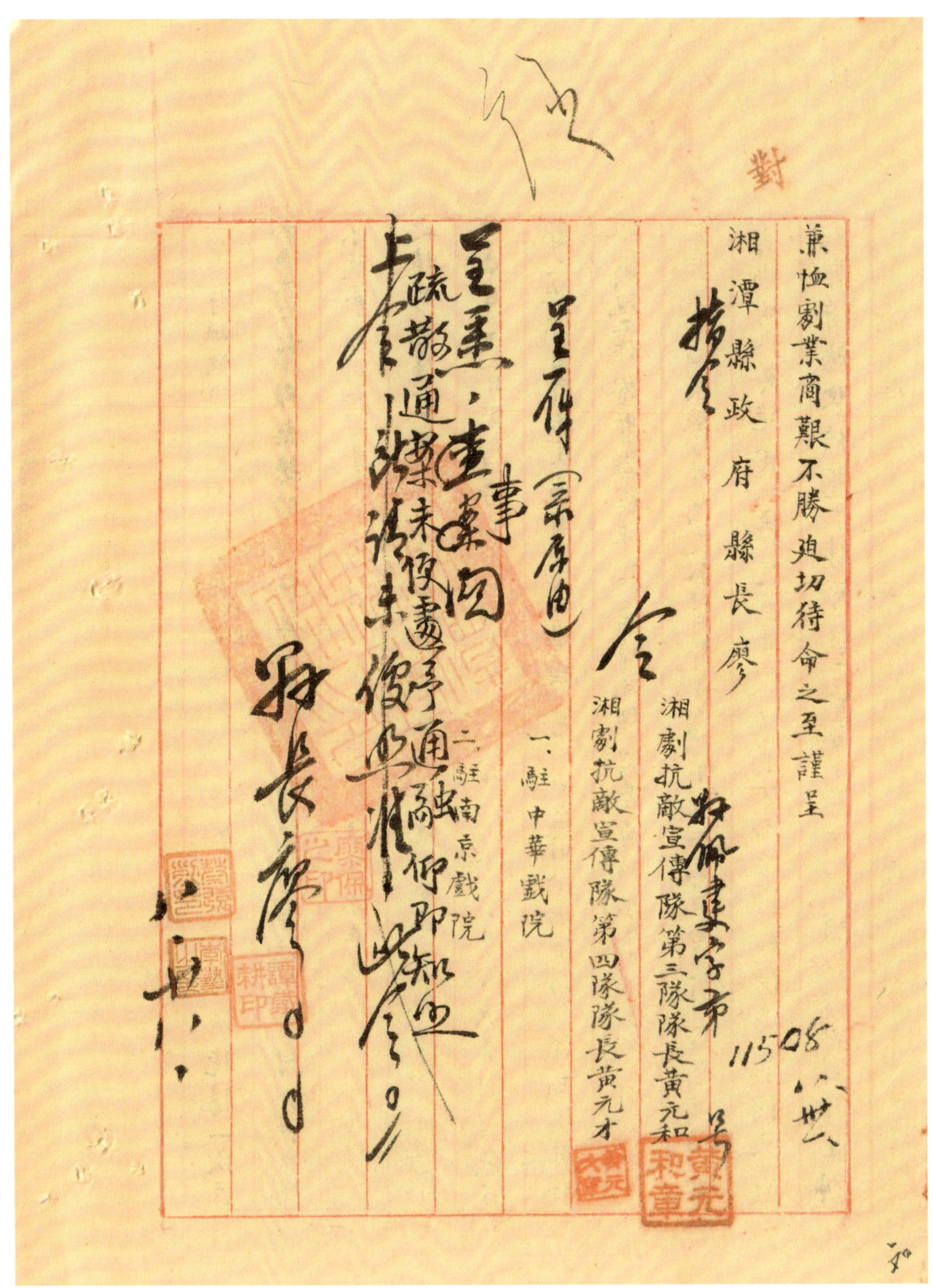

對

兼恤劇業商艱不勝迫切待命之至謹呈

湘潭縣政府縣長廖

湘劇抗敵宣傳隊第三隊隊長黄元和

湘劇抗敵宣傳隊第四隊隊長黄元才

一、駐中華戲院

二、駐南京戲院

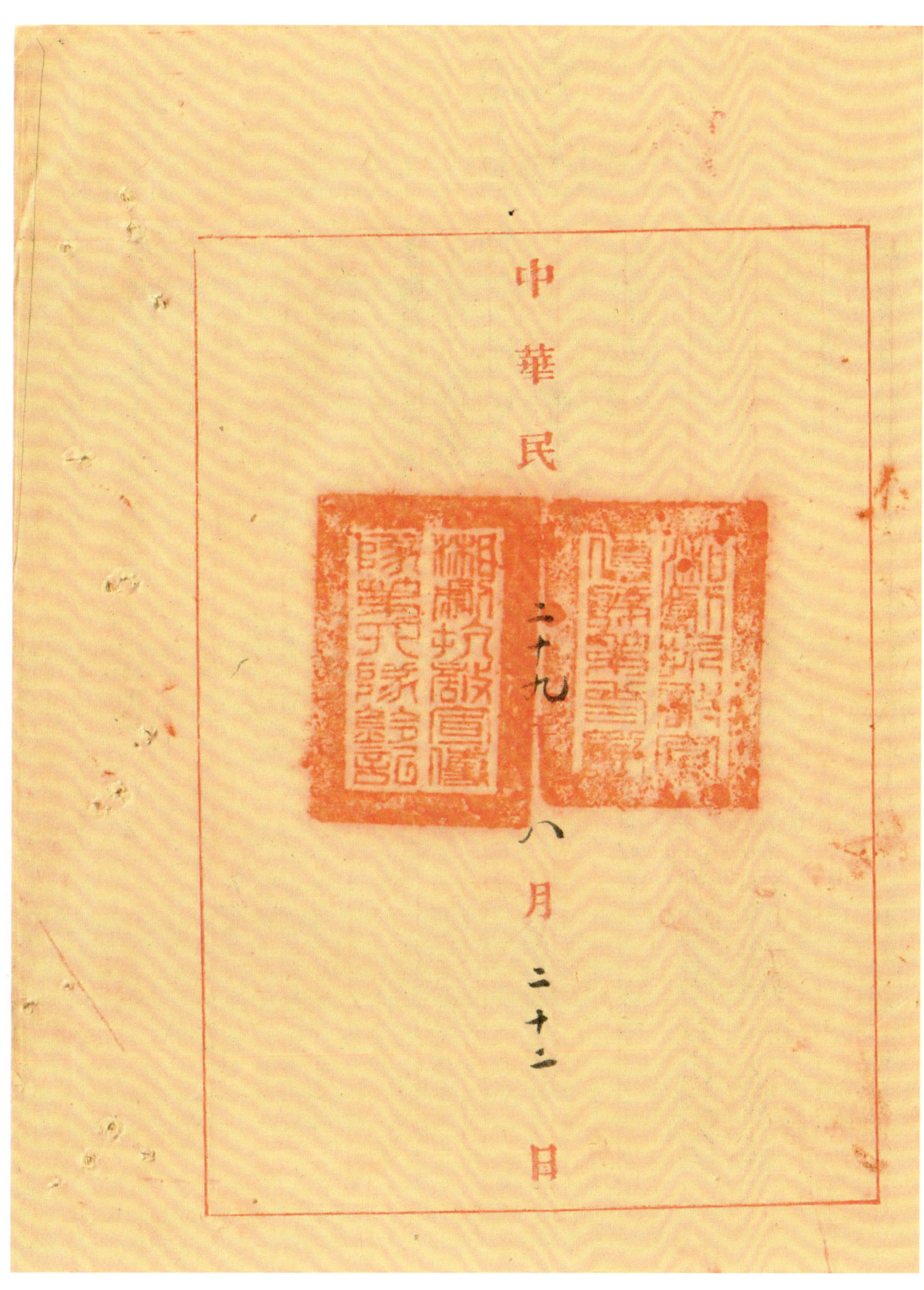

中華民　二十九　八月二十二日

湘潭县政府关于分别办理疏散工作致县警察局、县商会等的训令及致县党部、税务局等的公函

（一九四〇年八月二十三日）

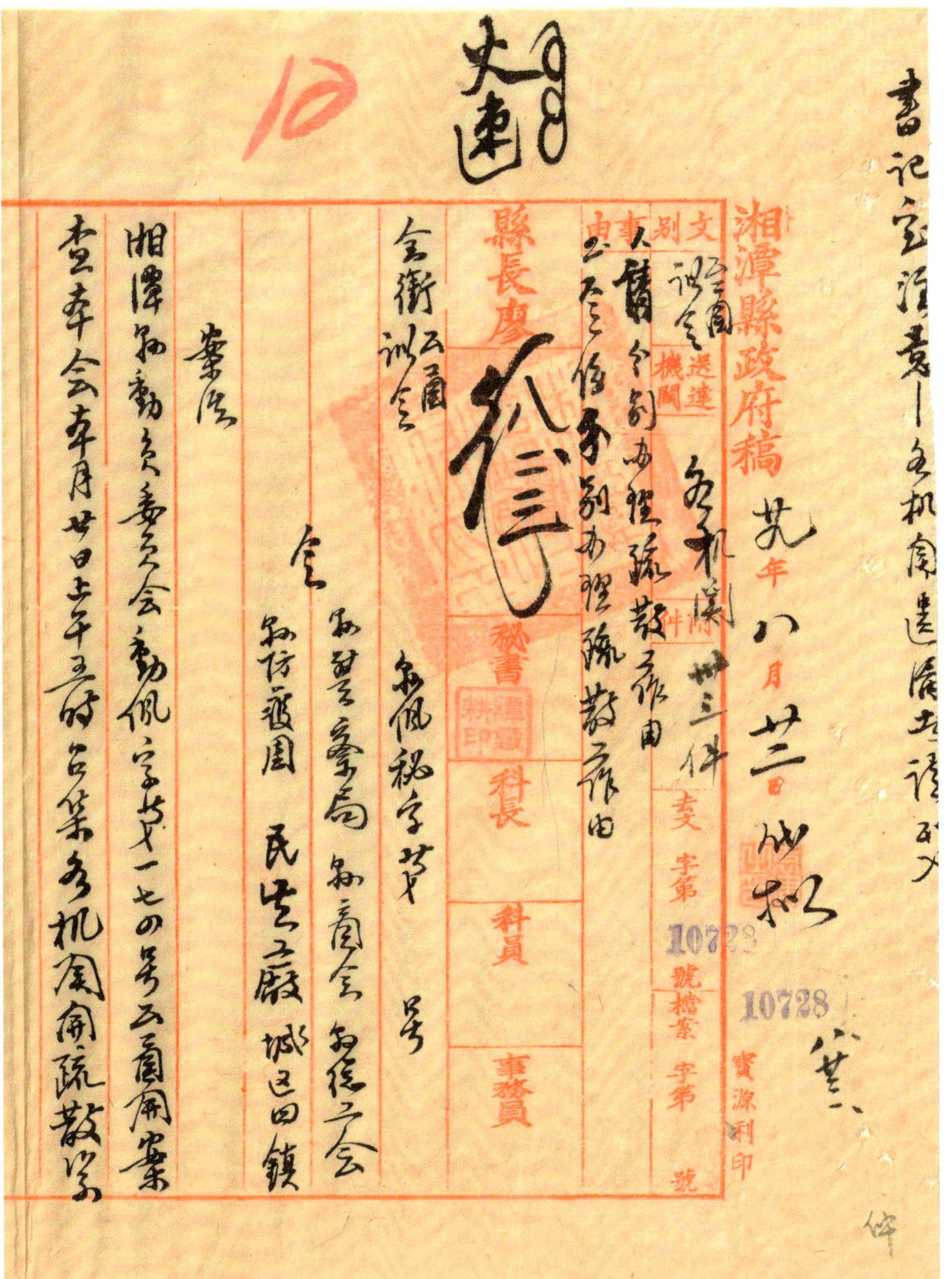

湘潭縣政府稿 廿九年 八月 廿三日

文別：訓令 公函

送達機關：各機關

附件：

事由：為令飭分別辦理疏散工作由 為函請分別辦理疏散工作由

縣長廖

秘書

科長

科員

事務員

全銜 訓令 公函

令 警察局 商會 各(稅)會 防護團 民眾工廠 城區四鎮

案准湘潭縣動員委員會動佩字第一七四號公函開：案查本會本月廿日上午十時召集各機關開疏散會

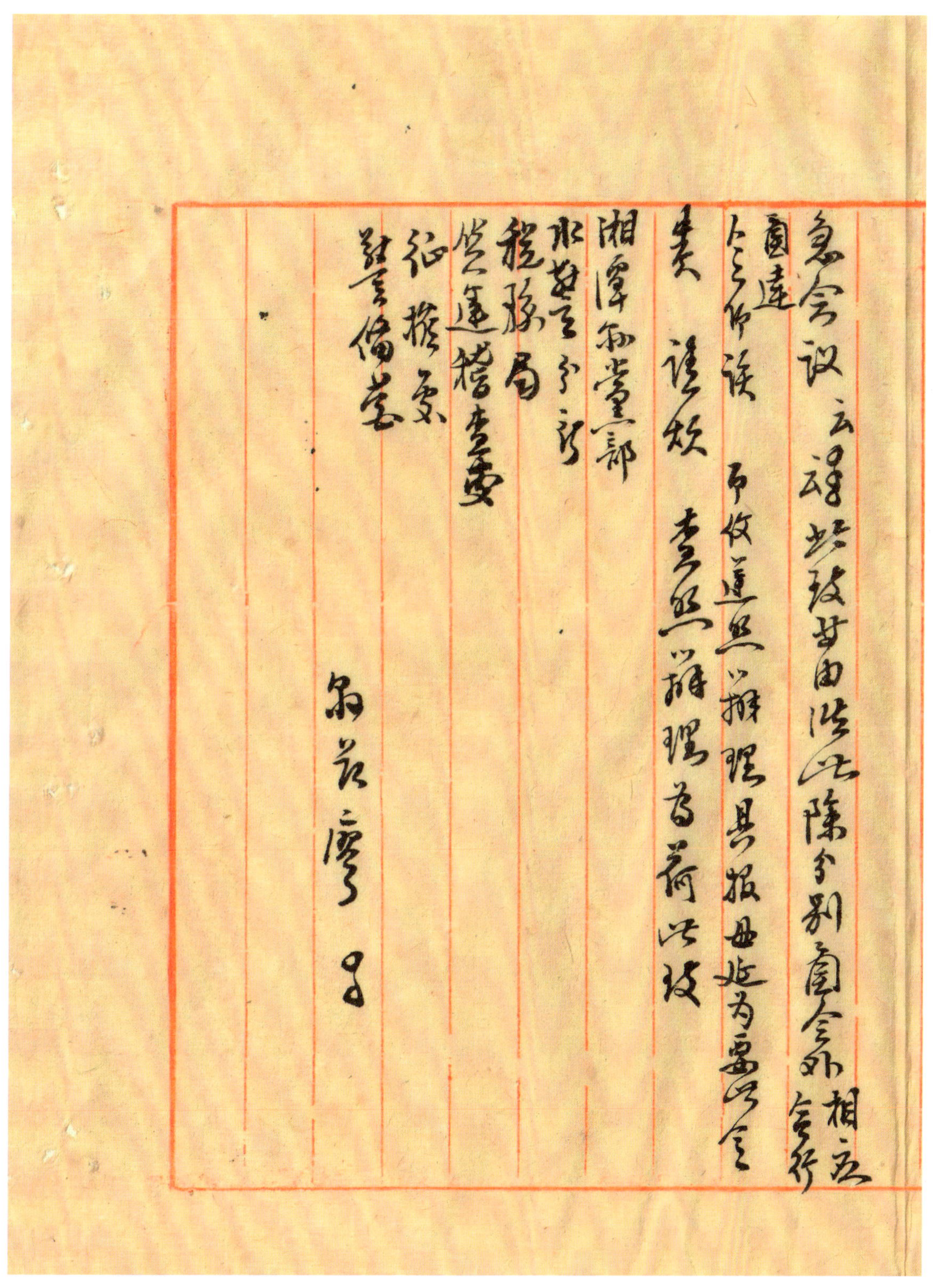

急會議，云云。等因。准此，除分别函令外，相應
函達，合行
令仰該 即便遵照以辦理具報，毋延為要。此令
貴 請煩 查照以辦理為荷。此致
湘潭縣黨部
郴縣等二縣
稽核局
監運稽查處
緝私處
警備處

[illegible] 呈

衡阳防空司令部关于认真加紧疏散人口物资致湘潭县政府的训令（一九四〇年八月二十四日）

衡陽防空司令部訓令　衡防三字第1047號

令仰遵照認真加緊疏散人口物資以減無謂損害由

令湘潭縣政府

案奉

湖南全省防空司令部二十九年八月十九日末防三字第六一七號訓令內開：“案奉
航空委員會八月刪電開：案准成都行轅賀主任代電轉奉委座電諭：敵機近向
我不設防城市濫施轟炸，損害綦重。今後應於沿江及沿公路線附近各重要縣
城速令認真疏散，並安置高射機槍或砲，以資因(?)仰飭屬切實遵辦，並由查重要縣城
之疏散及組織步機槍之射擊部隊，由本會令該部切實遵辦，等因。奉
前因，除分行外，仰將實施近情具體呈報為要”等因。奉此，查各資源城市人口物
資之疏散迭經本部令飭嚴切辦理，惟各地民眾因依賴城市生活與習於僥倖
心理，不願脫離城市，而執行機關多未能認真執行疏散，致郵步若(?)一轉(?)空
襲仍罹重大損害。八月十日及十五日兩日衡陽之慘炸，民眾死傷千餘，物資損失浩
大，即未能疏散所致。證以近來敵機發動無差別瘋狂轟炸本省沿交通線點，自應
認真加緊疏散，以減無謂損害。除步機槍高射機隊另案辦理外，茲遵照電令
指示及查照湖南省政府前頒湖南省防空疏散城鎮疏散辦法，規定
二條凡本省沿公路鐵路之城鎮及濱湖與湘資沅澧四水經過之重要城鎮，其居

民與物資均應依照本部規定即行疏散，並指定長沙、湘潭、湘鄉、衡
山、衡陽、耒陽、常寧、零陵、郴州、宜章、祁陽、零陵、邵陽、新化、安化、沅江、益陽、華容、南縣、
安鄉、湘潭、常德、桃源、沅陵、醴陵、石門、慈利、大庸等二十八縣爲加緊疏散縣份，並限
文到一個月內將疏散事宜辦理完畢。依照航空委員會二十九年七月梁日
防諮庚榮字第一三九四號代電附表之規定，填表呈報本部核轉，除呈報並
函各保安司令部、各地警備司令部及分令外，合行抄發分令機關清單，令仰遵照，
轉飭所屬各縣政府及防護團遵照，會同當地警備司令部，擬定疏散計劃，切
實辦理具報爲要。此令。」等因奉此。查現時敵機出動，頻以百計，進襲我後方不
設防城鎮，瘋狂濫炸，遭之者城市頓成邱墟，物資悉化灰燼，人命危險，死傷枕藉，
可資殷鑑。本部爲圖挽救未來，減輕空襲損害，休養戰時元氣起見，迭經令
飭加緊疏散，並經飭將人口物資疏散情況調查表送在案。奉令前因，凡經全省
防空司令部指定長沙、湘潭、醴陵、衡山、衡陽、常寧、茶陵等應行遵照積極疏散
各縣，限文到二十日內疏散完竣，依照前頒表式詳填具報，不容片刻遲延，致
滋貽誤外，其餘各縣亦應認真疏散，按月填表報部，以憑轉報，不得藉口未經省
防部指定而生疏懈。除分令外，合行令仰遵照，切實計劃辦理，勿延爲要！

此令。（二）

總司令 王陵基

中華民國二十九年八月二十四日

湘潭县政府关于严厉执行妓女疏散规定致县警察局的命令（一九四〇年八月二十四日）

本日發出 寺送
10354 八、二四、

命令 29 8 24日 于本府

(一) 案奉本府奉
第九戰區司令長官薛銳電飭限十月內將
湘人口物資疏散等因，經交動員委員
會召集各業緊急會議，決本市娼寮妓女限八月
廿二日以前勒令疏散等語，除錄案奉
業經本府令飭警察局嚴厲執行在
案，茲據查報該妓女等仍多觀望徘
徊，或則藉口無家可歸，或則藉言飭

莫名甚至不肖龜婆鴇子扣留衣服行李等件百般苛刻束縛聞之殊堪痛恨

（二）仰該局遵照前令各令嚴厲執行疏散准各該妓女等身体絕對自由倘有不肖龜婆鴇子苛刻束縛扣除衣服行李等件應依照違犯防空疏散處罰辦法之規定實行罰辦毋得稍涉瞻徇

此令

警察局局長鍾政謨

副局長廖〇〇

29/8/24

湘剧抗敌宣传队第三队关于生计断绝请收回明令致湘潭县政府的呈及县政府的指令

（一九四〇年八月二十四日、二十八日）

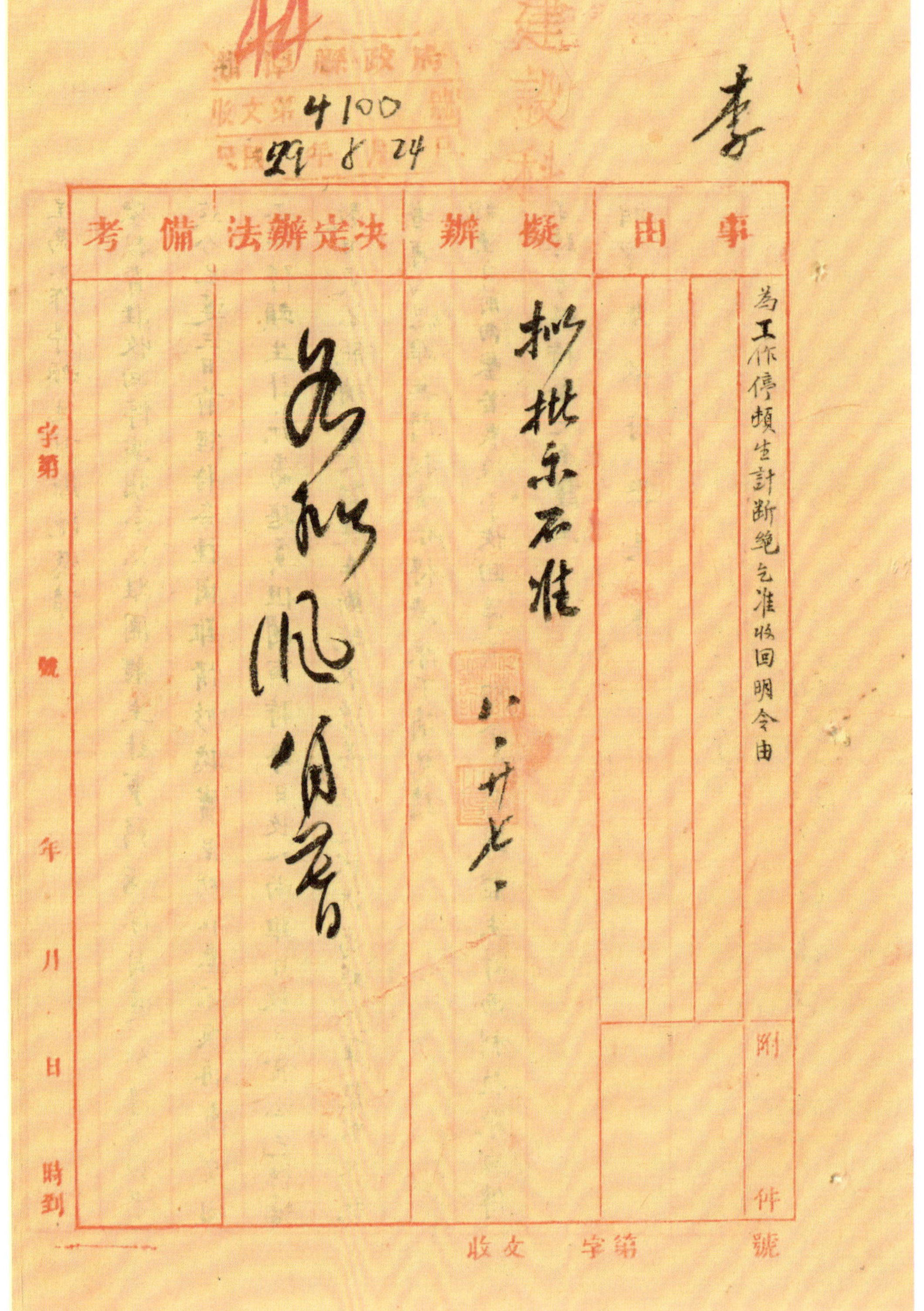

湘潭縣政府 收文第4100號 29.8.24

建設科

李

事由	擬辦	決定辦法	備考
為工作停頓生計斷絶乞准收回明令由	擬批示不准 八.廿七.	[illegible]	

附件

字第 號 年 月 日 時到

收文 字第 號

呈為工作停頓生計斷絕懇請
鑒核賞准收回停演明令以維團體生計事竊屬隊自遵 令停演以來
迄今已達三日前經將各種困難情形據實呈明在卷不復再贅實因
工作停頓生計誠屬堪虞但開演時每日收入尚難日敷日食今已停演
數日更不能補前之虧現在斷絕來源其危殆狀況萬非以筆能形其狀
者再四思維無門投告祗得瀆陳下情懇請
鈞座台前曲鑒苦衷准予收回停演明令以救團體生計而利抗敵宣傳
不勝守轅待命之至謹呈
湘潭縣政府縣長廖

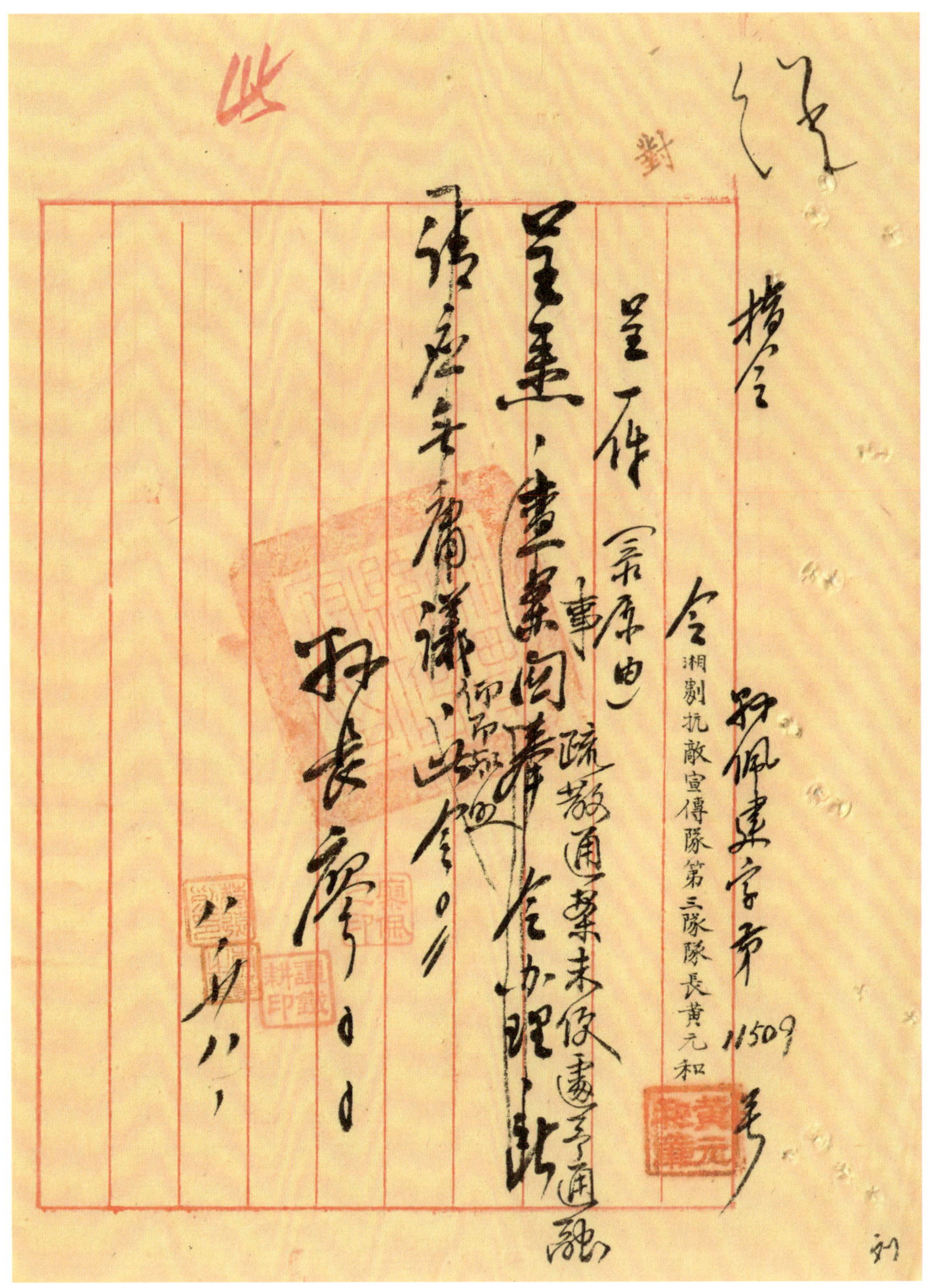

指令

叙建字第11509號

令湘劇抗敵宣傳隊第三隊隊長黃元和

呈一件（呈爲由）

呈悉。查案内事疏散通案未便通融，合行令仰知照。此令。

縣長廖

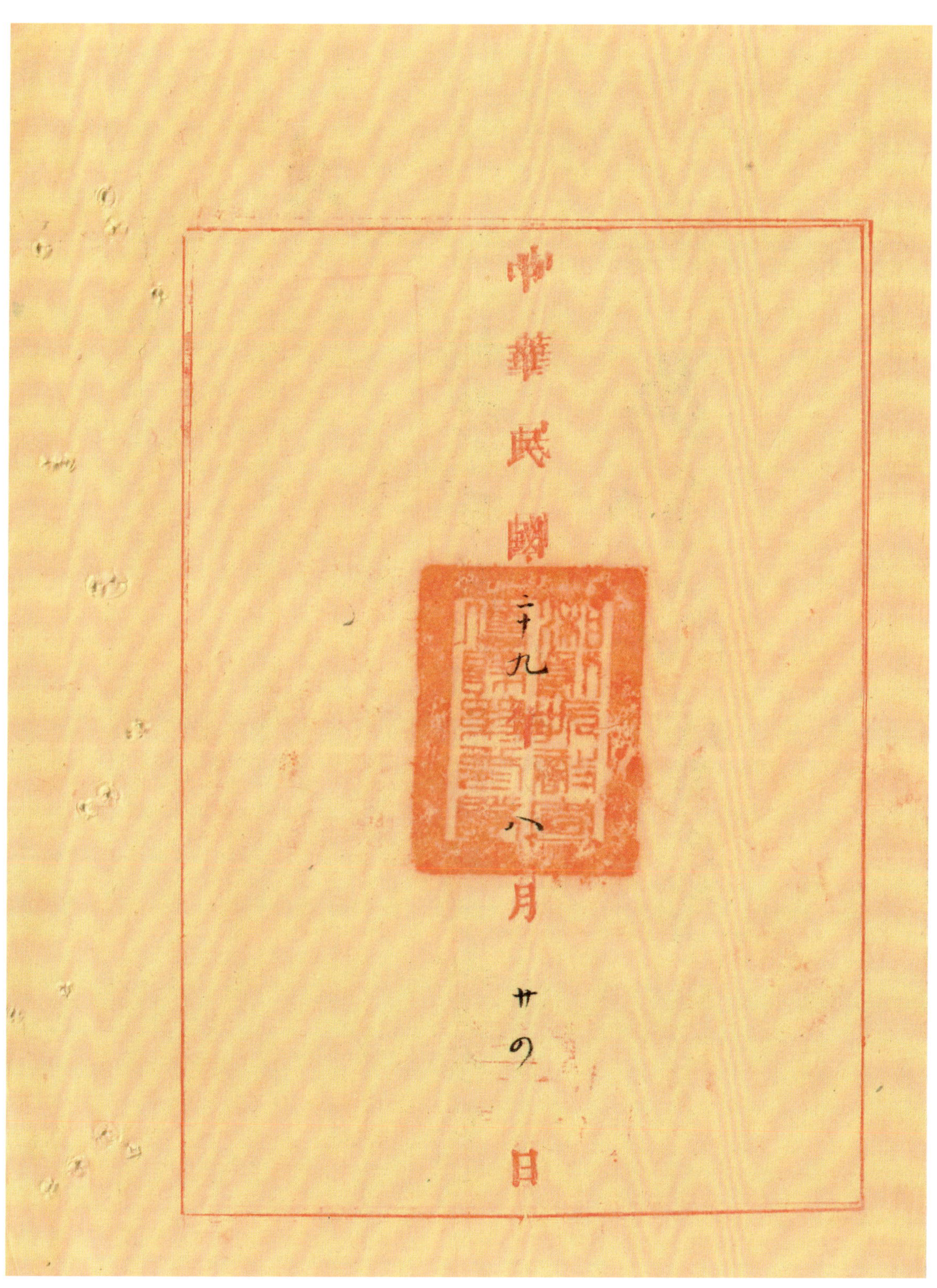

中華民國二十九年八月廿四日

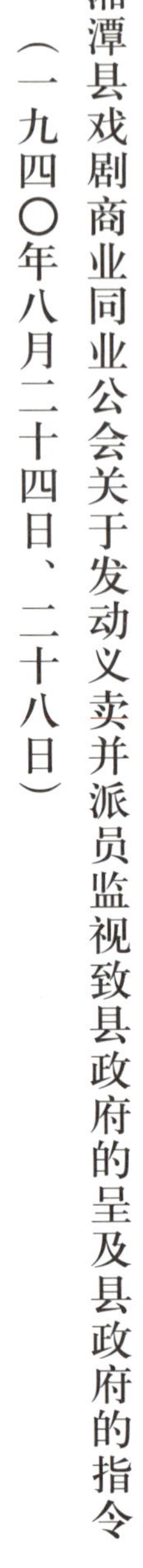

湘潭县戏剧商业同业公会关于发动义卖并派员监视致县政府的呈及县政府的指令

（一九四〇年八月二十四日、二十八日）

湘潭縣政府 收文第 字 號

事由	擬辦	批示	備考
呈為發動義賣懇賜察核賞准並懇派員監視由			

附件

收文 字第 號

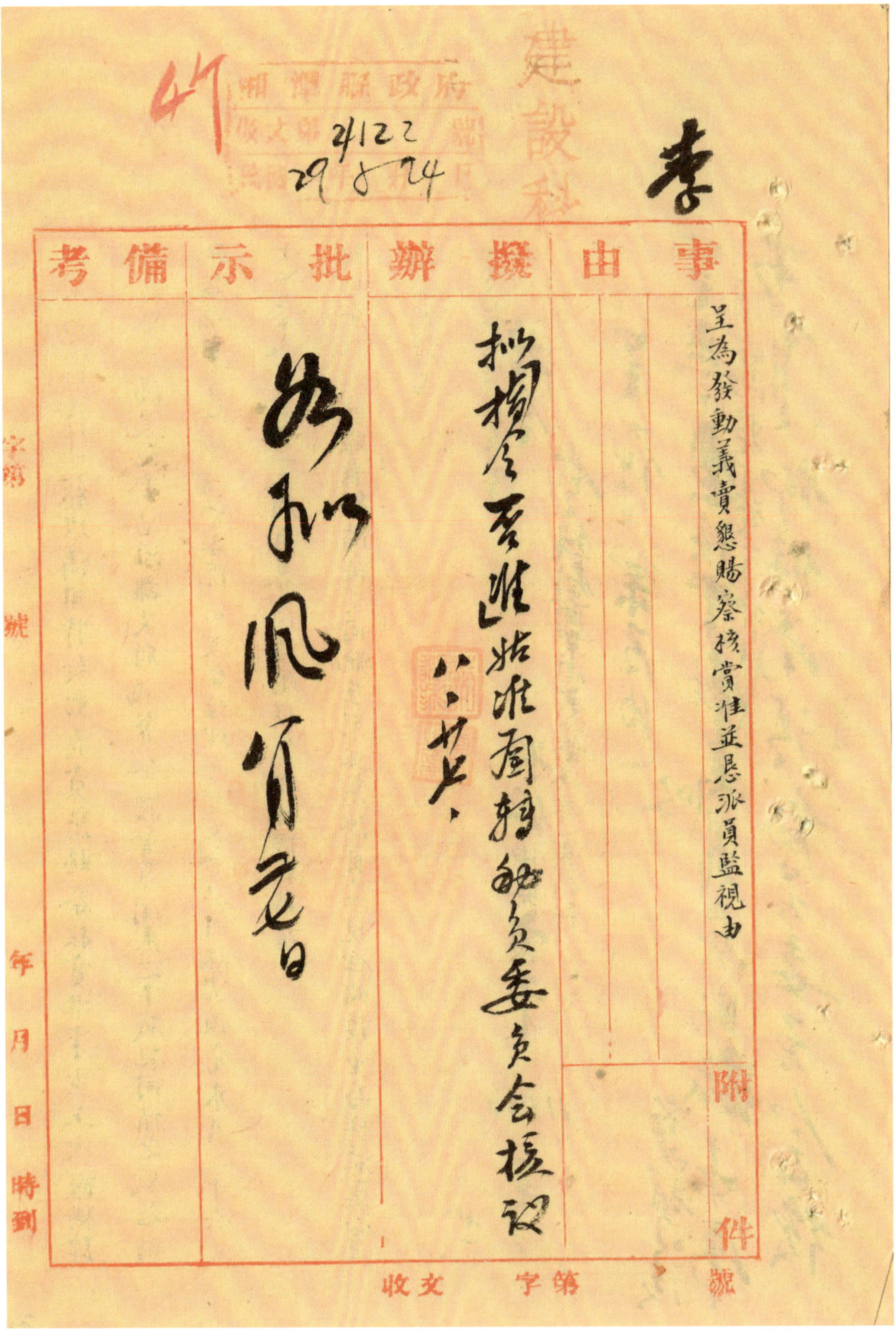

呈為敵機慘炸災胞堪憐用特發動義賣懇恩賜察核賞准事查上次敵機肆虐迭炸衡陽災胞千萬流離失所　屬會全體會員聞悉之下咸抱同情之感茲經執監聯席會議暨屬會各院前後台經理會員大會共同議決擬定本月二十六二十七二十八義賣三天所有券價除酌提伙食外概行轉請

鈞府全數撥發賑救衡陽被災同胞屆期並懇派員監視俾昭慎重而杜流弊實為公便謹呈

湘潭縣政府縣長廖

戲劇商業同業公會主席葉梅軒

指令　令戲劇商業同業公會主席葉梅軒　字第11506號

呈件（案原由）

呈悉。

中華民國二十九年八月二十四日

湘潭县政府关于报送疏散办法致湖南省政府的呈（一九四〇年八月二十五日）

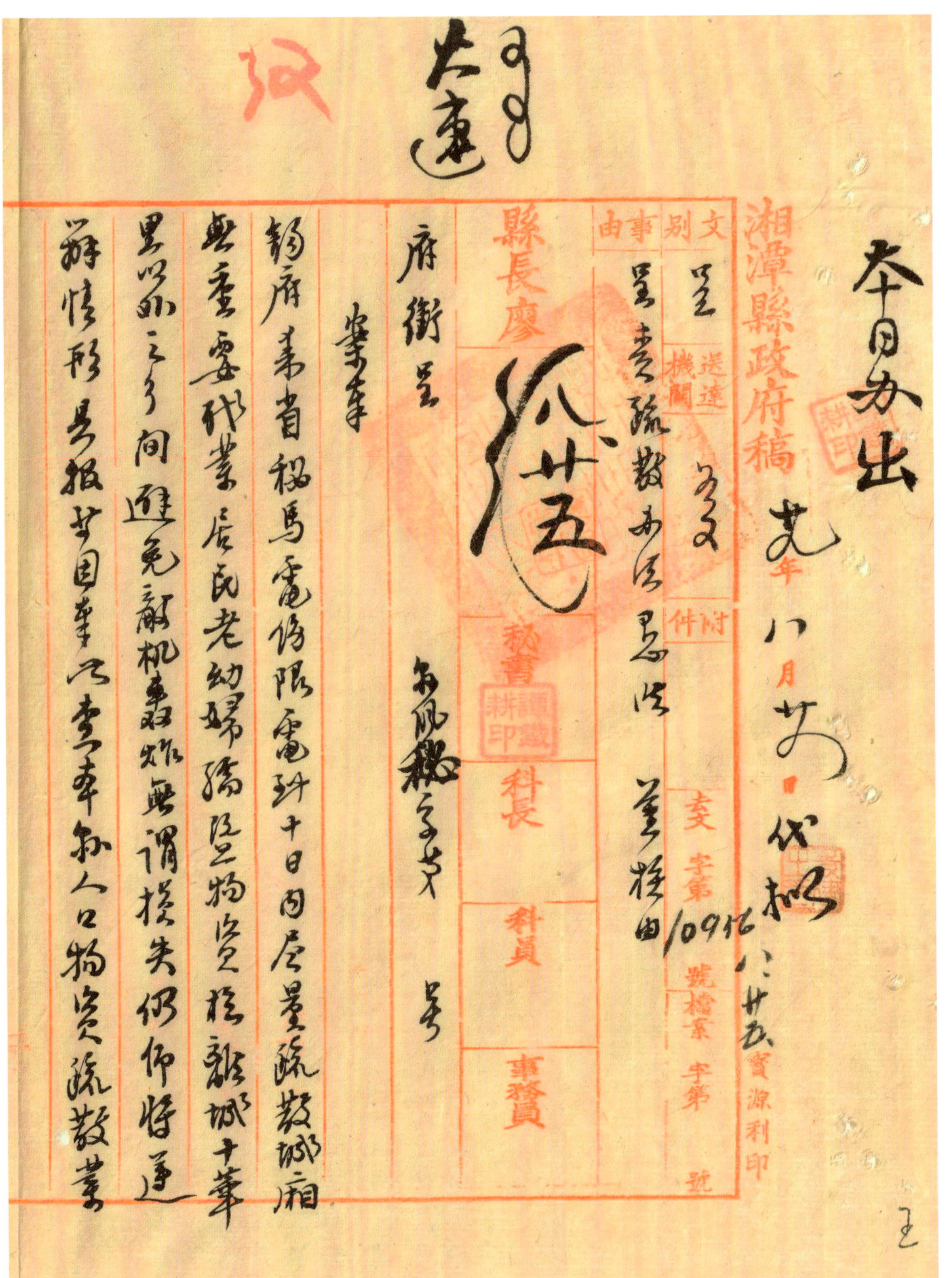

本日办出

湘潭縣政府稿

文别：呈

事由：呈賫疏散辦法恳鑒核由

縣長廖

秘書

科長

科員

事務員

府銜呈

案奉

鈞府秘馬電飭限電到十日内儘量疏散城廂無重要職業居民老幼婦孺及其物資於離城十華里以外之鄉間，避免敵機轟炸，無謂損失，仰即遵辦具報等因。奉此，查本年縣人口物資疏散業

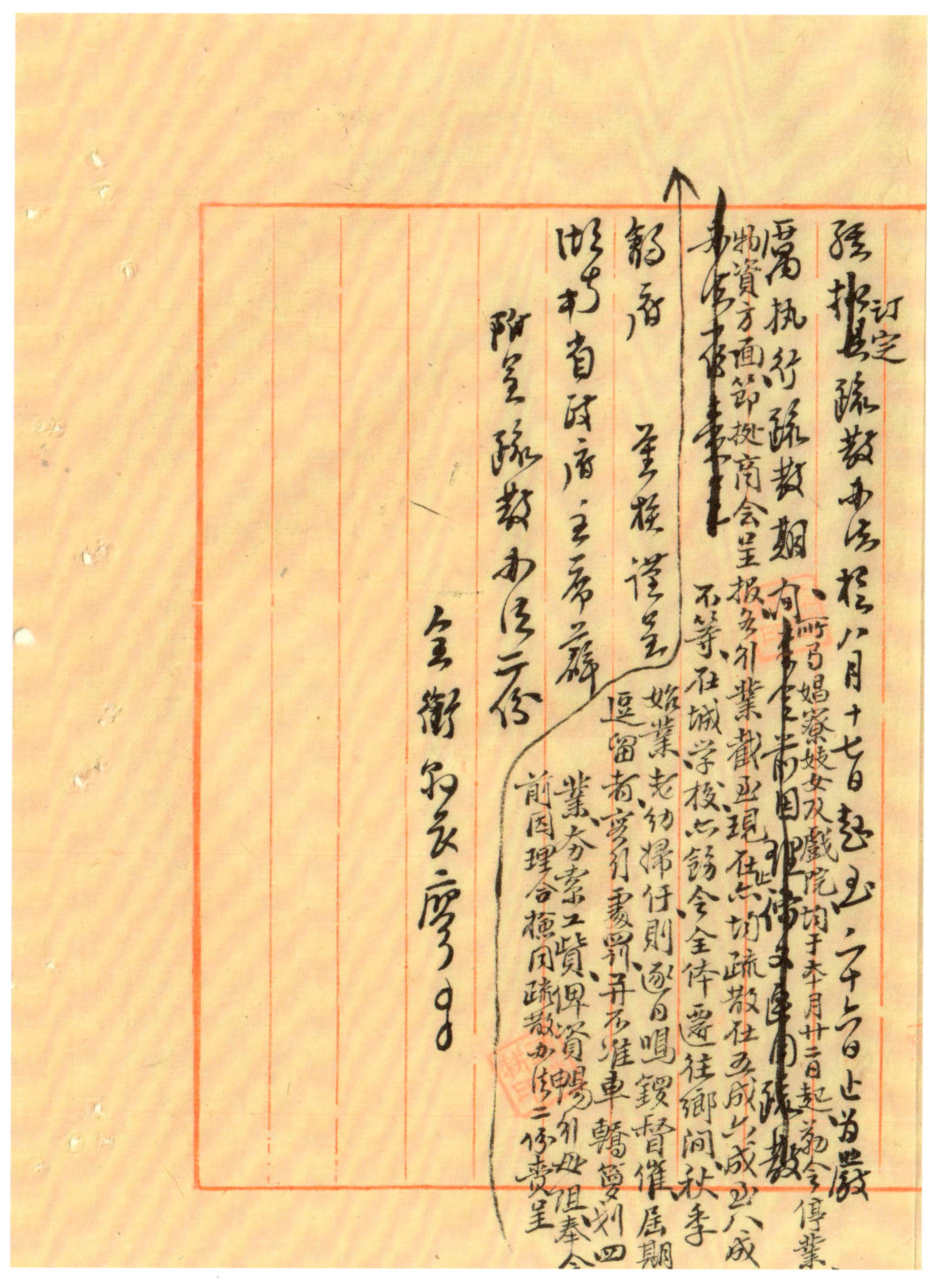

謹訂定疏散辦法，於八月十七日起至廿五日止，嚴屬執行疏散。嗣有：一、所有娼寮妓女及戲院，均于本月廿二日起一律令停業；物資方面，節據商会呈報各行業截至現在止，均疏散在五成以上八成不等；在城學校，亦飭令全體遷往鄉間秋季始業；老幼婦孺則逐日鳴鑼督催，屆期逗留者，立予重罰，并不准車轎舟划四業夯力索工資，俾資鳴引毋阻。奉令前因，理合檢同疏散辦法二份，賫呈

鈞府鑒核。謹呈

湖南省政府主席薛

附呈疏散辦法二份

全銜縣長廖

湘潭县政府关于切实办理疏散人口物资致除城厢四镇外县属各乡镇及部分警察分所的训令（一九四〇年八月二十五日）

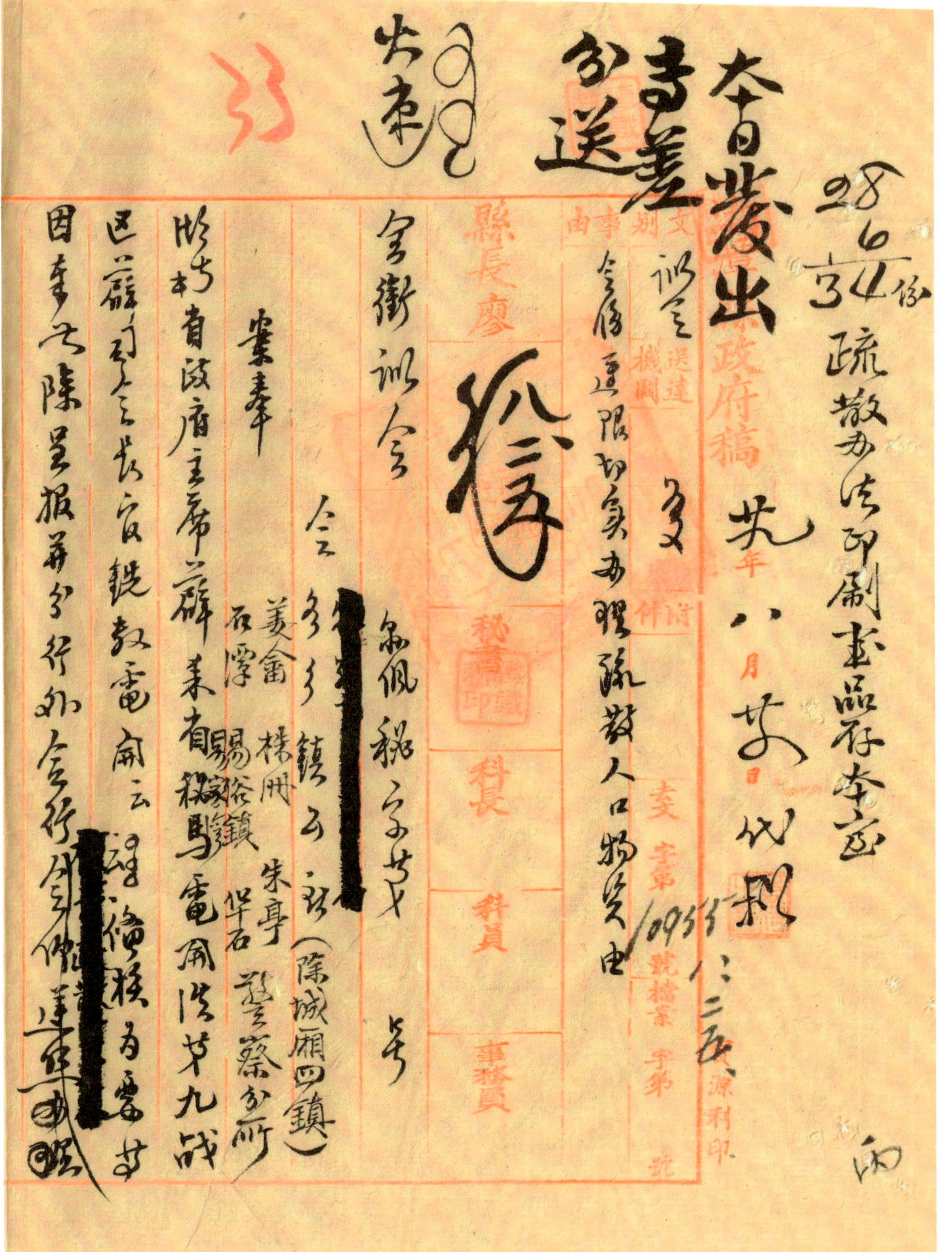

本日发出

当送

分送

湘潭縣政府稿

文別：训令

事由：令饬遵限切实办理疏散人口物资由

送達機關：各乡镇

縣長 廖

秘書

科長

科員

事務員

年 八月 廿五 日

字第 號

檔案 字第 號

疏散办法印刷书品存本室

令卫训令

令 各乡镇公所（除城厢四镇）

案奉

湖南省政府主席薛 [illegible]

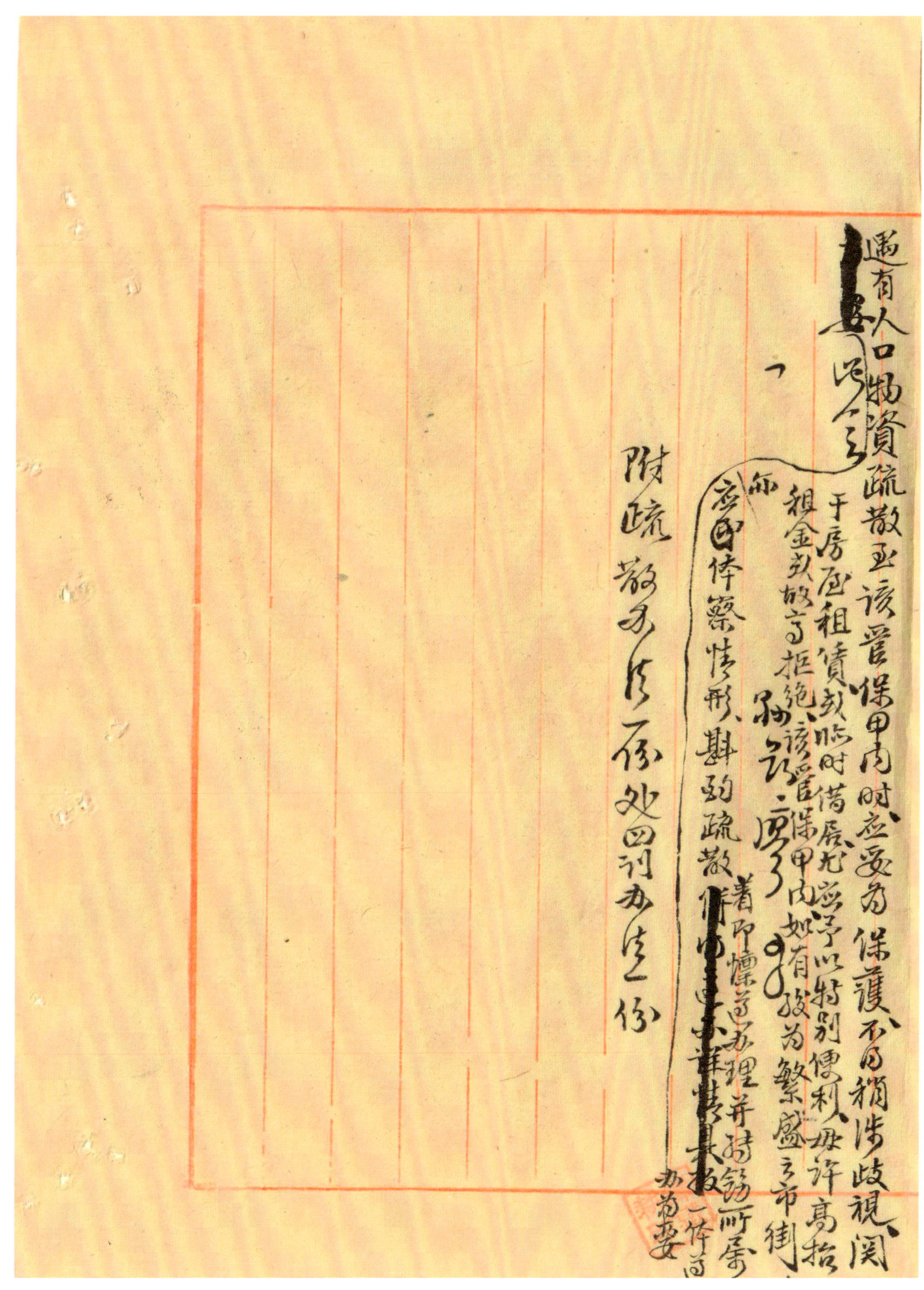

遇有人口物資疏散至該管保甲內時，應妥為保護，不得稍涉歧視、閑

于房屋租賃或臨時借居，尤應予以特別便利，毋許高抬

租金或故意拒絕。該管保甲內如有故為繁盛之市街

並即偵察情形，斟酌疏散

著即懍遵辦理，并轉飭所屬一體遵

辦為要

附疏散[illegible]處四川辦法[illegible]

湘潭县动员委员会关于分区挨户检查疏散工作致县政府的公函（一九四〇年八月二十六日）

湘潭縣動員委員會公函　　動總字第[illegible]號

案查本會八月廿日上午五時召集各機關疏散緊急會議討論事項第七案文曰限期疏散期滿後（十六日）應否舉行總檢查案議決定本月廿七日下午三時由本縣各機關合作動員分區挨户檢查其區域之劃分人員之分配由動委會計劃辦理如有違反防空疏散辦法者得依上峰所頒處罰辦法處罰之等語紀錄在卷茲由本會擬具實施總檢查辦法一份相應函達

貴府查照依據總檢查辦法分配各組區域之規定按時出發檢查以利疏散并希將辦理情形見覆為荷

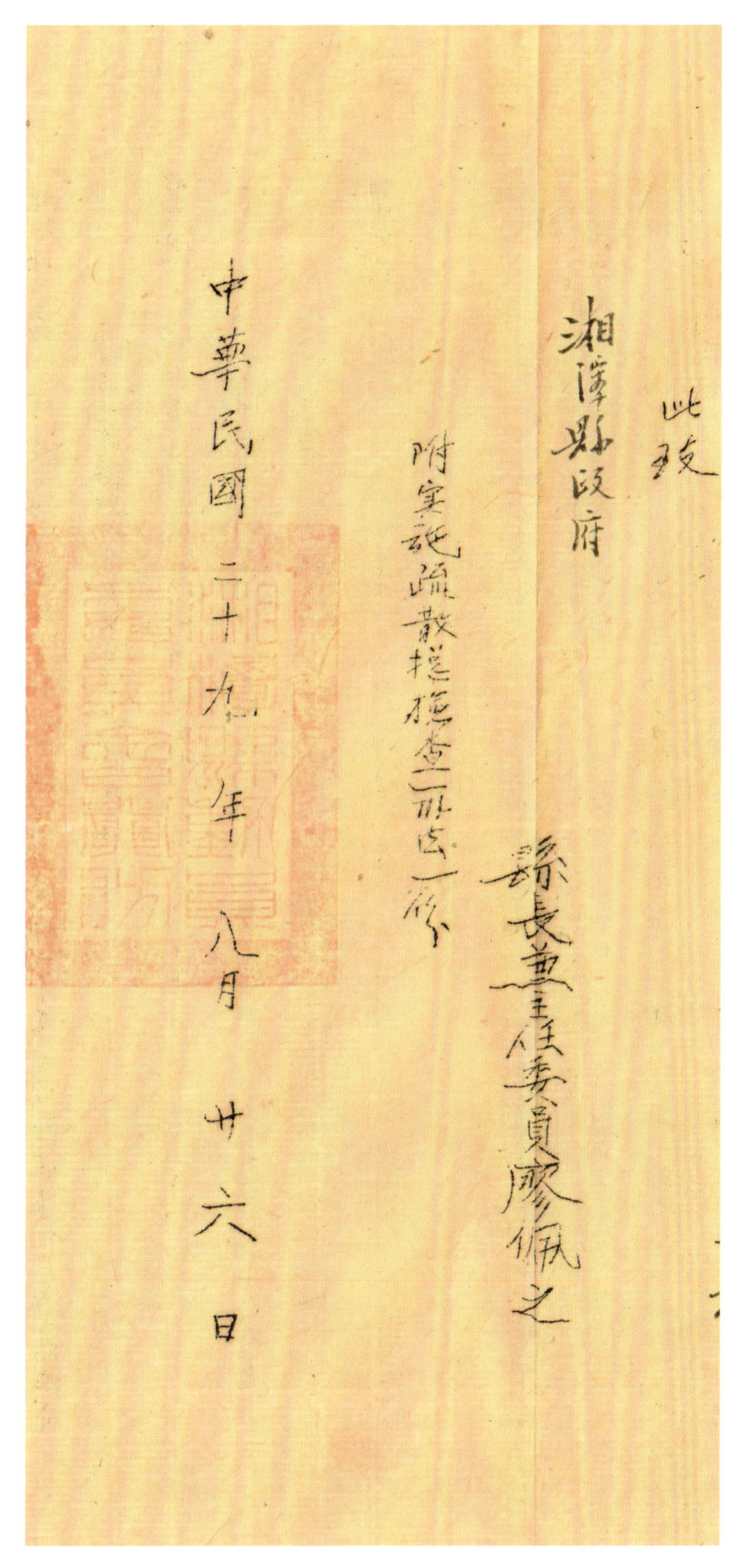

此致

湘潭縣政府

縣長兼主任委員廖佩之

附寔語蹟散撘撘查二冊共一份

中華民國二十九年八月廿六日

附：疏散限期届满后实施疏散总检查办法

疏散限期届满后实施疏散总检查办法

第一条 本县县令限十日内将老弱妇孺及物资疏散十华里以外，兹限期届满，为严厉执行起见，特规定本办法举行总检查

第二条 总检查日期定八月廿七日下午三时起实施

第三条 施行总检查由县政府、县党部、县动员委员会、警备营、三民主义青年团、国民兵团、警察局、防护团及城区四镇公所分区担任总检查工作

第四条 施行总检查分为四检查区，文华镇为第一区，雨湖镇为第二区，壶山镇为第三区，东平镇为第四区

第五条 各检查机关按一二三四检查区共分划为四组，每组辖三队至五队，以县政府、县动员委员会、文华镇为第一组，推县政府为组长，担任第一区检查工作；以县党部、警备营、雨湖镇为第二组，推县党部为组长，担任第二区检查工作；以三民主义青年团、警察局、壶山镇为第三组，推三民主义青年团为组长，担任第三区检查工作；以国民兵团、防护团、东平镇为第四组，推防护团为组长，担任第四区检查工作

第六条 各检查区分组出发检查时，除各镇公所职员及枪兵全体动员外，每组并由警备营派枪兵一班（共四班），警察局分派枪兵十六名（每组四名）至各组集合、

必要时随同出发检查并接受检查人员之指挥执行其任务

第七条　实施总检查之前一两日由本市各镇保甲长应会同参加由各该镇长分别通知九时在各该镇公所集合如有迟误准呈报市政府处分

第八条　本市各民老弱妇孺及无正当职业民众如有尚留滞市区不遵令疏散者得由检查机关依据疏散办法交由警察局执行处以五日内之劳役或伍元以下之罚金但仍须限期疏散逾期实行拘押倘公务人员家属尚留滞市区不遵令疏散者得报请其主管机关从严处分

第九条　本市各私立学校如有尚未疏散乡村间学或其疏散准备得据实呈报市府依据疏散办法处理

第十条　本市区内娼寮女侍如有未遵令疏散者得拘解出境

第十一条　各商店物资除供市面三日所需外如尚有未遵令疏散者得据实呈报市府并遵照省府所颁违犯防空疏散处罚办法之规定强令停止营业者之处分并仍勒令疏散

第十二条　各区组队担任检查人员除第一组由市政府集合外其余分由各该镇公所为各该检查区集合地点

第十三条　本办法由市政府动员委员会核定施行

湘潭县动员委员会关于分别办理疏散各项工作致县政府的公函（一九四〇年八月二十六日）

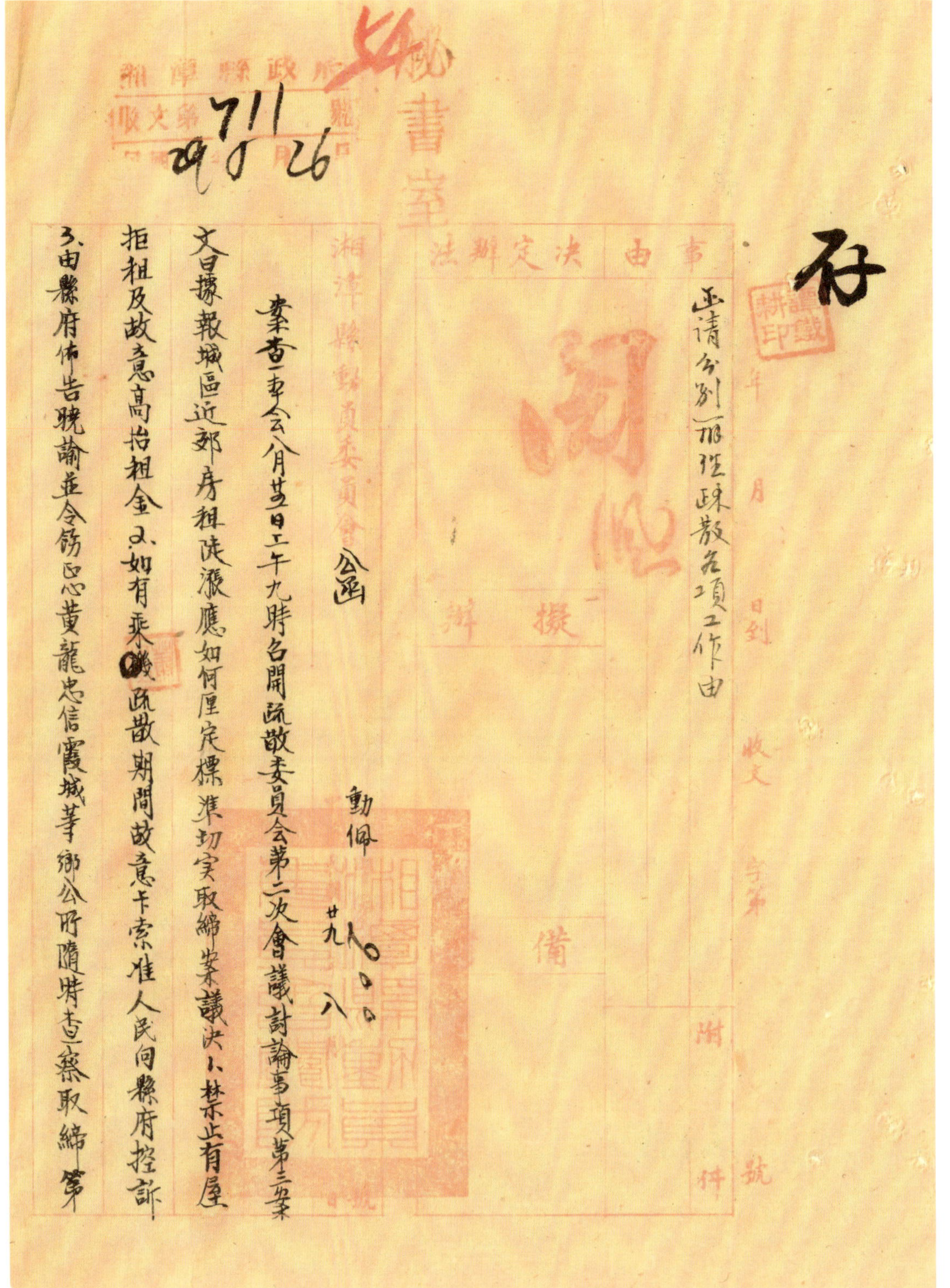
湘潭縣政府收文第 號
秘書室
存
事由：函請分別辦理疏散各項工作由
湘潭縣動員委員會公函 動俐 廿九 八
案查本會八月廿日上午九時召開疏散委員會第二次會議討論事項第三案
文曰據報城區近郊房租陡漲應如何厘定標準切實取締案議決1、禁止房屋
拒租及故意高抬租金 2、如有乘機疏散期間故意卡索准人民向縣府控訴
3、由縣府佈告曉諭並令飭正心黃龍忠信霞城等鄉公所隨時查察取締 第

五案文曰本縣市區火巷過少擬增加開闢可否請公決案議決函請縣府根前原案辦理第六案文曰老弱婦孺及無正當職業者應如何徹底疏散案議決縣府嚴責令四鎮公所及警察分駐所特别注意河街與後街民居如限勒令離開市區第七案文曰交通管制應如何切實執行案議決由縣政府分别函令警備營警察局嚴密管制在休市時間不准進街在警報發出五分鐘後斷絕交通第八案文曰本市各公私立學校疏散辦法應如何確定案議決維持原案一律疏散鄉村開學並由縣府教育科擬具詳細計劃辦理等語紀錄在卷相應錄案函達

貴府即煩查照迅予分别辦理為荷此致

湘潭縣政府

兼主任委員廖佩之

湘潭县雨湖镇公所关于议决由保长召集甲长会议挨户劝导疏散致县政府的报告（一九四〇年八月二十六日）

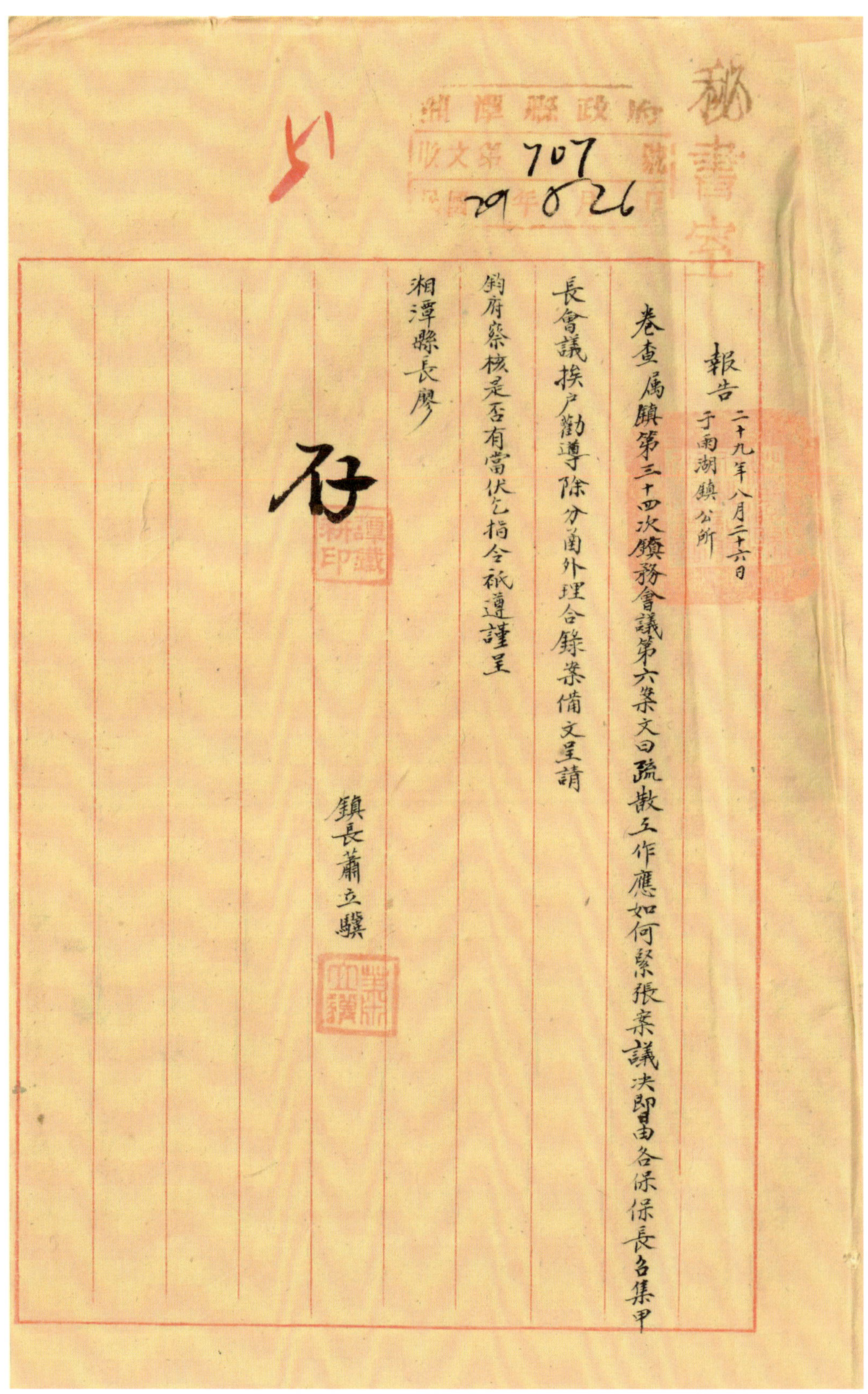

報告 二十九年八月二十六日 于雨湖鎮公所

卷查屬鎮第三十四次鎮務會議第六案文曰疏散工作應如何緊張案議決即由各保保長召集甲長會議挨户勸導除分函外理合録案備文呈請

鈞府察核是否有當伏乞指令祇遵謹呈

湘潭縣長廖

鎮長蕭立驥

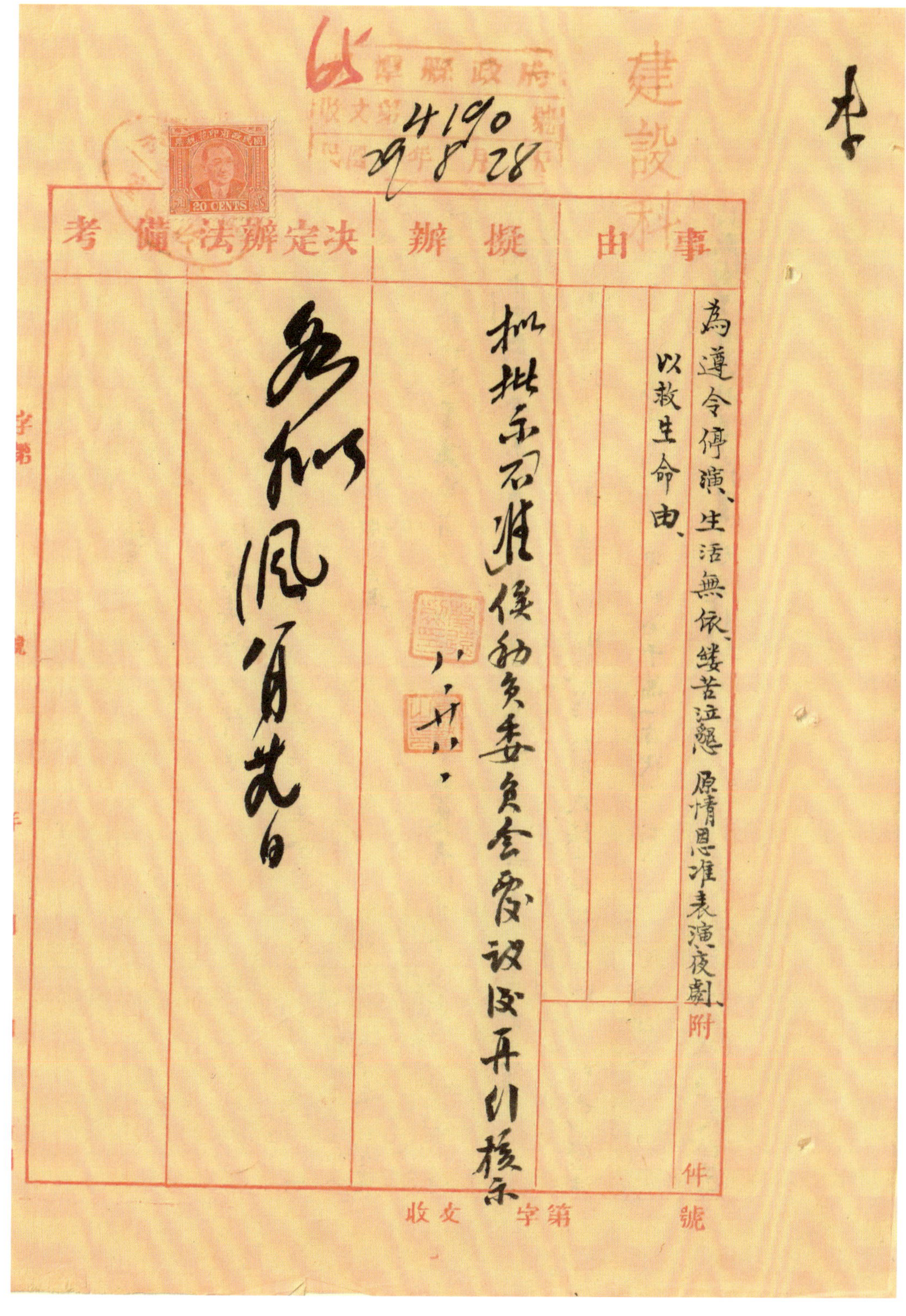

湘潭縣政府收文
4190
29 8 28
建設科

事由	擬辦	決定辦法	備考
為遵令停演、生活無依、縷苦泣懇原情恩准表演夜劇、以救生命由、附件	擬批示召准候飭負委負會覆設改再行核示 八、卅、	[illegible]	

收文　字第　號

江浙燕鄂难民流亡剧团、中央戏院关于请准表演夜剧致湘潭县政府的呈及县政府的批（一九四〇年八月二十七日、三十日）

流亡劇團代表 金繼譚 吳奕卿 李志全 李壽峰 等泣呈

呈為遵令停演、生活無依、謹縷苦衷、號懇

鈞府原情諒察、施恩賞准開演夜場、救全難黎生命事。竊 難民等籍隸燕江浙鄂人民、歷在江浙燕鄂各地、劇業營生。自 政府抗戰以來、民等各院址先後被炸、奉令逃避來湘、祇苦於地疎囊盡、衆口日食嗷嗷、廹集合同業難黎、表演舊業、以敷日食。此次來潭、投藝中央戲院營業、雖屬蕭瑟、然全班眷屬二百餘口、每日賴以活命。昨忽奉

鈞命令劇業停演、民等即遵履行、嗟嗟異籍難民、棲身何地、衆口嗷嗷待哺、無計營生、再四思籌、惟有縷苦泣訴、懇 恩矜全于萬一者。伏以 政府為保衛人民財命起見、頒令疏散、對于百業休幕閑幕、規定時間、其愛護人民、德意至週矣。俯思 劇業久已遵

66

令撤銷日場、演員每晨散避鄉間、須市面開幕後、始陸續返城、開演晚劇一次、以謀每日之需、此劇業遵令無違之情形也、昨忽接停演之令、仝人等無任驚詫、查省垣各院營業如故、而潭院得有循例求情之理由、俯思劇業、雖屬娛樂場所、然含有宣傳之性質、且供負傷同志歡娛之所在、應懇與市區百業、給以同等優待者也、古語云、鳥之將死、其鳴也哀、難民等今日作此冒瀆之陳情、實迫於異籍流民、生活無依之苦境、泣懇

仁慈縣長　賁一視之同仁、救眾黎之生命、果荷

恩准、得以苟延众命、他日結草啣環、當圖所報矣、臨呈懇切、立候

鈞恩施行、謹呈

湘潭縣縣長廖　鈞鑒

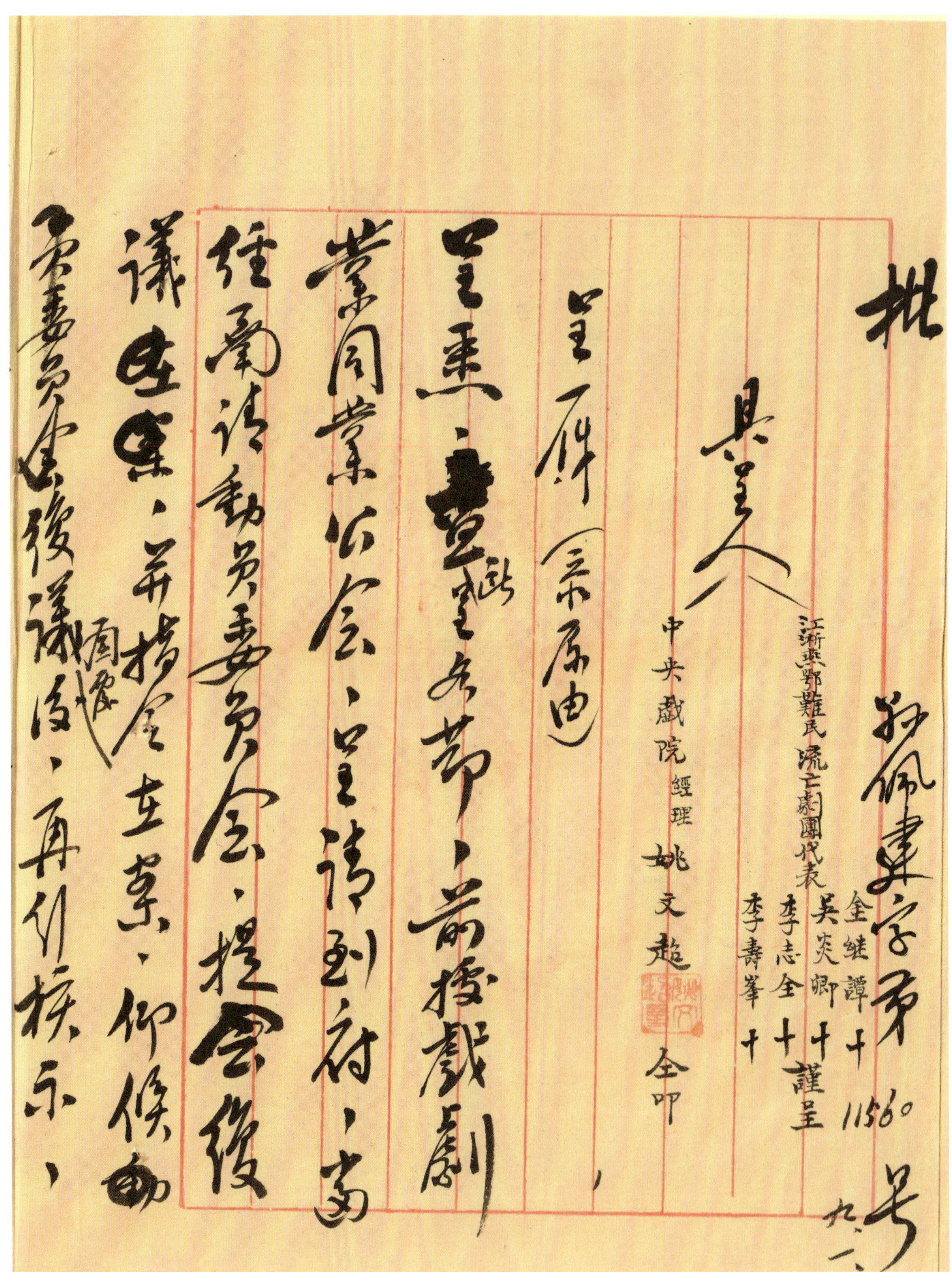

批

敌佩建字第11560号

具呈人 江浙与鄂难民流亡剧团代表 金继谭 吴炎卿 李志全 李寿峰 谨呈
中央戏院经理 姚文超 仝叩

呈件（系原由）

呈悉。查该剧团前于戏剧业同业公会呈请到府，当经发交动员委员会，提会复议。去案，并拟定加具意见呈核，嗣经动员委员会复议后，再行核示。

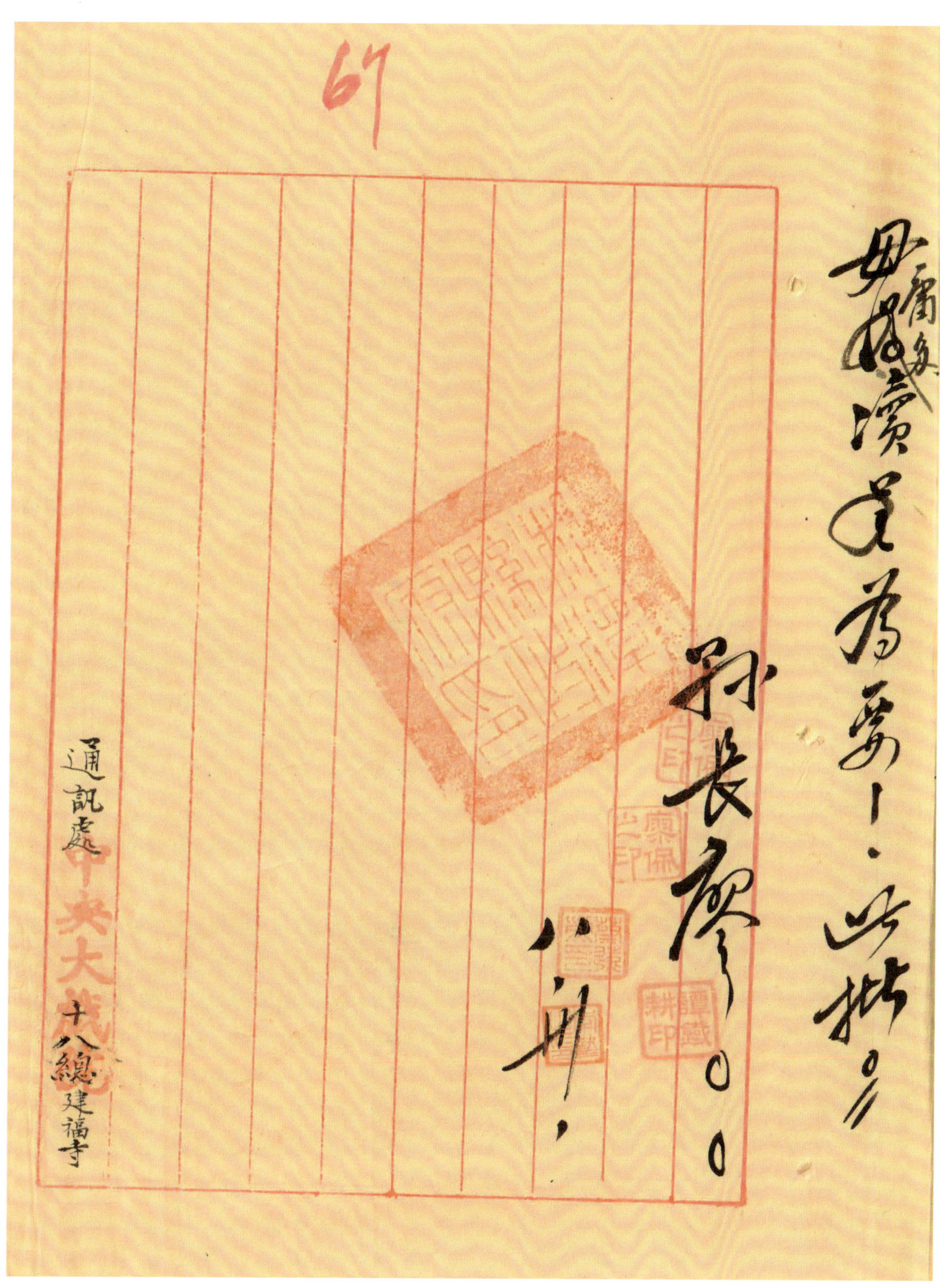

61

毋庸多瀆，是為要！此批。

孫長庚○○

八、卅！

通訊處　中央大戲院　十八總建福寺

中華民國二十九年八月二十七日

湘潭县戏剧商业同业公会关于开演晚场一次致县政府的呈（一九四〇年八月二十八日）

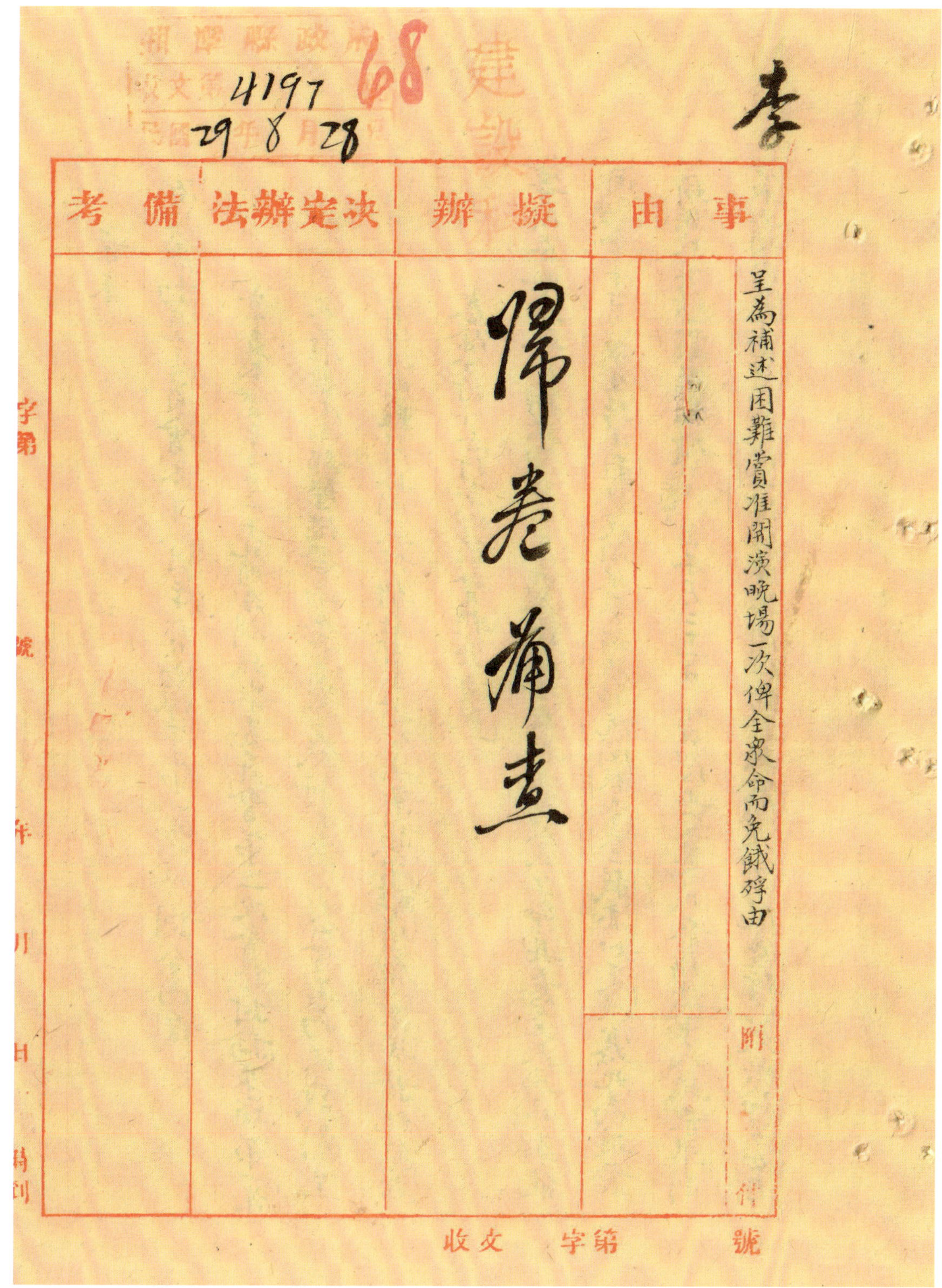
湘潭縣政府 收文第4197號 29年8月28日

68 建

李

事由	擬辦	決定辦法	備考
呈爲補述困難賞准開演晚場一次俾全衆命而免餓殍由	歸卷備查		

附件

收文 字第 號

案奉

湘潭縣動員委員會本年八月二十六日動佩字第一九八號訓令內開

「案查本會二十五日上午九時召開疏散委員會第二次會議討論事項第一案文准縣黨部警備營函及縣商會戲劇業同業公會呈爲據戲劇呈述生活困難懇收回疏散辦法可否請公決案議決維持原案等語紀錄在卷除分行外合行令仰該會轉飭遵照」

等因奉此查疏散辦法乃 上峯明令關係全縣數十萬人民生命其意至大且巨豈能因屬會千百之衆生活困難懇收回疏散辦法耶況閱報章登載亦如是披露此爲提案錯誤故不得不補呈煩瀆 屬會自本月二十一日奉到防止空襲疏散辦法市民疏散準則第五項內載本市各戲院一律停演等因但對於疏散 屬會各院遵行已久無論男女老

少久已趨避鄉間長期居住即各應謀生活之演員亦每日下午七時許回院工作一次戲畢之後仍至鄉間歇宿習以為常戲劇與電影均為宣傳之利器在長沙各處亦屬嚴厲疏散並無停演之舉況疏散準則第二項載明年在十六歲以下五十歲以上無正當職業者一律疏散各商店故屬正當職業晚間既可營業而單獨戲業夜場亦不准行斷絕千餘人口之生計莫非認為屬會非正當職業乎屬會奉到停演命令伏思政令難違，已經停止營業因生計斷絕故將種種苦情備文呈請准予每晚八時至十時開演晚場一次稍有收入以免饑餓之虞查各演員雖僅數百人連同眷屬千人以上停演僅一星期嗷嗷待哺痛哭流涕已成不堪入目之狀近二日攜幼扶老紛紛來會邀請率領向　政府請願屬會一面好言安慰此為　政府愛護民眾避免無謂犧牲須暫為忍受短時之苦一面召集全體執監會員大會共同討論善，

後方法經屬會處詢長沙寶慶益陽等各縣各院均未停演湘潭既非化外當應視同一律受迫無奈理合備文飛呈

鈞府伏乞

察核賞准每夜開演晚場一次所定時間與防止空襲疏散辦法絕對不相衝突對於疏散民衆仍可嚴厲執行果耳無人進門餓死自必無願想我

賢明政府愛護民衆一視同仁務懇賞准所請俾全家命而免餓殍不勝迫切待命之至謹呈

湘潭縣政府縣長廖

戲劇商業同業公會主席葉梅軒

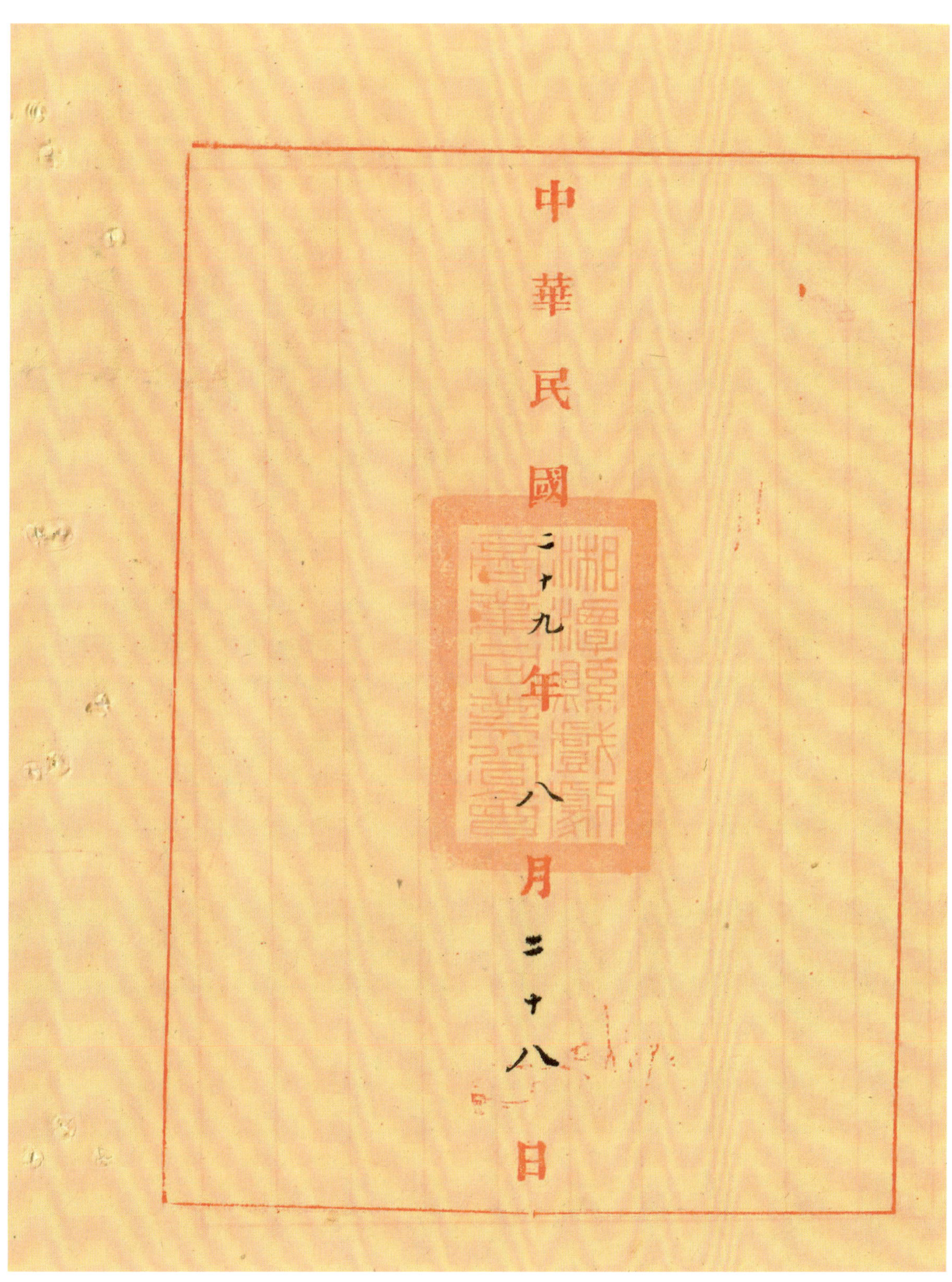

中華民國二十九年八月二十八日

湘潭县政府关于再明定七条疏散办法致县警察局、城厢四镇的命令（一九四〇年八月二十八日）

速办

命令　廿九年八月　日　于本府　八廿八

一、本府八月十六日奉

第九战区司令长官薛钺电节开限十日内将

本城内外物资人口疏散完竣具报等因经

于本晚以紧急命令饬令严厉执行并于限

期内由动员委员会召集紧急会议二次议

定疏散办法并饬施行又经召开疏散会议二次

议定总检查方法于廿七日执行总检查在案

兹拟分组执行关于物资疏散尚有相当成绩

惟人口方面仅能达到防空时间疏散实行迁

出十華里以外者，當屬寥寥。或則藉口生活無着，或則故意違抗，設一旦敵機轟炸，仍未能避免犧牲，殊深惋惜。茲再明定另訂辦法於次：

（1）軍警政各部公務人員服務機關之眷屬，應即日疏散距離城十華里以外，或遷還或回原籍之鄉村，以為民衆之表率。

（2）凡以租稅收入為生活，開館列第，居住城廂內外，過優閒時日者，不論具何種理由，責成鎮公所勒令全家疏散，僅留男丁一二名守屋。

57

（3）經營工商業者除貨物機械及一切工具應盡量疏散十華里外所有店主廠主店員等之眷屬應一律由鎮公所勒令疏散

（4）各級學校不論其何種理由責令鎮公所一律勒令遷至十華里以外封閉校門

（5）菜園小戶以及車輛營業工人如無確當防空疏散時間者亦勒令疏散

（7）戲院娼寮責令警察局一律停業勒令全部疏散

二、除分令外仰該 長即便遵照右列七項

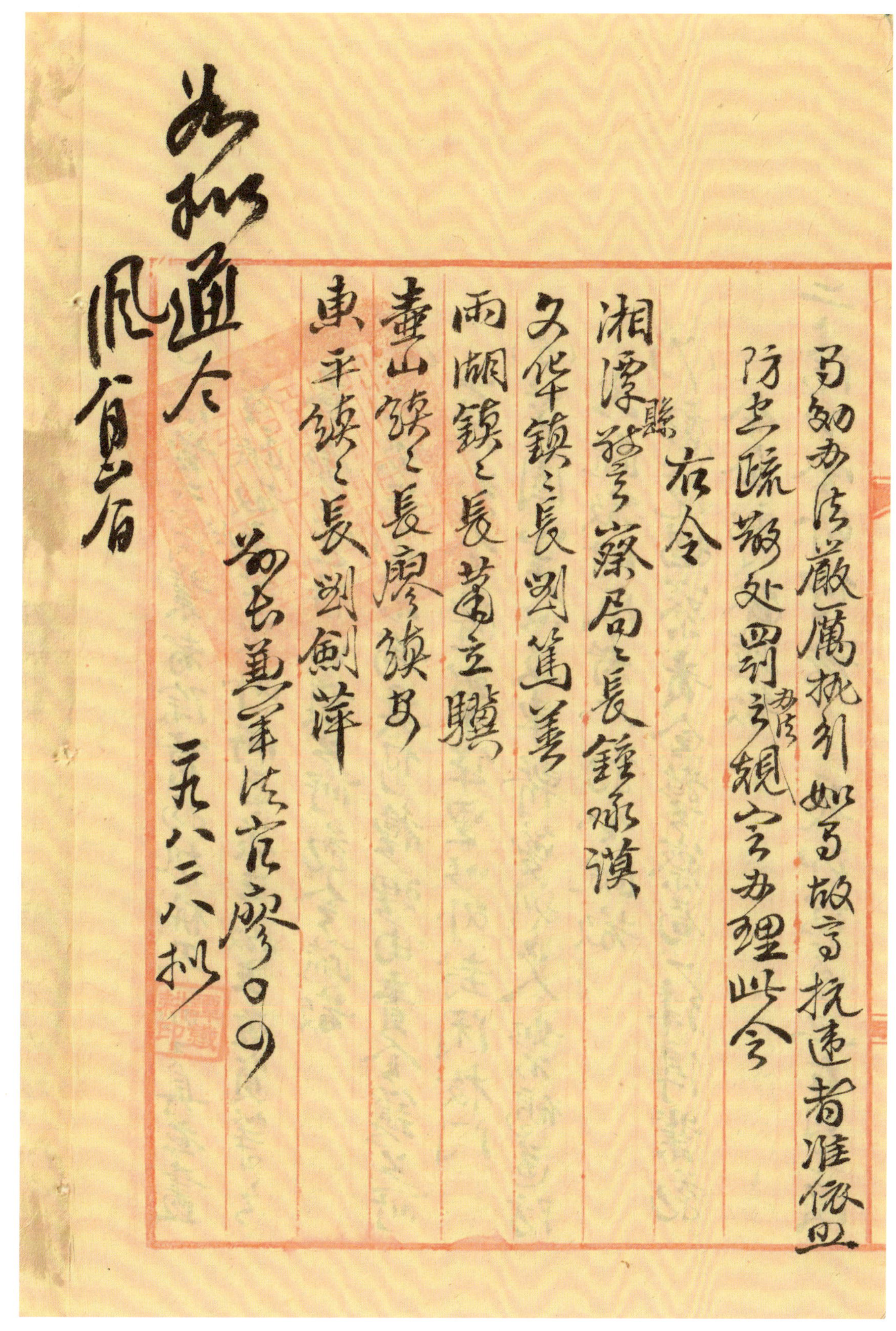

另知办法嚴厲執行 如有故意抗違者准依照
防空疏散处罰~~章~~办法規定办理此令
右令
湘潭縣警察局局長鍾承謨
文华鎮鎮長劉篤善
雨湖鎮鎮長葛立驥
壺山鎮鎮長廖鎮安
東平鎮鎮長劉劍萍
局長兼軍法官廖〇〇
三九八二八擬

如擬通令
佩[illegible]

湘潭县政府关于严催疏散的布告（一九四〇年八月二十八日）

速件

石印300、限三日内办好张贴

湘潭县政府布告

本府奉令疏散、十日限期已满、
廿七检查经过、居民尚多迟缓、
纵令生活所在、十里离城不远、
须知敌机狂炸、不论贫富等等、
浏阳前车可鉴、本城接近省首、
与其追悔莫及、何如及早避免、
责成各镇保甲、挨户催劝诚恳、
逆违上令抗外、分别罚金看管、
特再剀切布告、慎毋观望顽梗、

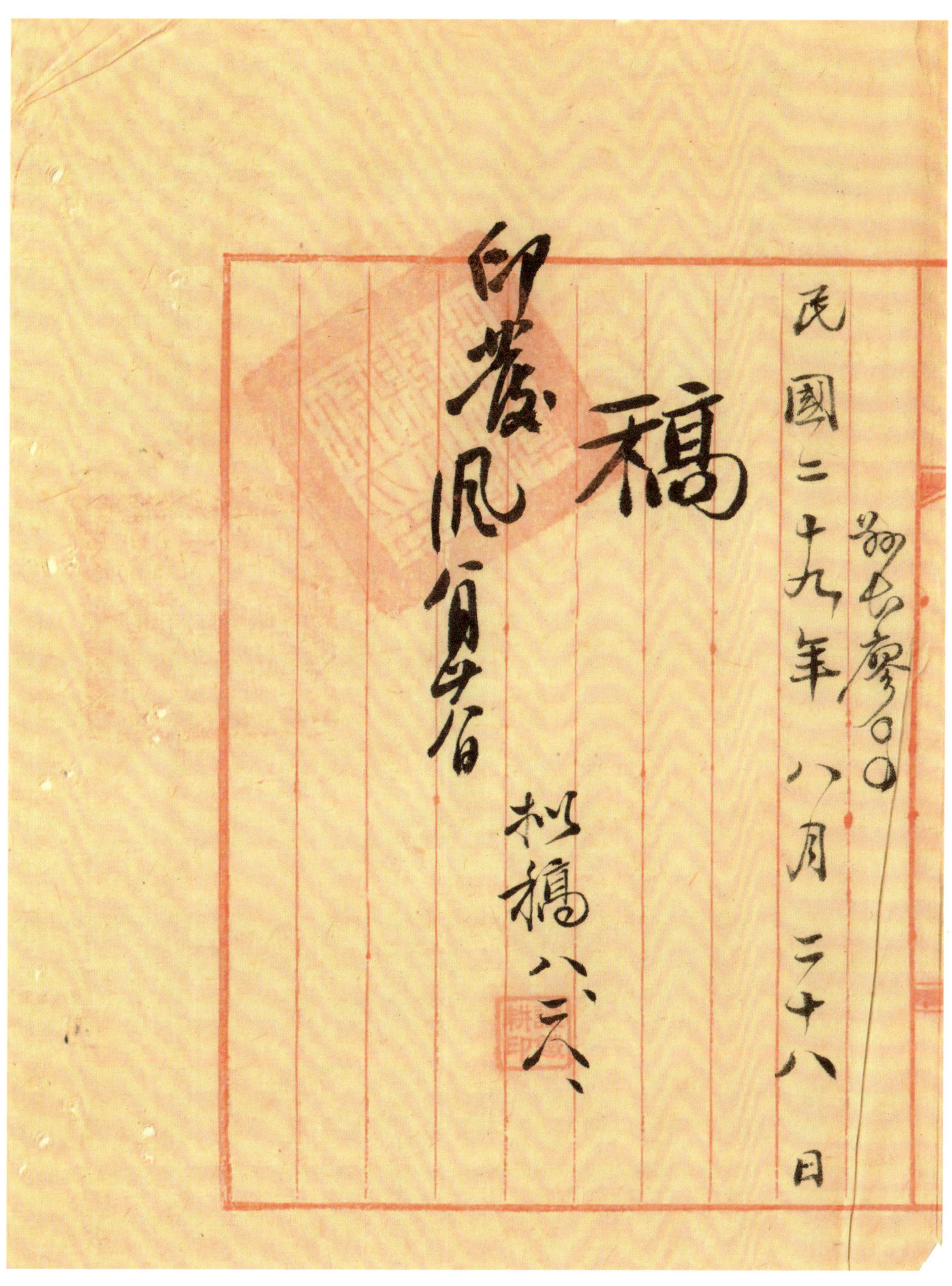
民國二十九年八月二十八日
副本廖○○
稿
印發仰見文官
朽稿八、二八、

湘潭县民生工厂关于防空疏散在未奉转上令核示以前拟仍照常工作并定九月一日正式开工开学致县政府的报告（一九四〇年八月二十九日）

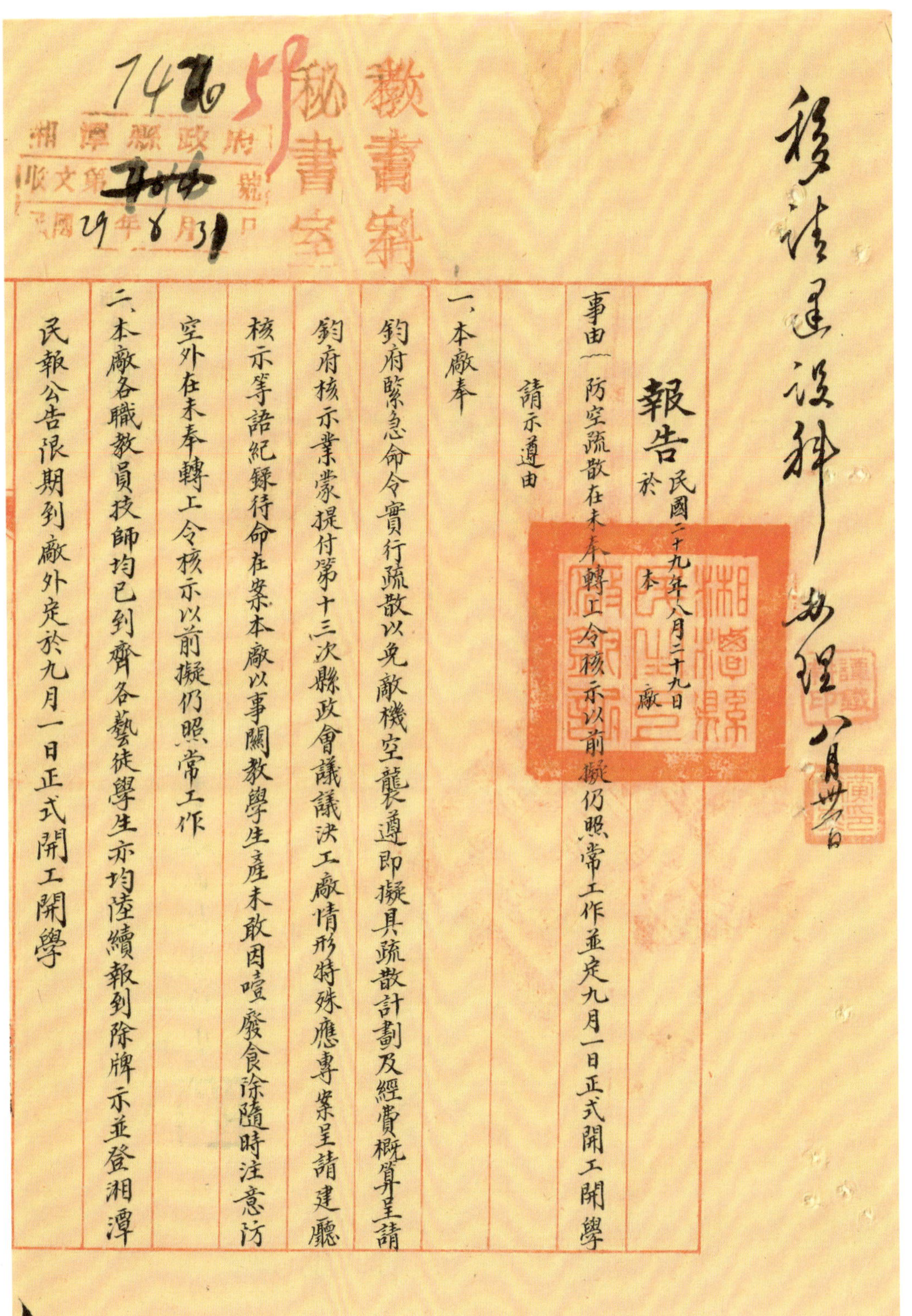

報告 於民國二十九年八月二十九日 本廠

請示遵由

事由：防空疏散在未奉轉上令核示以前擬仍照常工作並定九月一日正式開工開學

一、本廠奉

鈞府緊急命令實行疏散以免敵機空襲遵即擬具疏散計劃及經費概算呈請

鈞府核示業蒙提付第十三次縣政會議議決工廠情形特殊應專案呈請建廳

核示等語紀錄待命在案本廠以事關教學生產未敢因噎廢食除隨時注意防

空外在未奉轉上令核示以前擬仍照常工作

二、本廠各職教員技師均已到齊各藝徒學生亦均陸續報到除牌示並登湘潭

民報公告限期到廠外定於九月一日正式開工開學

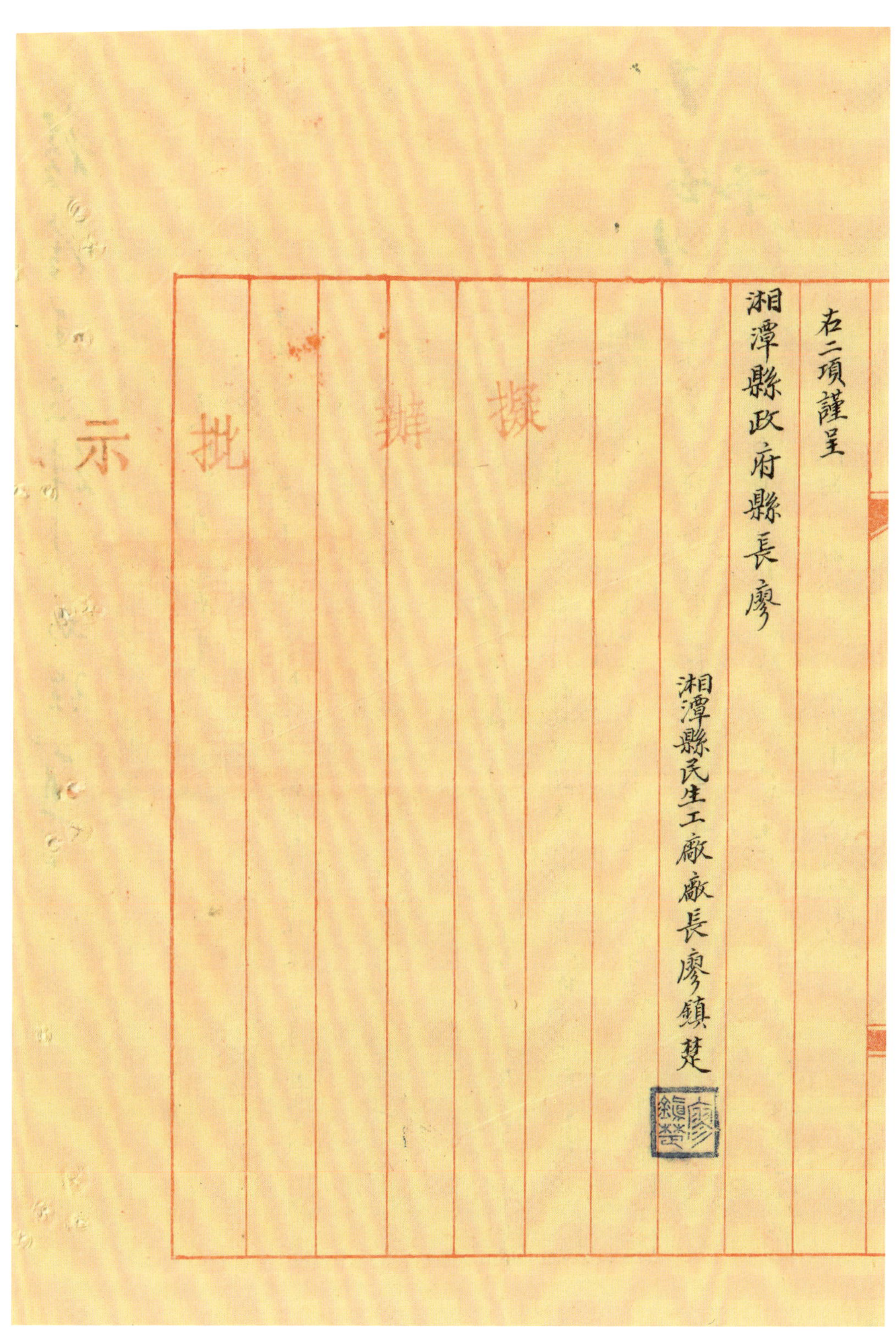

右二項謹呈

湘潭縣政府縣長廖

湘潭縣民生工廠廠長廖鎮楚

擬辦

批示

湘潭县政府关于限三日内城厢各学校一律迁至十华里以外致县警察局、城厢四镇的命令（一九四〇年八月三十一日）

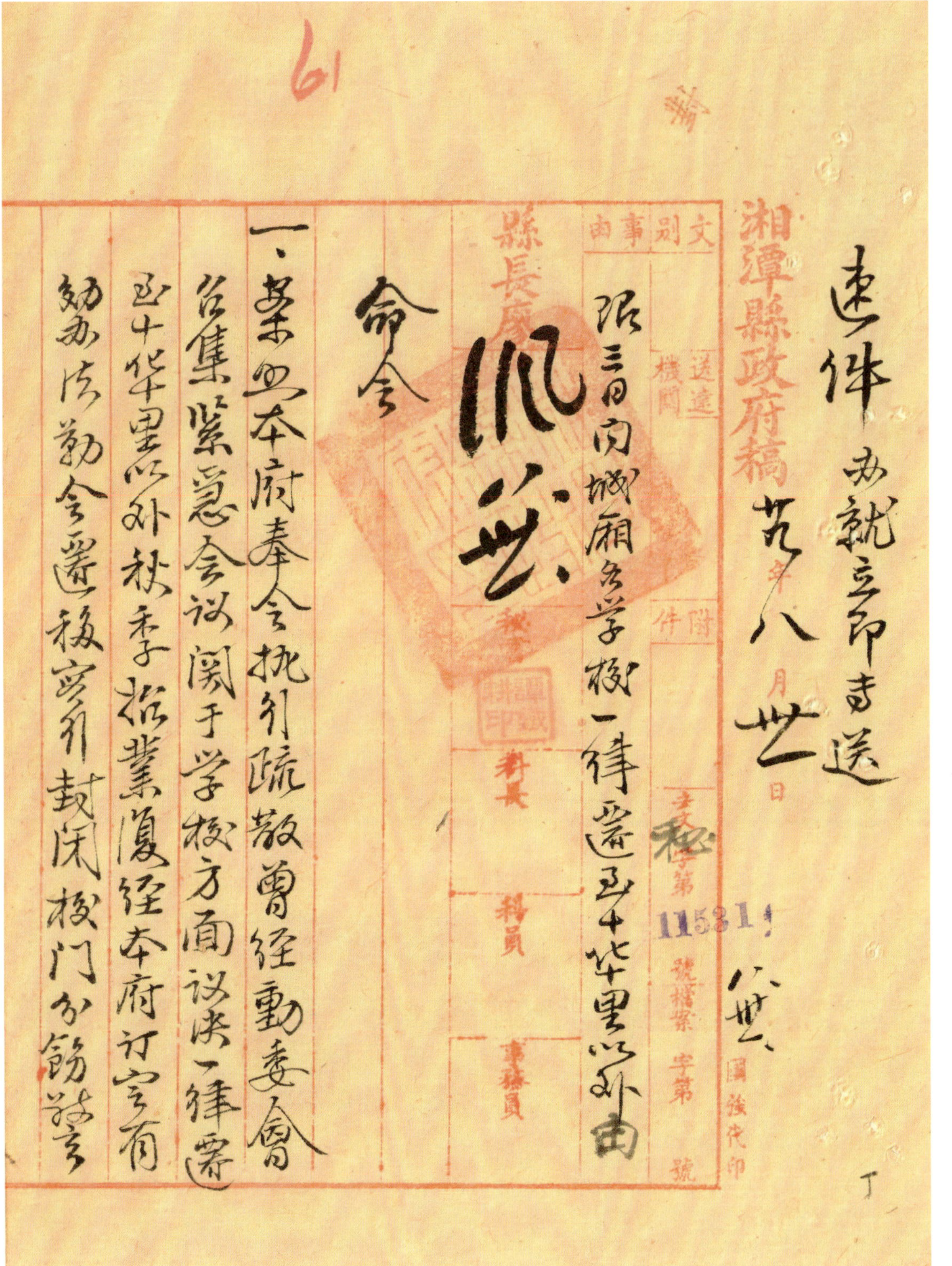
湘潭縣政府稿

速件

文别：命令

事由：限三日內城廂各學校一律遷至十華里以外由

一、案查本府奉令挑引疏散，曾經動委會召集緊急會議，關于學校方面議決一律遷至十华里以外，秋季招生復經本府訂定有效辦法，勸令遷移，實行封閉校门，分飭該警察局、鎮公所嚴厲執行，各社黨亦據報城廂內外各該學校仍多觀望徘徊等語，亟應嚴厲執行，限日疏散，以免意外。

二、責成警察局局長督同文華、南湖、壺山、東華四鎮鎮長將城廂內外各該學校於令到三日內勒令疏散至五十華里以外之鄉莊，秋季始業限開即將該校封閉，任具何種理由，絕對不許通融。此令

需用封條張數逕函本府具領。此令

右令

警察局、城廂四鎮

縣長兼軍法官廖○○

湘潭县政府、湖南省政府等关于遵令执行人口物资疏散等情的一组文书（一九四〇年八月三十一日至九月十日）

湘潭县政府致第九战区司令长官司令部、湖南省政府等的呈（一九四〇年八月三十一日）

查填官銜暗碼　　譯普

電呈層峯通令執行疏散由

長沙第九戰區司令長官薛、耒陽省政府主席薛、全省防空司令李、瀏陽專員兼司令翁、衡陽防空司令王鈞鑒：朝密案奉層峯電令，飭將人口物資限日疏散辦竣具報等因，遵經召集機關法團緊急會議，議決疏散辦法，暫飭警局城湘四鎮嚴厲執行，所有戲院娼寮，從八月廿二日起實行停業，勒令疏散，各學校限日離開十華里，秋季始業，廿日經職協同駐防部隊及黨政各機關全體動

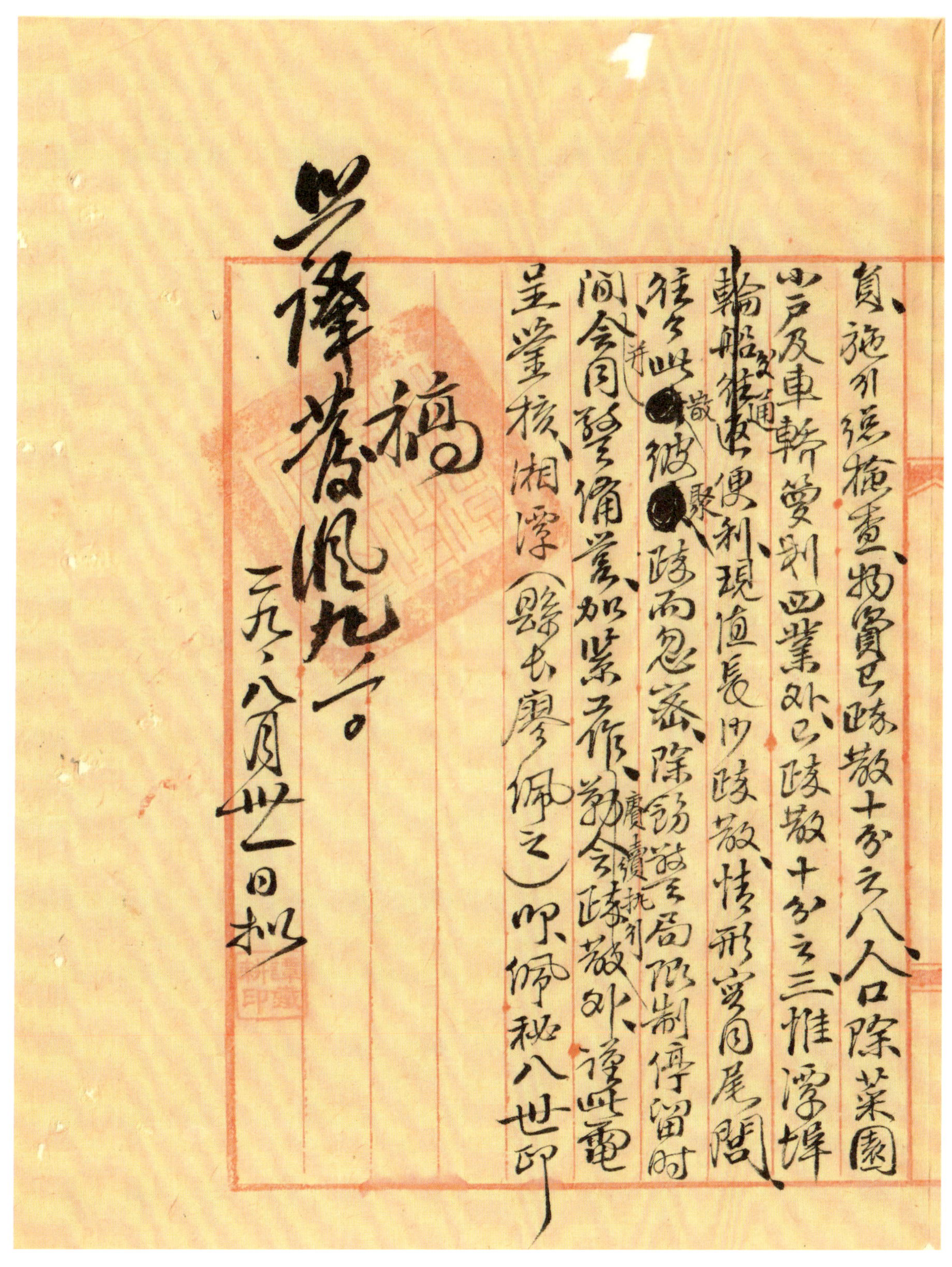

負，種植、畜牧、貿易已跌散十分之八，人口除菜園小戶及車轎貿別四業外，已跌散十分之三。惟潭埠輪船交通便利，現值長沙跌散情形，實同尾閭，往往並此散彼聚，跡而忽發，除飭縣局限制停留時間，會同警備營加緊工作，賡續撫引跡散外，謹此電呈鑒核。湘潭（縣長廖佩之）叩。佩秘八世印

照譯蒼楓九六稿

二九、八月廿一日擬

湘潭县政府致第九战区司令长官司令部、湖南省政府的呈（一九四〇年九月二日）

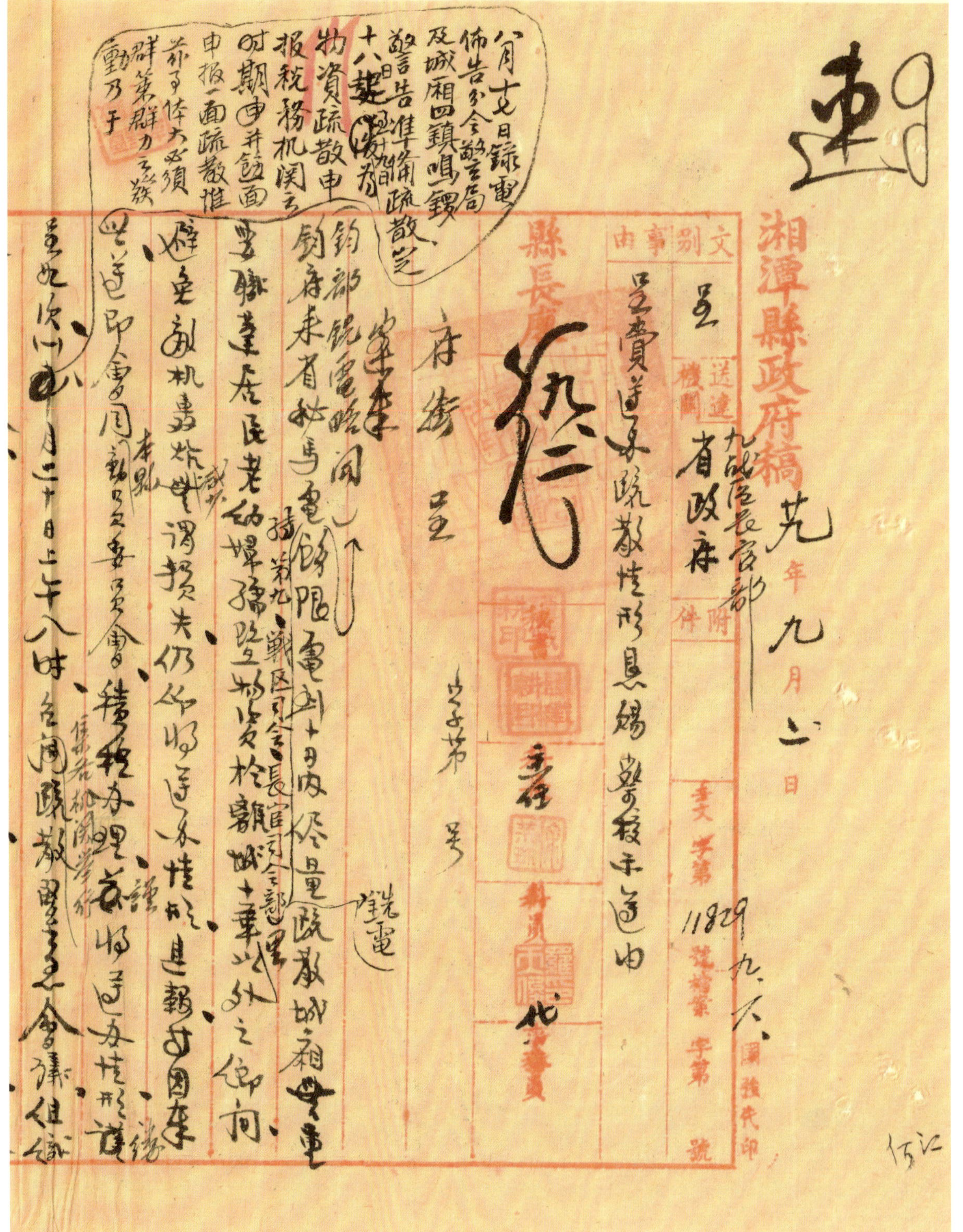

疏散委員會，召集會議處理疏散事宜，訂定疏散辦法，經八
月二十日起至二十六日止，為嚴厲執行疏散期間，所有公務人
員眷屬及老弱婦孺限期疏散，無正當職業者一律，娼寮、妓女、戲院、劇場、書
月廿六日起勒令停業，物資方面嚴即限疏散鄉村，公學
校亦宜分區遷鄉開學，並取締車輛，會同四業公會以上壹乘疏散期間
力。
資，俾空場分壁限，以限制林命令遷移，出境者除留少數守
房外，其餘每日上午八時起至下午四時，一律疏散鄉村，並
劃定防空警報圖及防空注意事項，俾有所遵循而免
遭受轟炸。（三）八月廿六日上午八時，召開首次疏散會議，決定飭
縣府會同警察處徵調機關會同組織公私物資疏散聯合

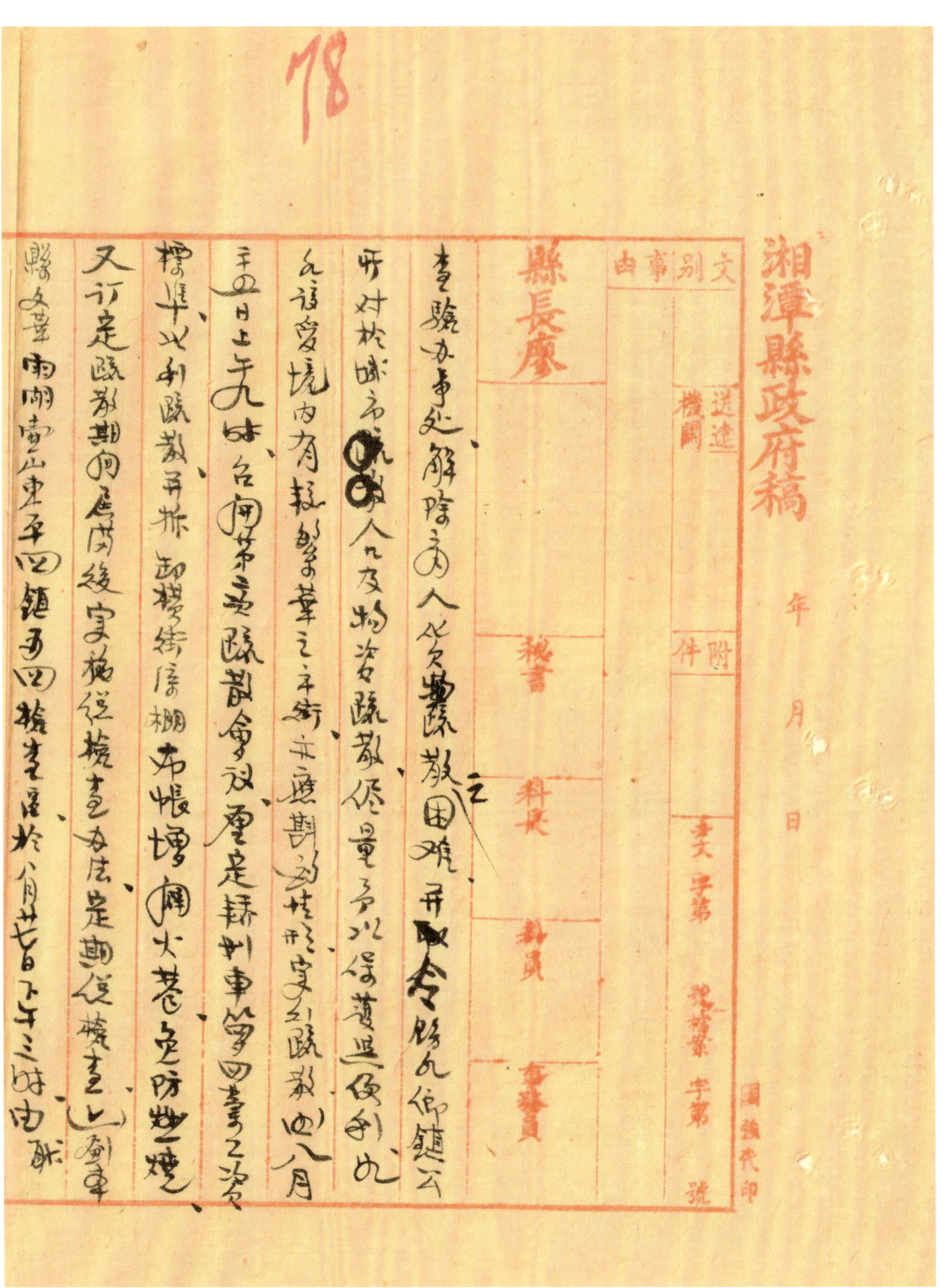

湘潭縣政府稿

文別

事由

送達機關

附件

年　月　日

發文　字第　號

歸檔案　字第　號

國強代印

縣長廖

秘書

科長

科員

書記員

查縣府事處解除市内人心恐慌疏散困難，并取令防空仰鎮公所对於城市人口及物资疏散尽量予以保護通便利，地方設爱境内有據繁華之市街，并應劃為特形定疏散地，八月廿五日上午九時召開第二次疏散會議，决定將此事第四款之资標准予以利疏散，并拆卸樓街房棚布帳搏開火巷，免防火烧，又訂定疏散期間居民後宅務從横直布法，定期從横直之劃牽縣文華、雨湖、壺山、東平四鎮分四種造意於八月廿七日下午三時由縣

本月內敵機圍炸全縣去年、各區境遭遇有老幼婦孺及無正當職業民眾，凡在市區停滯者，勒令疏散，抗不服從者，處以○日以內之勞役，如係婦女則拘解出境，如此家庭疏散嚴切執行，收效甚大（經相當執行後，市區計共疏散約十分之八，人口約十分之三（四）（七））。九月一日止，凡婦女向第三次疏散會議訂定疏散期間，本縣城區近郊房屋租佃辦法、城市市民個人疏散之籌畫、增進疏散之效力，並擬定期於本年第二次疏散後，除分別電呈外，查而實際之疏散，尚在令飭，因現在擬同四次會議之決案並の各疏散辦法、疏散布告、實施細則、疏散辦法、疏散期間、本縣城區近郊房屋租佃辦法、防空之團、防空洞建築及設備一切，等項呈鑒核示遵，謹呈

第九戰區司令長官　薛
湖南省政府主席　薛

全銜縣長廖○○

附件

附一：三次会议记录

90

疏散委员会首次会议

时间 八月廿日上午八时

地点 本会议室

到会人 李荣云 易治国 彭[illegible]

杨志佩 黄子华 李主[illegible]

叶晓飞 殷润民 张海[illegible]

罗大忠 徐业珍 王[illegible]询

廖佩之 谭铁耕 赵拔群

主席 赵拔群

纪录 萧鸣

甲、报告事项（略）

乙、讨论事项

1、商存货物疏散近郊，应如何与各税务机关取得联系，俾进出之货，易于疏散案

议决：函请税务局货物进出稽查变通办法，由同会组织湘潭市区货物疏散联合查验办事处办理货物疏散事宜，由商会召集

2、本商会为货物疏散，黄龙、白石、忠信三乡呈请转函县饬乡公所组织巡逻队日夜严密巡查，以防意外，可否，请公决案

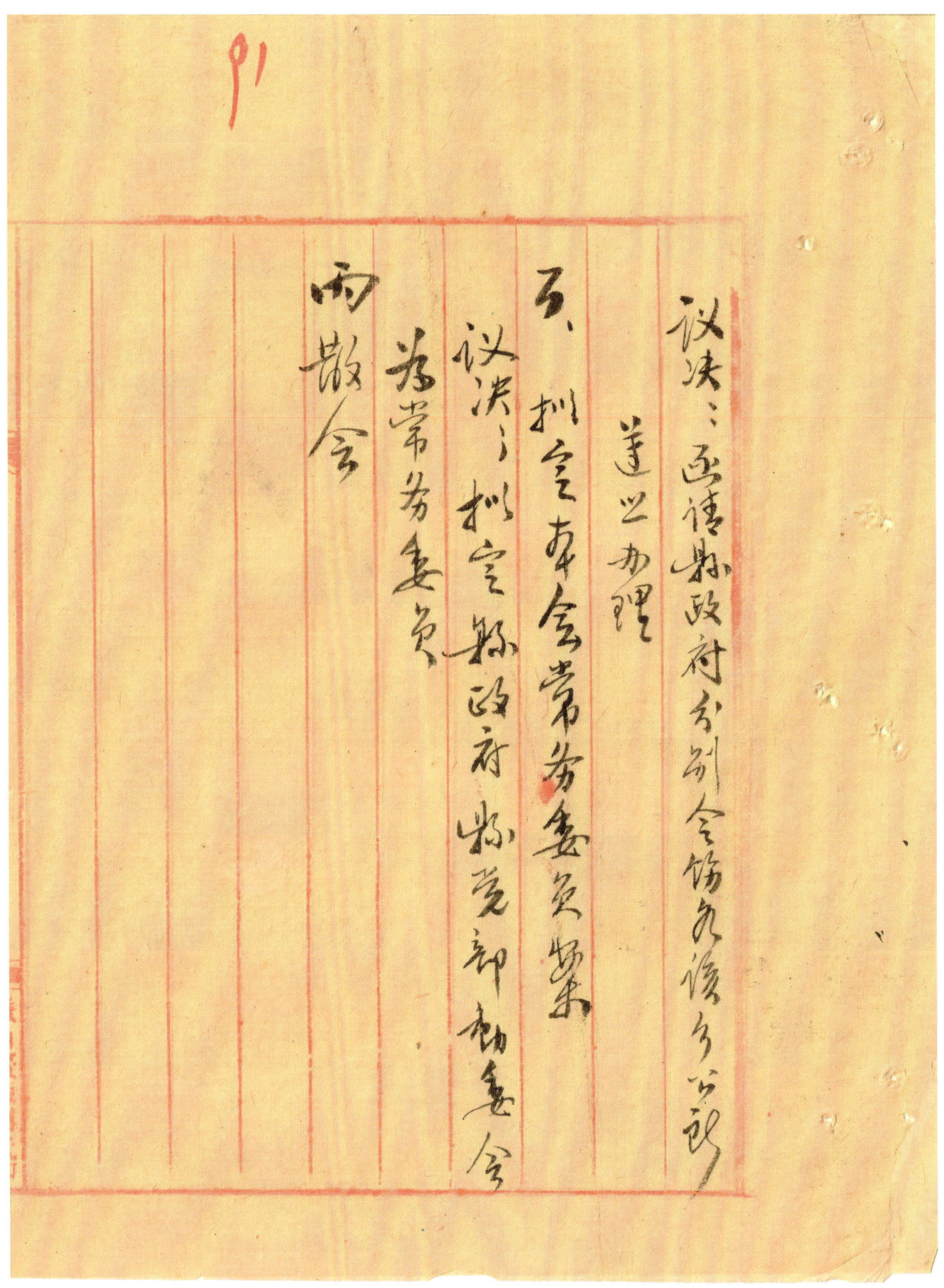

议决：函请县政府分别令饬各区乡公所遵照办理

五、拟定本会常务委员案

议决：拟定县政府、县党部、动委会为常务委员

六、散会

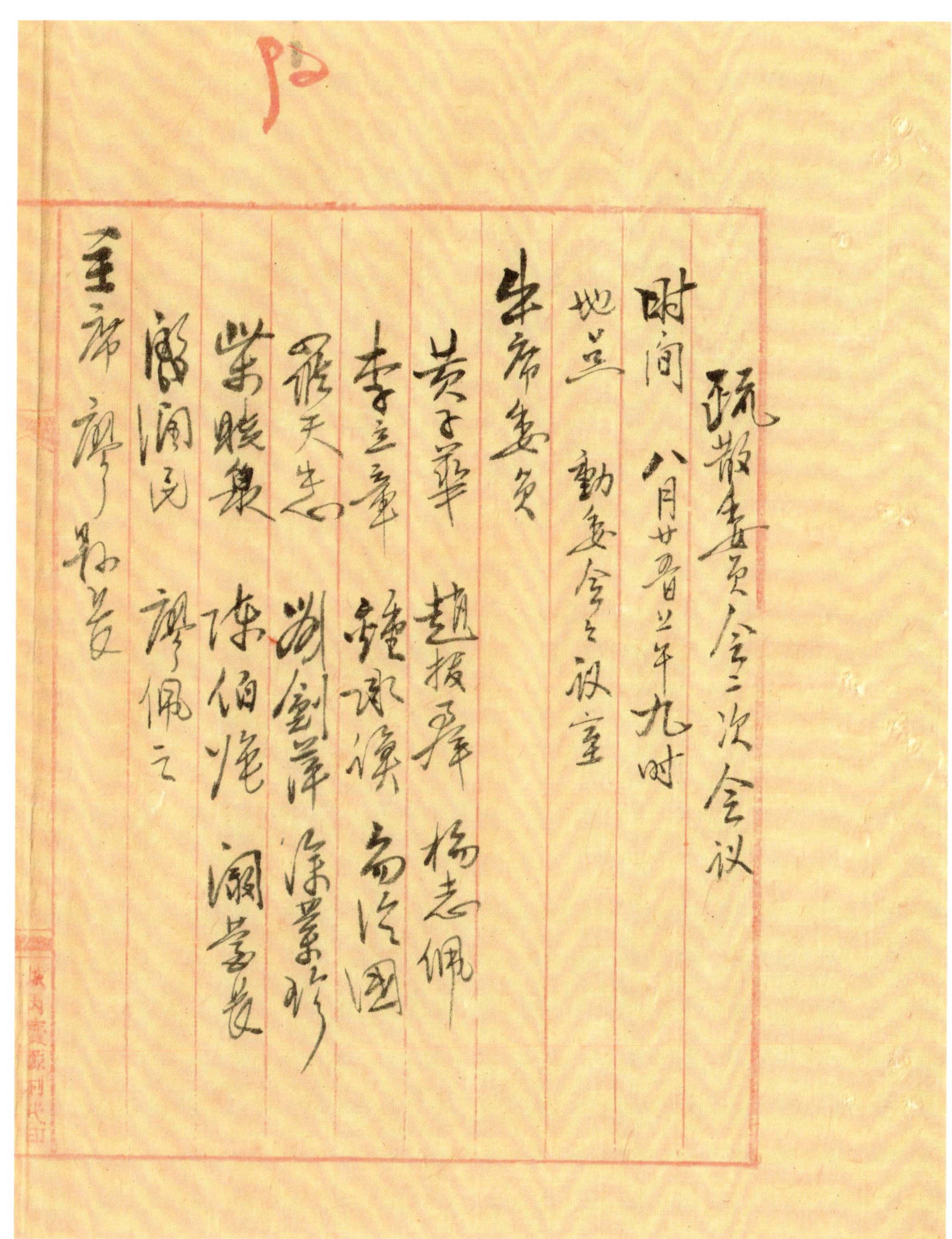

疏散委员会二次会议

时间 八月廿二日上午九时

地点 动员会会议室

出席委员

黄子华 赵援群 杨志佩

李立章 钟洛溪 高冷园

罗天生 刘剑萍 梁業珍

柴晓泉 陈伯焕 阚学良

谢润民 廖佩之

主席 廖了群

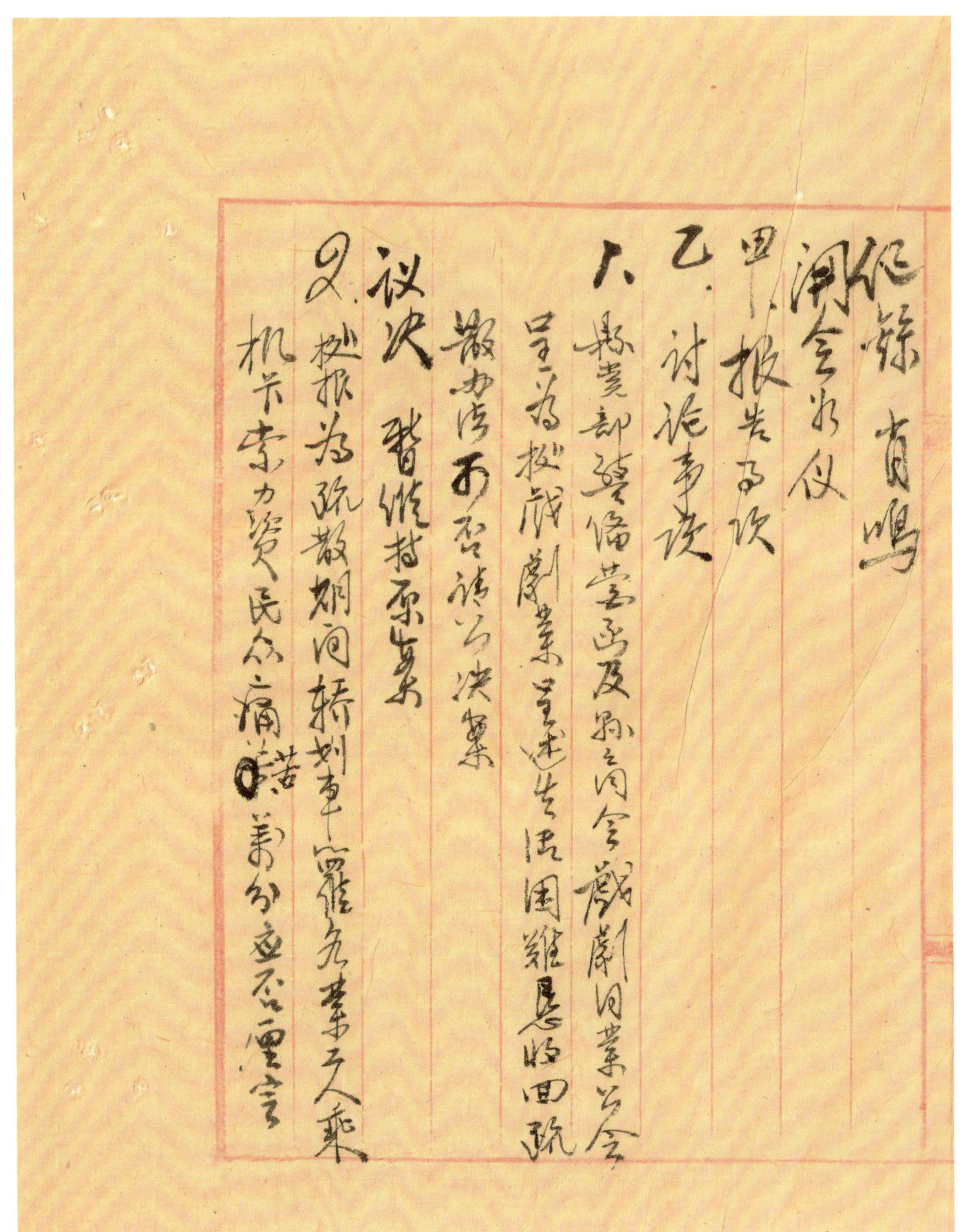

纪录 肖鸣

开会如仪

甲、报告事项

乙、讨论事项

一、县党部暨警备区及县商会戏剧同业公会呈为拟戏剧业营业生活困难恳将四疏散办法可否请公决案

议决 暂维持原案

二、拟报为疏散期间轿划车辆先业工人乘机索力资民众痛苦万分应否重定

四、取締車標，以資限制而利疏散案

(1)划力不得超過五個碼頭，依照原規定價目辦理。

(2)挑力規定長途每里以三分計算。

(3)轎力規定長途每里以六分計算。

(4)人力車在市區照原公佈規定分段價目，每段加五分，郊外照挑力價算。

以前項交警察局召集總工會及各業工會負責人會商辦理，呈准縣府佈告施行。

五、擬取締城區近郊房租請議應如何釐定標準切實取締案

議決：(1)禁止房主拒租及故意抬高租價。

(2)非正式疏散期间敌袭之卡索情人民向县府请示

(3)由县府布告晓谕并令协防区心苦虑忠信晓谕等乡公所随时查察取缔

4、为防止敌机投掷燃烧弹以免大势蔓延起见横街凉棚拟一律拆卸可否请公决议

议决：所有篾搭木棚布帐一律拆卸由警察局防护团执行

5、本县市区火患堪虞拟增加向阑手不足请公决案

议决：函请县府根据前原案办理

6、老弱妇孺及无正当职业者应如何彻底疏散也求

议决：由县府责令四区公所及该区公所分驻所特别
注意河沟街巷，居民须随时勤令清扫，疏通市区
以重卫生计划，应如何切实执行案
议决：由县政府分别函令该区商会转饬各区商号农会分别
在本市附近不准进街，在该地报送出产种类数，绝对通过
8、本市各公私立学校疏散以后应如何确定
案
议决：俟村原案疏散各村间等再由县府饬
教育科拟具详细计划办理
丙、议毕散会

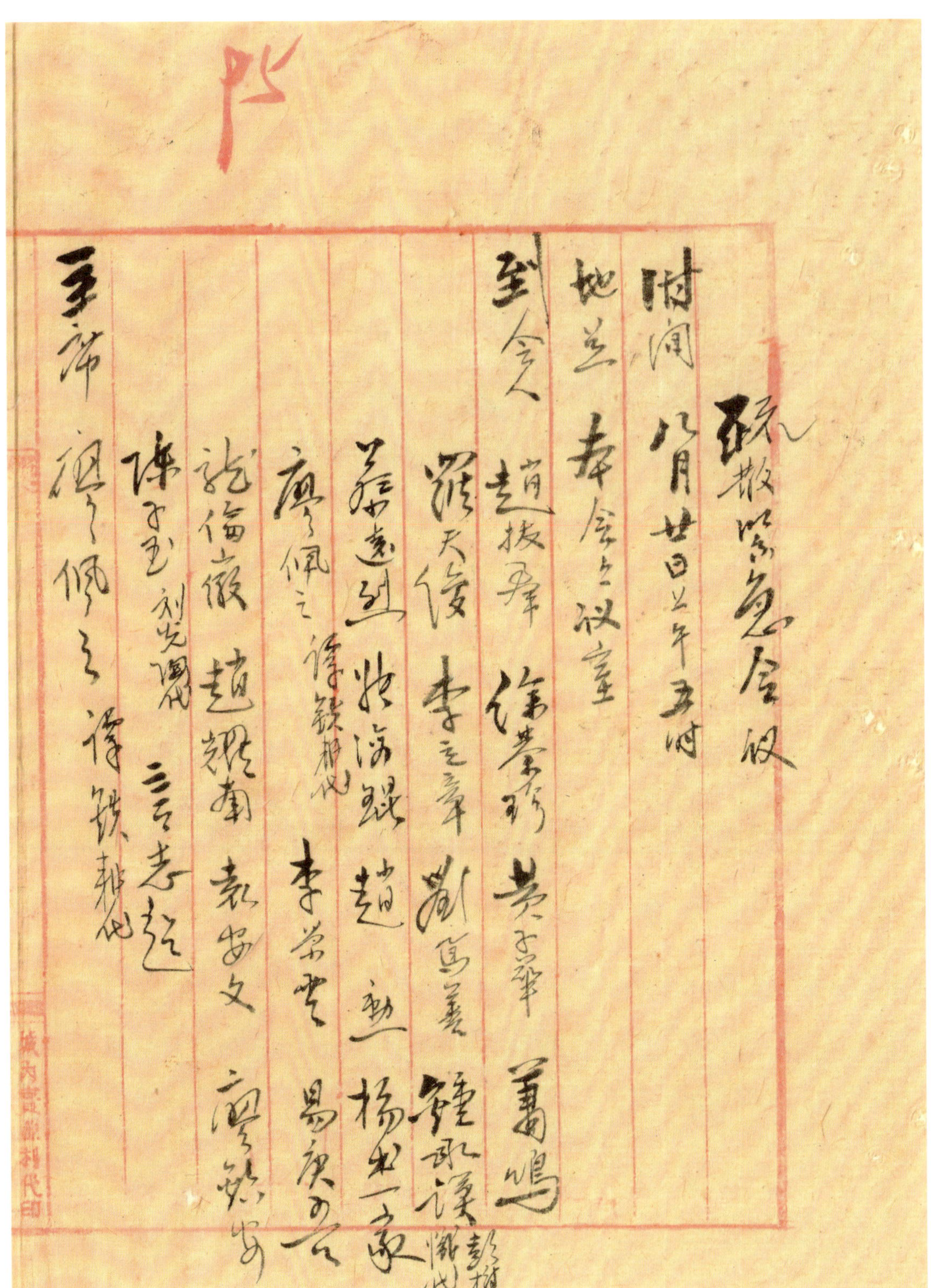

疏散紧急会议

时间 八月廿日上午五时

地点 本会议室

到会人 赵拔萃 徐荣珍 黄子华 万鸣

罗天俊 李芝华 刘笃蕃 钟永谦 彭树勋代

蔡远烈 戴海银 赵勋 杨秋一家

廖佩之 谭铁樵代 李荣云 易庚百

龙伦徽 赵耀南 袁安文 廖铁安

陈子玉 刘光耀代 王志超

主席 廖佩之 谭铁樵代

记录 萧鸣

报告事项

主席报告召集紧急会议意义

讨论事项

一、本省府党会限期疏散应如何遵办案

议决：一、组织疏散委员会，根据省党部、县政府、县动委会暨保安防护团暨警察局、税务局、党运稽查处、四联分处、县商会、渔会各主管人为委员，并推定动委会召集首次会议。

二、此项通知应如何着手案

86

议决：(1)湘河口架设轻便浮桥由县政府令行署迳代办
并立即办理
(2)渡河小划不得作疏散运输货物用
(3)疏散路间车轿船划由业主人力资不得高抬
由水陆两警局随时查察取缔
(5)市区人口应如何疏散案
议决：(1)凡各机关公务人员家眷统限八月廿八
日以前从先疏散
(2)凡城男女除年十六岁以下五十岁以上及无正当职
业者一律疏散

（5）凡应留市区之適龄壮丁及防护消防各团之职务者不得藉故疏散抗不服从并查照严厉处办

（4）本市妓女从廿二日起勒令疏散由警察局严令执行

（6）市区内所有烟馆从廿二日起一律停业由警察局切实执行

丙、物资应如何疏散案

议决：甲、关于商店货物者

（1）函请税务局货物登记稽查变通程变对货物疏散侭量予以便利

（2）商店货物未及向税务机关领证疏散途扣着将来笺退回本市即请税务局货物登记稽查变设法补具救济手续

87

密

乙、關於資源保存

1、各種工業或工廠機器應移設鄉下工作

2、糧食燃料及重要器材一律疏散鄉村儲存

以上二項由商會總會分別勸導於廿五日以前疏散完竣并由警察局第一總隊同防護團及四鄉公所負責

5、本市各級學校應如何疏散案

議決：函由縣政府通令市區各公私立學校在未開學前自行遷移鄉村開學

6、黨政各機關應否設置郊外辦公處案

議決：各機關重要文件由各機關自行儘擇藏

以補強疏散之商

甲、由動員會擇定安全地點為各機關臨時辦公處所

乙、改訂各機關晴天防空疏散時間每日

自上午五時起至九時止午後三時卅分起至六時止

從廿三日起實行陰雨天仍照常辦公

丙、在疏散時間各機關應輪派重要職員

至臨時辦公處以資聯絡

以上四項請省政府通令各機關實行

丁、限疏散期滿後（廿五日）應至遲一律從速搬運安全

議決、定廿七日下午四時由李處長召集各機關全體動員分區換發總查

各區域之區分人員之分配由動員會計劃辦理後

呈送漢口防空疏散辦法並依據上章所編要點辦法

要點附後

附錄之

附二：疏散布告

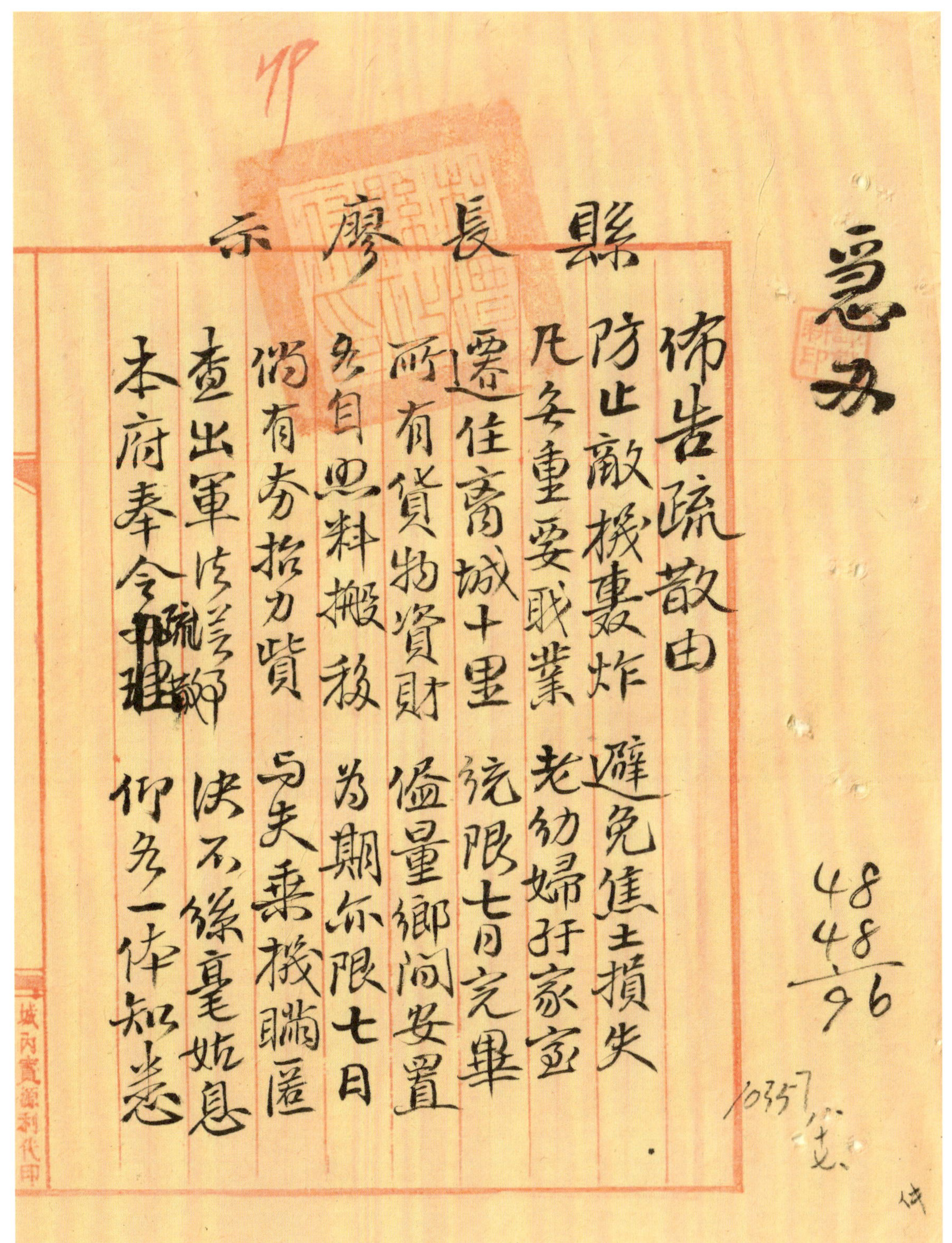
急办

縣長廖示

佈告疏散由

防止敵機轟炸　避免焦土損失
凡各重要職業　老幼婦孺家室
遷往離城十里　統限七月完畢
所有貨物資財　儘量鄉間安置
各自照料搬移　為期亦限七月
倘有吝惜力費　與夫乘機瞞匿
查出軍法從事　決不絲毫姑息
本府奉令辦理　仰各一体知悉

48
48
96

10357

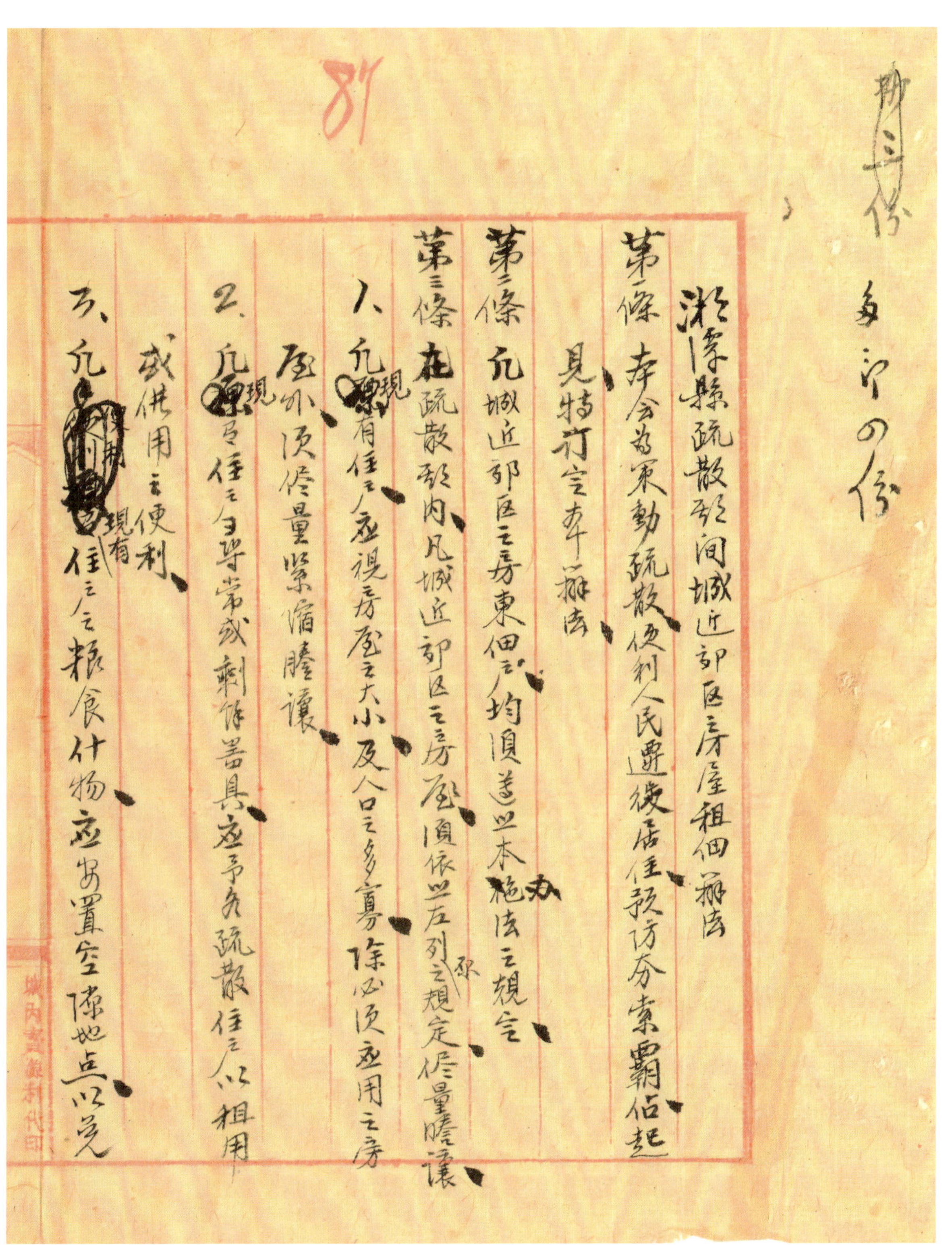

附三件

湘潭县疏散期间城近郊区房屋租佃办法

第一條 本会为策动疏散便利人民避後居住，預防分索霸佔起見，特訂定本辦法。

第二條 凡城近郊区之房東佃户均須遵照本辦法之規定。

第三條 在疏散期内凡城近郊区之房屋須依照左列之規定儘量騰讓。

一、凡現有住之人应視房屋之大小及人口之多寡，除必須应用之房屋外，須儘量緊縮騰讓。

二、凡現有住之日常或剩餘器具应予免疏散住之人以租用或供用之便利。

三、凡現有住之人之粮食什物应安置空隙地点以免

佔领房屋、

4、各个个机关房屋不敷应用，得自备工料，商承房东赶搭小棚供用，房东不得拒绝或卡索地租，一俟解除疏散之日拆屋还基，两无异言。

5、凡现居住之人之厨房、食堂、厕所，在可能范围内，须应予各疏散住户以通用之便利，不得另取租金。

6、凡祠庙公所须尽量腾让房屋，作各学校机关或家属难民之用。

7、凡各疏散户关于租佃房屋借基搭棚及借用什物等，均应依

以上各条保甲立字约，共同遵守，不得藉口疏散肆行强佔、

以免糾紛。

第四條　城近郊區房屋之租金，每間每月一元以上，任何地方之房屋，每間每月不得超過五元，但之須按月繳納，不得拖欠。至為祠廟或地方公有者，須以義務借用。

第五條　凡違反本辦法第三四條各款之一者，得報由當地鄉鎮公所或警察局所轉請縣府究辦。

第六條　本辦法由湘潭縣疏散委員會議決通過，報請縣政府，分呈第九戰區司令長官部、湖南省政府，備案施行。

附四：防空图

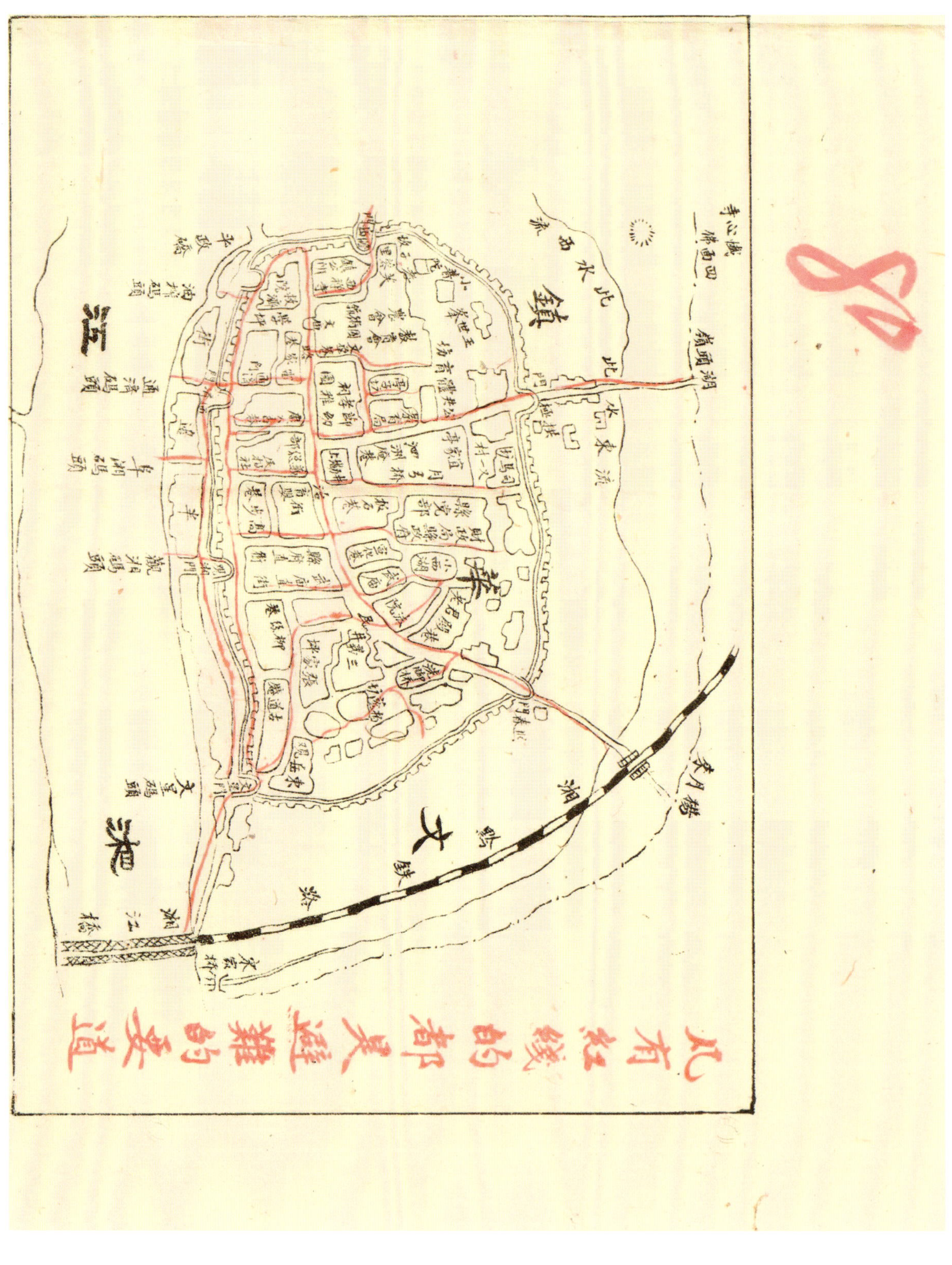

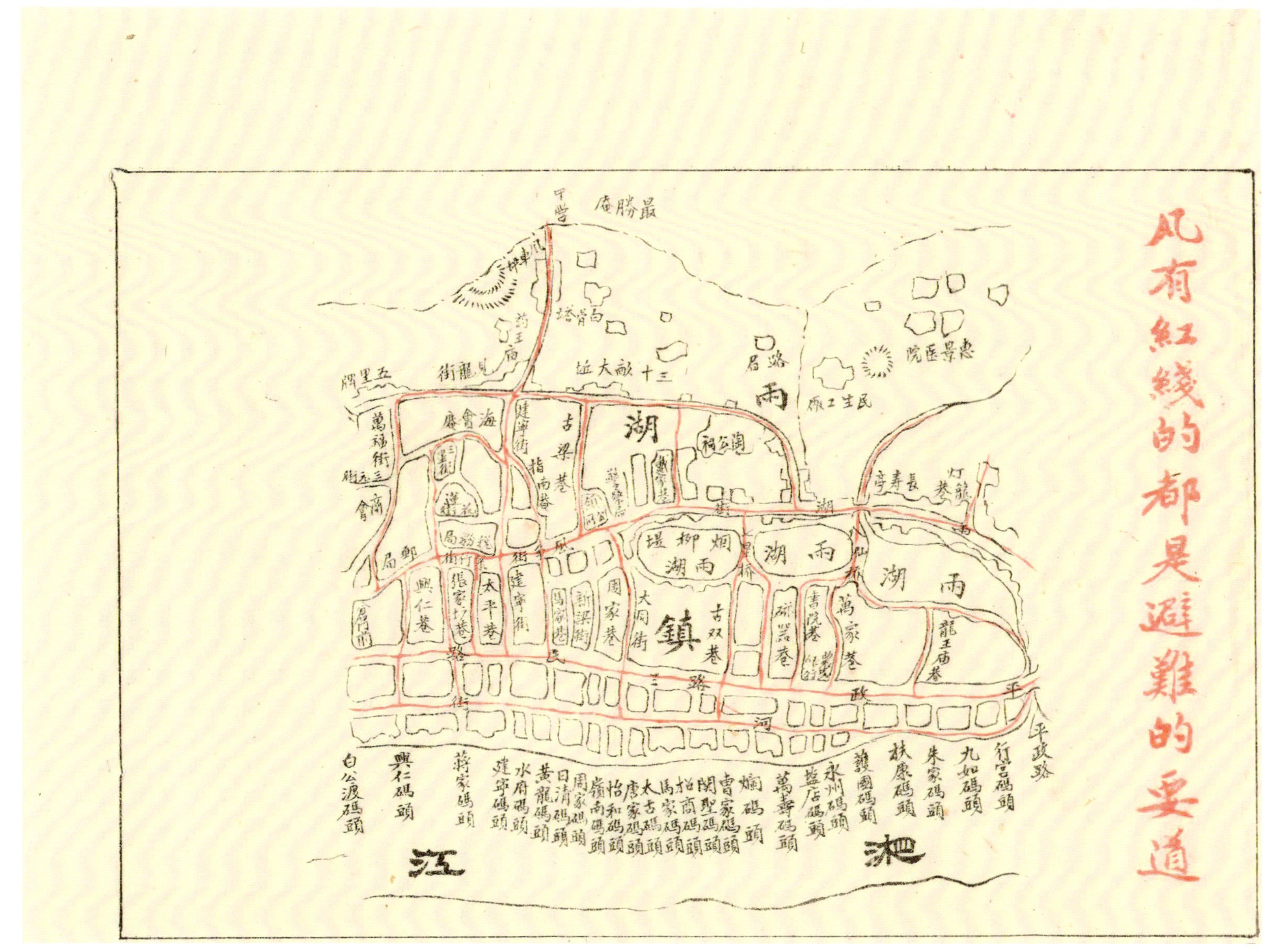
凡有紅線的都是避難的要道
最勝庵
五里牌
見龍街
三十畝大塩
路局
雨湖
民生工廠
惠景医院
海會庵
古梁巷
指南巷
萬福街
三義街
商會
郵局
長壽亭
灯籠巷
烟柳堤
雨湖
雨湖
雨湖
興仁巷
太平巷
建寧街
周家巷
大同街
古双巷
鎮
萬家巷
龍王廟巷
平政路
行宫碼頭
九如碼頭
朱家碼頭
扶康碼頭
永州碼頭
萬壽碼頭
曹家碼頭
関聖碼頭
馬家碼頭
太古碼頭
唐家碼頭
怡和碼頭
嶺南碼頭
周家碼頭
日清碼頭
黃龍碼頭
水府碼頭
建寧碼頭
蔣家碼頭
興仁碼頭
白公渡碼頭
湘
江

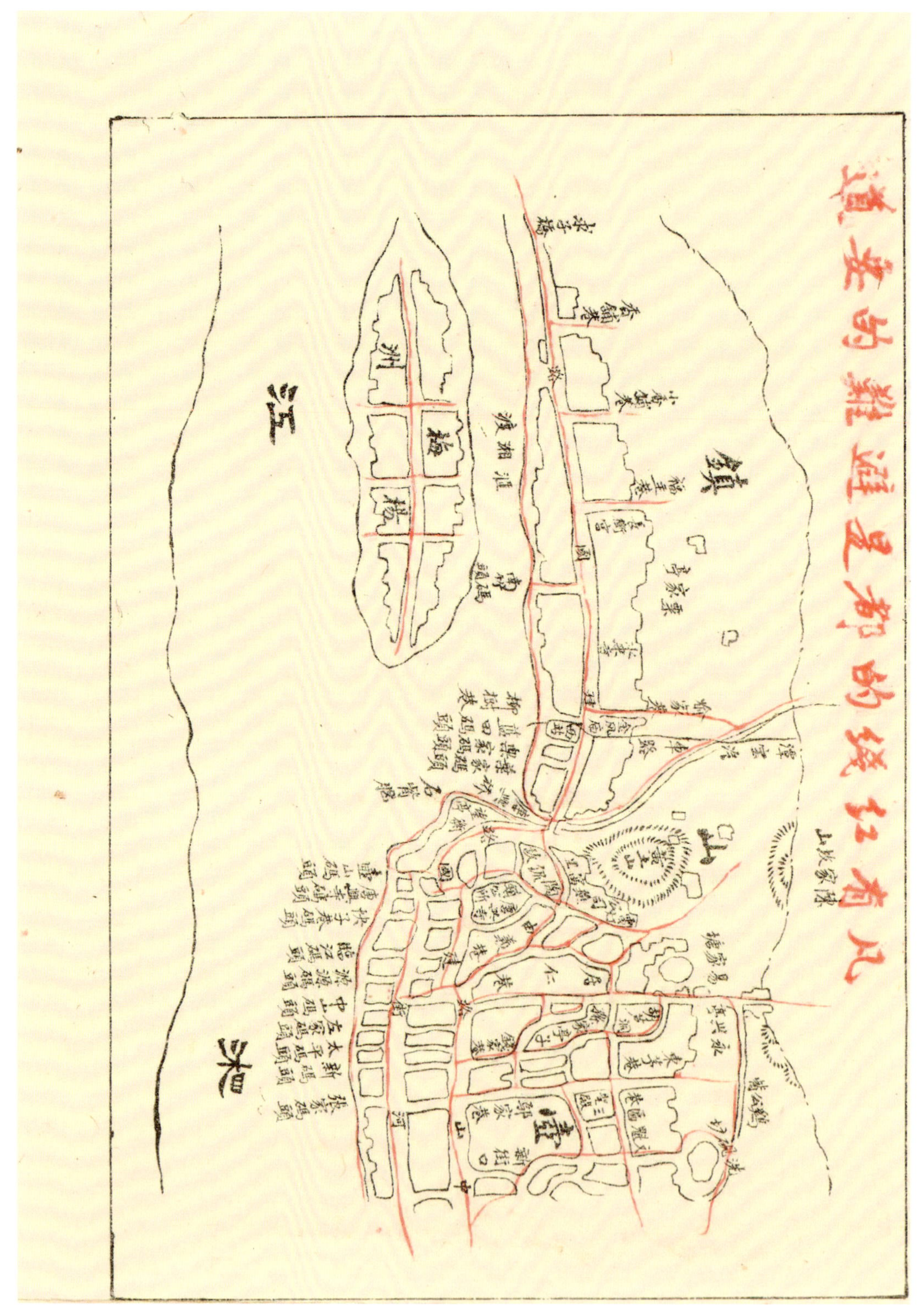
凡有紅綫的都是避難的安道
陳家坎山
鎮
山
黃土山
栗家亭
福主巷
小香鋪巷
香鋪巷
求子橋
易家塘
永興亭
東茅巷
鄧家巷
居仁巷
壹
新街口
中山
河街
南碼頭
楊梅洲
湘江
柳樹巷
藍田碼頭
石背腦
張家碼頭
新碼頭
太平碼頭
左家碼頭
中山碼頭
源源碼頭
臨江碼頭
筷子巷碼頭
唐興寺碼頭
壹山碼頭

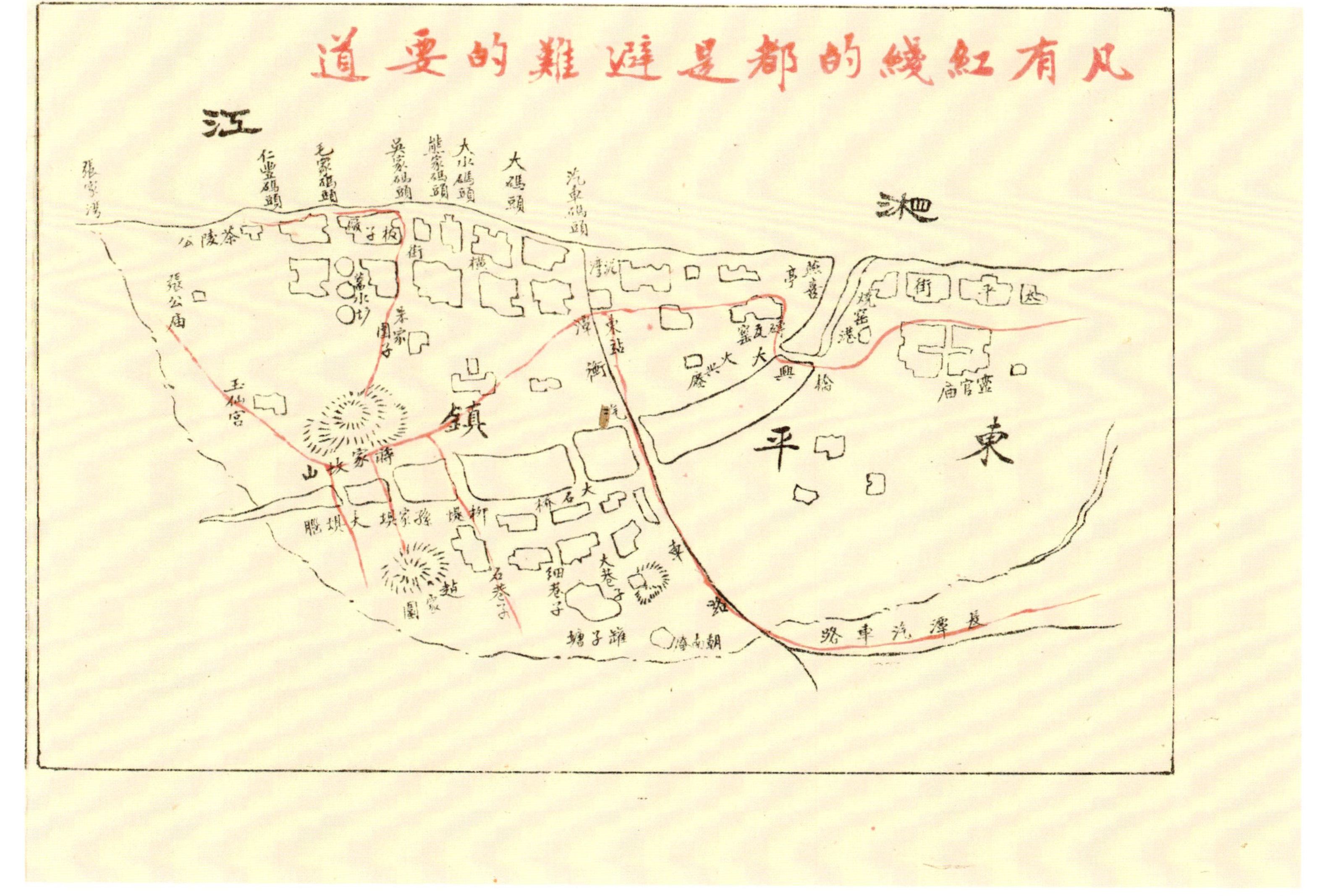
凡有紅綫的都是避難的要道
江
池
張家灣
仁豐碼頭
毛家碼頭
吳家碼頭
熊家碼頭
大小碼頭
大碼頭
汽車碼頭
張公廟
玉仙宮
鎮
平
東
靈官廟
長潭汽車路

附五：防空注意事项

防空注意事項

(一)平時應注意事項：

1.洋油汽油火酒硝磺稻草毛柴以及一切容易着火之物，應妥為安置并與廚房隔離、樓上絕對禁止安置爐灶、

2.烟頭紙屑不准亂擲，香燭紙錢蚊煙使用時宜注意防止火花，引起火災，發放警報時絕對禁止燃放鞭爆、

3.商店住戶應自備水缸，常儲滿水，并多備沙袋，以作撲滅火源之用。

4.市區房屋墻壁應一律塗成黑色

5.玻璃明瓦以及一切發生反光作用之物件應一律取締、

6.街道巷口不得懸掛紅白黃等標語商店布質招牌不准用顯露目標之顏色

7.紅白喜慶不可使用旗幟儀仗彩牌孝棚

8.機關團體學校員役夏季服裝以用草綠色和草黃色為好、

(二)避難和工務方面應注意事項：

1.平時應在空曠地帶多築防空壕、防空坑或分散之掩蔽部、

2.防空壕之建築以採用電光形蛇行形鋸齒形梯次形横墻形等之坐立式寬度以能容兩人為適當、

3.建築防空壕坑、須距離建築物較遠、俾房屋倒坍時、不致波及、

4.民衆避難時、應服從防護人員之指揮、保持肅靜、

5.如遇敵機到達領空時應立即隱蔽不可亂跑以免發現目標、

6.發放空襲警報時應即將曝晒室外之衣服被褥等收拾、以免發生目標、

7.夜間發放警報時、應立即熄滅燈火、

8.發放緊急警報時、應立即斷絕交通一切室內工作同時一律停止、

(三)消防方面注意事項：

1.發生火災時應立即以電話報告消防隊及警察機關、

2.如遇偶然失慎着火時應立即以棉被浸濕蓋壓或用水撲滅、

3.如遇火勢蔓延時應立即辨别風向將火焰隔絕、

4.發生火災時不可張惶失措、

5.若因電線走火應先將電門關閉隔絕電流、并拆卸已燃火或燒斷之電線、

6.若因敵機投擲燃燒彈着火時不可用水灌救應立即取預置之沙袋向着彈處投擲撲滅火源。

湘潭縣防護團製

18

湖南省第一行政督察专员公署致湘潭县政府的电报（一九四〇年九月三日）

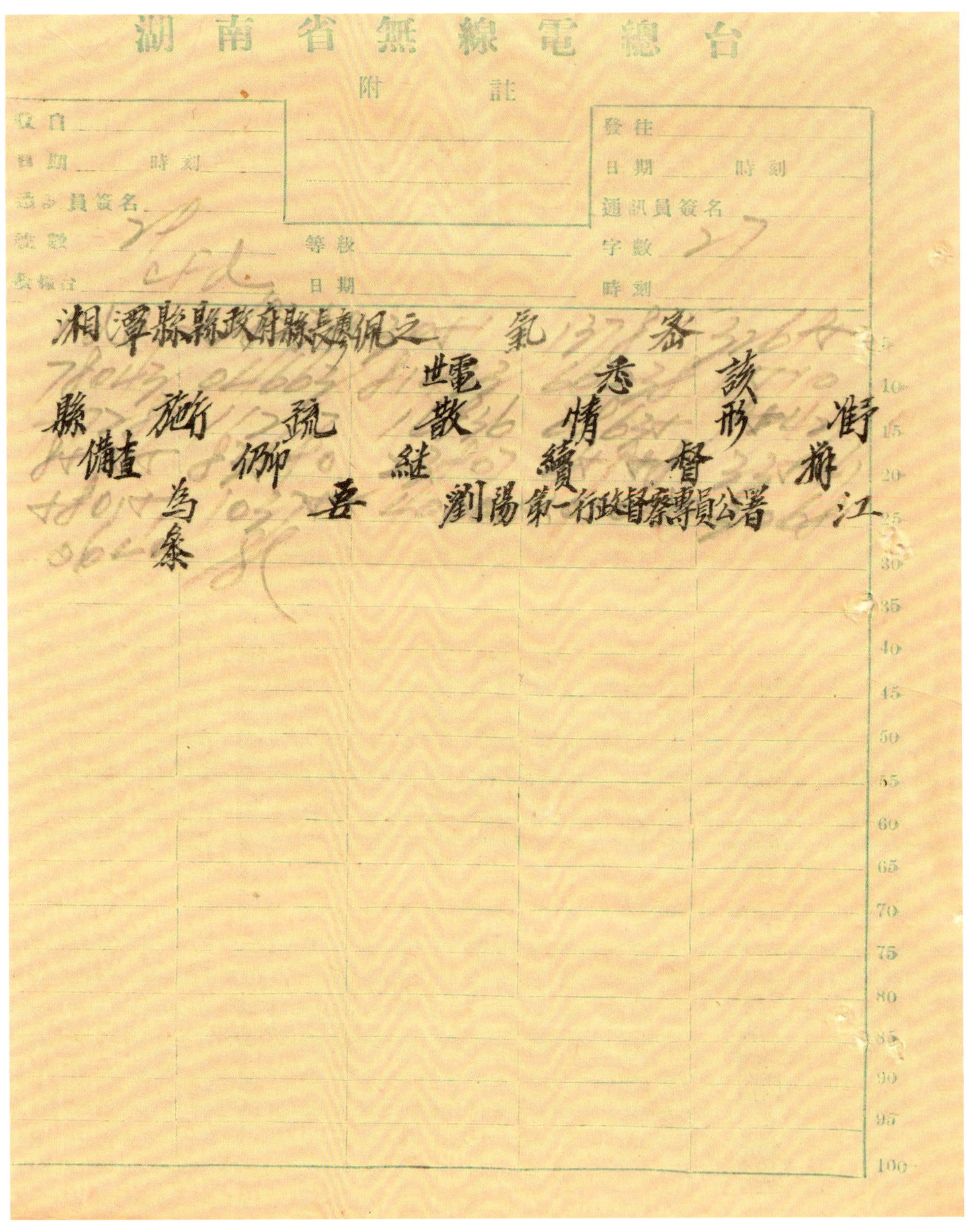

湖南省無線電總台

附註

發自　日期　時刻　通訊員簽名　號數　等級　字數　收報台　日期　時刻

發往　日期　時刻　通訊員簽名　字數　時刻

湘潭縣縣政府縣長廖佩之　氪　密

世電悉。該縣施行疏散情形，備查。仰繼續督辦為要。劉陽第一行政督察專員公署　江

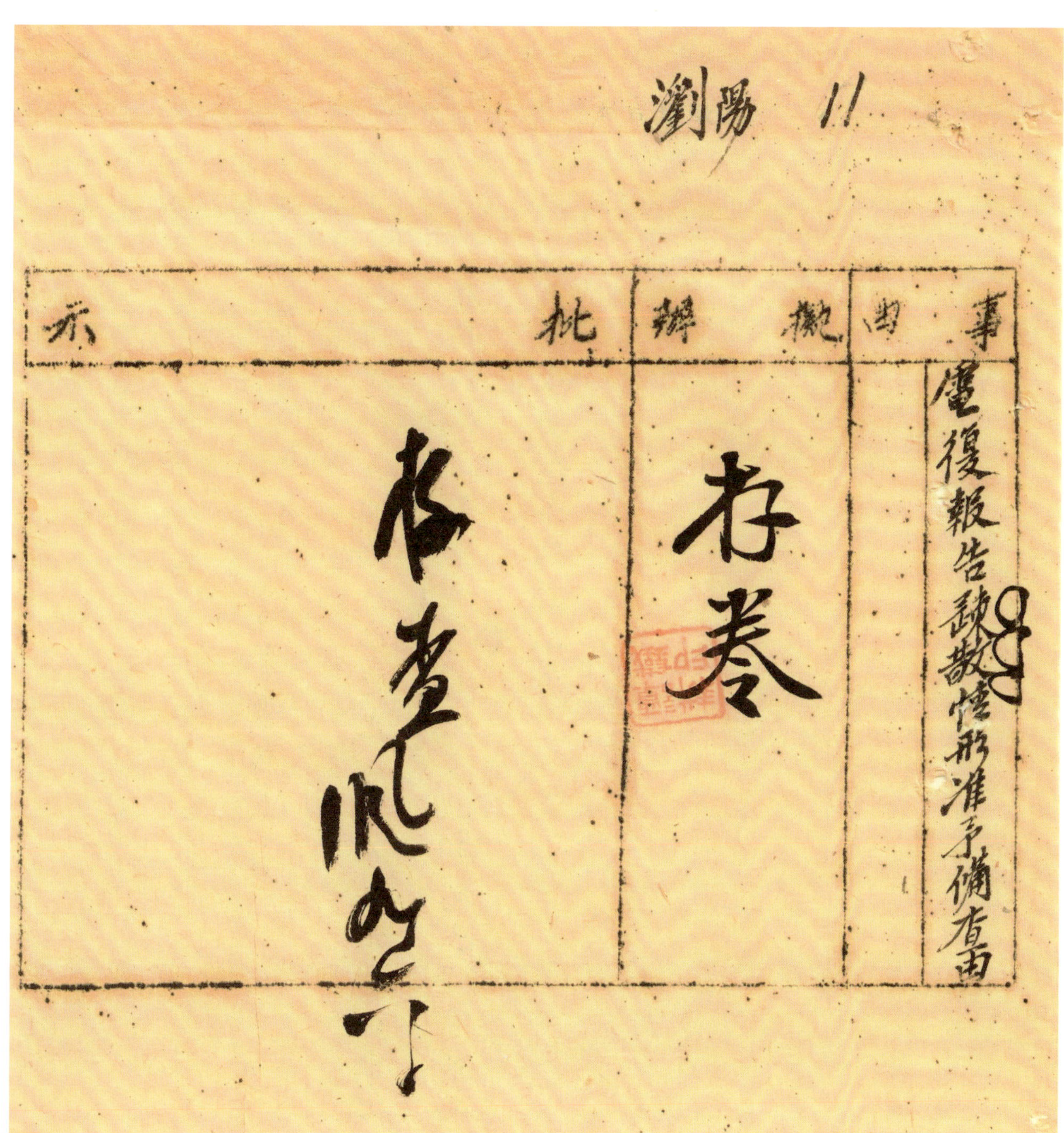

瀏陽 11

事由	擬辦	批示
電復報告疏散情形准予備查由	存卷	存查 [illegible]

湖南全省防空司令部致湘潭县政府的代电（一九四〇年九月五日）

存

768
29 9 10

湖南全省防空司令部快邮代电

来防三字第669號

事由：電復加緊疏散湘潭合物資由

湘潭廖縣長佩秘八世電悉湘潭人口物資疏散仍希嚴厲執行停止營業時間須確實做到為要特復兼湖南全省防空司令李樹森微印

中華民國廿九年九月　日發

校對 徐天賢
監印 李建民

附註

發往
日期　時刻
通訊員簽名
字數
等級
日期
時刻

湖南省政府关于加紧疏散人口物资充实空防设施致湘潭县政府的复电（一九四〇年九月十日）

湘潭县动员委员会、县政府等关于各戏院暂准恢复晚场并规定各项办法的一组文书（一九四〇年九月三日至六日）

湘潭县动员委员会致县政府的公函（一九四〇年九月三日）

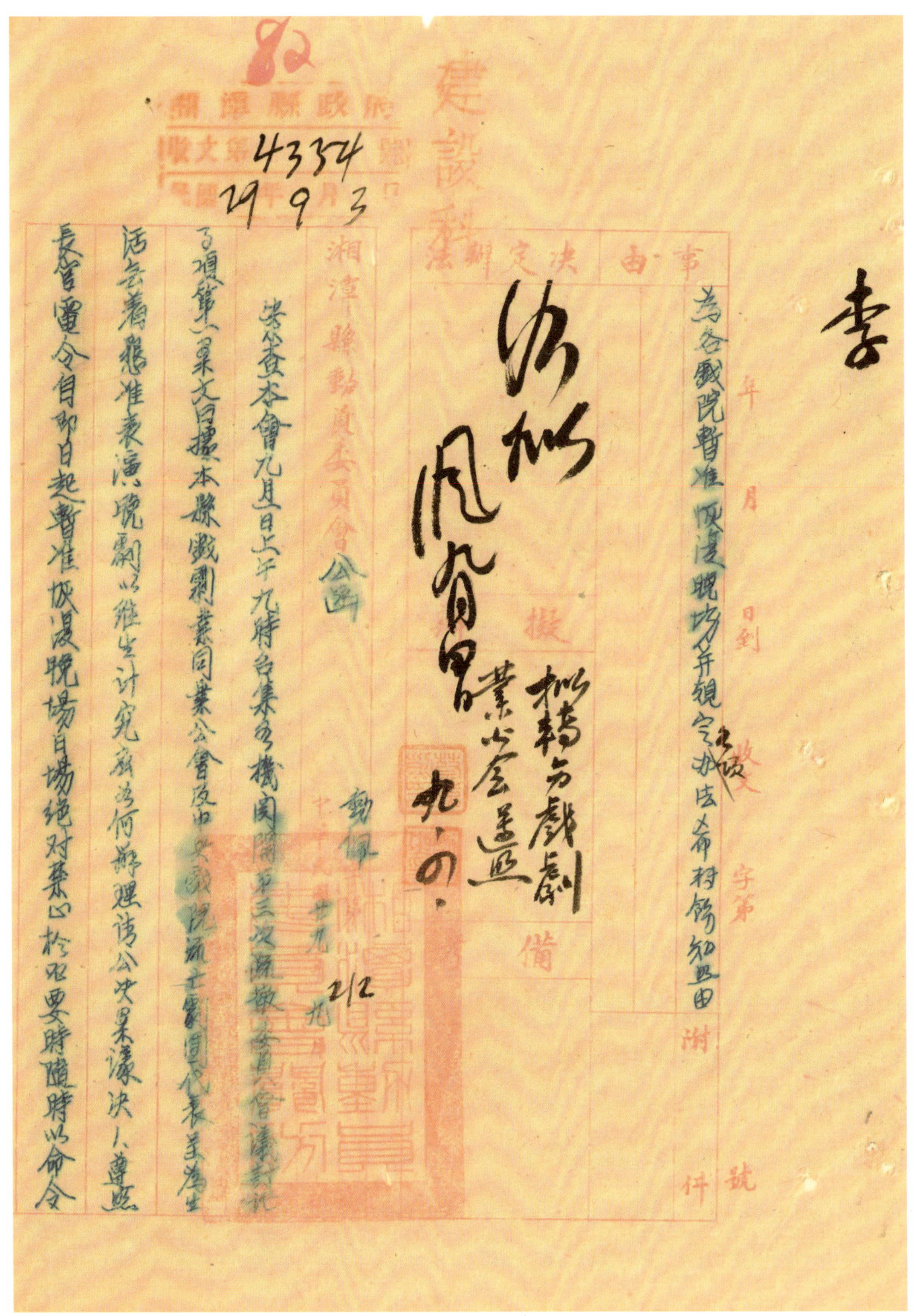

湘潭縣政府收文第4334號 29 9 3

事由：為各戲院暫准恢復晚場並規定辦法希查照飭知由

湘潭縣動員委員會公函

案查本會九月二日上午九時召集各機關開第三次疏散委員會議討論第一項第（二）案文曰：據本縣戲劇業同業公會及各戲院演員代表呈為生活無着懇准表演晚劇以維生計究應如何辦理請公決案。議決：（一）遵照長官電令自即日起暫准恢復晚場，日場絕對禁止，於必要時隨時以命令

動保 中華民國廿九年九月

擬轉令戲劇業公会遵照 九、四

停演。二、本市戲院五家應併為四家，指定中央為京劇場，老舞台、中華為湘戲場，百代為電影場，其併合辦法由戲劇業同業公會自行決定之。三、規定晚時間下午七時起至十時半時止，逾時由附近軍警勒令停演，如月色明淨以命令停演。四、老弱婦孺（十二歲以下之兒童、六十歲以上之老人）不得入場觀劇，否由軍警隨時取締，以肅疏散本旨等語，紀錄在卷。除分行外，相應錄案函達

貴府查照，并轉飭知照為荷！

此致

湘潭縣政府

惠主任委員廖佩之

湘潭县政府致县戏剧业同业公会的训令（一九四〇年九月六日）

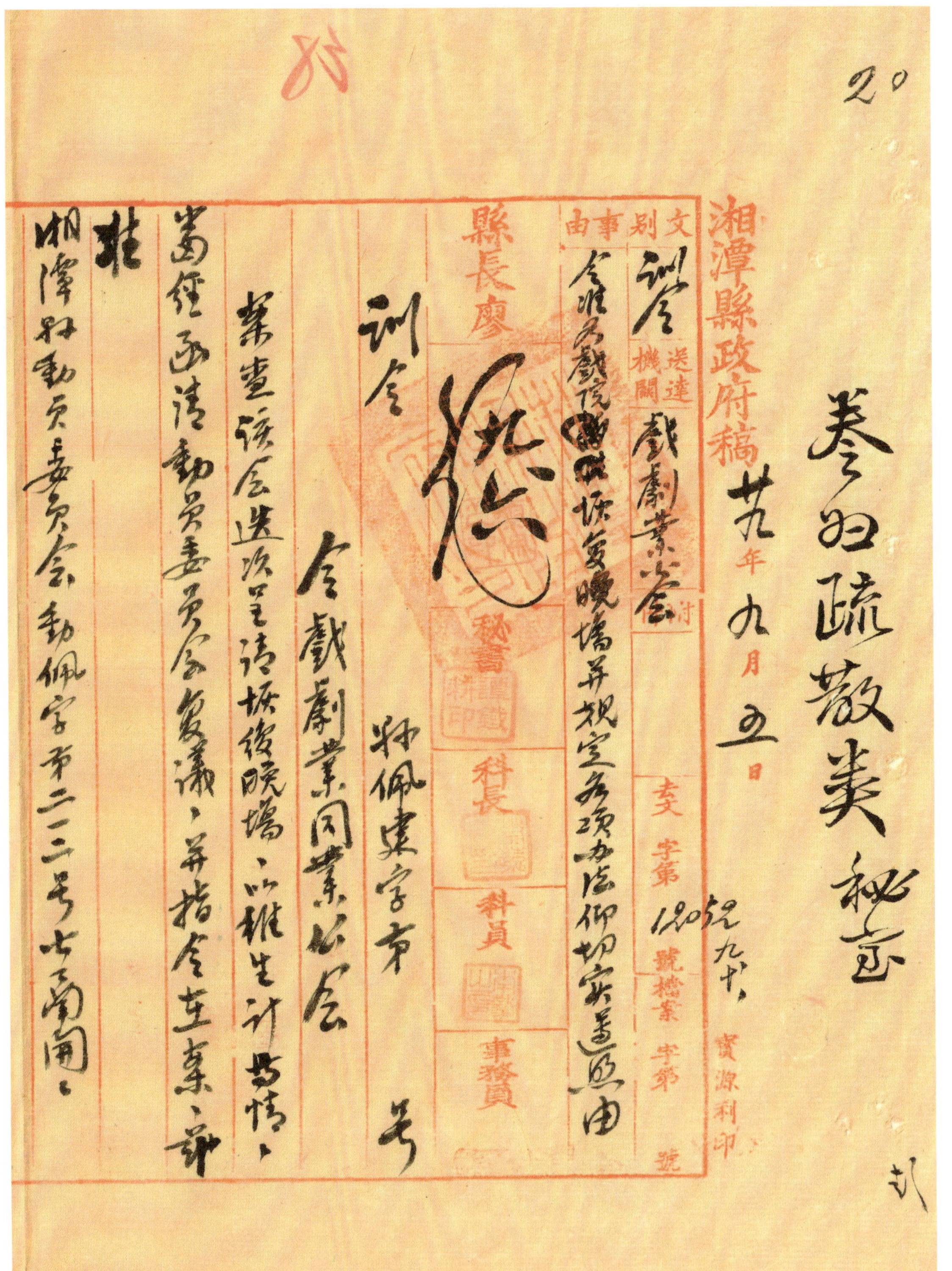
湘潭縣政府稿

文別：訓令
送達機關：戲劇業公會
事由：令准各戲院[illegible]拆復晚場并規定各項辦法仰切實遵照由

縣長廖
秘書
科長
科員
事務員

廿九年九月五日

字第　號

訓令

令戲劇業同業公會

轉佩建字第　號

案查該會迭次呈請拆復晚場，以維生計等情，當經函請動員委員會覆議，并指令在案。節據湘潭縣動員委員會動佩字第二一二號七月函開：

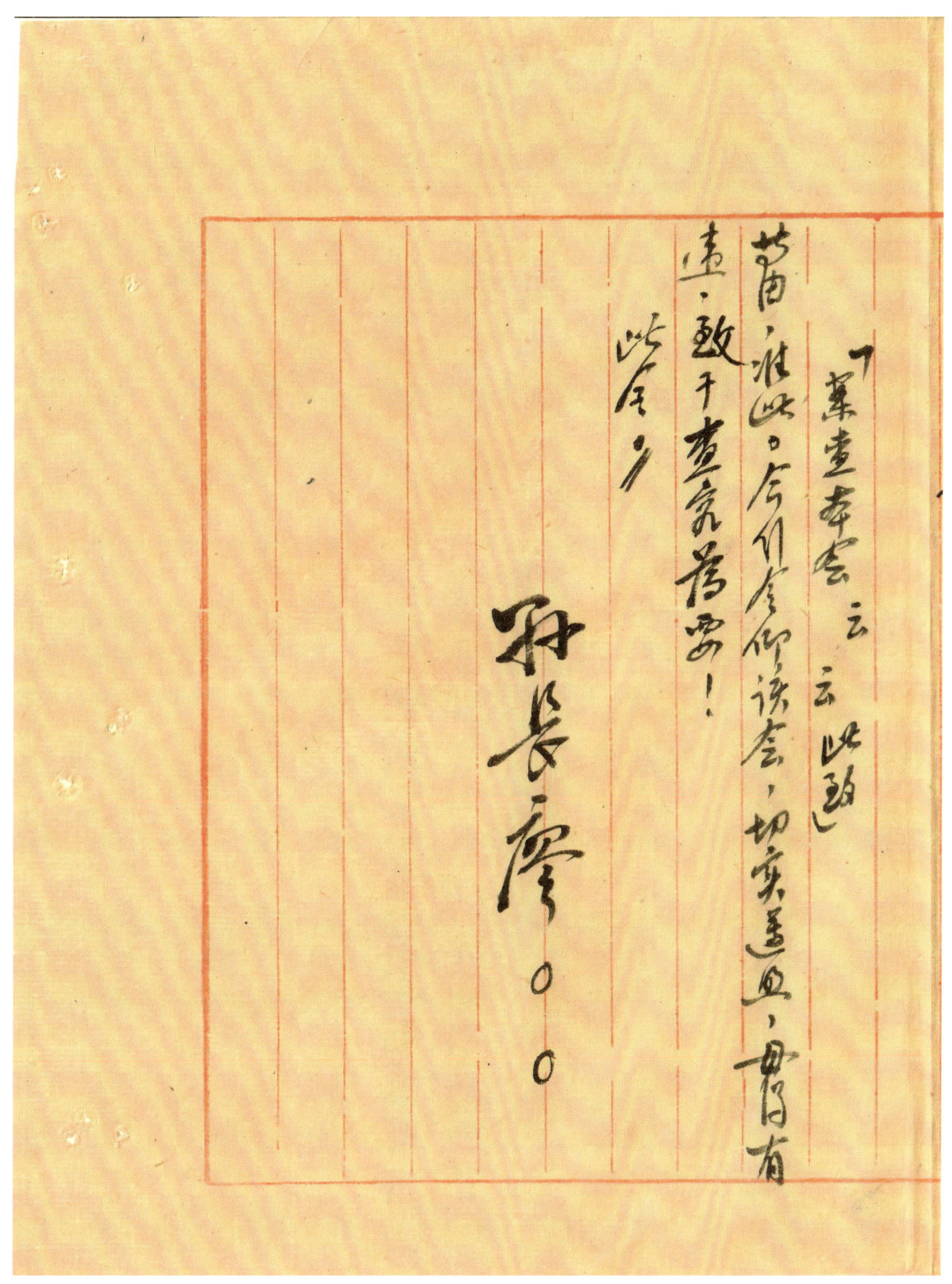

「葉董事会云云」此致

等由，准此，合行令仰该会，切实遵照，毋得有违，致干查究为要！

此令。

部長廖○○

南京戏院代表谭道隆、湘潭县政府等关于收回停演成命的一组文书（一九四〇年九月九日至十三日）

南京戏院代表谭道隆致湘潭县政府的呈（一九四〇年九月九日）

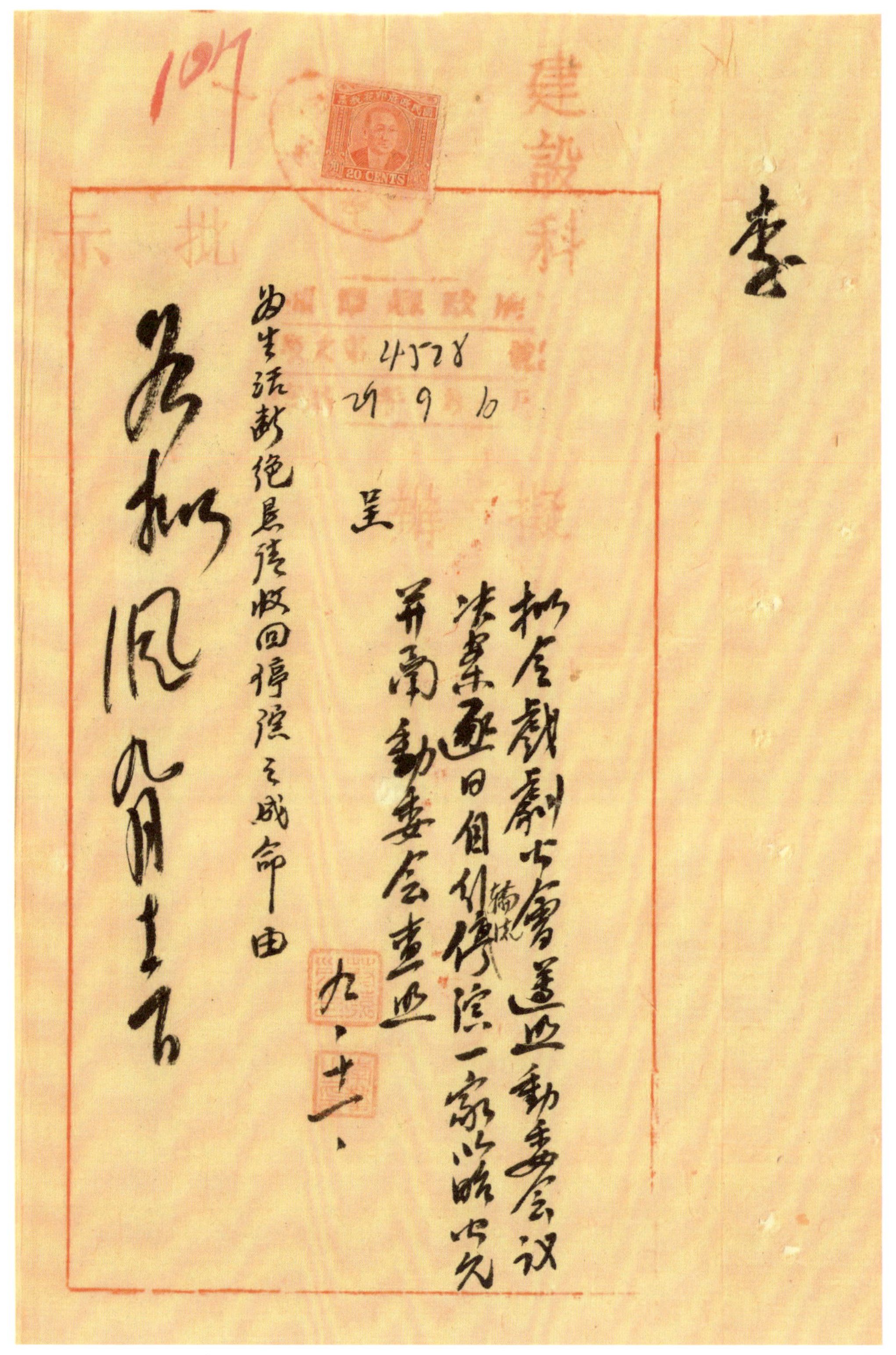

建设科

批示

呈

为生活断绝恳请收回停演之成命由

呈為生活斷絕懇請維持以全生命而免流離事緣民集股組設南京戲院於茲數載幸無隕越之虞前歲在省戲業營生突被火災衣箱物件均遭灼化損失不貲刼後返湘無門投靠暫謀南京院址尚有一線之机畧可敷口詎料倭寇肆行濫炸我 政府不忍坐視為保衛人民生命免受無謂犧牲限期疏散之德意不獨同人等之感戴且全市民眾萬家生佛矣窃思敝院男女演

員及前後台合計三百餘名演戲為生望梅止渴別無他藝可投前奉 動委會
訓令內開第三案載本市戲院五家併為四家指定中央百代中華新舞台其
併合辦法由戲劇同業公會自行決定之等因奉此茲由 敝會 召開連次會議議決暫
由五家輪流停演以示公開而符上令紀錄在卷于本月七日旋奉 動委會批令第三條
載南京戲院從令到日起應即停演仍應遵照 民 捧讀之下不勝惶悚萬狀再抓与

中華新舞台兩院合併開演之處且該兩院院址窄狹座位無多生易微末實難增

加三百餘名之位置況班內一切手續極其複雜非別色可比此雖合併者一奉批令指定

敝院一家單獨停演合併兩院該兩院每日收入難敷日食若再加入敝院同人合演

則兩院定當虧累此雖合併者二以上兩端並非虛詞掩飾確查確鞫倘停演敝院一

家三百餘名之生活斷絕改業無門衆口嗷嗷坐以待斃民不揣冒昧代表縷呈懇請

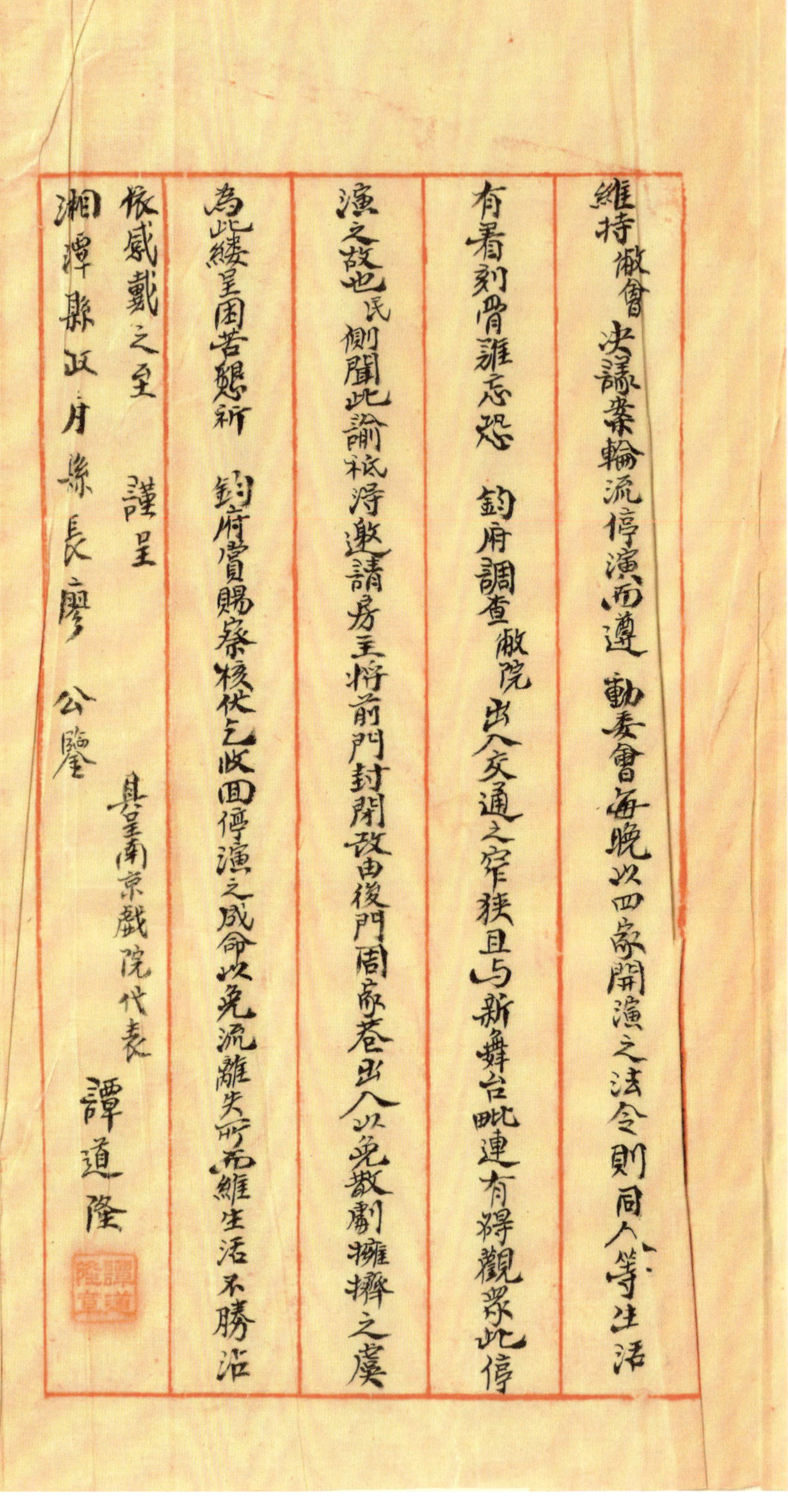

維持敝會決議案輪流停演而遵勤委會每晚以四家開演之法令則同人等生活有着刻骨難忘恐鈞府調查敝院出入交通之窄狹且与新舞台毗連有碍觀眾此停演之故也民側聞此諭祇得邀請房主將前門封閉改由後門周家巷出入以免散劇擁擠之虞為此縷呈困苦懇祈鈞府賞賜察核伏乞收回停演之成命以免流離失所而維生活不勝沾依感戴之至

謹呈

湘潭縣政府縣長廖公鑒

具呈南京戲院代表 譚道隆（印：譚道隆章）

中華民國念九年九月九日

湘潭县政府致南京戏院的指令（一九四〇年九月十三日）

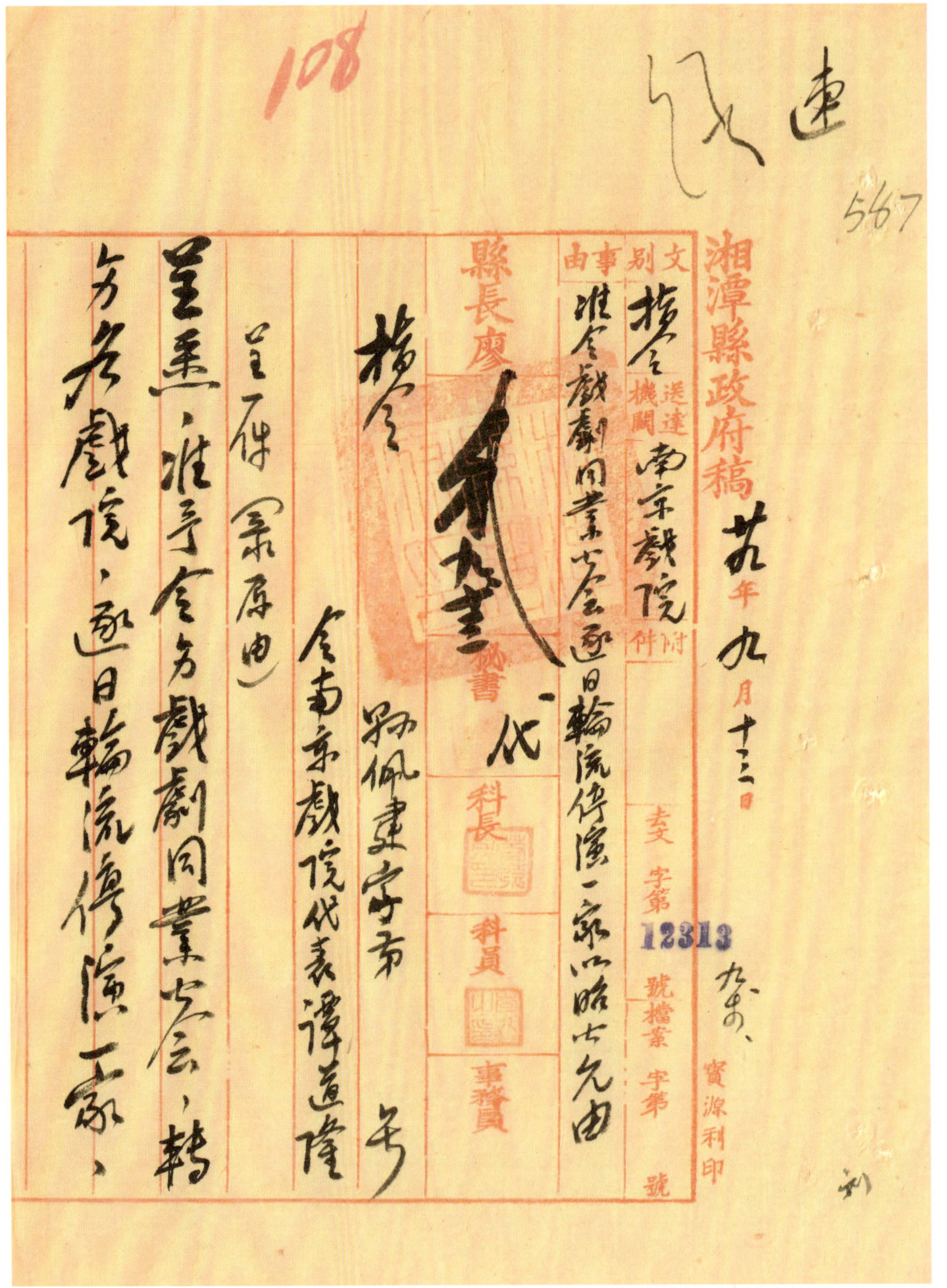

108

速

湘潭縣政府稿

廿九年九月十三日

文别：指令

送達機關：南京戲院

附件

事由：准令戲劇同業公会逐日輪流停演一家以昭公允由

縣長廖

秘書

科長

科員

事務員

指令

財佩建字第　号

令南京戲院代表譚道隆

呈悉。准予令飭戲劇同業公会，轉飭各戲院，逐日輪流停演一家，

呈件（案存由）

567

12313

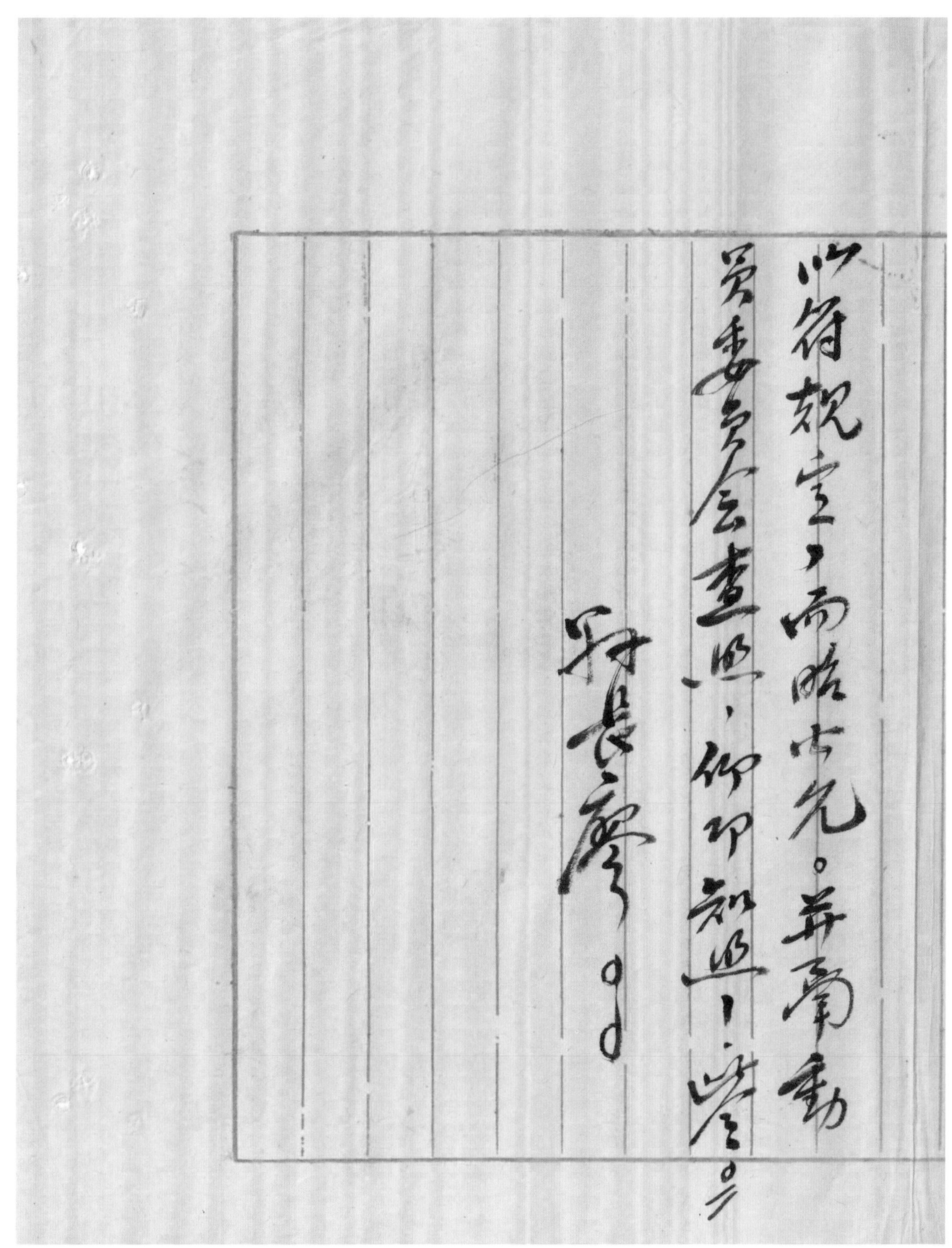

以符規定ノ而略出先。并當勤
員委員會書送ノ、御印報送ノ上、此候。
野村長殿 〇丿

湘潭县政府致县戏剧商业同业公会的训令（一九四〇年九月十三日）

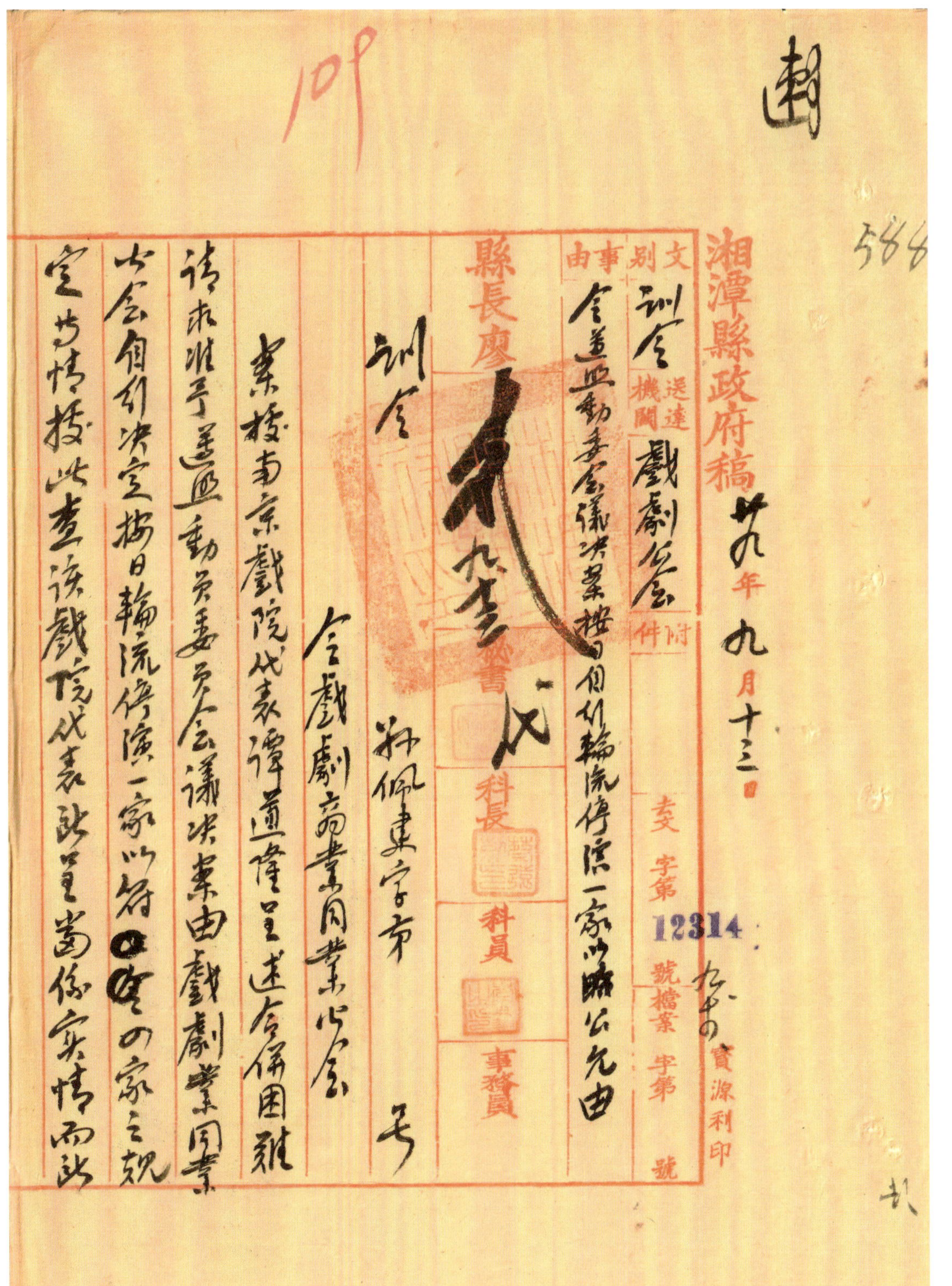

湘潭縣政府稿 廿九年九月十三日

文別：訓令　送達機關：戲劇公會　附件

事由：令遵照動委會議決案規定自行輪流停演一家以昭公允由

縣長廖　秘書　科長　科員　事務員

訓令　社字第　號

令戲劇商業同業公會

案據南京戲院代表譚道隆呈述今係困難，請求准予遵照動員委員會議決案由戲劇業同業公會自行決定按日輪流停演一家，以符[illegible]四家之規定等情。據此，查該戲院代表所呈尚係實情，而所

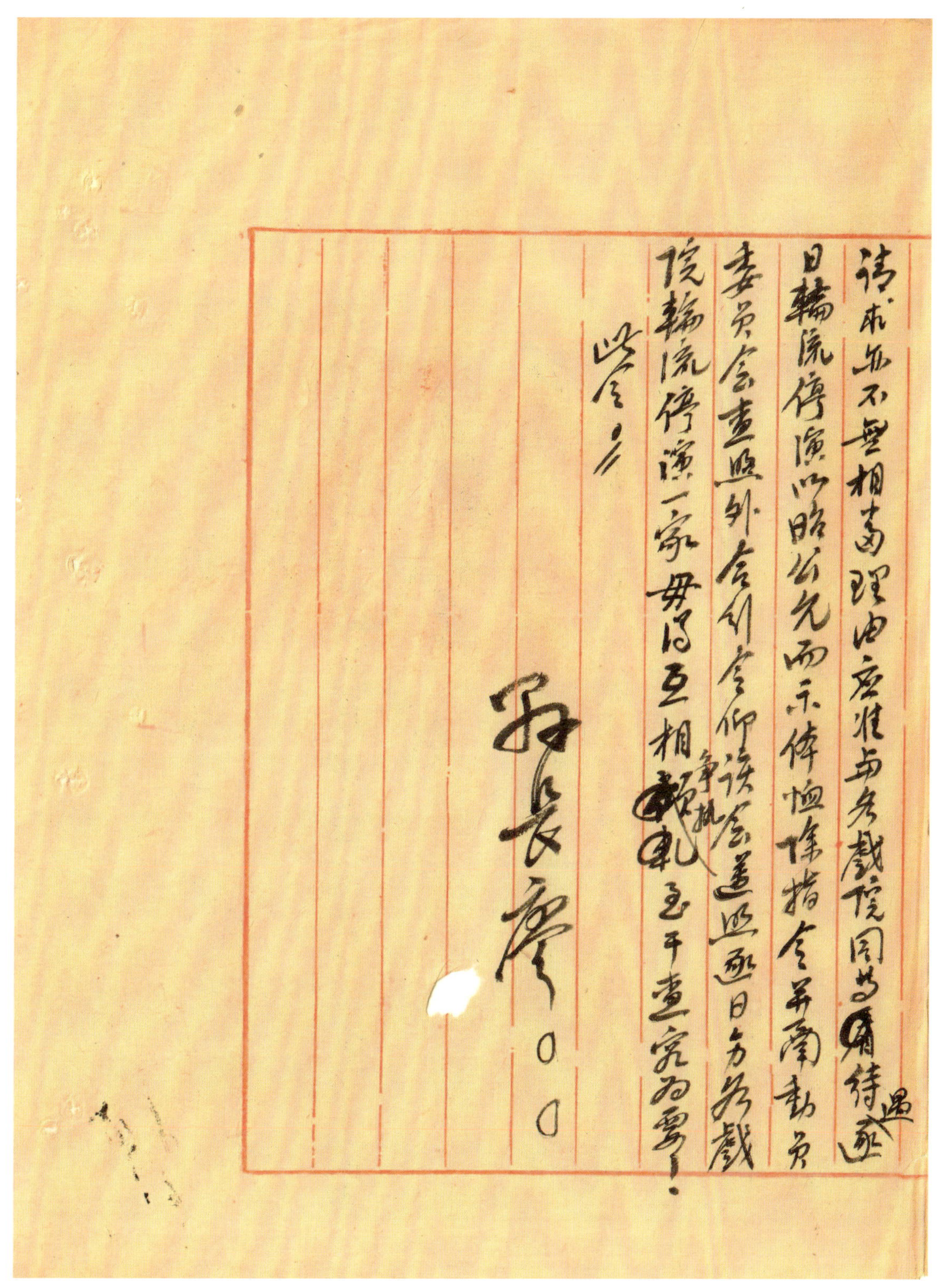

請求亦不無相當理由，應准與各戲院同等待遇，逐日輪流停演，以昭公允，而示体恤。除指令華商動員委員會查照外，合行令仰該會遵照，逐日與各戲院輪流停演一家，毋得互相爭執，致干查究為要！

此令。

孫長慶 ○○

湘潭县政府致县动员委员会的公函（一九四〇年九月十三日）

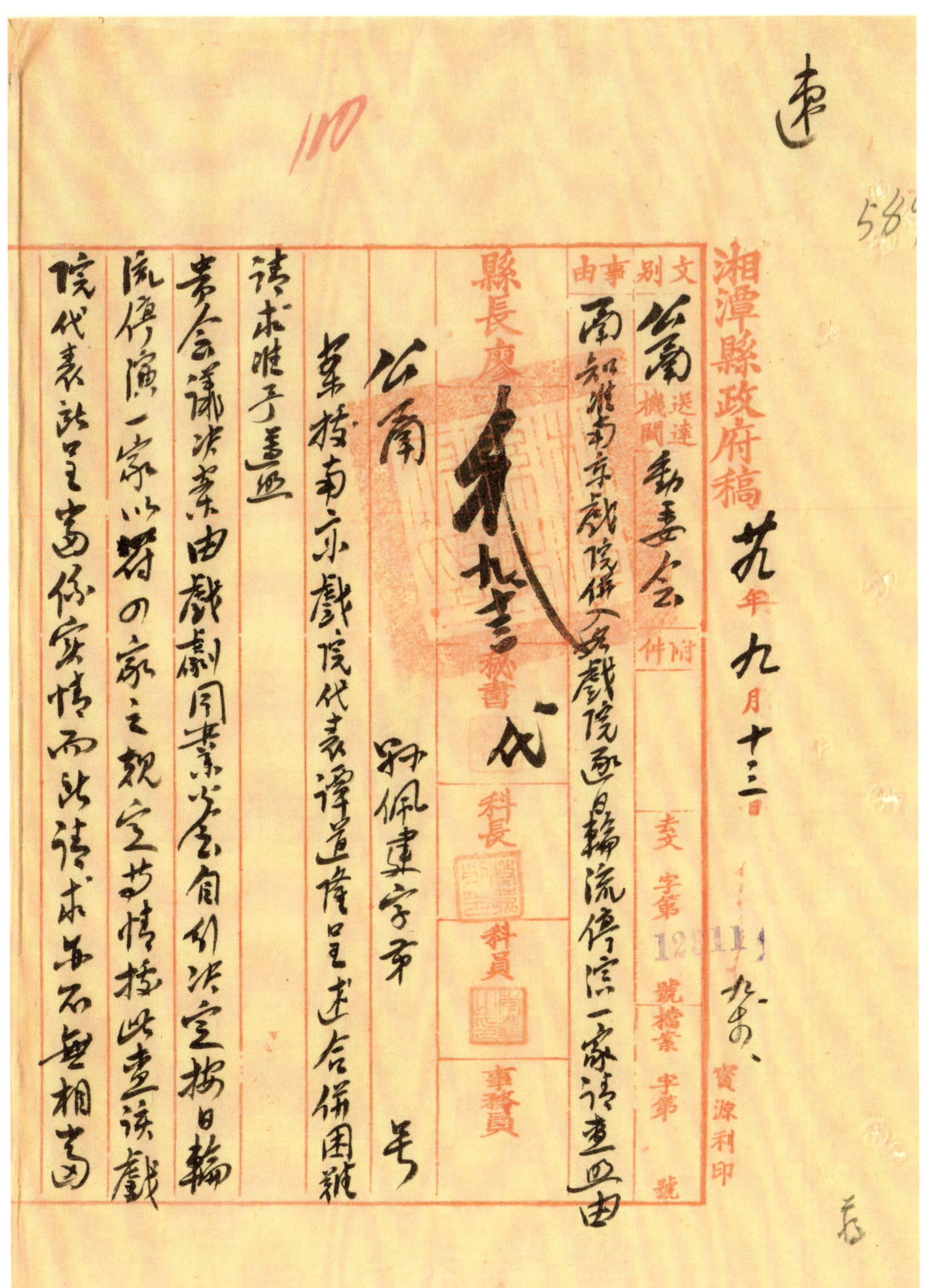
湘潭縣政府稿

文別：公函
送達機關：動委会
事由：函知南京戲院併入各戲院逐日輪流停演一家請查照由
附件

廿九年九月十三日

縣長 廖
秘書
科長
科員
事務員

字第 號
檔案字第 號

公函 秘佩建字第 號

案據南京戲院代表譚道隆呈述合併困難
請求准予查照
貴会議決案由戲劇同業公会自行決定按日輪
流停演一家以符四家之規定茲據此查該戲
院代表所呈寔係實情而此請求亦不無相當

實源利印

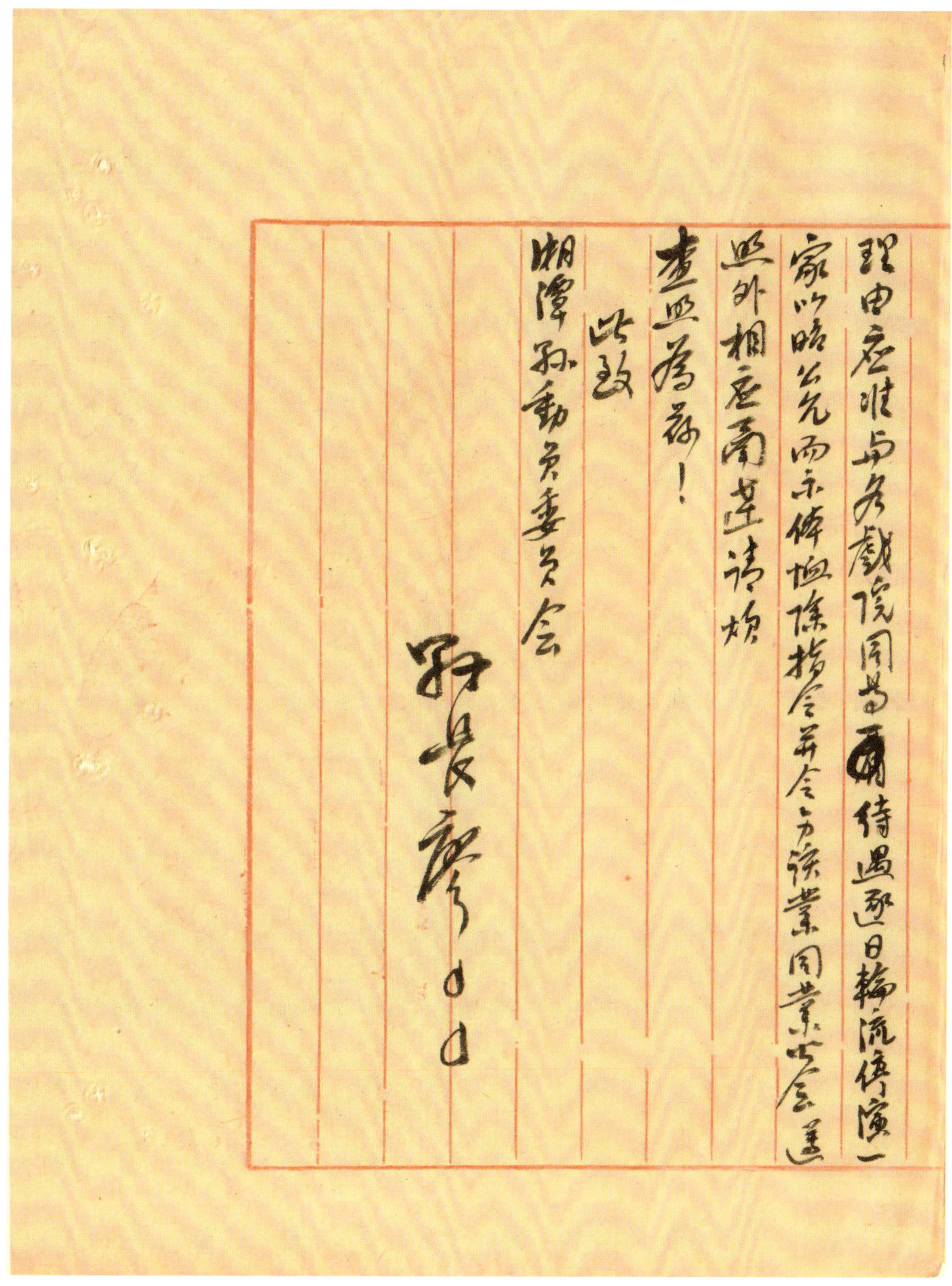
理由應准與各戲院同等待遇逐日輪流傳演一
家以昭公允而示體恤除指令並令該業同業公會遵
照外相應函達請煩
查照爲荷！
此致
湘潭縣動員委員會
羅長康〇〇

湘潭县政府关于召开商讨疏散货物救济办法会议致县党部等有关机关人员的通知（一九四〇年九月九日）

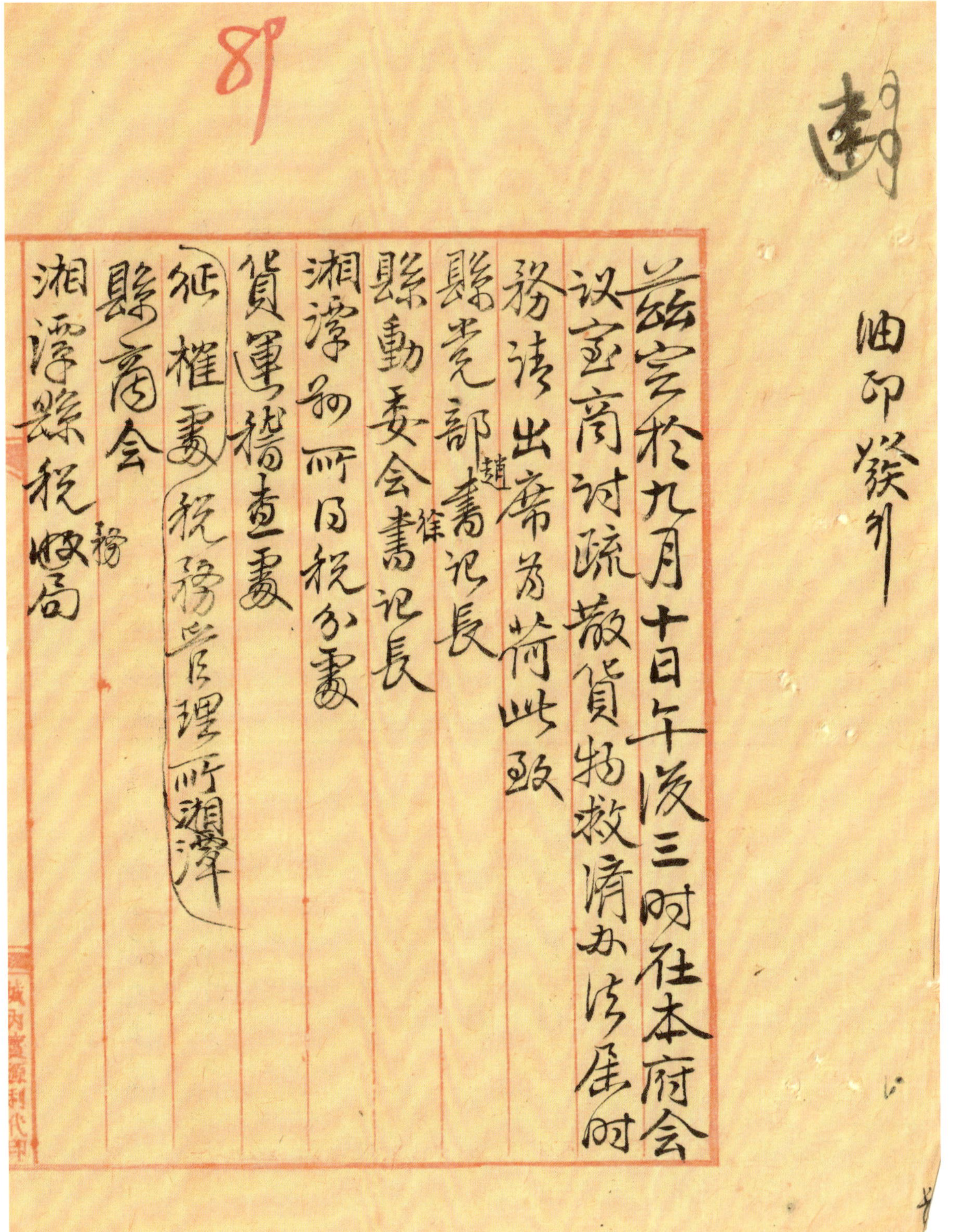

謝

油印發外

兹定於九月十日午後三时在本府会议室商讨疏散貨物救濟办法届时務請出席為荷此致

縣党部趙書记長

縣動委会徐書记長

湘潭郵所司税分處

貨運稽查處

征權處税務管理所湘潭

縣商会

湘潭縣税務收局

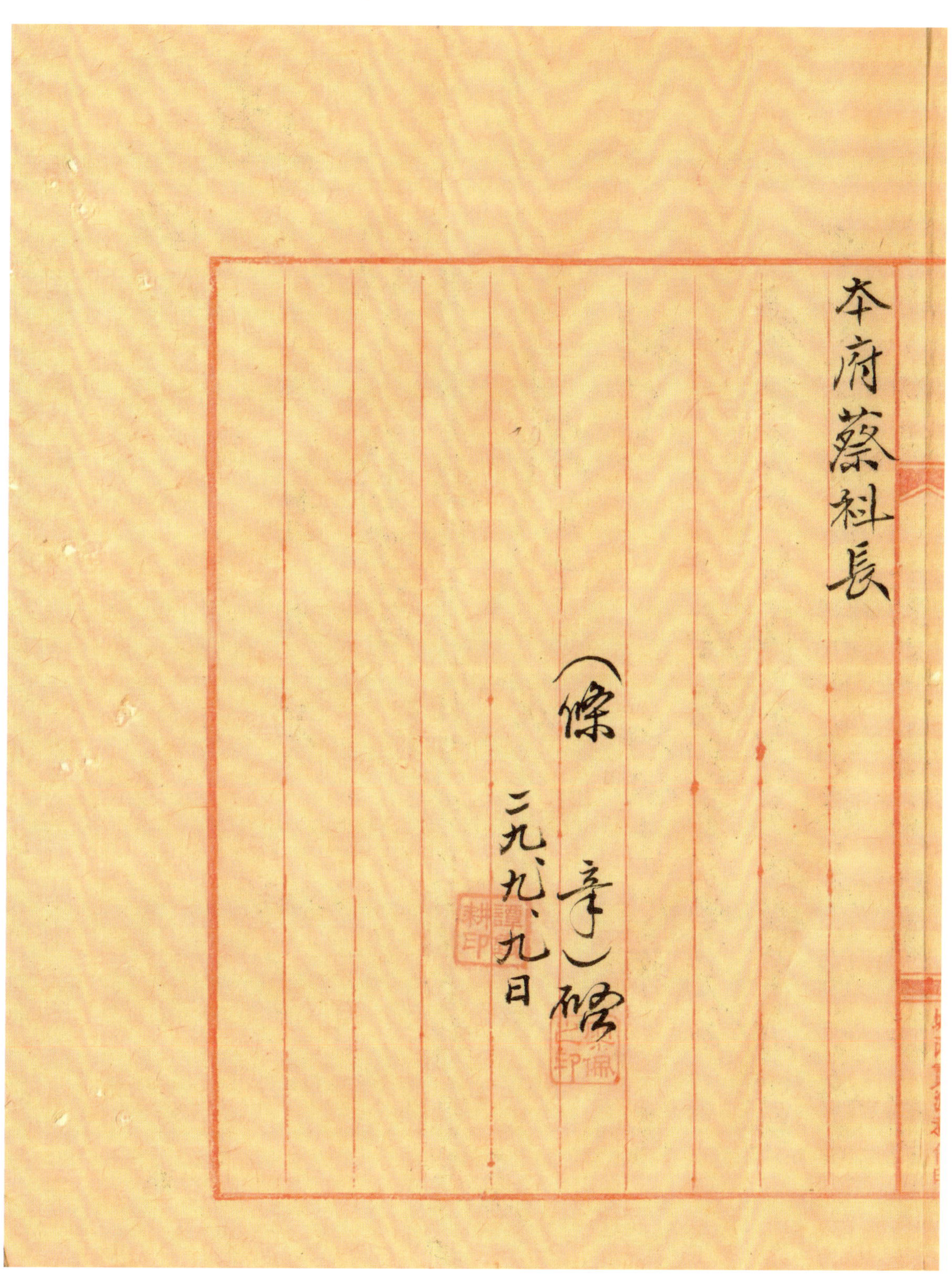
本府蔡科長

（條　章）啟

二九、九、九日

湘潭县政府关于新舞台戏院违令准小孩买票入场看戏罚停演一天致县戏剧业同业公会的训令（一九四〇年九月十日）

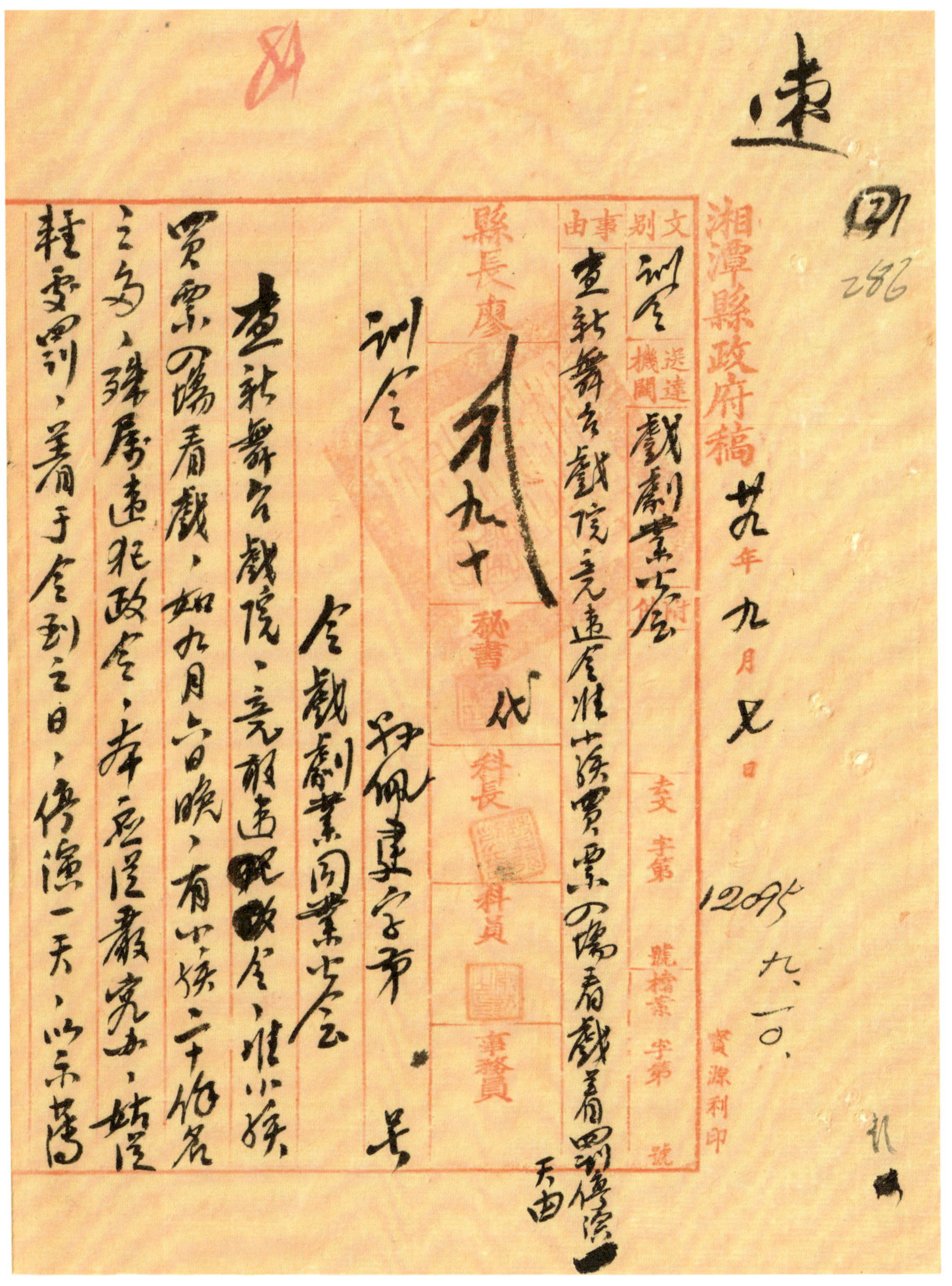

湘潭縣政府稿

文别：训令
送達機關：戲劇業公會
事由：查新舞台戲院竟違令准小孩買票入場看戲罰停演一天由

廿九年九月九日

縣長廖
秘書 代
科長
科員
事務員

训令 戲劇業公會

令戲劇業同業公會

查新舞台戲院，竟敢違反政令，准小孩買票入場看戲，如九月六日晚，有小孩二十餘名之多，殊屬違犯政令。本應從嚴究辦，姑從輕處罰，着于令到之日，停演一天，以示薄

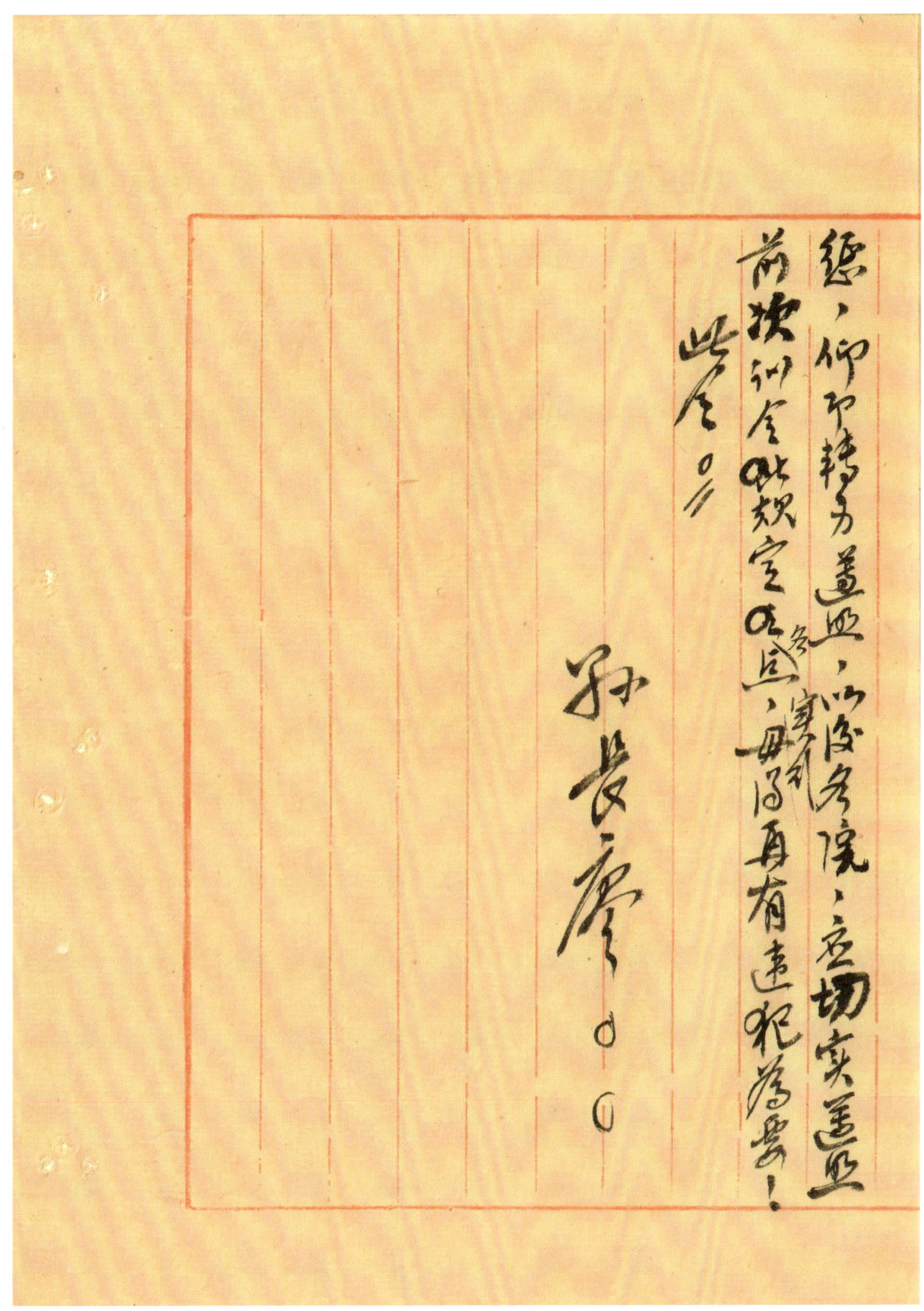

懇，仰即轉令遵照，以後各院，應切實遵照
前頒訓令此規定，在各區實行，毋得再有違犯為要！
此令。//

孫長慶〇〇

广寒宫戏院关于加入轮流开演致湘潭县政府的呈及县政府的批（一九四〇年九月十日、十七日）

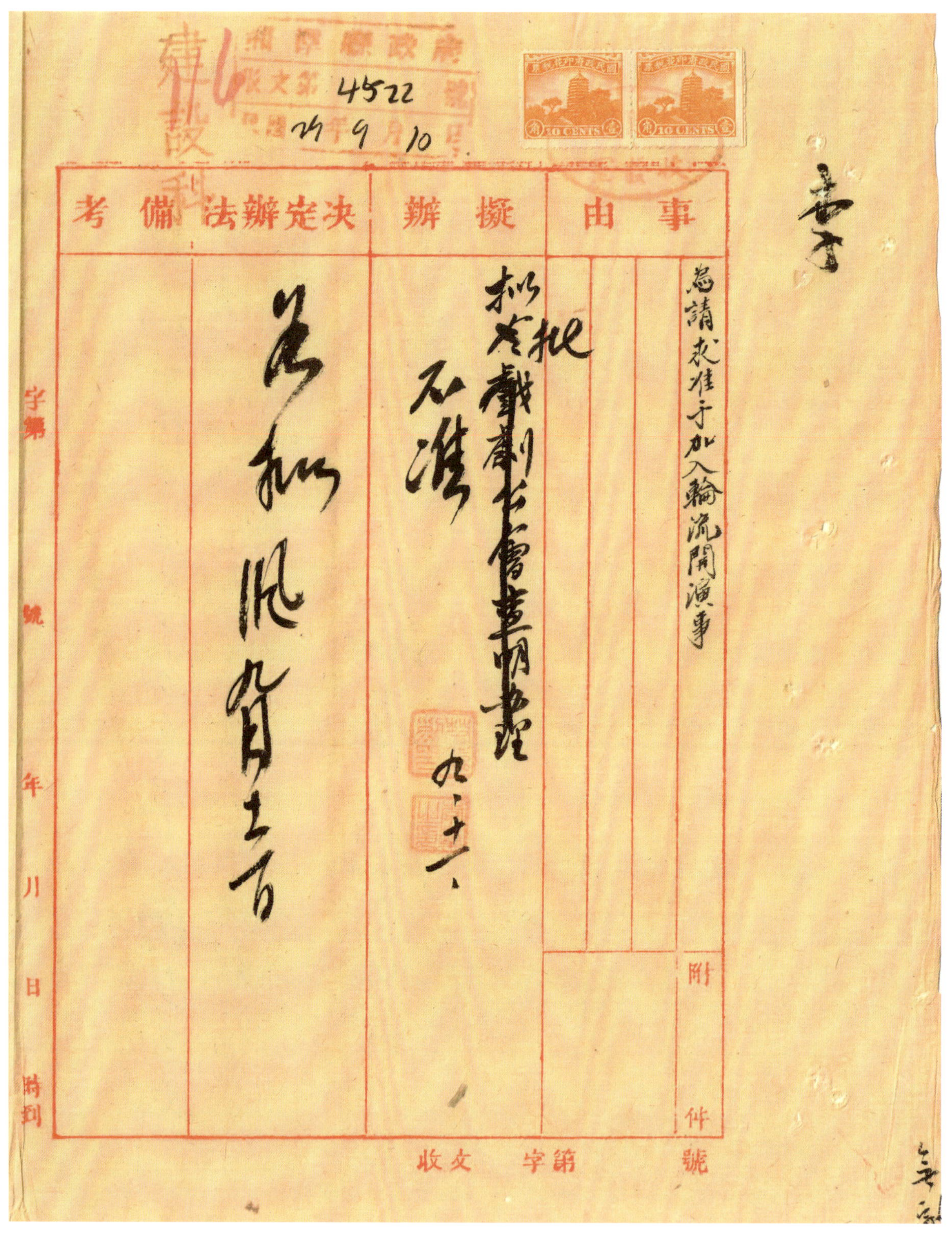
湘潭縣政府收文第　　號
4522
29 9 10

事由	擬辦	決定辦法	備考
為請求准予加入輪流開演事	擬交批 載劇本會查明辦理 不准		

附件

收文　　字第　　號

呈為懇請批准開演、解除生活痛苦事、竊廣寒宮戲院、曾呈經
鈞府立案、并蒙出示保護營業各在案、旋以修造工畢、定期開演、呈報湘潭縣
動員委員會備案、奉二二一號批示、以疏散期間、不得增設、所請否准、奉此、不勝惶
惑、查敝廣寒宮久經
鈞府准業、並在戲劇公會依法登記、案卷確查、自非新增可比、且民院此次建築、耗
費達洋壹萬六仟餘元、現尚欠木工洋數仟餘元、加以聘請唱勝平劇全班來潭、
除負旅費洋二百元外、每日全班食繳須洋一百餘元、倘不能開演、不獨民院虧虞
糾紛無窮、而該唱勝平班百餘人生活、勢必大起恐慌、可憐此輩同胞、不願作淪陷區
之順民、展轉流徙、賣藝營生、至如今日、奚忍坐視令為餓殍、伏思
鈞座關懷民物、一視同仁、故敢縷述各種苦況、懇請曲加俯恤、令飭戲劇業

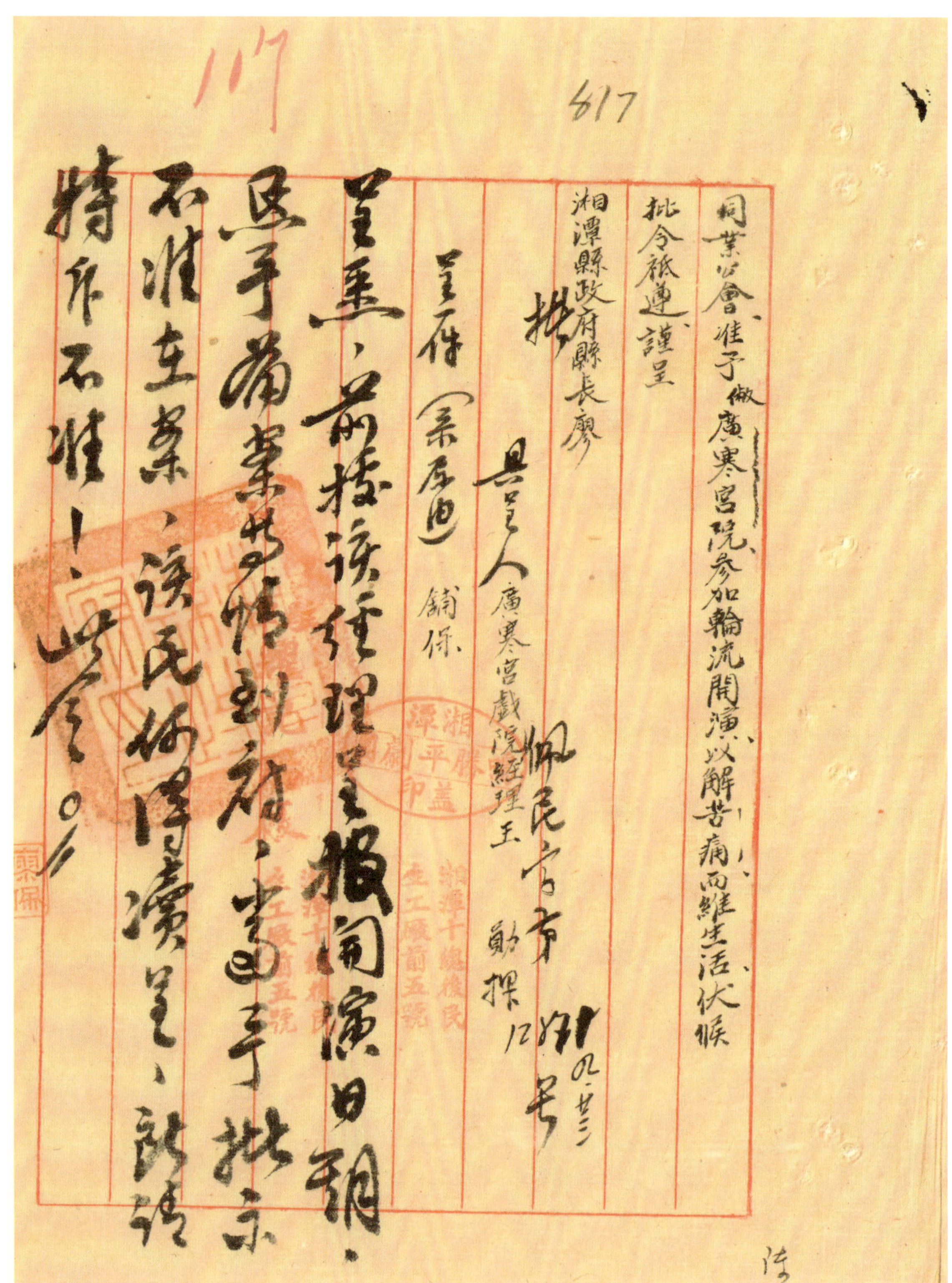
117

417

同业公会、准予仿广寒宫院参加轮流开演，以解苦痛而维生活，伏候
批令祇遵，谨呈
湘潭县政府县长廖
具呈人广寒宫戏院经理王佩民 宇齐 勋撰 卅九廿三

批
呈悉。前据该经理呈报开演日期，既呈本府，当予批示不准在案。该民何得演戏？殊属不准，特斥不准！此令。

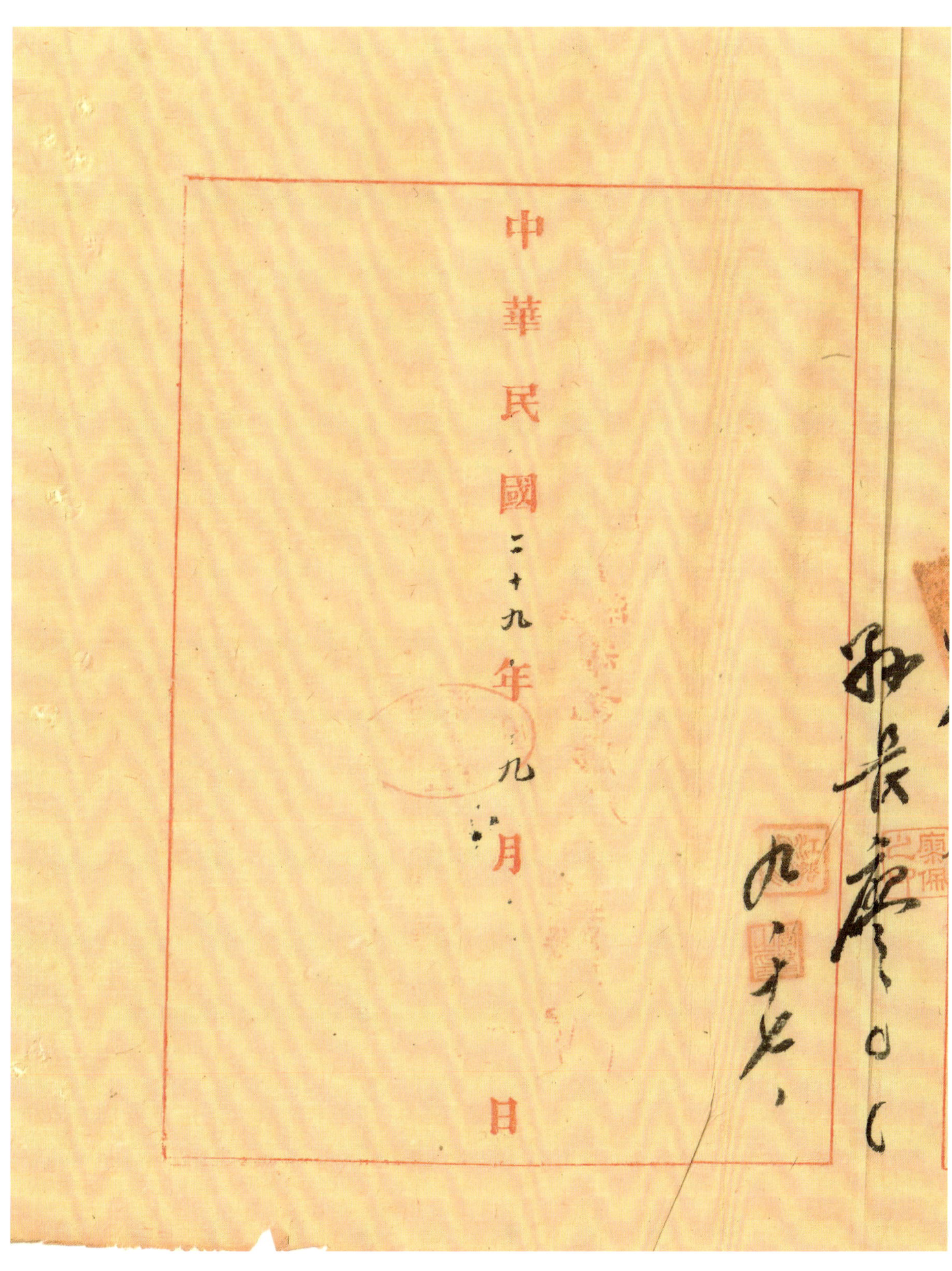
中華民國二十九年九月　日

部長康
九、十六、

湘潭县政府关于各税务机关应遵照疏散货物办法办理致税务局等的公函及致县商会的训令

（一九四〇年九月十一日）

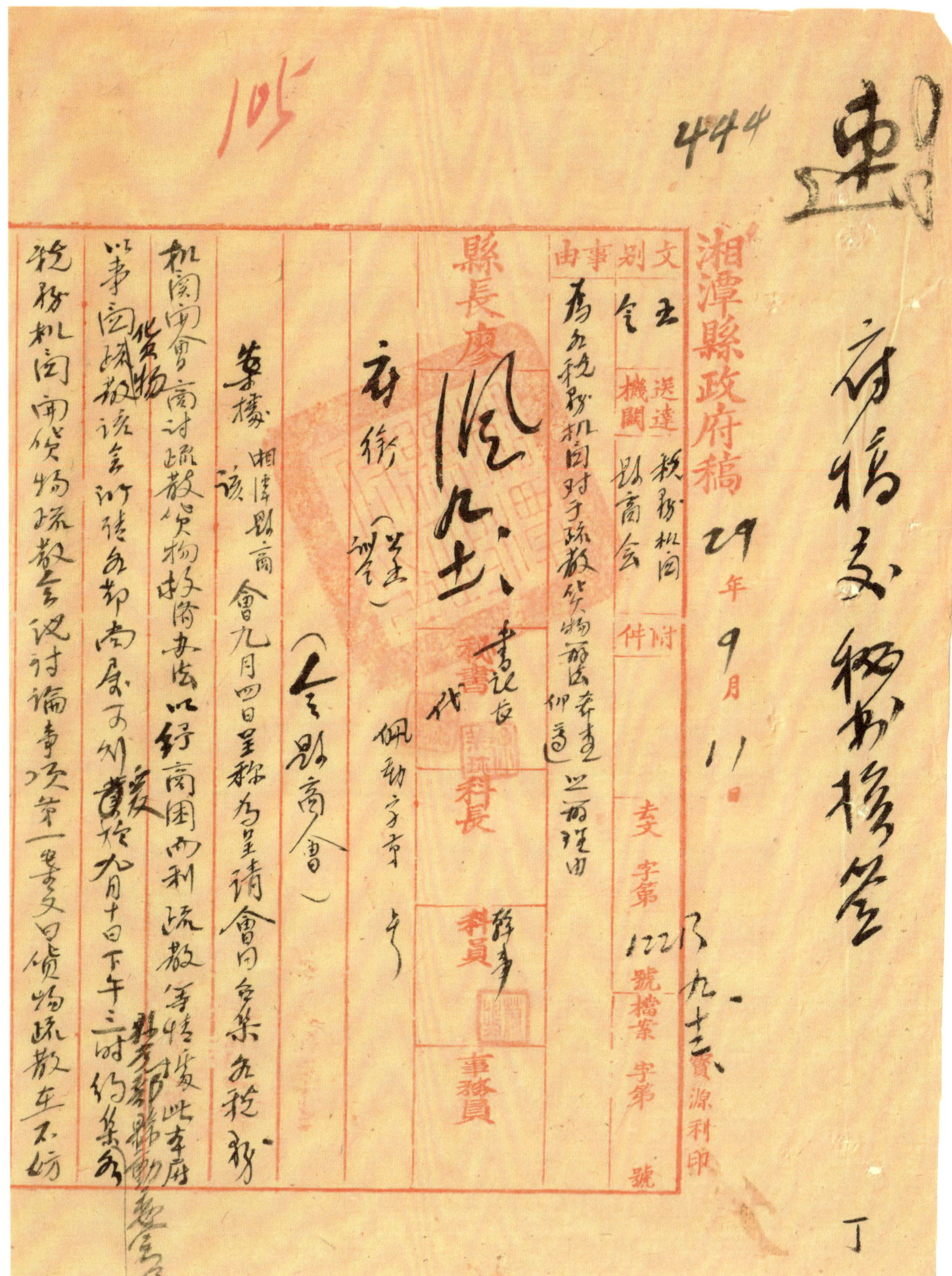

湘潭縣政府稿

文別：令 函

送達機關：税務機關 縣商会

事由：為各税務機關對于疏散貨物……

附件

縣長廖

秘書

科長

科員

事務員

字第 號

檔案 字第 號

（令縣商會）

碍税收原则下，应如何便利商民以期疏散，敝局等议决，关于税
务方面：一、各商店先运货物疏散表，请予补发疏散证，限本月十五日
截止。二、所有疏散货物，请查验疏散表，并登记，符者准予免罚
免税，一律发还。三、除货及零星货物符合每日纳税在五角以下之货
物，准凭疏散证附同清单，进出查验盖印放行。乙、关于货物稽查
方面：一、凡本区货物向郊外疏散，报请查验，请予盖印后证放
行。二、疏散之货物重要运入本市，凭原报验，请予放行。三、本市上
次被炸后，食品皇疏散之货物，由商店补具疏散表，请予一律
查验，验证放行，等语记录在卷。除分别函令外，相应录案函
闽东
会遵照办理，毋自误，为要。此令 台衔令仰该
贵部查照办理为荷。此致
税务局
货运稽查处
红极安

罗 局长 ……

湘潭县政府关于秋节在迩严防敌机偷袭加紧疏散市民物资致县动委会、警察局等的代电（一九四〇年九月十四日）

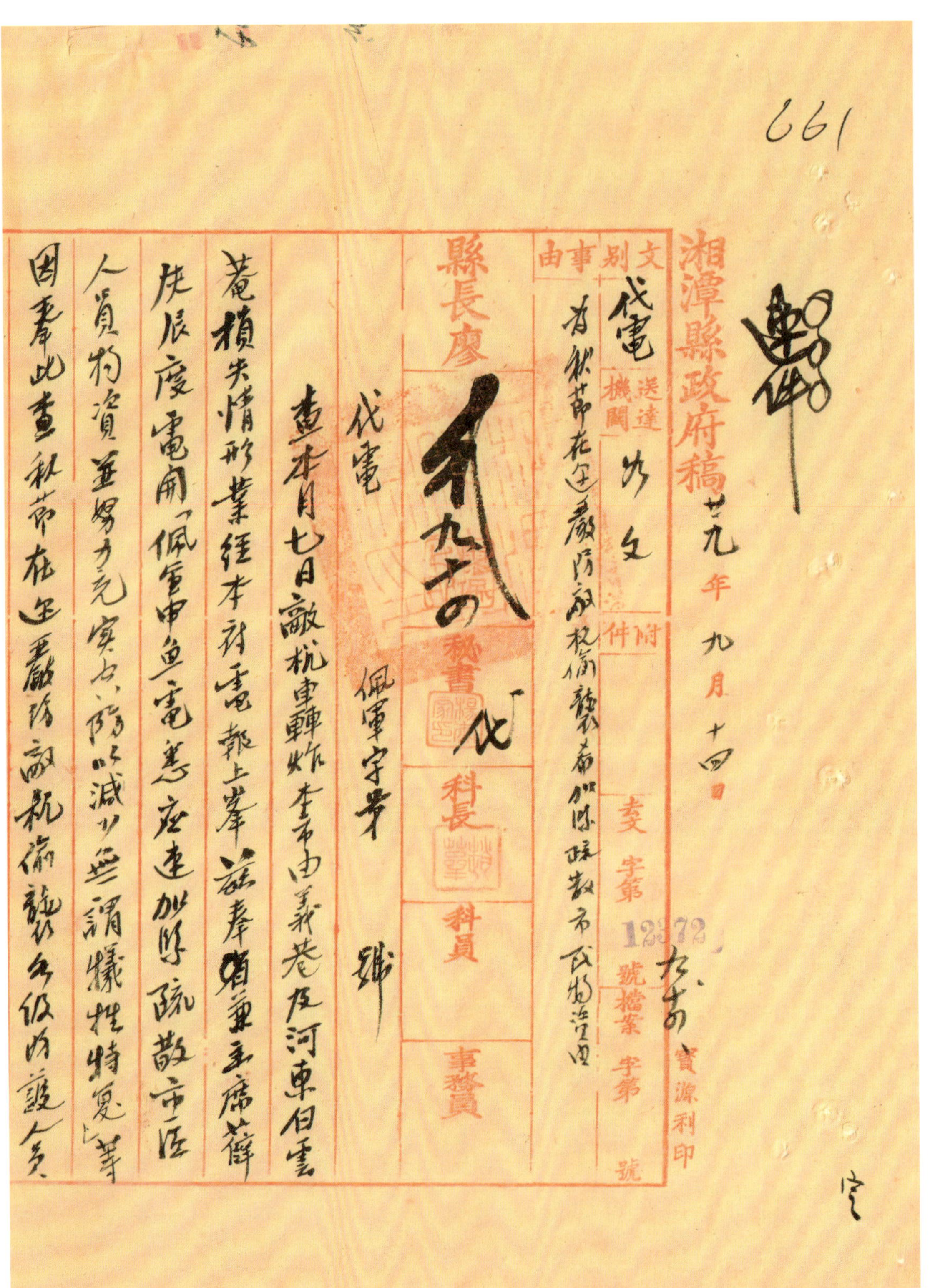
661

湘潭縣政府稿

文別：代電

事由：為秋節在迩嚴防敵機偷襲希加緊疏散市民物資由

送達機關：如文

附件

廿九年九月十四日

字第　號

檔案　字第　號

縣長廖　秘書　科長　科員　事務員

代電

佩軍字第　號

查本月七日敵機轟炸本市由義巷及河東白雲庵，損失情形業經本府電報上峯，茲奉省軍事主席薛庚辰虞電開：「佩軍申魚電悉，應速加緊疏散市區人員物資，並努力充實空防，以減少無謂犧牲，特覆」等因，奉此，查秋節在迩，嚴防敵機偷襲，合飭各級防護人員

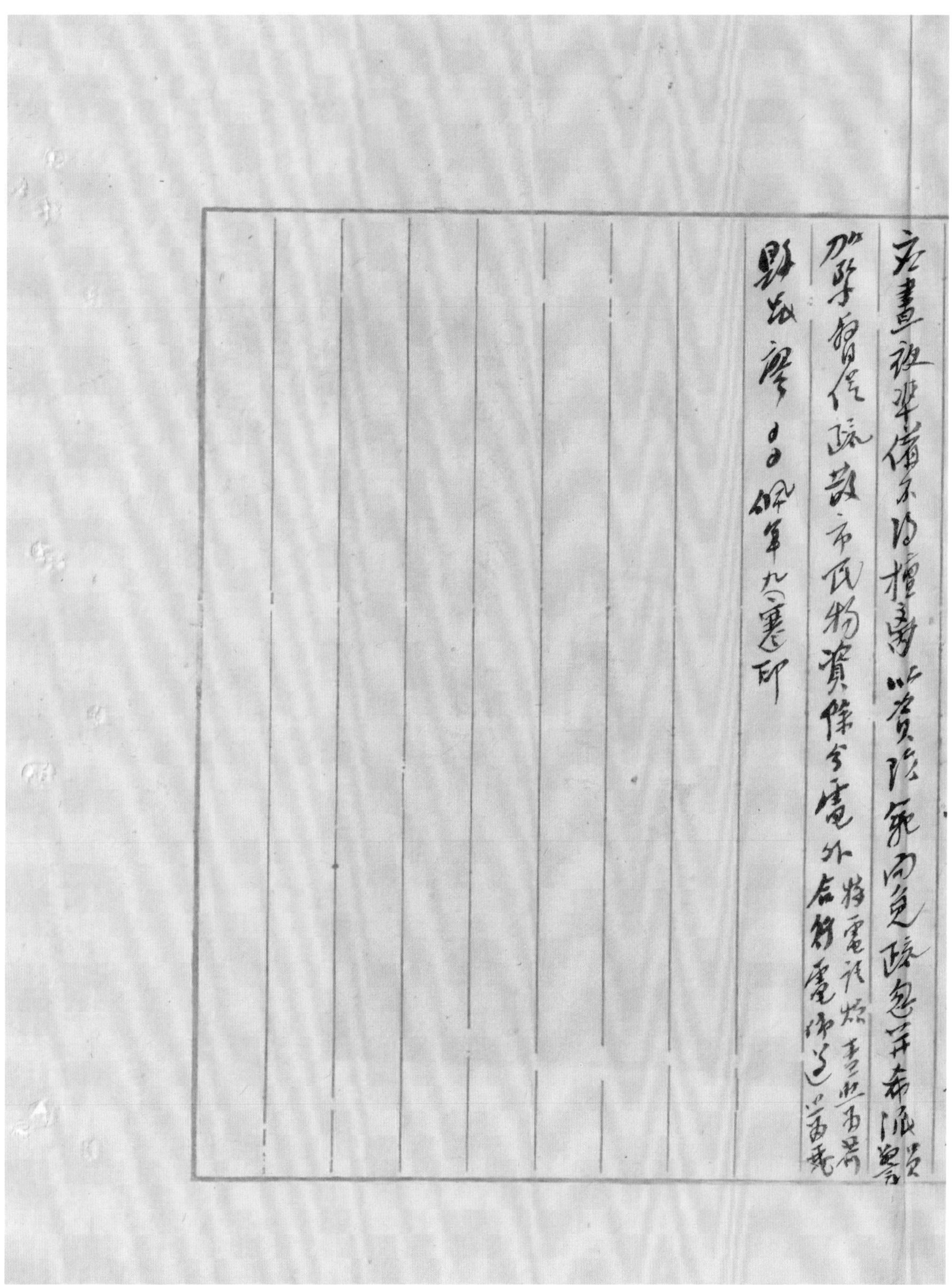

應晝夜準備不得擅離以資防範而免疏忽並希派員警

加緊督促疏散市民物資除分電外特電飭照查照并函昌各縣電飭遵照並函電

縣長廖〇〇卅年九月寒巳印

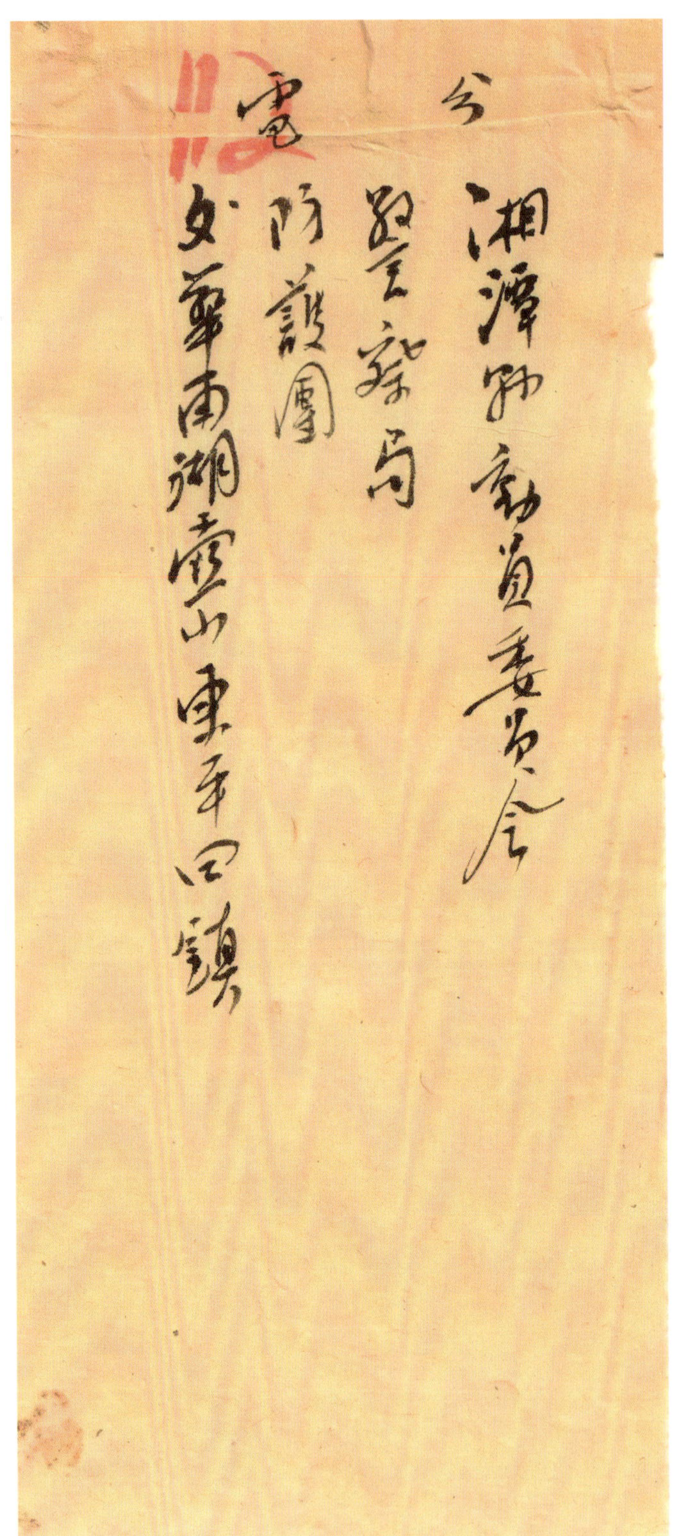

公電

湘潭縣動員委員會

縣警察局

防護團

及華南湖盧山東平四鎮

广寒宫戏院、湘潭县动员委员会、县政府等关于广寒宫戏院申请旧历中秋节开演的一组文书（一九四〇年九月十六日至二十三日）

广寒宫戏院致湘潭县政府的报告及县政府的批（一九四〇年九月十六日、二十三日）

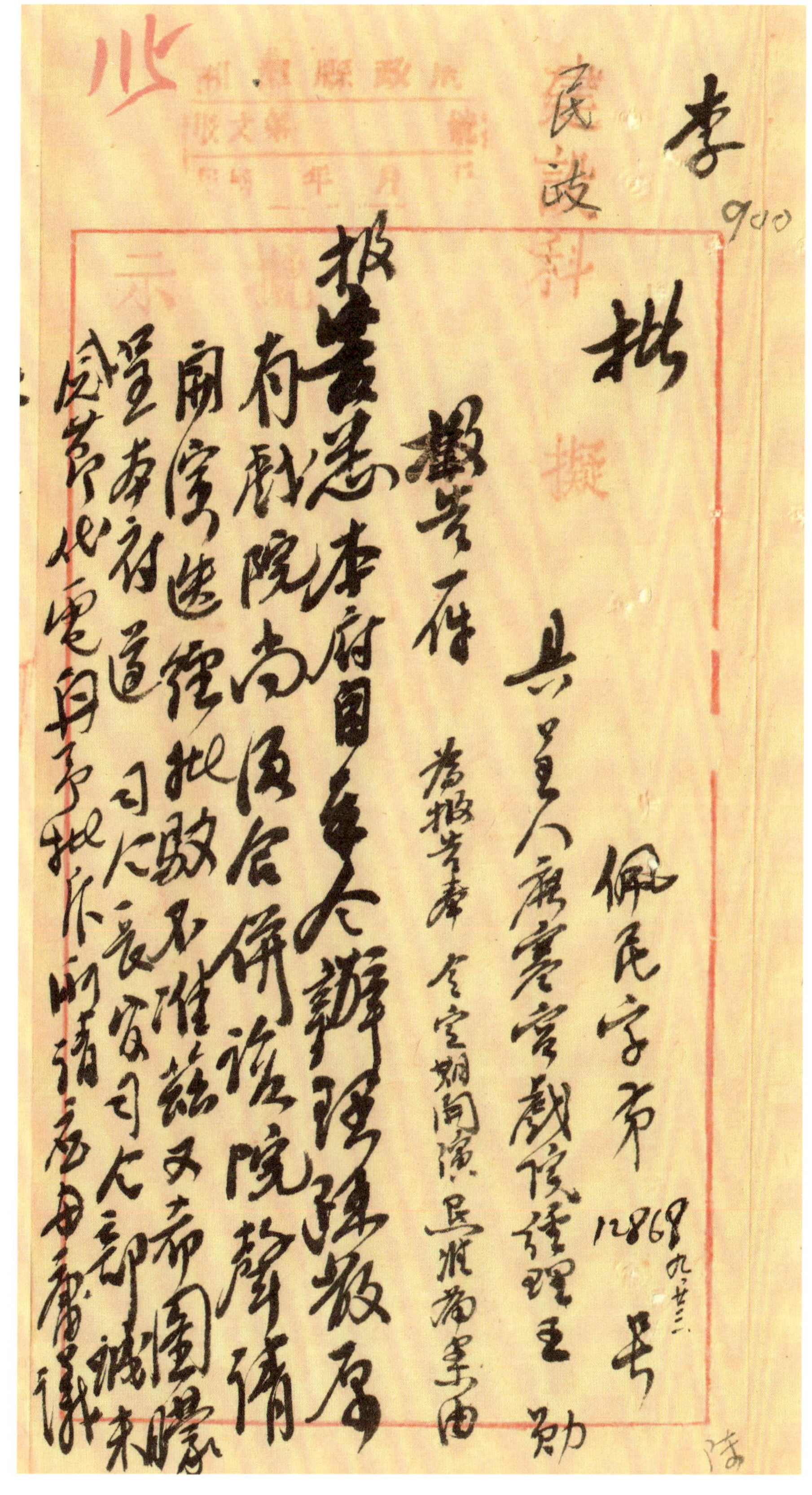
李
批
佩民字第12868号 九廿三
具呈人广寒宫戏院经理王勋
为报告奉令定期开演恳准备案由
报告存

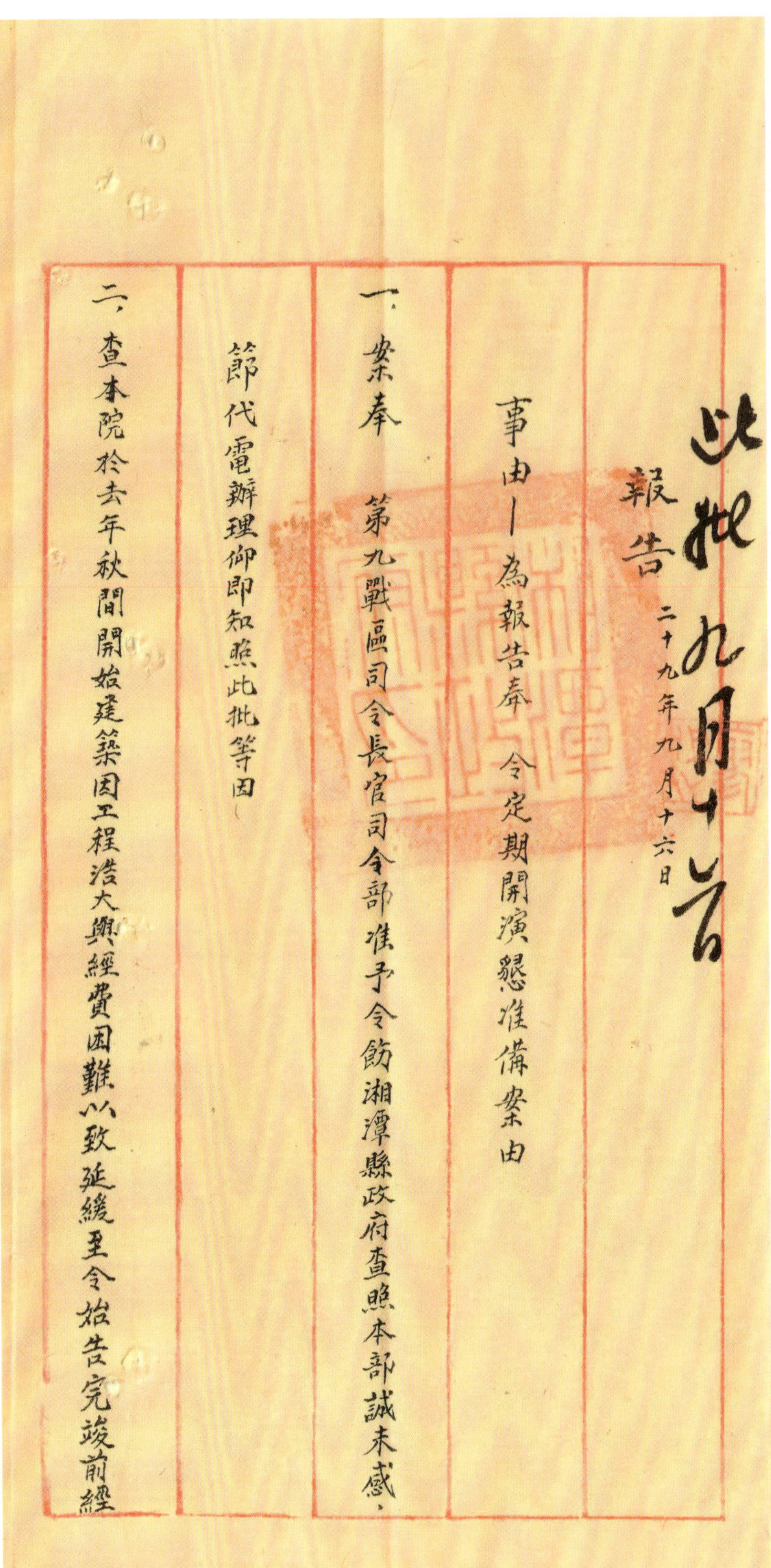

此批 九月十二

報告 二十九年九月十六日

事由：為報告奉令定期開演懇准備案由

一、案奉第九戰區司令長官司令部准予令飭湘潭縣政府查照本部誠未感〔感〕節代電辦理仰即知照此批等因

二、查本院於去年秋間開始建築因工程浩大興經費困難以致延緩至今始告完竣前經

呈請

鈞府備案准予定期開演惟值國難時期以疏散人口之故未獲邀准惟本院建築用項及

員工火食既所費不貲以經濟艱窘時期籌措頗感困難再四思維實無良策茲擬

本月十六日即(陰曆中秋節日)晚間開演藉維目前現狀以資轉運素仰

鈞座體恤下情茲特報請

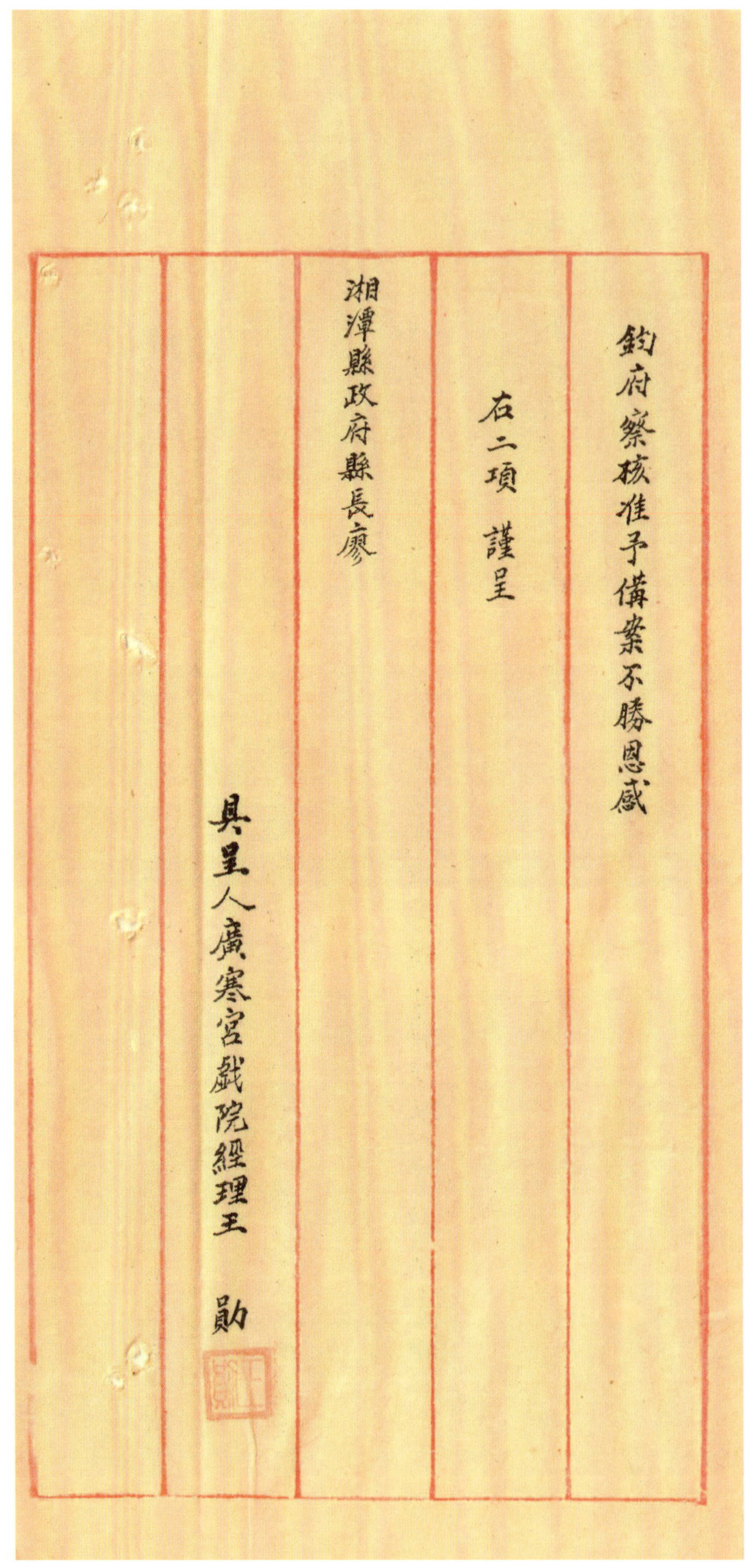
钧府察核准予备案不胜恩感

右二项　谨呈

湘潭县政府县长廖

具呈人广寒宫戏院经理王　勋

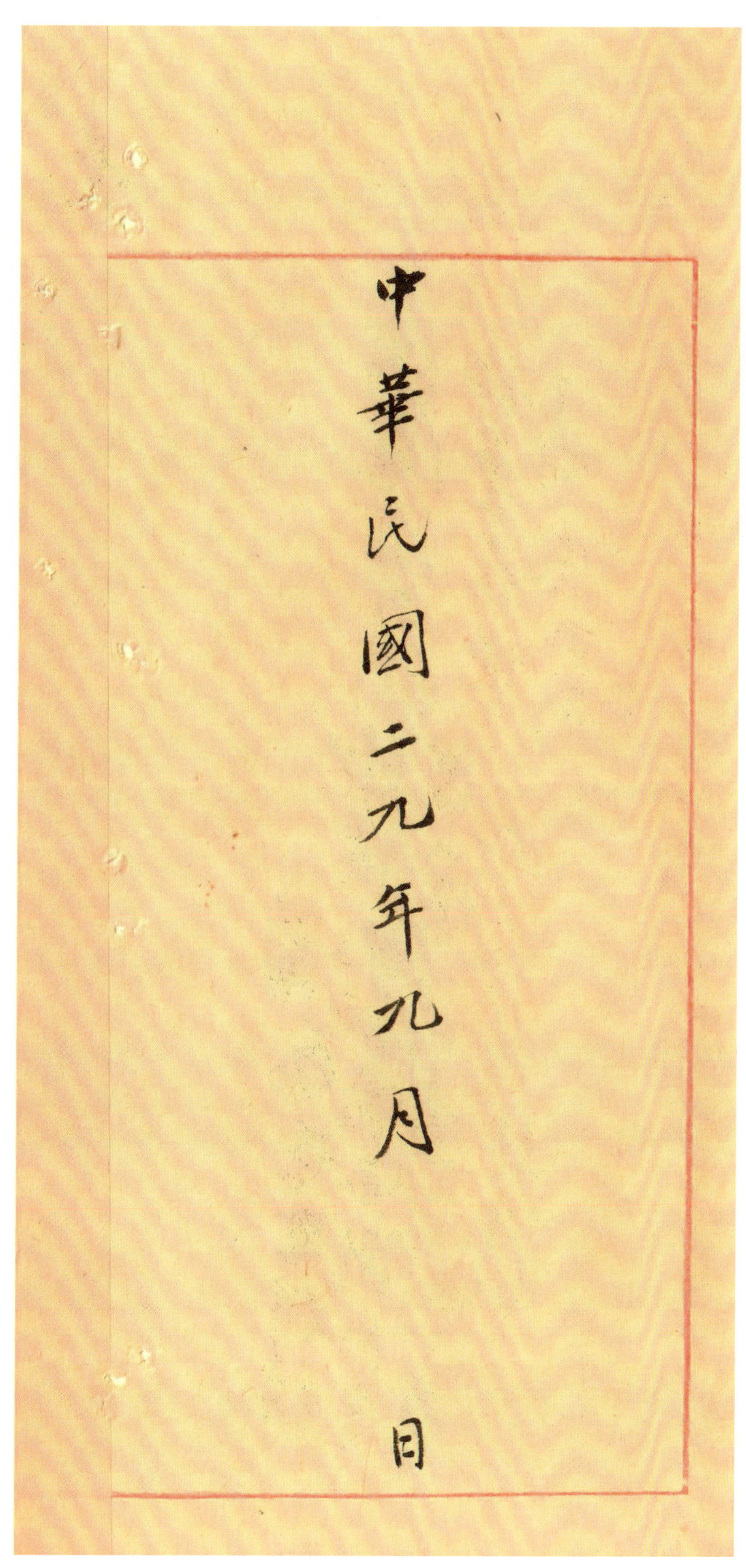
中華民國二九年九月　　日

湘潭县动员委员会致县政府的公函（一九四〇年九月二十三日）

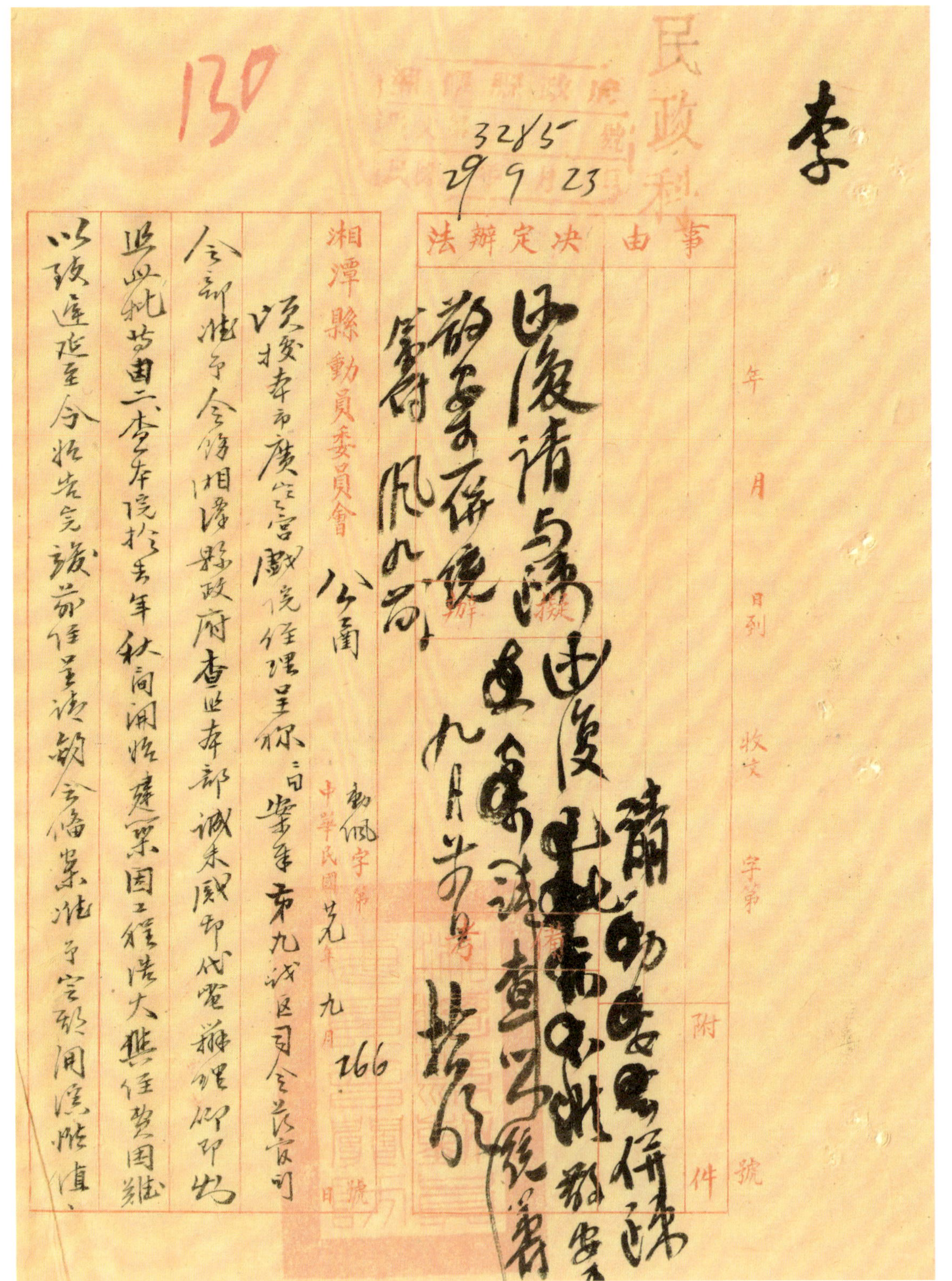

國維財政，以疏散人口之故，未獲邀准，惟本院建築用款及員工大會

院所費不貲，以致僑旅寓居時政，籌措頗感困難，再四思惟，實無

辦法。茲擬本年十一月（即陰曆中秋節日）晚間開演平劇，藉作目前挽救

資料，特邀素卿錫彥侍郎下榻。茲特根請鈞會核准，予備案，不

勝感禱。謹呈 [illegible] 等情，據此相應函請

貴府 查照核辦，並希見復為荷！

此致

湘潭縣政府

主任委員廖佩之

湘潭县政府致第九战区司令长官司令部的呈（一九四〇年九月二十三日）

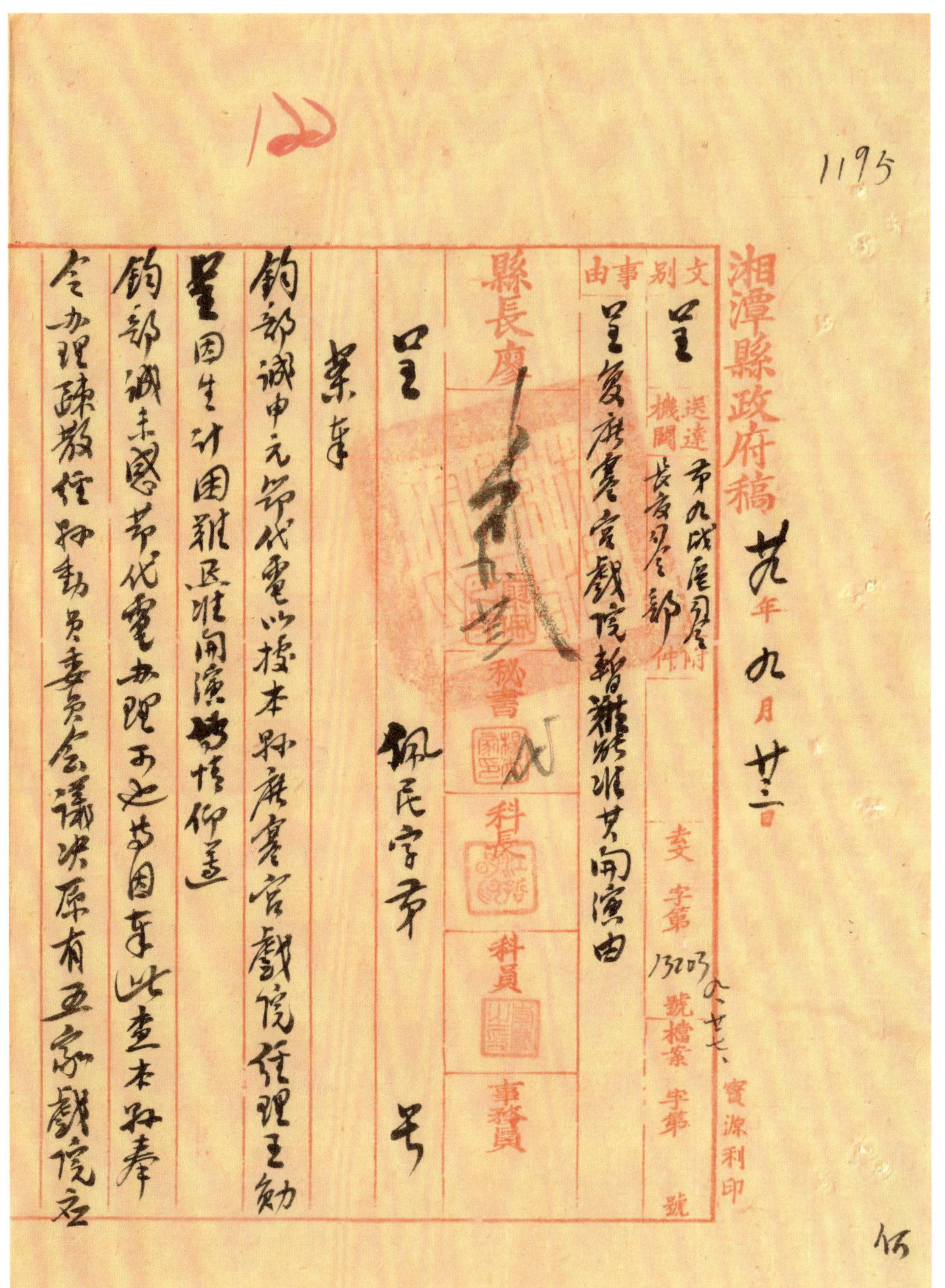

湘潭縣政府稿

文别：呈

送達機關：第九戰區司令長官司令部

附件：

事由：呈復廣寒宮戲院暫難照准開演由

廿九年九月廿三

縣長廖

秘書

科長

科員

事務員

文字第13203號

檔案號 字第 號

實源利印

呈

民字第 號

案奉

鈞部誠申元節代電，以據本縣廣寒宮戲院經理王勳呈，因生計困難，懇准開演等情，仰遵

鈞部誠未感節代電辦理等因。奉此，查本縣奉

令辦理疏散，經抗動員委員會議決，原有五家戲院应

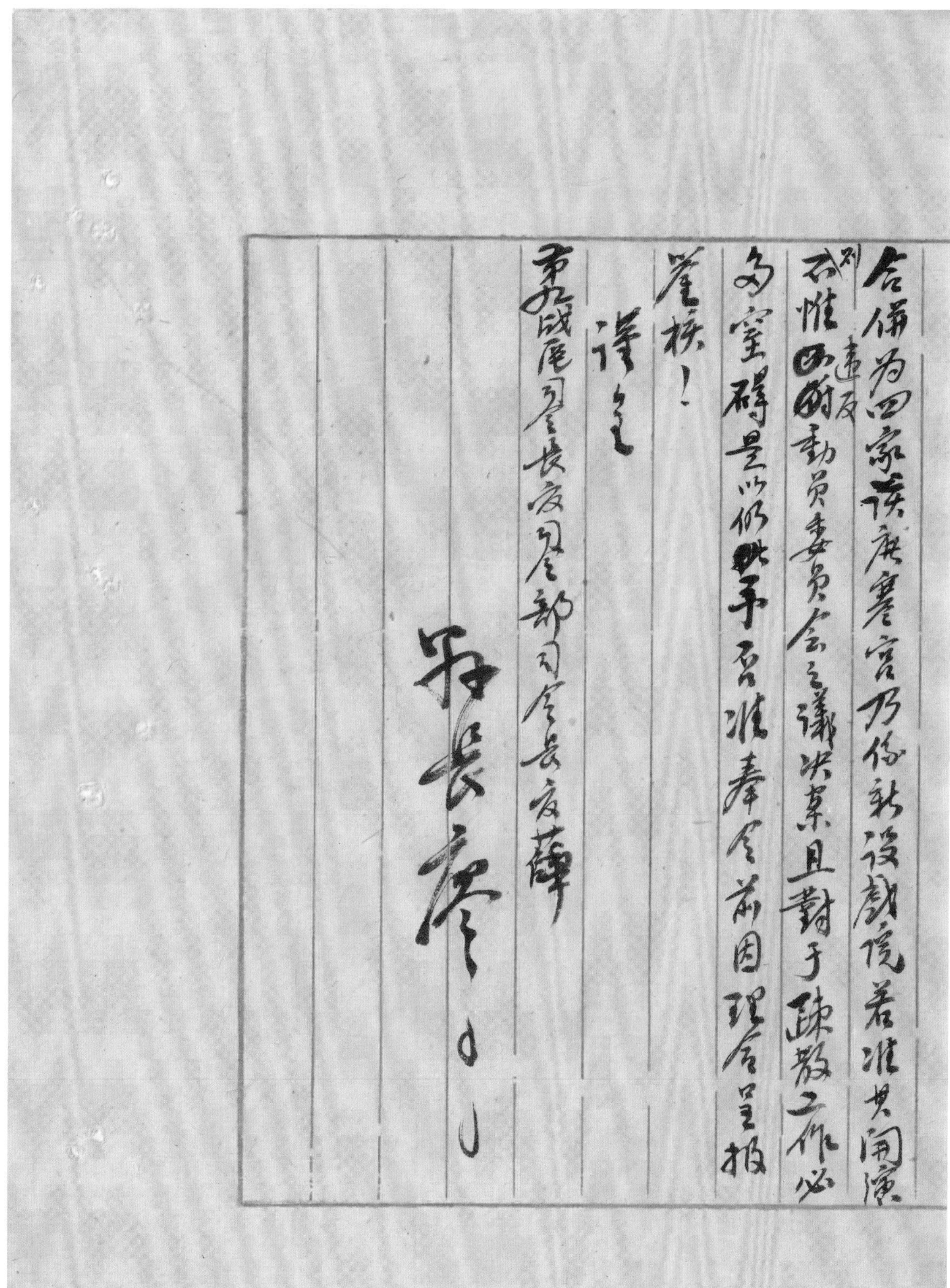
合備為國家旅店賓館乃係新設戲院若准其開演
則不惟違反國防動員委員會之議决案且對于疏散工作必
多窒礙是以仍將予否准奉令前因理合呈報
鑒核！
謹呈
第九戰區司令長官司令部司令長官薛
市長李○○

湘潭县政府、湖南省民政厅等关于加紧疏散民众拟印发居住证经费由第二预备金借垫的一组文书（一九四〇年九月十六日至十月三十一日）

湘潭县政府致湖南省政府的呈（一九四〇年九月十六日）

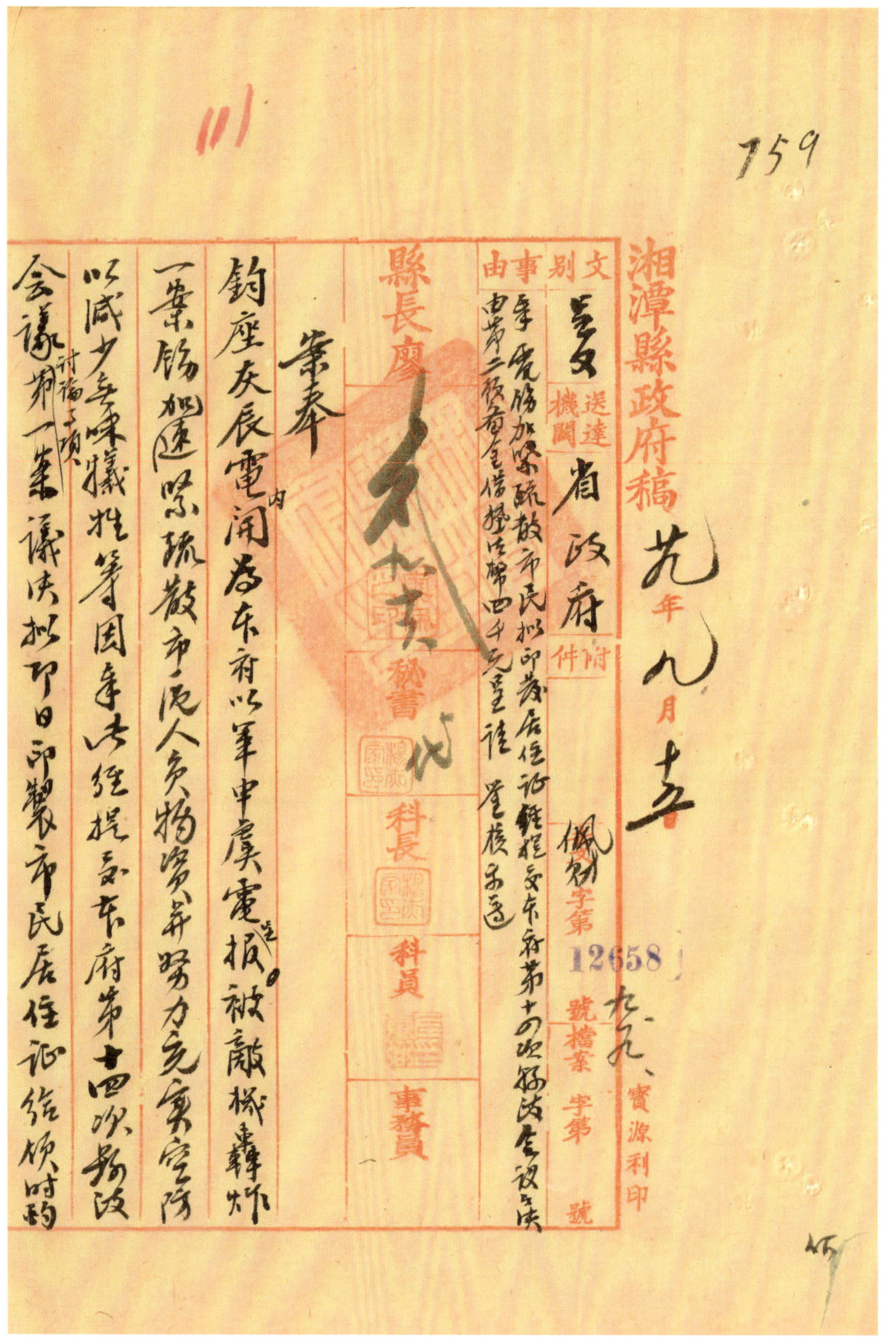

湘潭縣政府稿

文别：呈

送達機關：省政府

事由：奉電飭加緊疏散市民擬印發居住證經費由第二預備金借墊四千元呈請鑒核示遵

附件

廿九年九月十五

文别字第 12658 號

檔案 字第 號

縣長廖

秘書

科長

科員

事務員

案奉

鈞座亥辰電開：為本府以軍中虞電報被敵機轟炸一案，飭加速疏散市民人員物資，并努力充實空防，以減少無謂犧牲等因。奉此，經提交本府第十四次縣政會議討論一案。議決擬即日印製市民居住證，需時約

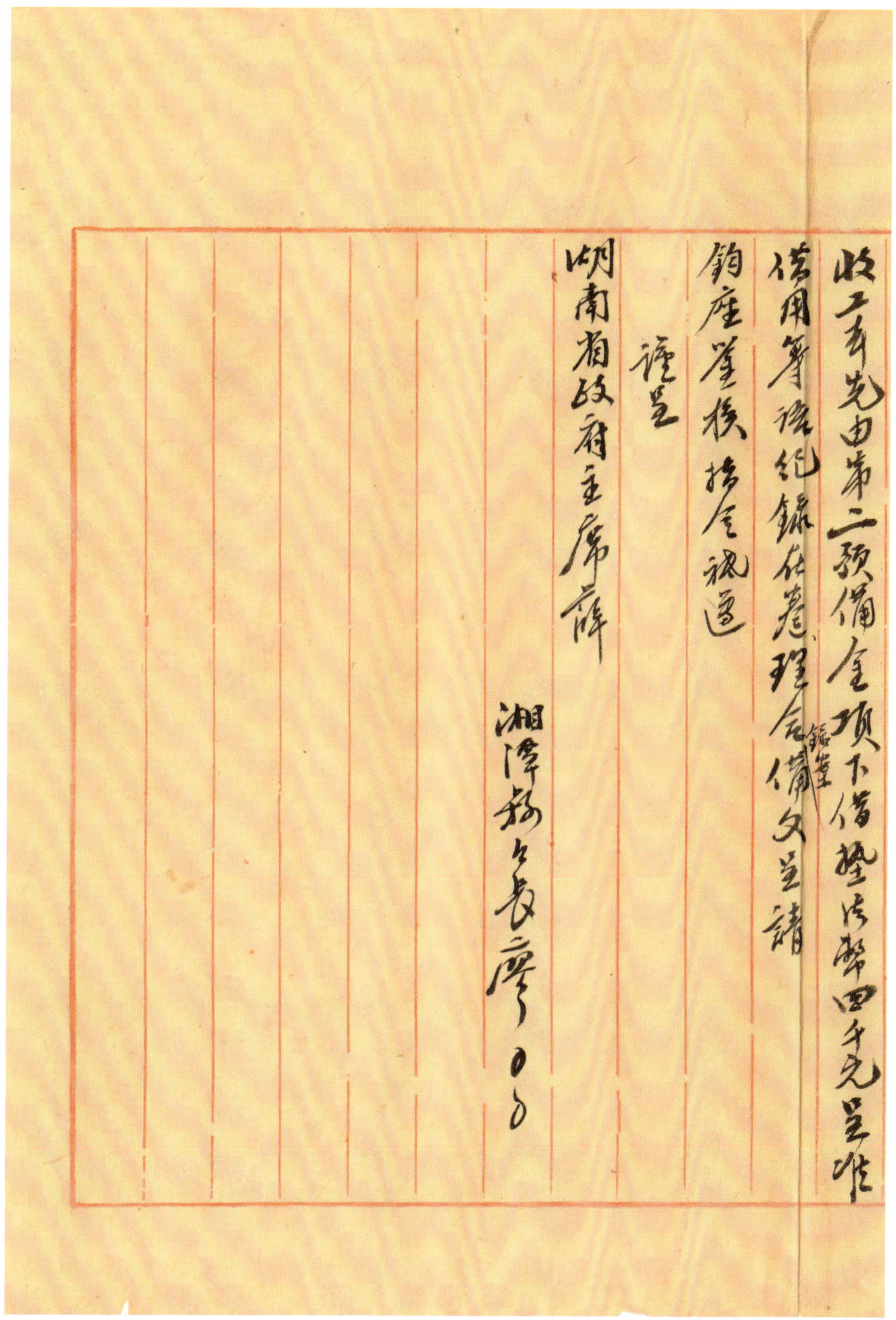
收二年先由第二预备金项下借垫法币四千元呈准
借用等语，纪录在卷。理合备文呈请
钧座鉴核拨令祇遵。
谨呈
湖南省政府主席薛
湘潭县县长廖○○

湖南省民政厅、财政厅、省政府会计处等致湘潭县政府的电报（一九四〇年十月三十一日）

湖南省無線電總台　本台號數

收自		附註	發往	
日期	時刻		日期	時刻
簽名			簽名	

號數　　等級　　字數

發報台　　日期　　時刻

乙財六[illegible]

長佩二星縣政[unclear]預選費提三次證[unclear]民質領本司

縣二一號南老向二[unclear]刷廳一會錢發市性給土

廖一第八眉前據以矜[unclear]下印民第常[unclear]印[unclear]址且收嫌

寨字五查電[unclear]轉[unclear]項證本[unclear]府次此項必[unclear]住同酌更

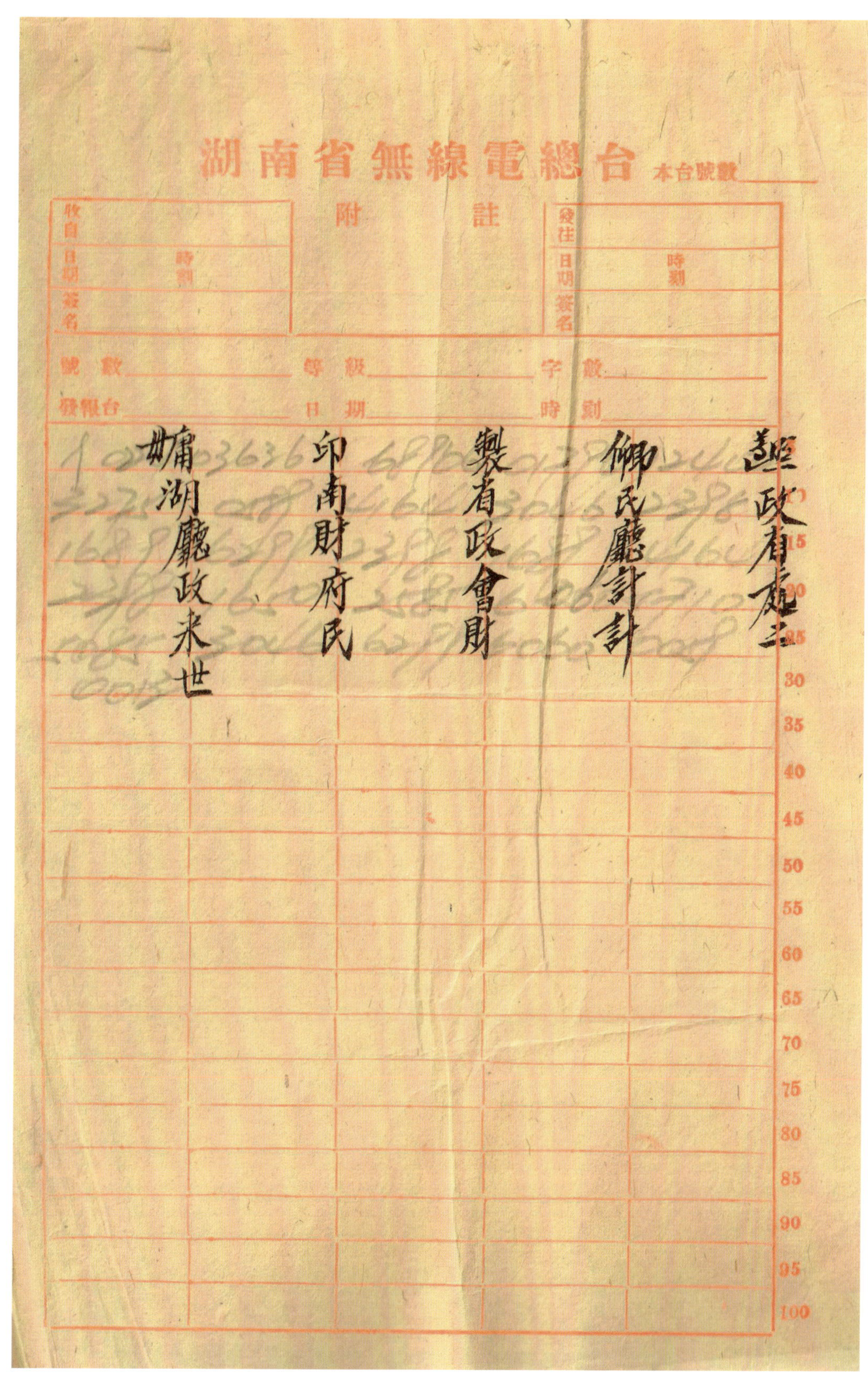

湖南省無線電總台　本台號數

收自	附註	發往
日期　時刻		日期　時刻
簽名		簽名

號數　　等級　　字數

發報台　　日期　　時刻

逕政省處三
卿民廳計計
製省政會財
印南財府民
冊庸湖廳政來世

广寒宫戏院、湘潭县政府、湘潭县动员委员会关于义卖献金捐作寒衣代款恳予原情开演的一组文书

（一九四〇年九月二十三日至二十五日）

广寒宫戏院致湘潭县政府的呈（一九四〇年九月二十三日）

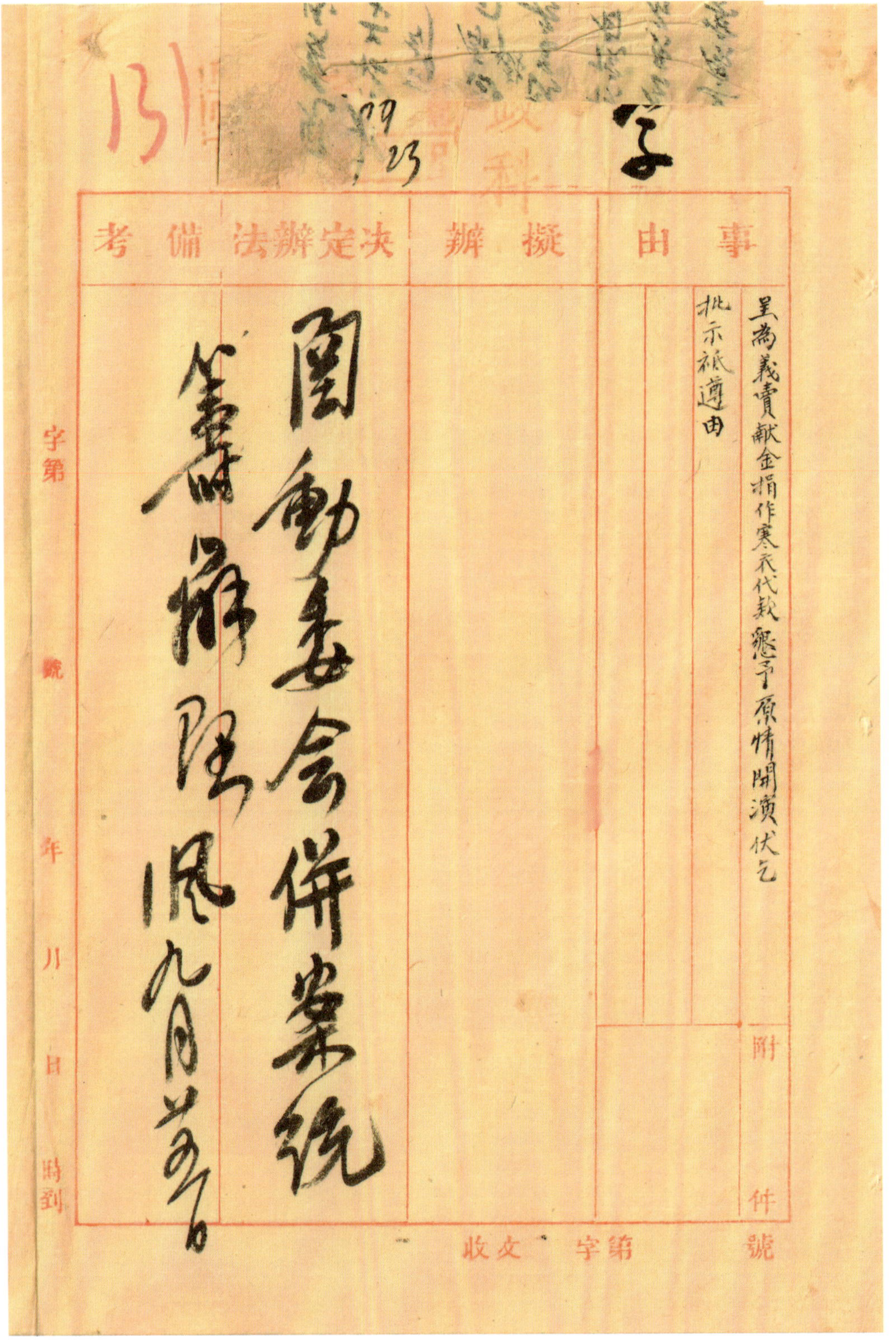
事由：呈為義賣獻金捐作寒衣代款懇予原情開演伏乞批示祇遵由

擬辦

決定辦法：函動委会併案統籌辦理 凡 九月廿三

備考

附件

收文 字第 號

呈為義賣獻金捐作寒衣代欵、遵照政令輪流停演二家、懇予原情俯准開演事。竊民等組設
廣寒宮戲院、業於二十八年十二月成立戲劇同業公會時、即已呈准有案、有戲劇同業公會所呈會
員名冊可以確查、雖因院屋建築未完、遲未開演、實係早已立案、並非新行增設、現院屋已建
築完善、演員久已到齊、值 鈞府奉 令徵募寒衣之時、民院情願義賣三天、獻作寒衣代金、
謹秉國家興亡匹夫有責之義、稍具獻金救國慰勞將士之忱、是以懇准開演、以成全民等義舉、應
請原情懇准者一也、民等與同業各院、遞日輪流停演二家、開演四家、以符動員委員會之規定、
是以懇准開演、實不違反政令、應請原情恩准者二也、民等費資鉅萬、均是借貸而來、若不開
演、則債主逼索債款、民等將所有財產完全變賣、猶不足以償清、則民等之生命前途將發生
莫大危險、是以懇准開演、用維商艱、應請原情恩准者三也、民院演員共一百八十餘人、均係自淪陷區
逃出之餘生、流離轉徙、無計謀生、只得組織流亡抗戰劇團、既可為國家作抗戰宣傳工作、又可

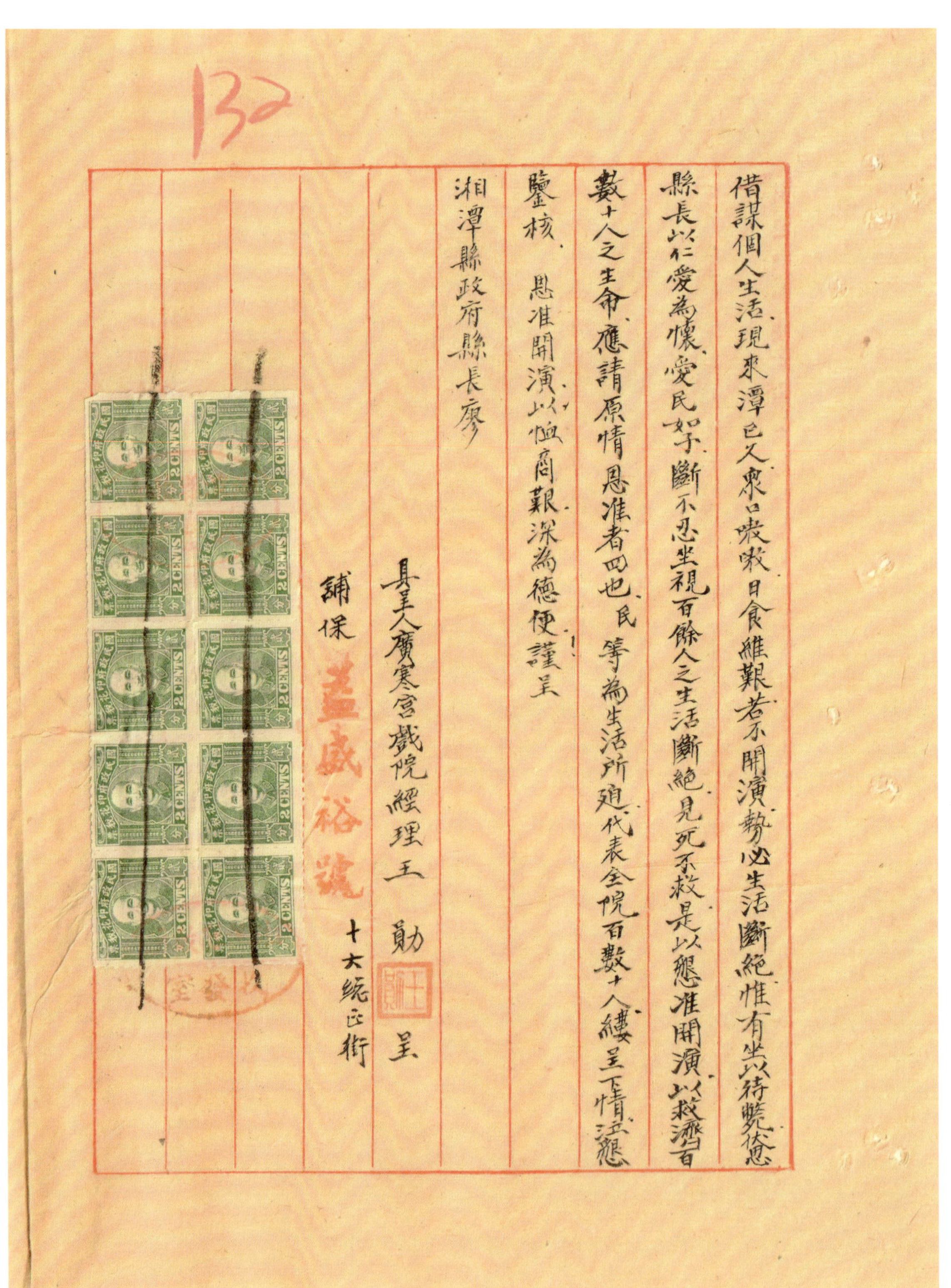
132

借謀個人生活。現來潭已久，衆口嗷嗷，日食維艱，若不開演，勢必生活斷絕，惟有坐以待斃，倘恐
縣長以仁愛為懷，愛民如子，斷不忍坐視百餘人之生活斷絕，見死不救，是以懇准開演，以救濟百
數十人之生命。應請原情恩准者四也。民等為生活所迫，代表全院百數十人縷呈下情，泣懇
鑒核，恩准開演，以恤商艱，深為德便。謹呈
湘潭縣政府縣長廖

具呈人廣寒宮戲院經理王　勛（印）呈
鋪保　盛裕號（印）　十大總正街

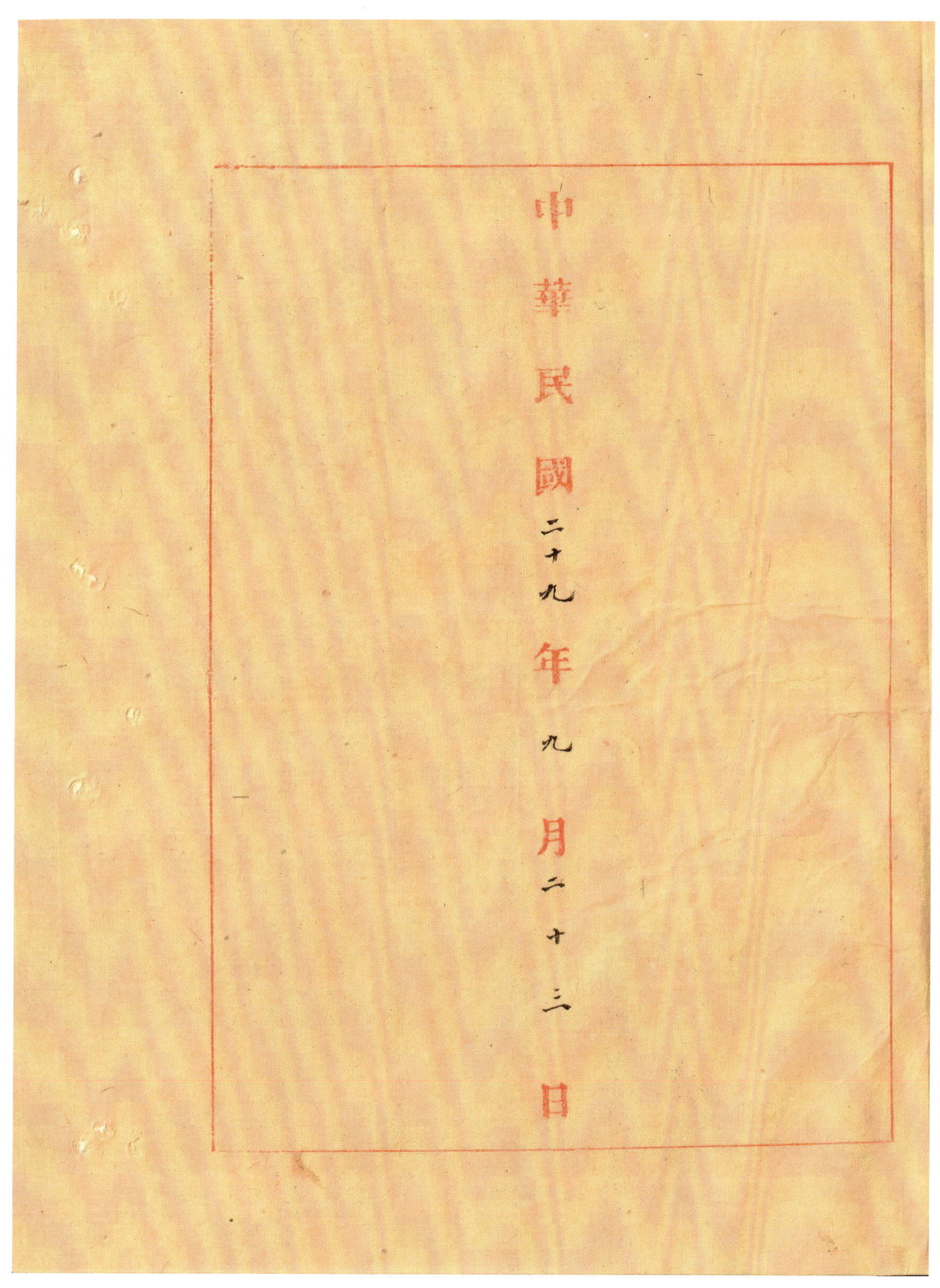

中華民國二十九年九月二十三日

湘潭县政府的便条（一九四〇年九月二十五日）

1. 查廣寒宮戲院確已於二十八年十一月呈准備案，有戲劇同業公會證
會員名冊及會員代表名冊可查，並非新設，應與各院同等之待遇。
2. 該院自願義賣獻金捐作寒衣代金，其救國熱忱可嘉，應予成全。
3. 該各項困難當係實在情形，應予救濟。
4. 由劇同業公會遴選疏散命令每日輪流間演，應增四家，停演二家，似應

可行

擬依上述四點批准如該請，並函動委會查照備文疏散案從寬辦理，
見覆後再行令遵。

九、廿五

湘潭縣政府便箋　年　月　日

湘潭县政府致广寒宫戏院的批（一九四〇年九月二十五日）

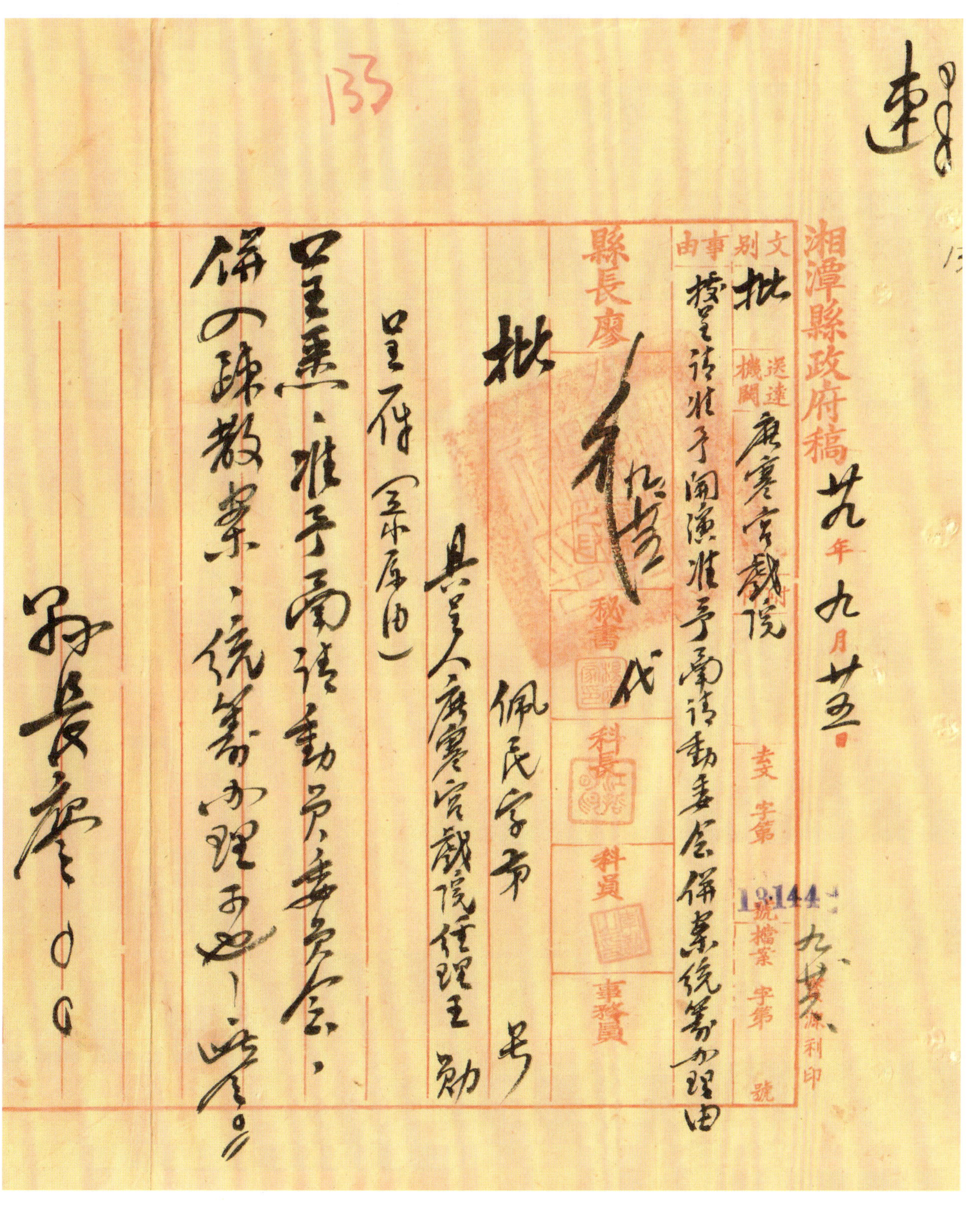

湘潭县政府致县动员委员会的公函（一九四〇年九月二十五日）

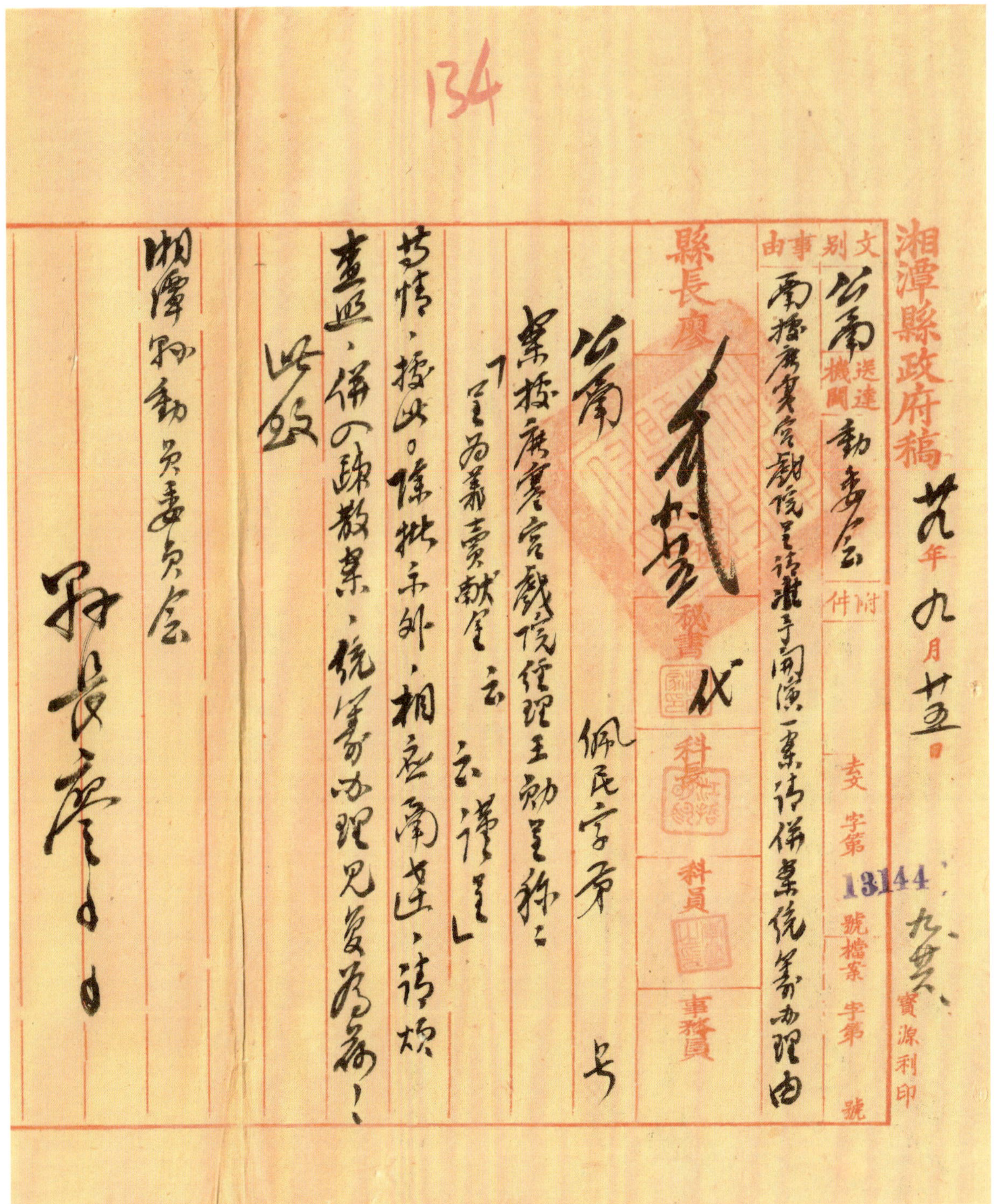

134

湘潭縣政府稿　廿九年九月廿五日

文別：公函　送達機關：動委會

事由：函據廣寒宮劇院呈請准予開演一案請併案統籌辦理由

附件

縣長廖　秘書　科長　科員　事務員

字第　號　13144　檔案字第　號　九、廿六、　實源利印

公函　佩民字第　号

案據廣寒宮戲院經理王勁呈稱：「竊為籌貢獻呈云云。謹呈」等情。據此。除批示外，相應函達，請煩查照，併入疏散案，統籌辦理見復為荷！

此致

湘潭縣動員委員會

縣長廖○○

湘潭县政府关于查明制止滴水埠文明戏院开演日场致湘潭县戏剧商业同业公会的训令
（一九四〇年九月二十三日）

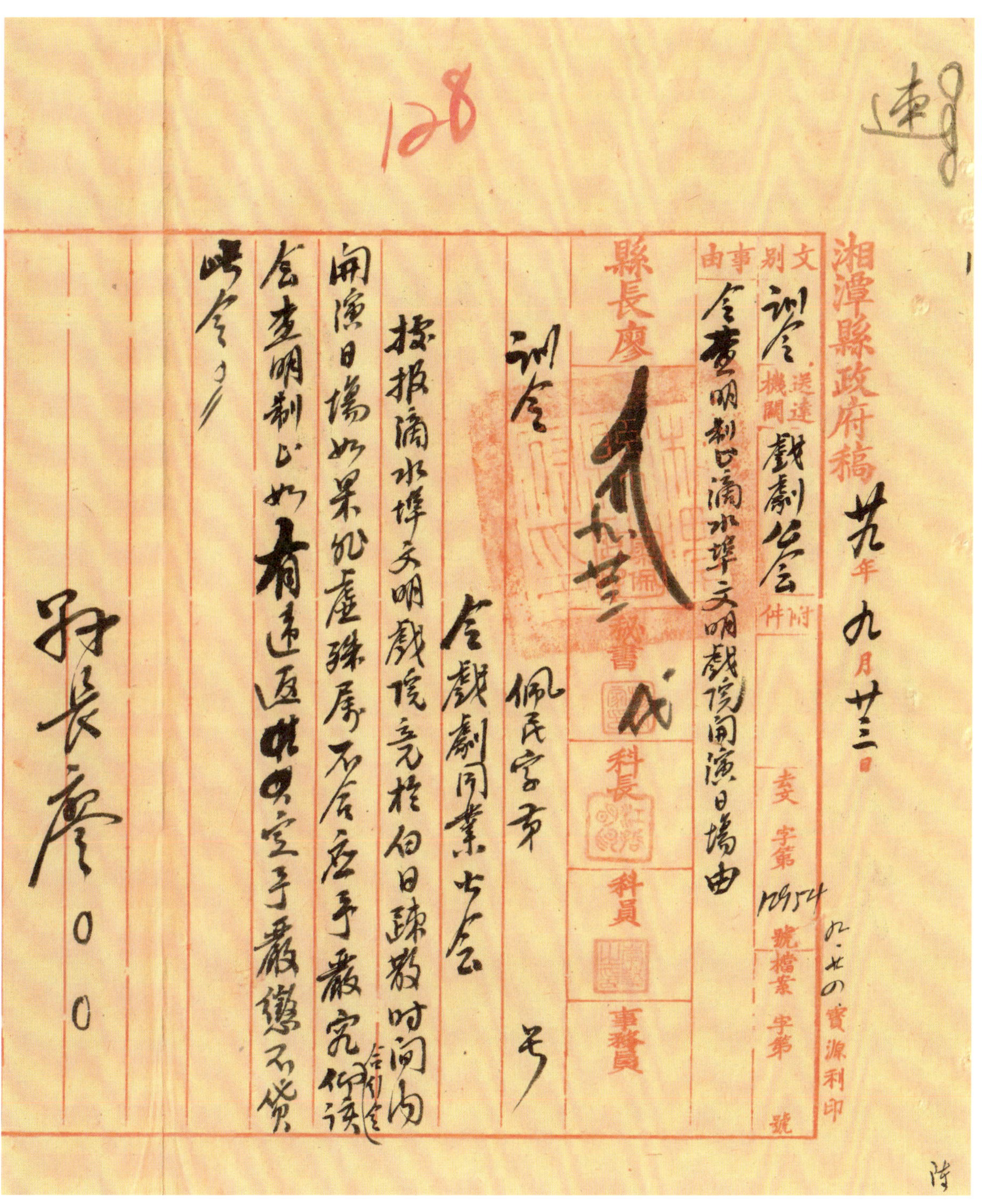

湘潭縣政府稿　廿九年九月廿三日

文別：訓令　送達機關：戲劇公會

事由：令查明制止滴水埠文明戲院開演日場由

縣長廖

訓令　佩民字第　號

令戲劇同業公會

據報滴水埠文明戲院竟於白日歸務時間內開演日場，如果屬實，殊屬不合，應予嚴究。仰該會查明制止，如有違反，定予嚴懲不貸。

此令。

縣長廖〇〇

难民歌妓代表刘永贵等、湘潭县动员委员会、县政府关于领歌妓执照恢复营业的一组文书（一九四〇年九月至十月六日）

难民歌妓代表刘永贵等致湘潭县政府的呈及县政府的批（一九四〇年九月、十月一日）

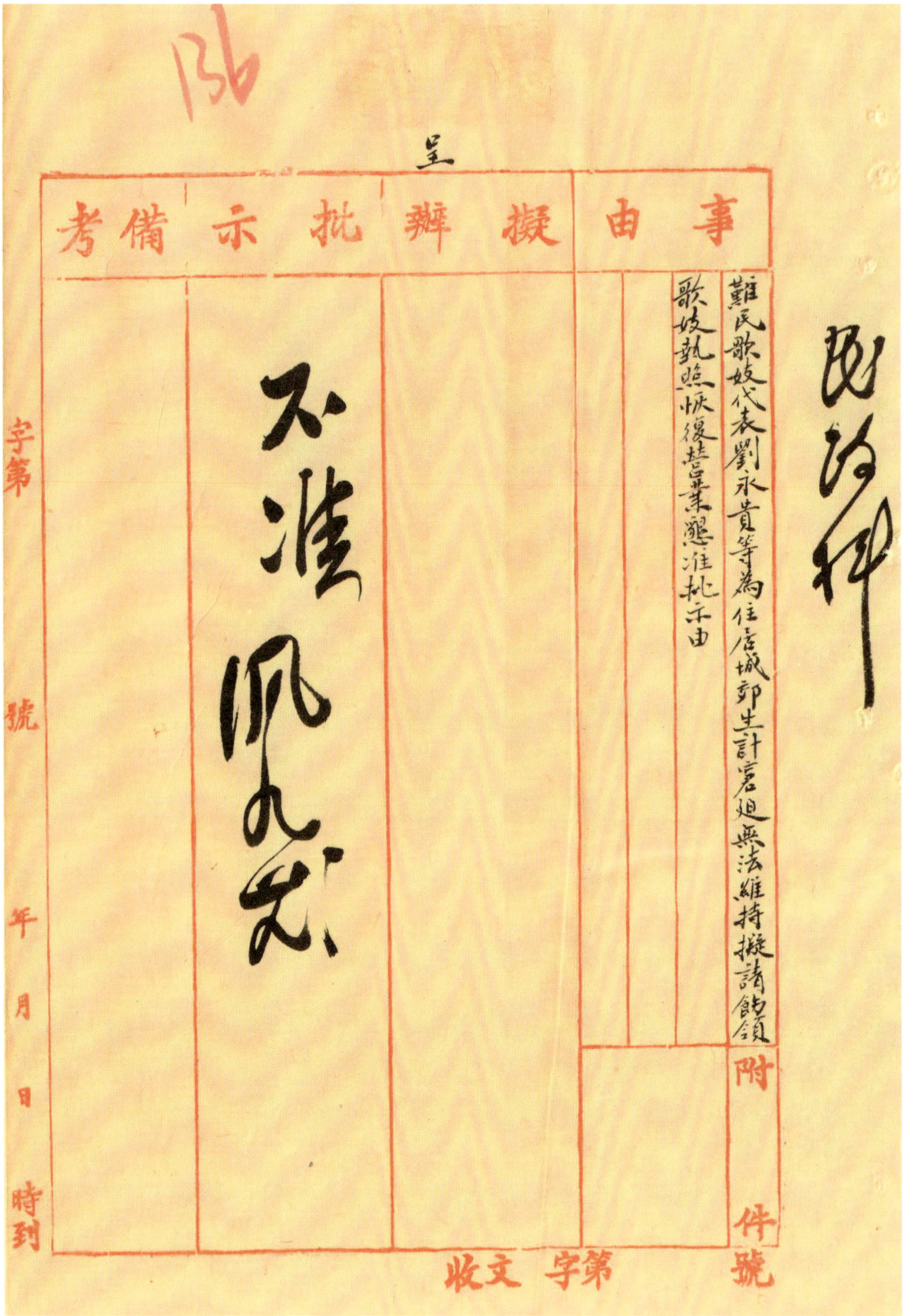
136

呈

事由	擬辦	批示	備考
難民歌妓代表劉永貴等為住居城郊生計窘廹無法維持擬請飭領歌妓執照恢復營業懇准批示由		不准	

附件

收文　字第　號

字第　號　年　月　日　時到

1630

呈為生活窘迫無法維持懇准飭領歌妓執照以資研究抗戰歌曲而度餘生事民等籍隸江浙流落來湘賣曲為生操營傢業近以敵機到處轟炸上峯為預防危害勤令銷照歇業疏散城郊生命固屬萬全生活無由解決加以民等大小老幼約計五百餘名均係流亡難民無家可歸又無工廠可資救濟即欲自由擇配一時難獲其人全家大小嗷嗷待哺呼救無方素仰

鈞座愛民如子善體下情擬懇於疏散法令之中稍予變通准飭領發歌妓執照藉資研究抗戰歌曲容許復業以度餘生不勝感激待命之至謹呈

湘潭縣縣長廖

具呈人　難民歌妓代表劉永貴　住□□市1362號

十三

批

呈件（案存由）

陳鴻章

呈悉，所請特予否准，此批。

縣長廖○○

九·廿·

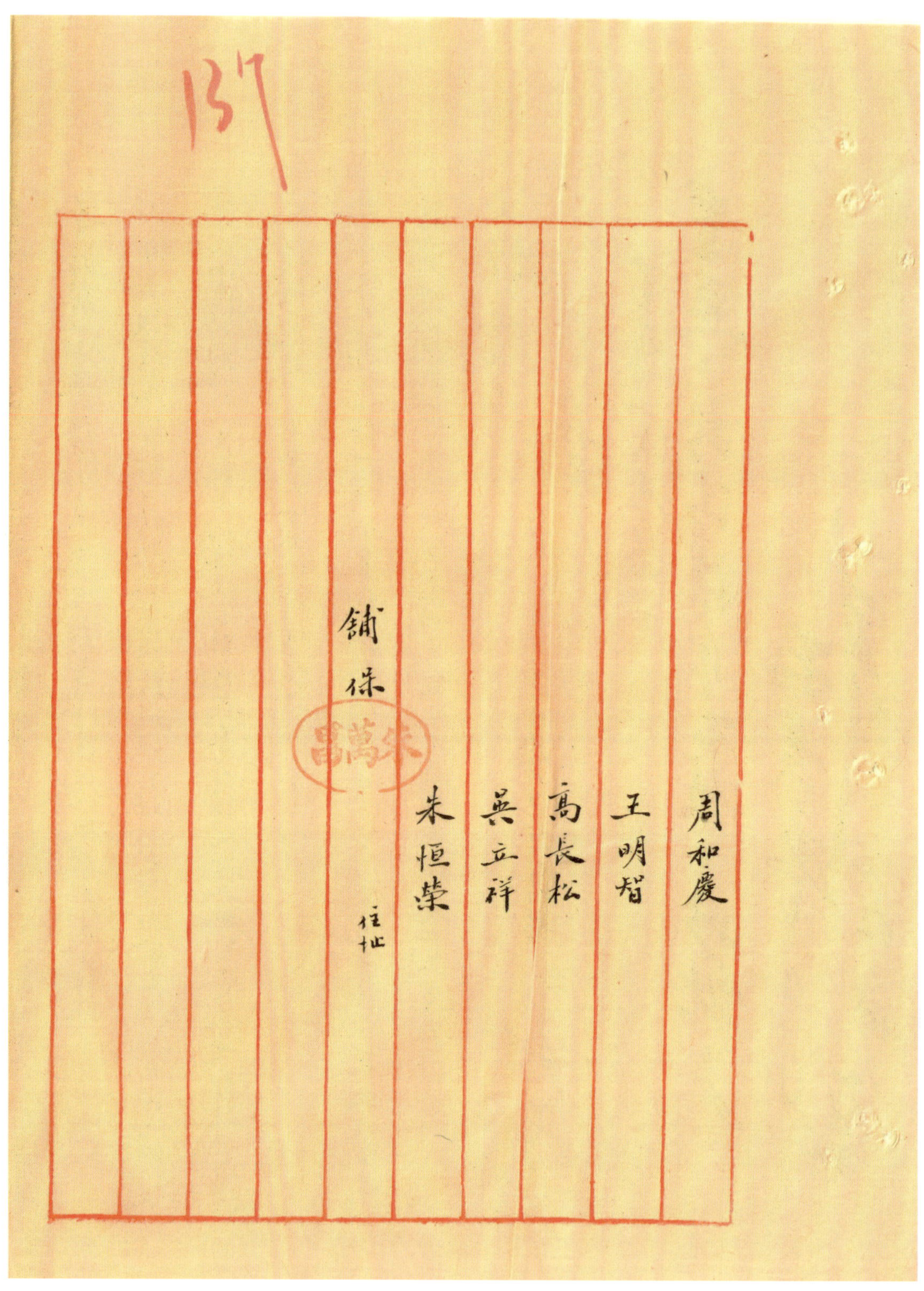
137

周和慶
王明智
高長松
吳立祥
朱恒榮
鋪保
朱萬昌
住址

中華民國二十九年九月　日

湘潭县动员委员会致县政府的公函（一九四〇年十月四日）

事由：函為難民歌妓生計窘迫懇飭復營業希查照核辦由

湘潭縣動員委員會公函　動佩字第　號

中華民國二十九年十月

案據難民歌妓代表劉永貴等呈稱：「竊民等籍隸江浙，流落來湘，賣曲為生，操營歌業。近以敵機到處轟炸，上峯為預防危害，勒令銷照歇業，疏散城郊。生命固屬萬全，生活無由解決，加以民等大小老

幼約計五百餘名均係流亡難民無家可歸又無工廠可資
救濟即欲自由擇配一時難獲其人全家大小嗷嗷待哺呼救
無方素仰鈞會動員民眾善體下情擬懇於疏散法
令之中稍予變通懇飭領發歌妓執照藉資研究抗戰
歌曲容許復業以度餘生不勝感激待命之至

等情據此相應函請

貴府查照核辦為荷

此致

湘潭縣政府

主任委員廖佩之

湘潭县政府致县动员委员会的公函（一九四〇年十月六日）

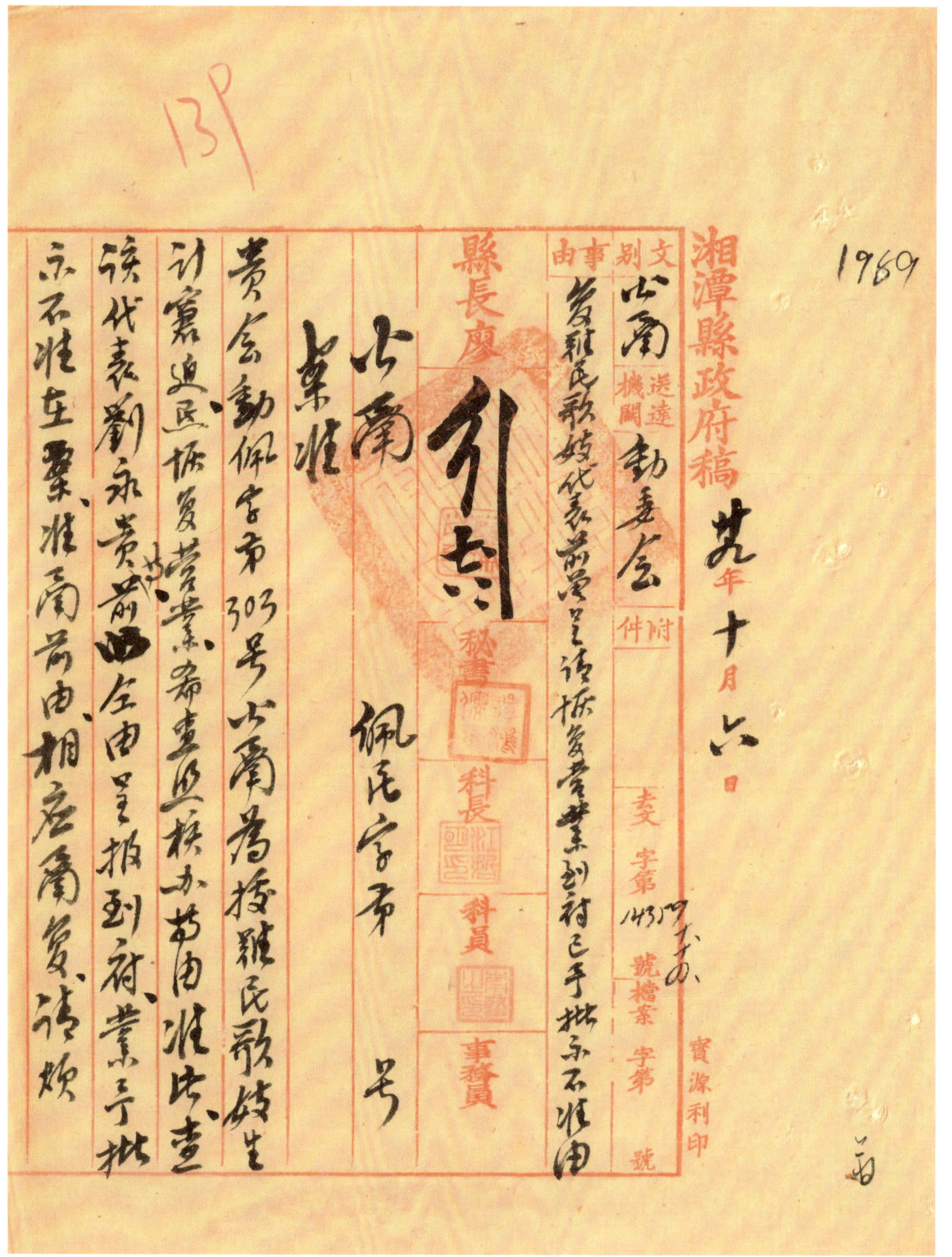

湘潭縣政府稿

文別：公函

送達機關：動委會

事由：爲難民歌妓代表前呈請恢復營業到府已予批示不准由

廿九年十月六日

收文 字第14359號

檔案 字第 號

縣長廖

秘書

科長

科員

事務員

公函 案准 佩民字第 號

貴會動佩字第303號公函爲據難民歌妓生計窘迫，呈請恢復營業，希查照核辦等由，准此。查該代表劉永貴前以仝由呈報到府，業予批示不准在案。准函前由，相應函復，請煩

實源利印

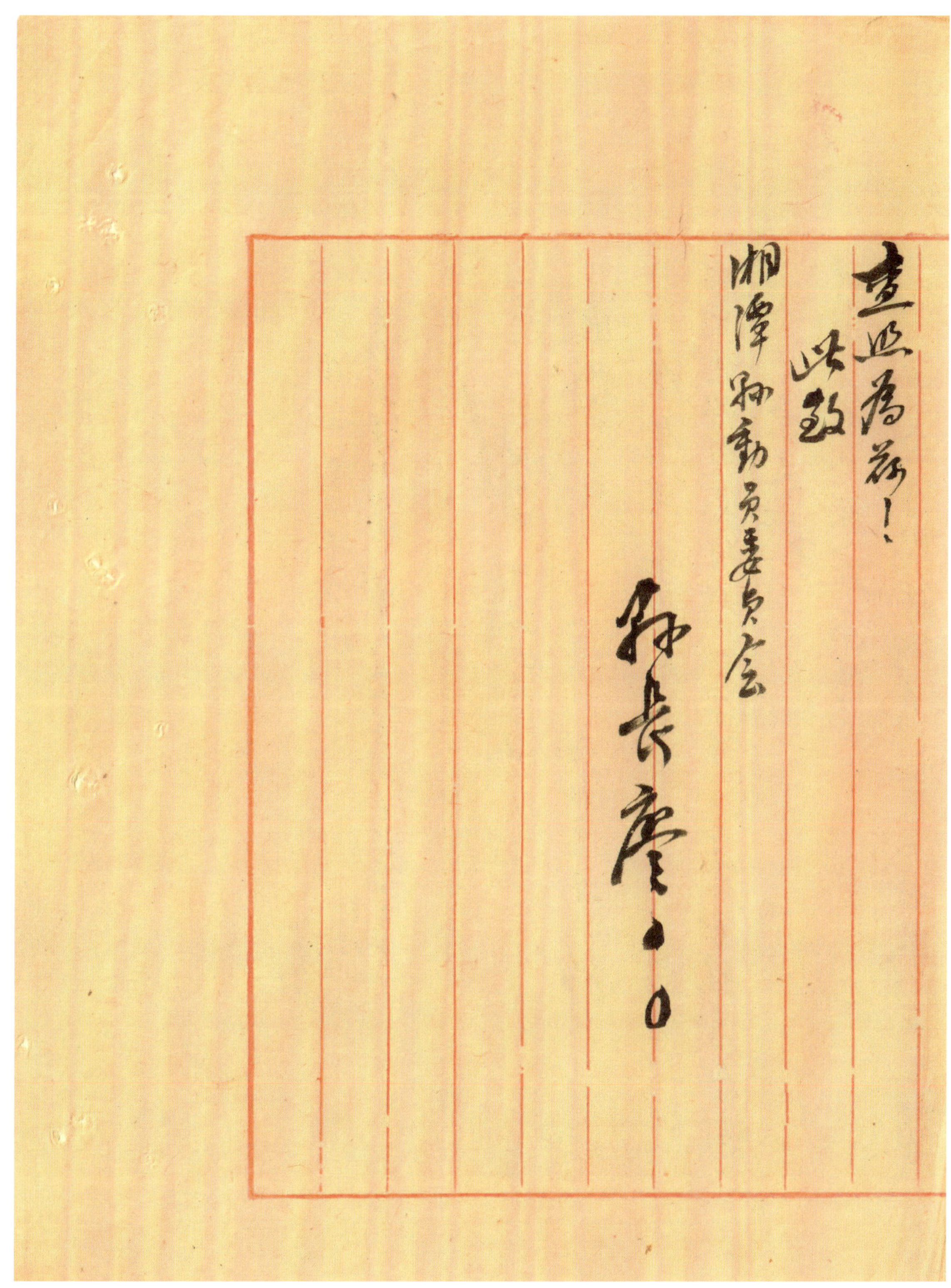

查照为荷！

此致

湘潭县动员委员会

县长康〇〇

湘潭县政府关于切实再行加紧疏散人口物资以免损害致县动员委员会的公函（一九四〇年十月二日）

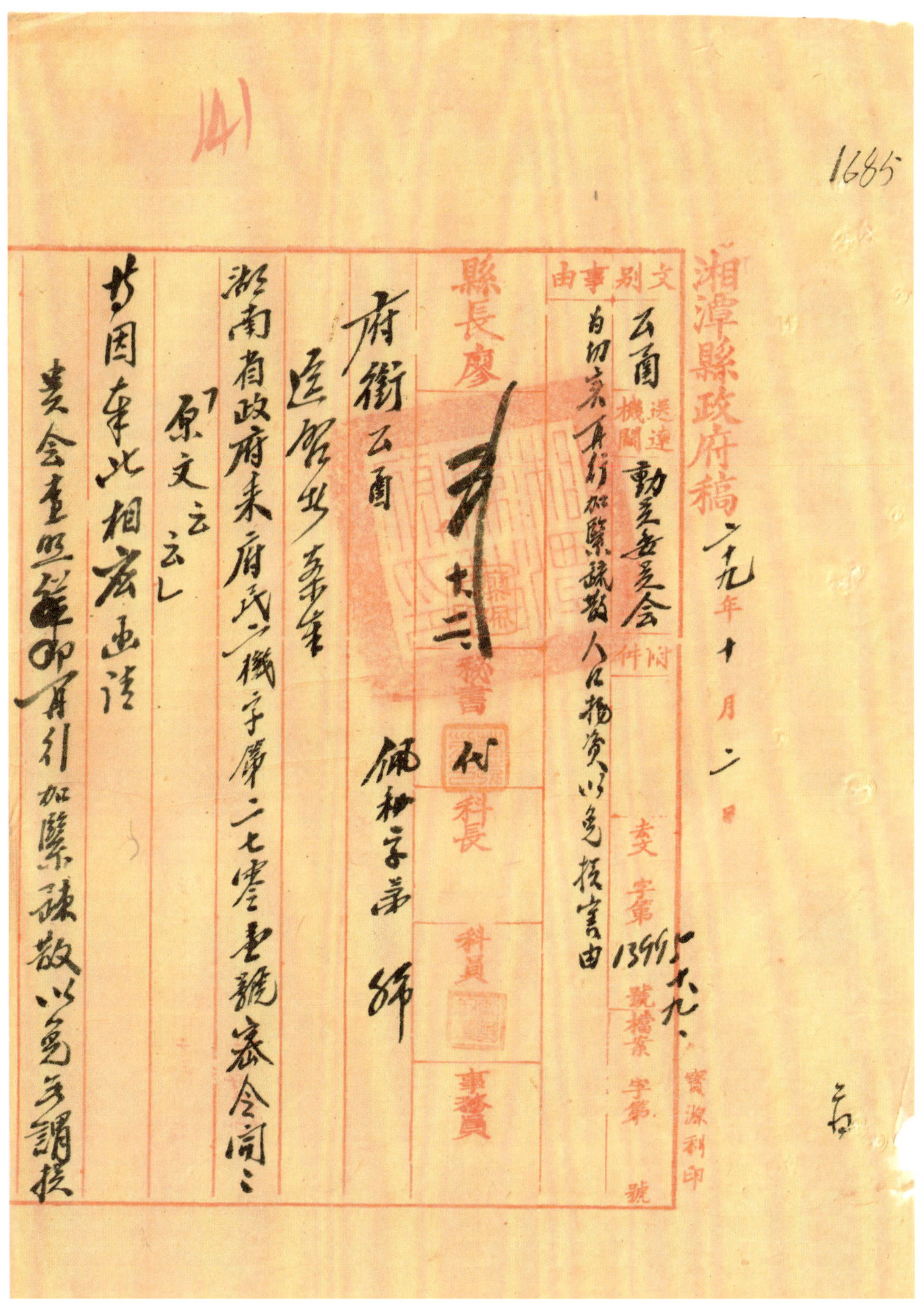
141

1685

湘潭縣政府稿 二十九年十月二日

文别：公函

送達機關：動員委員會

事由：為切實再行加緊疏散人口物資以免損害由

附件

縣長廖

秘書 代

科長

科員

事務員

字第 號

府銜公函 佩秋字第 號

逕啟者：案准

湖南省政府來府民二機字第二七〇壹號密令開：「原文」云云。

等因。奉此，相應函請

貴會查照，即行切實再行加緊疏散，以免無謂損

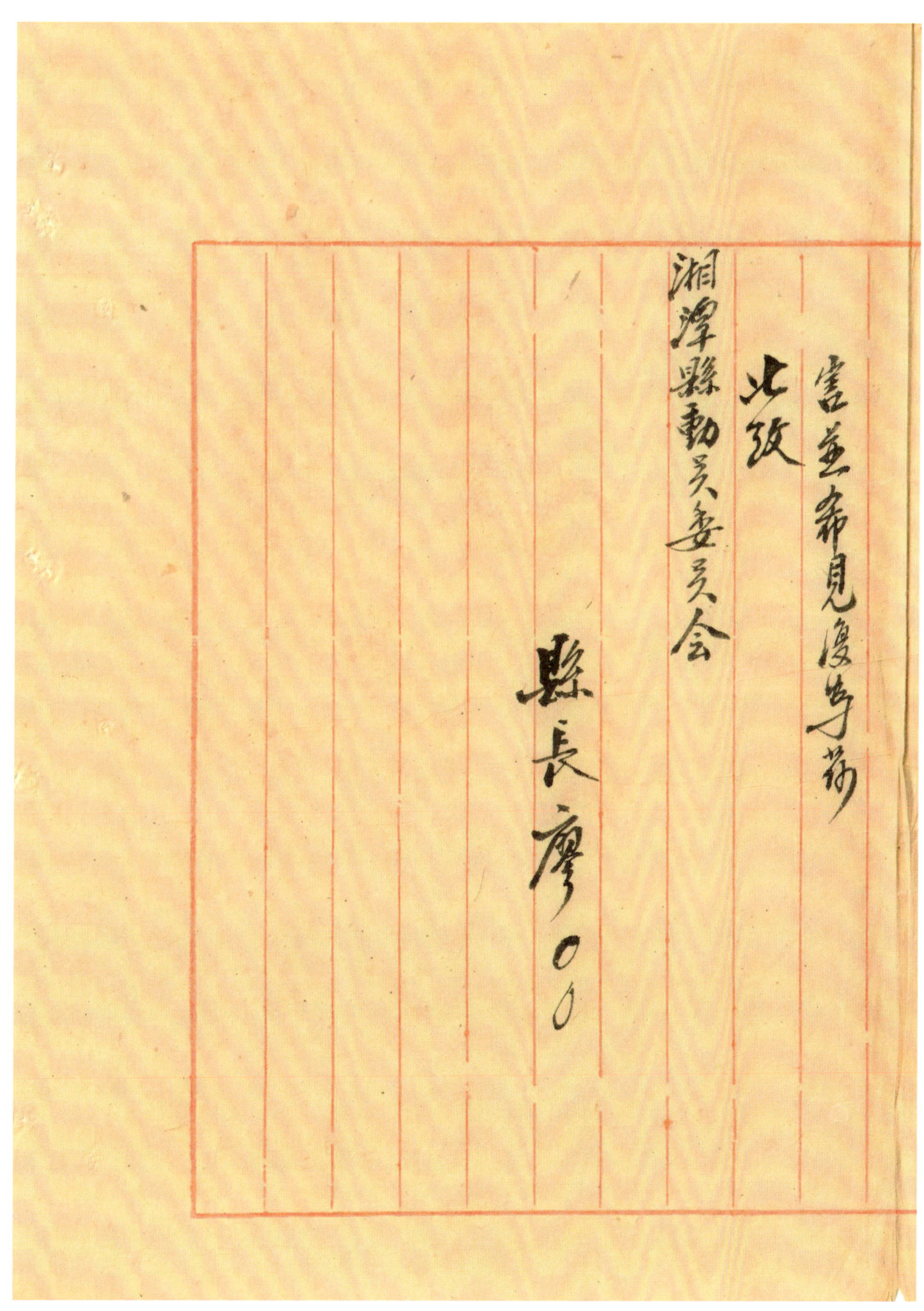

害並希見復為荷

此致

湘潭縣動員委員会

縣長廖〇〇

湘潭县政府关于加紧速办疏散人口货物及防空措施致县警察局、城区四镇公所等的训令及致县动员委员会的公函（一九四〇年十月三日）

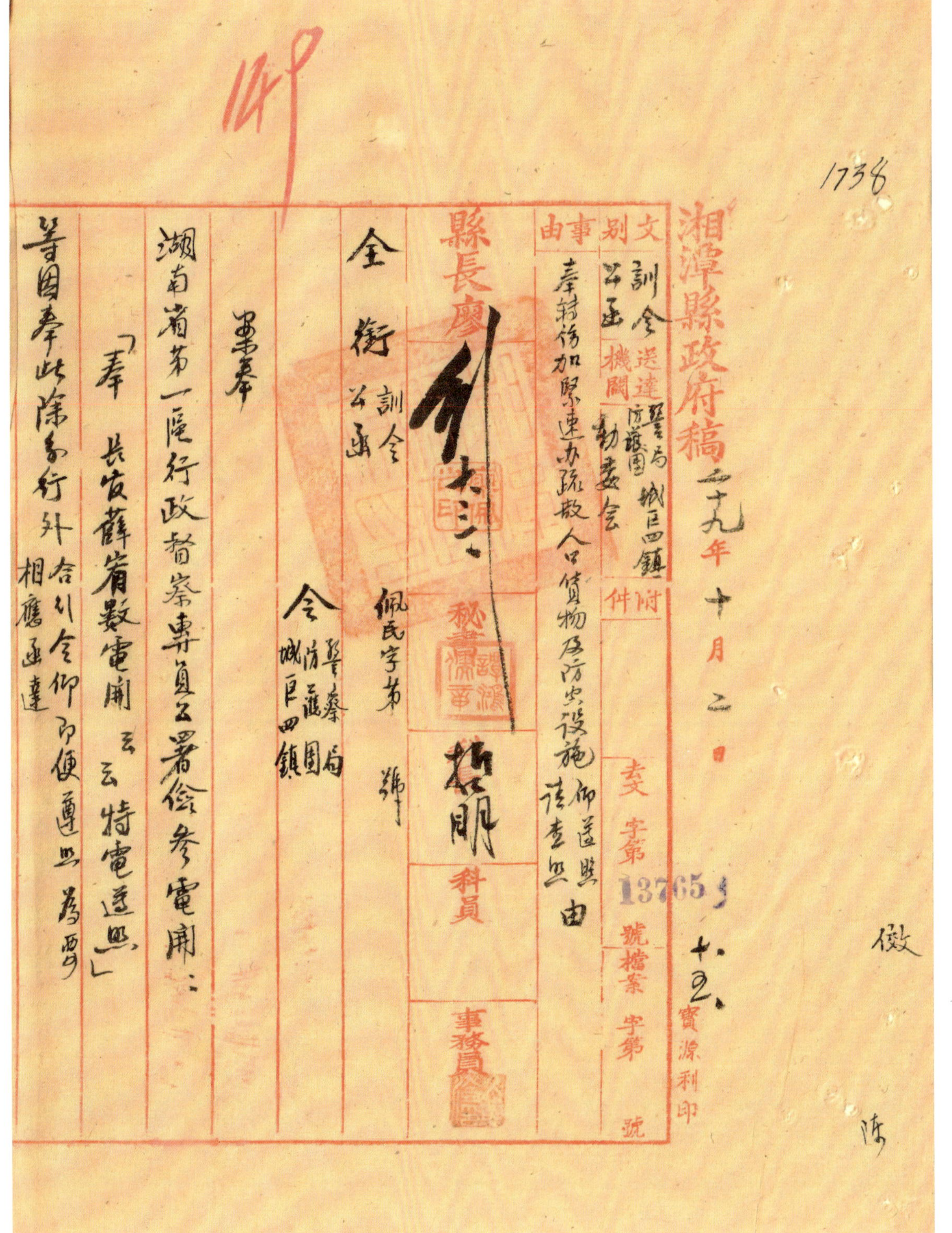

湘潭縣政府稿 二十九年十月二日

文別：訓令 公函

送達機關：警察局 防護團 城區四鎮 動委會

事由：奉轉飭加緊速辦疏散人口貨物及防空設施仰遵照 函請查照 由

縣長廖

秘書

科員

事務員

全銜 訓令 公函 佩民字第 號

令 警察局 防護團 城區四鎮

案奉

湖南省第一區行政督察專員公署儉參電開：

「奉 長官薛省長數電開 云云 特電遵照」

等因奉此除分行外合行令仰即便遵照為要 相應函達

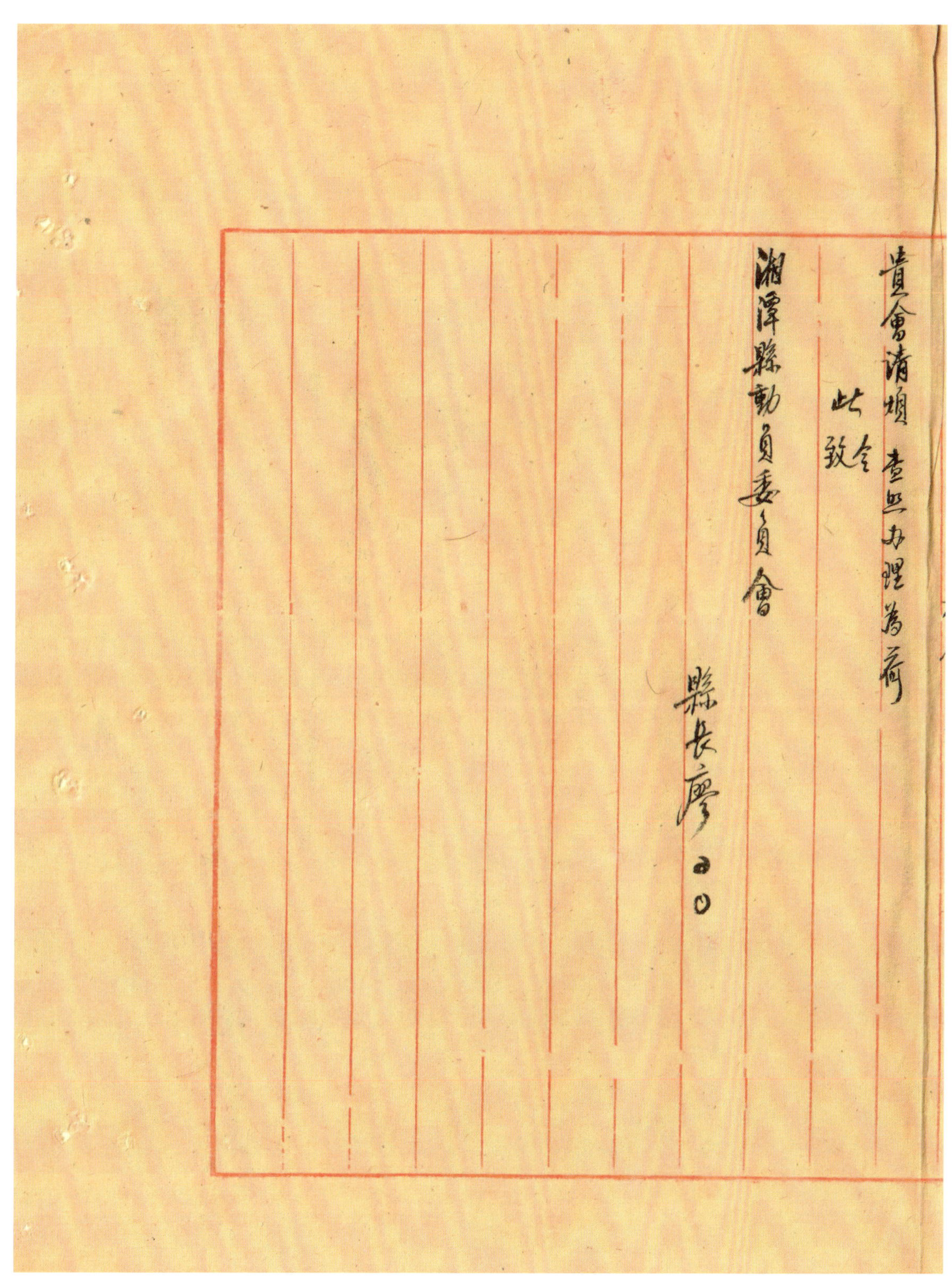
貴會請煩查照辦理爲荷

此致

湘潭縣動員委員會

縣長廖〇〇

湘潭县政府关于切实办理乡村物资疏散及加强村镇防空致县防护团的训令（一九四〇年十月五日）

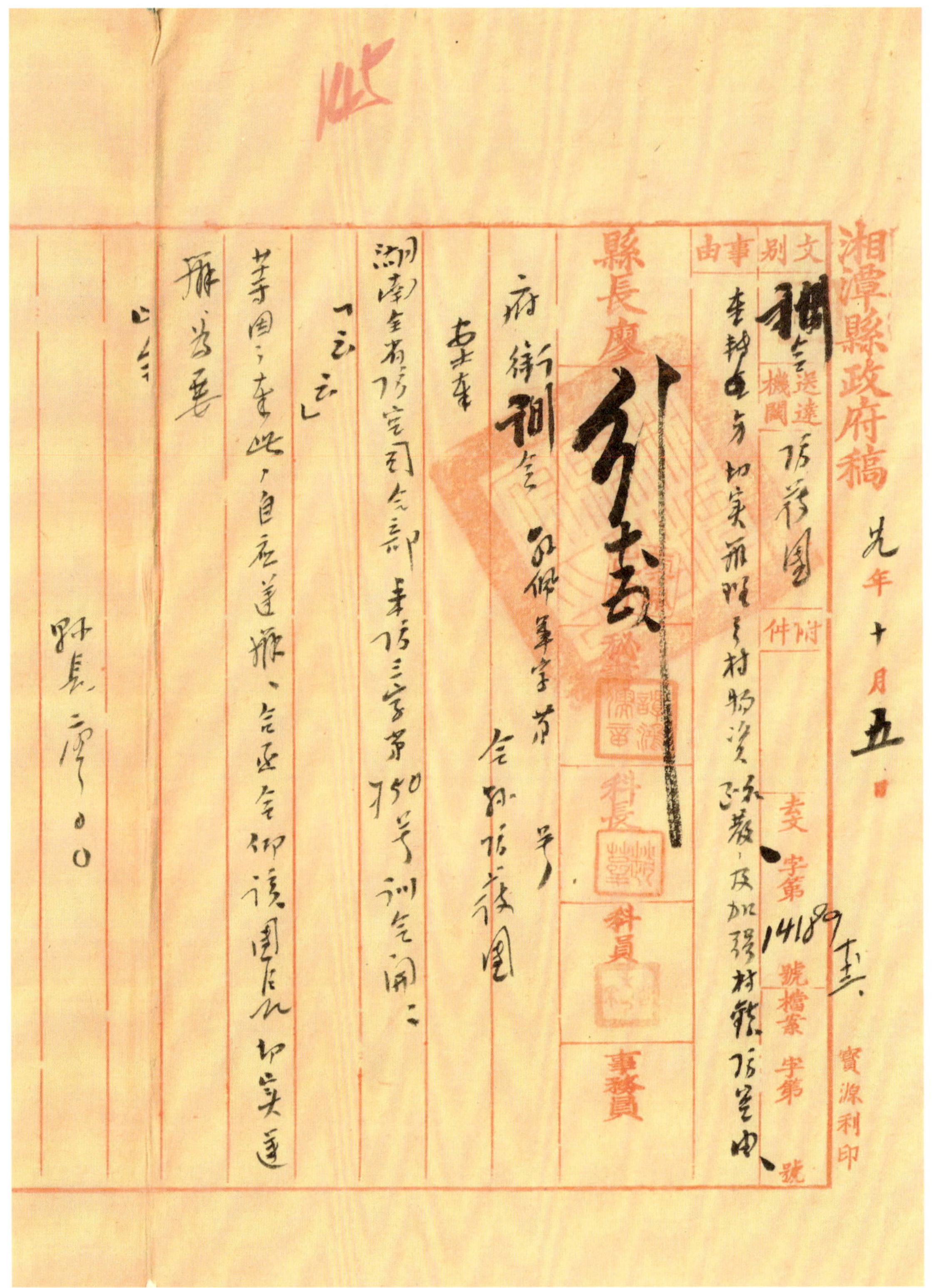

湘潭县政府、县动员委员会关于广寒宫戏院准遵照湘潭县戏剧业公会所呈六院轮流停演日期表轮流开演的一组文书（一九四〇年十月六日至十五日）

湘潭县政府致县动员委员会的公函（一九四〇年十月六日）

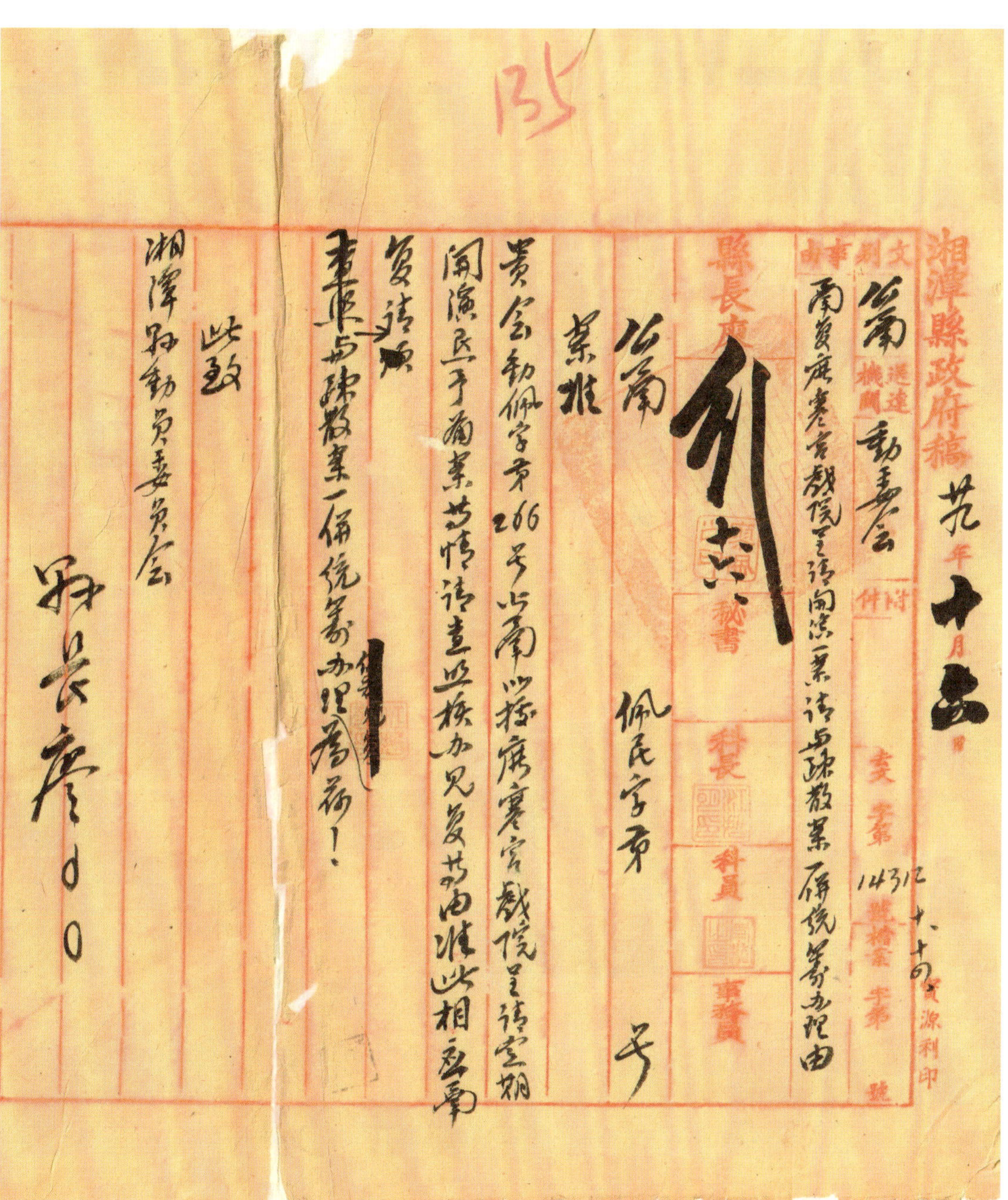

湘潭縣政府稿 廿九年十月六日

文別 公函

事由 關於廣寒宮戲院呈請開演一案請照輪流辦法統籌辦理由

送達機關 動委會

公函

案准

貴會動佩字第266號公函以據廣寒宮戲院呈請定期開演等情請查照核辦見復等由准此相應函復

貴會請煩查照輪流辦法一併統籌辦理為荷！

此致

湘潭縣動員委員會

縣長唐○○

湘潭县动员委员会致县政府的公函（一九四〇年十月十二日）

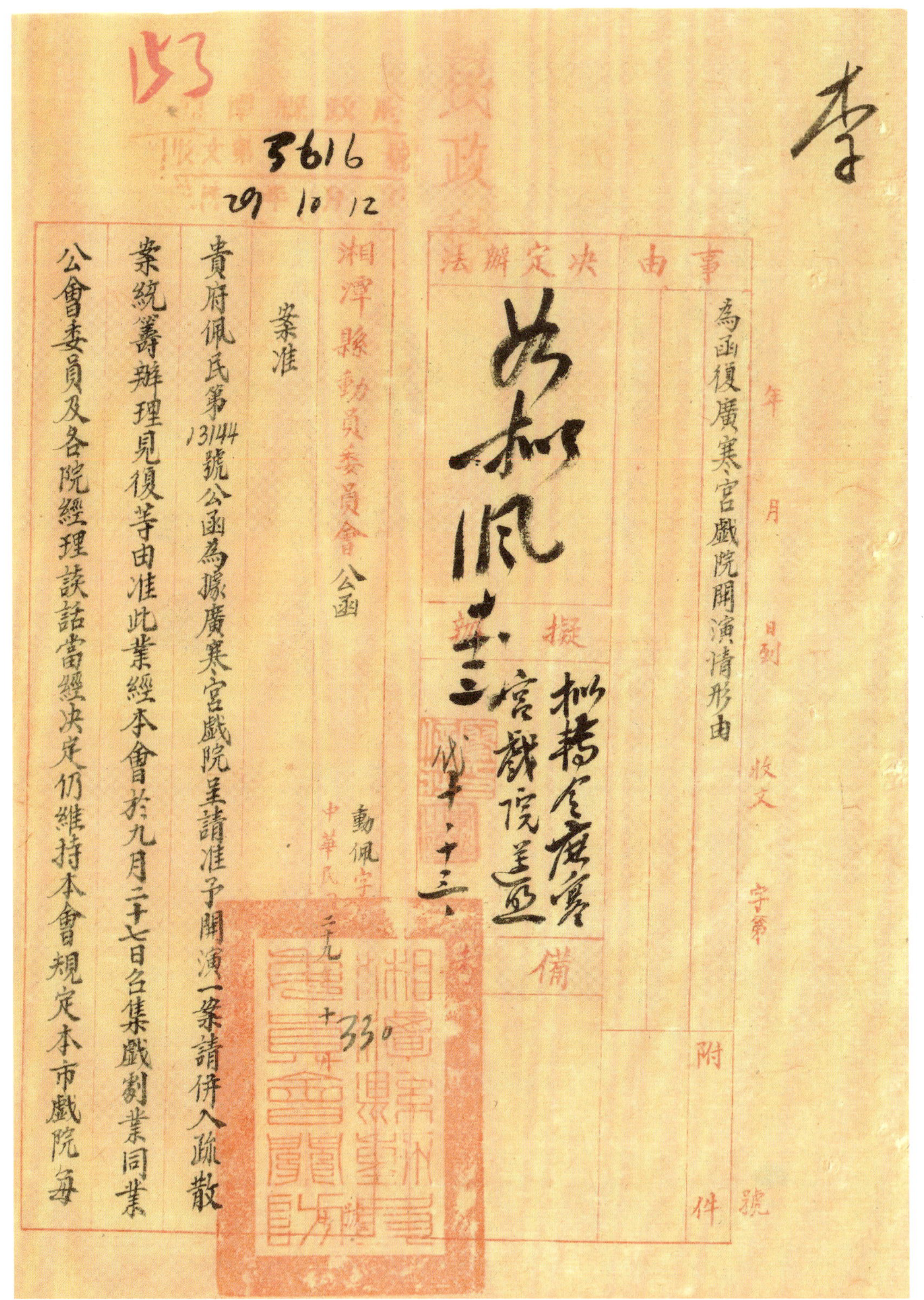

李

3616
29 10 12

事由：為函復廣寒宮戲院開演情形由

擬辦：擬轉令廣寒宮戲院遵照

決定辦法：如擬 佩 十三

湘潭縣動員委員會公函

動佩字第　號

中華民國二十九年十月十　日

案准

貴府佩民第13144號公函為據廣寒宮戲院呈請准予開演一案請併入疏散業統籌辦理見復等由准此此業經本會於九月二十七日召集戲劇業同業公會委員及各院經理談話當經決定仍維持本會規定本市戲院每

日四家關演原案仰自行調整具報去後據戲劇業同業公會呈賫六院

輪流停演日期表一份呈請

鑒核賞准備案等情到會據此當經本會

指令准予備查并檢同原表令飭警察局嚴切執行各在案准函前由

相應檢同各戲院輪流停演表一份函復

貴府請煩

查照為荷

此致

湘潭縣政府

附各戲院輪流停演表一份

主任委員廖佩之

附：湘潭县戏剧业公会六院轮流停演表

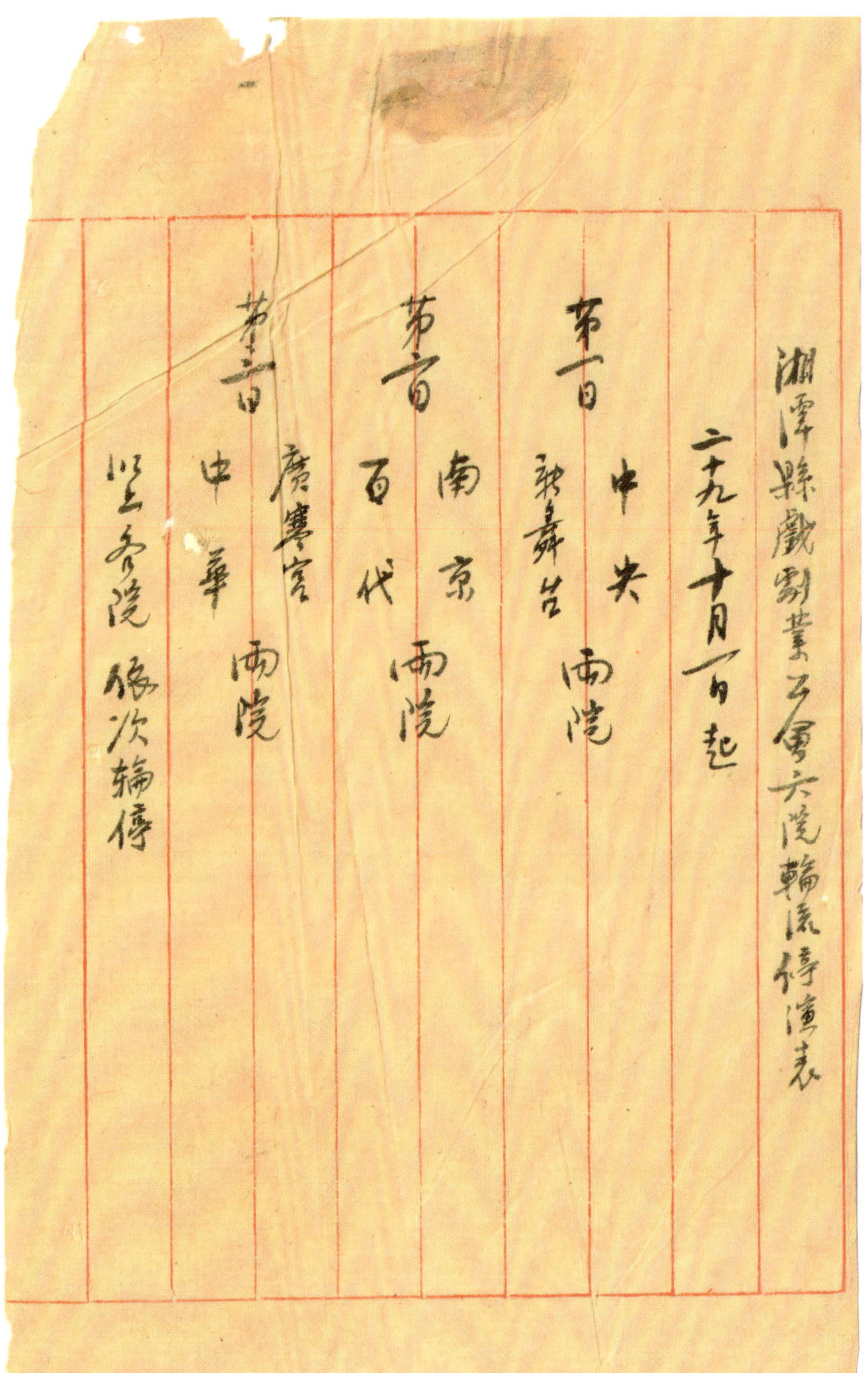
湘潭县戏剧业公会六院轮流停演表

二十九年十月一日起

第一日　中央　新舞台　两院

第二日　南京　百代　两院

第三日　广寒宫　中华　两院

以上各院依次轮停

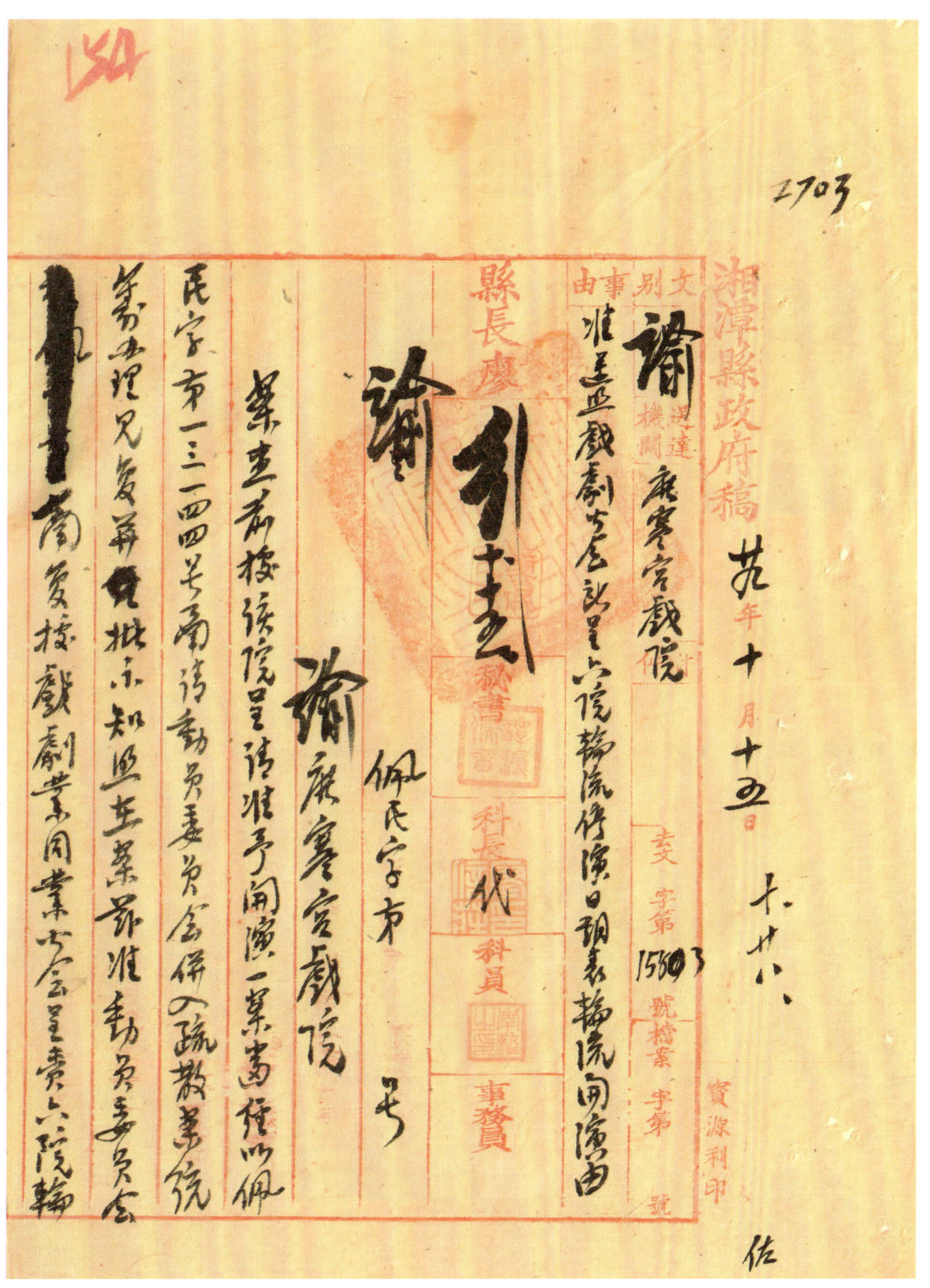
湘潭縣政府稿

文別：諭

事由：准呈戲劇公會呈六院輪流停演日期表輪流開演由

送達機關：廣寒宮戲院

縣長 廖

秘書

科長

科員

事務員

廿九年十月十五日

去文 字第1560號

檔案 字第 號

寶源利印

諭廣寒宮戲院

佩民字第 號

湘潭縣政府致广寒宫戏院的谕令（一九四〇年十月十五日）

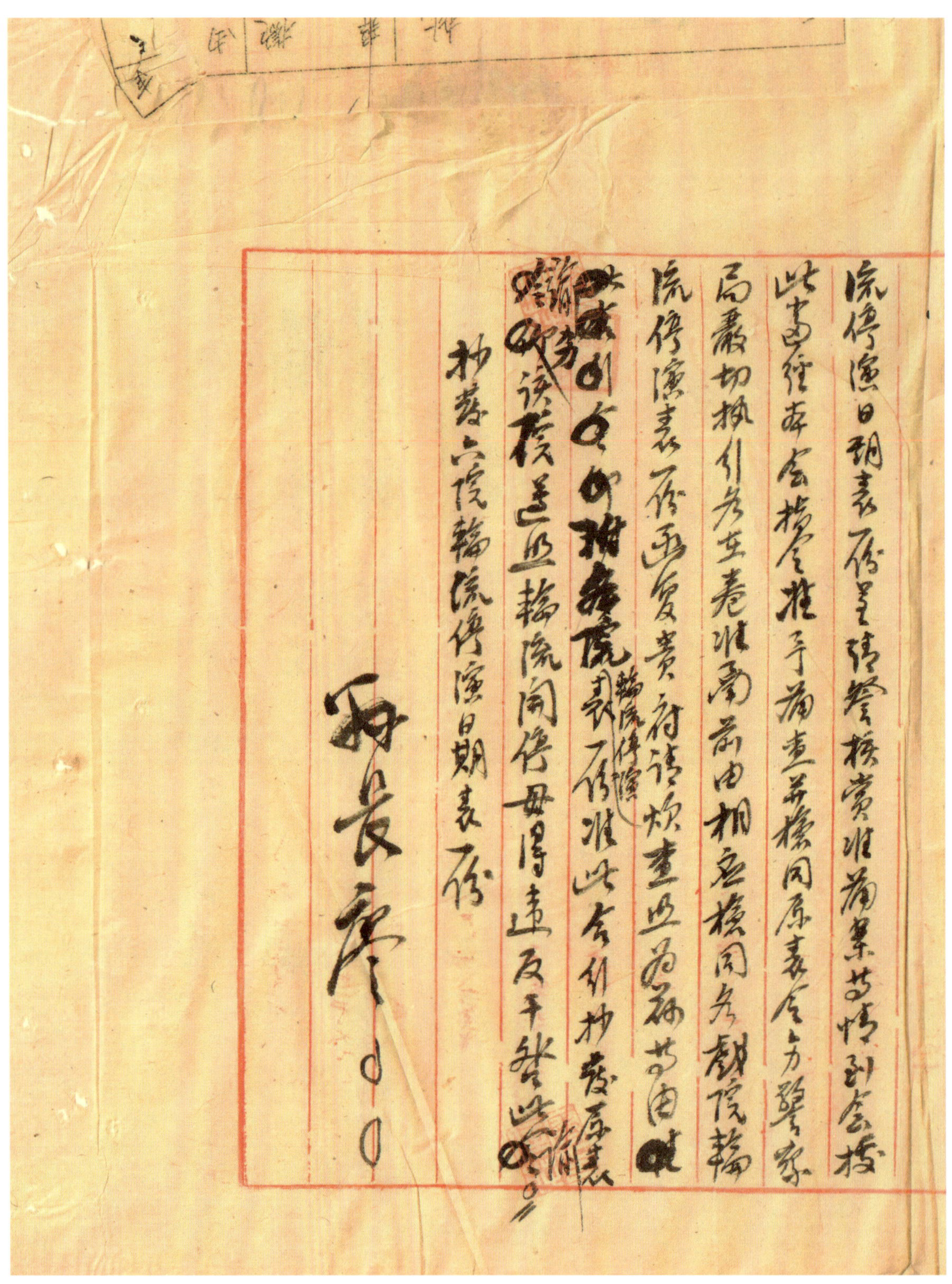
院傳演日期表備呈請鑒核賞准備案等情到會。據此，當經本會指令准予備查，並據同原表令飭警察局嚴切執行各在卷。准前由，相應據同各劇院輪流傳演表一份，函復貴府，請煩查照為荷等由。准此。除分令外，合行抄發輪流傳演表一份，令仰該院遵照輪流開演，毋得違反，干咎。此令。

抄發六院輪流傳演日期表一份

縣長 廖

湘潭县戏剧商业同业公会、县政府、县商会关于能否全体戏院开放的一组文书

（一九四〇年十月二十四日至十一月十日）

湘潭县戏剧商业同业公会致县政府的呈（一九四〇年十月二十四日）

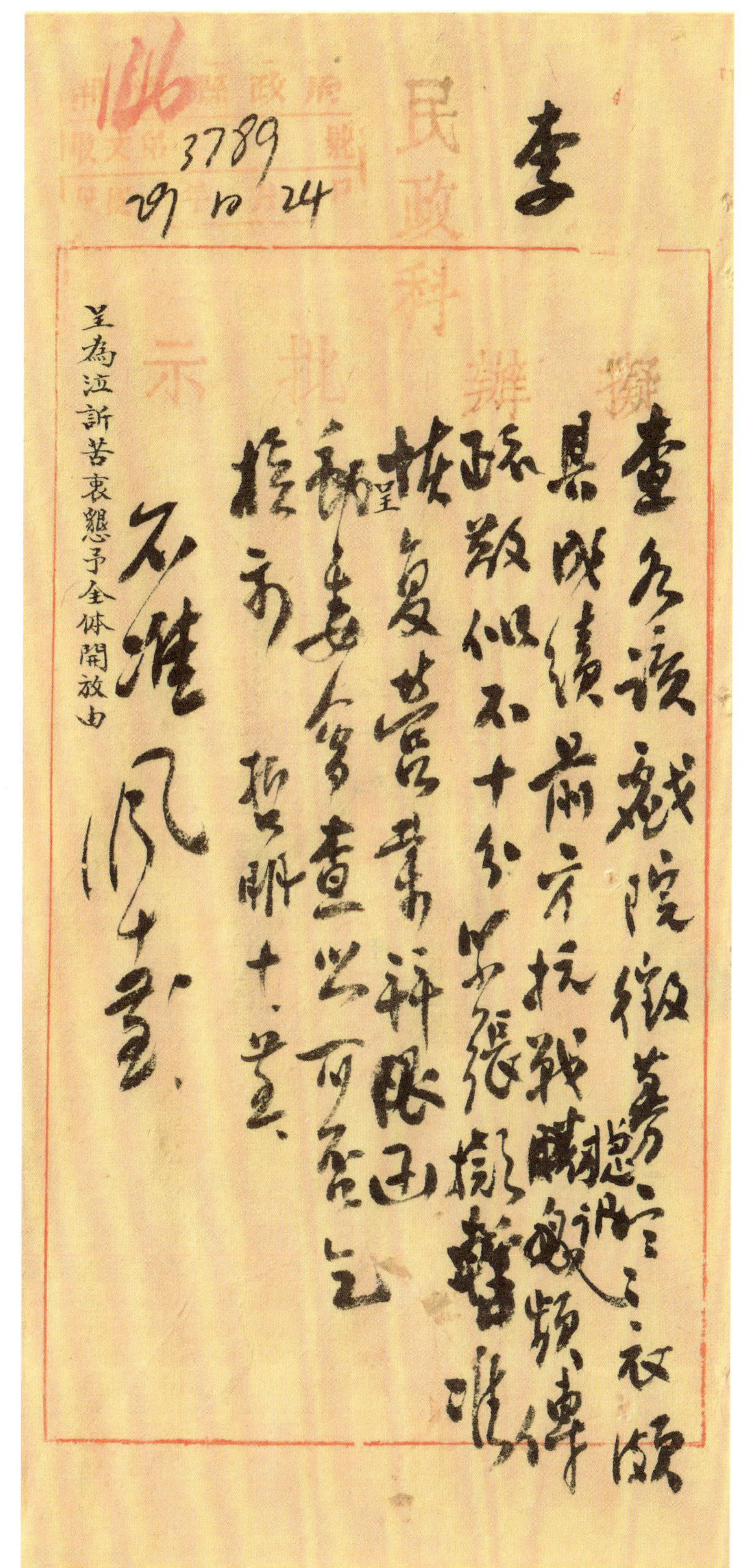
呈為泣訴苦衷懇予全体開放由

呈為泣訴苦情，懇予全体開放，以維營業，而全生活事：竊屬會各院，自奉

令拆復營業，至本月底止，僅只兩月，此兩月之中，可云埋頭苦幹，對於義賣，有秋節勞軍，征募飛機公演，自動獻機義賣獻金，歡送軍人入伍公演，自動征募寒衣獻金種種，雖曰繁多，乃國民應有之貢獻，思前方將士，浴血沙場，為國捐軀，是何榮耀，後方民衆，自應盡其所能，有錢出錢，有力出力，以報國家，方為人之不愧也，既屬為應作之事，夫復何言，言者屬會戲劇一業，為世界最可憐之

業務，又屬最苦之人，纔得唱戲，非他業之可比，雖為藝術，純勢粉墨登場，方得以口敷口，尚且不顧，而演員之中，多數有父母妻室兒女，全賴其生活者，十居八九，若一日無工作，則一家之生活無依，刻正遵守

鈞府命令，本市六家戲院，只准開演四家，兩家停演，整月計算，三十日之生活，只二十日工資，十日停演，分文無給，對生活問題，實無法解決，近日天雨綿延，生意一落千丈，各院內部，因難敷

日食，發生最大波折，即中央廣寒宮新舞台等，均先後停演數日，南京全体，亦將他去，皆係爭索月給三十日工錢而至，此項糾紛，雖經屬會一再調解，各别懸殊，無法息爭。苦者，各院因有前後台之分别，若給予三十日之工資，前台誰敢負責，若只給二十日之薪俸，後台生活難持，此種内幕苦情　鈞府從何得悉，百思無法，是以備文縷述苦衷，呈請

鈞長察核，伏乞我　賢明縣長，体恤下民，以解倒懸之危，時值秋末冬初，天將寒冷，加之時而

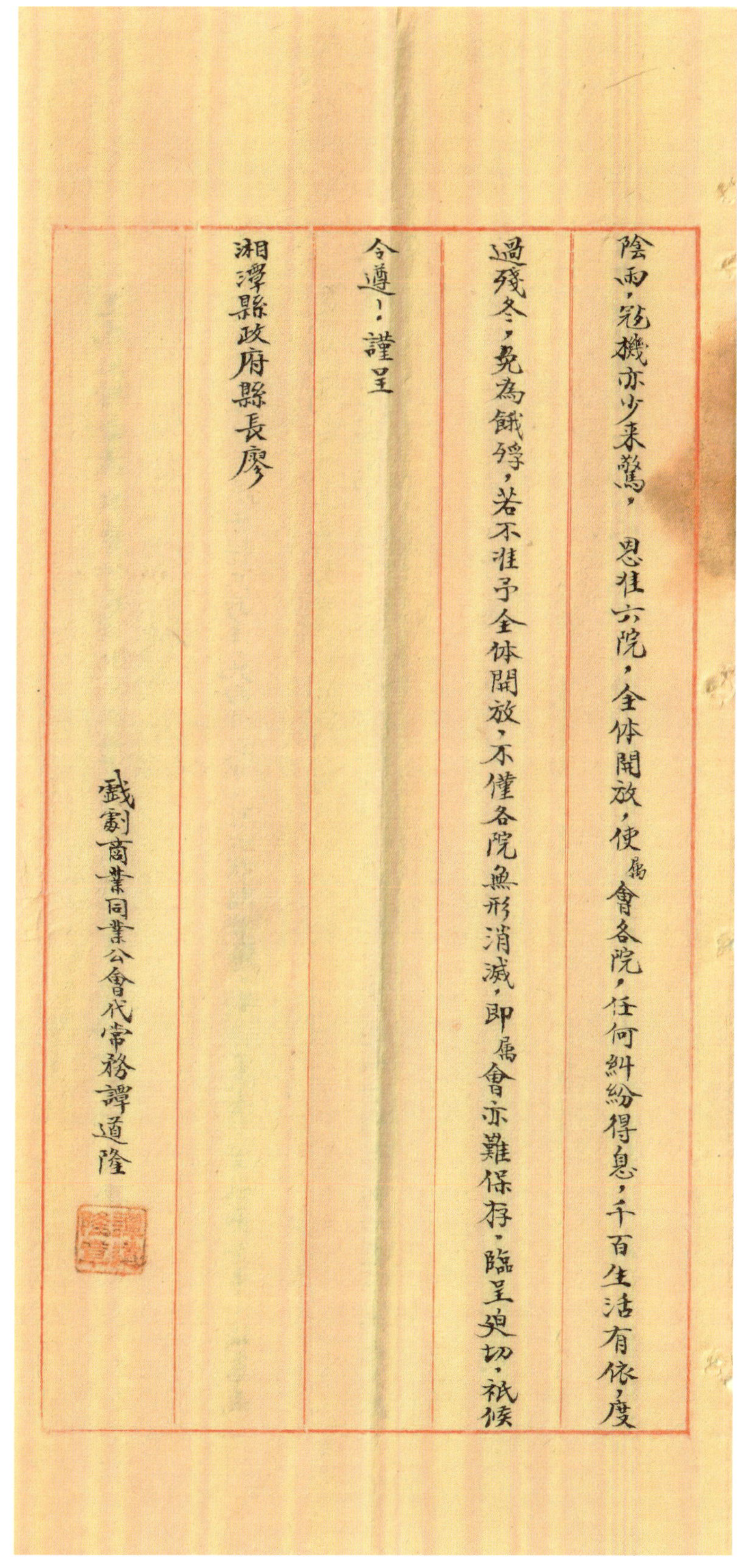
陰雨，危機亦步來驚，恩准六院，全体開放，使屬會各院，任何糾紛得息，千百生活有依，度過殘冬，免為餓殍，若不准予全体開放，不僅各院無形消滅，即屬會亦難保存。臨呈迫切，祇候
令遵！！謹呈
湘潭縣政府縣長廖
戲劇商業同業公會代常務譚道隆

中華民國二十九年十月　日

湘潭县政府致县戏剧商业同业公会的指令（一九四〇年十月二十六日）

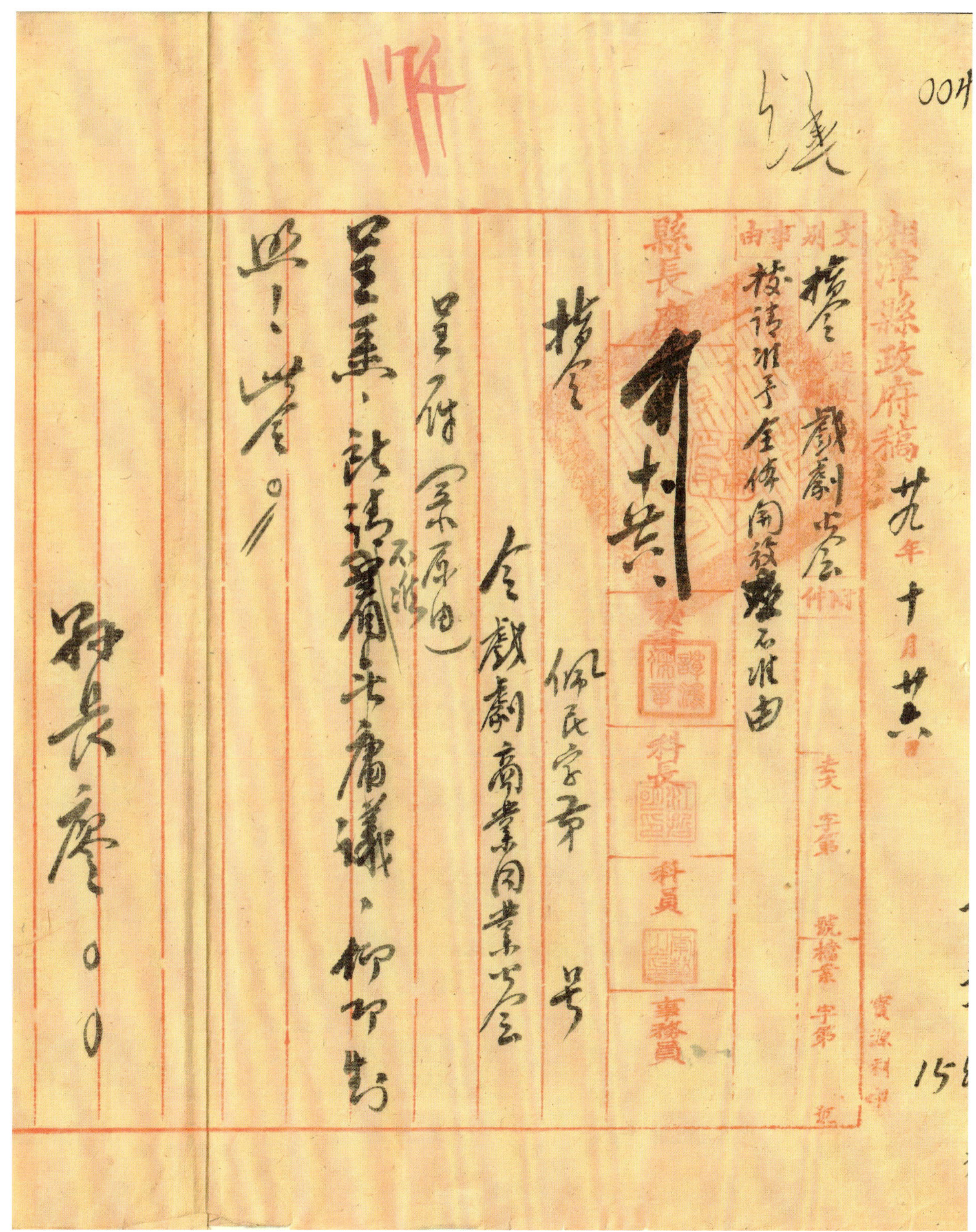

湘潭縣政府稿　廿九年十月廿六日

文別：指令　附件

事由：據請准予全体開放[illegible]不准由

縣長廖

指令　佩民字第　號

令戲劇商業同業公會

呈一件（案原由）

呈悉。所請[illegible]不准[illegible]應毋庸議，仰即知照！此令。

縣長廖〇〇

湘潭县戏剧商业同业公会致县政府的呈及县政府的批示（一九四〇年十一月一日、六日）

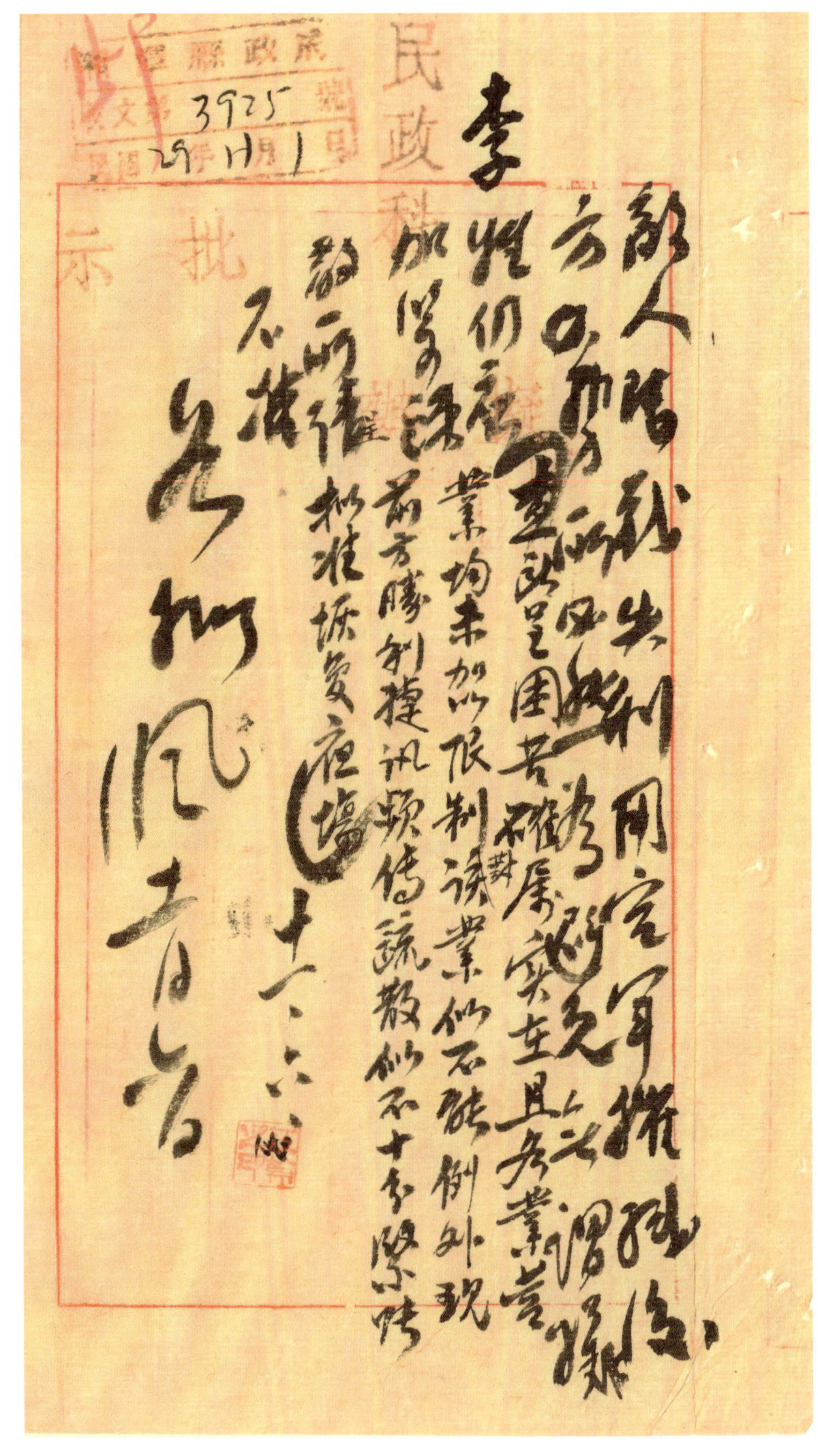

呈為生活困難無法維持懇准原情恢復夜演由

竊屬會會員雖僅六家而演員則達六七百人其日常生活全賴各演員登場獻藝以所得之資作日用之需八月以前日夜開演所獲尚可敷用自奉

令疏散以後停止日場每日之開支如故而所得之代價則減少一半況夜場又只准演四家二家停演是每院每月僅演二十天以二十天之收入作

三十天之開支其相差之數甚遠而困苦不言可喻此應懇俯准恢復各院夜演者一也秋節勞軍義賣獻金以及響應征募劇人號飛機捐助寒衣代金種種救國義舉 屬會會員從不後人計共捐洋二千數百餘元均係各院抽出血本共成義舉其愛國愚忱自問較各業公會為優乃各業未見限制營業而對 屬會獨嚴加限制既同是商民應同沾恩惠此應懇俯准恢

復各院夜演者二也現各業均是日間疏散晚間照常營業屬會會員自
當遵照日間停演夜間開演既蒙准予開演四家亦當可以開演六家
至云限制開演可以防止轟炸豈有六家開演則炸四家開演則不炸天下
寧有是理乎此應懇俯准各院恢復夜演者三也屬會因各會員入不
敷出生活難以維持勢將歇業紛紛來會請求故不得不冒昧陳詞懇

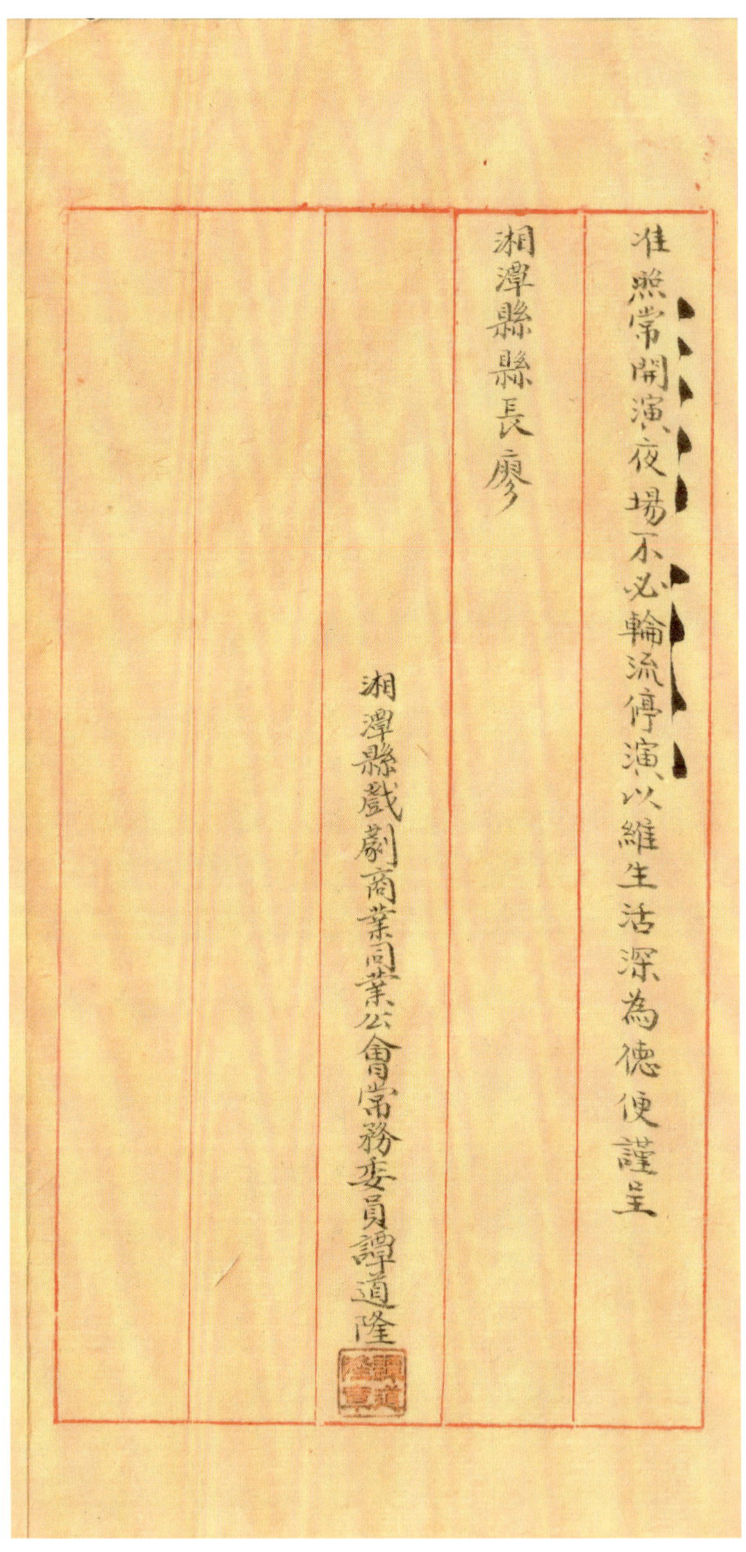
准照常開演，夜場不必輪流停演，以維生活，深為德便。謹呈

湘潭縣縣長廖

湘潭縣戲劇商業同業公會常務委員譚道隆（印）

中華民國二十九年十二月一日

湘潭县商会致县政府的呈及县政府的指令（一九四〇年十一月七日、九日）

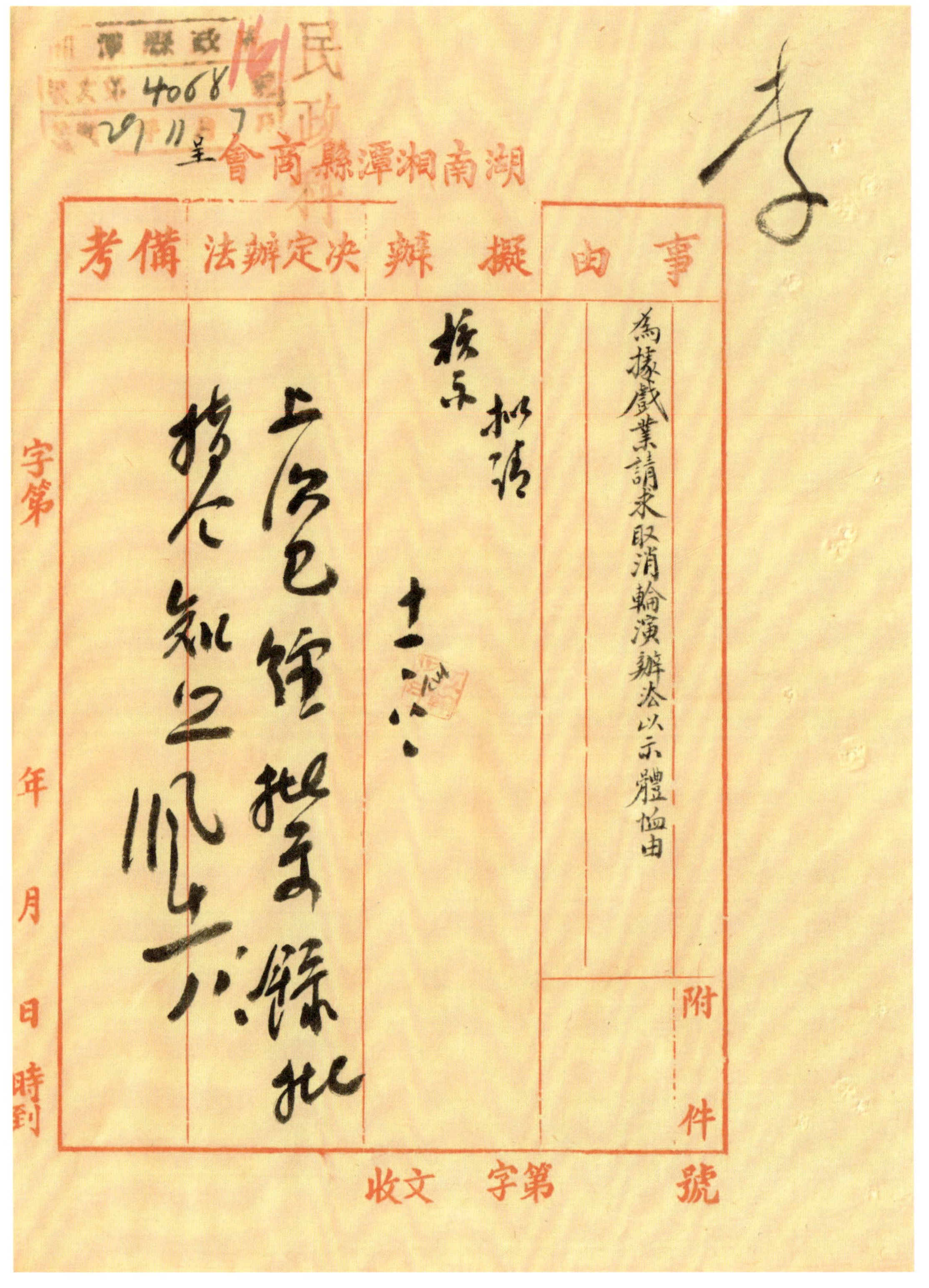

湘潭縣政府 收文第4068號 29年11月7日

湖南湘潭縣商會 呈

事由：為據戲業請求取消輪演辦法以示體恤由

擬辦

決定辦法

備考

附件

第　字　號

收文　字第

字第　年　月　日　時到

湘潭縣商會 呈

壁字第九三八號

案據戲劇業同業公會常務譚道隆呈稱：

「為生活困難無法維持懇轉請恢復夜演以維商業而保殘命事竊屬業各

院八月前日夜開演所獲差可維持最低生活自奉令疏散後停止日場每日開支如故所

得代價減少一半加又夜場只准開演四家二家停演是每月每院僅演二十天以二十天

收入作三十天開支相差之數甚遠而困苦不可言喻應懇准予恢復各院夜演

者一秋節勞軍義賣獻金响應劇人號飛机捐助寒衣代金種々救國工作計

共二千數百元均係各院抽出血本共成其事自問愛國愚忱尚未落各業之

後今各業並未限制營業同為商民應同沾恩惠應懇准予恢復各院夜演

者二近閱報載前方戰事勝利尤以湘北桂南為最得手前方勝利後方更為穩定恢復戲劇可使市場熱鬧市場熱鬧可以增加稅收於公於私均多稗益應懇准予恢復各院夜演者三戲劇負有宣傳使命並可輔助社會教育值此抗戰勝利之秋多演抗敵戲劇亦可提倡民氣警惕漢奸況屬會々員直接間接在二千人以上全賴登場獻藝日食方得有着應懇准予恢復各院夜演者四前此迭次請求未蒙賞准原不應頻瀆奈屬業會員寔入不敷出難以維持勢將歇業紛々來會請求故不得不冒昧陳詞乞准照准開演不必輪停以維生活即乞察核轉呈實為德便謹呈

等情據此查所呈各點困難本屬寔情請求特別變通停止輪演辦法藉以維持生活之處寔亦情有可原想我

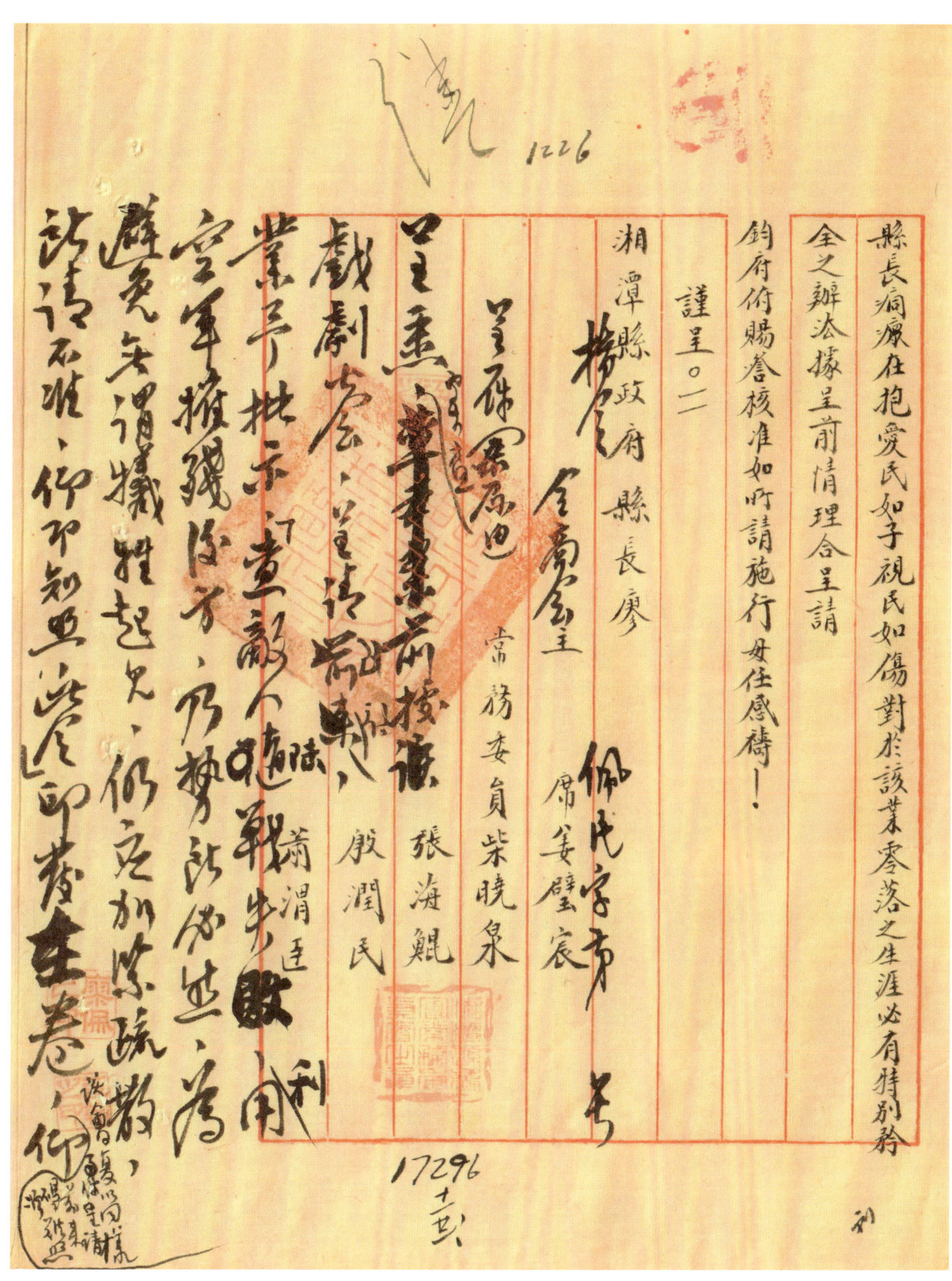

1226

縣長洞瘝在抱，愛民如子，視民如傷，對於該業零落之生涯，必有特別矜全之辦法。據呈前情，理合呈請

鈞府俯賜詧核，准如所請施行，毋任感禱！

謹呈〇二

湘潭縣政府縣長廖

擬仝意呈

俯允字市

主席　姜璧宸

常務委員　柴曉泉

張海鯤

殷潤民

蕭渭廷

呈件均悉。查前據該戲劇公會呈請開演，業奉批示：“查敵人續進，戰事[illegible]，空軍擾[illegible]，[illegible]，乃勢所必然，為避免無謂犧牲起見，仍應加緊疏散，所請不准。”仰即知照。此令。即[illegible]卷。仰

利

17296

十五

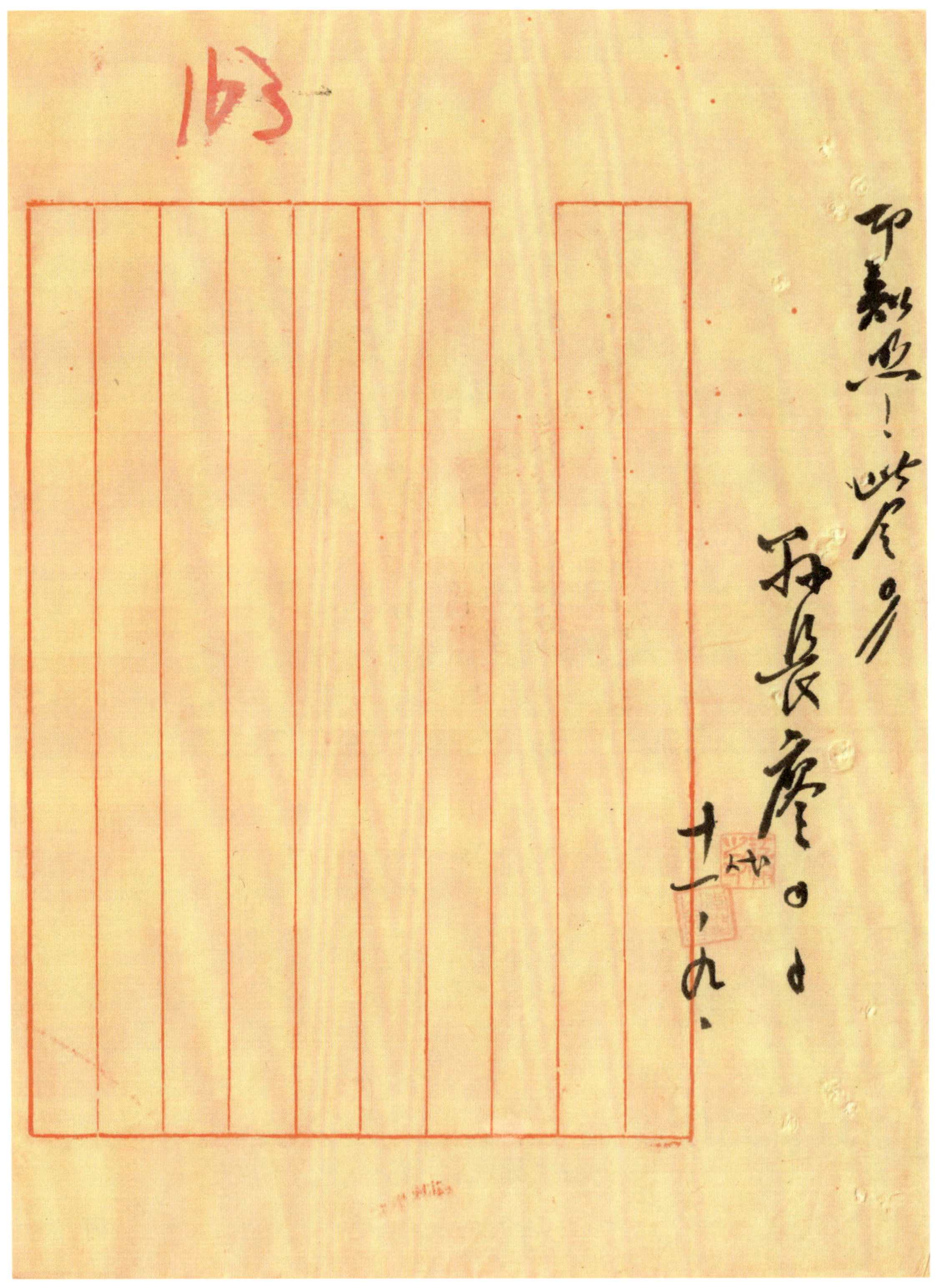

163

印發為要，此令。

縣長 廖〇〇

十一、九

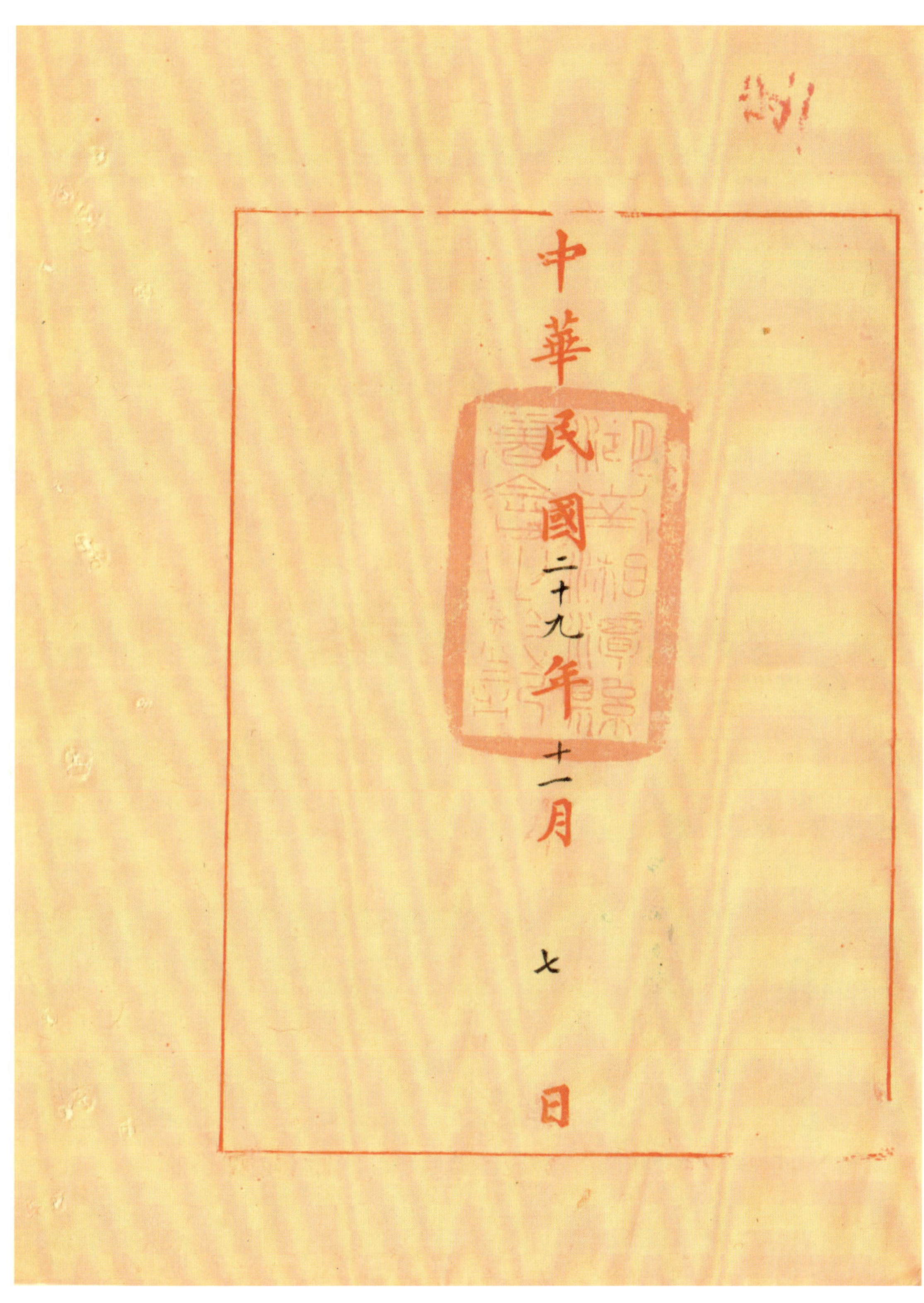

中華民國二十九年十一月七日

湘潭县政府致县戏剧商业同业公会的指令（一九四〇年十一月十日）

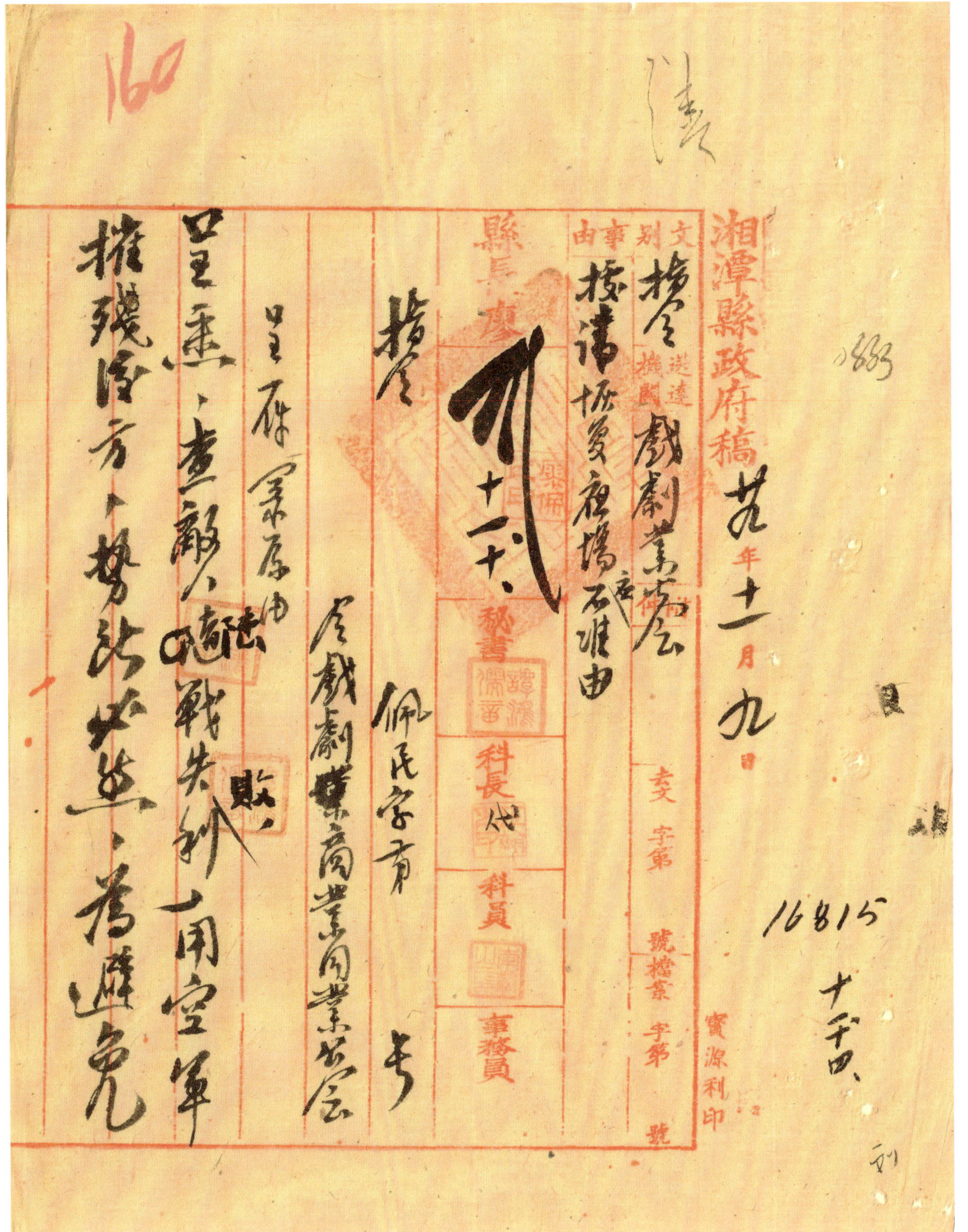

湘潭縣政府稿 廿九年十一月九日

文别：指令

送達機關：戲劇業公会

事由：據請協助劇場不准由

縣長 廖

行 十一、十、

秘書

科長 代

科員

事務員

指令

令戲劇業商業同業公会

佩民字第 号

呈一件 呈為……由

呈悉。查敵人戰敗，失利，用空軍摧殘後方，藉此示威，為避免

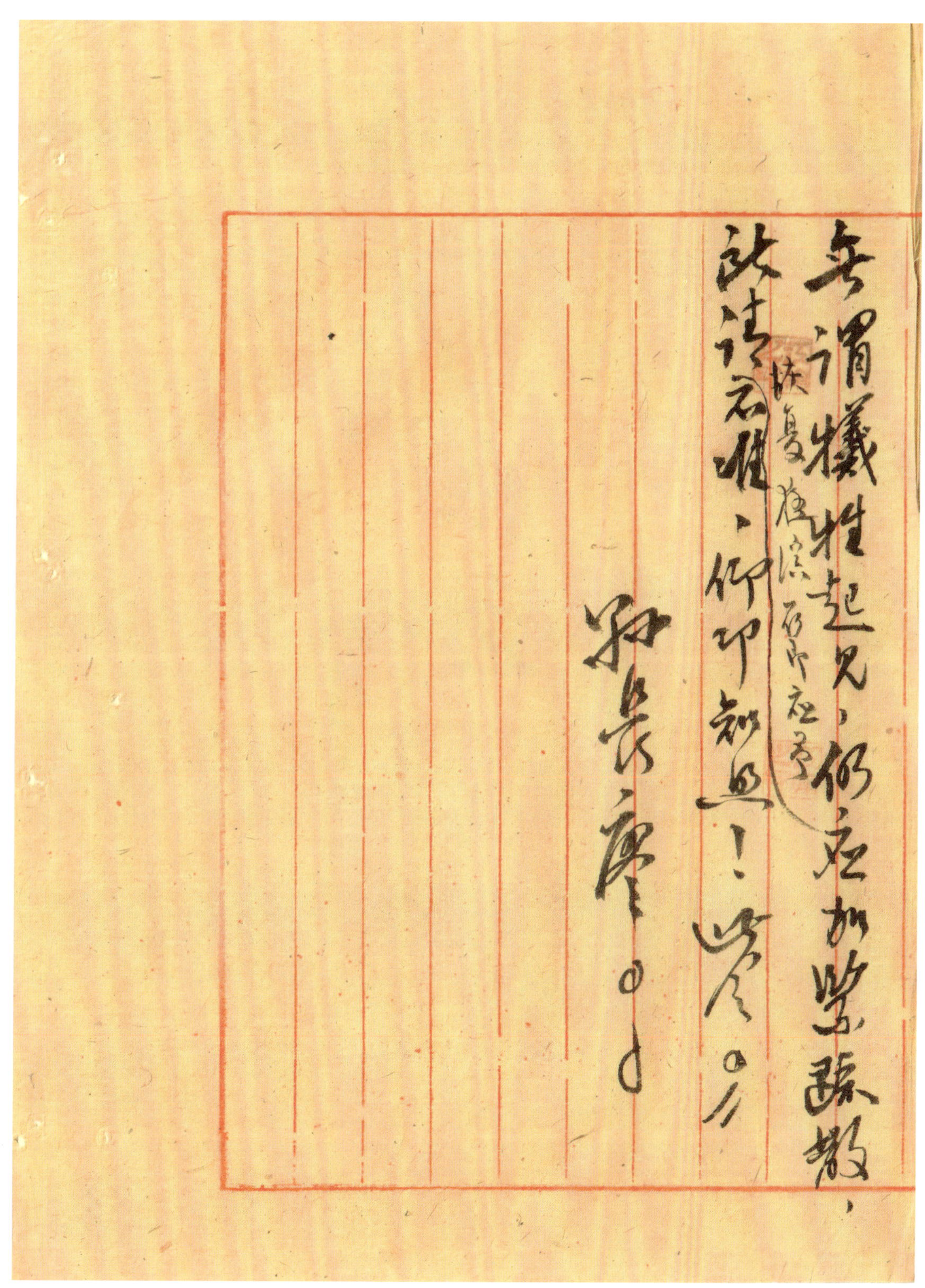

無謂犧牲起見，仍應加緊疏散，政治宜嚴，仰即知照！此令。

部長唐○○

湘潭县动员委员会、县政府等关于本市各戏院变通轮演停演办法的一组文书（一九四〇年十一月十九日至二十一日）

湘潭县动员委员会致县政府的公函（一九四〇年十一月十九日）

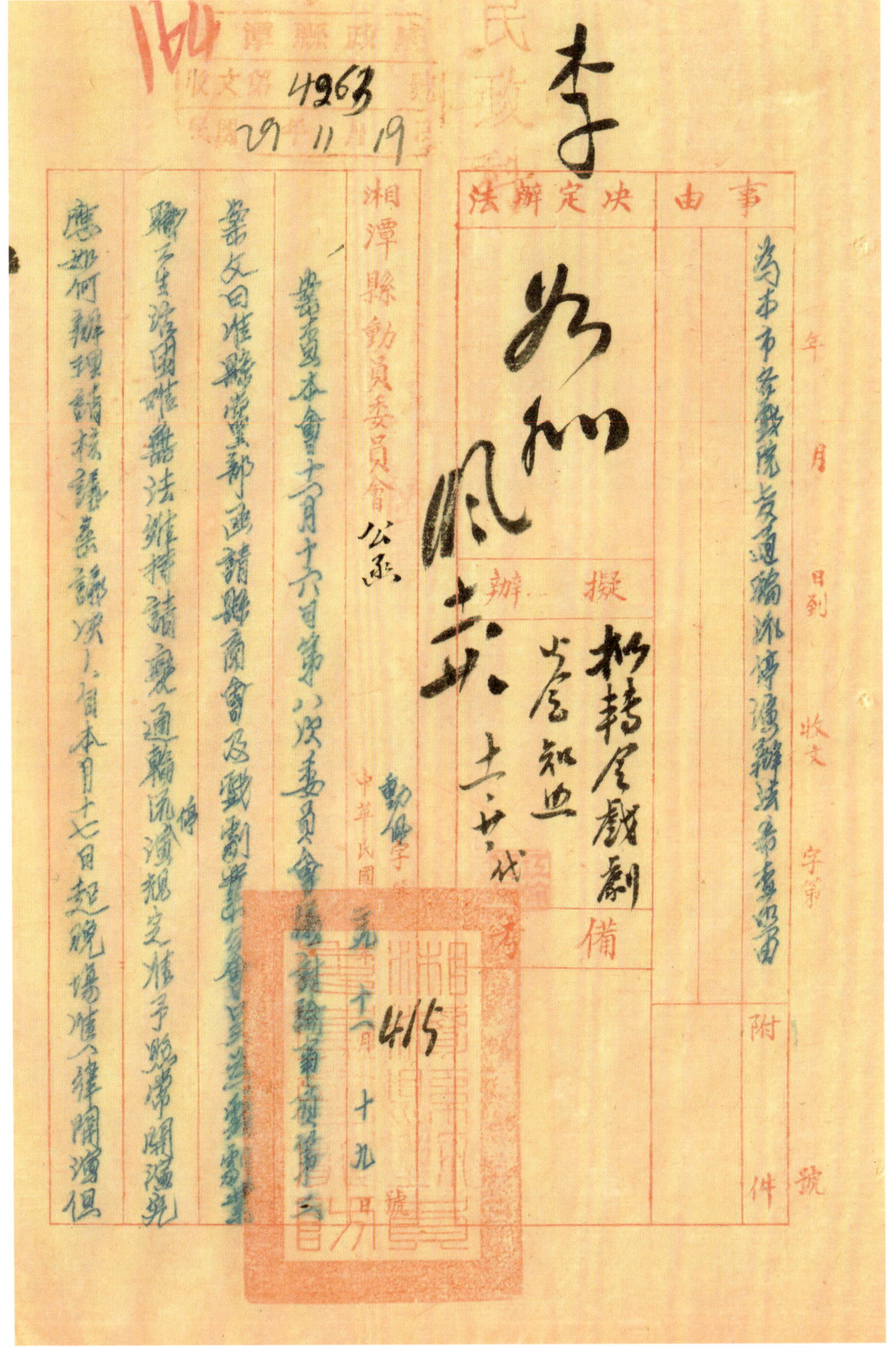

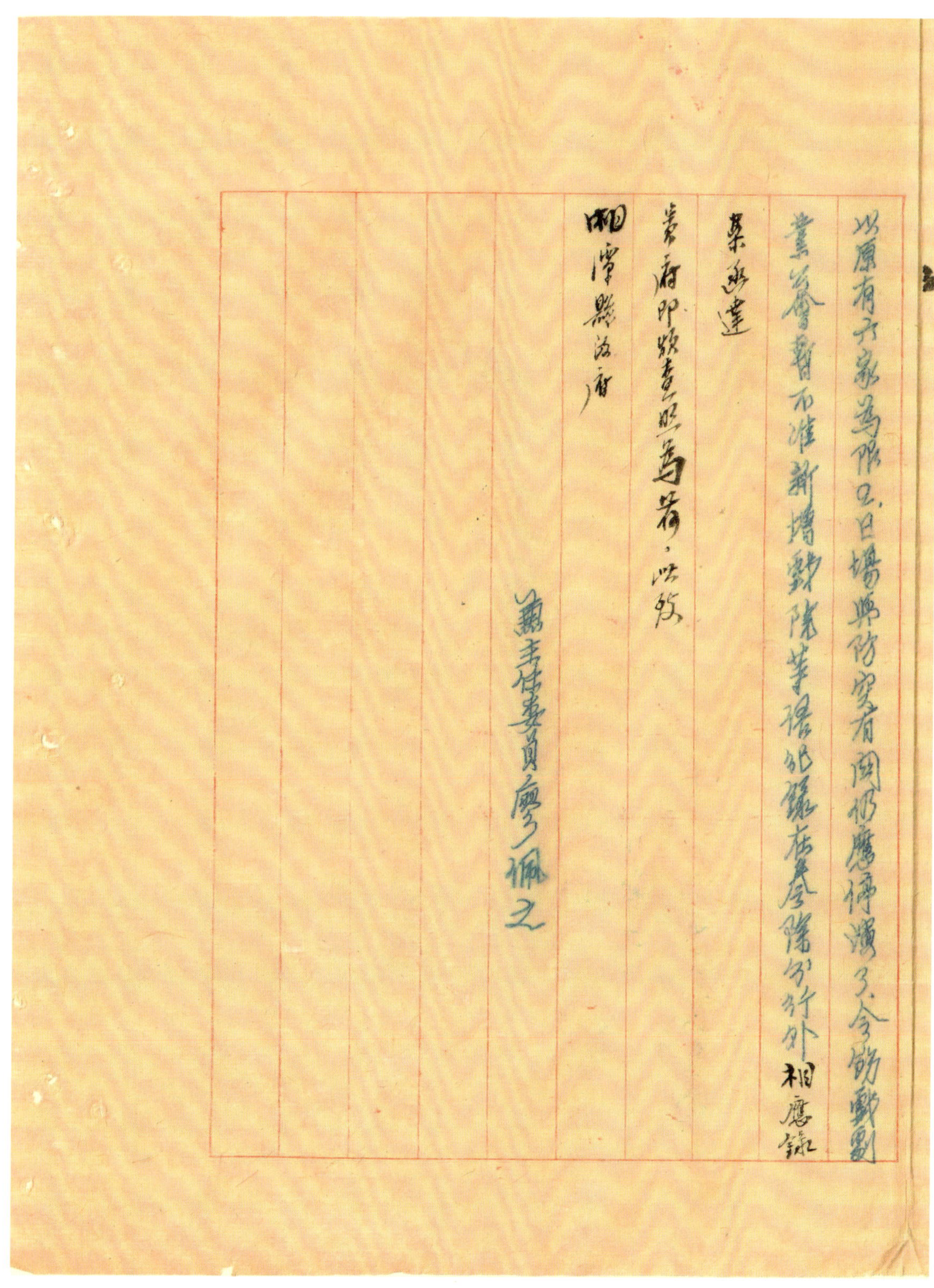

以原有六家為限，且影場與防空有關，似應停演了，今飭戲劇業公會暫不准新增戲院等語紀錄在卷，除分行外，相應錄案函達

貴府即煩查照為荷，此致

湘潭縣政府

兼主任委員廖佩之

湘潭县政府致县戏剧商业同业公会的训令（一九四〇年十一月二十一日）

湘潭縣政府稿 廿九年十一月廿一日

文別：訓令

送達機關：戲劇公會

事由：令知各戲院參加輪流停演義演仰遵照由

附件

縣長 秘書 科長 科員 事務員

文 字第 號 檔案 字第 號

實源利印

訓令 佩民字第 號

令戲劇商業同業公會

案准

湘潭縣動員委員會二十九年十一月十九日動佩字第四一五號函開：

"業查本會十一月十六日第八次委員會議……"云云，等由。

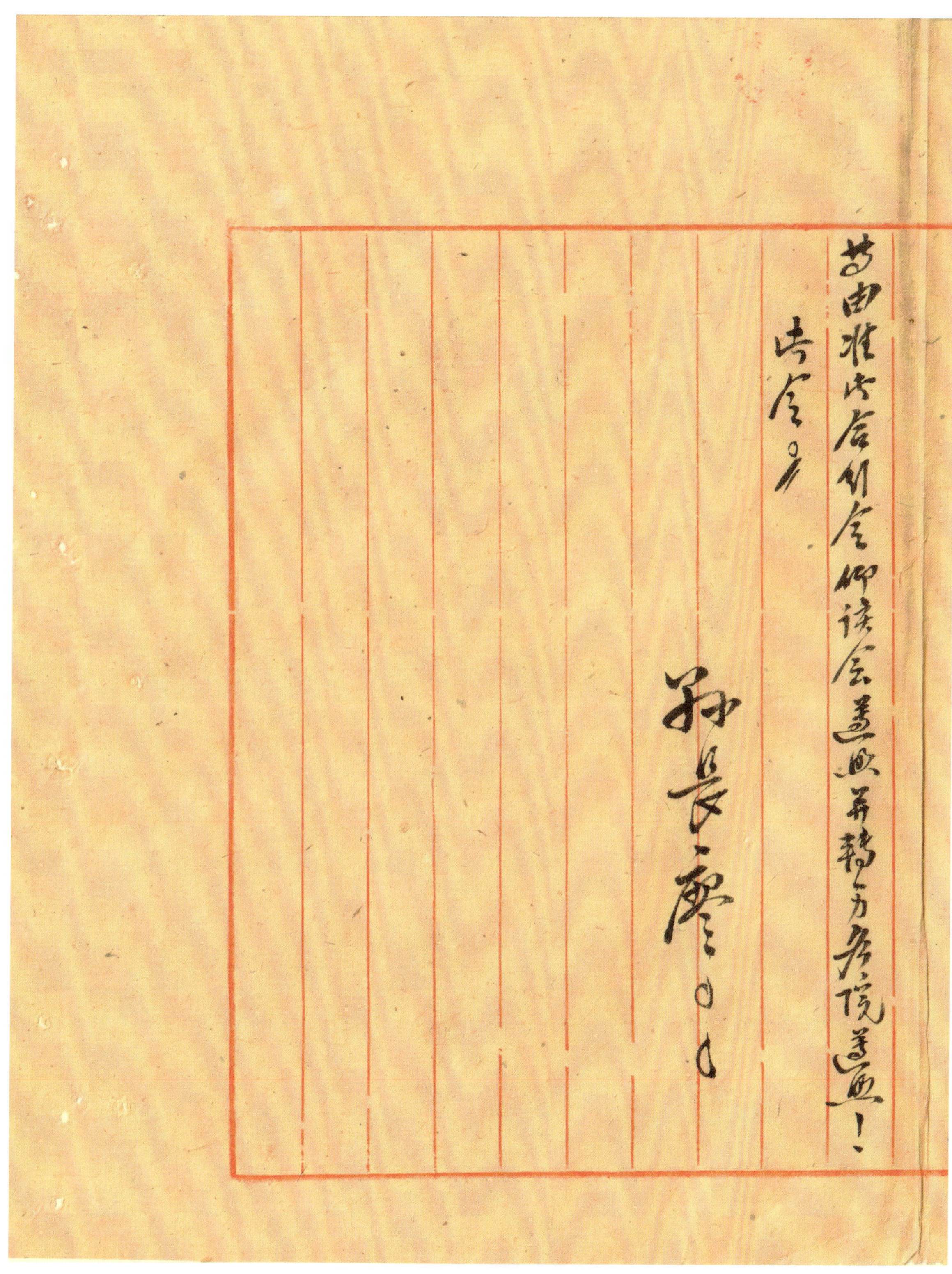

茲由准农合作会仰该会遵照并转饬各院遵照！

农会。。

孙長慶。。

湘潭县商会、县政府关于严厉执行防空疏散以杜损害的一组文书（一九四〇年十二月九日至十四日）

湘潭县商会致县政府的呈（一九四〇年十二月九日）

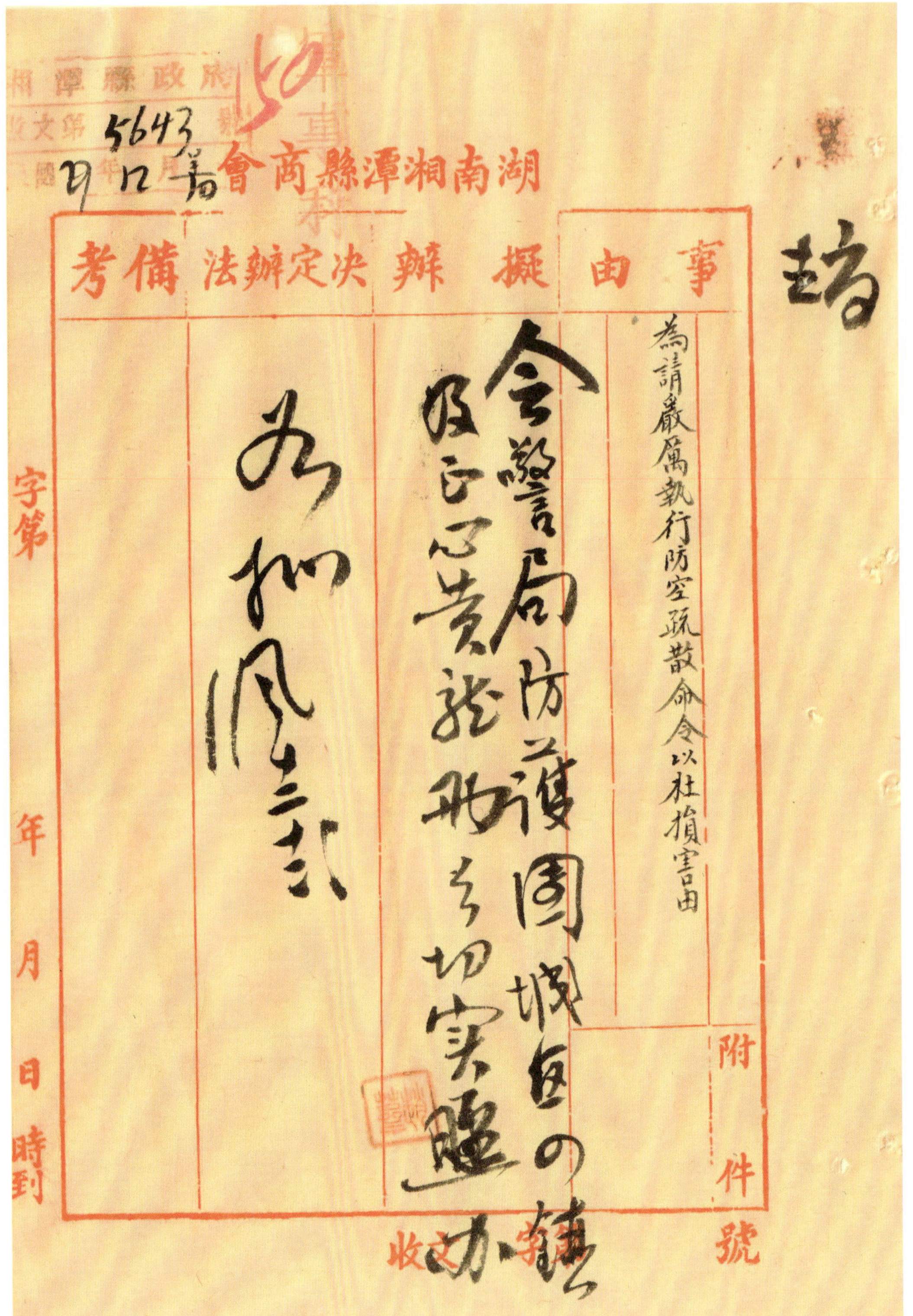

湖南湘潭縣商會

事由：為請嚴厲執行防空疏散命令以杜損害由

擬辦

決定辦法

備考

附件號

收文字第　號

字第　年　月　日　時到

湘潭縣商會呈　　壁字第一零四九號

本市防空疏散前蒙

鈞府嚴厲執行極有條理近因日久玩生竟至發生下列各點不良現象特為縷陳

如次

(1)每日休市時間原定上午八時起至下午二時方能開市近竟見有違反規定而不遵令疏散者實不乏人甚有甲店疏散而乙店仍復開門營業甲店見之恐放棄生意遂亦尤而效之因此一倡群和以致疏散之禁無形鬆懈

(2)在警報時間一切聲响及鳴放鞭炮晒晾白布南粉等事均應停止免予敵機以目標乃近日發放空襲時竟多違反且有近郊農民拖拉糞車

絡繹不絕向街市進發而其轟轟之聲與敵机音响殆無少異尤屬駭人聽

聞

（3）本市人口每日上午八時若不实行疏散郊外一旦發放警報則街頭巷尾人山人海

擁擠不堪萬一敵机肆虐其死傷之慘必至不堪想象

以上各情均屬实在誠有從嚴取締之必要理合備文呈請

鈞府俯賜參核准予出示佈告俾众週知並請令行警察局防護團及黄龍

正心兩鄉公所分別嚴厲執行在警報未解除以前並於杉樹巷洗硯塘

雲塘貴陽馬路及郊外入街之各要道設置哨位派兵從嚴稽巡禁止

輿車行駛及行人入市他如鳴放鞭爆晒晾白布尚務一律嚴禁免樹目標如

果違反即令罰募寒衣俾資警惕以利防空而杜損害毋任感禱！

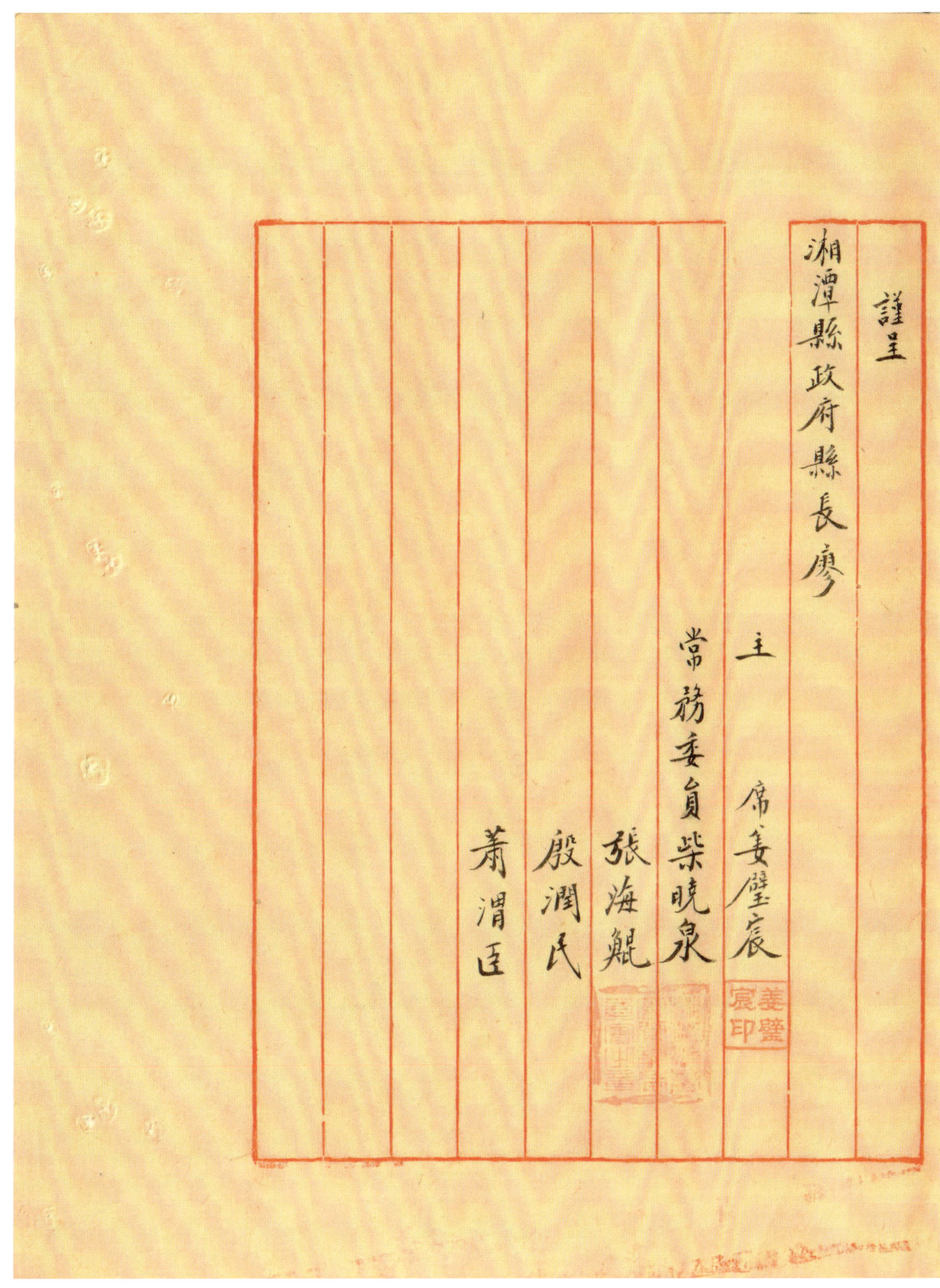

謹呈

湘潭縣政府縣長廖

主席姜壁宸

姜壁宸印

常務委員柴曉泉

張海鯤

殷潤民

蕭渭臣

中華民國二十九年十二月九日

湘潭县政府致县警察局、防护团等的训令（一九四〇年十二月十四日）

湘潭县戏剧商业同业公会、县政府关于生活苦难拟每日加演一次的一组文书（一九四一年一月十三日至十八日）

湘潭县戏剧商业同业公会致县政府的呈（一九四一年一月十三日）

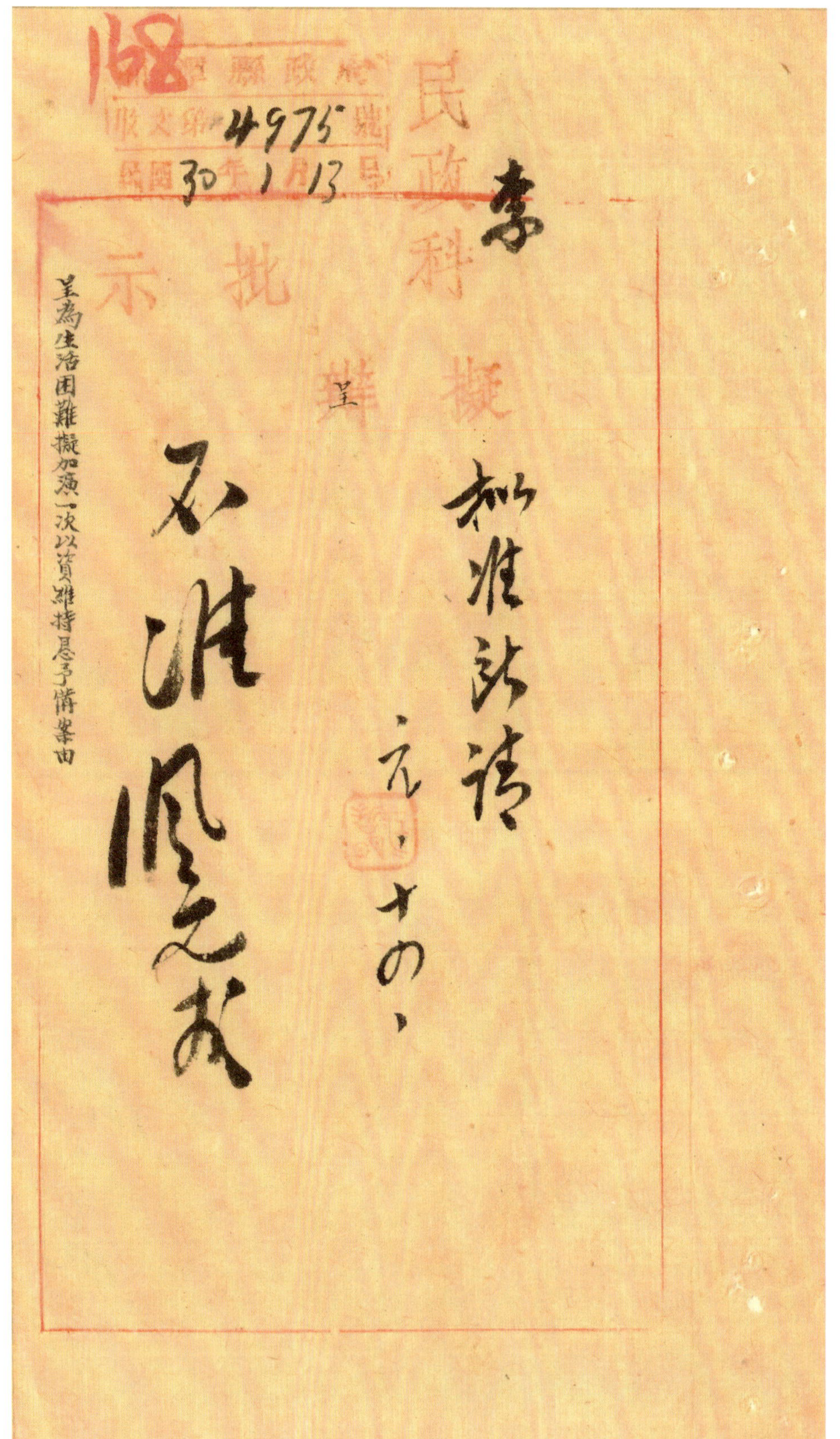

安撫局會各院呈稱：「竊自去年八月以來，每日僅演一次，其票價收入甚微，而生活程度日高，忍飢耐渴，五月於茲。奈以政令所限，不敢不遵。近以百物昂貴，生活更形困難，擬於每日下午四時起加演一次，俾生活得以維持，各種捐款，亦可隨而增加。況值雨雪交加之時，又在休市之後，計每日第一次自下午四時起至六時半止，第二次自六時半起至九時止，既無妨於疏散，又不得於戒嚴。想 政府定必俯允，理合報請大會，請予轉呈」等情。據此，查各院所呈，確係實情，加演一次，與法令並無抵觸，理合據情轉呈

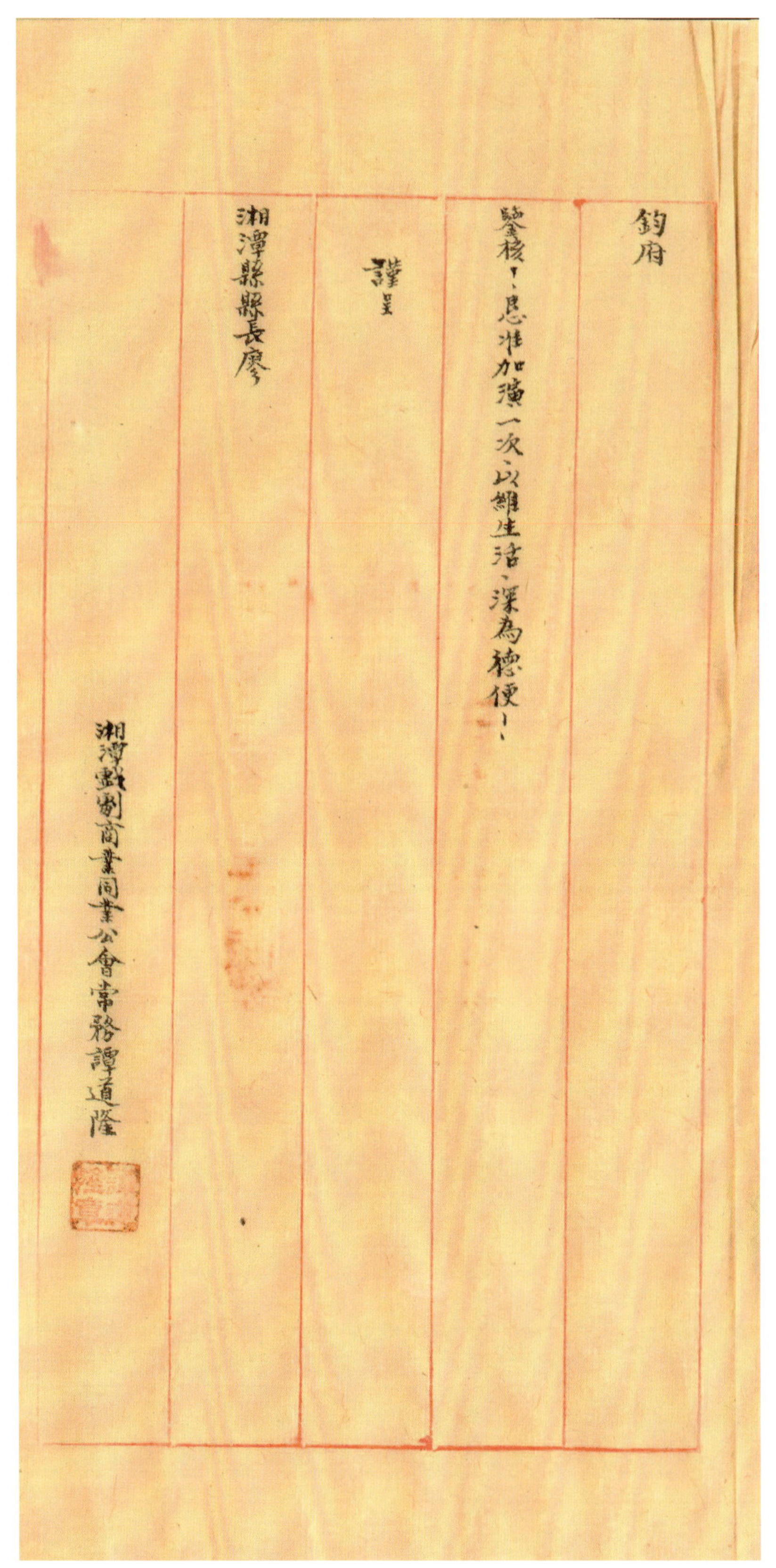

鈞府

鑒核！！恩准加强一次，以維生活，深為德便！！

謹呈

湘潭縣縣長廖

湘潭戲劇商業同業公會常務譚道隆

中華民國　年　月　日

湘潭县商会致县政府的呈及县政府的指令（一九四一年一月十三日、十八日）

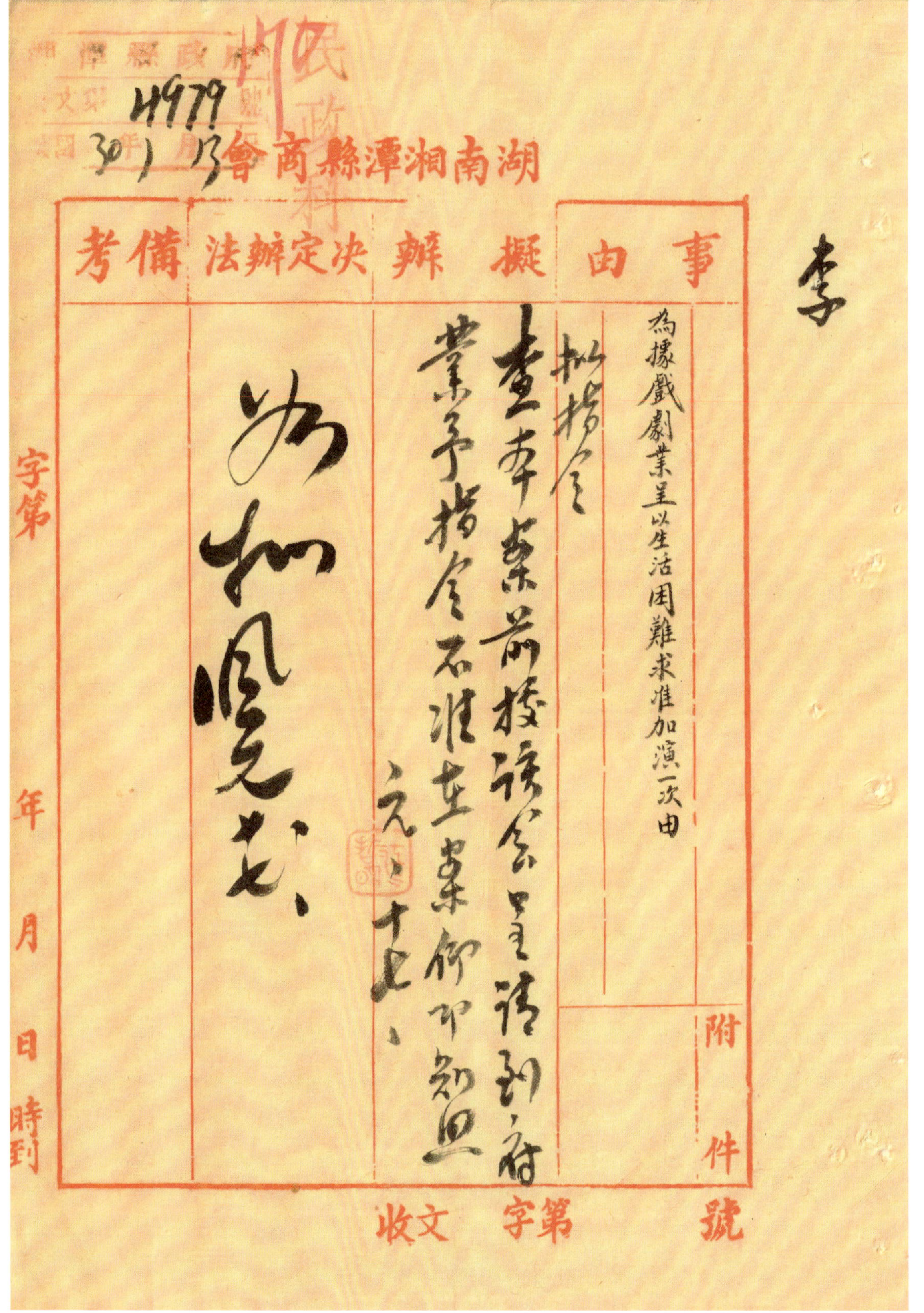

湘潭縣政府 收文 字 號 年 月 日

4979

30 1 13

民政科

湖南湘潭縣商會

李

事由：為據戲劇業呈以生活困難求准加演一次由

擬辦：擬指令

查本案前據該會呈請到府，業予指令不准在案，仰即知照。

元 十七

決定辦法：

備考：如擬。

附件

第 字 號

收文 第 字

第 字 年 月 日 時到

湘潭縣商會呈　璧字第一一〇一號

案據戲劇業公會常務譚道隆呈節稱：

「據所屬各院呈稱自去年八月以來每日僅演一次票價收入甚微而生活日高忍飢耐苦數月於茲祇以政令所限不敢不遵近百物昂貴生活更加困難擬於每日下午四時起加演一次俾全生活且可應付各項捐款現值雨雪交加之時且在休市時間以後（計每天一次自下午四時起至六時半止二次六時半起至九時止）既不妨疏散又不碍戒嚴想政府必可俯允以示體恤理合報請轉呈等情查所呈各節確係寔在理合呈請大會轉呈縣府賞准施行以維生活深為德便」

等情據此查所呈各節本屬寔情理合呈請

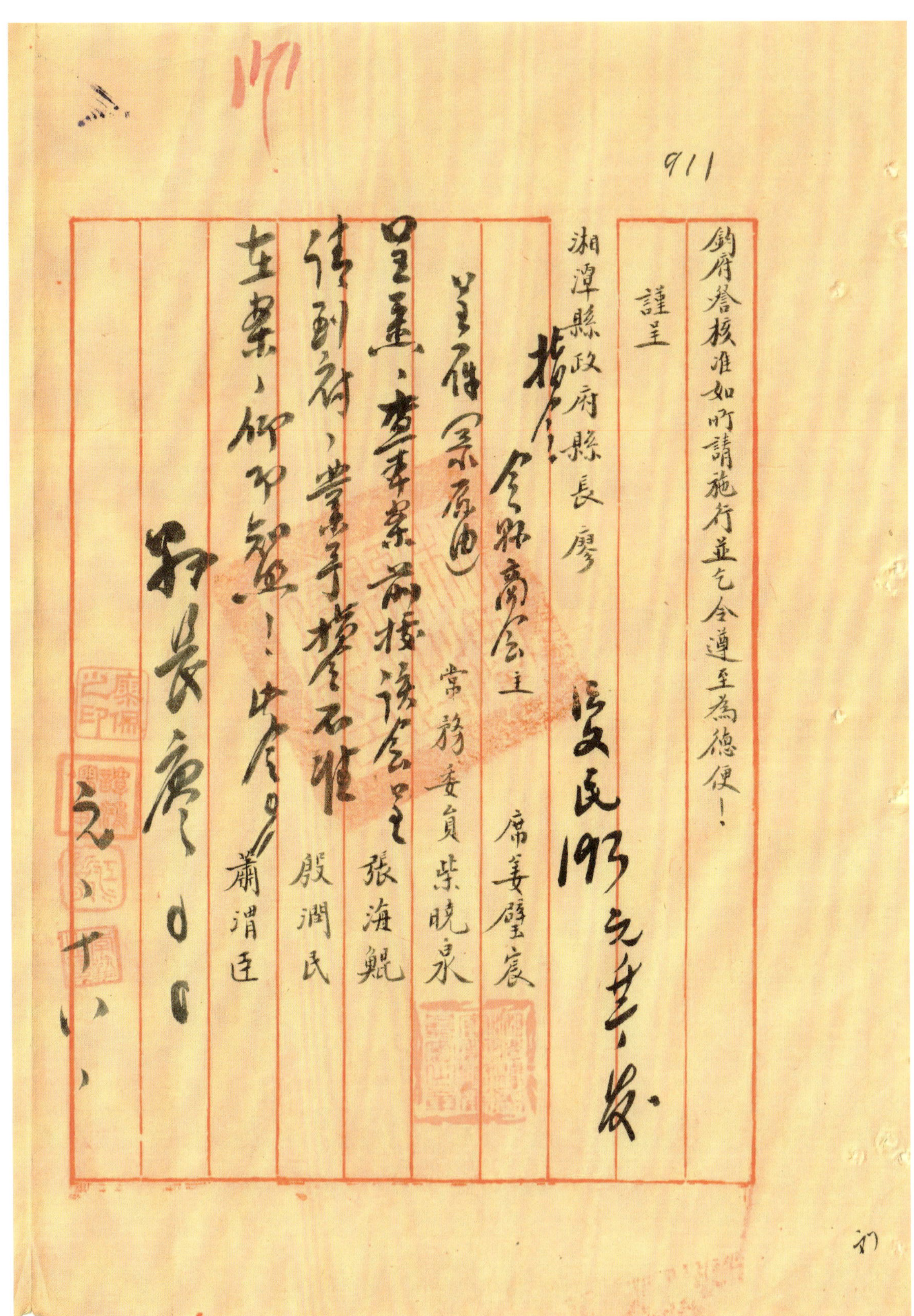
911

鈞府參核准如所請施行並乞令遵至為德便！

謹呈

湘潭縣政府縣長廖

湘潭縣商會主席姜璧宸

常務委員柴曉泉

張海鯤

殷潤民

蕭渭臣

中華民國三十年一月十三日

湘潭县政府致县戏剧商业同业公会的指令（一九四一年一月十八日）

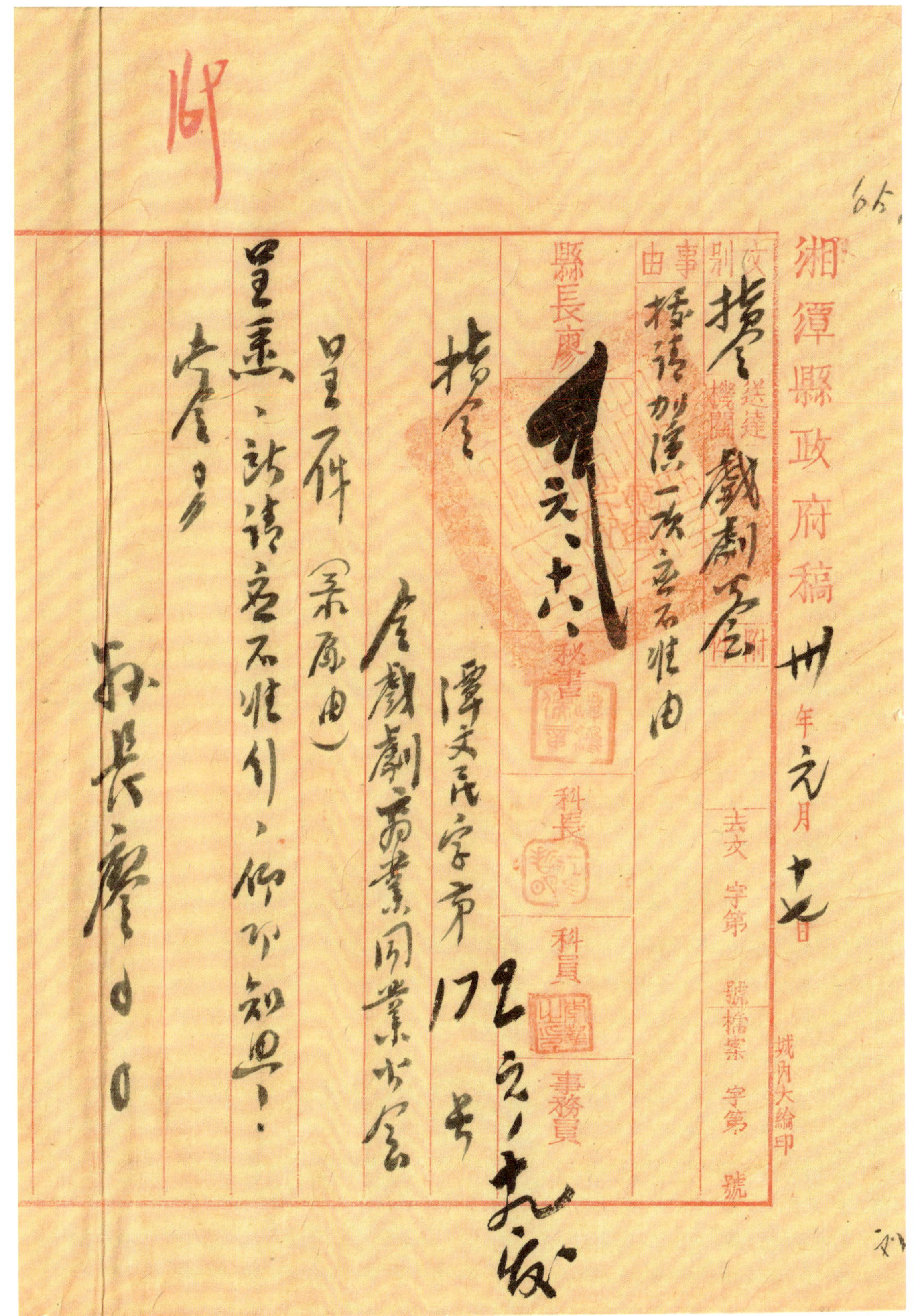

湘潭縣政府稿 卅年元月十七日

文別：指令

送達機關：戲劇公會

事由：據請加價一次應不准由

指令 潭文民字第172號

令戲劇商業同業公會

呈件（呈原由）

呈悉。所請應不准行。仰即知照！此令。

縣長廖○○

广寒宫戏院关于继续开演恳请派员指导致湘潭县政府的报告及县政府的批答（一九四一年一月二十一日、二月一日）

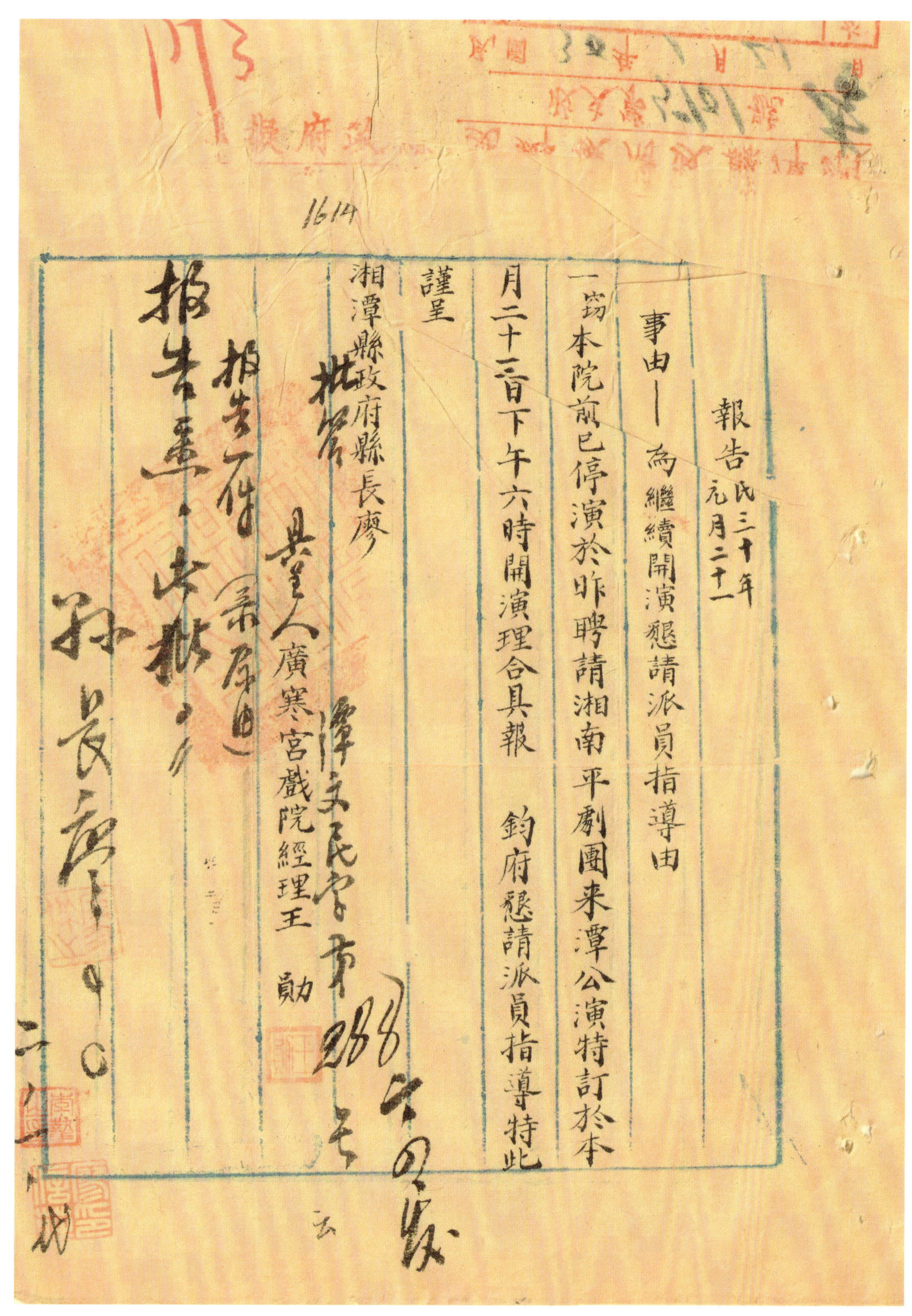

報告 民三十年元月二十一

事由——為繼續開演懇請派員指導由

一窃本院前已停演於昨聘請湘南平劇團来潭公演特訂於本月二十三日下午六時開演理合具報

鈞府懇請派員指導特此

謹呈

湘潭縣政府縣長廖

批答

具呈人廣寒宫戲院經理王勛

湘潭县戏剧商业同业公会、县政府关于自古历正月初一起加映晚场一次的一组文书（一九四一年一月二十二日至二十四日）

湘潭县戏剧商业同业公会致县政府的呈（一九四一年一月二十二日）

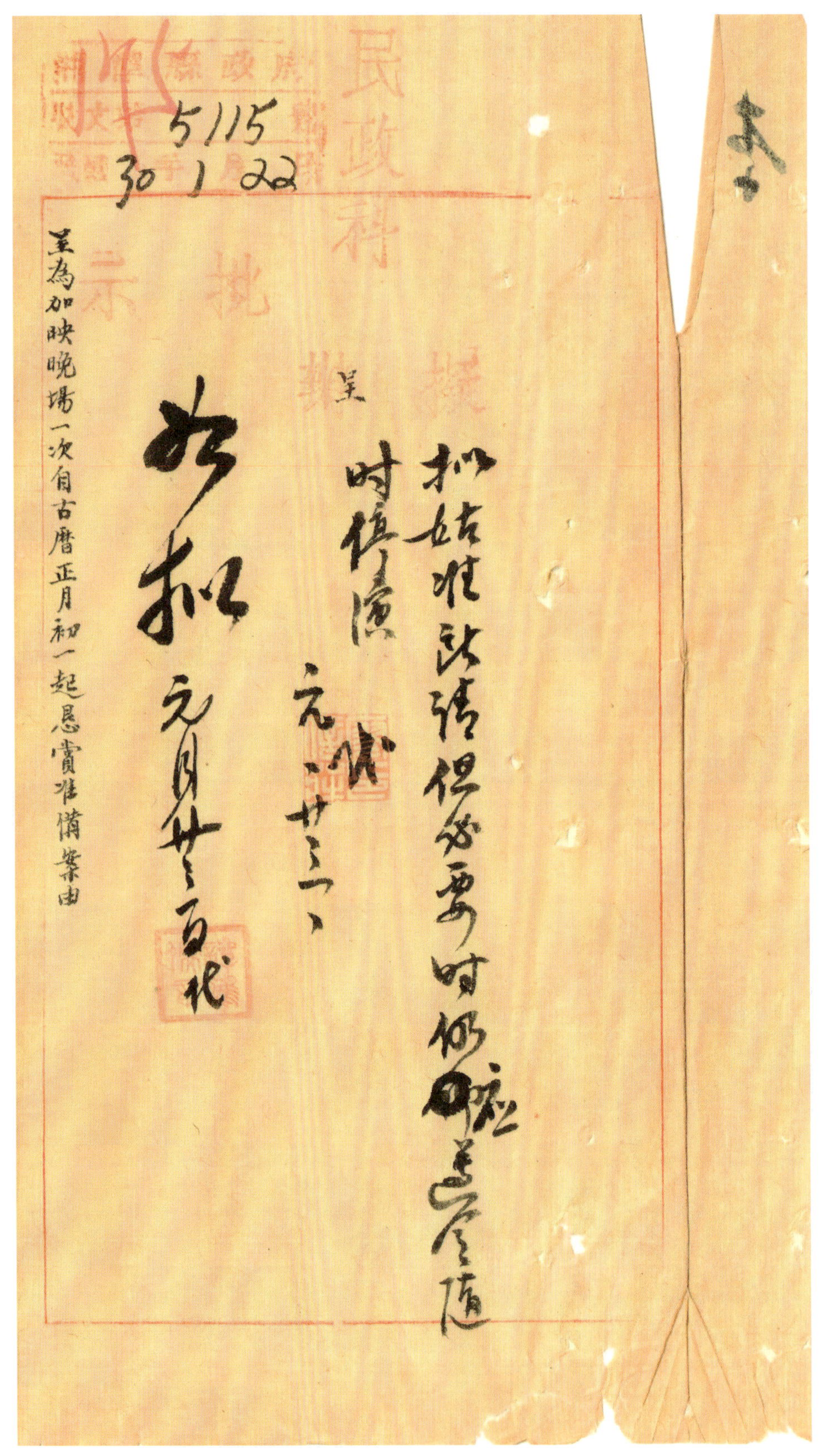

5115
30 1 22

民政科

批示

擬辦

呈

呈為加映晚場一次自古曆正月初一起懇賞准備案由

案查屬會各院，擬加演一次，曾經備文呈請備案，旋奉潭文民字第一七二號指令，所請不准，等因奉此，惟屬會戲劇一業，非他業可比，全年謀望純勢正月，擬加演一次，亦不長期，限於正月初一起至正月底止，必要時尚可隨時停止，且屬業營業，全賴觀客無觀者，不停而自停，開演時間，亦規定午后四時起，散戲時間，午后九時止，起止與休市戒嚴，絕無妨害，想我賢明政府，蘇人民之隱，懷好生之德，是以備文呈請

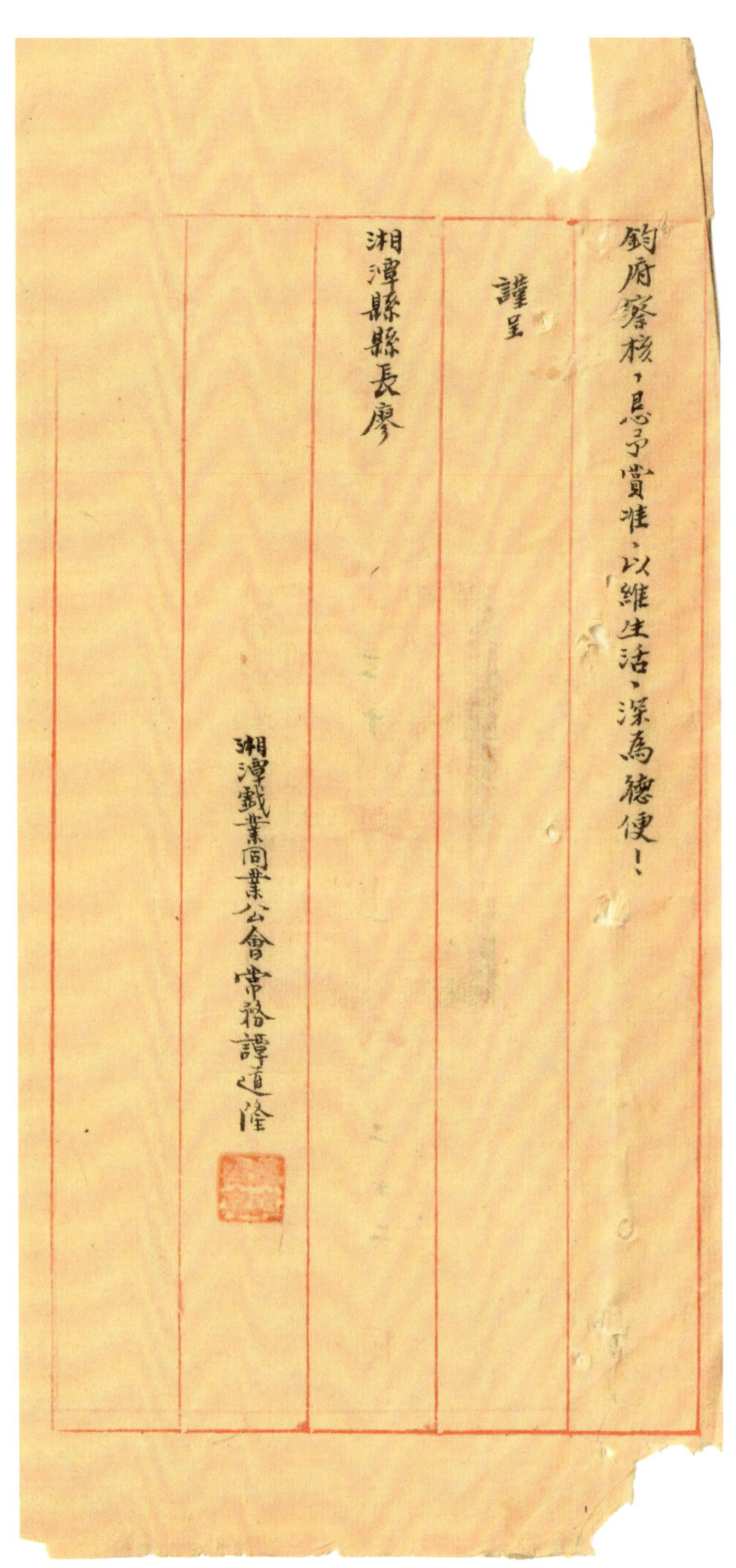
鈞府察核，恳予賞准，以維生活，深爲德便！

謹呈

湘潭縣縣長廖

湘潭戲業同業公會常務譚道隆

中華民國三十一年一月二十二日

湘潭縣戲劇審查委員會

湘潭县政府致县戏剧商业同业公会的指令（一九四一年一月二十四日）

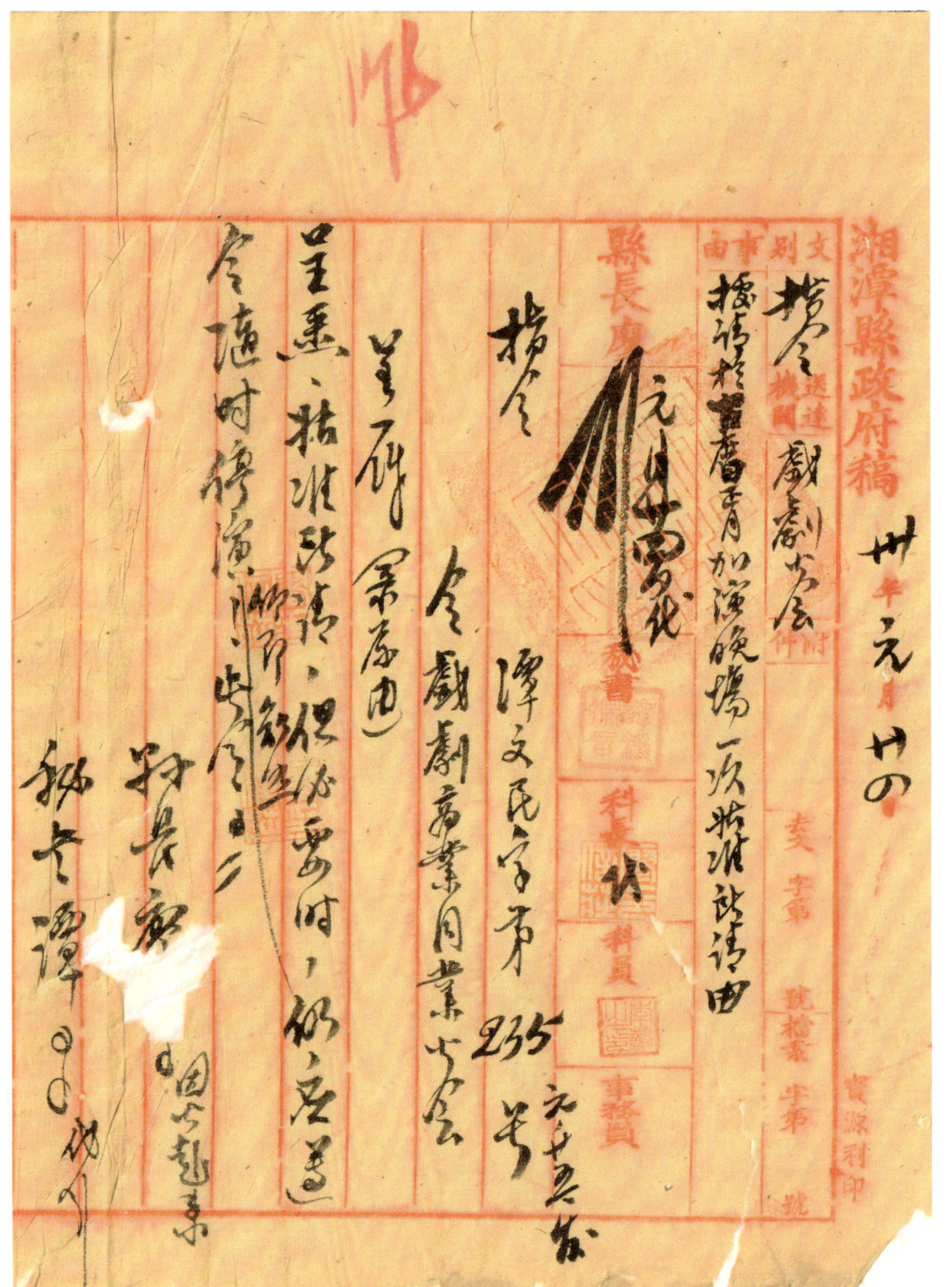

湘潭縣政府稿

文別：指令

事由：據請於舊曆新年加演晚場一次准許請由

送達機關：戲劇商業公會

縣長 [illegible]

秘書

科長

科員

事務員

卅年元月廿四

字第　號

檔案　字第　號

資源利印

指令

潭文民字第235號

令戲劇商業同業公會

呈[illegible]由

呈悉。姑准照辦，但如遇警報時，仍應遵令隨時停演。此令。

縣長 [illegible]

秘書 [illegible]

（二）交通物价管制

湘潭县执行委员会、县政府等关于规定防空疏散时力资标准的一组文书（一九四〇年八月十六日至十八日）

湘潭县执行委员会致县政府的公函（一九四〇年八月十六日）

事由：為規定疏散時力資標準請查照佈告由

中國國民黨湖南省湘潭縣執行委員會公函

業查本月十三日本会召集有関团体規定疏散力資標準一案當經提出討論文日防空疏散時應如何確定力資標準案議決（1）由籮業人力車業轎業划業工会負責人剴切開導会員不得卡索（2）如有乘機卡索情事由政府嚴厲處分等語紀錄在卷除分令外相應函達

貴府請煩查照佈告曉諭爲荷！、

此致

中華民國廿九年八月十六日

湘潭縣政府

書記長趙拔群

湘潭县政府致县总工会的训令（一九四〇年八月十八日）

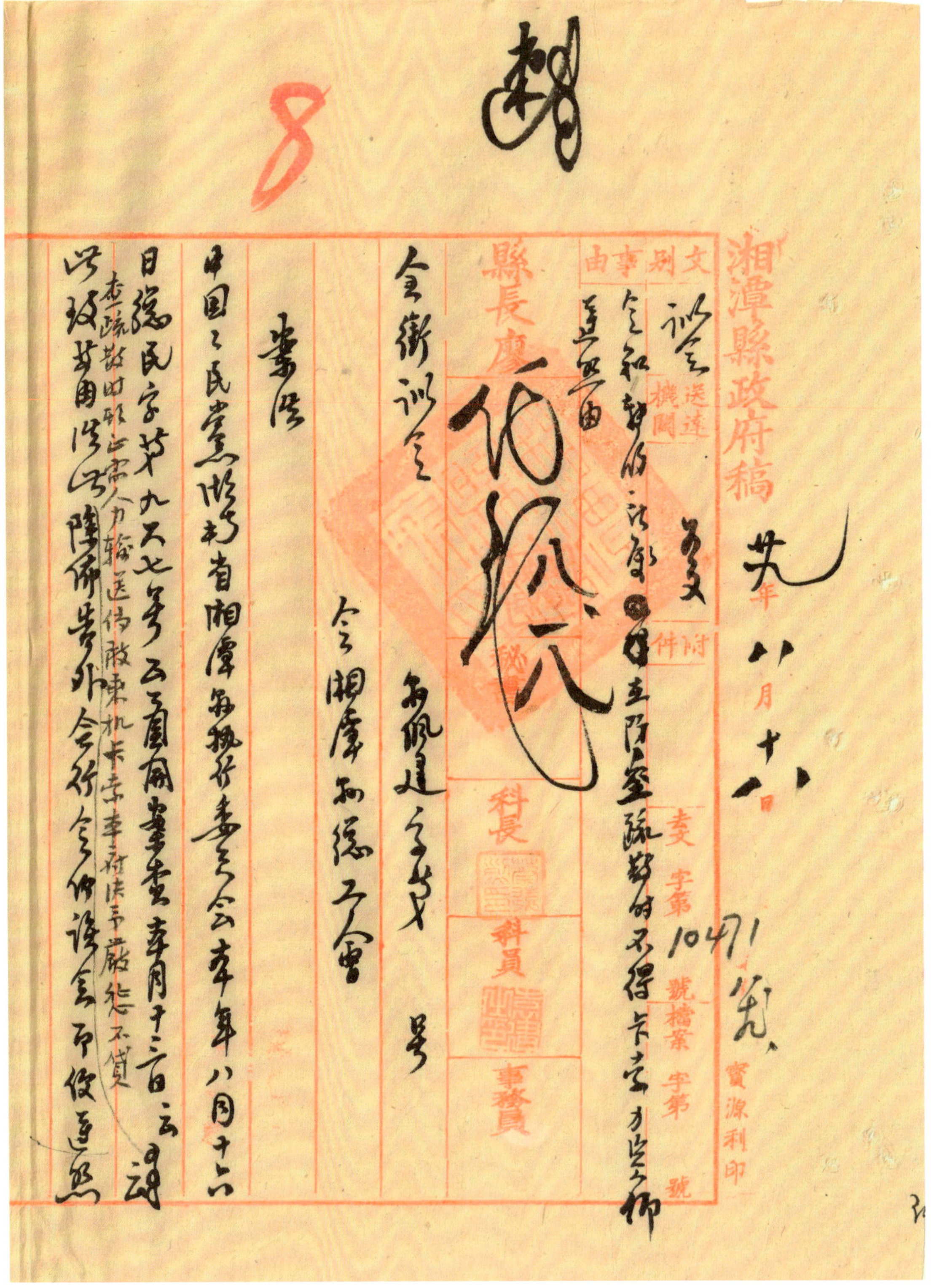
湘潭縣政府稿

文別 訓令

事由

縣長 廖

科長

科員

事務員

令湘潭縣總工會

中國國民黨湖南省湘潭縣執行委員會本年八月十六日總民字第九八七號公函

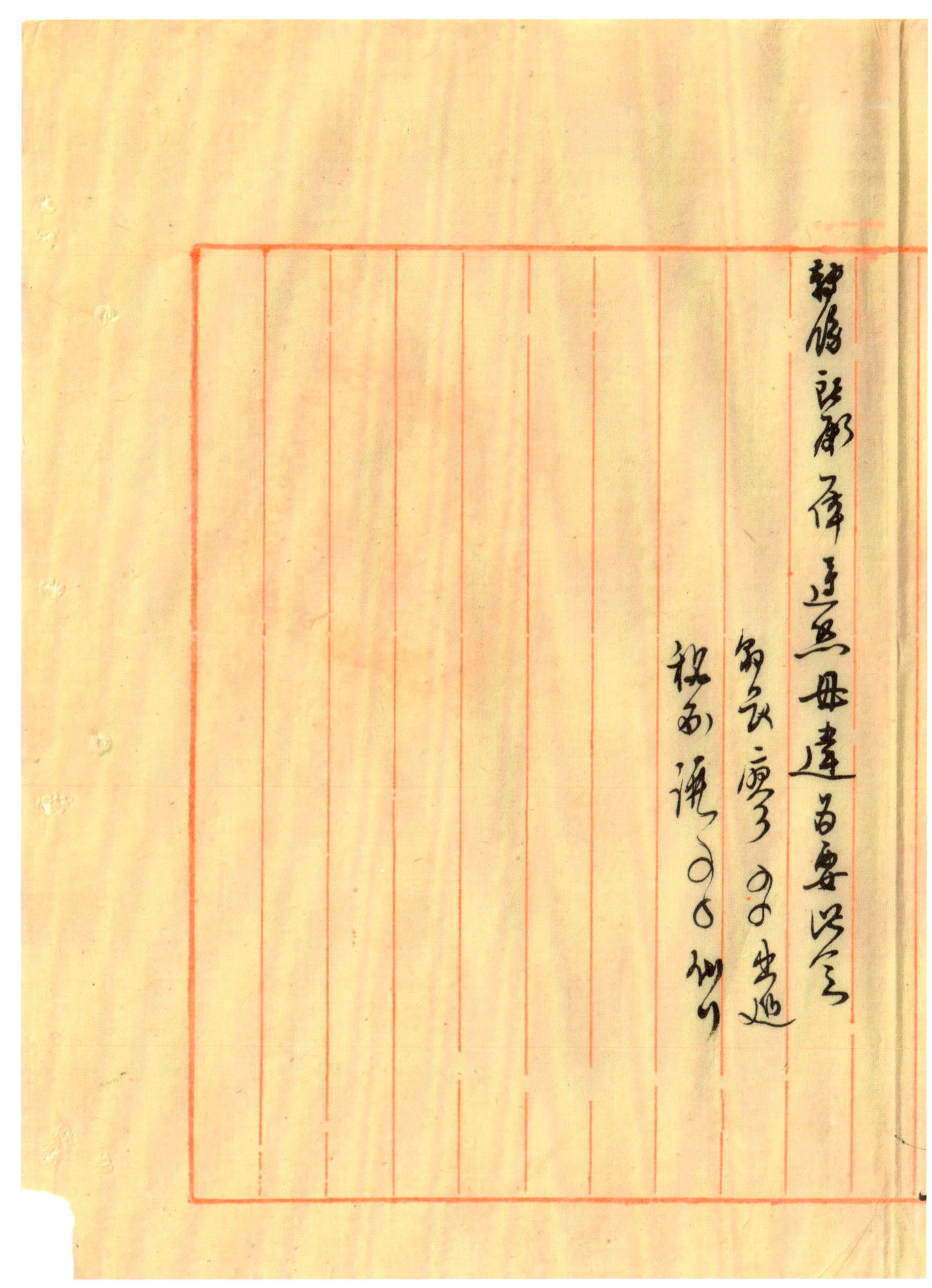

静修贤郎侍[illegible]兹毋违为要，此之。
[illegible]长康[illegible][illegible]出送
叔父谕[illegible][illegible]初八

湘潭县政府布告（一九四〇年八月十八日）

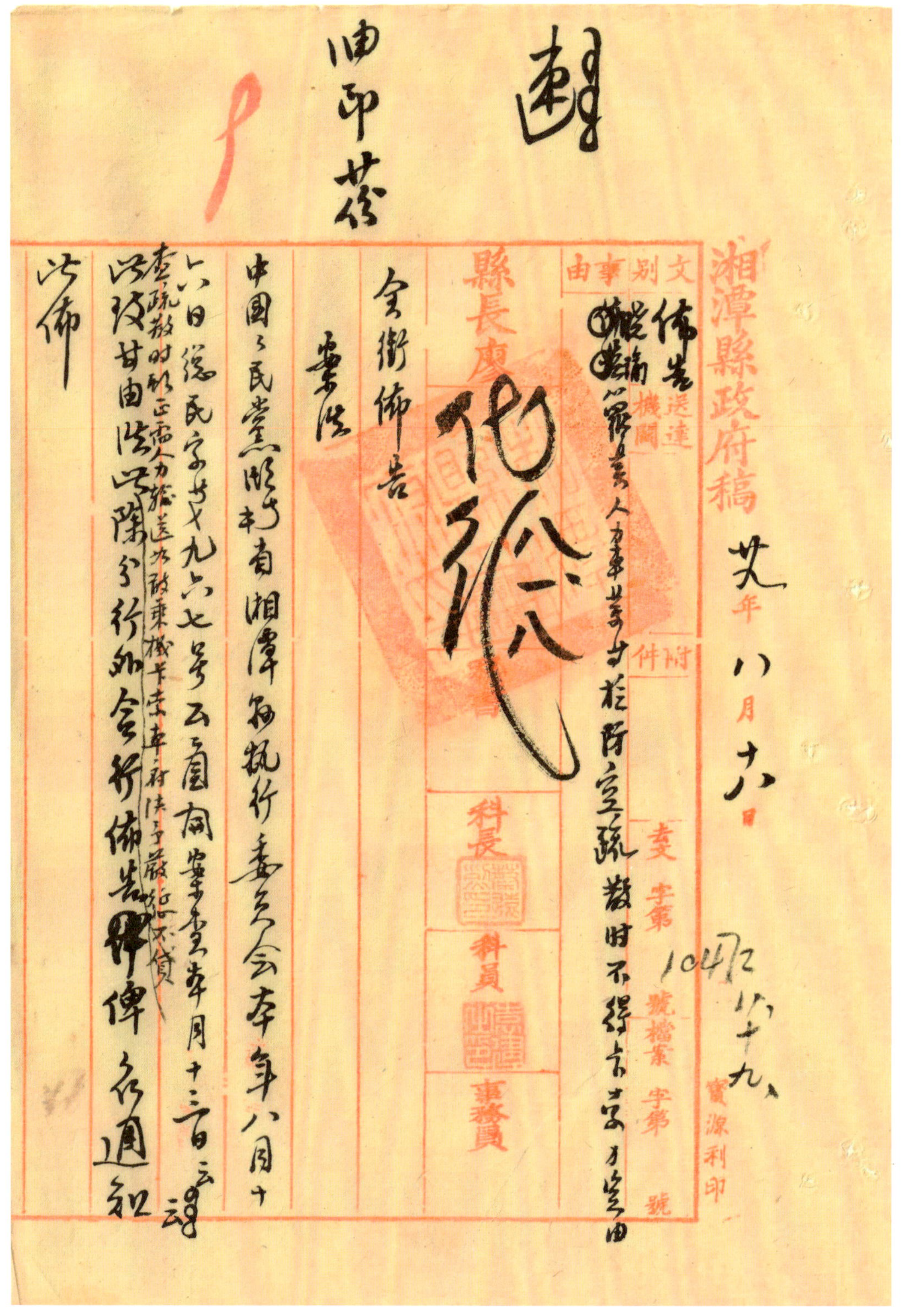

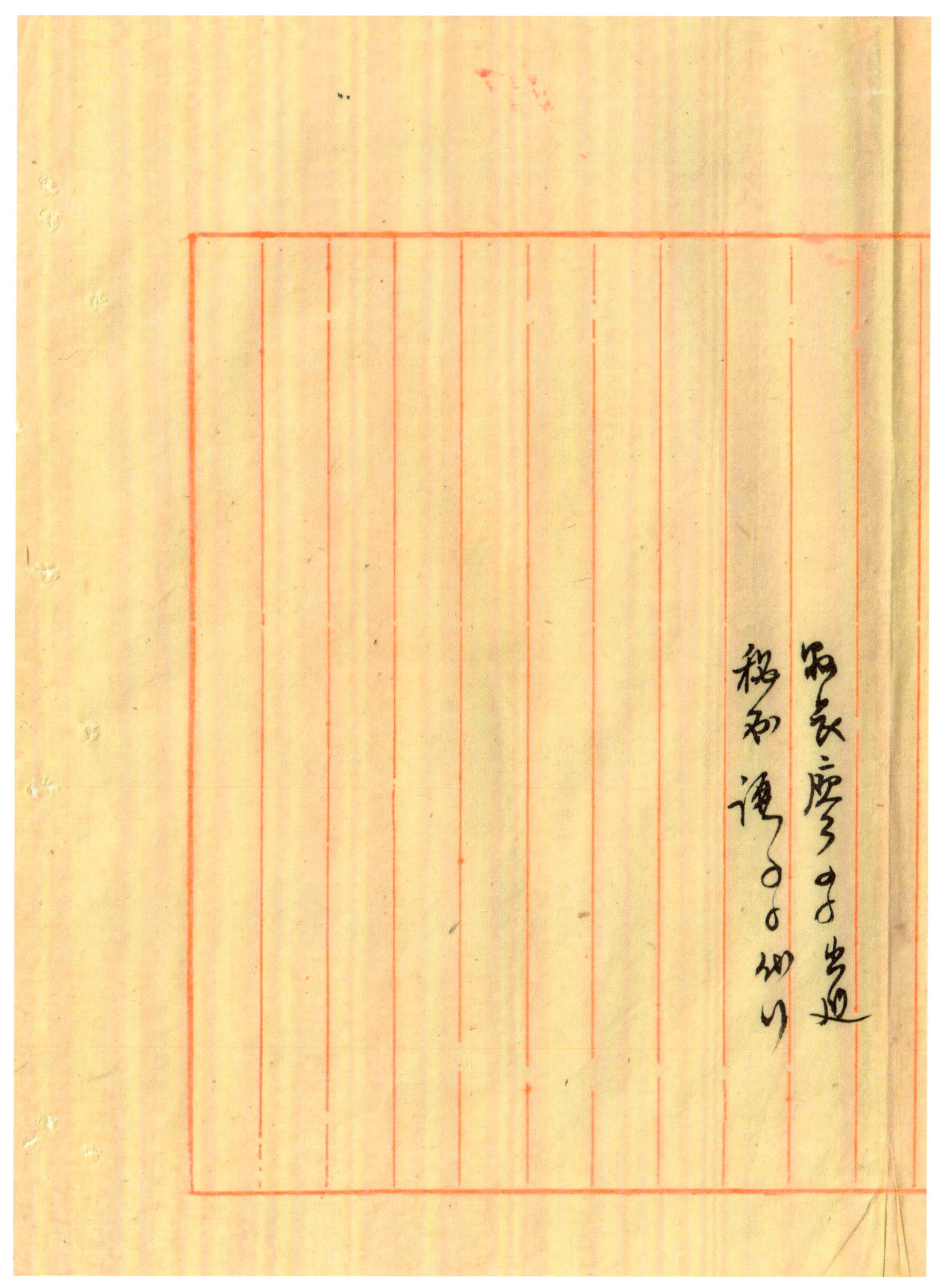

湘潭县政府、县军运代办所等关于在湘河口架设便桥以利疏散及所需资材费用等问题的来往文书（一九四〇年八月二十四日至十月三日）

湘潭县政府致县军运代办所的命令（一九四〇年八月二十四日）

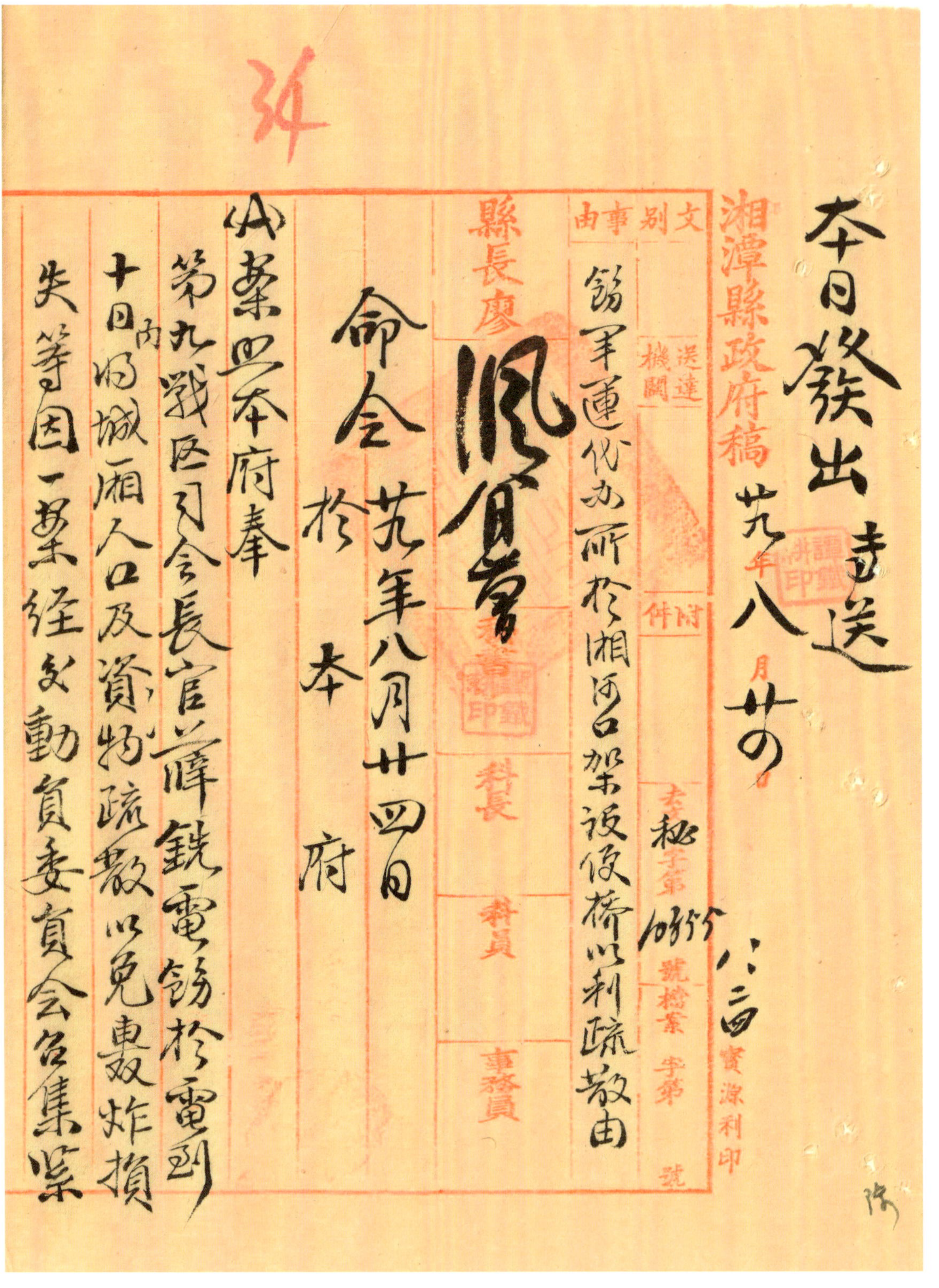
本日發出 廿九年八月廿四 寄送

湘潭縣政府稿

文別 命令

事由 飭軍運代辦所於湘河口架設便橋以利疏散由

送達機關

附件

縣長廖

秘書

科長

科員

事務員

命令 廿九年八月廿四日

案奉本府奉

第九戰區司令長官薛銑電飭於電到十日內將城廂人口及資物疏散以免轟炸損失等因。業經令動員委員會召集緊

急會議決為便利疏散人口物資起見於湘河口架設輕便浮橋函由本府轉飭軍運代辦所辦理等語紀錄在卷

（五）仰該所即候道縣派員前往查勘（一）船隻連續排列式需要船隻多少（二）船隻間架式須用板片與船隻多少（三）除上列兩項外於本埠抽調划船若干隻常川停泊該處以備臨時浮渡之用（四）搭上上列辦法共需費用若干分別詳細估報以憑飭辦而利疏散毋得遲延為要

此令

軍運代辦所

縣長廖○○

湘潭县政府致县军运代办所的命令（一九四〇年八月三十一日）

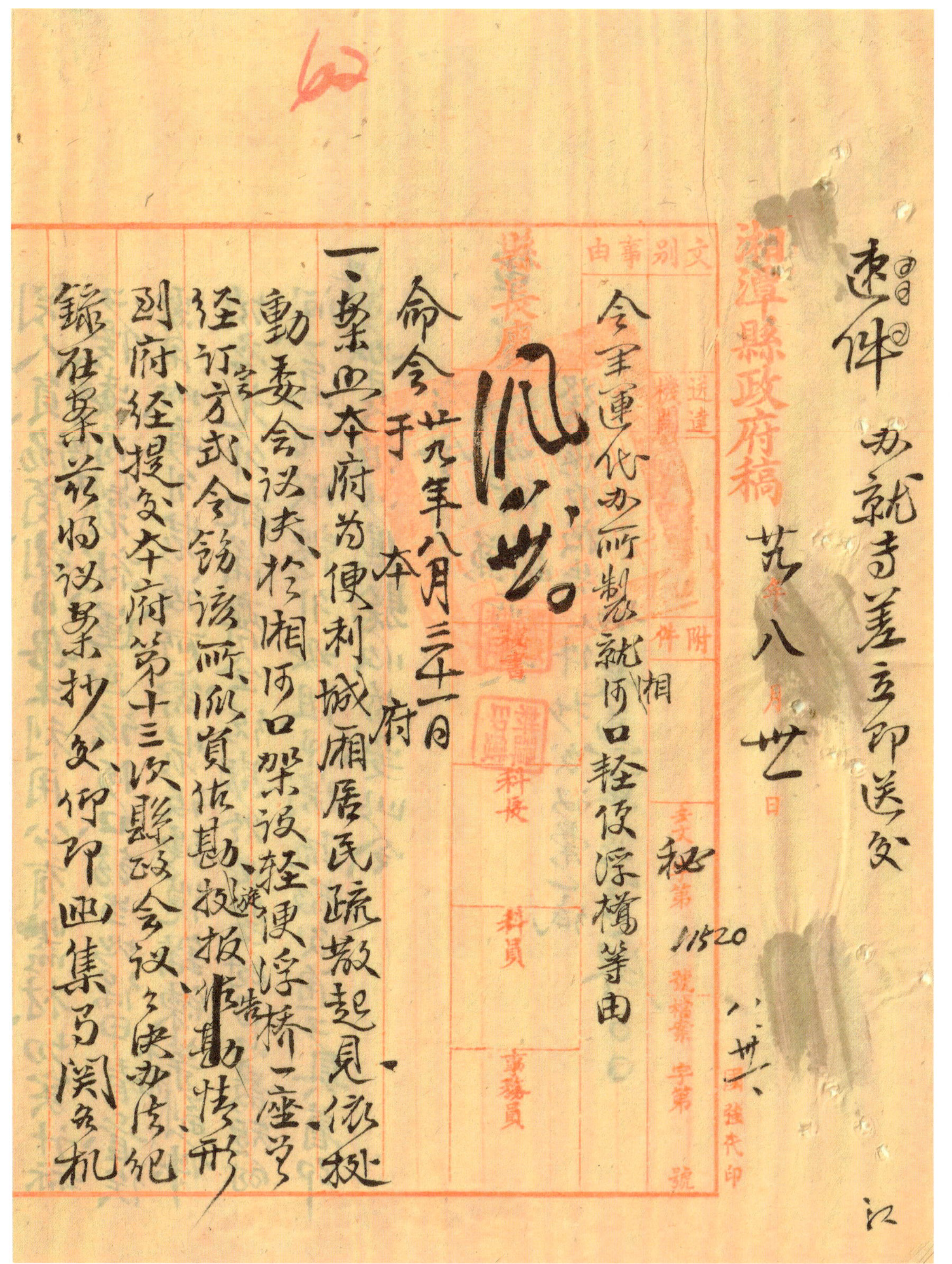

速件

办就寄盖章印送交

湘潭县政府稿

文别：令

事由：令军运代办所制就湘河口轻便浮桥等由

廿九年八月卅日

秘 11520

县长

命令 于廿九年八月三十一日

本府

一、案照本府为便利城厢居民疏散起见，依据动委会议决，于湘河口架设轻便浮桥一座，业经订定方式，令饬该所照价估勘，拟报勘情形到府，经提交本府第十三次县政会议议决办法纪录在案，兹将议案抄发，仰即召集有关机

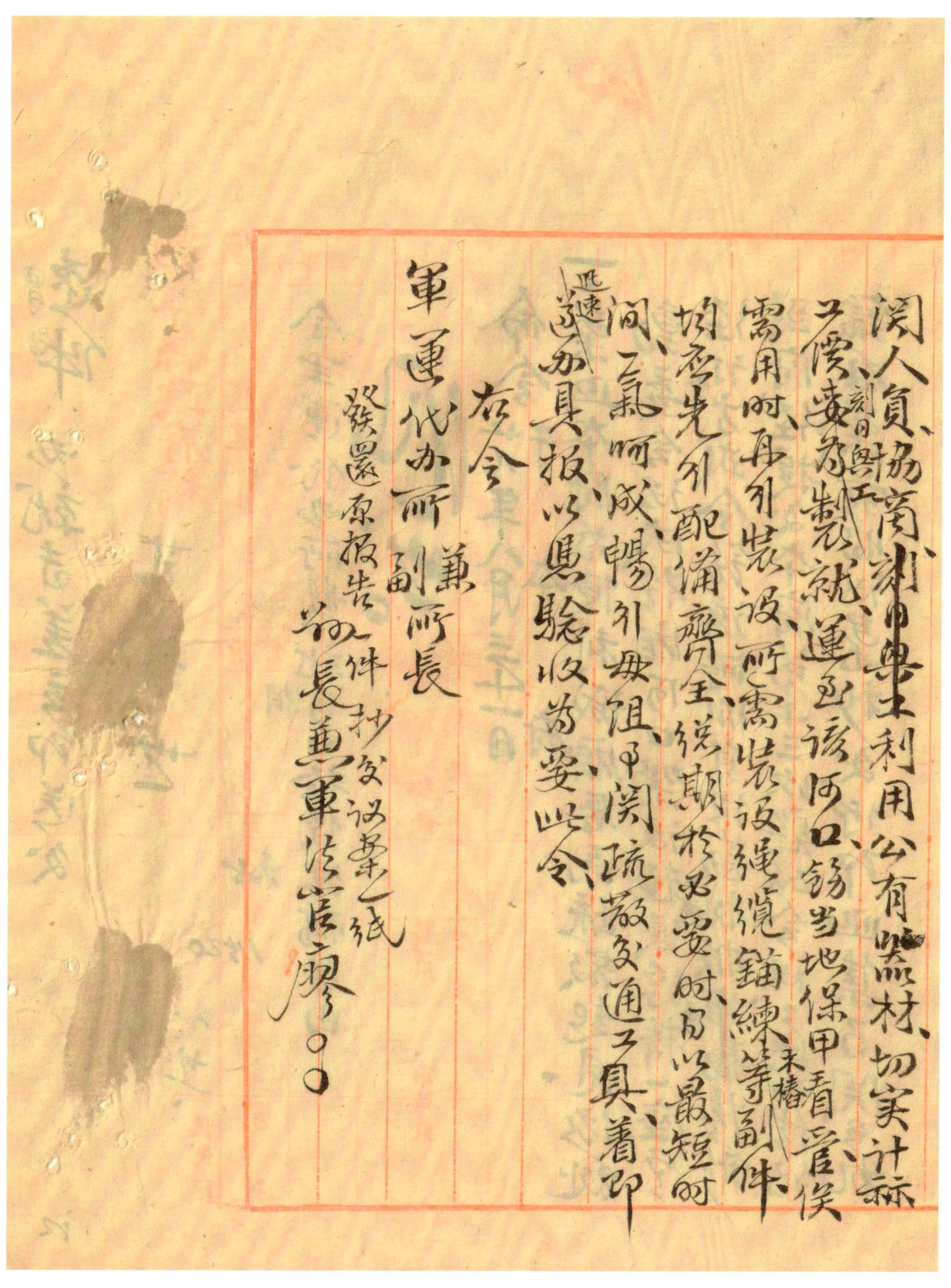

関人員、協商……利用公有器材、切実計議
工價、妥為籌就（刻日興工）、運至該河口、飭当地保甲看管、俟
需用時、再行装設、所需装設繩纜、錨練（木椿）等副件、
均应先行配備齊全、從期於必要时、得以最短时
間、一氣呵成、暢行無阻、于関疏散交通工具、着即
（迅速）妥办具報、以憑驗收為要、此令、

右令

軍運代办所　兼 所長
　　　　　　副 所長

發還原報告　件　抄发该案乙紙

站長兼軍法官廖○○

湘潭县军运代办所致县政府的报告（一九四〇年九月十四日）

報告

於本所

二九年九月十四日

事由　報請指定專人共同負責辦理架設湘河口輕便浮橋事宜由

一、案查架設湘河口輕便浮橋一案業由本所遵奉
鈞府第十三次縣政會議議決案召集被推機關將估勘工程情形
開會審核並經決定由各被推機關指定專人共同負責辦理紀錄
在卷

二、查
鈞府爲被推機關之一應請指定專人令知到所俾資洽辦

右二項謹呈

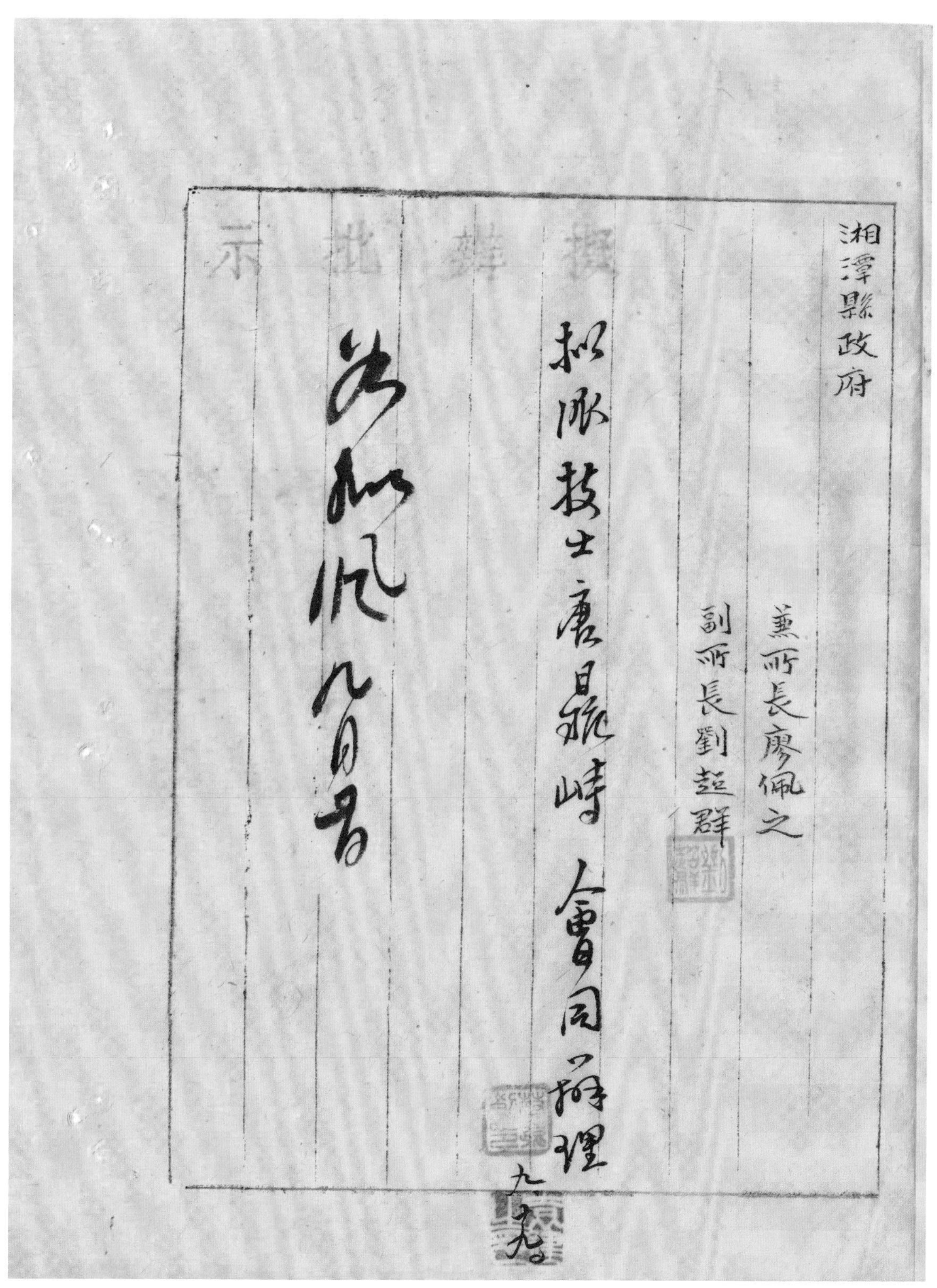

湘潭縣政府

兼所長廖佩之

副所長劉超群

擬辦

擬派技士唐昌巍峙會同辦理

九、十九

批示

如擬

佩

九月[illegible]

湘潭县政府致县军运代办所的指令（一九四〇年九月二十二日）

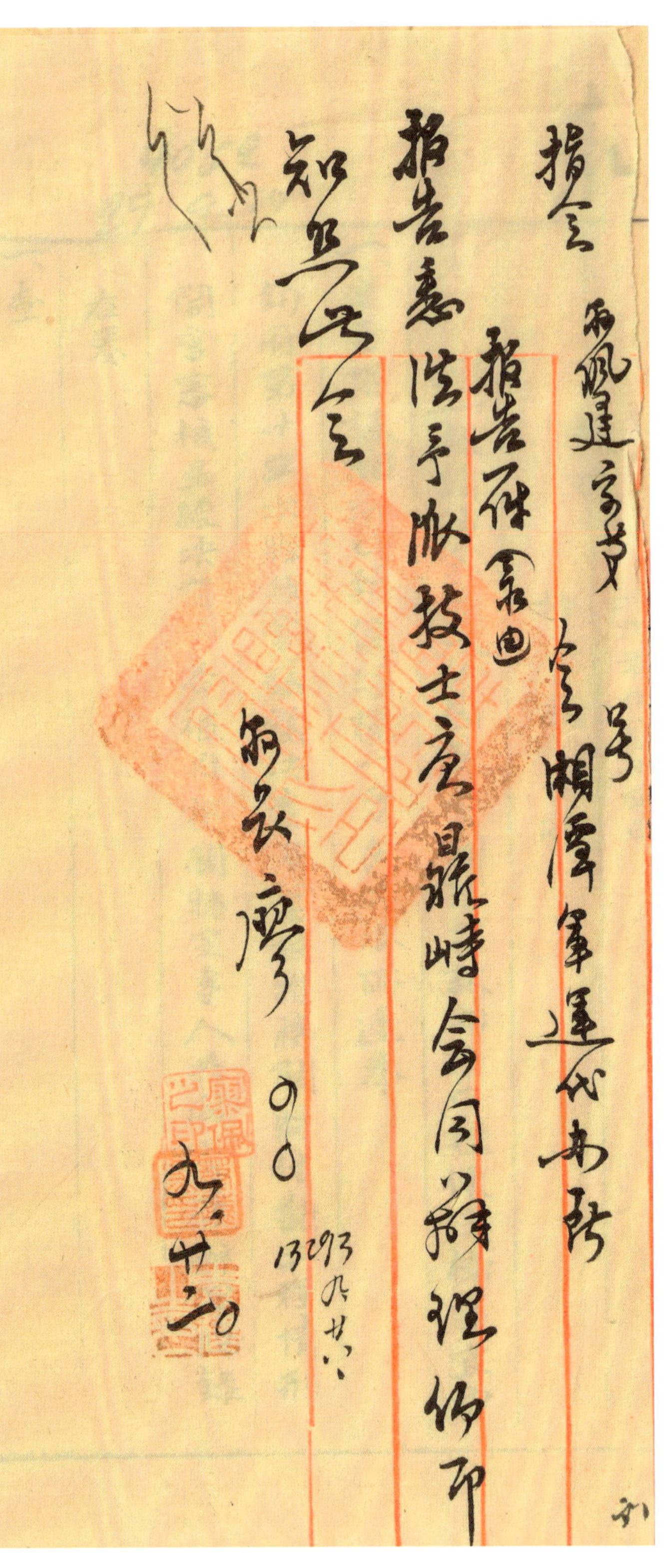

指令　為[illegible]建字第　號

令湘潭軍運代辦所

報告[illegible]（案由）

報告悉。准予照發士兵張峙會同辦理，仰即知照。此令。

縣長　廖○○

九、廿二

132973　九、廿六

湘潭县军运代办所致县政府的报告（一九四〇年九月十四日）

建設科

4663
29.9.17

報告

二九年九月十四日

於本所

事由一報請分別函令俾資取用木材由

一、架設湘河口輕便浮橋原擬利用潭下綫湘江浮橋移撥縣府存文星門外交壽地保長保管之木材並借用省府建廳留為架設軍橋存而未用交文星門外水上吴保長秉林及水警分駐所保管之木材一部以為製備浮橋材料

二、取用手續關於潭下綫移撥者應令飭文華鎮第九保保長知照關於借用建廳者應分別函令水警分駐所及水上吴保長秉林知照

三、此項分別函令手續應請

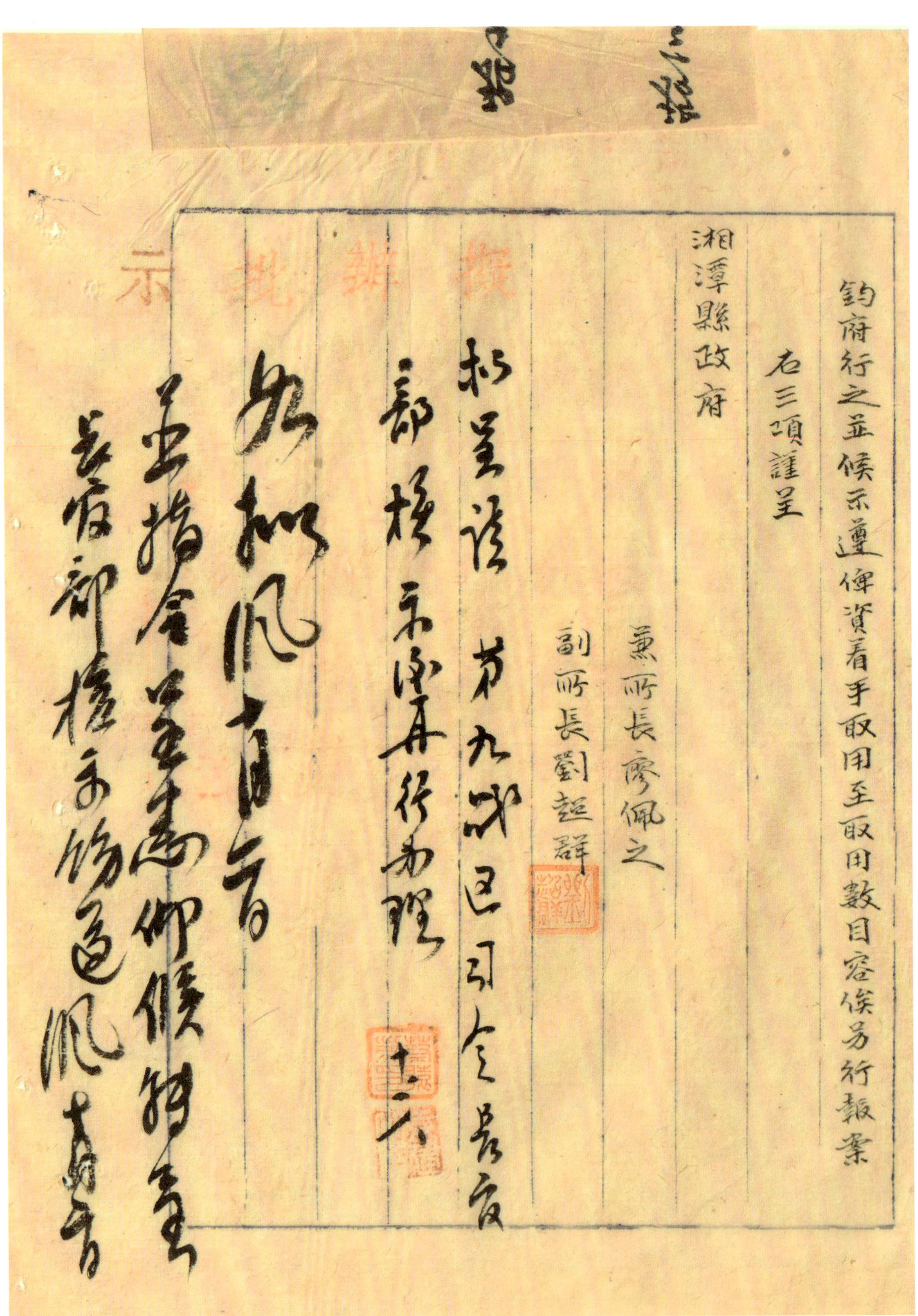

鈞府行之並候示遵俾資着手取用至取用數目容俟另行報案

右三項謹呈

湘潭縣政府

兼所長廖佩之

副所長劉超群

批示

據呈請[illegible]

敬懇指令遵辦

案准……

湘潭县政府致湖南省建设厅、第九战区司令长官司令部的呈（一九四〇年十月三日）

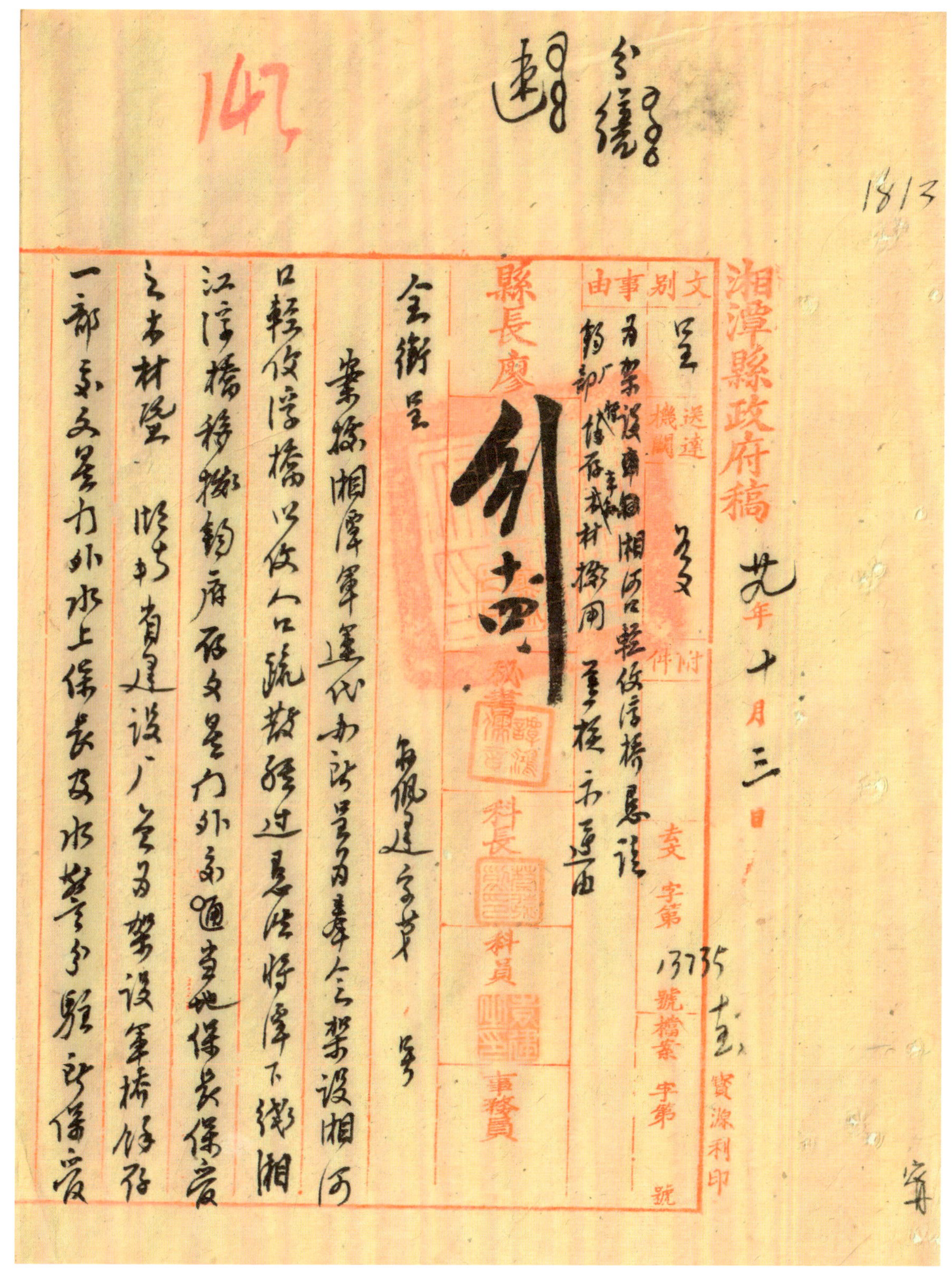

湘潭縣政府稿

文別：呈

事由：為架設湘河口輕便浮橋懇請鈞部、廳准將存放材料撥用，請示遵由

送達機關　附件

縣長廖　秘書　科長　科員　事務員

廿九年十月三日

字第13735號

檔案　字第　號

全銜　呈

案據湘潭軍運代辦所呈為奉令架設湘河口輕便浮橋以便人口疏散經過县屬將潭下鐵湘江浮橋移撥鈞府原文呈內外各道當地保長保管之木材壁將由省建設廳為架設軍橋備存一部系又呈由外水上保長及水警分駐所保管

之木材移拨为装备湘河口轻便浮桥材料之用恳
准予呈核示以便具报等情。据此，查该所拟系依
据本县第一次疏散会议决议办理湘河口
俾居各乡镇两端各搭桥为今疏散要道即一并有
关之首要军运亦赖之途
钧厂部饬将该木材可否拨用以便架设下陈指令饬遵呈
呈外理合备文呈请
钧厂部鉴核指令祗遵谨呈
湖南省建设厅厅长余
第九战区司令长官薛
全衔县长廖

湘潭县政府致县军运代办所的指令（一九四〇年十月三日）

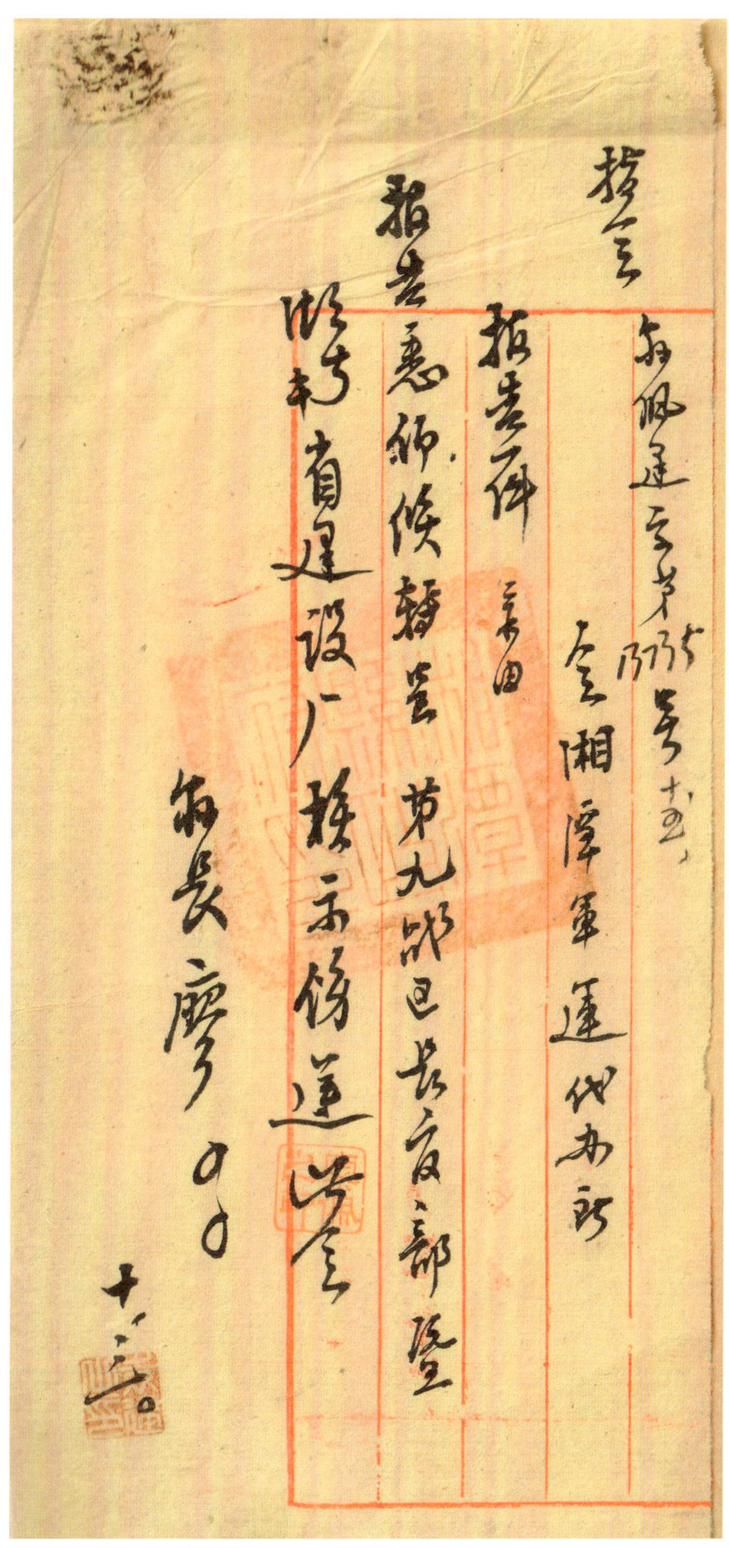

指令

府收建字第1775號

令湘潭軍運代辦所

報告一件 呈由

報告悉。仰候轉呈第九戰區長官部暨

湖南省建設廳核示飭遵。此令。

縣長 廖〇〇

十、三

湘潭县政府、县军运代办所关于潭易班轮船平抑票价、限制舱位及增加轮运船只等问题的来往文书（一九四〇年八月三十一日至九月二十三日）

湘潭县政府致县军运代办所的命令（一九四〇年八月三十一日）

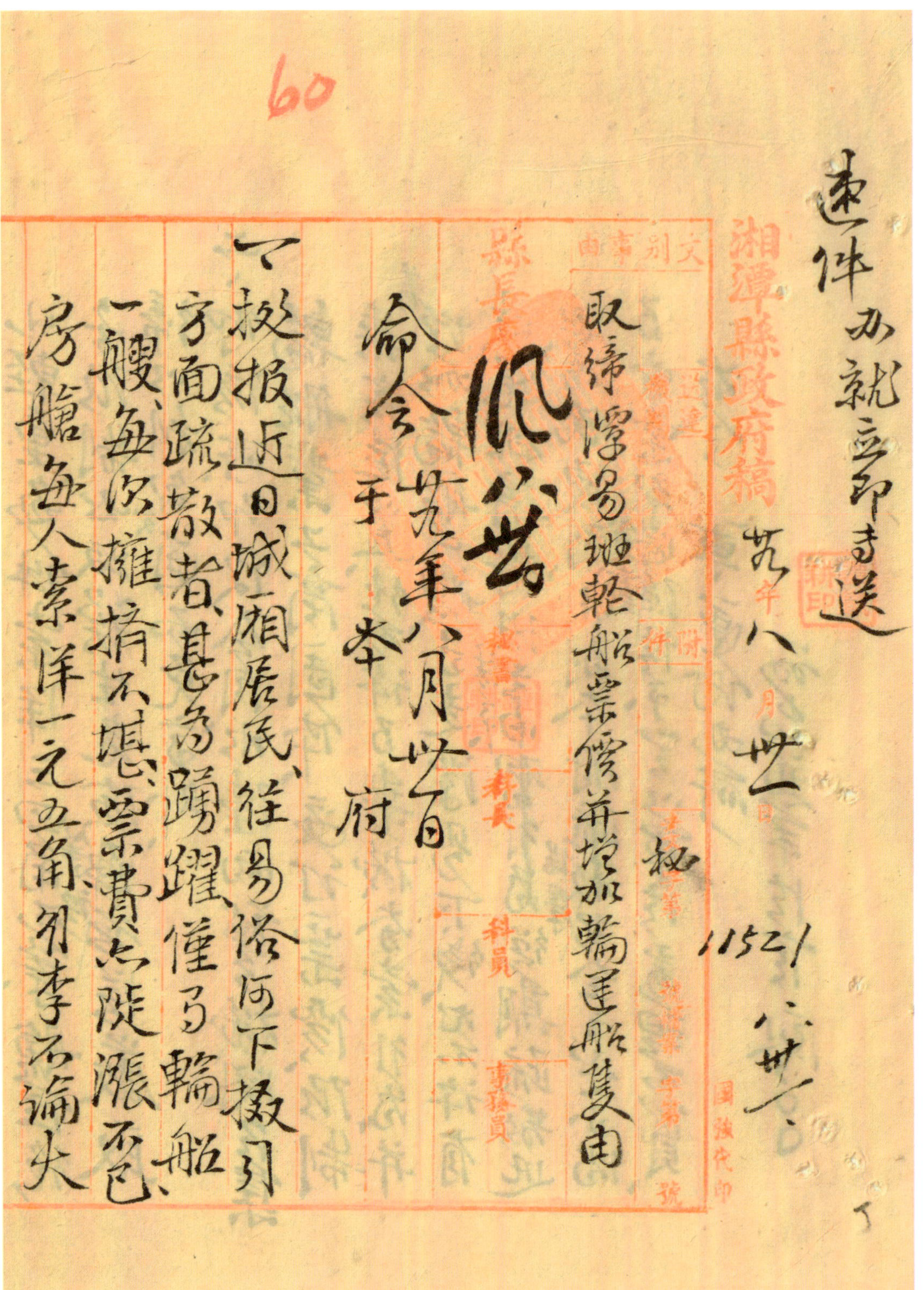
速件办就立即寄送

湘潭县政府稿

廿九年八月卅日拟

11521

八、卅一

事由：取缔潭易班轮船票价并增加轮运船只由

命令 廿九年八月卅日 于本府

案据近日城厢居民往易俗河下摄司方面疏散者，甚为踊跃，仅有轮船一艘，每次拥挤不堪，票费亦陡涨不已，每人索洋一元五角……

以輕重，每件索洋三四角不等，船位絕無限制，必致發生危險，應從嚴取締，以利交通而免危害外，

二、仰該所即便會同水陸兩警、機關，召集輪船業工商團体，妥訂票價，限制乘客位置，絕不許多乘，機奇索刁難，并著加輪船艘隻，專走湘潭易下線，尤不許有歧視排擠拚班情弊、串同操縱，期疏散迅速，與民便利，而副本府保障全民之至意，倘有需索勒載情事，定以軍法處理不貸，

此令

軍運代辦所

政委兼軍法官　廖○○

湘潭县军运代办所致县政府的呈（一九四〇年九月八日）

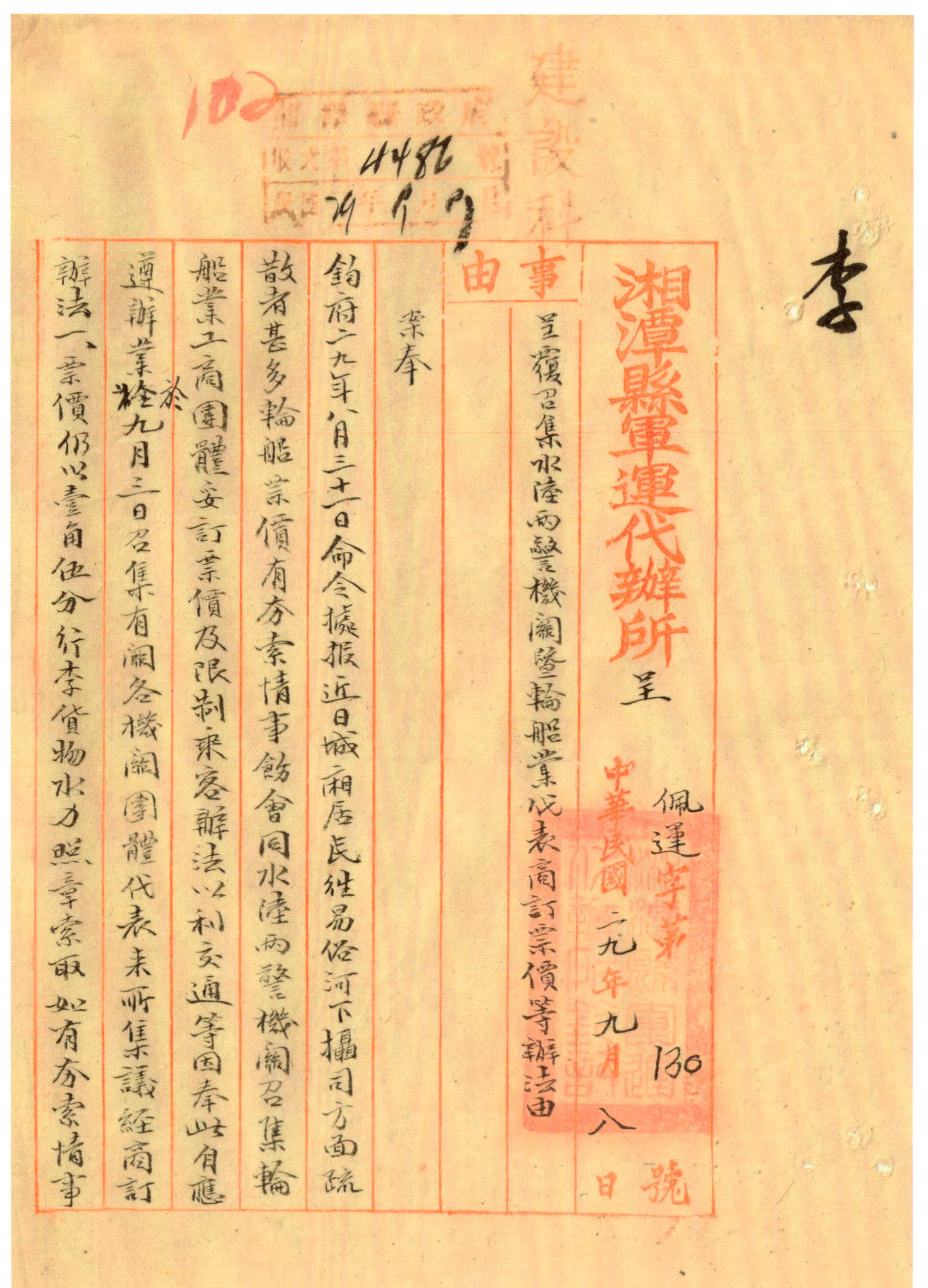
李

102

建设科

湘潭县政府收文 4486 29 9 9

湘潭縣軍運代辦所　呈

佩運字第130號

中華民國二九年九月八日

事由　呈覆召集水陸兩警機關暨輪船業代表商訂票價等辦法由

案奉

鈞府二九年八月三十日命令據報近日城廂居民紛紛偕河下擺司方面疏散者甚多，輪船票價有勒索情事，飭會同水陸兩警機關召集輪船業工商團體妥訂票價及限制乘客辦法，以利交通等因，奉此，自應遵辦。業於九月三日召集有關各機關團體代表來所集議，經商訂辦法：一、票價仍以壹角伍分，行李貨物水力照章索取，如有勒索情事

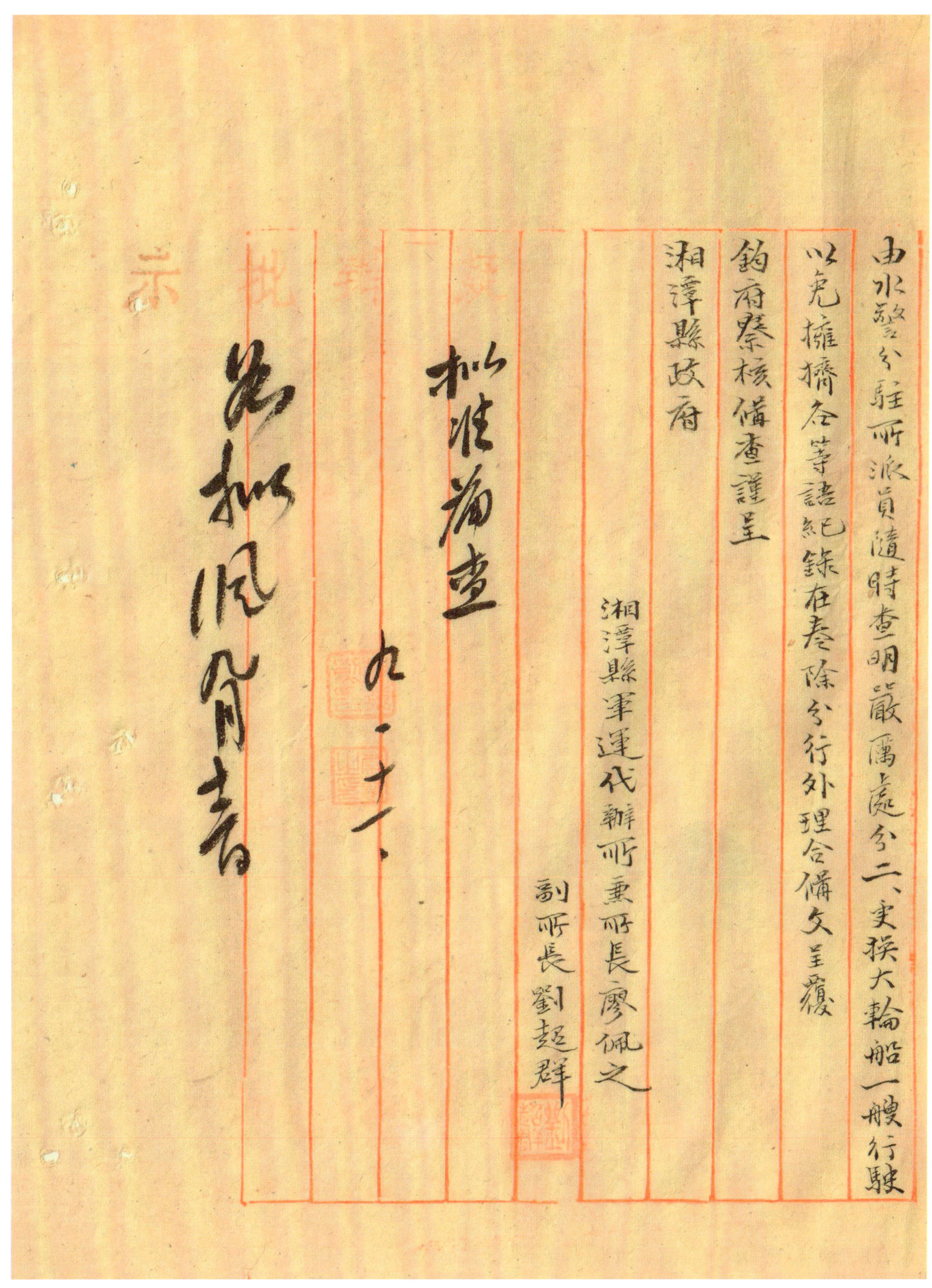
由水警分駐所派員隨時查明嚴厲處分二、叉挨大輪船一艘行駛
以免擁擠各等語紀錄在卷除分行外理合備文呈覆
鈞府鑒核備查謹呈
湘潭縣政府
湘潭縣軍運代辦所兼所長廖佩之
副所長劉超群
批准備查
九、二十八
為擬佩青
示批辦擬

湘潭县政府致县军运代办所的指令（一九四〇年九月十三日）

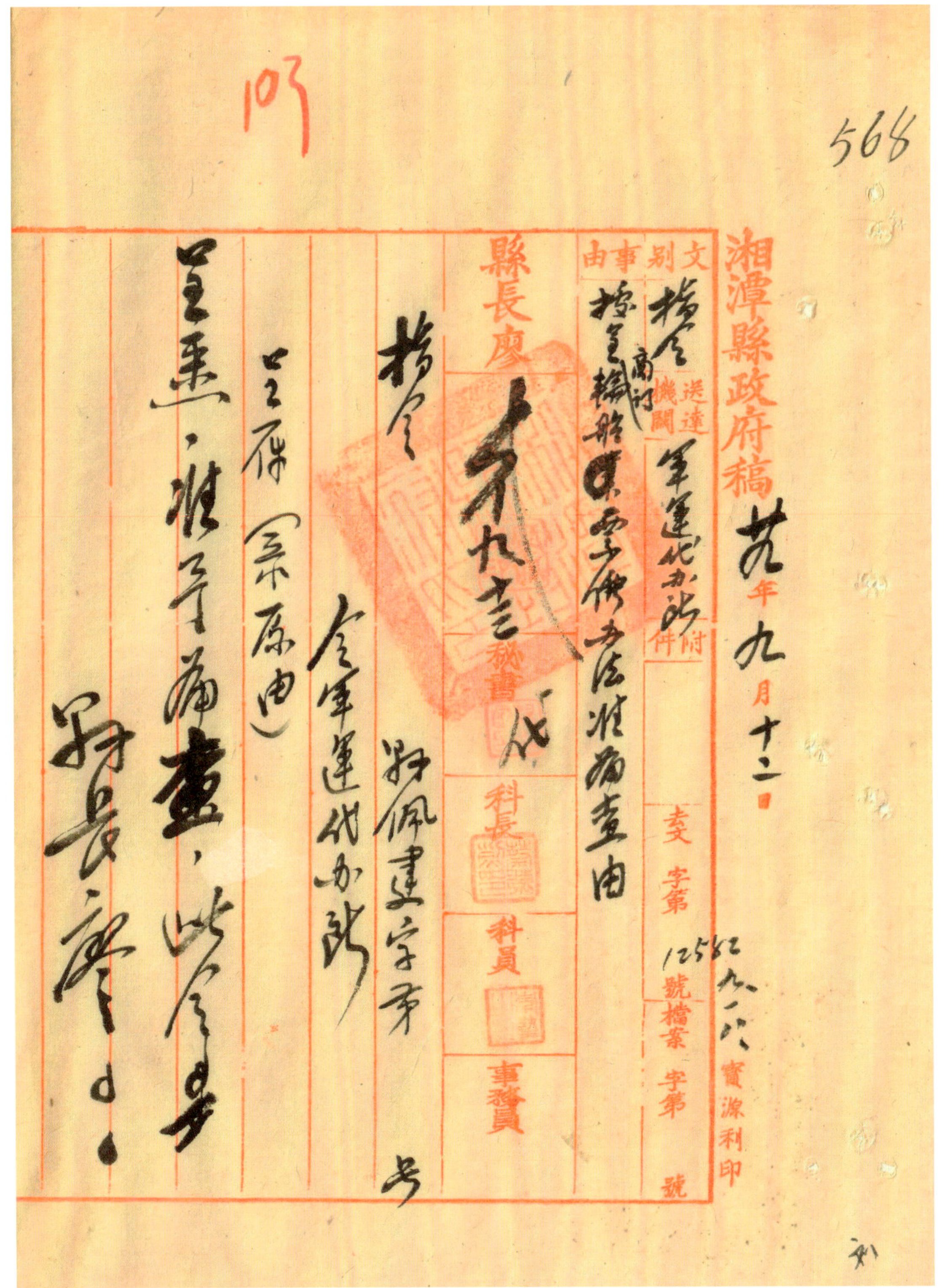

湘潭縣政府稿 廿九年九月十三日

文別：指令

送達機關：軍運代办所

事由：據呈爲商討徵用船只等項，准備查由

縣長廖

秘書

科長

科員

事務員

字第　號

檔案字第　號

指令

令軍運代办所

卅年九月建字第　号

呈件（呈乙件）

呈悉，准予備查。此令。

縣長廖

李

民政科

125

3251

29 9 20

呈

民國二九年九月十八日

於湘潭軍運代辦所

事由　據情轉呈懇予察核備查由

案查前奉

鈞府二九年八月三十日命令飭會同水陸兩警機關召集輪船業公會妥訂潭

易下綫輪船票價限制乘客以利交通而策安全一案當經召集有關機關議

定辦法轉飭遵辦並呈覆各在案奉茲據該業同業公會函稱逕啓者昨准

貴所縣佩字第一二七號公函案奉湘潭縣政府二九年八月三十日命令除原文

有案免叙外尾開相應函達查照届時派員出席為荷等由准此日昨月席

馳赴貴所參加會議後隨即將會議議決情形並附錄前函通知乾發

輪船公司去後茲據該經理具覆聲稱其扼要三點一此次疏散時僅一
二班乘客稍多并無擁擠情事如遇非常時期當即附加拖船以策安
全且近兩三日內來往旅客漸少應付有餘以現在百物價值奇昂原
有一輪行駛每日收入幾有不敷出若再加一艘損失將何以堪實無增加
之必要二票價一項曾於本年三月會照交通部湖南內河航業聯合辦
事處平抑全省各航線票價潭至易及湘河口每人取費壹角五分潭
至下攝司每人取費兩角並無房艙等級之分近今毫無增減況於萬
目共見之處懸有價目表且票面上均印有一角五分字樣何得信口誣蔑
謂索價至一圓五角之多故意張大其詞駭人聽聞三貨物行李早經
規定貨物每件在市稱百斤以內者每件收水力洋壹角在一百斤至弍百

126

斤以内者收水力洋貳角在三件以内者免收水力在三件以外者照貨輕

重收取之以上三點皆有事實確查代辦所不知根據何人報告致當輪

受此誣害非請大會表函解釋不足以全名譽而杜虛誣等情據此查

該輪行駛潭易下攝短水班期每日往反五次應付往来旅客確綽綽

有餘決無擁擠發生危險其票價貨物行李早經規定不敢私自擅

加及利用疏散時期向旅客苛索絕對無此情弊敝會可以負責証明

相應據情函覆貴所敬請轉呈湘潭縣政府縣長察核備查至紉

公誼此致等情據此理合備文呈轉

鈞府察核備查

謹呈

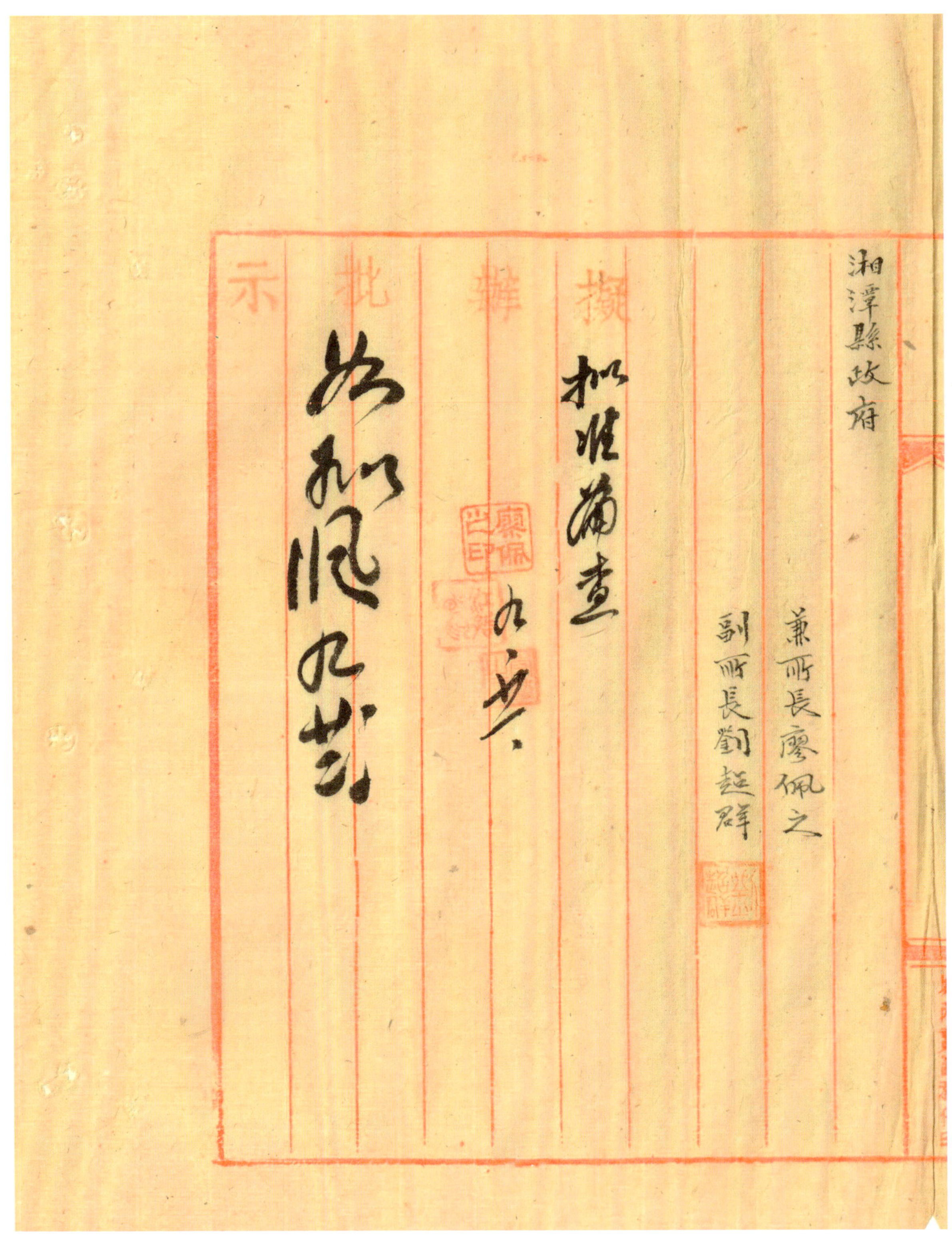
湘潭縣政府

兼所長廖佩之

副所長劉趾群

擬辦

批示

湘潭县政府致县军运代办所的指令（一九四〇年九月二十三日）

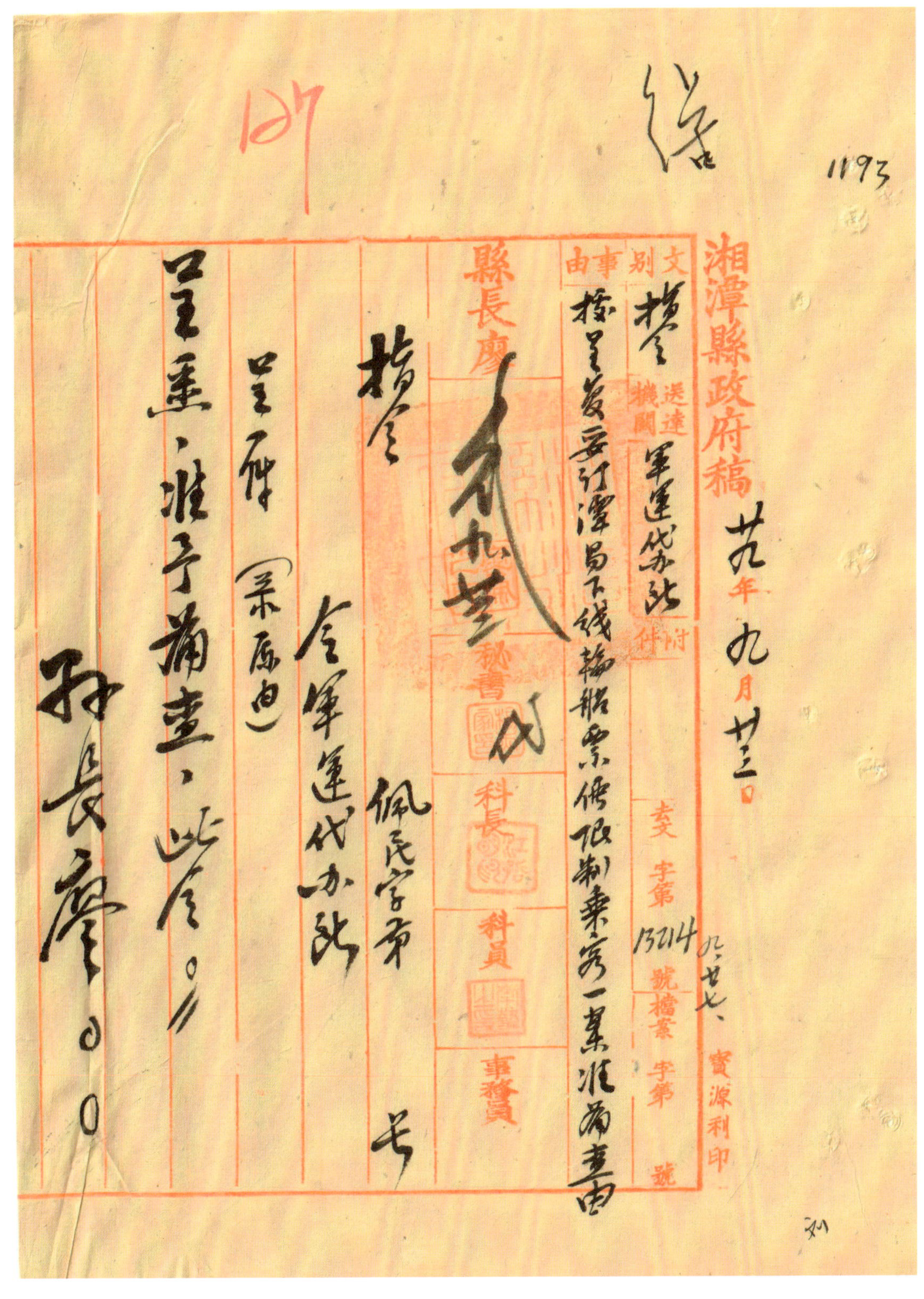

湘潭縣政府稿

廿九年九月廿三日

文别：指令

送達機關：軍運代辦所

附件

事由：據呈爲要求訂渾局下錢輪船票價限制乘客一案准備查由

縣長廖

指令

令軍運代辦所

佩民字第　号

呈件（呈原由）

呈悉。准予備查。此令。

縣長廖〇〇

湘潭县政府、县动员委员会等关于公布疏散期间城乡郊区房屋租佃办法的来往文书（一九四〇年九月三日至五日）

湘潭县动员委员会致县政府的公函（一九四〇年九月三日）

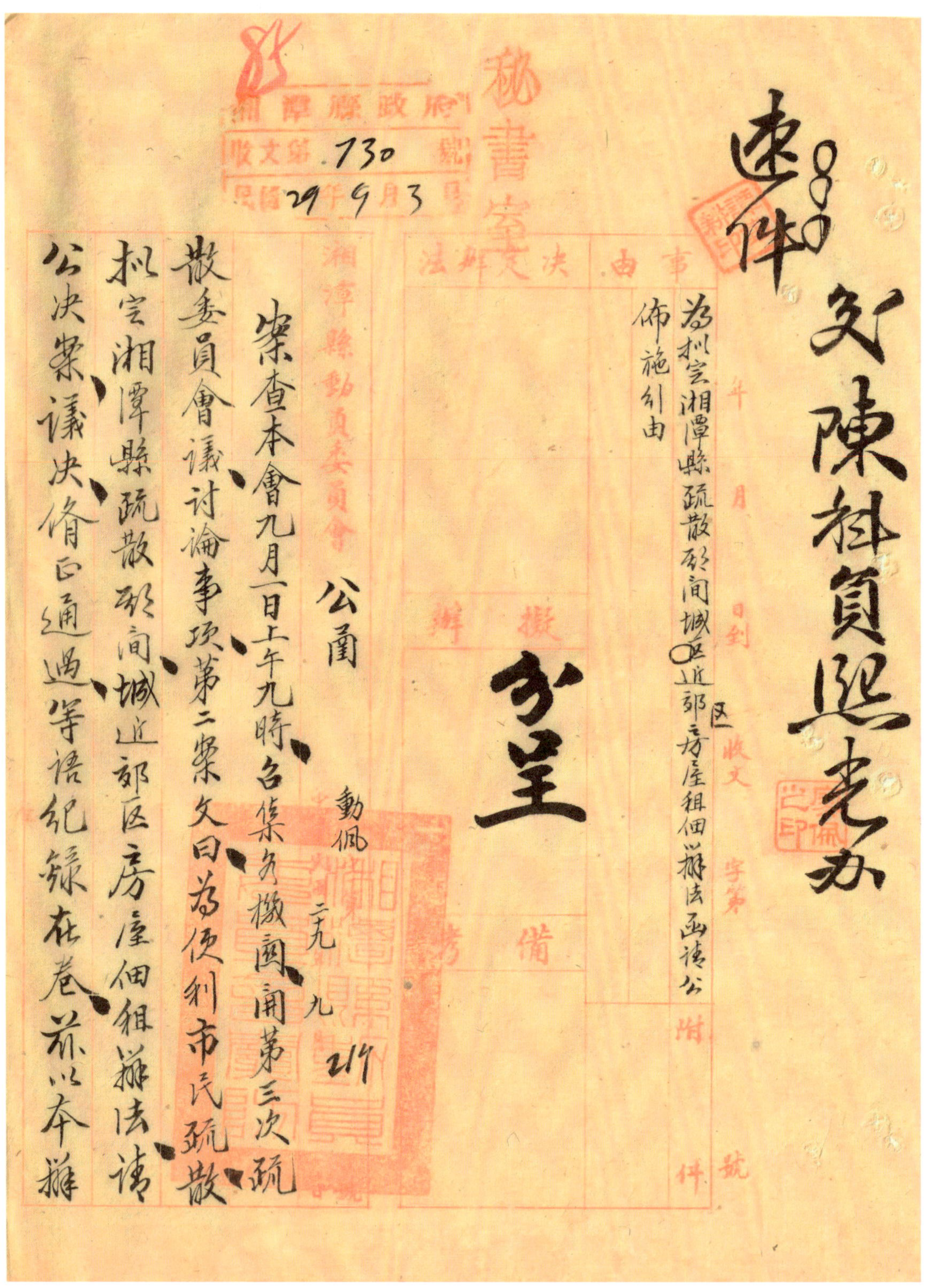
湘潭縣政府 收文第730號 民國29年9月3日

速件

文陳耕質照光办

事由：為擬定湘潭縣疏散期間城近郊區房屋租佃辦法函請公佈施行由

等呈

湘潭縣動員委員會 公函 動佩二九 九 217

案查本會九月一日上午九時，召集第三次疏散委員會議，討論事項第二案文曰：為便利市民疏散，擬定湘潭縣疏散期間城近郊區房屋佃租辦法，請公決案。議決：修正通過等語，紀錄在卷。茲以本辦法第六條所載：本辦法由疏散委員會通過，報請縣政府，轉呈（程頌）第九戰區司令長官部、湖南省政府備案之規定，相應抄同湘潭縣疏散期間城近郊區房屋租佃辦法一份，函達

貴府　查照，予辦理為荷！

此致

湘潭縣政府

兼主任委員廖佩之

湘潭县政府致湖南省政府、第九战区司令长官司令部的呈（一九四〇年九月五日）

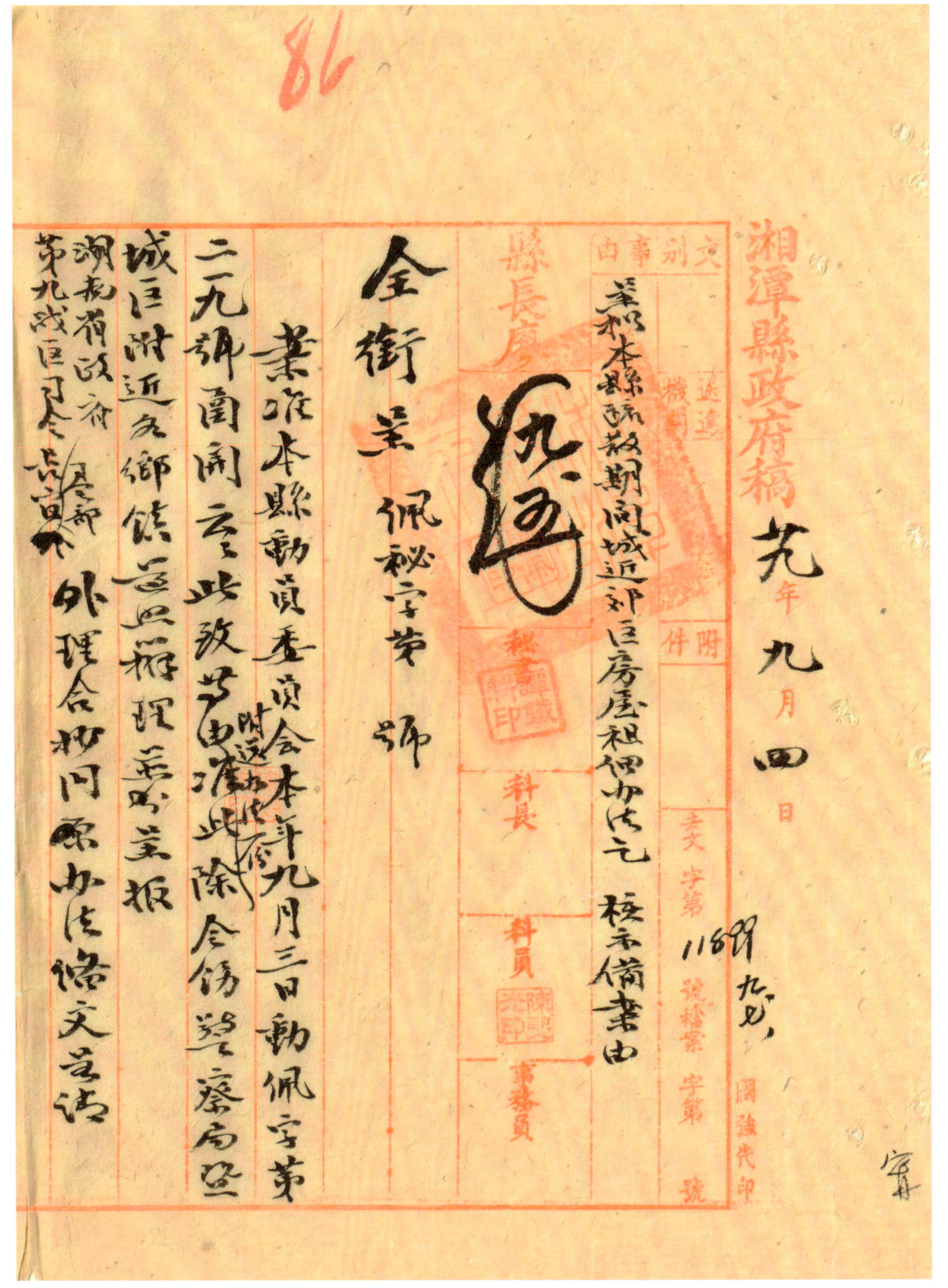

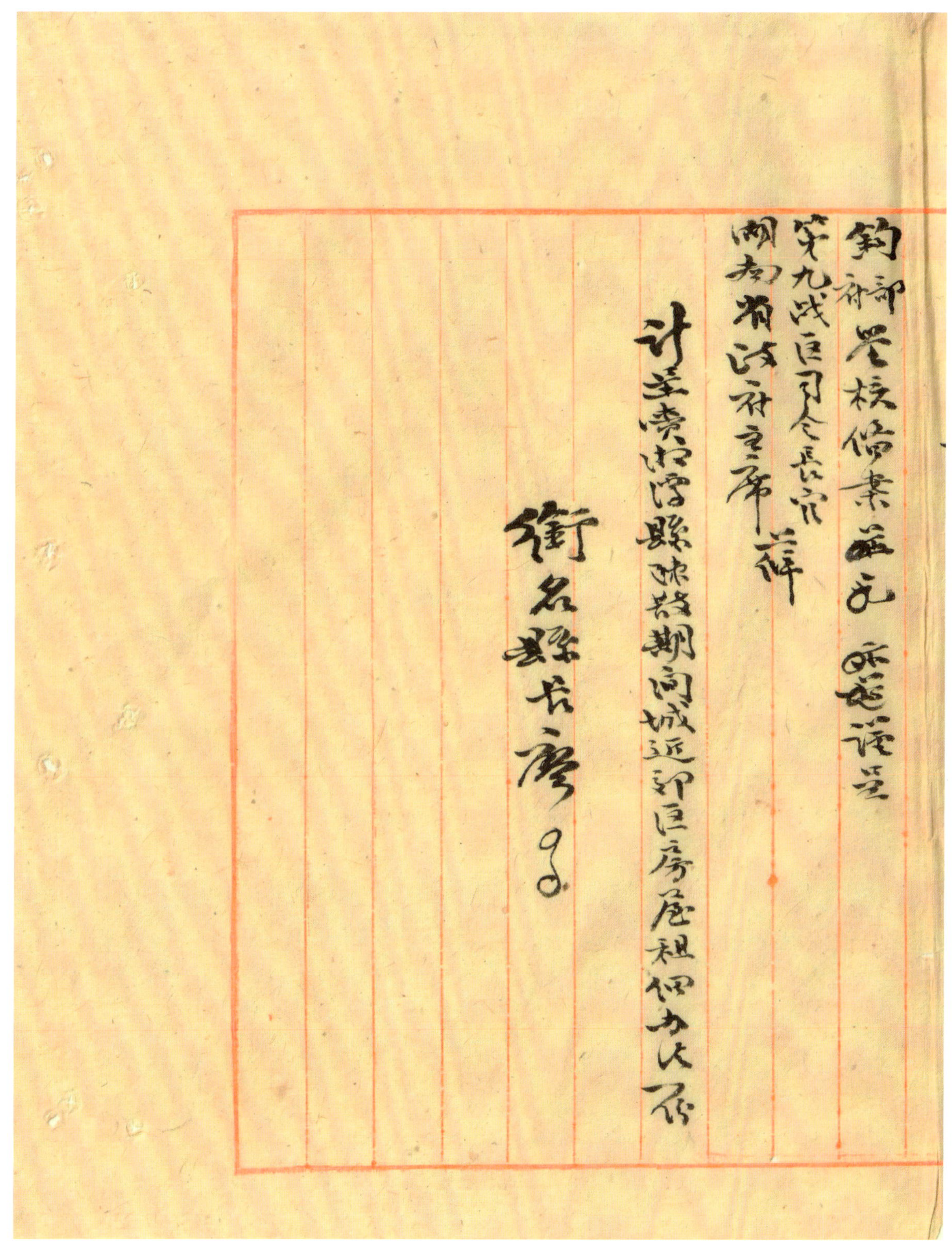

鈞部府署核備案並示祗遵謹呈

第九戰區司令長官

湖南省政府主席薛

計呈賫湘潭縣戰時期間城近郊區房屋租佃辦法份

銜名縣長廖

湘潭县政府致县警察局、易俗镇公所等的训令（一九四〇年九月五日）

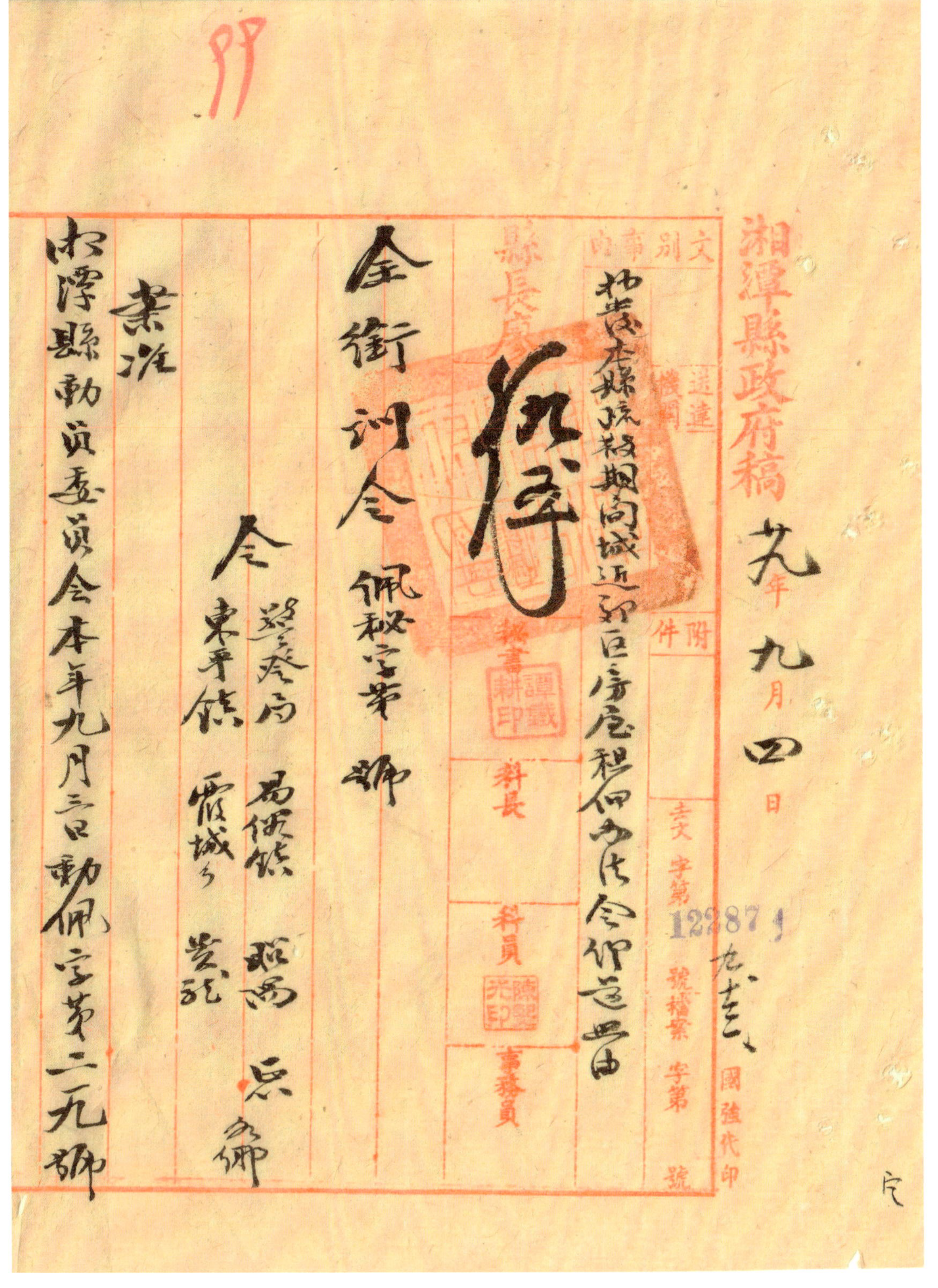

湘潭縣政府稿

廿九年九月四日

事由：据查本縣境敌机向城近郊区轰炸仰即查照由

全衔训令 佩秘字第 號

令 警察局、易俗镇、联保处长、東平镇、霞城乡、公所

案准

湘潭縣動員委員會本年九月三日動佩字第二一九號

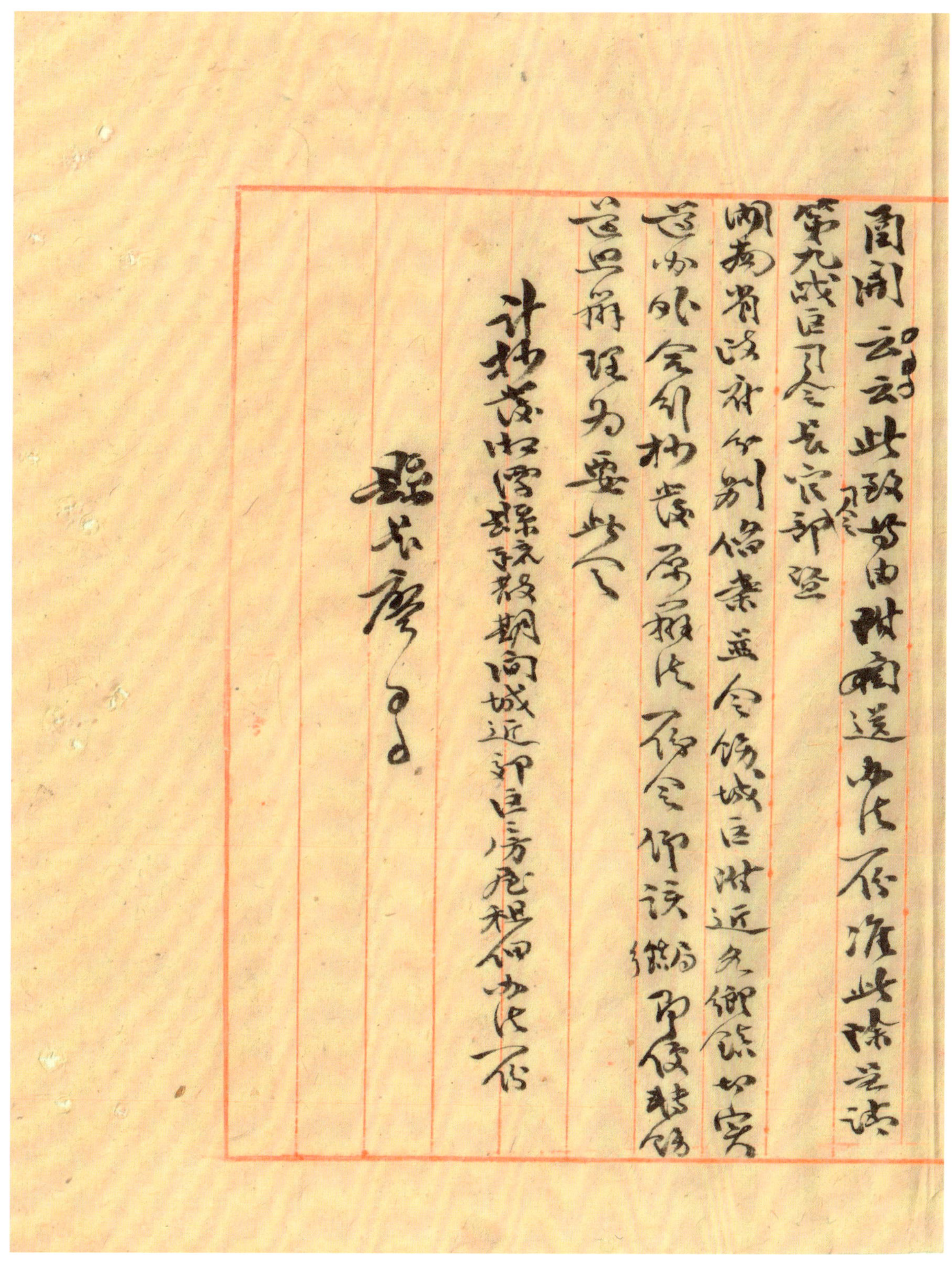

貴關云云，此致□由附函送辦法一份，准此，除函請
第九戰區司令長官部暨
湖南省政府分別飭屬並令飭城區附近各鄉鎮切實
遵照外，合行抄發原件，令仰該鄉鎮即便轉飭
遵照辦理為要，此令。

計抄發湘潭縣緊急救濟期間城近郊區之房屋租佃辦法一份

縣長 廖[illegible]

湘潭县政府布告（一九四〇年九月五日）

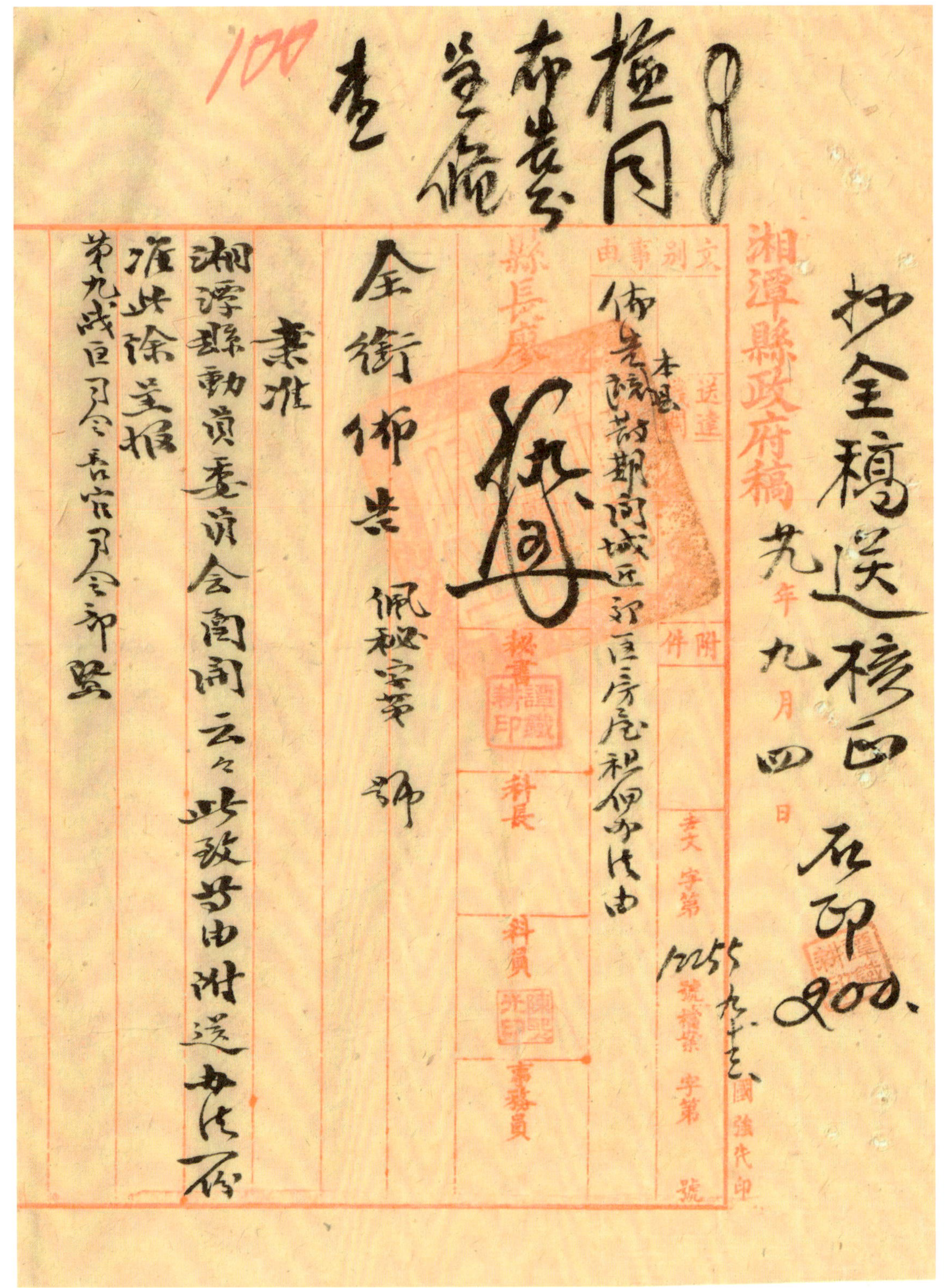

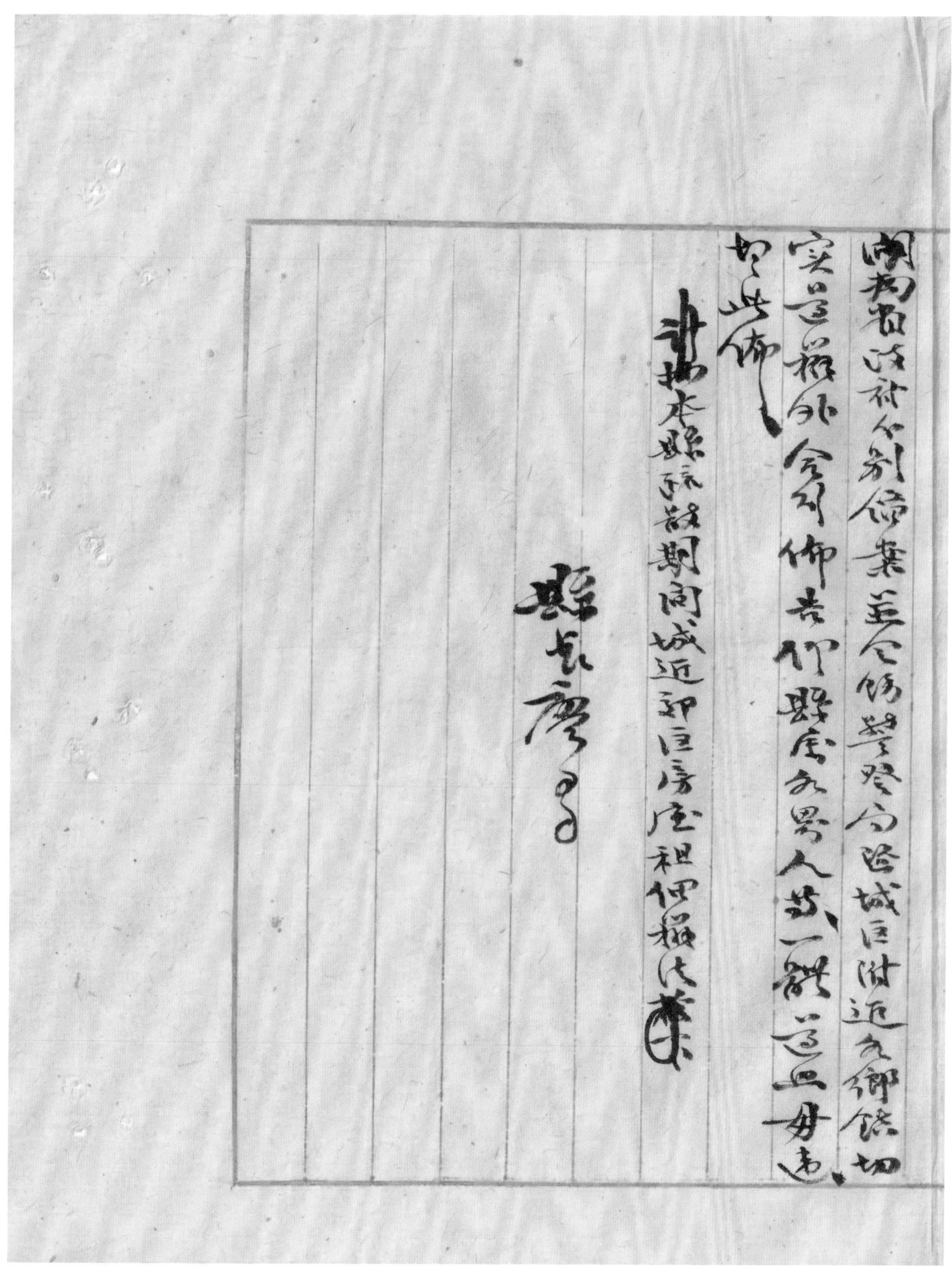

湘潭县政府关于规定本埠开往各埠轮船航行时间事致第九战区司令长官司令部的代电（一九四〇年九月十一日）

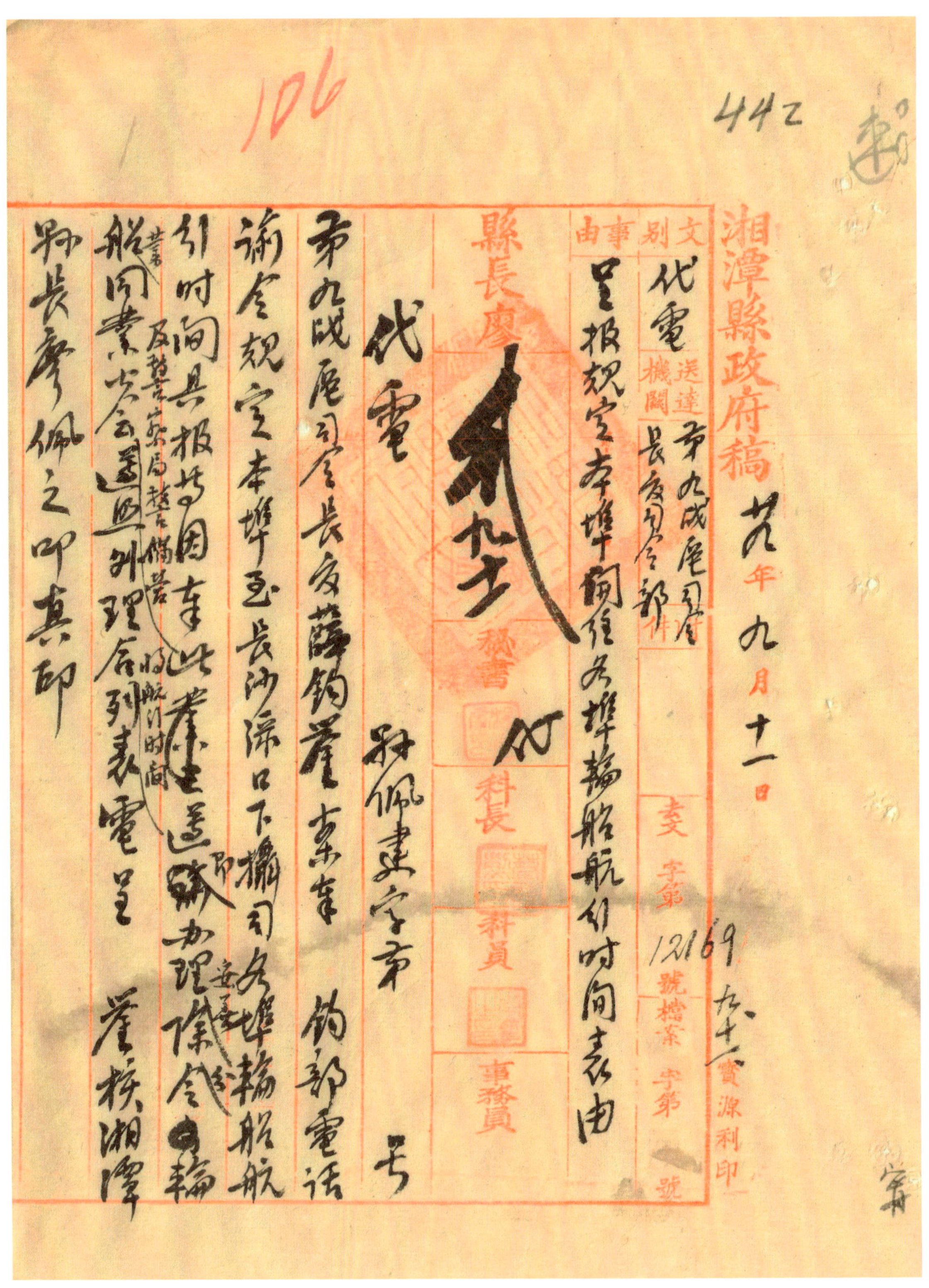

湘潭縣政府稿　廿九年九月十一日

文別：代電

送達機關：第九戰區司令長官司令部

事由：呈報規定本埠輪船航行時間表由

縣長廖　秘書　科長　科員　事務員

第九戰區司令長官薛鈞鑒：案奉鈞部電諭，令規定本埠至長沙、淥口、下攝司各埠輪船航行時間具報等因。奉此，業經遴派員及本府建設科督同航業公會遵照辦理，除令飭輪船航行時間另列表電呈。湘潭縣長廖佩之叩。真印

代電　科佩建字第　號

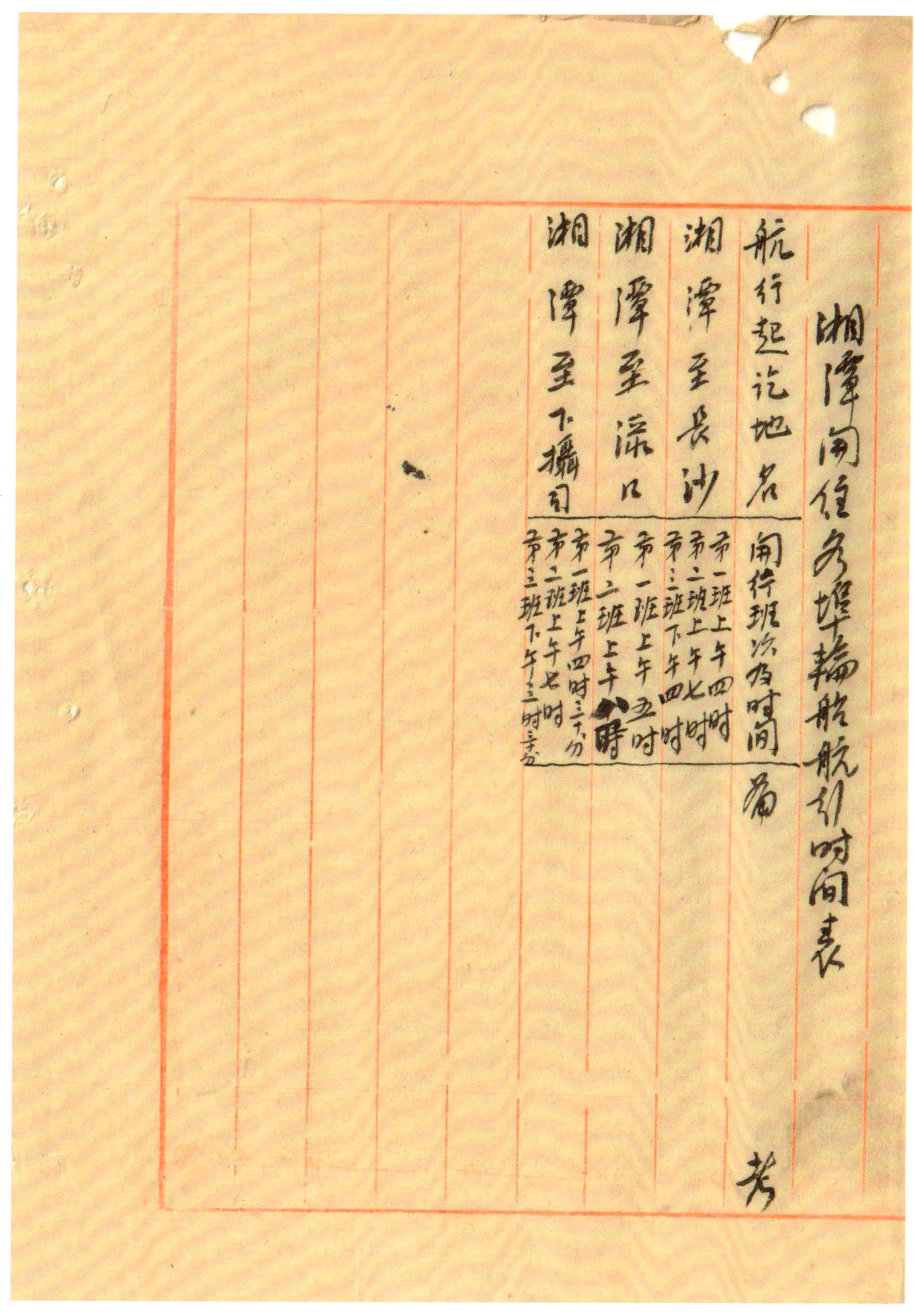

湘潭開往各埠輪船航行时間表

航行起訖地名	開行班次及时間	備考
湘潭至長沙	第一班上午四时 第二班上午七时 第三班下午四时	
湘潭至淥口	第一班上午五时 第二班上午八時	
湘潭至下攝司	第一班上午四时三十分 第二班上午七时 第三班下午三时三十分	

附：湘潭开往各埠轮船航行时间表

陆军第九十二师二七四团第二营兼潭株警备司令部、湘潭县政府关于派兵长驻河东检查轮船码头事的一组文书（一九四〇年九月十三日至二十一日）

陆军第九十二师二七四团第二营兼潭株警备司令部致湘潭县政府的公函（一九四〇年九月十三日）

陸軍第九十二師二七四團第二營兼潭株警備司令部公函 書字第 號

案准

貴府九月九日縣佩建字第12049號公函開：「案據警察局呈稱，案據湘潭輪船商業同業公會呈稱，呈爲造賫呈請事。竊敵機妄肆狂炸，事先防護宜周，當此奉令厲行疏散期間，屬會所轄本埠各輪每日原有一定班次，開停鐘點須與陸路車運時間銜接，不可稍有遲延，誠爲須謀旅客安全便利，水陸交通起見，凡各班輪船達到潭埠，除在解除警報時仍照常在碼頭起卸旅客貨物外，如在防空戒嚴時間即改往河東岸起卸，當未起卸之先，必須經過檢查，若等候河西派隊執行，則爲時太久，必難與車運銜接，交通滯礙，關係匪輕，擬懇警備隊派員屆時往河東以便隨時檢查，庶鐘點不至遲誤，可免無謂犧牲，並顧乘客公私兩益

屬會茲據各輪呈請特將各輪名稱航線班次開駛抵埠鐘點造表賫呈鈞局
鑒核，敍懇府賜轉呈湘潭縣政府准予轉請警備司令部派員屆時往河東以便
驗查而利交通，不勝感激待命之至。謹呈等情，計賫航行時間表一份。據此，查敵機到
處濫施轟炸，本市屬行疏散，經飭該會改定輪船航行時間，以避空襲。據呈前情，
理合備文連同航行時間表一份，轉呈鈞府察核，并懇函請警備部派兵至河東檢查，
深為公便。謹呈等情，附呈輪船航行時間表一份。據此，除指令外，相應抄同輪船航行
時間表函請貴警備部查照派兵長駐河東，以便隨時檢查，并希見復為荷。
等由，准此。查河東輪船碼頭，敝部業已派兵長駐檢查，准函前由，相應函復
請煩
查照為荷。

此致
湘潭縣政府
政警總隊隊長闕治芳
中華民國二十九年九月十三日

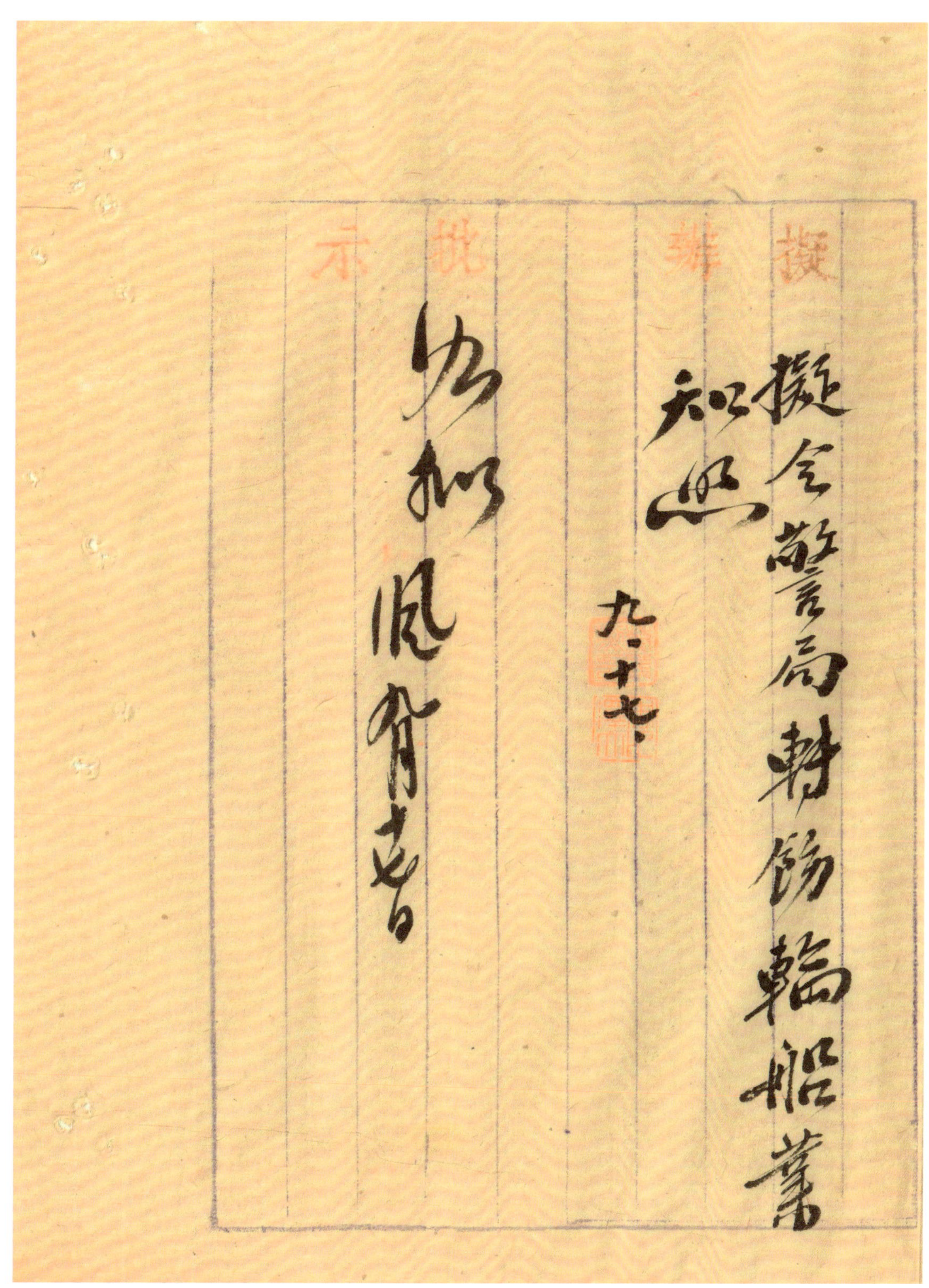

擬辦

擬令警局轉飭輪船業知照

九・十七

批示

如擬　鳳[illegible]書

湘潭县政府致县警察局的训令（一九四〇年九月二十一日）

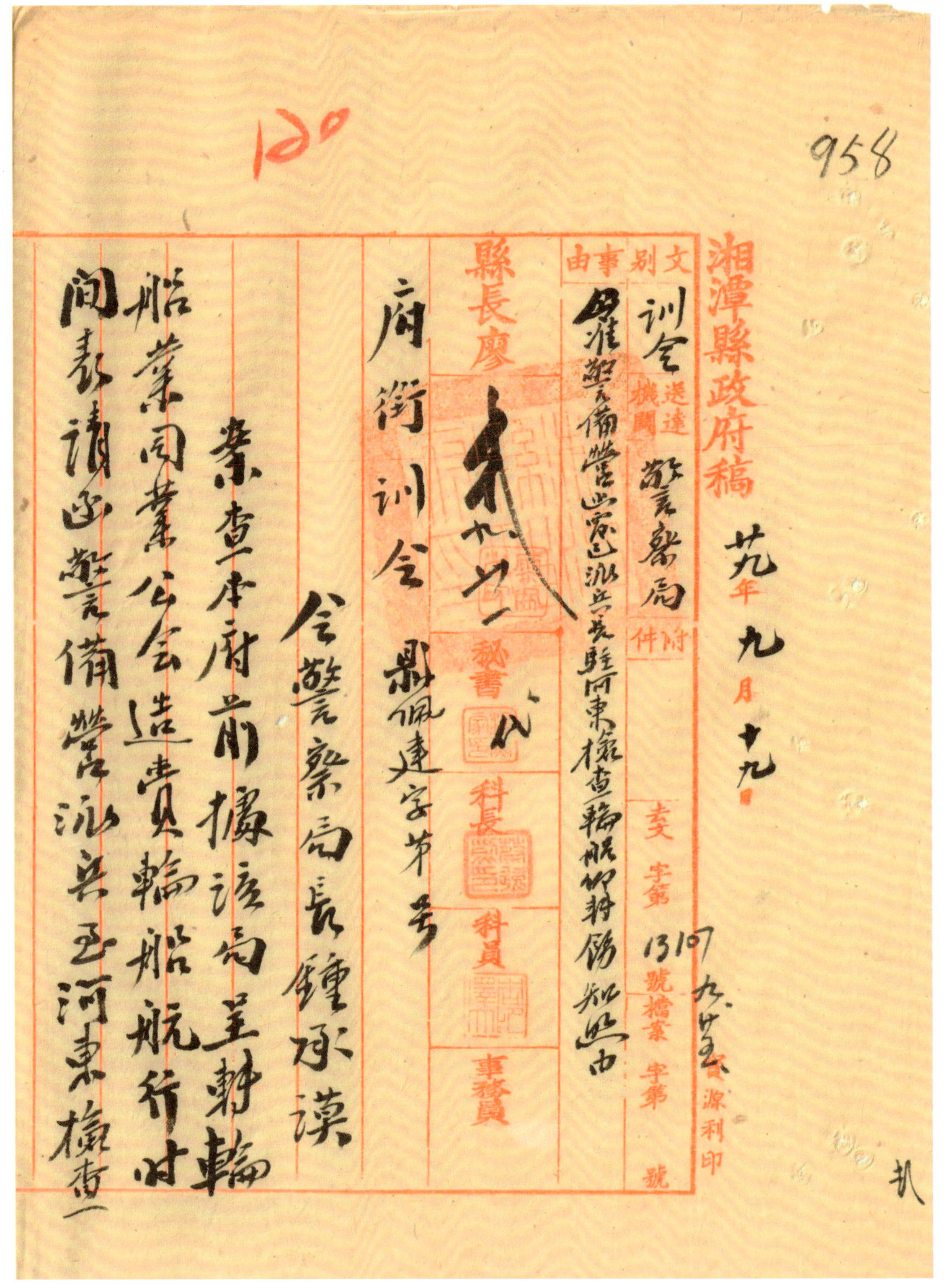

120

958

湘潭縣政府稿

廿九年九月十九日

文别：训令

送達機關：警察局

附件：

事由：為准警備營函容巡派兵一名駐河東檢查輪船仰即飭知照由

縣長廖

秘書

科長

科員

事務員

交字第13107號

檔案字第　號

府衔训令　戊字第　號

令警察局局長鍾承謨

案查本府前據該局呈轉輪船業同業公会造具輪船航行时間表請函警備營派兵至河東檢查一

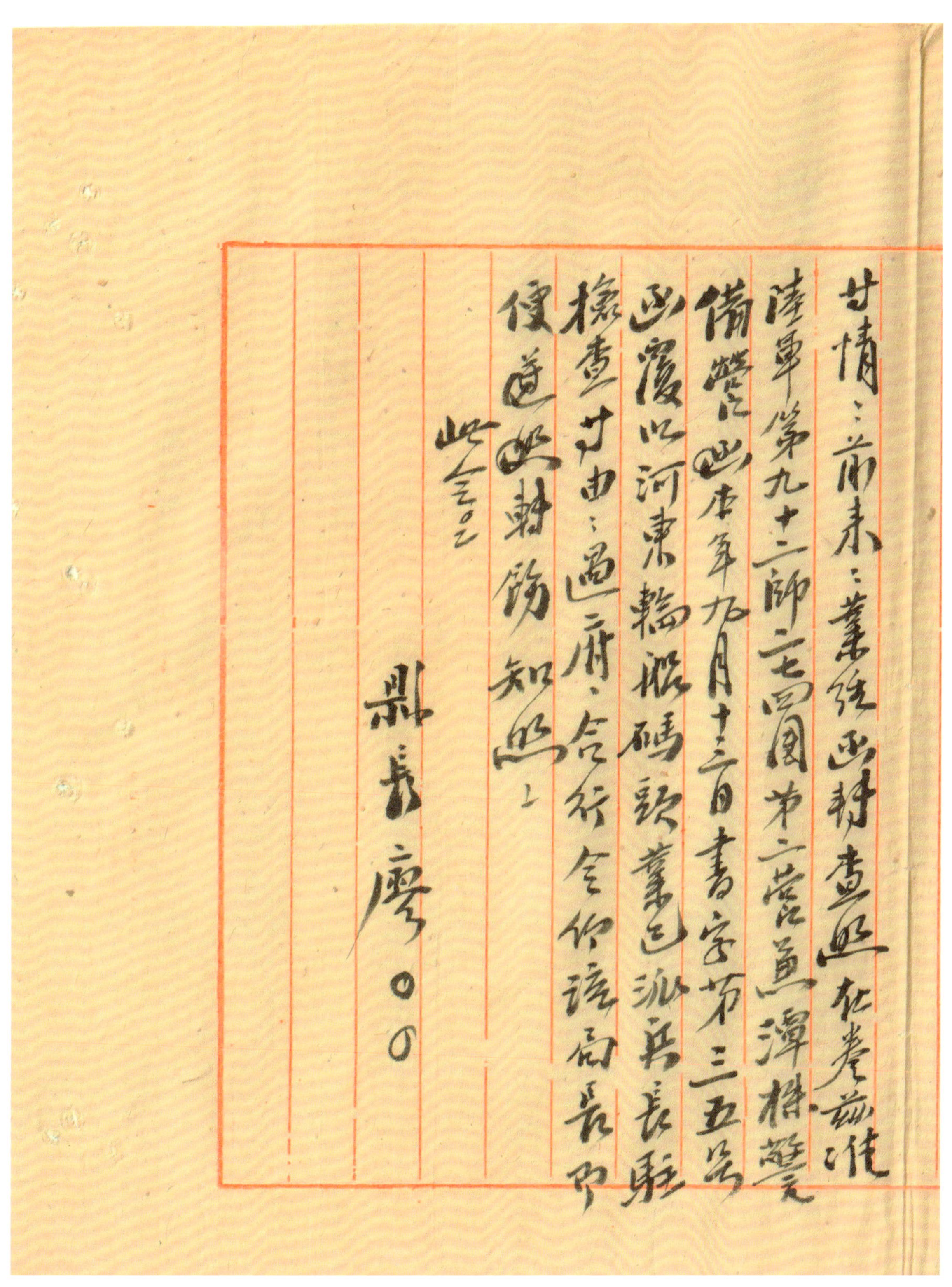

等情、前來、業經函轉查照在卷，並准
陸軍第九十二師二七四團第二營營長譚樹鑾
備營函本年九月十二日書字第三五號
函復，以河東輪船碼頭業已派兵長駐
檢查等由、過府、合行令仰該局長即
便遵照轉飭知照。上
此令。
縣長廖〇〇

湘潭县政府、龙华乡公所等关于核发整放三门军桥材料雇佣民夫工资伙食费的来往文书（一九四〇年九月十二日至二十五日）

湘潭县龙华乡公所致县政府的呈（一九四〇年九月十二日）

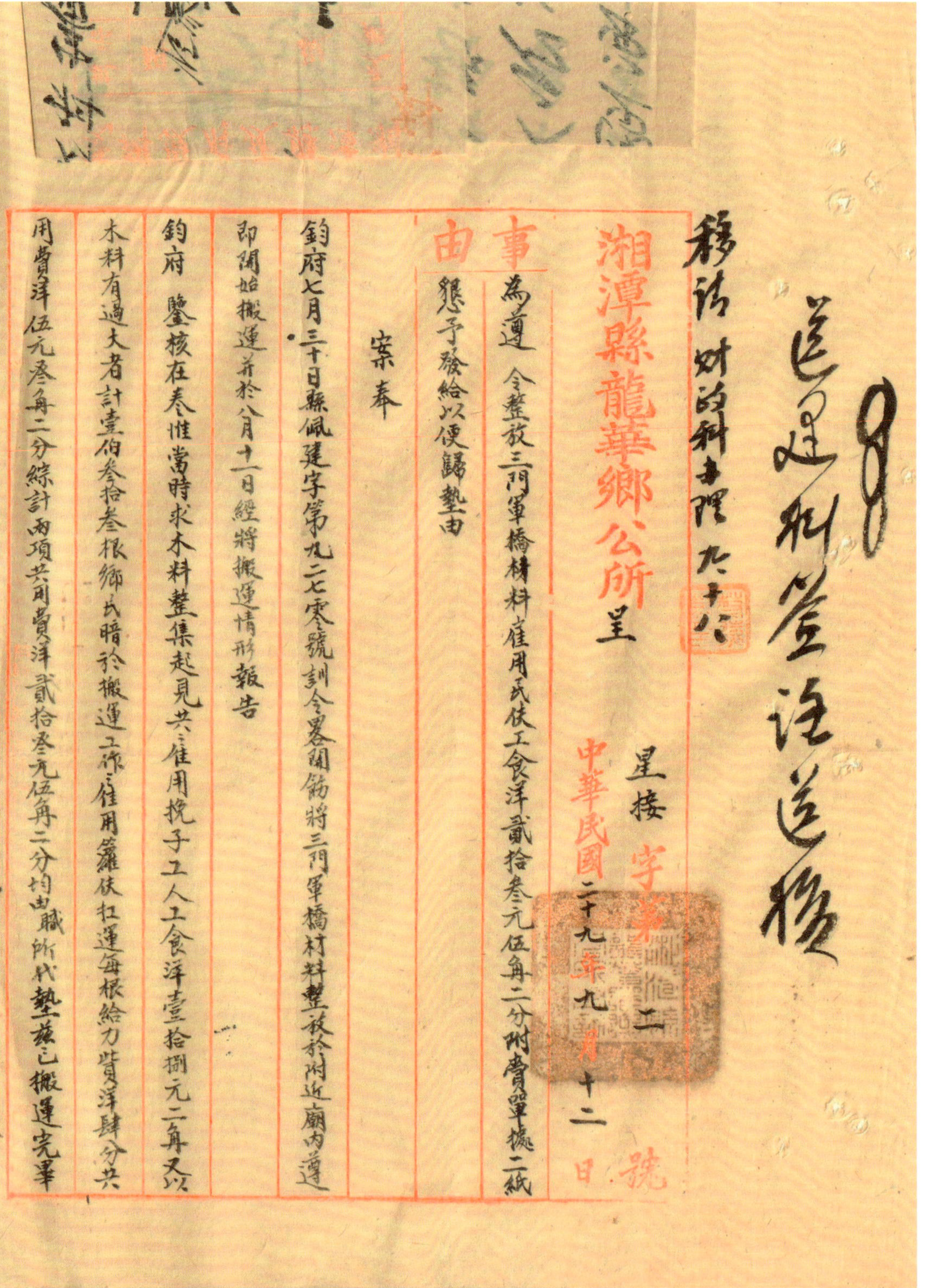

湘潭縣龍華鄉公所呈　字第二號

事由　為遵令整放三門軍橋材料雇用民伕工食洋貳拾叁元伍角二分附費單據二紙懇予發給以便歸墊由

案奉

鈞府七月三十日縣佩建字第九二七零號訓令略開飭將三門軍橋材料整放於附近廟內遵即開始搬運並於八月十一日經將搬運情形報告

鈞府鑒核在卷惟當時求木料整集起見共計僱用挽子工人工食洋壹拾捌元二角又以木料有過大者計壹佰叁拾叁根鄉式暗於搬運工作僱用籮伕扛運每根給力資洋肆分共用費洋伍元叁角二分綜計兩項共用費洋貳拾叁元伍角二分均由職所代墊茲已搬運完畢

中華民國二十九年九月十二日

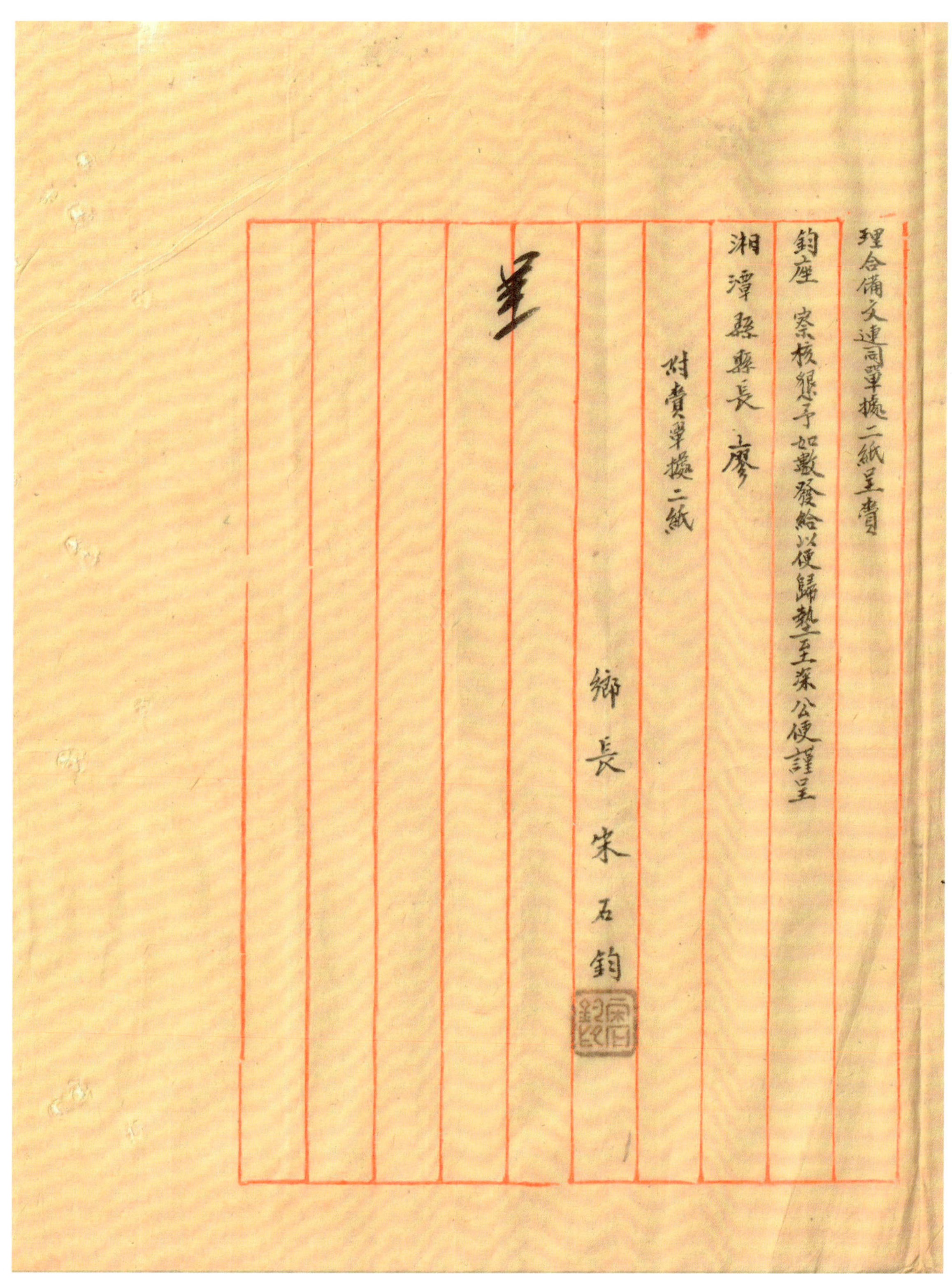
理合備文連同單據二紙呈賫
鈞座　察核懇予如數發給以便歸墊至深公便謹呈
湘潭縣縣長　廖
附貴單據二紙
鄉長　宋石鈞
呈

湘潭县政府致建设科、财科的签条（一九四〇年九月十九日、二十二日）

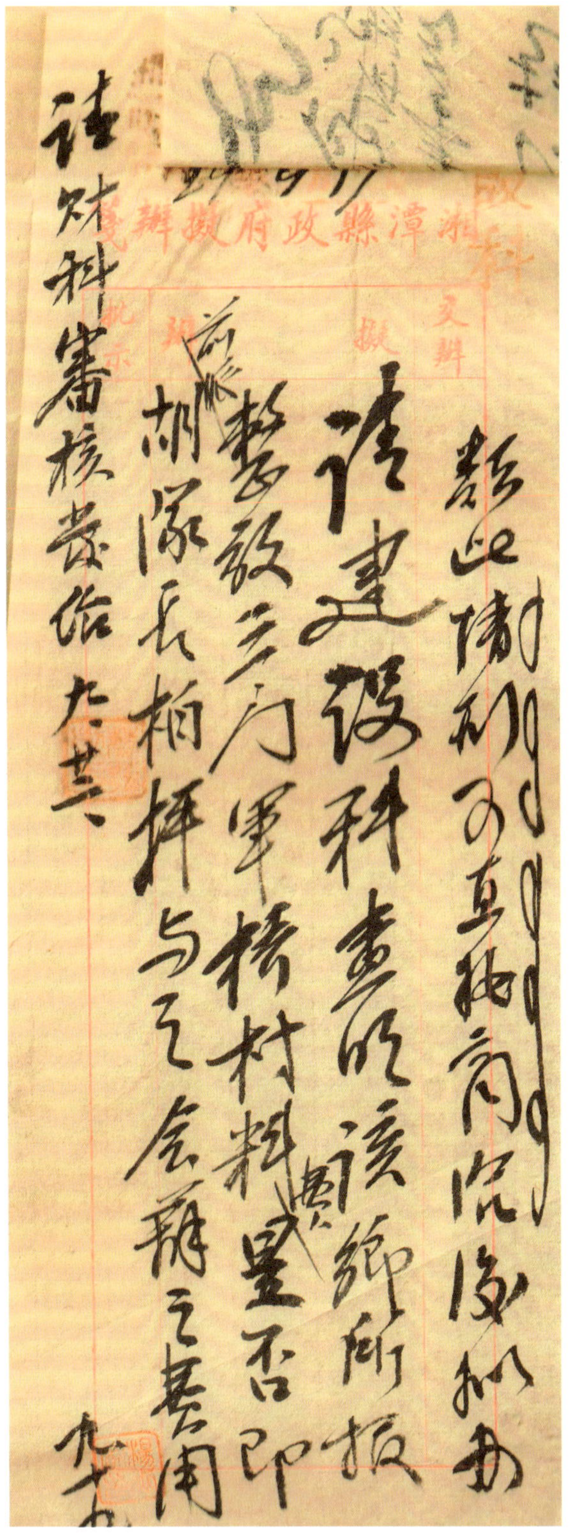

湘潭县政府致龙华乡公所的指令（一九四〇年九月二十五日）

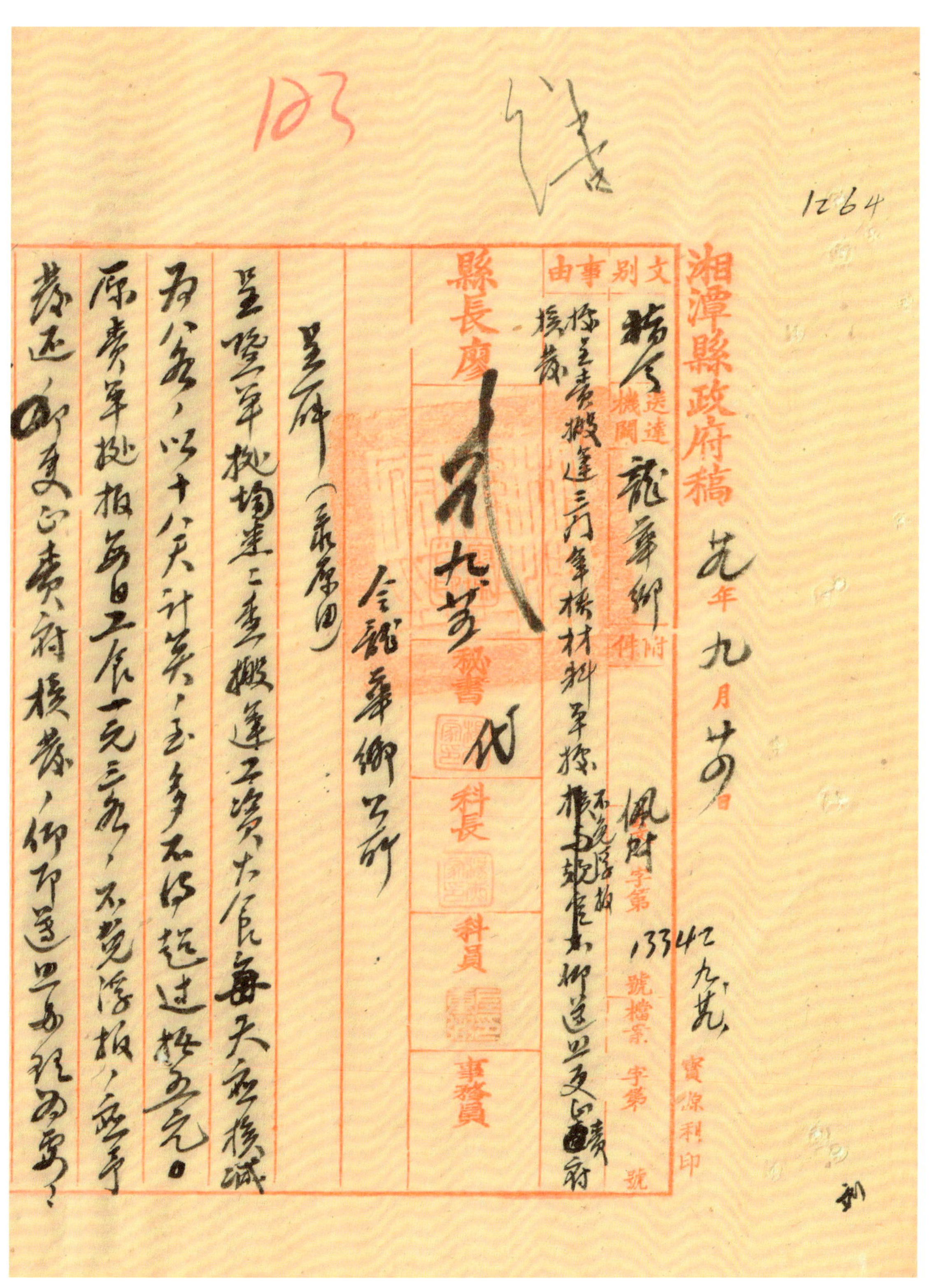

103

1264

湘潭縣政府稿　廿九年九月廿五日

文別：指令

送達機關：龍華鄉

附件

事由：據呈表搬運三門學校材料單據核發

縣長廖

秘書

科長

科員

事務員

佩附字第13342號

檔案字第　號

實源利印

令龍華鄉公所

呈件（原呈因）

呈暨單據均悉。查搬運工資，大伕每天應核減為八角，以十八天計算，至多不得超過拾五元。原表單據報每日工食一元三角，不免浮報，應予發還，仰更正表冊核發，仰即遵照為要。

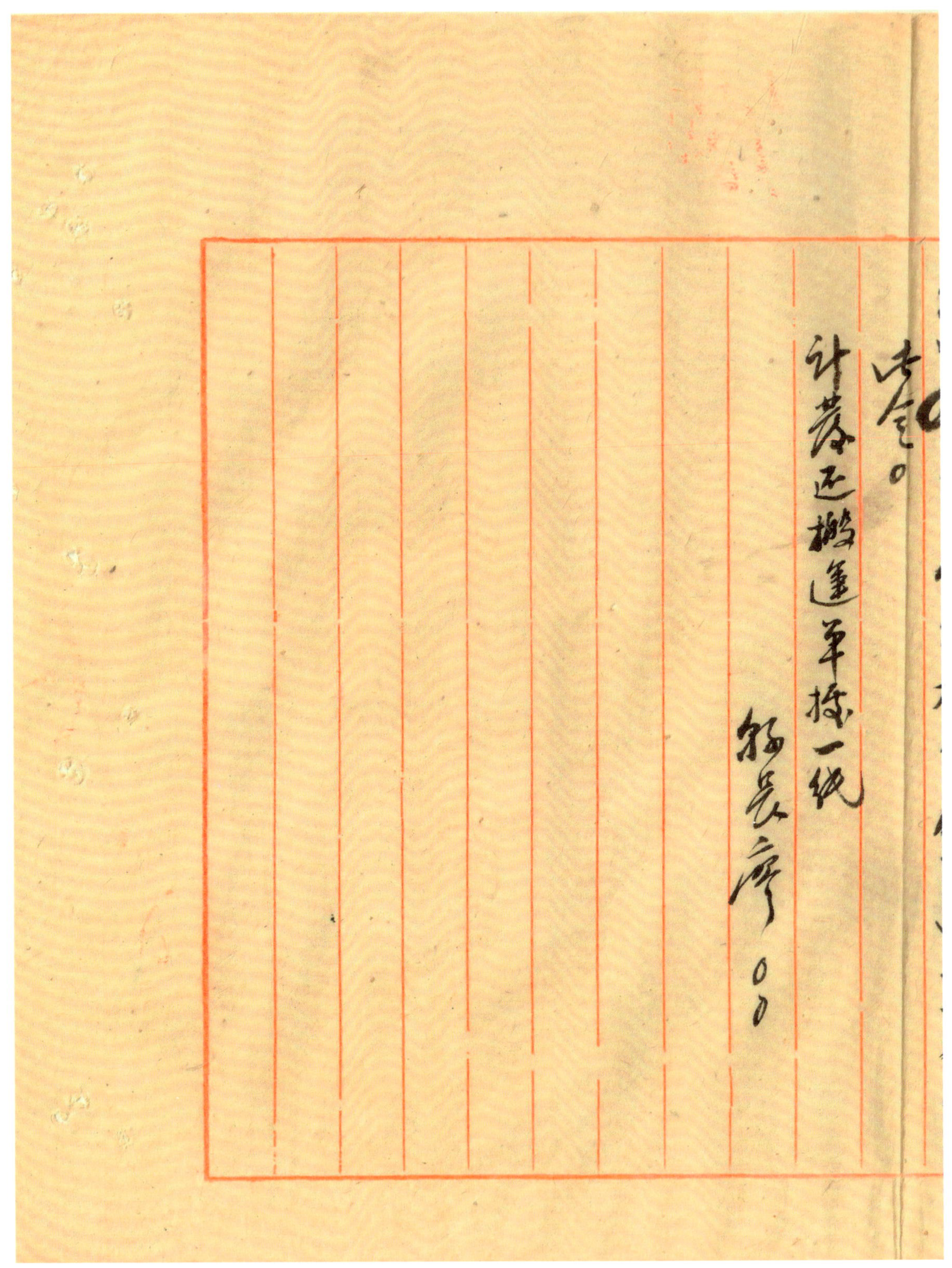

令。

计赍还搬迁单据一纸

县长〇〇

湘潭县政府、县总工会等关于除疏散时间外人力车交通通行问题的来往文书（一九四〇年十月五日至二十三日）

湘潭县总工会致县政府的呈（一九四〇年十一月五日）

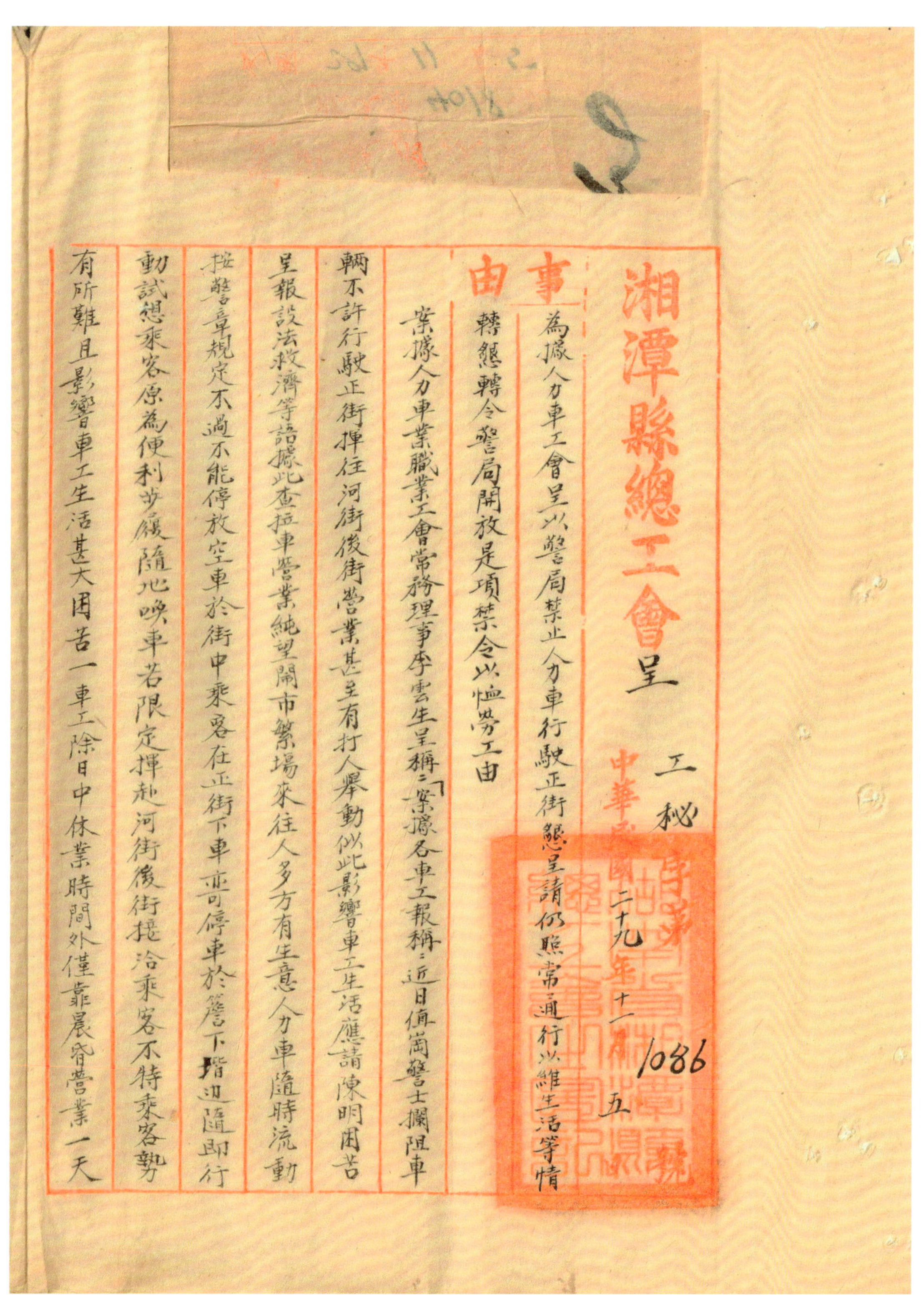

湘潭縣總工會呈 工秘字第 號

中華民國二十九年十一月五 1086

事由：為據人力車工會呈以警局禁止人力車行駛正街懇呈請仍照常通行以維生活等情轉懇轉令警局開放是項禁令以恤勞工由

案據人力車業職業工會常務理事李雲生呈稱「案據各車工報稱近日偵緝警士攔阻車輛不許行駛正街揮往河街後街營業甚至有打人舉動似此影響車工生活應請陳明困苦呈報設法救濟等語據此查拉車營業純望鬧市繁場來往人多方有生意人力車隨時流動按警章規定不過不能停放空車於街中乘客在正街下車亦可停車於簷下揩迎隨即行動試想乘客原為便利步履隨地喚車若限定揮赴河街後街搭洽乘客不特乘客勢有所難且影響車工生活甚大困苦一車工除日中休業時間外僅靠晨宵營業一天

去了大半時刻光陰能有幾何困苦二際此物價飛漲車工每日繳租捐費修理燈油伙食
刻畧不容懈緩況全家數口或十餘口謀生贍養一刻千金三民主義提高勞工生活工而不勞何
來代價困苦三又請試想湘潭除直綫正街以外能有幾處繁榮困苦四除來往正街之人喚車
外若靠河街後街喚車者又不及正街鬧市十分之一二困苦五據報前情為此備文瀝陳困
苦呈請鈞會鑒核，並予據情轉呈 湘潭縣政府轉令警察局令飭崗警仍許人力車按時在
正街照常通行不過取締不許停放街中隨時隨地流動以維工人生活解除勞工痛苦至
為德便」等情。據此查來呈所稱均係實情稽之已往除戒嚴或疏散時間以外未聞有禁止
人力車通行正街鬧市者今警局整天禁止人力車輛行駛正街則車工生活誠有被剝
奪殆盡之虞。據呈前情除指令外理合備文呈請
鈞府察核迅懇令行警察局開放是項禁令俾人力車仍得照常營業以恤勞工深
為德便謹呈
湘潭縣政府縣長廖

常務理事張漢臣
盛遐齡
李立章

湘潭县政府致县警察局的训令（一九四〇年十一月八日）

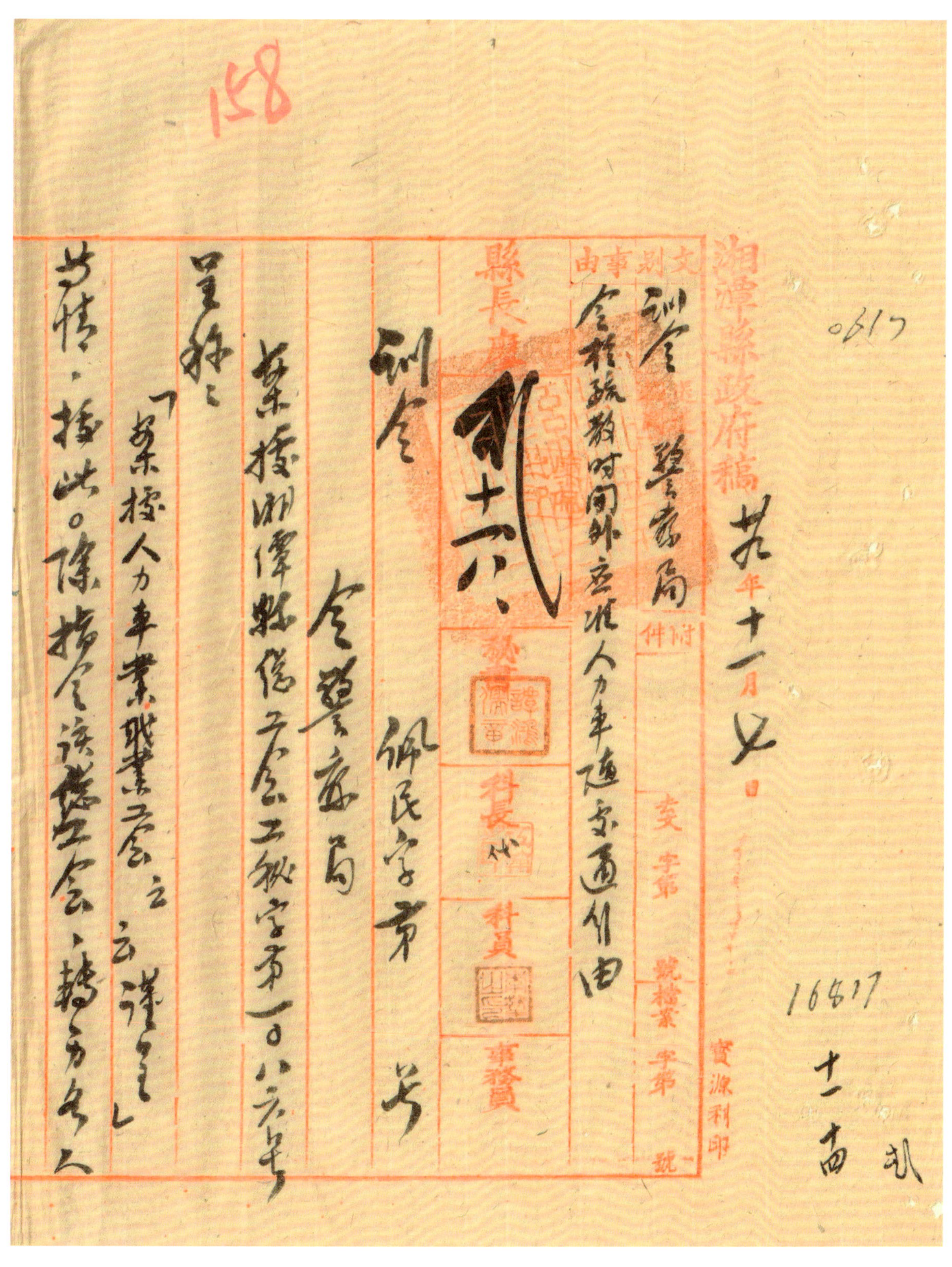

湘潭縣政府稿

文别：训令

事由：令于疏散时间外应准人力车随处通行由

縣長 谭

训令

令警察局

案据湘潭县总工会工秘字第一〇八六号呈称：「案据人力车业职业工会云云，谨呈。」等情。据此。除指令该总工会转饬各人

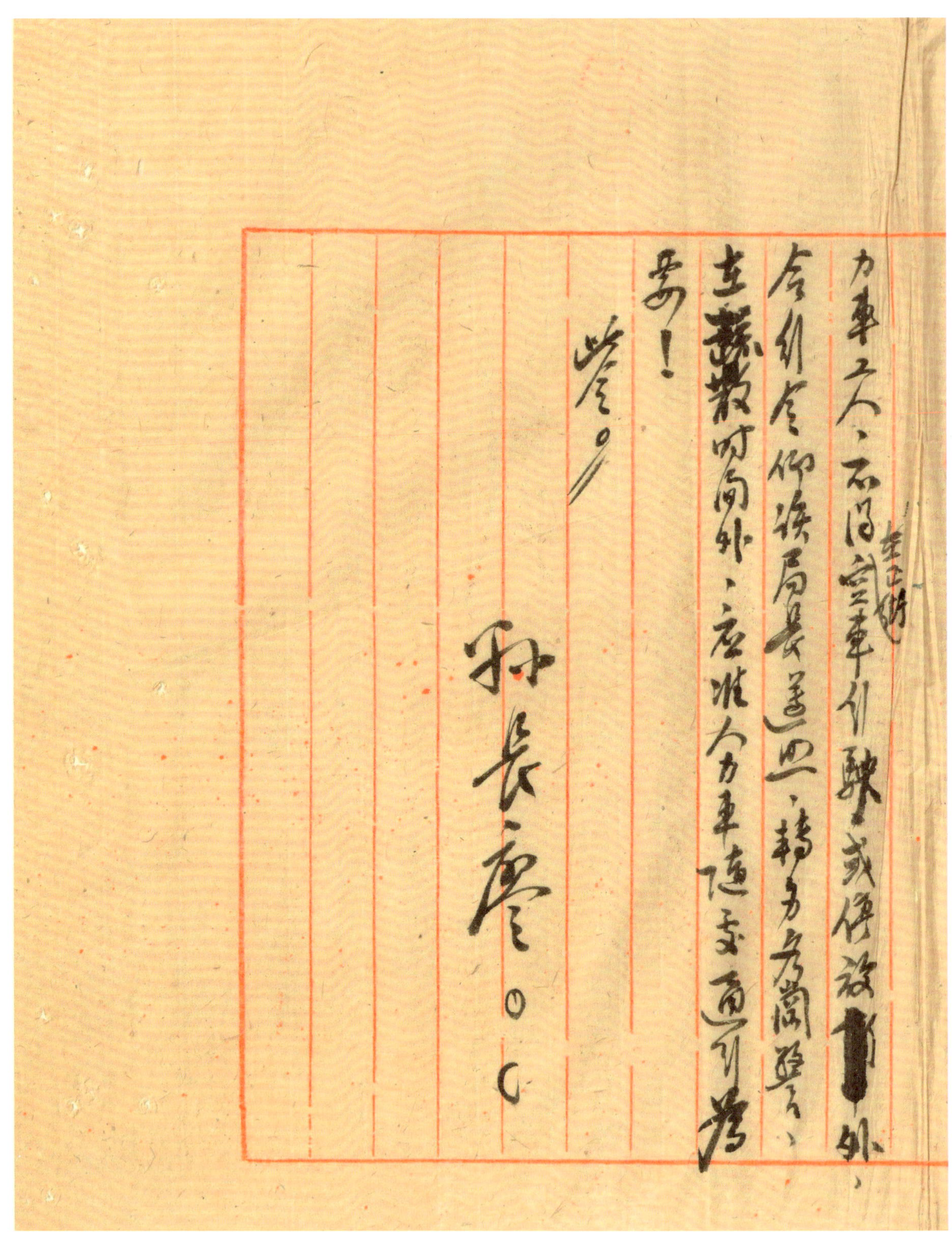

力车工人，不得拦车索费或借故刁难外，令行仰该局长遵照，转知各商号，并广为查报，除饬警察随时查察外，应准人力车随意雇用为要！

此令。

县长廖○○

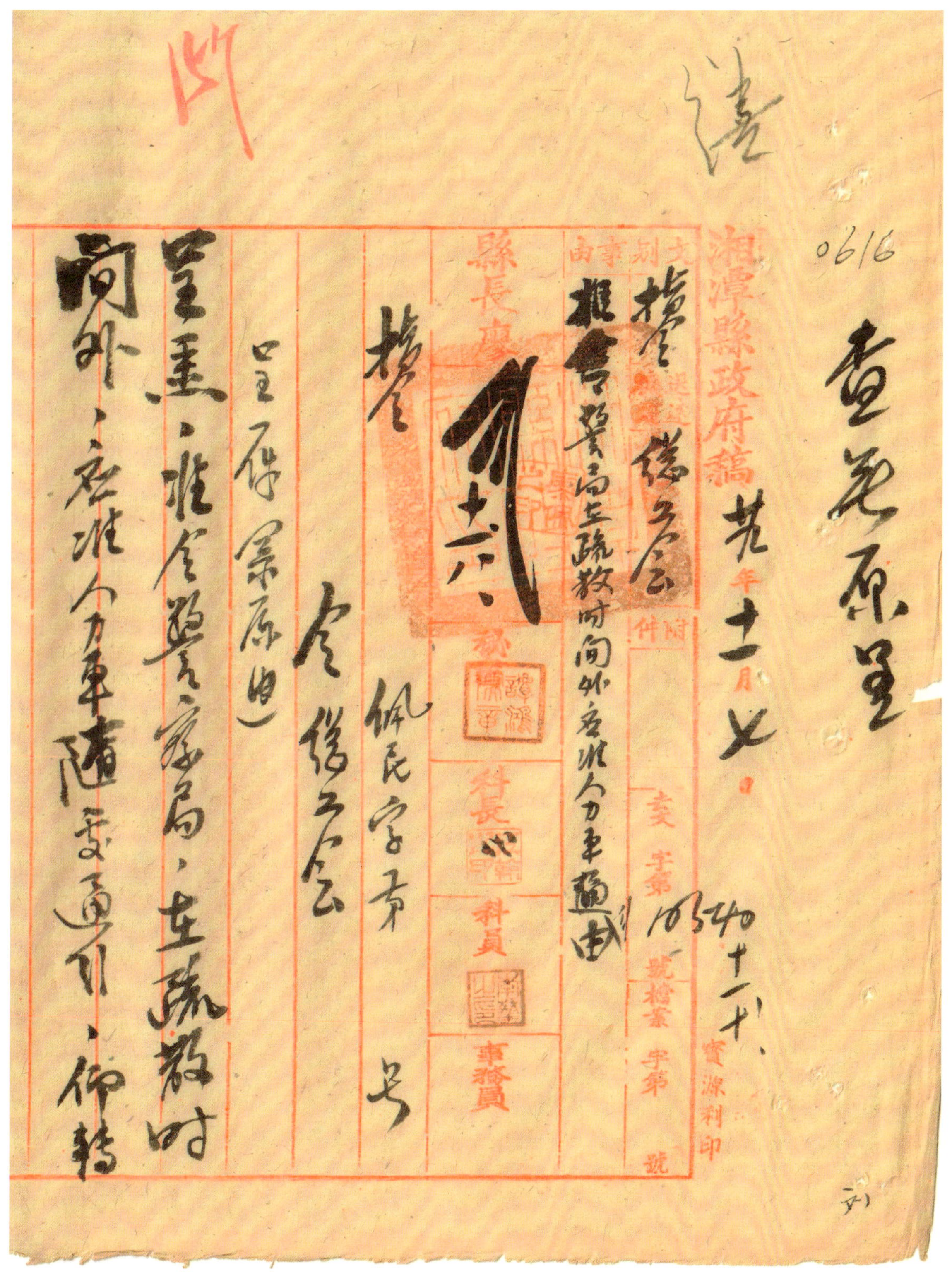

湘潭县政府致县总工会的指令（一九四〇年十一月八日）

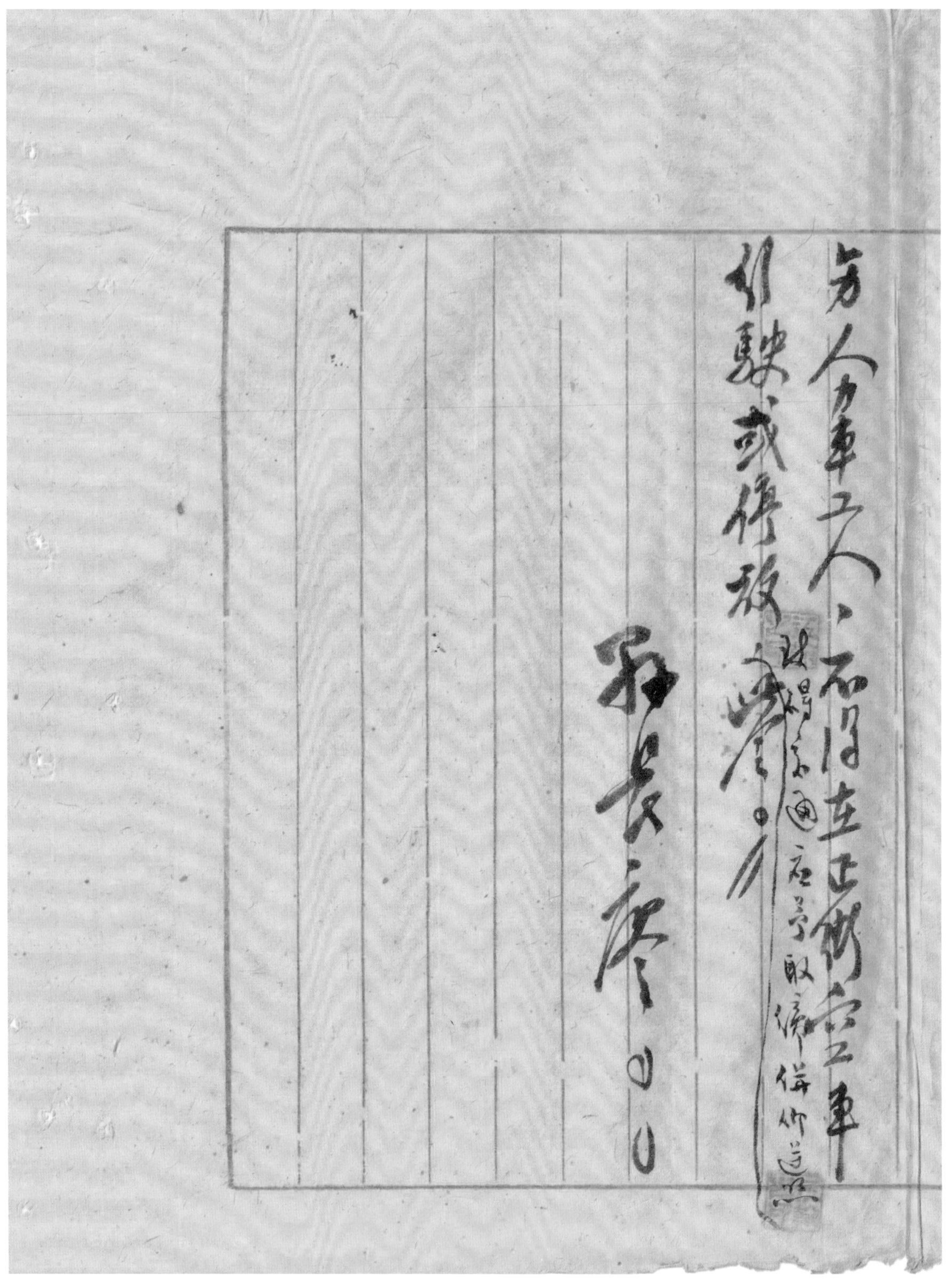

湘潭县警察局致县政府的报告及县政府指令（一九四〇年十一月二十二日、二十三日）

收文號數　月　日

事由　為呈請令飭分車工會依照停車地點停放及靠左行駛以維市政由

附件

報告　於警察局　二十九年十一月二十二日

發文永行字第三〇七號

案奉

鈞府佩民字第一六八一七號訓令以據總工會轉據人力車工會呈以本局各崗警禁止車輛行駛正街懇請轉飭開放是項禁令等情轉飭於疏散時間外應准隨便通行等因奉此查本局除疏散時間外取締人力車輛係依照取締規程辦理似無整日禁駛正街等情茲奉前因除飭城區各分駐所遵辦外理合呈請

鈞府察核并懇轉令人力車工會仍應按照指定停車地點依次停放靠左行駛以維交通而肅市容

謹呈

縣長廖

湘潭縣警察局局長鍾承謨

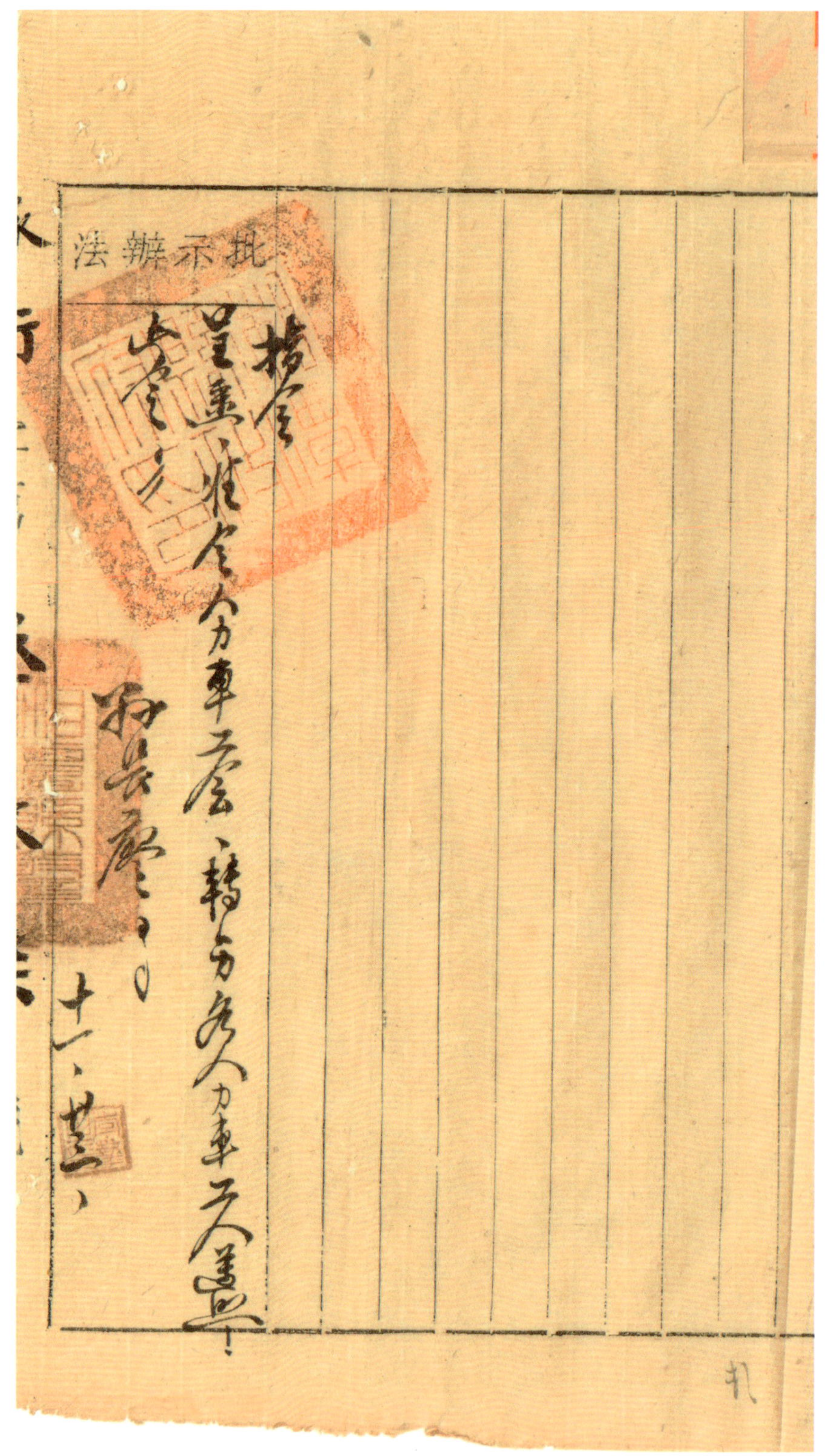
批示辦法

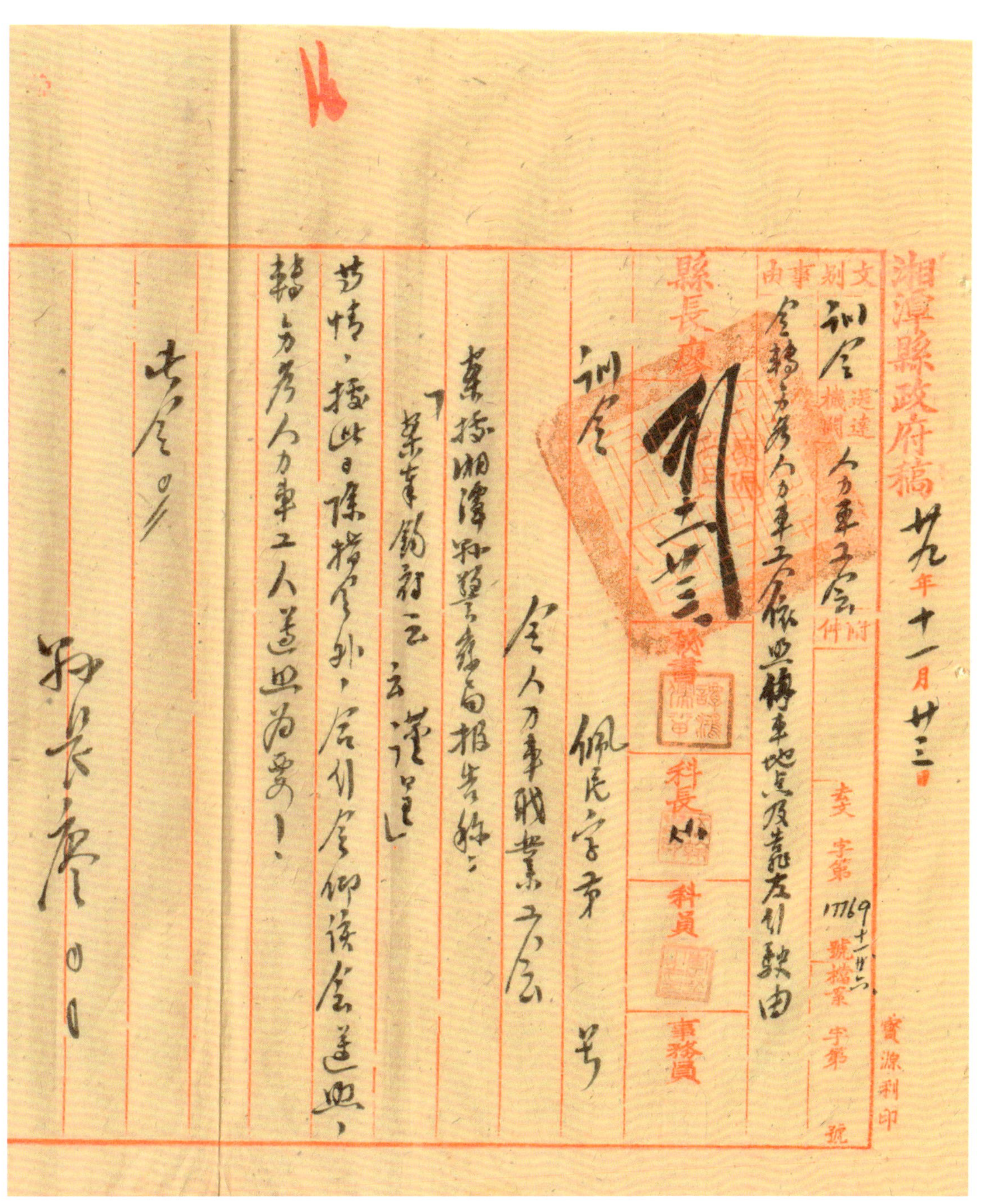

湘潭县政府致县人力车职业工会的训令（一九四〇年十一月二十三日）

后记

《湘潭县抗战动员档案汇编1综合及防空疏散》由湘潭县档案馆编纂，编纂组组长为王剑，副组长为胡协邦、齐海英，成员为丁绪南、王建业、谭静江、蒋水灵，主要负责编辑为谭静江。本书编纂过程中，得到湖南省档案馆庄劲旅主任的多次指导，湘潭大学档案学专业实习生李满艳、郑子涵、白杨、贾迪新等帮助做了将扫描图片制成文档、将彩色打印件分件装订、核校目录与审稿记录单等具体工作，在此一并表示衷心感谢。

湘潭县档案馆

二〇一八年八月八日